______________님

안녕하십니까, 정원식입니다.

바쁜 일상 속에서도 오늘 이 자리를 빛내주시기 위해 귀한 걸음 해주신 내외빈 여러분께 머리 숙여 깊이 감사드립니다.

'신령스러운 빛'이라는 이름을 품은 우리 고향 영광(靈光)은 천년의 세월이 빚어낸 역사의 결정체입니다. 저는 이 책을 통해 지나간 날들을 기록하는 데 머물지 않고, 우리 공동체가 어떤 미래를 써 내려갈 것인가를 함께 고민하고자 했습니다. 북경대학교에서 넓힌 시야와 고향을 향한 애정을 바탕으로, 영광이 세계를 향해 뻗어나가는 전략적 요충지로 거듭나는 꿈을 이 한 권에 담았습니다.

무엇보다 저는 '자강(自強)'의 정신을 강조하고 싶었습니다. 스스로를 지킬 의지와 실력을 갖출 때, 비로소 우리는 역사의 주인으로 설 수 있기 때문입니다. 오늘 이 자리가 찬란한 역사를 발판 삼아 우리 모두가 꿈꾸는 '위대한 미래'를 현실로 맞이하는 이정표가 되기를 소망합니다. 사인회에서 여러분 한 분 한 분께 직접 감사의 마음을 전하겠습니다. 앞으로도 지역의 발전과 미래 세대를 위해 끊임없이 정진하겠습니다.

감사합니다.

2026년 2월 28일

정원식 惠存

천년의 영광, 위대한 미래

천년의 영광, 위대한 미래

2026년 02월 25일 초판 1쇄 인쇄
2025년 03월 01일 초판 1쇄 발행

지은이 | 정원식
펴낸이 | 안우리
펴낸곳 | 스토리하우스
등 록 | 제324-2011-00035호
주 소 | 서울시 종로구 율곡로6길 36, 908호
전 화 | 02-3673-4986
팩 스 | 02-6021-4986
이메일 | whayeo@gmail.com
ISBN | 979-11-85006-58-1 (03040)

값: 20, 000원

천년의 영광 靈光
위대한 미래

신령스러운 빛의 영광, 정신문화의 중심지 영광의 역사를 다루다

정원식 지음

스토리하우스

'위대한 미래'에 한 걸음 가까워질…

『천년의 영광, 위대한 미래』는 전라남도 영광군의 역사와 현재를 차분히 정리한 책입니다. 백제 불교 도래의 역사부터 여러 종교 전통이 공존해 온 정신문화, 칠산 앞바다와 조창의 기억, 그리고 오늘날 지역의 핵심 동력으로 자리한 에너지의 흐름까지 담아냈습니다. 영광이 단순한 지명이 아니라 시간과 삶이 축적된 공간임을 다시금 일깨워 주는 책입니다.

마을을 그저 하나의 행정구역이 아니라, 세대의 기억이 켜켜이 쌓인 삶의 기록이자 공동체의 시간이 축적된 살아있는 아카이브로 바라보는 시선이 이 책의 출발점입니다. 골목과 들녘, 바다와 시장, 그리고 그 안에 깃든 사람들의 이야기가 마을이라는 서가를 채운다는 이 관점은, 영광을 천 년의 시간을 품은 깊이 있는 도서관으로 다시 읽게 합니다.

영광군 지역위원장으로서 정원식 위원장이 이 책을 통해 던지는 질문은 분명합니다. 영광의 과거를 기록하는 데 그치지 않고, 지금 우리가 어떤 미래를 선택할 것인가를 함께 고민하자는 제안입니다. 지역을 책임지는 정치의 역할은 과거를 기념하는 데 머무는 것이 아니라, 다음 세대가 살아갈 기반을 마련하는 데 있기 때문입니다.

오늘날 지역은 인구 소멸과 지역경제 침체라는 이중고를 겪고 있습니다. 지속 가능한 새로운 성장 동력을 찾지 못한다면, 마을의 기록은 점차 멈춰 설 수밖에 없습니다. 주민참여형 재생에너지 이익공유제는 그 대안 가운데 하나입니다. 풍부한 에너지 자원을 단순한 발전 설비로 두는 것이 아니라, 주민이 주체가 되어 참여하고 그 결실을 함께 나누는 구조로 전환할 때 비로소 지역 미래의 실질적인 동력이 될 수 있습니다. 이러한 문제의식을 토대로 관련 법안을 직접 발의하고 정책 논의를 주도해 왔습니다.

이제 그 시도가 영광에서 현실로 구체화될 수 있는 시기를 맞이하고 있습니다. 영광이 스스로의 자산을 책임 있게 활용하고, 군민이 그 결실을 함께 나누는 구조를 만들어 갈 때, 이 책이 말하는 '위대한 미래'도 한 걸음 가까워질 것입니다. 저자 정원식의 문제의식이 더 많은 군민의 참여와 성숙한 토론으로 이어지기를 기대합니다.

조국혁신당 서왕진 원내대표

1 PART

천년의 발자취, 우리 영광(靈光)의 역사

2
PART

영광의 현재,
현재의 영광(靈光)

3
PART

국제정세와 안보: 동북아의 격랑과 한국의 전략

4
PART

독립의 불꽃:
항일무장투쟁과 승리의 기록

5
PART

현대사의 격랑: 분단과 전쟁, 그리고 진실의 역사

프·롤·로·그

천년의 자강(自強)으로 여는 위대한 도약

우리가 발을 딛고 서 있는 이 땅, 영광(靈光)은 단순한 삶의 터전이 아닙니다. '신령스러운 빛'이라는 그 이름처럼, 이곳은 천년의 세월이 빚어낸 역사의 결정(結晶)이 고요히 잠들어 있는 곳입니다. 선사시대 첫 인류의 발자국이 찍힌 이래, 이 땅은 백제 불교가 동녘 하늘을 밝히며 처음 상륙한 도래지였으며, 나라가 기울고 백성이 신음할 때마다 '의리(義理)' 하나를 가슴에 품고 일어선 우국충정(憂國衷情)의 고장이었습니다.

임진왜란의 포연 속에서 의병의 깃발을 세웠던 선조들의 기개, 1만 동학농민군이 들판을 가득 메우며 토해낸 민중의 함성, 그리고 호남 땅에서 두 번째로 타오른 3 · 1운동의 불꽃과 같이 영광의 역사는 언제나 이 땅의 사람들이 시대의 어둠 앞에서 끝내 등불을 놓지 않았음을 증언합니다. '진충보국(盡忠報國)'의 DNA는 이처럼 면면히, 강물처럼 흘러 오늘의 우리에게까지 이어져 있습니다.

그러나 찬란함의 이면에는 언제나 깊은 그림자가 있습니다. 한국전쟁 전후 이 땅에서 자행된 비극적인 민간인 학살은, 역사가 인간에게 얼마나 잔혹할 수 있는지를 적나라하게 보여줍니다. 우리 공동체는 그 상흔 위에 서 있으며, 치유와 화해라는 엄중한 과제를 아직 다 완수하지 못했습니다. 역사는 과거와 현재 사이의 끊임없는 대화입니다. 우리가 이 아픈 기억을 외면하지 않고 끝까지 기록해야 하는 이유는, 과거의 비극을 되풀이하지 않기 위함이며, 그 위에 더 나은 미래를 단단히 세우기 위함입니다.

오늘날 우리는 동북아시아의 거센 격랑 한복판에 서 있습니다. 미 · 중 전략 경쟁은 날로 날카로워지고, 일본의 군사대국화는 점점 그 속도를 높이고 있습니다. 역사 왜곡을 앞세운 동북공정의 논리는 우리의 뿌리를 겨누는 조용한 위협으로 서서히 스며들고 있습니다. 이 모든 것들은 한반도의 머리 위에 걸린 '다모클레스의 칼'과 같이 시시각각 우리의 안보와 정체성을 흔들고 있습니다.

이 냉혹한 국제정치적 현실 앞에서, 저는 오직 '자강(自強)'을 말하고자 합니다. 구한말 우리 지도층이 변화하는 세계의 흐름을 읽지 못하고 국권을 잃어버렸던 그 뼈아픈 교훈을 우리는 결코 되풀이해서는 안 됩니다. 힘 없는 자의 외침은 바람에 흩어지고, 원칙 없는 유연함은 결국 굴종으로 흐릅니다. 스스로를 지킬 의지와 능력을 갖출 때, 비로소 우리는 역사의 주인이 될 수 있습니다.

이 책은 대한민국이 강대국들 사이에서 이리저리 흔들리는 '종속적 변수'의 자리를 박차고 나와, '동북아 안보의 주도적 상수'로 당당히 거듭나야 함을 역설합니다. 한미 미사일 지침 폐기를 통해 되찾은 안보 주권과 독자적인 전략 자산은 그 위대한 미래를 향한 역사적 첫걸음입니다. 나아가 샌프란시스코 체제가 남긴 구조적 모순을 직시하고, 독도 영유권을 흔들림 없이 수호하는 일은 단순한 영토 문제가 아닙니다. 그것은 우리 민족의 자존심과 주권 의식을 다음 세대에 온전히 물려주는 역사적 소명입니다.

저는 북경대학교에서 국제관계를 공부하며 세계를 바라보는 시야를 넓혔고, 그 배움의 깊이만큼 고향 영광에 대한 사랑도 더욱 짙어졌습니다. 이 책에는 그 학문적 성찰과 고향을 향한 애정이 오롯이 담겨 있습니다. 영광의 천년 역사가 증명해온 '의(義)'의 기개를 발판 삼아, 우리 영광군이 세계를 향해 뻗어 나가는 전략적 요충지로 거듭나는 꿈, 그 꿈을 저는 이 한 권의 책으로 시작합니다.

부디 이 책이 영광의 밝은 내일을 함께 고민하는 군민들과 대한민국의 미래를 짊어질 다음 세대에게 작지만 단단한 이정표가 되기를 소망합니다. 그리고 이 길 위에서 우리는 마침내 '천년의 영광'을 넘어 '위대한 미래'를 두 손으로 현실로 맞이하게 될 것입니다.

2026년 1월,

정원식 삼가 씀

PART
1

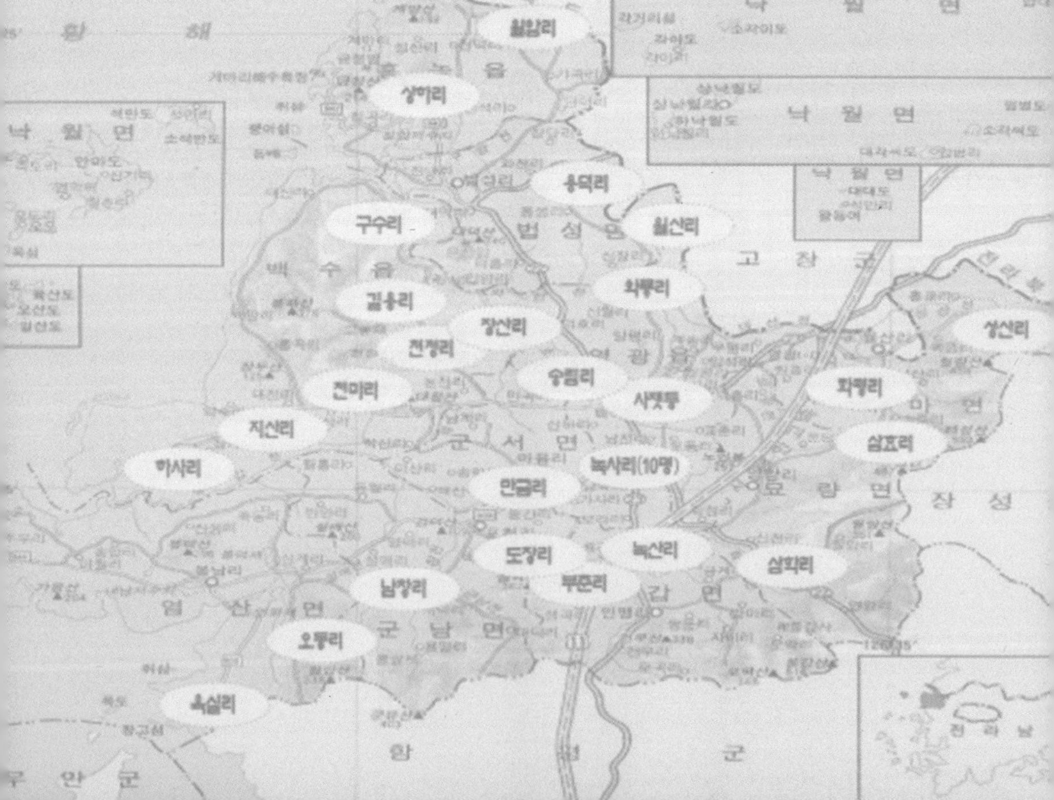

월암리
상하리
송덕리
구수리
월산리
고 창 군
길용리
장산리
전정리
전미리
지산리
하사리
녹사리(10명)
만금리
화평리
삼효리
도장리
녹산리
삼학리
남창리
부춘리
오동리
옥실리
성산리

천년의 발자취,
우리 영광(靈光)의 역사

1. 선사시대의 영광

역사시대 이전을 선사시대라고 한다. 문자가 등장하기 이전시대로 당연히 역사기록이 없는 시기라 할 수 있다. 다만, 당시 인류가 사용했던 도구나 동굴벽화 형태로 남아 있다. 영광은 인류 최초의 문화인 구석기 중기와 후기에 이르는 생활의 무대였다. 이 시대는 대략 4만 5천년에서 1만 5천년 전의 시대로 묘량면 소재한 원당-마전-군동 유적지에서 찾아볼 수 있다. 이들은 채집으로 경제생활을 하면서 가족 단위의 무리사회를 구성하고 있었다.

또한 염산면과 낙월면의 섬지역에서 패총(貝塚) 3개소가 발굴되어 신석기 시대의 유적임이 확인되었다. 현재 영광군 내에서 발견된 신석기 유적은 매우 적다. 이들 신석기인들은 빗살무늬토기를 사용하고, 농경정착의 움집생활하며 혈연관계가 보다 확산된 씨족단위의 부족사회로 발전해 갔음을 알 수 있다.

특히, 선사시대 유적 중에서 청동기 유적이 143개소로서 가장 많이 발굴되었다. 고인들은 134개 지역에 712기로서 받침돌 4개가 고인 기판식이 중심을 이루고 있다. 읍면 곳곳에서 발굴될 정도로 청동기문화가 영광 전역에 확산 전개되었다. 고인들은 백수읍과 홍농읍, 대마면, 불갑면, 묘량면, 군서면, 군남면 일대에 밀집 분포되어 있으며, 마전과 군동 유적지에서는 나주 영산강이나 충청도 금강 일대의 문화권의 주거지 형태와 유사함을 보여주고 있다.

이들 영광의 청동기인들은 타지역과 마찬가지로 기원전 10세기에서 5세기에 살았으며, 청동검과 민무늬토기를 사용하였다. 이 시기에는 비약적인 농업생산력의 발전으로 계층과 계급문화가 진전되고, 최초의 고대국가 형태의 시작이라 할 수 있는 군장국가(君長國家)가 출현하게 되었으며, 고인돌의 주인공은 그 권력의 소유자였음 짐작할 수 있다.

기원전 4세기 무렵 후기 청동기문화와 철기문화가 일반화되면서 종래의 군장국가는 연맹왕국 단계로 발전하여 고대사회를 형성하는 기초가 되었다. 이 시기는 문자가 인류사에 등장하기 시작한 역사시대의 전 단계인 원삼국시대로 우리 영광을 포함한 전남지역 일대는 연맹왕국 삼한의 하나인 마한에 속하였다. 영광에서는 영광읍 학정리 강변과 대마면의 수동과 마동 유적 등 총 11개소에서 다양한 토기와 철기류의 유물이 출토되었다. 이는 철기문화 후기(기원전 전후~서기 300년)의 마한시대 유적으로 추정되고 있다.

한편 고대사회에 해당하는 시기의 고분은 10개소에서 확인되었는데, 주로 돌방무덤이 주류를 이룬다. 영광읍 대천고분은 이른 시기의 목무덤과의 관련성에서 매우 중요한 자료이며, 법성면 월계고분은 장고분(長鼓墳)으로서 일본의 전방후원분(前方後圓墳)과 유사하다. 무덤의 축조가 5세기 말에서 6세기 초로 추정되는 것처럼 마한이 5세기 중엽까지 반남일대를 중심으로 대규모 옹관고분을 사용하면서 전성기에 달했으며, 이 시기에 우리 영광지역 군장국가의 실체는 전혀 알 수 없으나, 마한 54국 안에 편제된 '작은 나라'로서 고인돌이 밀집 분포되어 있는 지역에 위치했던 것으로 추측된다. 물론 아직도 논란의 여지가 있으나, 막로국과 모노비리국(영광읍), 고립국(염산면), 신운신국(군남면 남창리 일대)이 위치해 있었다고 비정되어 왔다. 이들 군장국가들은 4세기 후반 나주 영산강지역을 중심으로 전남지역에서는 점차 백제식 돌방무덤이 조성되어간 것처럼 점차 백제의 지배 아래로 편입되어 갔다. 전남지역은 근초고왕(346년~374년)의 마한 공취 이후에 들어와서, 동성왕(479년~500년)에 이르러 남방정벌에 따라 중앙의 통치력에 놓이게 되었다.

2. 백제의 불교 수용과 영광(靈光)

우리 영광지역은 근초고왕(346년~375년) 4세기 후반부터 백제 중앙의 통치력 하에 놓이게 되었다. 그러나 백제의 간접지배 하에 2세기에 걸쳐 독자적인 세력을 견지했던 것으로 보인다. 바로 5세기 후반 백제양식과는 다른 법성면의 월계 장고분이 축조되고, 영산강 유역을 중심으로 대형옹관분이 6세기 이후까지 지속된 사실에서 알 수 있다.

영광지역의 최초 공식적인 국가행정지명인 '무시이군(武尸伊郡)'이라는 행정 명칭은 6세기 중엽에 방군성제(方郡城制)의 확립에서 그 토대를 두고 있다. 무시이군(武尸伊郡)의 뜻은 "해수(海水)가 깊이 유입된 지역"

일대를 의미하는 것으로, 바닷물이 영광군 내륙 깊숙이 대마와 묘량까지 유입된 것으로 보아, 그 무시이군의 지명이 당시 영광군의 바닷물 유입과 지형 간의 관계에서 비롯되었음을 알 수 있다. 오늘날 영광의 모습은 일제(日帝) 치하에서 간척사업을 통해 그 원형이 갖추어 가기 시작하여, 1960년대에서 80년대를 거치면서 영광군이 현재의 모습을 갖추게 되었다.

우리 영광(靈光)군은 다른 지역과는 달리 종교의 4대 성지가 모여있는 곳이다. 천주교와 기독교(개신교) 순교성지, 원불교 개교성지, 그리고 백제불교가 유입된 도래성지 등이다. 특히 백제 불교는 백제 제15대 국왕인 침류왕 원년(384년)에 동진(東晉)을 통해 인도출신 승려 마라난타가 전파하여 공인되었다. 삼국사기 백제본기 침류왕편에 의하면, 당시 "침류왕이 중국 동진에 파견한 사절이 귀국하면서 인도출신 승려 마라난타와 함께 귀국한 것이 계기가 되었다"고 한다. 또한 "침류왕은 마라난타를 궁궐 안으로 모시면서 예우 공경하고, 이듬해 2월에는 한산(한강 유역의 한강 이남 일대)에 처음으로 절을 세우고, 열 사람이 승려가 되는 것을 허락하였다"고 한다.

그러나 백제 불교가 수용되는 과정은 순탄하지 않았던 것 같다. 당시 기존 백제 사회는 뿌리 깊은 샤머니즘의 신앙이 보편화됨으로 불교가 유입되어 국교로 공인하자 이를 비난하는 여론이 고조되는 가운데, 당시 지배층 사이에서 크게 반발이 일어난 것으로 보인다. 바로 침류왕은 마라난타가 한산에 절을 세운 지 불과 9개월 만인 재위 2년 만에 갑자기 사망하였다. 이에『삼국사기 백제본기』는 침류왕의 태자 아신이 나이가 어려 즉위할 수 없어 동생 진사가 대신하여 왕위에 오른 것으로 기록되어 있으나,『일본서기』는 "백제 침류왕이 죽었다. 왕자 아화(阿花)가 어렸으므로 숙부 진사가 왕위에 빼앗아 즉위하였다"(日本書紀 제9권 神功紀 65년)고 되어있다. 진사왕이 형인 침류왕이 사망하자 조카 아신을 밀어내고 왕위에 올랐음을 알 수 있다. 마치 조선시대 수양대군이 계유정난을 일으켜 단종을 폐위하고 왕위를 차지한 사례와 유사하다.

이와 같은 왕권투쟁은 진사왕이 불교 수용에 반대한 귀족세력들과 함께 쿠데타(정변)를 일으켜 형인 침류왕을 살해하고 즉위하였을 가능성이 크다고 하겠다(三國遺事 제3권 興法3, 難陀闢濟). 이는 백제의 불교를 직접 수용하여 공인한 침류왕이 순교자가 되었음을 알 수 있다. 백제 불교는 침류왕의 태자 아신이 숙부 진사왕에 이어 왕으로 즉위하여 불교 전파에 노력함으로써 불교가 국교로서 발전을 거듭하게 되었다.

백제 침류왕이 불교를 수용 · 공인한 것은 확대된 영토와 강화된 왕권을 지지하는 고대국가의 이념으로서 보편적인 세계관이 형성되었기 때문이다. 불교는 초인적인 불법의 위엄을 국왕의 그것과 동일시하여 국가의 권위로 연계시키고, 정신적 측면에서 국민총화에 이바지했기 때문에 왕권 강화의 이념적 배경으로 활용되었다. 이러한 배경이 불교를 수용하게 된 주요 원인이 되었다고 볼 수 있다.

그렇다면, 백제 불교가 과연 우리 영광군 법성포를 통해 도래했다고 하는 사실들을 어떻게 입증할 수 있을까하는 의문이 든다. 실제로 당시 문헌이나 직접적인 사료가 남아 있지는 않다. 다만, 마라난타가 최초 법성포에 도착하여 불법을 전한 내용이 보다 구체성을 지니고 있어 영광군의 불교 도래지설을 입증하고 있다. 불갑사는 '부처의 으뜸', '최초의 사찰'이라는 불갑(佛甲)의 의미를 지니고 있다. 마라난타의 창설을 암시하는 불갑사 고적기에는 그 초창(初創)을 '나제지시(羅濟之始) 한위지간(漢魏之間)라고 기록하고 있어 백제 초기에 이루어진 사실을 말해준다.

또한, 법성포 일대의 구전과 지명 등은 영광 불교도래설을 입증하는 자료로 활용된다. 오늘날의 법성(法聖)포는 '불법(佛法)의 성인(聖人)'이라는 법성의 의미를 내포하고 있으며, 법성포 인근의 입암리 부근 지역도 백제시대에 처음 '나무아미타불(南無阿彌陀佛)'의 음을 함축적으로 표현한 아무포(阿無浦)로 지칭되었다. 고려시대에 개칭된 부용포(芙蓉浦) 또한 불교의 상징인 연꽃을 의미한다. 또한 영광이란 지명은 고려시대 초기에 명명된 것으로 '신령스러운 빛'의 뜻을 지닌 영광(靈光)이란 지명도 불교적인 의미가 함축되어 있을 것으로 보인다.

또한, 마라난타가 동진에서 법성포에 도착했을 때 아미타불상을 모시고 왔다는 구전, 정토신앙과 염불을 중심으로 불법을 전파했다는 설화, 인도 승려에 의한 백제 포교를 전하고 있는 일본의 선광사연기(善光寺緣起) 등도 영광 도래설의 근거로 볼 수 있다. 특히 조선후기 정조때, 나주 불회사(佛會寺) 대법당 중건 상량문과 대양문 중건 상량문도 주목된다.

이 상량문들은 무오년(1789년)에 이루어진 사창시(四創時)의 것으로 불회사 혹은 불호사(佛護寺)를 초창(初創)한 인물이 마라난타라고 되어있다.

이러한 내용을 종합하여 볼 때, 마라난타가 전남지역에서 사찰을 건립한 사실을 알려주며, 영광군의 법성포를 통한 백제 입국의 역사적 사실을 뒷받침하여 준다. 또한 백암 성총스님이 쓴『호남담양법운산옥전사 사적』에는 마라난타가 동진에서 마한의 땅으로 입국하였다는 기록이 남아있다. 이를 근거로 백제의 중심지역이 아닌, 마한 땅에 속한 영광 방면으로 들어와 한성으로 올라가기에 앞서 전남 일대에서 먼저 포교활동을 전개했음을 엿볼 수 있다.

3. 중세사회(통일신라와 고려시대)와 영광(靈光)

통일신라시대 경덕왕(757년)에 대대적인 군현 정비 때에 영광군의 명칭이 백제시대에 무시이군에서 무령군(武靈郡)으로 개칭되었다. 통일신라시대의 지방개편은 당나라 세력을 축출한 후 신문왕 5년(685년) 9주 5소경제로 완성되었다. 이후 영광군은 무주(武州/현 광주)의 관할로 바뀌었다가 경덕왕 16년(757년)에 있었던 대대적인 군현 정비 때에 무령군으로 명칭이 바뀌었다. 다만, 영광의 국가적 행정지명이 무시이군에서 무령군으로 개칭되었으나, 그 관할지역은 군현 편제 과정에서 큰 변화 없이 당시 개칭된 장사현(무장면), 고창현(고창읍), 무송현(의장면)을 백제시대

때와 같이 계속 관할하였다.

이처럼 통일신라시대의 지방통치에 있어 영광군이 무주에 편제되고, 군현 명칭이 변화되었다는 사실을 제외하면 백제시대의 위상은 그대로 유지되었다. 그러나 통일신라시대 후기에 들어와서, 영광군은 중앙의 지방통치력이 약화되면서 중앙통치력에서 벗어나, 독자적인 토착-해상세력으로 대두할 수 있었다.

영광군은 고려시대에 이르러 관할지역이 더욱 확대되는 특징을 보인다. 김정호의『대동지지』에 보듯이, '신령스런 빛을 지닌 곳'의 의미를 지닌 영광(靈光)이란 오늘날의 지명도 태조 23년(940년)의 지방개편에서 유래되었다. 특히, 영광군은 후삼국시기에 해로의 요충지로서 900년 이후부터 고려의 왕건과 후백제 견훤과의 치열한 공방전이 전개된 지역이었다. 이들 서남해 세력은 종래의 활발한 해상활동을 기반으로 왕건의 후삼국 통합에 크게 기여했다. 당시 영광군의 대표적인 호족으로는 영광전씨가 많은 전공을 세운 고려의 개국공신이었다. 따라서 태조 때에 영광(靈光)으로 지명이 개칭된 배경에는 불교적인 요소 외에 영광의 지리 · 전략적 위치와 이들 호족들의 공훈을 고려한 것으로도 볼 수 있다.

한편, 고려의 지방개편은 성종 때 완성되어 영광군 입암리의 아무포(阿無浦)는 부용포(芙蓉浦)로 개명되고 오늘날의 법성면 입암리에 조창(漕倉)이 설치되어 전남의 서해안과 서북지역의 세공을 관리하는 중요한 지역으로 부각되었다.

4. 근세사회 조선과 영광(靈光)

1) 조창(漕倉)으로서 영광

조선시대에 들어와서 영광군의 명칭은 그대로 존속한 가운데 조선 초기의 대대적인 군현 병합에도 불구하고 큰 변화를 보이지 않고 나주목에 소속되었다. 영광군은 고려시대부터 법성포를 중심으로 조창이 설치되어 조선시대에도 그대로 계승되고, 1895년 갑오개혁까지 조창으로서 기능이 800여 년 동안 존속되었다.

조선 조정에서는 영광군 법성포 조창을 보호하기 위해 법성진성이 축조되었다. 고려시대 설치된 부용창이 조선시대에 이르러 15개 군현을 관할할 정도로 그 비중이 더욱 커지자 법성창(法聖倉)으로 개칭되고 그 소재지도 현재의 법성포로 옮겨왔다. 또한 중종 7년(1512년) 무렵에는 나주 영산창이 폐창되면서 나주 소속의 주현을 대부분 흡수하여 28개 군현의 조세를 관할하는 전국 최대의 거창(巨創)이 되었다. 이를 보호하기 위해 중종 9년(1514년)에 법성진(法聖鎭)이 설치되고 만호(萬戶)를 배치하여 수군을 증강하게 되었다. 이러한 법성창의 중요성은 조선 후기에 더욱 높아져 수군첨절제사가 파견되고 정조 13년(1789년)에는 독립진(鎭)으로 승격되기에 이르렀다. 법성진성은 군사적 요충지인 법성진의 중요성이 커짐에 따라 한말까지 그 규모가 확장되었으나, 결국 순종 원년(1907년)에 가서야 폐진되었다.

2) 우국충정(憂國衷情)의 고장 영광

영광군은 임진왜란, 심하전투, 이괄의 난에 걸쳐 의리(義理)에 기초한 우국충정의 정신이 의병운동으로 줄기차게 전개된 고장이다. 영조 29년(1753년)에 간행된『임진수성록』에 의하면,1592년 임진왜란이 일어나자 영광군의 일부 주민들은 고경명과 최경회 의병진에 합류하거나 의곡모취(義穀募聚)의 활동을 적극 전개하였다. 특히 1593년 2월 28일까지 약 5개월에 걸쳐 이응종을 도별장으로 한 영광사림의 읍성방위의 수성동맹체가 결성되어 많은 활약을 하였다. 또한 심우신(沈友信)은 영광 출신 의병장으로, 김천일과 최경회와 함께 제2차 진주성전투를 지휘하다 순절하였다.

이러한 전란 속에서 우리 영광이 배출한 위대한 학자로 평가받고 있는 수은(睡隱) 강항(姜沆)선생은 왜군에 붙잡혀 일본에 유폐되었으나, 후지와라 세이카(1561년~1619)에게 성리학을 전수시켜 일본 성리학의 비조(鼻祖)로 추앙받고 있다.

임진왜란 후, 광해군 10년(1618년) 명나라가 후금에게 군사적으로 위협을 느끼자, 조선에 원군을 요청, 이듬해(1619년) 광해군은 조선군 17,646명을 파병하여 3월 4일 심하지역 일대에서 전투가 벌어졌다. 이때 전라도 군사 2,500명 중에 우리 영광지역 출신 200여 명이 파병군으로 징집되어 김응하 장군 지휘하에서 결사항전을 했으나, 전원 전사하여 구국의 별이 되었다. 이 심하전투에서 살아 돌아온 조선군 1,400명 만에 불과했다. “역사는 반복된다“고 했던가, 그 후 354년이 지난 1965년 9월부터

1973년 3월까지 8년 8개월 간 312,853명이 베트남에 파병되어, 사망자가 5,077명, 전상자가 10,962명의 인명 손실을 기록했다. 이 시기에 우리 영광지역 출신 베트남 파병 군인이 광해군 심하전투 때 보다 159명 많은 359명이 참전했다. 354년의 시차를 두고 두 번의 해외파병이 있었다는 것은 영광지역이 우국충정의 피가 면면히 흐르고 있음을 이를 입증하고 있다.

1623년 3월 인조반정이 일어나고, 이듬해인 1624년 평안도절도사 이괄은 인조반정의 논공행상에 불만을 품고 정월 22일 난을 일으켰다. 이에 이괄의 난을 진압하기 위해 영광 출신 선비 신유일이 가장 먼저 의기하여 영광 읍내 의곡 도청을 설치하였다. 의곡을 모취한 군량을 이괄의 난을 토벌하는 진압군의 식량으로 쓰이도록 전라감영에 전달하였다. 동년 2월 10일 신유일은 30여 명과 함께 향교에 영광 의곡도청을 설치하여 20일 동안 1백 석을 모취한 것은 어려운 여건임에도 정충보국의 강한 열망에서 비롯된 것이다. 3월 5일 영광 도유사 신유일과 신응순의 이름으로써 올린 의곡총량은 미곡 약 3천 석이었다.

또한, 토벌군에 지원한 근왕길에 나선 의병 강시달, 강시매, 고문두, 신유일, 이극람, 이극찬, 정전, 정제원, 정신달, 정박, 박승선, 박계일 성여원 등의 활동이 『호남정의록』에 수록되어 있다. 우리 영광이라는 고장은 국가가 위급한 상황에 처했을 때, 이를 회피하지 않고 당당히 우국충정의 정신으로 전쟁과 내란에 맞서 싸운 의리와 절의, 기개가 숨쉬는 고장임을 역사적으로 증명하고 있다.

5. 격동의 근대시기와 영광(靈光)

1) 영광의 동학농민운동과 1만 동학농민군

19세기 조선은 서구 근대화의 조류에 직면하여 국내외적으로 요동치는 상황에 내몰리면서 서구와 일본 제국주의 침략에 대응하며 자주독립을 추구함과 동시에 근대화 실현이라는 딜레마에 빠져들고 있었다. 이때 위정척사와 이를 계승한 의병, 개화운동이 일어나고, 일제에 의한 식민지화 과정에서 민족자존의 강인한 항전과 전근대적 사회체제의 해체 선봉은 동학농민운동이었다.

우리 영광(靈光)은 타 지역보다 1880년대 말부터 일찍이 동학(東學)에 의해 포교된 지역 중의 하나로 1894년에 전개된 근대개혁과 일제 타도를 주도한 동학농민운동의 주무대였다. 당시 우리 영광군의 동학교도들은 1893년 교조신원(教祖伸冤)과 부패 관료의 척결, '척왜양(斥倭洋)'의 사회변혁운동인 보은(충북)집회와 전봉준이 주도했던 전라도 금구현의 원평집회에 참여했다.

그 당시 영광은 전봉준의 고부농민봉기에 이어 '무장기포'로 불리는 제1차 동학농민운동으로 발전했다. 영광은 제1차 운동 직전에 이미 민중항쟁이 전개될 정도로 관료들과 법성포 조창(漕倉)의 수탈이 심화된 지역 중의 하나였다. 따라서 영광은 가장 주도적이며 대규모로 동학농민운동의 주무대로 법성 진량면 용현리 대밭에서 죽창을 만들어 포고문을 공포하여, 법성포의 관리들에게 통문을 보내 부정부패의 시정을 촉구하는 폐정개혁을 가장 먼저 영광의 1만 동학농민군이 촉구하였다.

특히, 1894년 4월 8일 흥덕에서 고창으로 진입하여, 4월 9일 무장에 주둔했던 동학농민군은 4월 12일 영광으로 진출했다. 영광에 주둔한 동학농민군의 규모는 1만명에 이르면서 4월 14일 법성포 일대 주변산과 구수산 등에서 주둔하며, 선박을 검수하고 탐관오리 관리와 일본인을 처벌하였다.

전라감사 김문현은 "4월 12일(1894년) 동학농민군 1만여 명이 영광 성내에 난입하여 백성들은 흩어졌다"라고 당시 중앙정부(의정부)에 보고 하였다. 또한 초토사(招討使: 진압군 사령관) 홍계훈이 보고한 전문에서 "동학도 1만여 명이 영광군에 주둔하여 5리 마다 복병을 두고, 30리에 2천 5백 명씩 그 군세가 날로 더하여 그 수를 알 수 없다"라고 하였다. 이처럼 동학농민군이 대규모로 영광에 주둔한 것은 전라도 27개 고을의 세미를 보관하던 법성창의 곡식을 확보하여 군량으로 쓰기 위한 목적이었다.

전주화약을 체결 후 자진 해산하여 호남 각 군에 집강소(執綱所)를 설치하여 근대화를 향한 폐정개혁을 단행하였다. 이때 영광 출신의 동학교들은 진도 일대까지 진출하여 폐정개혁활동을 적극 전개했다. 다시 2차 동학농민운동이 전개되자, 영광지역에서 오하영, 오시영이 8천 명의 동학농민군을 이끌고 기포하여 일제와 싸웠다. 그러나 정부군과 일본군 연합부대에 의해 진압되어 대부분 지도급 인사들은 처형되었다. 또한 동학농민군 일부 적극 가담자 수백명은 영광군 신하리 가축(牛)시장(현 축협마트

주차장)일대에서 대규모로 처형 및 화장하여 투기하는 만행을 저질렀다.

2) 영광의 의병운동

영광이 동학농민운동의 주무대였던 것 처럼 호남의병운동도 중심무대였다. 의병운동은 위정척사운동(衛正斥邪運動)에 기원하여 성리학을 신봉하는 유생들이 서구 제국주의 외압과 침략을 막고 국권을 수호하려는 '존왕양이(尊王攘夷)'의 이념에서 전개했다. 이들은 흥선대원군의 쇄국정책을 뒷받침하면서, 개항을 반대하고, 1880년대 외세 배격에 머무르지 않고 정부가 추진하는 일련의 개화정책을 비판하였다. 이러한 비판적인 행태는 장성의 기정진 선생과 손자이자, 문하인 기우만 선생 등이 의병운동의 정신적인 기둥이었다. 여기에 문하생 출신의 영광 유생들은 영광군의 의병운동을 주도하였다.

일제 타도의 기치를 든 제2차 동학농민운동을 전개했던 시기의 갑오의병(1894년)과 명성왕후 시해와 단발령으로 촉발된 을미의병(1896년) 등에서 대표적으로 영광군 출신의 후은(後隱) 김용구(영광군 대마면 화평리 수촌말)선생이 적극 후원하였다. 또한, 1905년 을사늑약으로 을사의병이 일어나자, 영광에서 김용구 선생을 중심으로 영광군의 유림지사들과 조직한 일심계(一心契)을 구심점으로 의병을 모집하여 일본군 토벌대와 접전하였다. 그뿐만 아니라, 헤이그밀사사건을 구실로 고종의 강제퇴위와 군대해산에 격분하여 정미의병(1907년)이 발발하자, 호남에서 1907년 기삼연을 맹주로 한 '호남창의회맹소'가 결성되었다. 이러한 호남창의회맹소는 영광 유생들과 적극적인 연대 속에서 도통령(都統領)이 되었던 김용구 의병장을 중심으로 지도부의 중심축을 구성하여 선두에서 일본 토벌군과 맞서 싸웠다. 이때 김용구 선생의 외아들 김기봉이 순국하였다.

항일의병전쟁이 치열하게 전개되자, 일본군은 1909년 9월부터 2개월간 '남한대토벌작전'을 전개하여 전라도 일대를 초토화시켰다. 1907년 8월부터 1909년까지 기록상 일본군에 의해 희생된 의병은 1만 6천 7백여 명이며, 부상자는 3만 6천 7백 70여 명으로 기록되어 있으나, 실제 그 배 이상일 것으로 추산된다. 이때 우리 영광군의 수많은 의병들도 희생을 당하였다.

격동하는 근대 시기 길목에서 우리 영광군은 항상 그 중심 무대였다. 영광출신 동학농민군의 대규모 처형과 의병전투에 참여했던 많은 영광의병들도 희생되었다. 이러한 역사는 일제시기 항일운동을 거쳐, 한국전쟁 전후 우리 영광지역에서 죄없는 대규모 민간인들(2만 5천 명~3만 5천 명 추산)이 군경토벌대와 좌익빨치산에 의해 비극적인 학살을 낳게 하는 구조적인 지역 정치 및 사회의 배경의 한 축이 되었다.

3) 영광의 3.1운동

우리 영광군에서 3.1만세운동은 3월 10일 광주에서 일어났던 만세운동, 다음으로 광주와 전남권에서 두 번째로 3월 14일 영광군 향교에서 시작되었다. 이는 의향(義鄕)정신이 영광의 역사적 배경 속에서 일찍부터 자리한 가운데서 비롯되었다. 1896년 9월 7일 학부령에 의해, 순천과 함께 영광군은 근대교육의 시범지역으로 선정되어 근대식 교육(서구 교육과목)과 사상(자유와 평등) 등이 지역사회로 유통될 수 있는 환경이 제공되었다. 특히 위계후와 조철현 등과 같이 외부에서 신교육을 받아 민족의식을 자각한 인물들의 3.1운동 주도 속에서 영광 · 법성 보통학교의 교사와 학생들도 적극 참여했다.

이때, 3.1운동을 주도했던 인물들이 1920년대 이후 영광의 항일운동 및 사회운동을 이끌었다. 이는 영광군의 높은 항일의지가 배경이 되었다. 또한 서울에서 귀향한 조철현, 류일과 고종황제의 국장에 참여한 노준 일행, 영광에서 거사계획을 추진했던 영광보통학교 교사 이병영과 학생들, 그리고 정인영, 정헌모 등이 처음부터 주도하였다. 특히, 3월 15일 이후 항일독립의 의지가 우리 영광 전역에 확산되어 3월 27일 영광보통학교 졸업생을 중심으로, 4월 1일 법성포보통학교 학생 박명서와 교사 나계형이 주도로 계획하였으나, 일제 경찰에 의해 사전에 발각되어 무산되었다.

일제기록에 의하면, 영광군에서 3.1만세운동에 참여한 군민들은 7천 6백여 명으로 사망자가 6명으로 집계되지만, 훨씬 그 이상일 것으로 보인다.

이를 통해서 알 수 있는 것은, 우리 영광군이 임진왜란 이후부터 광해군 시기 심하전투 파병군으로 참전, 동학농민운동의 중심무대, 호남의병운동 주도, 월남전 참전 등, 우국충정과 진충보국의 고장으로 그 DNA가

군민들의 정신 속에 면면히 흐르고 있음을 보여주고 있다.

4) 원불교 발상지와 소태산 박중빈 대종사

영광군은 백제불교 최초 도래지(384년), 천주교 신유박해 순교지(1801년), 원불교 개교성지(1916년), 기독교 순교지(1950년) 등 4대 종교 성지를 한곳에 품은 전국에서 나아가, 전 세계적으로도 유일한 보기 드문 지역이다.

특히, 원불교는 '하늘은 왜 파랄까?', '구름은 어떻게 생겨나는 것일까?' 등의 우주 자연현상과 인간 세상의 모든 일들에 대해 7세 때부터 의문을 품고 자라던 소태산 박중빈 대종사께서 1916년(원기 1년) 4월 28일, 26세의 나이로 전남 영광군 백수읍 길용리에서 큰 깨달음을 계기로 시작된 종교이다. '물질문명에 맞서 정신을 개벽하자'는 표어 아래, 저축 · 간척 등 생활 실천과 교단 조직을 통해 민중의 자립과 결속을 강화하는 역할을 했다. 당시 일제의 가혹한 유사종교 탄압 속에서도 교단을 정비 및 확장하며 민중에게 큰 희망의 정신적 버팀목이 되어준 종교로 뿌리를 내렸다.

5) 영광체육단사건

영광체육단은 1934년 4월 위계후, 조규원, 조운, 정진삼, 정욱, 이을호 등이 주도하여 향교 명륜당에서 조직하였다. 영광체육단은 1935년 체력 향상을 내걸고 4개 군의 연합운동회를 개최하고, 1937년에는 베를린 올림픽에 출전한 남도 출신 남승룡을 초청하여 시민운동회를 진작시키는 활동을 전개하였다. 이는 체육을 통한 민족의식 배양과 한민족의 독립에 직결된 것이었다.

일제는 체육단 활동에 대해 민감하게 반응하며 정보사찰을 강화하였다. 영광체육단사건 발생 1년 전인 1936년 '조선사상범 예비구금령'을 만들어 한국 지식인을 구금할 수 있는 제도적 장치를 마련하였다. 그리하여 일제 경찰은 1937년 '동방약속민족 옹호 대한독립만세'라고 쓴 벽보를 영광읍 사거리 등에 붙인 후, 이를 반일분자의 소행으로 조작하여 영광의 독립지사들을 검거 탄압하는 사건을 일으켰다.

이 사건에 연루된 인물들은 1910년대부터 위계후를 시작으로 3.1만세운동과 1920년대부터 1930년대의 영광지역에서 민족 · 사회운동을 주도한 인물들이자, 민족의식에 투철한 지사들이었다. 이 사건을 통해 231명이 검거되고 21명이 투옥되어, 장기간에 걸친 고문 탄압이 자행되었다.

영광체육단사건은 3.1운동 다음으로 가장 규모가 큰 영광의 독립운동으로, 이를 조작하여 영광의 민족 · 사회운동을 탄압 · 말살시키려는 일제의 만행을 엿볼 수 있다. 그러나 이 영광체육단 조직화를 주도했던 지사들은 훗날 해방 직후 인민위원회 핵심멤버로 활약하며, 한국전쟁 전후로 월북하거나, 혹은 좌익빨치산에 편입되어 남북분단의 희생양이 되고 역사의 뒤안길로 사라지는 비운을 맞게 되었다.

6. 영광지역 현대사의 비극-한국전쟁 전후 민간인 대학살

1) 해방정국과 영광

1945년 8월 15일 이후, 일제 36년 간의 엄혹한 식민통치에서 벗어나 광복을 맞이한 한반도에서는 여운형을 중심으로 좌우 계열의 독립운동가들이 참여하는 조선건국준비위원회를 결성했다. 당시 건준은 국내 최초 정치단체로 민주주의적 독립국가 수립을 준비하는 정치 통일체임을 표방하고, 전국 145개의 지부를 설치하여 민족국가 수립을 위한 활동을 전개하였다.

우리 영광군에서는 8월 17일 전남도지부 산하에 조희충을 위원장으로 하는 영광의 건준지부가 조직되었다. 당시 영광의 건준지부는 1910년 이후 민족교육운동을 전개하며 광복을 맞이할 때까지 3.1운동과 사회운동을 주도한 인물들이었고, 이들 중에 대부분 사회주의 성향의 인사들이었다. 그러나 조희충과 적산관리부장 정욱, 영광체육단사건의 문교부장 이을호는 민족주의 계열의 독립운동가들이었다. 지방의 건준지부는 독자적으로 결성되어 치안유지와 일본인의 적산을 관리 보호하는 일 등을 담당하였다.

한편, 건준은 사회주의와 공산주의 계열이 주도하면서 9월 6일 경기여고 강당에서 조선인민공화국이 선포되자, 전국 건준의 조직은 20여일 만에 해체되고 7도 12시 131군에 인민위원회로 개편되었다. 이때 9월 14일

박헌영을 중심으로 조선공산당이 재건되고, 민족주의 계열은 9월 16일 김성수와 송진우, 장덕수를 중심으로 한국민주당이 창당되었다.

이러한 정국에서 미군정(1945.9.8.~1948.8.14.)은 조선인민공화국과 산하 지방조직인 인민위원회를 공산계열로 규정하고 10월 10일에 이를 인정할 수 없다는 해산명령 성명서를 발표하고, 12월 12일 이후 물리력을 이용하여 집행에 나아갔다.

영광은 10월경에 건준이 인민위원회로 개편된 지역의 하나로서 조희충을 그대로 위원장을 맡고 행정과 치안을 수행했다. 미군정이 1945년 11월 15일 목포시인민위원회 해체를 명령 집행하기 시작한 후, 최영실 대장으로 한 전남도경 경관 30여명과 헌병 10명이 1946년 2월 19일 영광경찰서를 접수하면서 정진삼 치안부장을 해임하고, 2월 말경에는 건준에서 추대된 군수로 활동하던 조희충 위원장을 면직했다. 또한 미군정은 1946년 3월 9일 김영하를 군수로 임명하여 영광의 행정조직을 재구성하고 조선민족청년단 등의 반공단체 지부가 결성되어 주도권을 장악하면서 공산주의 계열은 지하화되기에 이르렀다. 이렇게 당시 영광의 인민위원회를 무리하게 해체하는 과정에서 물리력이 동반된 저항과 충돌이 있었다. 이는 후에 제1차 빨치산이 양산되는 결과를 초래하였다.

1946년 10월 1일 대구를 시작으로 전국 각지에서 미군정의 정책실패에 대한 불만이 폭발하기 시작했다. 특히 미곡자유시장정책에 따른 쌀값 폭등과 이를 방지하기 위해 쌀을 일반 시세보다 2배에서 5배 정도의 낮은 가격으로 강제 공출하는 미곡공출제와 3대1 소작제에 반대하는 추수투쟁이 노동자 총파업과 동시에 확산되었다. 대규모 민중들의 저항에 직면하여 사회적인 혼란을 더욱 가속화시켰다.

전남에서는 1946년 10월 말에 대규모 추수봉기가 일어나고, 영광에서는 11월 3일과 4일 영광읍과 홍농 · 군남면에서 경찰서와 지서를 습격하는 추수봉기가 일어났다. 그 과정에서 경찰 발포로 13명이 사망하고, 가담자 중에서는 산으로 피신하여 제2차 빨치산을 형성하였다.

1948년 남한 단독정부수립의 반대운동인 좌익이 주도한 2.7구국투쟁과 5.10선거반대투쟁을 전개와 함께 한국전쟁 전후 좌익빨치산 전 단계인 '구빨치산 야산대'의 무장활동을 전개하게 된다. 당시 영광에서는 불갑산을 중심으로 활동을 전개했는데, 대부분 사회주의 성향의 인민위원회 간부와 좌익화된 추수봉기 주도자들로 구성되어 제3차 빨치산을 낳게 되었다.

또한, 동년 10월 19일 제주4.3사건에 토벌부대로 출동 명령을 받은 여수의 14연대가 항명하며 여순사건을 일으켰다. 이 사건을 계기로 이승만 정부는 국가보안법이 제정되고, 대규모 군대 내부에서는 좌익성향의 장병을 대상으로 숙군(肅軍)을 단행하였다. 여순사건에 가담한 장병들은 지리산으로 후퇴하여 조직적인 빨치산 투쟁을 전개로 유격전구가 형성되었다. 이때 영광에서는 제1차부터 3차에 걸쳐 양산된 좌익빨치산들은 전남 서남부지역에 해당하는 호남유격전구에 속했다. 이때 일부 14연대 장병들이 들어와 체계적인 정규군 훈련과 지휘를 했던 것으로 추청되고 있으며, 영광 내에서 제4차 좌익빨치산이 구축되는 정치 · 군사적인 계기가 되었다. 영광의 좌익빨치산 인민유격대는 태청산, 불갑산, 구수산, 군유산을 중심으로 경찰 등을 습격하여 치안공백 상태를 초래하였다.

특히, 놀라운 것은, 1949년 1월 21일부터 한국전쟁 발발 3주 전인 1950년 6월 2일까지 우리 영광 군내 영광읍, 백수읍, 염산면, 군남면, 불갑면, 묘량면, 대마면 등 일대에서 15개월 가량 경찰과 좌익빨치산 간의 교전이 발생하는 준전시 상태로 한국전쟁 전후로 대규모 민간인 학살이 자행될 수 있는 정치 · 군사적인 환경이 조성되기에 이르렀다. 이 15개월 기간 동안 좌익빨치산을 토벌하는 과정에서 민간인들의 인명과 재산 피해가 초래되었다.

2) 한국전쟁과 영광

1950년 6월 25일 동족상잔의 비극인 한국전쟁이 발발하였다. 우리 영광에서는 1950년 7월 23일이 돼서야 인민군 제6사단(사단장 방호산 소장) 산하 제15연대가 영광읍에 입성하였다. 이를 계기로 조선노동당 영광위원회의 지배를 받으며 각 면리에 생산유격대가 조직되었다. 이들은 정치보위부가 주관하고, 인민위원회 등 하부조직이 가세한 가운데 반동분자로 지목된 사람들을 무차별적으로 처형했다.

특히, 1950년 8월 22일 북한 내무성은 자위대를 내무소와 분주소의 통제하에 두는 조치를 취하면서 내무서 아래 분주소 산하에 마을 단위로 자위대가 편입되는 치안체계를 수립했다. 그런데 동년 9월 중순 이후 북한 내무성과 내무부, 내무서, 분주소로 조직체계가 구축되고 별도로 조선노동당이 통제하는 특별자위대가 조직되었다.

9월 7일 인민군 전남내무부는 시군별 특별자위대가 조직을 지시하여, 전남도 총사령부 산하에 군과 면, 리, 마을단위별 노동당책임자가 사령관 또는 대장을 맡고 내무서 혹은 분주소의 책임자가 부대장에 취임하는 방식으로 조직됐다. 이에 따라 영광군에서도 동일 조직체계로 특별자위대가 만들어지게 되었다. 이들 조직들은 9월말부터 극좌 지역유격대 체제로 개편되면 유격대와 일병 '바닥놈'으로 불리는 생산유격대로 개편되어 군경 및 우인사와 그 가족들에 대한 대대적인 학살을 자행했다.

1952년 공보처가 발행한 〈6.25사변피살자명부〉에 기재된 총 59,964명의 피살자 중에서 전남지역은 43,511명이며, 여성은 15,956명 중에서 12,946명으로 나타난다. 더구나 영광군은 전남지역의 49%에 해당하는 21,225명에 달했으며, 여성은 전국 여성의 50%인 7,914명이었다. 그러나 민간인 학살을 전문적으로 연구 및 조사하는 학자들에 의하면, 좌익빨치산과 군경토벌대에 의해서 죄없이 영광군민들이 2만5천 명에서 3만5천여 명이 학살된 것으로 추산하고 있다.

이 같은 현상은 9월 말부터 극좌 유격대가 등장하면서 대규모 민간인 학살이 자행되었다. 특히 9.28 수복 이후부터 이듬해인 1951년 2월까지 영광군 민간인 학살의 80%가 이 4개월 기간에 집중되었다. 이 시기에 염산면에 소재한 염산교회 교인 77명과 야월교회 65명의 교인이 인민군과 토착 빨치산에 의해 죽창에 죽거나, 생매장 혹은 몸에 돌을 달아 설도항 포구 앞에 수장시키는 만행을 저지르기도 하였다. 10월 30일에 영광읍이 불완전한 수복이 되고, 11월 19일 홍농읍이 수복되었다. 그 외 나머지 읍면 단위는 1951년 2월에 가서야 완전 수복되었는데, 그 과정에서 대규모 학살이 벌어졌다. 공식 기록인 피해자 21, 225명 중에서 20세와 10세 미만이 각각 38%와 16%를 차지하는 것처럼 군경과 우익인사 및 이념에 다르다는 이유로 가족 전체를 대상으로 한데 있었다.

이와 같은 대규모 민간인 학살을 자행한 한 축이 육군 제11사단이 있었다. 1950년 8월 27일 경상북도 영천에서 창설된 육군 제11사단은 10월 2일 경에 9연대와 13연대, 20연대를 배속받아, 전북 남원에 사단사령부를 설치하고, 경남 진주에 9연대, 전북 전주에 13연대, 전남, 광주에 20연대를 주둔시켜 좌익빨치산 토벌에 집중하였다. 이때 함평군 월야면 일대에서 20연대 산하 3대대 5중대가 자행한 민간인 대규모 학살은 대표적 그 사례다.

특히, 영광에서는 1951년 2월 경에 군경혼성부대인 전남지구전투사령부 불갑산토벌부대가 투입되었다. 일명 '대보름작전'으로 명명된 빨치산 토벌작전은 영광 군내 불갑산 중심으로 일대 산지에서 2천여 명이 넘는 빨치산들이 사살되고, 1951년 3월 11일에 가서야 좌익빨치산들의 최후 근거지인 백수읍 갓봉이 완전 토벌되었다.

우리 영광군이 비극적인 현대사의 질곡에서 예외일 수는 없었던 것처럼 해방의 공간에서 좌우익의 어느 편에 섰던지 이제 이념을 뛰어넘는 치유와 화해, 승화의 역사로 재구성하는 과제가 현재를 살아가는 우리 앞에 놓여 있다. 그래서 우리 영광군에서 박물관 혹은 역사관 건립이 시급하고 지역 군민들에게 교육이 절실해 보인다. 또한 하루 속히 적대 세력(인민군과 좌익빨치산)에 의해 희생된 희생자와 유가족에게 배상과 보상을 통한 명예회복이 반드시 이루어져야 할 것이다. 당시 국민의 생명과 재산을 지켜내지 못했던 무능했던 국가의 모습이 아닌, 당당히 국가로서 책임을 다하는 진정성 있는 모습을 보여야 할 것이다.

〈한국전쟁 전후 영광지역 내 민간인 학살이 자행된 주요 마을〉

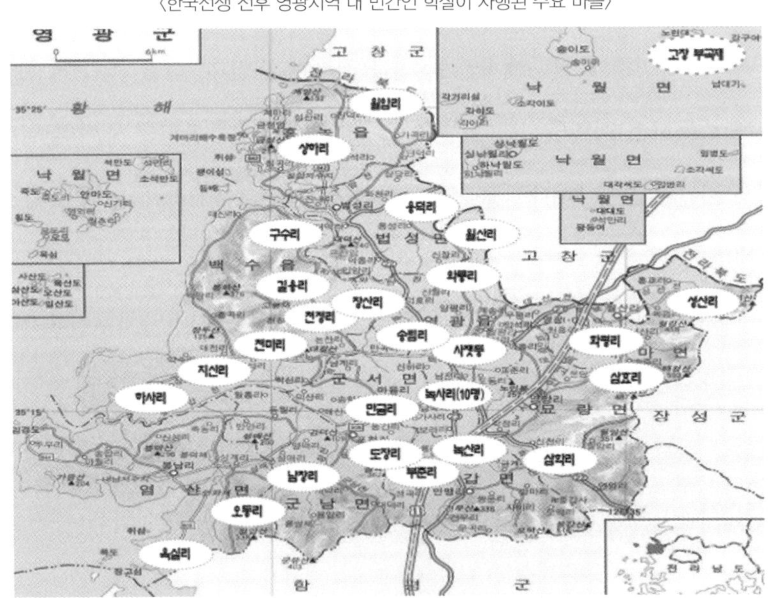

PART 2

영광의 현재, 현재의 영광(靈光)

1. 우리 영광군 지역정치 과감한 혁신 필요

우리나라의 지방자치는 대한민국 정부 수립과 함께 시작되었다. 지방자치는 최초의 제헌헌법에서부터 명문화하였다. 한국전쟁 중인 1952년 혼란한 상황에서 첫 지방선거가 실시되었다. 하지만, 박정희 5 · 16 군사쿠데타로 인해 지방자치는 중단되었다. 그러나 1987년 민주화의 물결은 1991년 30년 만에 기초의회의원선거를 시작으로 지방자치를 부활시켰다. 그 후 1995년 광역과 기초단체장, 의회의원선거가 실시되어 풀뿌리 민주주의로서 현행 지방자치제가 본격 시행되었다.

그러나 그동안 35년 동안 지방자치제를 시행하면서, 지방자치제의 최대 장점인 '풀뿌리 민주주의 실현'이라는 가치는 이념과 지역 정치 구도에 갇혀 거의 실종되다시피 하였다. 전라도와 경상도 지방정치는 모두 특정 정당에 의한 독주 체제가 마치 철옹성처럼 구축되어, 그들만의 리그로 전락한 지 오래되었다.

특히, 우리 전남 영광군의 지역정치도 예외일 수 없다. 영광군은 인구 5만 3천여 명을 가지고 있는 농촌 지역 군 단위 중에서는 제법 규모가 크다고 할 수 있다. 현재 영광군 의회를 구성하고 있는 의원은 '가' 지구(영광읍, 군서면, 군남면, 불갑면, 대마면, 묘량면) 군의원 4명과 '나' 지구(홍농읍, 백수읍, 법성면, 염산면, 낙월면) 군의원 3명으로, 7명의 선출직 의원과 비례대표 여성의원 1명 등 총 기초의원이 8명이다. 이들 8명의 군의

원과 군수 등 모두가 동일한 특정 정당 소속 당원들이다. 이처럼 영광군을 대표하는 군수(郡守)부터 기초의원까지 똑같은 특정 정당 출신들로 구성되면, 다음과 같은 문제점이 드러날 수 있다.

첫 번째, 정치적 다양성 실종이다. 민주주의는 개인의 자유와 다양성을 존중하는 것을 바탕으로 하는 정치 체제이다. 다양한 정치적 견해를 가진 사람들 간의 대화와 타협을 통해 합의를 도출하는 것으로서, 다양한 색깔과 사고를 소유한 사람들의 다양성 그 자체를 존중하는 것이다. 그러나 영광의 지역정치에서 특정 정당의 일당 독주는 민주주의의 다원성 존중이라는 정치 체제와는 거리 먼 행태를 보이고 있다. 이는 풀뿌리 민주주의를 심각하게 후퇴시키는 결과를 가져올 수 있다.

두 번째, 의원들 간의 건전하고 투명한 정책적 경쟁과 견제가 사라진다. 같은 정당 출신들로만 구성된 의회라면, 의원들 간의 치열한 경쟁과 상호 견제는 사라지고, 서로 간의 암묵적인 카르텔을 형성하여 부정적인 측면으로 진화해 갈 수 있는 환경이 조성될 수 있다. 예를 들어, 작년 2025년 7월경에 군의회 의원들 간의 의원사업비 운영을 놓고 크게 파문이 일었다. 보도에 의하면, "행정안전부는 2012년 지방의회 의원사업의 폐지를 권고한 바 있다"고 한다. 그러나 영광군에서는 농어촌 환경 개선이라는 명분으로 2022년부터 약 1백억 원 규모의 예산을 지속적으로 의원사업비로 운영해 왔다는 것이다. 일부 의원들은 관급 자재 납품을 비롯해 막대한 예산을 특정 업체에 몰아주고, 군 예산 편성에 지나치게 관여하였다는 폭로도 이어졌다. 이는 매우 심각한 일탈 행위라 아니할 수 없다. 또한, 모 다선 의원은 의원직 사퇴를 선언하며 마치 책임을 다하고 사퇴하는 것처럼 하다가 다시 번복하는 행태를 보이자, 군민들은 크게 분노하였다.

이와 관련해, 군의회 의장은 2025년 7월 12일 제289회 군의회 임시회 개회사에서 "의원사업비 관행에 변명의 여지가 없다"며 "앞으로 일절 집행부에 어떠한 요구나 관여도 하지 않겠다. 유사 사례 발생 시 의원직 사퇴도 감수하겠다"고 공식 사과하기도 하였다. 이는 영광군의회가 특정 같은 정당 소속 의원들로 구성되어 정책 대결이 아닌 일당 독주로 운영되면서 견제 기능은 사라지고 자정 능력을 완전히 상실하여, 의회의 제 기능을 할 수 없음을 단적으로 증명해 보여 준 대표적인 사례라 할 수 있다.

세 번째, 군민 유권자는 안중에도 없고 주변인으로 전락할 수 있다. 특정 정당 출신들로만 구성된 군의회는 의원들 간의 군(郡)과 군민(郡民)을 위한 치열하고 투명한 경쟁과 견제 기능이 사라지고 풀뿌리 민주주의는 퇴색되고 말 것이다. 다양한 정치적 색깔을 가진 정당 출신 의원들이 모여 서로 공정하게 경쟁하고 집행부(군청)를 견제하며 군민들의 한목소리에 귀 기울이는 모습 속에서, 진정한 군민 주권주의는 꽃을 피울 수 있을 것이다.

이상과 같이, 우리 영광군 지역정치의 여러 문제점을 크게 세 가지로 사례와 함께 살펴보았다. 지역정치의 진정한 혁신이 없이는 지역의 어떠한 발전도 기대할 수 없는 연목구어(緣木求魚)와 같다. 우리 지역정치에서 혁신(革新)이라 함은 3선 이상 출신 의원을 참신하고 깨끗한 새로운 인물로 교체하는 것이다. 또한, 특정 정당 후보에게 몰아주는 식의 선거 행태를 지양하고, 다른 정당 후보 및 무소속 후보들을 대거 의회에 진출시켜 정치적 다양성과 상호 견제가 이루어지는 정치적 시스템을 구축해야 한다.

아무리 좋은 자연 조건과 유구한 역사 · 문화, 그리고 산업 시설을 가지고 있다 하더라도, 자원을 배분하고 주민들 간의 이해관계를 조정하며 앞으로 나아가는 정치가 제 역할을 못한다면, 한낱 국민 세금만 탕진하는 돈 먹는 하마 집단으로 전락하고 말 것이다. 또한 "민주주의 최후의 보루는 깨어 있는 시민의 조직된 힘만이 민주주의를 수호해 낼 수 있다"는 (고) 노무현 대통령의 명언을 되새기며, 민주주의는 어느 날 하늘에서 뚝 떨어지는 것이 아니라, 그 시대를 살아가는 사람들이 늘 깨어 있는 문제의식을 가지고 끊임없는 견제와 감시, 노력을 기울여야 함을 상기해야 할 것이다.

그래야만 민주주의는 온전히 지켜지며, 지역 풀뿌리 민주주의는 정상적으로 작동되어 갈 것이다. 우리 영광군민들도 과거에는 정치 구도상 특정 정당을 일관되게 응원하고 지지해 왔다. 나 또한 그러했었다. 하지만 이제는 중앙정치가 아닌 지역정치에서는 실제 가까이 옆에서 일하는 지역 일꾼을 참신하고 깨끗한 인물 중심으로 선출하여 정치가 바뀌어 가도록 해야 할 것이다. 그래야만 지역 군민들이 존중받는 가운데 군민 주권주의는 실현될 것이다. 정치가 군민들에게 희망을 주기 위해서는, 군민들 스스로가 그만큼 깨어 있어야 함을 전제로 한다.

2. 영광군민의 건강권·생존권을 위협하는 영광 SRF 쓰레기 발전소 논란!

우리 영광군 관내에서 최대 논란의 중심에 있는 문제가 있다면, 바로 영광 SRF 쓰레기발전소 건립을 둘러싼 첨예한 갈등과 대립일 것이다. 〈영광 SRF 쓰레기발전소 반대 범군민대책위원회(집행위원장 나호일)〉는 2019년부터 2026년 2월 현재까지 8년째 우리 영광군민의 건강권과 생존권을 위협하는 영광 SRF 쓰레기발전소 건립을 반대하는 투쟁을 이어오고 있다. 이 반대 투쟁은 영광군의 현재와 미래의 생존권과 관련한 중차대한 문제로서, 무엇이 문제인지를 나호일 집행위원장이 기고했던 칼럼을 중심으로 살펴보고자 한다.

〈영광 SRF 쓰레기발전소〉 사업은 2016년 12월 영광군과 투자협약(MOU)을 체결하고, 2017년 1월 실시계획인가를 신청하면서 전남도청으로부터 3MW 규모의 바이오에너지 발전사업 허가를 받았다. 영광군은

2017년 6월을 기점으로 이 사업에 대한 실시계획인가를 고시했고, 7월부터 부지 조성 공사에 돌입하였다. 그러나 사업자는 2017년 11월 산업자원부로부터 9.9MW 규모의 SRF(Solid: 고체 · Refuse: 쓰레기 · Fuel: 연료) 열병합발전소로 사업 허가를 받고, 2018년 3MW 바이오에너지 사업 허가는 전남도청에 반환하였다.

결국 애초에는 3MW 규모의 친환경 바이오매스를 소각하는 사업이었지만, 2017년 산업자원부로부터 SRF라는 고형연료를 사용하는 산업 쓰레기 소각사업으로 용도와 목적을 변경한 것이다.

이러한 사실이 2019년에 이르러서야 대외적으로 알려지게 되었고, 결국 해당 지역 주민들의 반대 여론에 직면하였다. 급기야 2022년 12월 SRF 연료 사용에 대한 행정소송에서 영광군이 최종 패소하면서 사업자에 의해 공사가 빠르게 진행되었지만, 사업의 시작 단계부터 위법한 사실들이 속속 드러나면서 결국 공사 중지 명령까지 내려지는 상황으로 치닫게 되었다. 특히 본 사업은 다음과 같이 몇 가지 규정을 위반한 가운데 추진되었다.

첫 번째, 군관리계획시설 규정을 위반한 가운데 추진되었다. 군관리계획시설을 설치하기 위해서는 군민들에게 필요 불가결한 공공성과 건축 규모의 적정성이 우선되어야 한다. 또한 주민들의 충분한 의견 수렴과 군의회와의 사전 협의가 선행되어야 한다. 본 사업은 앞서 언급했듯이,

2017년 6월 최초 실시계획인가 당시 3MW의 바이오에너지 발전사업은 신재생에너지법 시행규칙 제2조 제9호의 바이오에너지 설비에 해당되지만, 2017년 11월 취득한 SRF 발전사업 허가는 신재생에너지법 시행규칙 제2조 제10호의 폐기물에너지 설비에 해당된다.

따라서 해당 사업은 폐기물에너지(SRF 고형연료 사용 시설) 시설 및 SRF 고형연료 제조 시설로서 사업을 진행하기 위해서는 군관리계획의 변경이 우선 전제가 되었어야 했다. 하지만 영광군의 모든 행정처분은 2017년 6월 3MW 바이오에너지 발전사업을 기준으로 행해졌으며, 2017년 11월 SRF 발전사업 허가를 취득한 이후에도 동일한 규정을 적용하였다. 놀랍게도, 영광군은 지역 내에 필요성이 전혀 없는 환경오염 물질 배출 시설에 대하여 공공성과 적정성 등에 대한 검토나 심의 없이 특정 사업자에게 편의를 제공한 것이다. 주민들의 의견 수렴 등 절차적 정당성이라는 중대한 사항이 완전히 무시되었고, 밀실에서 권한을 남용한 것으로밖에 볼 수 없다.

또한, 별도의 인허가를 받아야 할 SRF 제조 시설을 부대시설로 간주하여 2020년 1월 폐기물 처리사업 계획을 조건부 허가함으로써 중대한 행정적 과실을 범했다. 이러한 일련의 처분은「국토의 계획 및 이용에 관한 법률」제43조 제1항에 따른 군관리계획시설 변경 절차가 무시된 특혜성 사업으로 간주될 수밖에 없는 결과를 낳았다.

두 번째, 환경영향평가를 피하기 위한 사업의 편법적인 행태이다. 해당 사업체는 토석채취 허가 대상임에도 환경영향평가를 회피하기 위해 설계 도면의 위 · 변조를 통해 토석채취량을 허위로 작성한 정황이 드러났다. 2024년 1월 관할 행정부처인 영산강유역환경청은 “환경영향평가 대상임에도 협의를 거치지 않고 사업을 승인하여 사전 공사 금지 규정을 위반했다.”며 영광군에 공사 중지 명령을 요청했다. 2024년 3월 영광군의 자체 감사 결과에서도 토석채취량이 허위 보고된 것이 확인되었다. 사업체는 발전설비 용량을 9.9MW로 축소 신고하여 환경영향평가를 피하고자 했지만, 0.6MW의 용량 축소만으로는 환경영향평가를 피할 수 없었으며, 결국 2024년 4월 공사 중지 명령 처분에 이르렀다.

세 번째, 열병합발전소인가, 폐기물 처리업인가? 해당 사업의 정식 명칭은 발전사업으로 산자부 전기위원회의 승인을 받은 SRF 열병합발전소이다. 열병합발전소란, 소각 시 발생하는 열을 회수하여 인근 주거지역에 공급하거나 스마트팜 농업에 이용하는 집단에너지 시설이다. 사업체는 처음부터 열병합발전소로 허가를 취득하고 주민들에게도 열병합발전소로 홍보해 왔다. 하지만 공사 중인 시설물 등 사업 내용을 살펴보면 소각열 사용에 대한 대책이 전혀 없다. 결과적으로 열병합발전소라는 명칭은 주민들에게 신재생에너지라는 이미지를 부각시키는 수단일 뿐, 실상은 소량의 전기를 생산하는 쓰레기 소각 시설에 가깝다고 할 수 있다. 해당

사업체는 발전 시설로 허가를 받은 후 2020년 영광군으로부터 하루 250톤에 달하는 폐기물 종합처리 조건부 허가를 받아냈다. 즉, SRF 고형연료 제조시설의 허가를 받아낸 것이다. 전기 판매보다는 타지역 사업장의 쓰레기를 받아 소각하는 것이 더 큰 수익이 되기 때문이다.

결론적으로 온갖 규정 위반과 위법으로 시작된 이 사업은 군민에 대한 기만과 무시, 그리고 오만함이 빚어낸 결과로, 절차적 정당성을 무시한 행정 특혜로 추진된 사업이라 할 수 있다. 만약 절차적 위법 사항이 분명하게 드러날 경우, 환경영향평가를 다시 실시할 것이 아니라 허가를 취소하고 백지화하는 것이 타당할 것으로 본다.

정제되지 않은 비성형 SRF는 연료가 아니라 쓰레기를 잘게 부순 것으로, 이를 대량 소각할 경우 쾌적한 환경에서 삶을 영위해야 할 주민들의 환경권 · 건강권 · 재산권을 심각하게 침해할 수 있다. 또한, 우려되는 것은, 만약 SRF 소각 시설이 우리 영광 지역에서 가동될 경우, 법성면 용성리 폐플라스틱 처리 공장 설치 시도에서 보듯이 유사한 폐기물 관련 혐오 시설들이 우리 고장에 난립하는 상황에 직면할 수 있다는 점이다.

따라서 영광 군민들 모두는 한마음 한뜻으로, 우리 지역 내 건강권과 생존권을 위협하는 시설물이 들어오지 못하도록 시민의식이 충만한 군민들과 사회 각계 민간단체가 함께 힘을 모아, 이익만을 추구하는 사업체가 발을 들이지 못하도록 우리 고장을 우리 스스로 지켜나가야 할 것이다. 특히, 우리 영광은 SRF 쓰레기 소각으로 인한 이미지 훼손이 영광 굴비를 비롯한 모시송편, 쌀, 민물장어, 천일염, 청보리 및 다수의 농 · 축산 농가 등 우리 지역 내 농수축산업에 막대한 경제적 피해를 가져올 우려가 크다.

3. 불갑산 명칭을 둘러싼 논란

지금으로부터 4년 전인 2022년 10월 31일, 함평군의 모 사회단체와 함평군 도의원, 함평에 소재한 모 대표 등이 주도하고 함평군청이 동조하여, 기습적으로 헬기를 동원해 불갑산 연실봉 정상에 〈모악산-516m〉 표지석 설치를 감행했다. 이로 인해 불갑산 명칭 논란이 촉발되어 현재(2026년 2월)까지 평행선을 달리고 있다. 이와 관련하여, 불갑산 전 주지 스님이 모 언론사에 기고한 글과 불갑사 관련 인사가 보내준 자료를 바탕으로 불갑산 명칭 논란의 진실을 살펴보고자 한다.

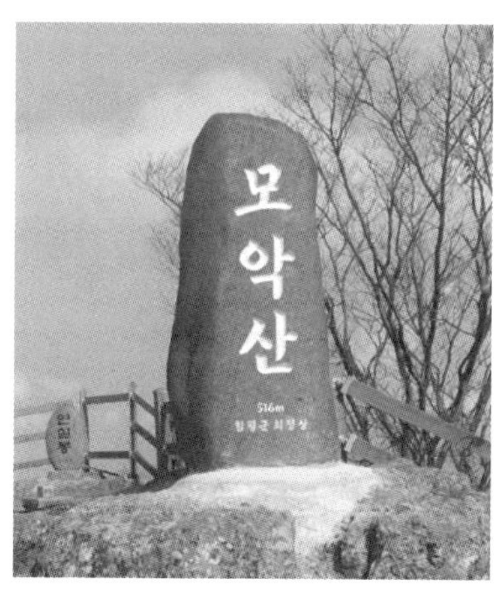

불갑산을 불갑산이라 부르는 역사적 연원은 백제시대에 불갑사가 창건되면서부터로, 백제 침류왕 원년인 서기 384년부터이다. 불갑산의 명칭은 백제, 고려, 조선, 근현대까지 변함없이 지역 주민들에게 불려온 각인된 이름이다. 이에 대한 고증을 보면, 불갑산을 고려시대에도 변함없이 '불갑산'으로 불러온 역사적 기록이 있다.

각진국사는 1349년 고려 충정왕에 의해, 1352년 공민왕에 의해 왕사로 책봉되어 2대에 걸쳐 왕사를 지냈다. 이때 왕명에 의해 불갑사가 하산소로 지정되어 각진국사께서 불갑사에 주석하시다가 입적하시자, 1359년 공민왕에 의해 재정(宰政) 이달충이 각진국사 비명을 지어 불갑사에 각진국사 자운탑비를 세우게 되었다. 이 비문 가운데 각진국사께서 임금이 불갑사를 하산소로 하사하신 것에 대한 소회를 노래(頌)로 남기신 구절이 실려 있는데, 다음과 같다.

> 君賜筽城佛甲山 人言倦鳥已知還 殷勤薦祝如天壽 從此邦基萬古安
>
> 임금께서 오성의 불갑산을 내려주시니, 사람들은 게으른 새가 돌아올 줄 안다 하네. 천수를 누리시길 정성스레 축원드리오니, 이로부터 나라의 기초 길이 편안하리라.

여기서 오성은 영광의 옛 이름으로, 이 비문은『재정집』,『동문선』,『불갑사 사적기』,『조선금석총람』등에 실려 있다. 앞서 살펴보았듯이, 불갑산이라는 명칭은 고려시대에도 역사적 기록으로 존재하였다. 그럼에도 함평군 ○○○도의원이 불갑산 명칭은 최근에 와서야 불리게 되었다는 황당무계한 주장을 하며 왜곡된 정보로 군민들을 기만하는 행태는 결코 있어서는 안 될 것이다.

또한, ○○○도의원은 "1530년에 발간된 『신증동국여지승람』에서 함평 · 영광 편을 살펴보면, 불갑산 지명은 나오지 않고, 두 지역 모두 모악산이라는 지명으로 나온다. 물론 모악산이라고 불린 기록은 근현대까지 이어진다"라고 주장하고 있다. 이에 대해, 『신증동국여지승람』 영광 편 산천조에 모악산이 나오는 것은 맞지만, 같은 책의 지도에는 영광 · 함평 부근에 모악산이 표기되어 있지 않고, 김제 지역에만 모악산이 표기되어 있을 뿐이다.

한편, 조선 후기에 제작된 지도들을 살펴보면 더욱 선명하게 알 수 있다. 『조선팔도지도』(1724~1800년), 『동역도』(1800~1834년), 『대동방여전도』(1849~1863년), 『대동여지도』(1861년)는 불갑산과 모악산을 각각 따로 표기하고 있고, 『좌해지도』(1776~1800년), 『팔도지도』(1790년), 『여지도』(1800~1834년), 『팔도분도』(1849~1863년)는 모악산은 없고 불갑산만을 표기하고 있다.

이러한 지도상의 기록을 보면, 조선 중기까지는 영광과 함평에 걸친 이 산을 불갑산이라 부르기도 하고 모악산이라 부르기도 하여 같은 산을 지칭하였다고 볼 수 있다. 그러나 조선 후기에는 불갑산과 모악산을 분리하여, 현재 연실봉(해발 516미터)에는 불갑산으로 함평군 해보면 광암리에 위치한 용천사와 영광 불갑면 모악리에 위치한 수도암 사이에 있는 이른바 용봉(해발 339미터)에는 모악산으로 표기하는 것이 주를 이루고 있다.

〈팔도지도(1790)〉

특히, 조선 말기 지도인 대동방여전도와 대동여지도에서 이를 명확히 구분하고 있다. 이 두 지도를 이어받아 근대화된 면 단위 지명이 등장하는 『청구요람』(1863~1907년)을 보면 더욱 분명하다. 『청구요람』은 불갑면과 황량면 사이에 불갑산을 표기하고, 해보면 용천사 뒤에 모악을 표기하고 있다.

따라서 ○○○함평군 도의원이 『신증동국여지승람』만을 거론하며 근현대까지 불갑산 지명은 나오지 않고 모악산으로만 불린 것처럼 주장하는 것은 군민들을 호도하고, 자신의 주장을 정당화하기 위한 하나의 술수에 지나지 않는다. 한편, ○○○도의원은 "2003년에 영광군에 의해 지금의 불갑산이 등재되었고, 주소지도 영광군 불갑면 모악리 산 2-3번지이다. 불갑산은 최고봉 지명이 아니기에 해발 350미터 지점으로 등재되어 있다. 최고봉 516미터와는 거리가 멀다. 이는 모악산의 최고봉이 함평군 땅 해보면 금계리 산 50-1번지 주소지에 해당하기에 영광군이 이러한 조치를 취한 것이라고 본다"라는 얼토당토 않은 주장을 내놓았다.

불갑산이 국토지리정보원에 등재된 때는 대한민국 정부가 1958년부터 3년간에 걸쳐 전국 단위 지명 전수조사를 완료하여 '지명조사철'을 작성하고, 1961년 4월 22일 국무원 고시 제16호로 '표준 지명 사용에 관한 건'을 고시한 직후이다. 2003년은 사소한 사항에 관한 변경 고시일 뿐이다. 또한, 불갑산의 최고봉인 연실봉은 영광군 불갑면 모악리 산 2-3번지와 함평군 해보면 금계리 산 50-1번지가 경계를 이루고 있다.

함평에서도 연실봉을 중심으로 한 산을 과거부터 불갑산이라고 불러왔다. 그렇기 때문에 함평군에 소재한 해보초등학교(1930년 개교), 해보중학교(1971년 개교), 월야초등학교(1925년 개교) 교가에서도 '불갑산 정기를 받아~'라고 하여 불갑산이라 부르고 있다.

또한, 국토지리정보원의 지명유래집 전라남도 함평군 편을 보면, "모악산(母岳山)은 군의 해보면과 영광군 불갑면 경계에 위치한 산이다. 불갑산 다음으로 높은 산봉우리이며, 불갑산 남서부 줄기와 바로 이어진다. 산 아래에 용천사라는 절이 있다"라고 하고 있다. 이어서 "불갑산(佛甲山)

은 군의 해보면과 영광군 불갑면 · 묘량면 경계에 있는 산이다. 함평군과 영광군을 통틀어 제일 높은 산이다. 불갑면 불갑사가 영광군에 있기에 영광군의 산으로 알고 있지만 산의 상봉에서 능선을 따라 함평군과 영광군이 갈라진다. … (중략) … 『군세일반』(함평)의 지도에 불갑산과 모악산이 기재되어 있다. 불갑사는 인도승 마라난타가 384년(백제 침류왕 원년)에 제일 처음 지은 불법도량이라 하여 명명하였다고 한다. 불교의 '불'자와 육십갑자의 으뜸인 '갑'자를 한 글자씩 따서 불갑사라 이름 지었는데, 이를 통해 불갑산 지명이 유래되었다"고 그 지명에 대해 설명하고 있다.

과거 고려시대부터 조선시대를 거쳐 근현대에 이르기까지, 앞에서 열거한 수많은 기록들이 불갑산을 지칭하고 있다. 특히, 함평 쪽 기록에서 더 적극적으로 모악산과 구분하여 불갑산을 표기하고 있을 뿐만 아니라, 국민 대부분이 불갑산으로 인식하고 있으며, 1961년 지명위원회에서 확정하여 국무원 고시 제16호로 고시한 '불갑산'이라는 지명이 공식적으로 사용되고 있다. 놀라운 것은, 함평은 애초에 불갑산 명칭을 논할 자격이 없다는 점이다. 불갑산 도립공원 지정을 추진할 때 처음에는 영광과 함평이 공동으로 진행하였으나, 나중에 함평은 용천사 권역 개발, 구수동 지역 개발 등을 이유로 도립공원 지정을 거부하며 땅 한 평도 도립공원에 포함시키지 않았다. 그리고 당시 불갑산 도립공원이라는 명칭에 대해 함평의 어느 누구도 이의를 제기하지 않았다. 함평 주민들도 대다수가 불갑산이라고 뿌리 깊이 인식하고 있기 때문이다.

그런데 이제 와서, 도립공원에 땅 한 평도 포함시키지 않은 함평에서 "도립공원 명칭을 모악산으로 해야 한다" 혹은 "지정이 잘못되었다"는 등의 시비를 일삼는 행태는 매우 비합리적이고 설득력이 극히 빈약하다. 불갑산의 명칭은 천년의 역사와 전통을 간직한 이름으로 각종 고문서를 통해 그 사실을 명확히 확인할 수 있다. 불갑산은 천년의 역사를 간직한 우리 영광군의 상징이자 정체성이다. 우리 불갑산은 군민 모두의 공동 자산임과 동시에 자존심이자 자부심이다. 결코 양보하고 타협할 수 없는, 영광인의 마음속 영원한 고향인 불갑산의 명칭을 우리 영광군민 모두가 단합된 힘으로 굳건히 수호하여 후세에게 온전하게 물려주어야 할 것이다. 이는 현 시대를 살아가는 우리 모두의 책무라고 생각한다.

4. 전남·광주 행정통합 시대와 영광

1) 전남 · 광주 행정통합

전남 · 광주 행정통합은 지난 30년간 세 차례의 통합 시도가 있었으나 모두 실패로 돌아갔다. 그러나 이재명 정부 출범 이후, 대통령의 강력한 지원과 독려 속에 광주와 전남 간의 통합 논의는 급물살을 타기 시작하였다. 광주와 전남이 행정통합을 이루게 되면 인구는 320만 명의 메가시티급 규모로 커지고, 지역 내 총생산은 약 150조 원 규모로 서울특별시에 준하는 수준의 행정 · 재정 권한이 강화된다. 또한 최첨단산업 분야의 초광역 협력을 통해 대규모 프로젝트를 주도할 수 있게 된다. 통합에 따른 세부 효과는 다음과 같다.

첫 번째, 경제 · 일자리 부문에 큰 시너지 효과를 가져올 수 있다. 2차 공공기관 이전과 관련해 최우선 인센티브가 제공되고, 첨단산업 분야의 대규모 국가사업 유치와 광주 · 전남 연계에 따른 대규모 산업클러스터 조성으로 경제 규모와 일자리가 크게 확대된다. 이는 지방 인구 감소로 인한 지방 소멸 문제를 근본적으로 해소할 수 있는 실질적인 대안이 될 것이다.

두 번째, 통합복지 기준안이 마련되어 생애 전주기 돌봄 체계가 강화된다. 원패스(One-Pass) 광역복지카드 도입으로 통합 이전보다 훨씬 체계적이고 내실 있는 복지 서비스를 누릴 수 있게 될 것이다.

세 번째, 대중교통과 생활권에서 더욱 빠르고 편리한 교통망이 구축된다. 광주 · 전남 통합 대중교통체계 구축, 통합 교통정보 및 모바일 서비스 제공, 통근 · 통학 맞춤형 광역 교통노선 운영 등이 체계화되어 이동의 편리함이 크게 향상될 것이다.

네 번째, 문화 · 관광산업의 브랜드화와 대규모 국제행사 공동 개최로 시너지 효과를 극대화할 수 있다. 문화 · 체육시설의 공동 이용 및 관련 일자리 확대에도 크게 기여하게 될 것이다.

다섯 번째, 의료 및 보건 체계가 더욱 강화된다. 현재 농어촌 지역은 의료복지 사각지대에 놓여 있다고 해도 과언이 아니다. 광주와 전남이 보유한 의료 자원을 공동으로 활용하여 의료체계를 연계하고, 광역통합 응급 · 재난 대응체계를 갖춤으로써 농촌 지역 의료 인프라를 확충할 수 있다. 이를 통해 농어촌 의료 사각지대를 점차 해소해 나갈 수 있을 것이다.

2) 전남 · 광주 행정통합에 대한 영광의 대응

전남 · 광주 행정통합은 단순한 행정 구역의 통합이 아니라, 실질적인 기능과 권한의 이동을 의미한다. 통합의 명분은 광역 경쟁력 강화와 지역소멸 대응이다. 앞서 살펴보았듯이, 전남 · 광주 행정통합은 분야별로 많은 시너지 효과를 가져올 수 있다. 우리 영광군도 이번 행정통합을 통해 그에 상응하는 혜택과 이익을 최대한 확보해야 한다. 마이너스 통합이 아닌, 플러스 통합이 되어야 한다.

영광군은 행정통합에 수동적으로 대응할 것이 아니라, 적극적인 자세로 우리 지역사회의 피해를 최소화하고 당당하게 이익을 확보해 낼 수 있는 행정력과 군민들의 단합된 힘이 필요하다. 다행스럽게도, 군청 기획예산실 산하에 전담팀(TF)이 구성되어 통합으로 인한 구조적 변화(행정 · 재정 · 산업)에 대비하고 있다. 통합 이후 영광군이 나아가야 할 방향에 대해 냉철하게 분석하고 대응해 나가야 할 것이다.

특히 신재생에너지와 관련하여 송전선로와 공유수면 점 · 사용 허가 권한, 주민참여형 재생에너지 수익 배분 구조는 영광군에게 매우 민감한 영역이다. 통합 이후 군의 재정과 지역경제에 큰 영향을 미칠 수 있는 사안인 만큼, 면밀한 대응이 요구된다.

지역 신문 보도에 따르면, 해당 분야가 광역으로 모두 이관될 경우 지역 이익이 축소될 수 있다는 점을 법적 · 정책적으로 종합 정리하여 국회와 전남도에 전달하였다고 한다. 이는 통합 논의 과정에서 기초지자체가 실질적인 제도 조정에 관여한 의미 있는 사례로 평가된다.

우리 영광군은 한 걸음 더 나아가, 국가전략산업의 거점으로 자리매김할 수 있도록 신재생에너지 자원을 기반으로 한 RE100 산업단지 조성, 원자력발전소와 연계한 그린수소 산업 육성, 에너지 관련 연구기관 · 공공기관 유치 전략을 동시에 추진해야 한다. 이는 단순한 행정통합의 차원을 넘어, 전력산업 재편과 연계한 미래 전략으로 접근해야 한다.

아울러 군은 군민의 이익이 제도와 산업 구조 속에서 실질적으로 확대될 수 있도록 끊임없이 노력해야 할 것이다. 행정통합은 지역 소멸을 막기 위한 선택이자, 새로운 성장 모델을 찾아가는 여정이다. 우리 영광군은 통합을 수동적으로 기다리는 것이 아니라, 통합 이후 영광군이 어떤 위치에 놓일 것인지, 무엇을 지키고 무엇을 선점해야 하는지를 냉철하게 분석하고 능동적으로 대응해 나가야 한다. 그래야만 신령스러운 빛의 고장, 영광의 밝은 미래가 열릴 수 있을 것이다.

5. 신재생에너지와 영광

영광(靈光)이라는 지명에는 '신령스러운 빛'의 고장이라는 뜻이 담겨 있다. 마치 천년 전부터 이곳 영광이 전력 생산 기지가 될 것임을 예언이라도 한 듯하다. 영광군은 한빛원자력발전소 6호기를 보유한 지역으로, 1980년대 중반부터 연간 5.9GW의 전력을 생산하여 국가 산업 발전과 지역경제 발전에 크게 기여해 왔다. 또한 신재생에너지 분야에서도 영광 지역 내 태양광 시설이 설비용량 기준 564MW 규모로 설치되어 전력 생산에 기여하고 있다.

특히, 염산 · 백수 앞바다와 낙월면 인근 해역 및 그 너머까지, 2037년까지 11GW에 달하는 해상풍력발전 설비와 함께 80조 원의 민간자본이 투자될 예정이다. 영광군은 전국적으로도 손꼽히는 신재생에너지 최적지다. 연간 일사량은 4.0~4.2kWh/㎡에 달하고 평균 풍속은 6.0m/s 이상을 기록하여, 태양광과 풍력발전 모두에 적합한 천혜의 조건을 갖추고 있다. 영광은 이미 수년 전부터 다수의 민간 및 공공 에너지 기업들의 주목을 받아왔다.

해당 사업은 전국 17개 민간기업이 100% 민간투자 방식으로 추진하는 초대형 에너지 사업이다. 여기서 발생하는 수익은 햇빛 · 바람 연금 형식으로 주민자치조합을 통해 현금 또는 지역화폐로 주민들에게 분배함으로써, 지속 가능한 영광군만의 지역경제 모델을 구축하는 것을 목표로 해야 할 것이다.

영광군의 모델이 될 수 있는 인근 신안군의 사례를 살펴보면, 신안군은 햇빛과 바람 등 풍부한 자연 에너지를 활용하여 2030년까지 10GW 규모의 태양광 · 풍력발전소를 설치할 계획이다. 이를 통해 얻은 수익을 주민들에게 나누는 햇빛연금과 바람연금 제도를 2021년 4월부터 시행하고 있으며, 현재 신안군 6개 섬 주민들에게 분기당 10~60만 원을 지급하고 있다. 신안군의 목표는 2030년까지 군민 모두에게 월 50만 원의 기본소득을 지급하는 것이다. 이 연금 덕분에 신안군의 인구는 인근 지역 중 유일하게 증가세를 보이고 있다.

이처럼 영광군은 해상풍력 11GW, 태양광 564MW, 한빛원전 5.9GW를 합산하여 향후 총 17GW 규모의 전력을 생산할 수 있게 된다. 이는 매년 1,700만 명에게 전기를 공급할 수 있는 규모로, 전국 군(郡) 단위 지자체 중 최대 규모가 될 것으로 전망된다.

한편, 2025년 11월 5일에는 정부가 전국 최초로 전남 전역을 '분산에너지 특구'로 지정하면서, 영광군이 청정에너지 중심지로 급부상할 수 있는 정책적 뒷받침이 마련되었다. 이로써 영광에서 생산된 전력을 전남 전 지역에서 직접 거래할 수 있게 되었으며, 지역별 전력요금 차등 적용도 가능해졌다.

'분산에너지 특구'는 발전사업자가 생산한 전력을 전력시장을 거치지 않고 인근 수요자에게 직접 판매할 수 있도록 허용하는 제도로, 전력의 지역 자립과 효율적 소비를 목표로 한다. 이번 전남 지역 분산에너지 특구 지정은 단순한 산업정책을 넘어, 지방이 주도하는 '에너지 자립 국가'로 나아가는 첫걸음으로 평가된다. 영광군은 그 중심에 서서 청정에너지 전환의 실질적 성과를 만들어 내야 한다.

전남은 전국 최대 규모의 태양광 발전단지를 보유하고 있으며, 그 중에서도 영광군은 원자력과 풍력 · 태양광이 공존하는 에너지 생산의 중심지다. 이번 특구 지정으로 지역 내 전력의 '지산지소(地産地消)' 구조를 본격화할 수 있게 되었다. 지역에서 생산된 전력을 지역 내에서 우선 소비하고, 에너지 생산지로서의 혜택을 주민과 기업에 돌려주는 전력요금 차등제도 함께 추진할 계획이다. 이 제도가 도입되면 전력 사용 비용이 낮아져, 기업 입장에서 영광은 매력적인 산업 입지로 평가받을 수 있다. 이는 곧 '에너지 특화 국가산단' 지정으로 이어질 수 있으며, 영광군은 에너지 생산 · 소비 · 산업이 유기적으로 연결되는 구조를 바탕으로 중앙정부와의 협의를 통해 국가 단위 산단 지정을 적극적으로 모색해야 할 것이다.

영광은 대규모 재생에너지를 기반으로 한 RE100 산업단지와 청정수소 특화단지를 유치할 수 있는 유리한 조건을 두루 갖추고 있어, 대규모 일자리 창출과 지역경제 견인이라는 획기적인 전기를 마련하였다고 볼 수 있다. 영광군이 에너지 산업을 토대로 새로운 산업도시로 도약하느냐, 그렇지 못하느냐는 결국 우리 군민 모두의 지혜와 의지에 달려 있다.

PART 3

국제정세와 안보

동북아의 격랑과 한국의 전략

1. 일본의 군사대국화와 미국의 역외균형 전략

2023년 당시 미일 양국이 합의했던 '지휘 통제 현대화'는 2025년 말 일본 자위대의 '통합작전사령부(JJOC)' 창설과 미군 측의 '주한미군-주일미군 지휘 구조 개편'으로 구체화되었다. 이제 미일은 단순한 협력을 넘어 유사시 하나의 유기체처럼 움직이는 공동 지휘 체계를 갖추게 되었다. 2023년 계획되었던 미국의 '토마호크' 미사일 도입이 완료되고 일본 국산 '12식 지대함 유도탄'의 사거리 연장형이 실전 배치되면서 일본은 동북아시아 내에서 독자적인 장거리 타격 수단을 보유한 군사 강국으로 자리매김했으며, GDP 대비 2% 수준의 방위비 예산 편성이 정착되어 세계 3위권의 국방 예산 지출국이 되었다.

미국은 과거 '부채꼴(Hub and Spoke)' 형태의 양자 동맹을 넘어 여러 우방국을 그물망처럼 엮는 격자형 안보 구조를 완성했으며, 일본은 AUKUS의 '필러 2(인공지능, 양자컴퓨팅 등 첨단기술 협력)'에 깊숙이 참여하며 기술 동맹을 공고히 하고 있다. 2023년 캠프 데이비드 선언 이후 정례화된 한미일 정상회의와 실시간 북한 미사일 정보 공유 체계는 2026년 현재 역내 가장 강력한 억제 수단으로 작동하고 있으나, 중국은 이러한 미일의 밀착을 '아시아판 나토(NATO)'라 비판하며 러시아와의 합동 군사 훈련 빈도를 높이고 있으며, 북한 역시 고체 연료 ICBM의 다량 배치와 전술핵 위협을 지속하며 동아시아의 긴장을 늦추지 않고 있다.

미국이 냉전 시기부터 유지해 온 해양패권은 2026년 현재 인공지능(AI)과 무인 체계가 결합된 '디지털 해양 장악'으로 그 성격이 변모했다. 2023년까지는 쿼드(Quad)와 오커스(AUKUS)가 주축이었다면, 2026년 현재는 미 · 일 · 호주 · 필리핀 4개국 협력체인 '스쿼드(SQUAD)'가 남중국해 봉쇄의 핵심 축으로 부상했다.

특히 호주의 원자력 추진 잠수함 운용 능력이 가시화되면서 남중국해 하부의 은밀한 감시망이 강화되었으며, 이는 중국의 해양 진출을 견제하는 결정적 수단으로 작동하고 있다. 이러한 다층적 동맹 네트워크는 단순한 군사 협력을 넘어 기술과 경제 영역까지 확장되며 인도-태평양 지역의 안보 구조를 근본적으로 재편하고 있다.

경제 안보 차원에서 반도체 동맹은 이제 '경제프레임워크(IPEF)'를 넘어 핵심 광물 및 공급망 전체를 통제하는 '공급망 보복 대응 체계'로 진화하며 중국의 자원 무기화를 차단하고 있다. 칩4(Chip 4) 동맹은 반도체 생산의 핵심 기술과 장비를 통제함으로써 중국의 첨단 기술 발전을 제약하는 동시에, 희토류와 같은 전략 자원의 대체 공급망을 구축하며 경제적 자립성을 강화하고 있다. 이는 단순히 경제적 이익을 넘어 기술 패권을 둘러싼 미중 경쟁의 최전선이 되었으며, 동맹국 간 기술 협력과 투자를 통해 중국 의존도를 낮추는 전략적 디커플링의 핵심 수단으로 자리 잡았다.

과거 대규모 기지 중심의 전략과 달리 현재 미국은 중국 인접 국가들의 영토를 '고도로 분산된 미사일 및 드론 기지'로 전환하는 새로운 접근을 취하고 있다. 2023년 확보한 EDCA(방위협력확대협정) 기지들이 현재 완전 가동되면서 대만 해협 유사시 미군의 즉각 대응 능력이 획기적으로 향상되었으며, 필리핀 북부 지역의 전략적 거점들은 사실상 대중국 견제의 최전방 기지로 기능하고 있다. 이러한 분산형 배치는 중국의 선제타격 능력을 무력화하는 동시에 유사시 신속한 병력 투사를 가능하게 하는 이중 효과를 창출하고 있다. 또한 각 기지는 독립적인 작전 수행 능력을 갖추면서도 네트워크로 연결되어 통합 작전이 가능한 구조로 설계되었다.

위성과 무인 수상정(USV)을 연결하여 중국 함정의 움직임을 24시간 실시간으로 감시하는 MDA(해양영역인식) 체계가 인도-태평양 전역에 구축되면서, 2026년 시점의 해양패권 구도는 지정학적 요충지를 중심으로 더욱 고착화되고 있다. 이 체계는 인공지능 기반의 데이터 분석을 통해 중국 해군의 이동 패턴을 예측하고, 이상 징후를 조기에 탐지하여 동맹국들과 실시간으로 정보를 공유한다.

말라카 해협, 대만 해협, 루손 해협 등 주요 해상 교통로에 대한 감시가 강화되면서 중국의 해양 진출은 점차 제약을 받고 있으며, 미국과 동맹국들은 이러한 요충지에 대한 통제력을 바탕으로 유사시 해상 봉쇄 능력을 확보하고 있다. 이는 전통적인 해양패권 개념이 첨단 기술과 결합하여 새로운 차원의 전략적 우위로 진화했음을 보여주는 사례다.

오키나와 제도	일본 자위대의 '대함 미사일 부대'와 미 해병대의 '연안연대(MLR)'가 통합 배치되어 제1도련선 통제권을 장악.
대만해협	미국과 동맹국의 함정이 상시 순찰하는 '국제 수역화' 전략이 고착화되었으며, 대만의 '비대칭 전력(드론 · 기뢰)'이 미군 체계와 연동됨.
남중국해	필리핀과의 밀착을 통해 중국의 인공섬 기지를 무력화할 수 있는 사거리 내에 정밀 타격 자산 배치 완료.
한반도 서해	한미일 공동 수색 및 훈련이 정례화되어 중국 북해함대의 태평양 진출을 억제하는 강력한 대항축 형성.

미국과 일본의 해양패권의 핵심 변수는 '해저 케이블'과 '우주 기반 통신망(Starshield)'에 있다. 미국은 중국의 해저 데이터 통신망 확장을 물리적 · 기술적으로 차단함으로써 정보의 흐름 자체를 통제하고 있다. 이는 단순한 해로(SLOC) 확보를 넘어 정보 패권을 쥐는 것으로, 중국의 해양권력투사를 근본적으로 마비시키는 요소다.

70여 년 전 니컬러스 스파이크먼(Nicholas J. Spykman)가 주창한 림랜드(Rimland) 이론은 2026년 동아시아에서 가장 정교한 군사 전략으로 부활했다. 미국과 일본은 제1도련선(First Island Chain)을 따라 중국의 해양 팽창을 물리적으로 차단하는 '물샐틈없는 봉쇄망'을 완성했으며, 2023년 합의되었던 무기 도입과 예산 증액은 이제 실제 타격력으로 전환되었다. 2026년 미 국방 예산은 약 8,500억 달러를 상회하며 핵전력 현대화와 AI 기반 무인 체계에 집중 투자되고 있다. 일본 해상자위대는 2026년 초부터 '초카이(Chokai)'함을 시작으로 토마호크 순항미사일(사거리 1,600km)을 실전 배치했으며, 일본 국산 12식 지대함 미사일 개량형(사거리 1,000km 이상)이 규슈와 난세이 제도에 조기 배치되며 독자적인 '반격 능력'을 갖추었다.

중국의 대만 침공 시나리오에 대비한 오키나와 및 인근 도서의 요새화가 정점에 달했다. 2025년 말 오키나와에 창설된 미 해병연안연대(MLR)는 2026년 현재 소규모 분산 부대로서 섬 곳곳에서 대함 미사일과 드론을 운용하며 중국 함대를 위협하고 있다. 오키나와의 육상자위대 제15여단은 2026년 '사단'으로 격상되어 병력이 3,000명 이상으로 증강되었으며, 이는 단순 방어가 아닌 능동적 전구(Theater) 통제를 의미한다. 가고시마현 마게시마(馬毛島) 기지는 완공 단계에 접어들어 미군의 F-35B 전투기 이착륙 훈련과 사드(THAAD) 레이더 가동을 통해 동중국해 전체를 감시하는 핵심 허브가 되었다.

2026년의 대만은 더 이상 고립된 섬이 아니다. 미일 통합작전사령부와 대만군 간의 실시간 정보 링크가 강화되어 중국군의 사소한 움직임도 즉각 공유되는 체계가 구축되었으며, 이는 대만을 '불침항모'를 넘어선 통합 전초기지로 기능하게 만들었다. '미일안보조약' 제5조의 센카쿠 제도 적용을 재확인함과 동시에 이 지역에서의 미일 공동 정찰 활동이 상시화되어 중국 해경선의 활동 위축을 유도하고 있다.

구분	2023년	2026년
타격 자산	토마호크 도입 계획 수립	함정 탑재 및 실전 배치 완료
부대 구조	MLR 창설 발표	오키나와 MLR 실전 운용 및 사단급 자위대 가동
전략 이론	림랜드 봉쇄 이론 재소환	AI · 드론 기반의 '디지털 림랜드' 봉쇄망 완성
요충지 관리	마게시마 기지 착공	전투기 및 미사일 방어 체계 상시 주둔

2026년 현재 미국은 스파이크먼이 예견한 대로 동아시아 연해 지역을 완전히 장악함으로써 중국의 해양 권력 투사 시도를 '원천 거부(A2/AD 대응)'하고 있다. 이는 단순한 기득권 유지를 넘어 기술 패권과 군사 패권이 하나로 결합된 새로운 차원의 해양 패권 시대를 열었다는 평가를 받는다. 제1도련선을 따라 구축된 정밀 타격 체계와 실시간 감시망은 중국의 해양 진출을 물리적으로 차단하며, 지정학적 요충지의 '장악'에서 '거부'로의 전환을 완성했다.

〈일본이 실효 지배 중인 센카쿠 제도〉

2023년 미일 정상회담이 '현대화'의 선언이었다면, 2026년 현재는 그 선언이 실전적 패권으로 완성된 시기다. 미국은 일본과 필리핀을 양 축으로 삼아 중국을 가두는 완벽한 '해양 봉쇄망'을 가동하고 있으며, 2023년 합의된 9곳의 필리핀 군사기지는 2026년 현재 미군의 첨단 자산이 상시 순찰하는 전초기지가 되었다. 루손섬 북부는 대만 해협 유사시 미 공군과 해병연안연대(MLR)가 1시간 내에 개입할 수 있는 타격 거점으로 변모했으며, 스프래틀리 군도를 마주한 팔라완섬에는 미군의 무인 수상정(USV)과 장거리 미사일 체계가 배치되어 중국의 남해함대를 서태평양으로부터 격리하고 있다. 2025년 미-필리핀-일본 3국은 '남중국해 공동 순찰 정례화'에 합의하며 중국의 인공섬 기지를 사실상 무력화했다.

일본은 2023년 계획했던 43조 엔 규모의 방위력 정비 계획을 차질 없이 수행하여 2026년 세계 3위권의 군사 강국으로 부상했다. 2023년 예산이 반영되었던 토마호크 미사일은 이미 이지스함에 탑재 완료되었으며, 사거리 3,000km 이상의 극초음속 미사일 시제품이 배치 단계에 진입하여 북한 전역과 중국 본토 깊숙한 곳까지 타격 범위에 넣었다. 기시다 총리가 언급했던 '역사상 가장 중요한 결정'은 2025년 '미일 통합사령부' 출범으로 결실을 맺었으며, 이제 일본 자위대는 미국의 단순한 조력자가 아닌 동아시아 전역에서 작전을 주도하는 주체로 거듭났다.

현재 미국의 전략은 명확하다. 미국은 직접적인 군사 개입 부담을 줄이는 대신 일본을 '동아시아의 보안관'으로 임명했으며, 과거 '방패(일본)

와 창(미국)'의 역할 분담은 사라졌다. 일본은 이제 스스로 창을 휘두르는 군사대국이 되었으며, 미국은 이를 '21세기형 동맹의 민주화'라고 치켜세우고 있다. 그러나 일본 보수 세력의 역사수정주의와 맞물린 군사대국화는 동아시아 내에서 과거사의 상처를 자극하며 긴장을 고조시키고 있다.

현재 우리 정부는 더욱 냉혹한 현실에 직면해 있다. 미일 동맹의 밀착 과정에서 한국의 전략적 가치가 미일의 국익 아래 순위가 밀리지 않도록 극도로 세밀한 대응이 필요하며, 1905년 카쓰라-테프트 밀약이나 1945년 얄타회담의 교훈을 잊어서는 안 된다. 미일이 대만 유사시나 북핵 대응 과정에서 한국의 주권이나 이해관계를 배제한 채 자기들만의 '이면 합의'를 할 가능성을 철저히 감시해야 하며, 한미일 안보 협력에는 참여하되 일본의 군사적 영향력이 한반도에 직접 미치는 상황에 대해서는 명확한 레드라인을 설정해야 한다.

구분	2023년	2026년
필리핀 기지	9곳 이용 합의 단계	기지 현대화 완료 및 상시 배치
일본 방위비	2% 증액 시작 (6.8조 엔)	2% 안착 및 43조 엔 집행 중반기
핵심 무기	토마호크 구매 및 연구 단계	토마호크 실전 배치 및 극초음속 가동
미일 관계	전략적 현대화 선언	통합사령부를 통한 군사 일체화 완성
한국의 과제	한미일 협력 강화	미일 밀착 속 '코리아 패싱' 및 이면 합의 감시

현재 동아시아는 미국의 '역외 균형' 전략 아래 일본이 강력한 '창'으로 부활한 시대이다. 우리 정부는 미일의 밀착이 한반도 운명을 결정짓는 제2의 밀약으로 변질되지 않도록 정보 수집 역량을 극대화하고 국익 중심의 냉정한 실용 외교를 펼쳐야 할 것이다.

2. 동아시아 안보 지형의 변화와 일본의 역할

1955년 스기하라 아라타 방위청장의 연설에서 시작되어 70년간 일본 안보의 근간이었던 전수방위(專守防衛) 원칙은 현재 사실상 폐기되었다. 2023년부터 도입을 서둘렀던 미국의 토마호크 순항미사일(Block V)은 2025년 말부터 해상자위대 이지스함에 탑재되기 시작했으며, 아베 신조 전 총리가 길을 열고 기시다 정부가 구체화한 집단적 자위권은 이제 미일 통합작전사령부(JJOC) 체제 하에서 상시 가동되고 있다. 이는 일본 주변뿐만 아니라 남중국해와 대만 해협 등 전 세계 어디서든 일본 자위대가 무력을 행사할 수 있는 환경이 조성되었음을 의미하며, 평화헌법의 공동화(空洞化)가 현실화되었음을 보여준다.

일본은 2023년부터 2027년까지 계획된 43조 엔(약 410조 원)의 방위비 집행 중반기를 지나고 있으며, 2026년 현재 일본의 국방 예산은 세계 3위 수준에 안착했다. 2022년 계획 당시 2026년 배치를 목표로 했던 사거리 1,000km 이상의 12식 지대함 유도탄 개량형이 현재 오키나와 및 난세이

제도에 실전 배치되어 가동 중이며, 당초 500기 도입 계획이었던 토마호크 미사일은 안보 상황의 시급성을 이유로 도입 시기를 앞당겨 현재 상당수가 실전 운용 단계에 있다. 홋카이도에서는 사거리 3,000km급 극초음속 미사일 개발 및 배치 준비가 막바지 단계이며, 규슈 · 오키나와에는 중국 본토와 센카쿠 제도를 겨냥한 이동식 미사일 부대가 증강되었다.

무기 체계	2022년 계획	2026년 현재 상태
토마호크 미사일	500기 도입 발표	해상자위대 이지스함 탑재 및 실전 운용
12식 지대함 유도탄	사거리 1,000km 개량 착수	오키나와 등 남서 방면에 실전 배치 완료
고속 활공탄	2030년 실전화 목표	시제품 시험 평가 완료 및 조기 배치 추진
방위비 예산	GDP 2% 달성 시작	세계 3위 규모의 국방 예산 집행 중

토마호크 도입 수량은 초기 논의 시 500기였으나 최종적으로는 최대 400기(최신형 Block V)로 조정되어 도입이 진행되었으며, 12식 지대함 유도탄 개량형의 배치는 당초 2026년 목표였으나 일본 정부가 이를 1년 앞당겨 2025년부터 조기 배치를 시작했다. 2025년 말에는 육 · 해 · 공 자위대를 일원적으로 지휘하는 '통합작전사령부'가 발족하여 미군과의 실시간 공조 체계가 완성되었다. 일본의 '창'이 날카로워질수록 동북아의 안보 딜레마는 심화되고 있으며, 일본의 군사대국화는 북한과 중국의 반발을 불러일으켜 역내 군비 경쟁의 '티핑 포인트'를 이미 넘어섰다.

대한민국은 전략적 대응이 시급하다. 첫째, 일본의 반격 능력에 대응하여 우리의 3축 체계(Kill Chain, KAMD, KMPR)를 고도화하고 독자적인 정보 정찰 능력을 확충하여 독자적 억제력을 강화해야 한다. 둘째, 미일 군사 일체화 과정에서 한국의 국익이 배제되지 않도록 한미일 안보 협력 내에서 주도적인 역할을 확보해야 하며, 미일 동맹 내 목소리를 확보해야 한다. 셋째, 일본 보수 우익의 군사적 팽창이 한반도 주권 침해로 이어지지 않도록 명확한 외교적 가이드라인을 제시하고 역사적 경계를 늦추지 말아야 한다.

3. 한미 미사일 지침 폐기와 한국의 안보 주권

1) 현대전의 핵심 자산: 지능형 창으로서의 미사일

지난 2021년 5월 21일, 한미 정상회담을 통해 선언된 '한미 미사일 지침'의 완전 종료는 대한민국 현대사에서 미사일 군사 주권을 되찾은 기념비적 사건이었다. 그로부터 5년이 지난 지금 대한민국은 사거리와 탄두 중량의 제한이 사라진 '포스트 미사일 지침' 시대를 맞아 세계 최고 수준의 정밀 타격 능력을 갖춘 미사일 강국으로 자리매김했다.

미사일(Missile)의 어원은 '던져지는 것' 혹은 '투사체'를 의미하지만, 현대 군사학에서의 미사일은 '유도 기능을 갖춘 로켓(Guided Missile)', 즉 유도탄(誘導彈)을 일컫는다. 자체 추진력을 가졌더라도 목표물까지 경로를 수정하는 유도 장치가 있으면 미사일이고, 발사 후 수정이 불가능하면 로

켓이다.

미사일은 적은 수량으로도 적의 핵심 시설을 정밀 타격할 수 있어 '비대칭 전력'의 대명사로 불린다. 특히, 현재는 초소형 저궤도 위성과 AI 유도 기술이 결합되어 미사일의 명중률이 m 단위 이하로 좁혀지는 등 그 위력이 배가되었다. 미사일의 시초는 제2차 세계대전 당시 독일이 개발한 V1, V2 로켓이며, 초기에는 원격 조종 방식이었으나 오늘날은 레이더, 적외선, GPS, 관성항법장치(INS) 등을 결합한 복합 유도 방식을 사용하여 요격을 회피하고 목표를 정확히 타격한다. 국가마다 미사일 개발에 사활을 거는 이유는 높은 명중률, 긴 사정거리, 압도적 파괴력, 그리고 대응의 난해성 때문이다.

미사일 방어 체계(MD)가 존재하더라도 수십 발의 미사일을 완벽히 요격하는 것은 불가능에 가까우며, 따라서 미사일 보유는 상대국에 대한 강력한 억제력을 제공한다. 하지만 미사일은 대표적인 '고가 사치품' 무기 체계다. 첨단 로켓 공학, 정밀 유도 장치, 신소재 기술 등 현대 과학의 정수를 담아야 하기에 천문학적인 자본과 인력이 투입되며, 미사일 발사 시험은 주변국의 안보 우려를 자극하여 외교적 비용으로 직결된다. 정밀 기계의 특성상 보관과 유지보수에 지속적인 비용이 발생함에도 불구하고, 현재 대한민국을 포함한 주요 강국들이 미사일 전력을 강화하는 이유는 재래식 전력의 열세를 단번에 뒤집을 수 있는 가장 효율적인 수단이기 때문이다.

2) 미사일 지침 폐기의 배경: 미국의 '창과 방패' 전략

미사일은 사거리에 따라 다음과 같이 분류한다. 지침 폐기 이후 한국은 전 등급의 미사일을 독자적으로 개발할 수 있는 법적 토대를 갖췄다.

〈미사일의 분류: 사거리 기준〉

분류	영문	유효 사거리	특징
단거리 탄도탄	SRBM	1,000km 미만	한반도 전역 및 인근 지역 타격 (현무 시리즈 등)
준중거리 탄도탄	MRBM	1,000~3,000km	주변국 요충지 및 해상 통로 통제 가능
중거리 탄도탄	IRBM	3,000~5,500km	제2도련선(괌 등)까지 이르는 전략적 타격권
대륙간 탄도탄	ICBM	5,500km 이상	대륙 간 공격이 가능한 전략 핵무기 운반체

2021년 지침 폐기 당시 많은 전문가는 이를 미국의 대중국 견제 전략의 일환으로 분석했으며, 현재 이 분석은 현실로 증명되었다. 미국은 제1도련선을 따라 일본 · 호주 · 필리핀 등 우방국들의 방어력을 강화하여 중국의 해상 진출을 막는 '방패'를 구축했으며, 한국의 미사일 사거리 제한을 풀어줌으로써 한국이 직접 중국 본토의 주요 기지를 타격할 수 있는 강력한 '창'의 역할을 수행하도록 유도했다.

이는 미국이 직접 전면에 나서지 않고도 동맹국의 전력을 통해 중국의 팽창을 억제하는 '역외 균형(Offshore Balancing)' 전략의 핵심이다. 미국은 한국이 사거리 800km 이상의 중거리 미사일과 극초음속 미사일을 보유하게 함으로써 동북아시아 내 전력 불균형을 해소하고 중국의 A2/AD(반접근 · 지역거부) 전략에 균열을 내고자 했다.

미사일 지침 폐기 후 5년, 대한민국은 괄목할 만한 성과를 거두었다. 고체 연료 사용 제한이 사라지면서 국방부와 민간 기업이 협력하여 독자적인 군사 정찰 위성을 저궤도에 올리는 데 성공했으며, 이는 '눈(정찰)'과 '주먹(미사일)'을 모두 갖춘 진정한 자주국방의 완성이다. '천무', '현무' 등 세계적 수준의 미사일 체계가 사거리 확장과 정밀도 향상을 통해 유럽과 중동 시장을 석권하며 국가 경제의 핵심 동력이 되었다.

미사일 지침 폐기는 단순히 사거리의 숫자가 늘어난 것이 아니라, 대한민국이 '강대국 사이의 종속적 변수'에서 '동북아 안보의 주도적 상수'로 변모했음을 의미한다. 현재 우리는 강력한 미사일 전력을 바탕으로 주변국의 압박에 당당히 맞서고 있으며, 앞으로도 이 강력한 힘을 바탕으로 한반도의 평화와 안정을 지키는 '평화의 수호자'로서의 역할을 다해야 할 것이다.

미사일은 비행 방식에 따라 비행기와 같은 원리로 일정한 속력을 내며 날아가는 순항 미사일(Cruise Missile)과 로켓과 같은 원리로 거대한 포물선을 그리며 날아가는 탄도 미사일(Ballistic Missile)로 나눌 수 있다. 순항 미사일의 대표적인 예로는 미국의 토마호크 미사일이 있으며, 현재 일본 해상자위대가 실전 배치한 것으로 알려져 있다. 미사일은 주로 고체 연료 추진기관을 사용하는데, 이는 신속히 발사할 수 있는 장점을 갖고 있으나 크기에는 일정 제한이 따른다. 상대적으로 액체 연료 추진기관을 사용하는 로켓은 엔진기관과 연료통 장치를 별도 구비해야 하므로 설계가 복잡하고 발사에 앞서 액체 연료를 주입해야 하기에 시간이 다소 소요되는 단점이 있다. 그러나 현재 기술의 진보로 고체 연료와 액체 연료의 장단점 차이는 크게 좁혀진 상태이며, 특히 한국은 2021년 미사일 지침 폐기 이후 고체 연료 사용 제한이 사라지면서 우주 발사체와 미사일 개발에서 비약적인 발전을 이루었다.

3) 미사일 지침의 제정 배경과 개발 제한의 역사

1962년 쿠바사태를 계기로 미소 간의 냉전이 극에 달하고 있을 때인 1964년 8월 2일, 미국은 '통킹만 사건'을 조작하여 베트남 전면 전쟁을 야기했다. 그러나 1968년 1월 30일 구정 대공세를 시점으로 미국은 전쟁에서 승리를 낙관하기 힘들다는 판단과 미국 내 반전 여론에 직면했다. 사면초가에 몰린 닉슨 대통령은 1969년 7월 25일 괌에서 "아시아 안보는 각국이 스스로 책임져야 한다"는 닉슨 독트린을 발표했고, 이 독트린의 불똥은 1971년 4월 2일 경기도 동두천 주둔 미 제7사단 철수로 이어졌다.

미국을 신뢰할 수 없다고 판단한 박정희 정부는 자주국방에 전력투구하며 군 전력 증강 사업인 '율곡사업'을 추진했다. 이 사업은 비밀리에 핵무기와 미사일 개발을 하는 국가 최고의 비밀 프로젝트였으며, 1978년 9월 26일 박정희 정부는 미국의 지대공 미사일 나이키 허큘러스를 개조하여 지대지 단거리 탄도미사일(SRBM)인 '백곰(NHK-1)' 공개 시험 발사에 성공했다.

이는 세계 7번째 미사일 개발국이 되는 순간이었으나, 주변 강대국들은 민감하게 반응했고, 미국 카터 행정부는 "미사일 사거리를 서울에서 평양 타격이 가능한 180km로 제한하라"고 압박했다. 1979년 10월 노재현 국방장관이 "미국이 용인 가능한 사거리 180km 이내, 탄두 중량 500kg 이내로 개발하겠다"고 답신을 보내면서 이른바 '한미 미사일 지침'이 탄생했다.

4) 지침 개정과 한국 미사일 개발의 성과

백곰은 실험에 성공했지만 전두환 정권이 출범하면서 백지화되었다가, 1983년 10월 아웅산 묘소 폭파 테러 사건 이후 다시 시동을 걸어 현무-1이 탄생했다. 현무-1은 1987년 실전 배치되었다가 현무-2 개발로 현재는 모두 퇴역했다. 2001년 1월 김대중 정부 시절 첫 '미사일 지침' 개정을 통해 사거리 300km, 탄두 중량 500kg의 현무-2A를 개발했으며, 2012년 10월 제2차 개정으로 사거리 500km, 탄두 중량 1톤의 현무-2B를 개발했다.

이때도 탄두 무게를 줄이면 사거리를 비례해서 늘리는 '트레이드 오프' 방식이 적용되었다. 2015년 6월에는 사거리 800km, 탄두 중량 500kg의 현무-2C가 첫 시험 발사에 성공했고, 2020년에 사거리 800km, 탄두 중량 2톤의 현무-4 개발이 완료되었다. 2017년 7월 제3차 개정으로 우주 발사체에 고체 연료 사용이 허용되었고, 2020년 10월 제4차 개정에서는 최대 사거리 800km 제한만 남기고 탄두 중량은 무제한이 되었다.

2021년 5월 21일 한미 정상회담을 통해 마지막 남아 있던 800km 사거리 제한이 최종 폐기되면서, 42년간 지속되었던 비정상적인 미사일 지침이 완전히 종료되고 대한민국은 미사일 군사 주권을 완전히 회복했다. 그로부터 5년이 지난 현재, 대한민국은 사거리와 탄두 중량의 제한 없이 자유롭게 미사일을 개발하며 세계 최고 수준의 정밀 타격 능력을 갖춘 미사일 강국으로 자리매김했다.

특히, 고체 연료 사용 제한이 사라지면서 국방부와 민간 기업이 협력하여 독자적인 군사 정찰 위성을 저궤도에 올리는 데 성공했으며, 사거리 3,000km급 극초음속 미사일 개발도 완료 단계에 접어들었다. 현무 시리즈는 사거리 확장과 정밀도 향상을 통해 유럽과 중동 시장을 석권하며 K-방산의 핵심 동력이 되었고, 대한민국은 '강대국 사이의 종속적 변수'에서 '동북아 안보의 주도적 상수'로 변모했다. 미사일 지침 폐기는 단순히 기술적 제약의 해제를 넘어, 대한민국이 진정한 자주국방 능력을 갖춘 군사 강국으로 거듭났음을 의미하며, 현재 우리는 이 강력한 전력을 바탕으로 한반도의 평화와 안정을 지키는 평화의 수호자로서의 역할을 수행하고 있다.

한편, 작년 3월 시험 발사한 현무-4는 사실상 핵무기 수준급의 미사일에 해당하는 것으로 마하 10(시속 1만 2240km)이상의 속도로 목표지점을 타격할 수 있는 능력을 갖췄다. 지상에서 떨어질 때 순간 위력이 전술핵 수준인 TNT 1kt(1,000t의 TNT를 터뜨릴 때 위력)에 해당한다. 이러한 미사일 현무-4는 현재 '지대지 미사일인 4-1'과 '함대지 미사일 4-2', '함대지 미사일 4-4' 등 3가지 형태로 개발되고 있다.

현무-3 시리즈는 탄도미사일이 아닌 '순항미사일'로서 1990년대 개발이 시작돼 2006년 3A가 처음 배치됐다. 순항미사일은 사거리 제한이 없기에 2012년 전력화된 현무-3C의 사거리는 1,500km에 이른다. 현재 우리 군이 운영 중인 순항미사일엔 '현무-3' 시리즈와 '해성' 시리즈가 있다.

이처럼 우리의 미사일 지침 개정과 미사일 개발은 북한의 핵 개발과 각종 수십 여 차례 미사일 발사 위협에 대응 차원에서 지속적으로 발전을 해 왔으며, 이에 미국이 호응한 것이다.

4. 미사일 패권 경쟁: 강대국의 전략과 한국의 딜레마

2021년 5월 21일 워싱턴 백악관에서 바이든 대통령은 문재인 대통령과의 회담에서 '한미 미사일 지침' 폐기에 전격 합의했다. 국가 간에는 '공짜가 없다'는 말처럼, 이번 미사일 지침 폐기에 합의한 미국은 동아시아 역내 대중국 패권 경쟁 구도에 한국을 끌어들여 우회적으로 대중국 견제에 참여시키려는 의도를 보여주었다.

이는 미국 자신의 이익에 전적으로 기초한 것이며, 미사일 주권을 확보하려는 한국과 이해관계가 맞아 42년 만에 미사일 가이드라인이 폐기되기에 이르렀다. 2026년 현재 동아시아에서 미중 간의 구도를 보면, 중국이 미국의 패권에 도전하는 창(槍)이라면, 이에 중국의 창을 방어하여 동아시아에서 패권을 수호하려는 미국의 행태는 방패(防牌)라 할 수 있다. 미국은 일본과 필리핀을 방패로 삼아 제1도련선을 따라 중국의 해양진출을 차단하는 봉쇄망을 구축했으며, 한국의 미사일 사거리 제한을 폐기함으로써 한국이 중국 본토를 직접 타격할 수 있는 창의 역할을 수행하도록 유도했다.

1) 중국의 해양 패권 전략: 미국의 위상에 대한 도전

중국은 전통적으로 대륙 중심 국가였으나, 1978년 12월 덩샤오핑의 개혁개방정책 표방 이후 해양의 중요성이 커지면서 해양강국을 향한 야심을 드러냈다. 중국은 2010년대 초반 동중국해와 남중국해를 국가 핵심이익으로 격상시켜 동중국해 센카쿠 제도 주변을 방공식별구역으로 선포했으며, 남중국해를 중국 내해화(內海化)하려는 차원에서 여러 산호초를 인공섬으로 만들어 군사 기지화했다. 중국의 해양전략은 근해방어와 원해방어로 구성되며, 근해에서 적극적으로 해양을 통제하고 원해에서는 더 확장된 해양권익을 보호하며 근해 분쟁 시 제3국의 개입을 거부하는 것이다.

이러한 전략은 1985년 류화칭 전 해군사령관이 제시한 제1 · 2도련선 전략에서 비롯되었다. 일본 오키나와대만필리핀보르네오말라카해협을 연하는 제1도련선은 해상안보 통제권을 확립하는 것이며, 일본 오가사와라섬괌사이판~파푸아뉴기니 근해를 연결하는 제2도련선은 해상군사안보 거부권을 행사하여 궁극적으로 전 세계 해상으로 군사작전 범위를 확대하기 위한 것이다.

2000년대 들어 중국 군부는 제1 · 2도련선 내 미국의 해군과 공군 전력의 접근을 차단 및 방어하기 위해 보다 구체화한 3단계 해양방어권을 운용하고 있다. 제1해양방어권은 연안으로부터 540해리(1,000km)~1,000해리(1,852km), 즉 제2도련선을 연하는 해역으로 말레이시아와 필리핀, 일본, 대만이 포함되는 해역이며, 사거리 1,500km인 대함탄도미사일 둥펑(東風/DF)-21D와 사거리 4,000km인 중거리 탄도미사일 둥펑-26D, 핵잠수함이 주된 방어수단이다. 제2해양방어권은 연안으로부터 270해리(500km)~540해리(1,000km), 즉 제1도련선을 연하는 해역으로 베트남과 일본의 오키나와를 잇는 해역이며 잠수함, 수상함, 항공전력이 주요 수단이다.

제3해양방어권은 연안으로부터 270해리(500km) 떨어진 해역으로 한국과 대만을 잇는 해역이며 수상함과 잠수함, 항공기, 해안방어 순항미사일 등이 주요 방어 수단이다. 중국의 이러한 해양전략은 미국의 군사력이 중국이 설정한 구역 내로 접근하는 것을 막는 '바다의 만리장성'을 구축하는 것으로, 미국은 이를 반접근-지역거부(A2/AD) 전략이라 부르고 있다.

현재 중국은 반접근-지역거부(A2/AD) 전략을 위해 천문학적인 예산을 탄도미사일 개발에 집중하고 있으며, ICBM은 사거리 1만 3천 킬로미터의 둥펑-5, 7천 킬로미터 둥펑-31, 1만 1천 킬로미터인 둥펑-31A, 1만 5천 킬로미터 둥펑-41 등이 실전 배치되었다. 준중거리 미사일 중심으로 사거리 1,500~1,700킬로미터인 둥펑-21 시리즈는 항공모함 킬러로 불리며, 둥펑-21A, 둥펑-21C, 둥펑-21D가 개발되어 실전 배치되었다.

현재 중국은 핵잠수함을 포함한 80여 척 이상의 잠수함을 확보하여 운용 중이며, 중국형 이지스함은 50척을 넘어섰고 각종 순양함과 구축함도 지속적으로 건조하고 있다. 이에 대응하여 미국은 일본을 동아시아의 보안관으로 육성하고, 한국의 미사일 제한을 폐기하여 중국의 A2/AD 전략에 균열을 내고자 했다. 현재 대한민국은 사거리 3,000km급 극초음속 미사일과 다양한 현무 시리즈를 실전 배치하며 중국 본토 깊숙한 곳까지 타격할 수 있는 능력을 보유하게 되었고, 이는 미국의 역외 균형 전략의 핵심 축으로 기능하고 있다.

2) 미국의 방어 전략: 중국의 창을 막는 견고한 방패

미국은 중국이 설정한 남중국해와 서태평양 해역 내에서 반접근-지역거부(A2/AD) 전략을 동아시아 역내 질서에 대한 심각한 도전으로 보고 이를 무력화하기 위한 다양한 전략과 전술을 개발해 왔다. 2012년 미군은 합동작전접근개념(JOAC)을 만들었으며, 이 작전은 미 공군과 해군이 합동으로 중국의 눈을 공격하는 교란과 미사일 등 중국의 주먹을 제거하는 파괴, 그리고 해 · 공군력을 몰아내는 격퇴 등 3단계 군사작전을 펼치는 공해전(Air-Sea-Battle)을 핵심으로 했다.

그러나 이 개념은 중국 영토에 대한 직접 공격을 가정해 확전의 위험성이 있어 2015년 '국제공역에서 접근과 기동을 위한 합동 개념(JAM-GC)'으로 보완되었다. JAM-GC는 적의 공격이 임박한 경우 사이버전과 전자전으로 제압하고 적의 선제공격이 있으면 일제사격으로 반격하는 것으로, 적 전력이 약해진 뒤 육해공군과 해병대가 합동으로 적 방어선을 돌파한다는 개념이다.

현재 미국은 다영역작전(Multi-Domain Operations) 개념을 발전시켜 지상군의 전략적 기여도를 높이고 있으며, 공군은 전영역작전 지휘통제(Joint All-Domain Command and Control) 개념을 실전 운용 중이다. 해군은 2025년까지 계획했던 유령함대 구축을 완료하여 분산해양작전(DMO) 수행 능력을 강화했다. 유령함대는 대잠전, 대수상전, 전자전, 기뢰전, 통신중계 역할을 수행하며, 유도 미사일 호위함, 무인 수상함, 무인 수중함, 무인 항공기 등으로 구성되어 중국 해군의 움직임을 24시간 감시하고 있다.

해병대는 상륙전과 지상전 역할에서 벗어나 중국 주변의 작은 섬들과 미사일 전력 및 기동전력을 활용하여 중국의 함정을 공격한다는 원정 전진기지 작전(EABO) 개념을 실전 배치했으며, 2026년 현재 오키나와와 필리핀 북부 지역에서 해병연안연대(MLR)가 이 임무를 수행하고 있다. 이 모든 작전은 통합다영역작전(JADO) 개념으로 통합되어 실전 역량을 강화하고 있다.

미국은 2019년 8월 구소련과 체결한 중거리핵전력조약(INF)에서 탈퇴를 선언했다. 미국은 그동안 INF 조약으로 인해 500~5,500km 범위 내의 지대지 미사일을 보유할 수 없었으나, 중국은 이 조약에 구속받지 않고 대량으로 다양한 사거리 탄도미사일을 개발하여 동아시아 역내에서 미국의 패권에 도전할 수 있는 비대칭 전력을 확보했다. 이에 미국은 INF에서 탈퇴하여 다양한 단 · 중거리 지대지 미사일 개발을 통해 대중국 탄도미사일을 견제한다는 구상을 세웠다.

트럼프 행정부는 중국을 둘러싼 주변 우방국에게 중거리 미사일 배치를 타진했으나 모두 거절당했고, 바이든 행정부가 들어서자 중국 수도 베이징과 가까이 있는 한국을 우회 견제 전략 차원에서 낙점했다. 2021년 한미 미사일 지침 폐기는 이러한 미국의 전략적 구상이 결실을 맺은 것이며, 2026년 현재 한국은 사거리 3,000km급 극초음속 미사일을 포함한 다양한 미사일 전력을 보유하여 중국의 A2/AD 전략에 균열을 내는 핵심 축으로 기능하고 있다. 미국은 일본과 필리핀을 방패로 삼아 제1도련선을 봉쇄하고, 한국을 창으로 삼아 중국 본토를 직접 타격할 수 있는 역외 균형 전략을 완성했다.

3) 미사일 지침 폐기에 담긴 미국의 지정학적 포석

이러한 배경에서 미국 바이든 행정부는 2021년 42년 동안 묶여 있던 한국의 미사일 지침 가이드라인을 해제했는데, 이는 소위 '미사일 비대칭 역외균형전략'이라는 차원에서 신의 한 수였다. 미국은 한국의 뛰어난 탄도미사일 기술 능력을 통해 중국의 심장부를 겨누는 간접적인 견제 효과를 거두게 되었으며, 이는 장기적으로 미국에게 상당한 대중국 견제 부담을 완화시켜주었다.

그뿐만 아니라 미국의 입장에서 한국을 자연스레 대중국 미사일 견제 체제에 자동 편입시키고 쿼드의 반중국 프레임에 동참을 유도하여 한미 동맹의 굳건함을 과시하는 상징적이고 실질적인 효과를 거둘 수 있었다. 2026년 현재 한국은 사거리 3,000km급 극초음속 미사일을 포함한 다양한 미사일 전력을 실전 배치하며 중국 본토 깊숙한 곳까지 타격할 수 있는 능력을 보유하게 되었고, 미국은 이번 합의로 여러 토끼를 잡는 지능적인 외교 수완을 유감없이 보여주었다.

한미 미사일 지침 폐기는 한국에게 양날의 칼이라는 딜레마로 다가왔다. 한쪽 칼날은 진정한 독립 국가로서 위상 확립과 동아시아 역내 군사 강국으로 도약할 수 있는 계기였으며, 우리의 경제 산업 지도가 우주로까지 확장되어 새로운 유형의 국가성장 발전의 티핑 포인트가 될 수 있는 큰 매력적인 칼날이었다.

현재 한국은 독자적인 군사 정찰 위성을 저궤도에 올리는 데 성공했으며, 현무 시리즈는 사거리 확장과 정밀도 향상을 통해 유럽과 중동 시장을 석권하며 K-방산의 핵심 동력이 되었다. 그러나 이번 합의는 미중 관계에서 그동안 회색지대에 머물러 있던 한국이 최전방 전선에 자원함으로써 미국의 대중국 견제 수단으로 전락하여 중국을 포위 견제하겠다는 의도로 읽힐 수 있었다.

이로 인해 중국과 불필요한 갈등을 야기하고 북한에게는 핵과 미사일 개발에 더욱 박차를 가할 수 있는 명분을 주었으며, 이들 국가들에게 안보 딜레마를 초래하여 군비경쟁을 촉발함으로써 안보 비용을 가중시켜 동북아 정세에 위협 요소로 작용하는 다모클레스의 칼날이 될 수 있었다. 현재 우리 정부는 강력한 미사일 전력을 바탕으로 주변국과 세련된 군사대화 채널을 가동하여 불필요한 갈등을 최소화하면서도, 한반도의 평화와 안정을 지키는 평화의 수호자로서의 역할을 수행하고 있다.

5. 중국의 동북공정과 한반도 통일 시나리오

1) 동북공정의 정의와 중국의 역사 왜곡 논리

동북공정은 2002년부터 2007년까지 중국 사회과학원과 동북 3성 위원회가 추진한 프로젝트로 동북아시아의 역사적 정체성과 관련된 중요한 논란을 제기하고 있다. 이 프로젝트의 주된 목적은 한반도의 고대사인 고조선, 부여, 고구려, 발해를 중국의 소수민족 정권으로 재정립하여 중국사에 통합하려는 것이다. 이는 역사적 사실을 왜곡하고, 정치적 이득을 위해 학문을 도구로 활용하는 '학술의 정치 수단화'로 볼 수 있다.

동북공정은 속지주의 역사관을 기반으로 하여, 중국이 동북아시아에서의 영향력을 강화하고자 하는 국가 차원의 패권주의적 역사관을 반영하고 있다. 이러한 접근은 단순한 학술 연구를 넘어, 국가의 정체성과 민족적 자긍심을 결부시키며, 결과적으로 한반도와 중국 간의 역사적 관계를 부정확하게 재구성하려 한다.

이러한 시도는 한국 역사학계와 국민에게 강한 반발을 일으키고 있으며, 역사적 사실에 대한 공감대 형성에 심각한 도전이 되고 있다. 동북공정은 한국과 중국 간의 역사적 갈등을 심화시키고, 정체성 문제에 대한 논의를 더욱 복잡하게 만드는 요인으로 작용하고 있다. 따라서 동북공정의 본질은 단순히 역사 연구의 문제가 아닌, 정치적 이해관계와 민족 정체성을 관통하는 복합적인 의미를 가지는 것이다.

동북공정은 중국이 역사적 사실을 왜곡하려는 복합적인 배경을 가지고 있다. 우선, 중국의 국내 정치와 사회적 통합을 위한 중요한 전략으로 작용한다. 중국은 55개 소수민족의 통합을 도모하고, 국가의 통일성을 강화하기 위해 동북 지역의 역사와 문화를 중국 중심으로 재정립하는 작업을 진행하고 있다. 이를 통해 변경 지역의 안정을 확보하고, 각 민족 집단 간의 갈등을 최소화하려는 의도가 내포되어 있다.

또한, 동북공정은 간도 지역에 대한 영토 분쟁의 사전 방지를 목표로 하고 있다. 역사적 관점에서 동북 지역의 정체성을 중국의 소수민족으로 명확히 함으로써, 향후 간도 지역에서 발생할 수 있는 영토 분쟁을 사전

차단하려는 것이다. 이런 전략은 향후 한국과 중국 간의 갈등을 예방하는 데에도 기여할 것으로 예상된다. 더불어, 동북공정은 중국 내 조선족의 정체성을 변화시키려는 의도를 가지고 있다.

중국 정부는 조선족이 한국인이라는 민족적 아이덴티티를 갖기보다 '중화민족'의 일원으로 스스로 인식하도록 유도하며, 이를 통해 소수민족의 통합을 더욱 촉진하고자 한다. 이 과정에서 조선족의 문화와 역사가 중국의 역사 속에 포섭되도록 유도하게 된다.

마지막으로, 동북공정은 한국에 대한 영향력을 확보하기 위한 전략적 수단으로 자리 잡았다. 북한의 급변 사태나 핵문제 발생 시, 중국이 개입할 수 있는 역사적 명분과 정당성을 마련하여 지정학적 완충지대로서의 통제력을 유지하려는 의도가 있다. 이와 같은 복합적인 이유들로 인해 중국은 동북공정에 막대한 자원을 투입하고 있으며, 이는 역사적 사실의 왜곡이라는 비판을 받고 있다.

중국은 동북공정을 정당화하기 위해 여러 독자적인 역사 논리를 발전시켰다. 첫 번째로, 통일적 다민족국가론이 있다. 이 논리에 따르면, 현재 중국의 영토 내에서 활동했던 모든 민족과 그들이 이룩한 역사는 중국사로 간주되며, 이는 고구려나 발해를 세운 민족 역시 중화민족의 일원으로 포함된다는 주장으로 귀결된다. 이를 통해 중국은 다민족 국가의 통합성을 강조하며, 자신의 역사적 정체성을 강화하는 한편, 다른 민족에 대한 우위를 주장하고 있다.

두 번째로, 국토지상주의적 역사관이다. 이 관점은 현재의 국토를 기준으로 과거의 국토 문제를 처리하려는 방식을 취하고 있다. 즉, 과거의 국가 경계보다는 현재의 국경선을 우선시하며, 역사를 현대적인 영토 관점에서 재구성하고자 한다. 이러한 방식은 중국의 영토 확장 및 자국의 역사적 정당성을 주장하는 데 기여하고 있다.

마지막으로 일사양용론이 있다. 이론적으로, 하나의 역사를 두 국가가 공유한다는 주장을 펼치며, 고구려의 역사를 중국의 국내성 시기와 북한의 평양성 시기로 나누어 설명한다. 이러한 절충안은 두 나라의 역사적 사건을 동일한 맥락에서 바라보려는 시도로, 중국의 역사 해석을 국제 사회에 널리 확산시키려는 의도를 반영한다.

이처럼 중국이 제시한 역사 논리들은 동북공정의 정당성을 강조하며, 역사적 사실을 왜곡할 수 있는 위험성을 내포하고 있다. 이러한 주장들은 결국 중국의 정치적, 경제적 이해관계를 반영하는 동시에 주변국과의 역사적 갈등을 심화시킬 여지를 가지고 있다. 동북공정은 단순한 학문적 접근을 넘어, 국가 정체성과 위상을 강화하기 위한 정치적 수단으로 작용하고 있으며, 이로 인해 한반도와 중국 간의 역사적 관계는 더욱 복잡하게 얽히고 있다.

중국의 동북공정은 한국 고대사를 자국 역사로 편입하기 위해 1979년부터 현재까지 4단계의 치밀한 로드맵에 따라 체계적으로 추진되어 왔으며, 1 · 2단계에서 기초 이론 형성과 국책 사업화를 거쳐 3단계에서 연구를 심화시킨 후 현재 4단계에서 침탈한 역사를 중화민족의 역사로 완전히 공고히 하는 최종 단계에 진입해 있다. 전체 107개 세부 추진 과제 중 한국 고대사 관련 과제가 30%(33개)로 가장 높은 비중을 차지하고 동북지방사(25%), 한중관계(17%)가 뒤를 이었는데, 이는 동북공정이 단순한 지역사 연구를 넘어 한국의 뿌리인 고대사를 겨냥한 전략적 역사 왜곡 프로젝트라는 것을 극명하게 보여준다.

동북공정 추진 단계별 로드맵

1단계 (1979~1995) : 기초 형성 → 역사 침탈을 위한 이론적 토대 마련

2단계 (1996~2000) : 본격 추진 → 제1차 국책 역사 침탈 사업 개시

3단계 (2001~2009) : 연구 심화 → 제2차 국책 사업을 통한 연구 고도화

4단계 (2010~현재) : 완전 공고화 → 중화민족 역사로의 편입 및 고착화

총 107개 과제 중 한국사가 차지하는 압도적인 비중을 강조하기 위해 구성되어 있다.

구분	주요 내용 및 특징	비중/수치
핵심 타깃	한국 고대사 (고구려, 발해 등)	전체 과제의 30%
추진 전략	기초이론 → 국책사업 → 연구심화 → 역사공고화	4단계 로드맵
총 과제 수	역사, 지리, 민족 등 전 분야 망라	총 107개 과제
현재 상태	자국 역사로의 편입을 공고히 하는 상설화 단계	4단계 진행 중

2) 동북공정에 투영된 중국의 한반도 개입 시나리오

중국은 동북공정을 통해 고구려와 발해를 중국사로 편입시킴으로써 북한 급변 사태 발생 시 군사적 개입을 정당화할 역사적 명분을 축적하고 있다. 이는 '내정 간섭'이 아닌 '역사적 연고권에 기반한 질서 유지'라는 논리로 국제사회의 비판을 회피하려는 전략이며, 일각에서 제기되는 '4개국 분할 점령' 구상은 이러한 의도를 극명하게 드러낸다.

중국이 평안북도, 자강도, 양강도, 함경남도 등 북측 접경 지역의 점령을 상정하는 것은 통일 한국이 미군과 직접 국경을 맞대는 상황을 차단하기 위함이며, 러시아에 함경북도를 배분하고 평양을 공동 관리하는 식의 구상은 한반도 전체가 서구식 민주주의 체제로 급격히 통일되는 것을 막고 자신들의 영향력이 미치는 완충지대를 고착화하려는 의도가 담겨 있다.

이러한 시나리오가 현실화될 경우 대한민국은 온전한 영토 주권을 회복하지 못한 채 또 다른 형태의 분단을 맞이할 위험이 있으며, 중국은 동북공정으로 다져진 역사 논리를 바탕으로 통일 과정에서 북한 지역에 대한 영유권이나 연고권을 주장하며 통일 한국의 대외정책이 지나치게 친미적으로 흐르지 않도록 강력한 정치적 압박을 가할 것이다.

결국, 동북공정은 과거를 점령함으로써 미래의 한반도 향방을 통제하려는 시도이므로, 우리는 이를 단순한 학술적 논쟁으로 치부할 것이 아니라 한반도 유사시 발생할 수 있는 영토분쟁과 주권 침해에 대비한 국가안보 차원의 실전적 대응 시나리오로 인식하고 체계적인 대비책을 마련해야 한다.

① 미국: 전략적 가치와 안보 지형의 변화

미국은 한반도 통일을 원칙적으로 지지하지만, '자유민주주의 체제하의 통일'과 '강력한 한미동맹의 유지'를 필수 전제로 한다. 만약 통일 한국이 지정학적 압력에 의해 중국으로 경도된다면 미국은 아시아 · 태평양 지역의 핵심 보루를 잃게 되며, 분단 상황에서 유지되던 거대한 무기 시장이 축소될 가능성과 통일 비용 지원에 따른 경제적 부담을 경계한다. 미국에게 통일 한국은 중국을 견제할 수 있는 '민주주의의 전초기지'로 남아야만 전략적 이익이 보장된다.

② 중국: 완충지대 상실과 안보적 실존 위협

중국은 동북공정을 통해 북한 지역에 대한 연고권을 주장하며 현상 유지를 가장 선호한다. 중국이 가장 우려하는 시나리오는 친미 성향의 통일 한국이 탄생하여 압록강과 두만강 국경선에 미군 부대가 전진 배치되는 것이며, 이는 중국의 안보를 직접적으로 위협하는 요소이다. 따라서 중국은 통일 과정에서 북한 지역을 자신들의 영향력 하에 두거나, 최소한 미군이 북한 지역으로 진출하지 못하도록 하는 '완충지대' 확보에 사활을 걸고 있다.

③ 일본: 경제적 경쟁과 민족주의의 부상

일본은 통일 한국이 가져올 경제적 · 정치적 파급력을 극도로 경계한다. 남한의 자본 · 기술과 북한의 노동력 · 자원이 결합할 경우 일본의 경제적 위상을 위협하는 강력한 경쟁국이 탄생하기 때문이며, 또한 통일 과정에서 분출될 한민족의 강한 민족주의가 과거사 문제와 결합하여 반일 정서로 흐를 것을 우려한다. 정치적으로는 한반도 긴장 완화가 일본의 '전쟁 가능한 국가'로의 개헌 명분을 약화시킬 수 있다는 점도 소극적인 태도의 원인이다.

④ 러시아: 세력 균형의 붕괴와 실리적 기회

러시아는 미국 주도의 일극 체제가 한반도 전체로 확장되는 것을 경계하며 세력 균형을 중시한다. 미군 영향력의 북상을 원치 않으면서도 중국의 독주 역시 견제해야 하는 복잡한 처지이나, 경제적으로는 통일 한국을 가장 큰 기회로 본다. TKR(한반도 종단철도)과 TSR(시베리아 횡단철도)이 연결되면 물류 혁명이 일어나고 가스관 연결과 북극항로 개척을 통해 에너지 수출 시장이 확대될 수 있기 때문에 러시아는 안보적 우려보다는 경제적 실리를 챙길 수 있는 방향으로 통일 과정에 개입하려 할 것이다.

주변 4국은 한반도의 평화적 통일이라는 대의에는 동의하면서도 각자의 안보적 · 경제적 손익계산에 따라 통일의 속도와 방향을 조절하려 한다. 특히, 동북공정을 앞세운 중국의 역사 논리는 향후 통일 과정에서 영토권 분쟁의 씨앗이 될 수 있으므로 대한민국은 이러한 4국의 이해관계를 정교하게 활용하여 '통일 한국이 주변국 모두에게 위협이 아닌 새로운 경제적 번영의 기회이자 안보적 안정판'이 될 것임을 설득하는 고도의 다자 외교 전략을 펼쳐야 한다.

3) 역사적 · 지정학적 위협에 대응하는 우리의 과제

역사 왜곡에 감정적으로 대응하기보다 정교한 학술적 근거를 바탕으로 대응해야 한다. 동북아역사재단을 중심으로 고구려 · 발해 등 한국 고대사가 한민족의 정체성 형성에 기여한 핵심 역사임을 증명하는 고고학적 · 문헌적 연구 성과를 지속적으로 축적하고, 특정 국가가 고대사를 전유하기보다 현대의 국경 개념을 고대에 대입하지 않고 관련 국가들이 공유하는 '열린 역사관'을 국제 학술계에 제안함으로써 중국의 독점적 역사 해석을 차단해야 한다.

한중 양자 간의 문제를 넘어 국제적인 보편 가치인 진실과 평화의 문제로 확장할 필요가 있다. 유네스코 및 국제기구를 활용하여 고구려 고분군 등 우리 역사의 유적들이 세계 문화유산으로서 보호받도록 관리하고 중국의 일방적인 유적 훼손이나 왜곡된 안내판 설치 등을 국제사회에 공론화하며, 다국어 역사 포털 운영 및 해외 교과서 · 백과사전의 오류 수정을 상시 모니터링하여 전 세계인이 한국 고대사의 실체를 정확히 인지할 수 있도록 '디지털 역사 외교'를 전개해야 한다.

정치적 차원에서는 중국 정부의 책임을 분명히 묻고 전략적 공간을 확보해야 한다. 2004년 한중 간 합의된 '고구려사 문제의 정치 문제화 방지' 및 '역사 기술 시정'에 관한 5개 구두 양해사항을 근거로 중국의 지속적인 왜곡 시도에 대해 공식적인 외교적 항의와 시정 요구를 지속하며, 정부는 외교적 마찰을 최소화하면서 지원하고 학계와 민간단체가 현장 중심의 대응과 홍보를 주도하는 유연한 민 · 관 · 학 협력 거버넌스를 유지해야 한다.

역사를 미래의 통일 시나리오와 연결하여 안보 논리로 승화시켜야 한다. 북한 붕괴 등 급변 사태 시 중국의 개입 명분을 원천 차단하기 위해 한반도 전체가 대한민국 주권하의 역사적 계승체임을 명시하는 '통일 한국 역사 비전'을 수립하고, 미국, 일본, 러시아 등 주변국에 '역사 정의에 기반한 통일 한반도'가 동북아 평화와 안정에 기여할 것임을 설득하여 중국의 역사적 영토주의를 견제하는 국제적 지지를 확보해야 한다.

대한민국 헌법과 국제법 사이에는 북한을 바라보는 치명적인 '법적 괴리'가 존재하며, 이는 유사시 심각한 영토 분쟁의 불씨가 된다. 우리 헌법 제4조는 한반도 전체를 영토로 규정하여 북한을 '미수복 지역'으로 간주하지만, 국제법적으로는 1991년 남북한 UN 동시 가입 이후 북한은 독립된 주권국가로 인식되어 북한 붕괴 시 대한민국이 자동으로 북한 지역을 점유할 국제법적 근거가 약할 수 있다.

이 틈을 타 중국은 동북공정의 역사 논리와 '조중우호협력 상호원조

조약'을 근거로 자동 개입을 시도할 위험이 크며, 중국이 '역사적 연고'와 '조약상 의무'를 내세워 북한 지역에 진입할 경우 이는 남북 문제를 넘어 글로벌 강대국 간의 영토 및 주권 분쟁으로 비화될 수 있다.

〈'조중우호협력 상호원조 조약', 조약 서명식에 참석한 저우언라이와 김일성〉

"과거를 지배하는 자가 미래를 지배한다"는 격언처럼 동북공정은 단순한 역사 논쟁이 아닌 우리의 미래 주권을 제약하려는 전략적 시도이므로 이를 극복하기 위한 다각적 대응이 필요하다. 첫째, 단순한 민족주의적 분노는 국제사회에서 설득력을 얻기 어렵기 때문에 세계가 인정할 수 있는 객관적 사실과 학술적 논리를 바탕으로 중국의 역사 왜곡을 반박하는 냉철한 대응 체계를 구축해야 한다. 둘째, 동북공정은 멈춘 프로젝트가 아니라 현재 진행형이므로 중국의 대한반도 정책 변화와 역사 왜곡 실태를 실시간으로 모니터링하고 그 이면에 숨겨진 정치 · 군사적 의도를 면밀히 분석해야 한다. 셋째, 외교의 힘은 국력에서 나오므로 경제와 국방을 아우르는 강력한 국력을 바탕으로 국제사회에서 주권국가로서의 위상을 확고히 해야 유사시 우리의 목소리가 실질적인 영향력을 발휘할 수 있다. 넷째, 주변 강대국들과의 전략적 협력관계를 강화하고 통일 과정에서 대한민국의 주도권이 동북아 평화와 번영에 유리하다는 점을 설득하여 국제적 지지와 법적 정당성을 미리 확보하는 유연한 외교력을 발휘해야 한다.

PART 4

독립의 불꽃

항일무장투쟁과 승리의 기록

1. 일본의 근대화와 조선의 패망: 자강(自強)의 교훈

1) 메이지 유신과 일본의 근대 국가 시스템 개혁

1902년 4월, 구한말 두 나라의 운명을 근본적으로 가른 핵심적인 역사적 통찰이 있었다. "일본 사람이 3백 년 동안 돈 모으는 공부와 총 쏘는 공부와 모든 부강지술(富强之術)을 배워 왔나니 너희들은 무엇을 배웠느냐" 는 물음은, 일본은 16세기 중반부터 실리적인 부강의 길을 체계적으로 준비한 반면, 조선은 수백 년간 관념적 성리학적 도그마에 갇혀 스스로를 무장하고 개혁할 기회를 상실했음을 준엄하게 드러낸다.

일본의 성공과 조선의 패망 원인을 기술 수용 태도, 지식의 확산, 지방 번(藩)의 자발적인 산업화 노력, 그리고 조선 지도층의 무능이라는 네 가지 결정적인 차원에서 분석하는 것은 오늘날에도 중대한 의미를 지닌다. 300년의 준비 차이가 두 나라의 운명을 가른 것처럼, 역사는 과거의 실패를 덮으려 하거나 왜곡하려 하지 않고 그 원인을 냉철하게 분석할 것을 요구한다.

① 기술 수용의 결정적 차이

일본의 근대화 의지와 실리주의는 에도 막부가 들어서기 훨씬 이전인 16세기 중반부터 그 싹을 틔웠다. 1543년 9월 23일, 폭풍우를 만나 명나라 선박이 일본 규슈 남단 다네가시마(種子島)에 표착했다. 이 배에 타고 있던 포르투갈 상인들이 일본에 처음으로 화승총(火繩銃) 2정을 소개했다. 당시 다네가시마의 도주였던 도키타카(時堯)는 이 신기술 무기의 위력을 즉각 간파하고, 그 대가로 당시 엄청난 거금이었던 은 2천 냥(현재 가치로 약 10억 원 상당)을 지불하며 총포 2정을 구입했다. 이는 단순한 무기 구입을 넘어, 새로운 서양 기술에 대한 일본 지도층의 과감한 투자와 수용 의지를 보여주는 사건이었다.

일본은 이후 불과 수십 년 만에 화승총의 국산화에 성공하고 이를 '철포(鐵砲)'라 칭하며 대량 생산 체제를 구축했다. 1575년 나가시노 전투에서 오다 노부나가와 도쿠가와 이에야스 연합군이 철포를 대규모로 활용하여 다케다 가쓰요리 군대를 격파한 것은 일본 내 기술 혁명의 성공적인 군사적 적용을 입증하는 상징적인 사건이었다. 이로써 일본은 아시아 국가 중 가장 먼저 총포 기술을 내재화하고 전쟁의 패러다임을 바꿨다.

반면, 같은 시기 조선의 상황은 정반대였다. 조선은 기술적 진보와 실용주의보다는 성리학적 질서 강화에 모든 국가 역량을 집중했다. 일본이 총포 기술을 국산화하고 전국시대의 전술을 혁신하던 16세기 중반, 조선은 주세붕이 서원(書院)을 건립하고 이황, 이이 등의 성리학 대가들이 사변적 철학과 예법을 정립하는 데 몰두했다. 실학을 제외한 나머지 분야, 특히, 공업(工業)과 기술(技術)은 천시(賤視)되었고, 기술자는 낮은 신분으로 전락했다. 이러한 기술 천시의 도그마는 훗날 임진왜란 때 조총으로 무장한 일본군에게 속절없이 밀리는 군사력 격차로 이어지는 결정적인 분수령이 되었다.

② 지식의 혁명과 지적 고립: 난학의 발흥과 책쾌의 처형

일본의 두 번째 성공 요인은 지식의 유통 혁명이었다. 17세기 말부터 에도 시대 일본에서는 출판의 대중화가 폭발적으로 일어났다. 문맹률이 낮았던 일본은 18세기 초 에도(도쿄)에만 이미 660곳이 넘는 서점이 존재했으며, 6천 명 이상의 출판업자가 활동하며 서적을 발간하고 유통하는 거대한 지식 산업 생태계를 구축했다. 이동도서관(가시혼야, 貸本屋)까지 등장하여 서민층까지도 지식과 문화에 접근할 수 있게 되었다.

이러한 개방적인 지식 환경은 난학(蘭學, 서양 학문)의 발흥을 가능케 했다. 네덜란드와의 제한적인 교류를 통해 유입된 서양의 의학, 천문학, 물리학 등의 지식은 일본 지식인들 사이에서 지적 혁명을 유발했다. 일본 지식인들은 서양의 지식을 번역하고 연구하여 서양의 학문과 문명을 '지적 자산'으로 내재화하는 데 성공했다. 특히 〈해체신서(解体新書)〉와 같은 서양 의학 서적의 번역은 당시 일본 의학계에 엄청난 충격을 주며 학문적 진보를 가속화했다.

그러나 조선에서 지식은 지배층(양반)의 권력을 유지하는 독점물이었다. 성리학적 신분 질서의 유지를 위해 지식의 공유는 경계되었으며, 서민층의 지적 각성은 사회 불안 요인으로 간주되었다. 조선의 왕실과 양반 지배층은 민간 출판과 서적 유통을 적극적으로 억압했다. 실제 1771년(영조 47년), 영조는 서적 판매상인 '책쾌(冊儈)'를 국가 질서를 어지럽힌다는 이유로 대대적으로 일망타진하여 처형하거나 유배를 보냈다. 이 결과, 조선은 1895년(갑오개혁)까지 근대적 의미의 서점(書店)이 전무한 지적 고립 상태를 면치 못했다. 지식의 유통을 막은 결과는 정보의 부재와 세계 변화에 대한 적응력 상실이라는 치명적인 결과를 낳았다.

③ 번(藩) 주도의 자발적 산업화와 인재 육성: 메이지 유신의 실질적 동력

일본의 부국강병 노력은 중앙의 막부뿐만 아니라 각 지방의 번(藩) 단위에서도 치열하게 경쟁적으로 전개되었다. 이는 중앙 권력의 간섭이 약했던 봉건적 특성이 낳은 긍정적인 결과였다. 특히, 사가번(佐賀藩, 히젠번)과 사쓰마번(薩摩藩)의 자발적인 근대화 노력은 훗날 메이지 유신을 성공으로 이끈 실질적인 핵심 동력이 되었다.

〈나베시마 나오마사(1815~1871), 에도 시대 말기의 다이묘〉

사가번은 나베시마 나오마사(鍋島直正) 번주의 주도 하에 혁명적인 산업화 시도를 감행했다. 나오마사는 번의 재정을 확충하기 위해 도자기 산업에 적극 투자하고, 네덜란드 상인과의 직거래를 승인하여 유럽 시장 진출을 꾀했다. 또한, 도자기 생산의 품질 관리를 위해 〈국산방(國産方)〉을 설치해 철저한 기술 관리를 시행했다.

더 나아가 군사 기술 분야에서는 〈화술방(火術方)〉을 설치해 서양 총포술을 도입하고 무기를 자체 연구했으며, 1851년에는 가마의 내열 기술과 야금 기술을 접목하여 반사로(反射爐) 제철소를 건설하고 철포와 증기선을 자체 제작하는 등 중공업의 기틀을 닦았다. 인재 육성에도 힘써 신분 차별 없이 인재를 선발하는 교육기관인 〈란가쿠료(蘭學寮)〉를 설치했으며, 이화학 연구소인 〈정련방(精煉方)〉을 통해 전신기, 유리, 대포 등을 대량 생산하여 지방 단위에서 산업 혁명을 일으켰다.

사쓰마번의 번주 시마즈 나리아키라(島津斉彬) 역시 사가번과 경쟁하듯 근대화에 매진했다. 그는 1850년대에 〈집성관(集成館)〉이라는 근대식 공업 단지를 설치하여 옷감 제조, 유리 세공, 조선(造船), 대포 주조 등 다방면에 걸친 공업 생산을 진행했다. 사쓰마번은 이 집성관을 통해 실천적인 부강지술을 실현했으며, 이는 훗날 메이지 유신 과정에서 서양 열강과의 군사적 충돌을 겪으면서도 자체적인 군사 기술을 바탕으로 국방력을 유지하는 데 기여했다.

조선에서는 이러한 지방 주도의 산업화는 꿈꿀 수조차 없었다. 중앙집권 체제와 성리학적 통제 속에서 지방의 자율적인 경제 활동은 엄격하게 억압되었으며, 모든 국부는 중앙으로 집중되어 사대부들의 향락과 권력 유지에 사용되었다.

1868년 메이지 유신을 기점으로 일본은 전근대적인 막번 체제를 탈피하고 서구식 근대 국민국가로 나아가기 위한 전방위적인 국가 시스템 개혁을 단행했다. 메이지 정부는 강력한 중앙집권화를 위해 1871년 폐번치현을 단행하여 봉건적인 '번'을 폐지하고 중앙정부가 직접 관리하는 '현'을 설치했으며, 같은 해 사농공상의 신분제를 철폐하여 인적 자원의 이동을 자유롭게 했고, 1889년에는 아시아 최초의 근대 헌법인 '대일본 제국 헌법'을 발포하여 천황 중심의 입헌군주제 기틀을 완성했다. 언어와 문화를 통일하여 '일본인'이라는 정체성을 심기 위해 1870년 신도를 국교화하여 천황의 신성함을 강조하는 정신적 지주로 삼았으며, 1872년 학제를 발포하고 소학교를 개설하여 표준어 보급과 근대 교육을 시행했고, 이는 군사적 기반이 된 징병제(1873)와 함께 국가에 충성하는 '근대적 신민'을 양성하는 핵심 동력이 되었다.

현대 일본의 국경선은 이 시기에 정립되었는데, 1869년 북해도 개척사청을 설치하여 아이누족의 터전을 자국 영토로 편입했고 1879년에는 독립왕국이었던 류큐(오키나와)를 무력으로 병합하는 '류큐 처분'을 통해 남북의 영토 경계를 확정했다. 가장 결정적인 전환점은 1871년부터 약 1년 10개월간 진행된 이와쿠라 사절단 파견이었으며, 서구 12개국을 견학한 지도층은 서구의 압도적인 국력을 목격한 후 단순한 기술 복제를 넘어 법, 제도, 교육 전반을 서구화하는 '문명개화' 정책을 국가의 최우선 과제로 설정했다. 이러한 메이지 정부의 개혁은 일본을 단기간에 근대화시키는 데 성공했으나, 내부적으로는 천황 절대주의 체제를 고착화하고 대외적으로는 제국주의적 팽창 정책의 시발점이 되었다는 역사적 양면성을 지니고 있다.

〈이와쿠라 구미사절단〉

2) 조선의 몰락: 지도층의 무능과 외교적 실패

일본이 중앙과 지방을 막론하고 산업화와 인재 육성에 매진할 때, 조선의 지도층은 국가의 명운보다 개인의 안위와 권력 다툼에만 집착했다. 특히, 고종 황제는 밖으로는 자주적인 자강(自強)의 길을 찾지 못하고, 안으로는 신하들의 권력 다툼을 조정하지 못하는 결정적인 리더십 부재를 드러냈다.

고종의 외교 전략은 자강을 포기하고 외세에 의존하는 '외세 역이용론'에 기초했는데, 이는 결국 국권을 외세의 놀음판에 내맡기는 결과를 낳았다. 고종은 위기 때마다 특정 외국 공사관으로 몸을 피하려 하는 '파천(避遷)' 시도를 8차례나 감행했다. 비록 아관파천(러시아 공사관) 한 차례만 성공했을 뿐이고, 나머지 영국, 미국, 프랑스 공사관으로의 파천 시도는 모두 실패로 끝났다. 특히, 러일전쟁 직전, 고종의 연이은 파천 요구를 받은 당시 미국 공사 알렌(Horace Allen)은 미국 본국에 보낸 비밀 보고서에서 "황제가 담을 넘으려 하면 쫓아버리겠다"고 보고할 정도로 조선 황실은 이미 국제 사회의 조롱거리로 전락해 있었다.

〈고종(1852~1919)〉

〈알렌 선교사(1858~1932)〉

외국 공사들의 냉혹한 평가는 당시 조선 지도층의 무능을 뼈아프게 보여준다. 알렌 공사는 고종을 가리켜 "이 나라에 끔찍한 해충이며 저주다. 무희들과 놀며 시간을 축내는 지도자로, 한국 국민이 가련하다"라고 혹평했으며, 주한 미국 대리 공사였던 조지 포울크(George Foulk) 역시 조선의 대신들을 "매일 상투나 긁고 앉아서 자기들의 이익만 챙기는 부패한 무리"라고 비난했다. 이는 조선 지도층이 국제 정세에 얼마나 무지하고 무책임했으며, 부패했는지를 보여주는 뼈아픈 기록이며, 망국의 책임이 일부 매국노뿐 아니라 지도층 전체에게 있었음을 시사한다.

조선이 일본에 병탄되던 시기, 소위 '지도층'이라 불리던 이들은 국가를 팔아 자신의 영달을 꾀하는 잔치를 벌였다. 을사늑약 체결 과정에서 이완용을 비롯한 대신들은 일본으로부터 거액의 뇌물을 수수하며 적극적으로 조약 체결을 주도했다.

한일병탄이 공식화된 1910년 이후, 일본 천황은 매국에 협조한 친일세력들에게 '은사금(恩賜金)'이라는 명목으로 엄청난 재물을 하사했다. 이 은사금은 단순한 하사금이 아닌, 식민 통치에 협력한 대가이자 친일 세력을 영구적으로 포섭하기 위한 정치적 자금이었다. 고종의 형인 이재면은 83만 엔(현재 가치 약 166억 원), 이완용은 15만 엔(약 32.6억 원)을 받았으며, 그 외 수많은 왕실 친인척과 고위 관료들이 작위와 함께 거액을 챙겨 막대한 부를 축적했다.

특히, 1910년 10월에는 박영효를 회장으로 한 60명의 매국노 귀족 부부 단체 관광단이 일본을 방문하여 17박 18일 동안 호화로운 생활을 즐기는 등, 망국의 슬픔 대신 개인의 영달을 누리는 참담한 광경이 벌어졌다. 이러한 매국 행위와 그에 대한 합당한 처벌 부재는 해방 후 친일파 청산의 실패로 이어져 대한민국 현대사의 왜곡된 출발점이 되었다.

3) 역사적 도그마를 넘어 자강의 길로

지난 300년의 역사를 반추해 볼 때, 일본의 성공은 관념적 도그마와 전통적 사고에 매몰되지 않고 실리적인 부강지술(기술, 지식, 산업)에 전력투구한 결과이다. 반면 조선의 패망은 주자 성리학의 도그마에 갇혀 세계 정세에 눈과 귀를 닫고, 경제와 기술을 천시하며 부정부패를 일삼은 지도층의 무능이 겹쳐진 필연적인 귀결이었다.

이러한 비극적인 역사는 오늘날 우리에게 중대한 교훈을 남긴다. 영국의 역사가 에드워드 카(E. H. Carr)가 "역사는 과거와 현재의 끊임없는 대화"라고 정의했듯이, 우리는 과거의 실패를 거울삼아 열린 마음으로 진실을 마주하고 그 원인을 냉철하게 분석해야 한다.

관념적인 이념 논쟁이나 소모적인 권력 다툼보다는 실질적인 국력(자강)을 기르는 자세만이 다시는 이러한 망국의 슬픔을 겪지 않는 길이다. "과거를 기억하지 못하는 자는 그것을 반복하는 운명에 처한다"는 철학자 조지 산타야나(George Santayana)의 가르침처럼, 오늘날 우리가 무엇을 배우고 준비하느냐가 미래의 운명을 결정할 것이다. 우리의 후손들에게 부끄럽지 않은 자주적이고 강한 국가를 물려주기 위한 실천적인 노력이 절실하다.

2. 의열단 창단과 항일무장투쟁의 새로운 지평

1) 투쟁의 아방가르드: 의열단 창단(1919)과 민족신앙의 힘

2026년 11월 9일과 10일은 프랑스 레지스탕스(제2차 세계대전 시 항독 무장단체) 한국판이라 할 수 있는 의열단(1919년~1935년)이 창단 제107주년을 맞이하는 해이다. 항일무장단체인 의열단은 일본제국을 향해 적극적인 작탄활동을 전개하여 일제의 간담을 서늘케 하였다.

1919년 11월 9일 밤, 만주 길림성 파호문 밖 중국인 반씨가 운영하던 화성여관에 조선인 청년 독립운동가들이 모여 밤새 논의한 끝에, 이튿날인 11월 10일 의열단을 결성했다.

〈의열단, 김원본, 윤세주 등이 중심이었던 무장독립운동단체〉

13명의 단원은 김원봉을 포함한 윤세주(尹世胄), 이성우(李成宇), 곽경(郭敬), 곽재기(郭在驥), 강세우(姜世宇), 이종암(李鍾岩), 한봉근(韓鳳根), 한봉인(韓鳳仁), 김상윤(金相潤), 신철휴(申喆休), 배동선(裵東宣), 서상락(徐相洛)과 권준(權俊)이다. 조직의 이름은 "천하 정의의 율(律)을 맹렬(猛烈)히 실행한다"고 해서 의열단(義烈團)이라 하였고, 단원들 대부분은 신흥무관학교 출신들로 구성되었다.

〈영화 '암살'에서 김원봉과 실제 김원봉〉

의열단의 리더는 2015년 큰 흥행을 거둔 영화 〈암살〉에서 배우 조승우가 카리스마 넘치는 묵직한 모습으로 "나, 경남 밀양 사람 김원봉이요!"라고 했던 그 약산 김원봉 선생이다. 2016년 영화 〈밀정〉에서 배우 이병헌도 약산의 역을 맡아 열연을 펼치기도 하였다.

당시 의열단 창립에 앞서 '동학농민혁명'의 정신을 계승한 거국적인

'3 · 1혁명'이 일제의 무력 앞에 대실패로 끝났다. 이에 대부분 3 · 1혁명을 주도했던 독립운동 지식인들은 비폭력 투쟁이 갖는 한계에 대해 뼈저린 성찰과 반성을 하였다.

동시에 평소 만주와 중국 본토에서 조직된 독립운동단체들의 활동이 미온적이고 온건하다고 여겼던 독립지사들은 직접적 투쟁방법인 암살과 파괴 · 폭파라는 과격한 방법을 통해서만 일제로부터 독립 쟁취가 가능하다고 보았다.

이런 상황에서 1919년 9월 11일 대한국민의회(블라디보스토크), 한성임시정부(서울), 상하이 임시정부 등이 통합해 만든 '대한민국임시정부'도 이듬해 기관지 독립신문을 통해 1920년 1월 17일 '독립전쟁'의 해를 선포하여 의열단의 항일무력투쟁에 힘을 실어주었다.

특히, 김원봉의 고향 경남 밀양의 선배이자 의열단의 고문이었던 김대지와 황상규는 '의열단의 행동강령과 활동방향'은 공약 10조 · 오당파(五當破, 5파괴)가 핵심 지침이며, '칠가살'(七可殺:죽여야 할 일곱 대상)은 임시정부가 공식화한 "마땅히 죽여야 할 7대 대상"을 뜻하며 대한민국 임시정부는 물론 의열단 등 독립운동 단체에서 공식적으로 사용했다. 의열단의 공약 10조는 다음과 같다.

○ 천하의 정의로운 일을 맹렬히 실행한다.

○ 조선의 독립과 세계의 평등을 위해 신명을 희생한다.

○ 충의와 희생의 정신이 확고한 자라야 단원이 된다.

○ 단원에 선(先)하고 단원의 의(義)에 급히 한다.

○ 의백 1인을 선출해 단체를 대표한다.

○ 언제 어디서나 매월 1회 사정을 보고한다.

○ 언제 어디서나 초회(집회)에 필응(응답)한다.

○ 피살되지 아니하여 단의에 진(다함)한다.

○ 일(一)이 구(九)를 위하여 구가 일(一)을 위하여 헌신한다.

○ 단의에 배반한 자는 척살한다.

그리고 '오당파(五當破: 파괴해야 할 다섯 일제기관)'은 조선총독부, 동양척식회사, 매일신보사, 각 경찰서, 기타 왜적의 중요 기관 등 5곳이 해당한다. 오당파는 1920년대 초 의열단의 무력투쟁 전략에서 핵심적 역할을 했으며, 일제의 식민통치 핵심 기관을 직접 타격해 민족의 자존심을 세우고 독립의식을 고취하기 위한 상징적 목표로 제시되었다. 칠가살은 다음과 같다.

○ 적의 수괴: 일본 등 외세 세력의 우두머리

○ 매국적(賣國賊): 나라를 판 매국노

○ 고등 경찰 및 형사 · 밀고자: 독립운동을 밀고하거나 탄압한 일제 경찰 · 형사

○ 친일 부호: 일제에 협력하며 독립운동을 방해한 친일 자본가

○ 조선 총독부 관리: 조선 총독 등 일제 관료

○ 불량배: 독립운동을 방해하거나 민심을 현혹시킨 불량배

○ 모반자(謀反者): 독립운동 동지 중 배신 행위를 한 자

한편, 1922년에 의열단의 무력을 앞세운 암살파괴 활동에 대해 일부 비판적 견해가 존재하자 의열단장 김원봉 선생은 의열단의 정체성과 위상을 재정립할 필요성을 느끼게 되었다. 그리하여 약산 선생은 같은 해 12월, 의열투쟁의 정당성을 확보하기 위해 의열단의 무력투쟁에 깊이 공감하고 있던 대문장가 단재 신채호 선생을 찾아가 글 한 편을 써달라고 의뢰했다.

신채호 선생은 약산의 부탁에 적극 호응하여 의열단 참모인 유자명(柳子明, 1896~1945) 선생과 함께 한 달간 합숙하며 불후의 명작이자 당대 최고의 격문이라 할 수 있는 '조선혁명선언(=의열단 선언)'을 국한문 혼용체로 1923년 1월에 완성했다.

전체 5개 부분 6,400여 자로 되어 있는 이 선언문에는 의열단의 독립투쟁노선과 행동강령이 잘 나타나 있다. 또한 일본제국을 조선의 생존을 박탈해간 '강도'로 규정하고 폭력적 혁명이 정당한 수단임을 거듭 천명하고 있다.

"…… 강도 일본을 쫓아내려면 오직 혁명으로만 할 수 있으며,
혁명이 아니고는 강도 일본을 쫓아낼 방법이 없는 바이다.
…… 우리의 민중을 깨우쳐 강도의 통치를 타도하고
우리 민족의 신생명을 개척하자면
양병 10만이 폭탄을 한 번 던진 것만 못하며,
천억 장의 신문, 잡지가 한 번의 폭동만 못할지니라.
…… 민중은 우리 혁명의 대본영(大本營)이다.
폭력은 우리 혁명의 유일 무기이다.
우리는 민중 속에 가서 민중과 손을 잡고
끊임없는 폭력·암살·파괴·폭동으로써,
강도 일본의 통치를 타도하고,
우리 생활에 불합리한 일체 제도를 개조하여,
인류로서 인류를 압박하지 못하며,
사회로써 사회를 수탈하지 못하는 이상적 조선을 건설할지니라."
…… "이상의 사실에 거(據)하여 우리는 일본 강도정치,
곧 이족통치가 우리 조선민족 생존의 적임을 선언하는 동시에,
우리는 혁명수단으로 우리 생존의 적인 강도 일본을 살해(殺害)함이
곧 우리의 정당한 수단임을 선언하노라."

- 단재 신채호 선생의 <조선혁명선언> 중에서 -

특히, 민중직접혁명과 평등주의에 입각하여 당시 일부 민족주의자들의 독립운동노선이었던 문화주의 · 외교론 · 준비론 등 일체의 타협주의를 배격하고, 오직 폭력적 민중혁명에 의한 일제의 타도라는 전술을 통한 독립 쟁취를 목표로 했다. 의열단의 민중직접혁명노선과 전술은 시대의 흐름에 따라 당시의 시대사조를 반영하여 수정이 가해졌으며, 창단 초기에 비하면 강령상의 변화를 보인다.

1923년 2월 초 대한민국임시정부는 중국 상하이에서 '한민족 국민대표회의'를 개최했다. 국내와 상하이, 만주 · 베이징 · 간도 일대 등 각지에서 독립활동을 하는 100여 개의 단체 대표들이 회의에 참석하였다.

'보천교(普天教)'에서도 진정원 간부인 배홍길(본명 배치문)과 김종철, 청년단 대표인 강홍렬(강일) 3명을 파견했음은 물론, 군자금을 비밀리에 상당히 지원한 것으로 보인다. 강홍렬(강일)은 3 · 1운동 때 영남지역 학생대표로 독립선언문을 비밀리에 합천지역에 배포했고 합천시장에서 독립만세 시위를 벌였으며, 배홍길(본명 배치문)은 3 · 1운동이 일어나자 목포에서 독립만세운동을 주도한 전력이 있다.

두 사람은 국민대표회의가 끝난 후 김원봉을 만나 의열단에 가입하여 활동을 적극 전개했다. 일제시대 보천교를 깊이 연구한 종교사학자 김철수 교수는 다음과 같이 말한다.

> *"그들은 의열단에 입단하여 간부로 활동했습니다. 김원봉 단장에게 단원과 군자금 모집의 밀명을 받고 국내로 잠입해 활동하였습니다. 강홍렬(강일)과 배홍길(배치문)은 의열단과 보천교를 연결하는 중요한 고리였습니다. 의열단 활동을 하였던 단재 신채호 선생의 부인 박자혜 여사도 보천교 신도였습니다. 당시 선화사급의 여성 간부였죠.*

1924년 초에 독립단체 정의부가 결성된 후 군자금을 모집하기 위해 정의부 요원이 국내로 파견되었을 때 박자혜 여사가 보천교 북(北)방 주인 한규숙을 중개하였습니다."

〈대한민국 임시정부 신년하례회(1921.01.01.)〉

2) 전략적 전환: 실용주의 노선의 채택과 투쟁 계보

1926년부터 점차 당대 사상계의 영향을 받아 사회주의 성향을 수용하기 시작한 의열단의 강령 및 사상은 1928년 10월 '조선의열단중앙집행위원회' 이름으로 발표된 〈창단 제9주년 기념성명〉을 계기로 종래의 조국광복을 목표로 한 순수한 민족주의노선에서 계급적 이데올로기에 기반을 둔 급진적 민족주의 내지 사회주의 성향으로 전환되기 시작했다.

그러나 이 무렵만 하더라도 의열단은 항일독립운동에 있어서 전민족적 통일전선의 구축을 위한 항일민족공동전선을 세계 약소민족의 반식민 제국주의전선으로 연결하려는 시대적 · 민족적 요구를 실용주의적으로 반영한 탄력적인 행보로 보인다.

의열단이 본격적으로 급진적 좌파 성향을 보이게 된 것은, 1929년 12월 베이징에서 ML파와 합동하여 조선공산당 재건동맹을 조직하였을 때부터이다. 의열단의 창단 초기에는 성문화된 강령은 없었으나, 구축왜노(驅逐倭奴), 광복조국(光復祖國), 타파계급(打破階級), 평균지권(平均地權)을 단원들이 강령과 같이 여기고 있었다.

이 중 구축왜노와 광복조국은 모든 독립운동단체가 추구한 목표였고, 타파계급과 평균지권은 민중을 직접혁명의 중핵으로 하는 3·1혁명 이후 독립운동의 새로운 흐름을 나타냈다. 특히, 다음의 주장은 의열단의 초기 사상을 단적으로 보여주고 있다.

> *"우리 동포가 광복운동을 시작한 이래 임시정부를 조직하고, 혹은 군대를 조직하고, 혹은 공산당과 제휴하고, 혹은 국민대표회의를 개최하는 등 여러 가지 실책(實策)을 강구하여 보았으나 무슨 얻은 바가 있었는가?*
> *우리 단원이 노리는 곳은 동경(東京)·경성(京城)의 2개 소로서 우선 조선총독을 죽이기를 대대로 5, 6명에 미치게 되면 반드시 그 후계자가 되려는 자가 없게 될 것이고, 동경시민을 놀라게 함이 매년 2회에 달하면 한국독립문제는 반드시 그들 사이에서 제창되어 결국은 일본 국민 스스로가 한국통치를 포기하게 될 것임은 명약관화한 일이다."*

민족적 지상과제인 독립의 쟁취를 위하여 오직 암살과 파괴라는 직접적이고 과격한 투쟁방법을 택할 수밖에 없었다는 점에서 초기의 의열단은 순수한 민족독립운동을 지향했음을 알 수 있다.

이러한 강령은 1928년 이후에는 21개 조의 강령으로 확대되고 창단 초기와는 변화된 사상 경향을 보이면서 1930년대에 들어서 민족주의를 뿌리로 삼고 사회주의를 자양제로 삼아 민족주의를 더 내실화하는 사상 신념 체계로 나아갔다. 그 중심에는 오직 "일본 제국주의로부터 조국 독립 쟁취"가 있었다.

3. 의열단의 폭탄 투쟁: 일제 심장부를 타격한 거사들

1920년 3월 밀양 · 진영 폭탄반입사건을 시작으로 1920년 9월 부산경찰서, 12월 밀양경찰서 폭탄투척 등 의열단은 반일 무력투쟁을 전개해 일본 제국주의 세력들의 간담을 서늘케 했다. 이에 일제는 김원봉에게 김구(60만 원)보다 많은 100만 원(현 가치 약 300~360억 원)의 현상금을 내걸며 강력히 대응했다. 초기 의열단의 중요한 의거활동을 독립운동사 자료를 기초로 살펴보면 다음과 같다.

1) 조선총독부 · 종로경찰서 · 황포탄 의거의 전말

① 밀양 · 진영 폭탄반입사건

일본 고관에 대한 암살과 주요 관공서의 폭파를 목적으로 하는 의열단의 제1차 암살파괴계획은 1920년 3월에 시작되었다. 우선 폭탄을 국내로 반입하기 위하여 3월 중순경 의열단원 곽재기(郭在驥)가 만주 안동현(安東縣)에서 밀양의 김병완(金炳完)에게 보낸 폭탄이 경기도 경찰부에 탐지되어 폭탄 3개가 압수되고, 폭파계획의 행동책임을 맡은 관련자 18명 중 곽재기 등 12명이 일본경찰에게 붙잡혔다.

5월 중순경에는 의열단원 이성우(李成宇)가 다시 폭탄 13개 및 권총 2점을 입수하여 안동현 이륭양행(怡隆洋行)을 통하여 경상남도 진영(進永)의 강원석(姜元錫)에게 보냈는데, 이것이 일본경찰에 발견됨으로써 압수되고 이 사건의 관련자 윤치형(尹致衡) 등 6명이 붙잡혔다. 따라서 이 폭탄의 반입과 함께 파괴대상을 선정, 검토하면서 거사 준비에 착수하던 의열단의 행동대원들의 거사는 좌절되었다.

1920년 6월 곽재기 · 이성우 등 전원이 검거되어 10월에 경성지방법원 검사국에 송치되었는데 이 사건의 관련자는 모두 26명이었고, 붙잡힌 단원은 18명이었다. 이 사건은 경성지법에서 8개월간의 예심을 거쳐 붙잡힌 지 1년이 지난 1921년 6월 언도공판에 회부되어 16명 중 강원석 1명만 면소(免訴) 방면되고 나머지 15명은 모두 유죄로 결정되었다. 특히, 선고 공판에서 이성우와 곽재기는 주범으로 지목되어 8년형을 선고받았다.

② 부산경찰서 폭탄투척의거

제1차 암살파괴계획이 좌절된 지 얼마 안 된 1920년 9월 14일, 경상남도 부산경찰서가 의열단원 박재혁(朴載赫)에 의하여 폭파되고 서장 등 3명이 즉사한 사건을 말한다. 1920년 9월 초 박재혁은 선편(船便)으로 상하이를 떠나 나가사키(長崎)를 거쳐 9월 13일 부산에 상륙하였다.

싱가포르에서 사업을 경영하고 있던 그는 의열단의 '공약 10조' 제7항의 "일본 본토 하시(下矢), 하지(下地)에서나 초회(招會)에 필응한다"는 단명에 의하여 상하이로 와서 부산경찰서 폭파의 임무를 띠고 입국하였다.

입국한 다음 날 아침 그는 중국인 고서적상(古書籍商)으로 변장하고 평소 지면이 있던 부산경찰서장 하시모토(橋本秀平)를 방문, 고서적을 구경하는 그에게 먼저 의열단의 전단을 보인 다음 폭탄 2개를 투척하였다. 폭음과 함께 둘이 함께 쓰러졌는데, 중상을 입은 서장은 병원으로 가는 도중에 사망하고 옆에 있던 일본경찰 2명도 즉사하였다. 박재혁도 중상을 입은 채, 투옥된 날부터 단식을 시작하여 9일 만에 옥사(1920.9.22~23)했다.

〈박재혁(1895~1921)〉

〈최수봉(1894~1921)〉

③ 밀양경찰서 폭탄투척의거

부산경찰서 폭탄투척의거가 일어난 지 불과 3개월 만인 1920년 12월 27일 오전 9시 30분경 밀양경찰서 서장실에 전 경찰이 모여 서장 와타나베 스에지로(渡邊末次郎)의 훈시를 듣고 있을 때, 밀양 출신 의열단원 최수봉(崔壽鳳)이 경찰서 창밖에서 폭탄 2개를 연달아 투척하였다.

제1탄은 남쪽 유리창으로 던진 것으로 정렬하고 있던 순사부장 쿠스노키 게이고(楠慶吾)의 오른손에 맞아 불발되고, 다시 정면 현관에서 던진 제2탄은 복도에서 폭발하였으나 인명피해는 없었다. 이 사건은 일본경찰에게 피해를 주지 못하였지만 민심에 충격을 불러일으켰다.

의거에 사용된 폭탄은 이종암 · 김상윤 등이 제공한 것인데, 이 거사는 결국 실패로 돌아갔으며, 최수봉은 현장에서 단도로 자결을 기도하였지만 뜻을 이루지 못하고 붙잡혀 치료받은 뒤 검찰로 송치되었다. 그는 대구지방법원에서 10년형을 언도받았으나, 검사의 공소로 대구복심법원에서 사형이 선고되었다. 1921년 7월 8일 최수봉은 태연하게 교수대에 올라

21세의 짧은 생애를 장렬하게 마쳤다.

④ 조선총독부 투탄의거

1921년 9월 12일 오전 10시경 서울 남산 밑에 있는 왜성대(倭城臺: 지금의 숭의여고 부근) 총독부청사 2층에 있는 회계과와 비서과에 각각 1개씩의 폭탄이 투척되었다. 비서과의 것은 불발이었으나, 회계과의 것은 큰 폭음과 함께 폭발하여 건물의 일부가 파괴되었다. 이 의거가 일어나자 일본경찰은 비상령을 내리고 범인체포에 혈안이 되었으나 색출에 실패하였다.

결국, 이 사건 진상은 1922년 3월 28일 상하이 황포탄에서 다나카 기이치(田中義一) 암살 시도가 실패하고 김익상이 체포되어 재판 중 자백하면서 밝혀졌다. 의열단원 김익상은 서울 출신으로 1921년 9월 10일 폭탄 2개와 권총 2정을 지니고 베이징을 떠나 이튿날 서울에 도착, 12일 전기수리공으로 변장하여 총독부 정문을 무사히 통과하고 2층으로 향하여 거사하였다.

당시 그는 의거 후 일본인 목수로 변장하고 그날 저녁 용산역에서 기차를 타고 평양에서 하차하여 하루를 소일한 뒤 신의주를 거쳐 무사히 베이징으로 돌아갔다. 이 사건은 일본에 큰 충격을 주면서 서울 시민을 놀라게 하였다.

⑤ 상하이 황포탄 의거

1922년 3월 28일 일본 육군대장 다나카 기이치가 기선편으로 상하이에 도착한다는 정보를 접하자, 의열단은 그의 암살저격계획을 세웠다. 이 계획은 치밀하게 추진되어 부두에서 제1선은 오성륜(吳成崙, 1900~1947), 제2선은 김익상, 제3선은 이종암이 맡기로 했다. 제1선을 맡은 오성륜은 배에서 내려 걸어오는 다나카를 저격하였으나, 다나카 옆 미군 해병대원(또는 영국인 경호원)이 맞아 부상(또는 즉사), 제2선을 맡은 김익상이 곧이어 자동차에 오르는 것을 저격하였으나 그의 모자를 관통하는 데 그쳤다.

제3선의 이종암이 폭탄을 던졌으나 미군 해병이 차서 바다에 버려 불발되고 말았다. 결국 의거는 실패로 돌아가고 3명 중 김익상 · 오성륜은 현장에서 일본 경찰에게 붙잡혔는데, 2022년 9월 오성륜은 상하이 감옥에서 탈옥에 성공했다. 김익상은 나가사키로 압송되어 무기형(또는 20년형)으로 감형 복역 후 출옥했으나 일본 형사에게 암살당했다.

2) 동양척식회사 및 식산은행 투탄과 제2차 파괴 계획

① 종로경찰서 폭탄투척 의거

1923년 1월 12일 밤 8시경 종로경찰서에 폭탄을 투척한 사건을 말한다. 이 의거를 일으킨 사람이 의열단원 김상옥(金相玉)이었음은 그가 순국할 때까지 당시의 일본경찰당국도 몰랐다. 그러나 종로경찰서가 폭탄세례를 받은 지 5일이 지난 1월 17일 눈 내리는 새벽 3시, 그의 은신처인 삼판통(지금의 후암동) 고봉근(高奉根/김상옥 매부)의 집이 종로경찰서 형사진에게 탐지되어 우메다(梅田) 경부 등의 지휘 아래 20여 명의 일본 경찰에게 포위되었다.

당시 형사진 가운데 있던 조선인 형사 조용수가 최초로 탐지하였다고 한다. 김상옥은 단신으로 일본경찰과 총격전을 벌여 다무라(田村) 형사부장 등을 사살하고, 그 밖의 수 명에게 중상을 입힌 뒤 포위망을 뚫고 남산 쪽으로 자취를 감추었다.

그는 눈 덮인 남산을 넘어 지금의 금호동에 있는 안장사(安藏寺)를 찾아 승복을 빌려 입고 효제동 이혜수(李惠受/애국부인회를 조직한 여성독립운동가) 동지의 집에 은신하였다. 1월 22일 새벽 5시 30분경 일본경찰은 우마노(馬野) 경기도 경찰부장의 총지휘로 경성(현 서울) 시내 4개 경찰서, 기마경찰대 등 총 1,000여 명이라는 3 · 1혁명 이후 최대 규모로 투입된 일제 무장경관은 효제동의 은신처를 완전 포위하였다.

김상옥 의사는 단신으로 두 손에 권총을 들고 일본경찰 1천여 명에 맞서 서울 한복판에서 3시간 30분가량 접전 끝에 서대문경찰서 경부 구리다(栗田淸造) 외 16명을 사살하고 총탄이 다하여 최후의 한 발로 자결하였다. 그때 나이 34살의 위풍당당했던 김상옥 의사의 생애는 조국 독립을 위해 불꽃같이 피어오른 후 그렇게 우리 민족의 영웅은 사라져 갔다. 김상옥 의사는 종로경찰서 폭파 전 상하이를 떠나오며 다음과 같은 말을 남겼다.

"나의 생사가 이번 거사에 달렸소! 만약 실패하면 내세에서 만납시다. 나는 자결하여 뜻을 지킬지언정 적의 포로가 되지 않겠소!"

② 제2차 암살파괴계획(폭탄반입사건)

1923년 초 의열단이 조선총독부 등 일제 관공서와 총독 사이토(齋藤實) 등 일제 고관을 대상으로 하는 제2차 파괴암살계획을 말한다. 이를 위해 상하이에 비밀폭탄 제조공장을 두고 폭탄기술자로서 독일인 · 헝가리인 등을 초빙하여 고성능의 폭탄을 제조하였다.

이를 국내로 반입하기 위하여 상하이에서 톈진(天津)으로 운반하였는데 여기에는 〈조선혁명선언〉 및 〈조선총독부관공리에게〉라는 유인물도 함께 포함되어 있었다. 이 폭탄반입계획은 김시현이 실행을 담당하여 톈진에 가서 홍종우(洪鍾祐) 등을 지휘하여 수송하기로 하였다. 그는 당시 경기도 경찰부의 한국인 경부 황옥과도 동지적 결합을 하고, 1923년 3월 7일 안동현의 조선일보사 안동지국장 댁에 들렀다.

12일 오전 6시 차로 김시현 · 황옥 · 김재진(金在震) · 권동산(權東山) 등 4명이 폭탄 18개와 권총 5정을 가지고 톈진을 출발하여 서울로 향하고, 나머지 폭탄 18개와 유인물은 안동현 홍종우 집과 신의주 조동근(趙東根) 집에 숨겨두었다. 그러나 위의 4명 중 김재진이 평안북도 경찰부 고등과 김덕기(金悳基)에게 매수되어 이 계획을 일본경찰에게 밀고함으로써 홍종우 · 백영무(白英武) · 조동근 · 조영천(趙英千) 4명이 체포되고 폭탄 10개 · 전단 691매 압수되었다. 신의주에 추가된 폭탄 8개까지 총 18개의 폭탄이 압수되었다. 텐진 출발 김시현 · 황옥 등 4인은 서울 근처 체포되었고, 폭탄 18개 압수되어 전체 18명 검거되었다.

또한, 경기도 경찰부에서는 서울에 도착한 김시현 · 황옥 등 4명이 서울 인근에서 체포되었고, 폭탄 18개를 압수되었다. 이로써 의열단의 암살 파괴계획은 의거에 착수하는 준비과정에서 좌절되고 이에 관련된 의열단원 18명이 체포되고 주모자는 도주했다.

③ 도쿄 니주바시 폭탄투척의거

1924년 1월 5일 도쿄 니주바시 사쿠라다몬(二重橋櫻田門)에 폭탄을 투척한 사건을 말한다. 이 의거는 의열단원 김지섭(金祉燮)에 의하여 감행된 것으로 일본 천황이 사는 궁성을 파괴하고자 한 것이다.

김지섭은 신년 벽두 도쿄에서 열리는 의회에 조선총독을 비롯한 일제의 고관들이 참석한다는 소문을 듣고, 이곳에 폭탄세례를 주기 위한 목적으로 1923년 12월 20일 3개의 폭탄을 지니고 상하이를 떠나 일본으로 향하였다. 1923년 9월에 일어났던 관동대진재(關東大震災)에 희생된 동포들의 영혼을 위로하기 위한 이번의 의거계획은 그의 마음을 설레게 하였다.

그러나 막상 도쿄에 도착하여 제국의회가 휴회 중임을 알게 되자 계획을 바꾸어 궁성에 폭탄을 투척하기로 하였다. 1924년 1월 5일 저녁 그는 궁성 니주바시 앞에 접근하여 우선 제1탄을 보초 경찰에게 던졌으나 불발되었으며, 다시 2탄을 던졌으나 역시 불발이 되어 정문 석책(石柵) 밖에 떨어지고, 마지막으로 던진 3탄도 불발되고 말았다.

이 거사는 목적을 달성하지 못하고 실패로 돌아가고 그는 일본경찰에게 붙잡히게 되었다. 그는 사형 구형에 무기징역을 선고받아 복역 중, 20년으로 감형되었으나 1928년 2월 몸이 극도로 쇠약하여 옥사하였다.

〈김지섭 의사 투탄 의거 보도기사(1924.04.15.)〉

朝鮮日報

號外

二重橋에 爆彈을 投擲한

金祉燮事件의 豫審終結과 內容

官公署破壞와

要路大官暗殺을 目的

決死隊를 組織하고

金始顯의 失敗와

略歷과 性格

金祉燮의 구든 決心

監獄에서 李氏에게 書

最初計劃

④ 동양척식회사 및 식산은행 폭탄투척의거

1926년 12월 28일 오후 2시경 동양척식회사 및 조선식산은행에 폭탄을 투척한 사건을 말한다. 이는 의열단원 나석주(羅錫疇)에 의하여 이루어진 의거로 의열단이 그동안 계획한 여러 차례의 암살 및 파괴공작이 실패한 뒤 모처럼 성공을 거둔 것이었다.

나석주는 1926년 6월 톈진에서 김창숙이 준 자금으로 권총과 폭탄을 구입하여 같은 해 12월 26일 인천에 도착하였다. 12월 28일 거사를 단행하기로 하고 오후 2시경 먼저 식산은행에 들어가 폭탄 1개를 던지고, 다시 동양척식회사로 들어가 폭탄을 투척하고 권총을 난사하면서 1층과 2층에서 수 명의 사원을 사살하였다. 동양척식회사를 아수라장으로 만들고 그곳을 나와 전차길로 뛰어나왔을 무렵 총소리를 듣고 달려온 경기도 경찰부 경부보를 사살한 다음, 일본경찰 4~5명의 추격을 받게 되자 권총으로 자결했다.

1920년대 후반 들어와서 의열단 활동은 소강상태를 보이다가 '조선혁명군사정치간부학교'를 1932년 남경 천릉사(天陵寺, 天嶺寺)라는 사찰에 설립하였다. 이 간부학교는 김원봉이 주도가 된 조선의용대 창설(1938년)의 근간이면서 신흥무관학교에 이은 항일간부양성의 요람이 되었다.

특히, 우리에게 문학 시인으로만 알려진 이육사 선생도 항일무장투쟁 전사의 면모를 갖춘 행동파 독립지사였다. 1935년 김원봉을 중심으로 체계적인 정치 조직화를 위한 '조선민족혁명당' 창당을 앞두고 의열단은 창조적 해체를 단행했다.

〈조선의열단 후신인 조선의용대 창립 당시 모습〉

⑤ 독립운동사의 큰 맥을 잇는 가교 역할

의열단은 1908년 전명운 · 장인환 미국 의거, 1909년 안중근 의거, 1919년 3 · 1혁명운동, 임정 수립, 신흥무관학교 설립 등 이들 정신과 사상을 계승했다. 무력투쟁의 최일선 전위조직으로 활동하며 1935년 공식 해체되기까지 한인애국단 창단에 영향을 끼쳤다.

또한, 조선의용대와 한국광복군으로 연결되는 독립운동사의 큰 맥을 형성하는 데 결정적 역할을 했다. 특히, 대한독립운동사에서 지도적 위치에 있던 김구(金九) · 김규식(金奎植) · 김창숙(金昌淑) · 신채호 선생 등을 의열단의 고문으로 삼고, 장제스(蔣介石) 중화민국 총통의 후원을 받았다.

또 다른 독립운동단체가 기존의 온건하고 소극적인 노선에서 항일무장투쟁으로 변화하는 데 큰 변곡점을 제공하여 민족의 독립투쟁 정통성과 무장투쟁역량을 보여주었다. 이는 일제 식민지배에 신음하는 조선 민중들에게 항일의지 고취는 물론, 조국 광복의 희망을 힘껏 불어넣는 역할을 톡톡히 해냈다.

이처럼 의열단의 활동은 우리 독립운동사에 결코 무시할 수 없는 큰 족적을 남겼다. 그러나 올해가 의열단 창단 제101주년, 광복 75주년임에도 불구하고 이들 행적에 대해 잘 알고 있는 우리 국민은 극소수에 불과하다. 그 이유는 해방 이후 친일, 반공에 기초한 남한 사회의 집권세력이 독립운동에서 좌파 세력이 한 역할에 대한 정당한 평가를 거부하였기 때문이다.

4. 독립군전쟁의 신기원: 봉오동·청산리 대첩

1) 독립군 기지 건설과 봉오동 전투의 전략적 승리

1920년 만주 벌판을 뒤흔든 봉오동 · 청산리 대첩은 단순한 군사적 쾌거를 넘어, 나라를 잃고 유랑하던 한민족에게 국권 회복의 뜨거운 희망을 안겨준 기념비적인 사건이다. 이 위대한 승리의 이면에는 조선(대한제국) 패망이라는 뼈아픈 역사의 유산이 자리 잡고 있다. 당시 조선의 지배층은 급변하는 국제 정세 속에서도 소중화 사상이라는 시대착오적 관념에 갇혀 만동묘나 대보단을 세우는 등 배타적이고 수구적인 태도를 고수했으며, 통치자의 무능과 척족 세력의 부패가 국가 시스템을 근본적으로 붕괴시켰다.

이러한 내부적 요인과 맞물려, 일본은 정한론과 주권선-이익선 전략을 통해 대륙 침략의 야욕을 구체화했고, 영국과 러시아의 그레이트 게임이라는 복잡한 국제 역학 관계를 교묘히 이용하여 러일전쟁 승리 후 동아시아의 패권을 장악했다.

그러나 이러한 거시적 패망의 그림자 속에서도 독립군은 좌절하지 않았다. 그들은 간도 지역 동포들의 헌신적인 지원을 받으며 생존했고, 나아가 러시아 내전으로 방대한 물자를 확보하고 있던 체코군단과 대담한 '빅딜'을 단행하여 신식 무기를 확보함으로써 일본군에 맞설 수 있는 실질적인 전투력을 갖추게 되었다.

결국, 봉오동 · 청산리 대첩은 독립군의 불굴의 의지와 간도의 민족적 헌신, 그리고 체코군단의 무기라는 복합적인 전략적 요소가 결합되어 이룬 승리였으며, 이는 망국의 비극을 넘어선 독립 의지의 승리 기록으로 역사에 아로새겨져 있다.

2) 청산리 대첩의 대승과 체코군단 무기의 결정적 기여

국권을 상실한 1910년대, 독립운동가들은 만주와 연해주로 대거 이주하여 국권 회복의 토대를 마련하는 데 주력했다. 서간도 지역은 신민회

인사들이 중심이 되어 삼원보에 경학사와 정예 군사 간부를 양성하는 신흥무관학교를 설립하는 등 무장 투쟁의 산실 역할을 했으며, 북간도에는 이주 동포들이 조직한 간민회와 중광단이 북로군정서와 같은 강력한 무장단체로 성장했다. 또한, 연해주의 신한촌을 중심으로는 권업회와 대한광복군 정부가 창설되어 무장투쟁의 기반을 다지는 등, 각 거점은 독립운동의 굳건한 병참 기지가 되었다.

이러한 준비 과정을 거쳐, 1920년 6월 마침내 독립군 연합부대는 봉오동 골짜기에서 일본군 정규군을 상대로 최초의 대규모 승리를 거두었다. 홍범도 장군의 대한독립군을 중심으로 군무도독부와 국민회군 등이 연합한 대한북로도군부는 일본군 월강추격대 500여 명을 골짜기로 교묘하게 유인 섬멸하는 전술적 미학을 보여주었다. 이 전투에서 독립군은 단 4명의 사망자만을 기록한 반면, 일본군에게 157명의 사망자와 200여 명의 부상자를 안기는 압도적인 전과를 올려 나라 잃은 민족에게 국권 회복의 희망을 확신시켜 주었다.

봉오동 전투 승리 후 불과 몇 달 뒤에 찾아온 청산리 대첩은 독립군 전투력의 비약적인 성장을 증명한 금자탑이었다. 이 위대한 승리의 결정적 동력은 바로 체코군단과의 '빅딜'을 통해 확보한 최첨단 무기였다.

제1차 세계대전 당시 오스트리아-헝가리 제국의 식민지였던 체코인들이 독립을 목표로 결성한 체코군단(약 6만 4천 명)은 러시아 혁명 후 귀국 자금을 마련하고자 시베리아 횡단 철도를 따라 이동하고 있었다. 이들은 같은 약소민족의 독립운동에 공감하며, 자신들이 보유했던 미제 레밍턴 소총, 모신나강 소총, 맥심 기관총 등 당시의 최신 무기들을 독립군에게 판매했다. 무기 구매에 필요한 막대한 군자금은 최진동, 최운산 장군의 사재뿐만 아니라, 보천교의 거액 지원, 그리고 간도 동포들이 은비녀와 금가락지까지 모아 마련한 피와 땀의 헌금으로 충당되었다.

〈1920년 청산리전투에서 승리한 뒤 독립군들이 찍은 기념사진〉

이 무기로 무장한 독립군은 봉오동 패배에 대한 설욕을 위해 일본이 투입한 약 2만 5천 명의 대규모 토벌군을 청산리 일대에서 맞이했다. 1920년 10월, 김좌진 장군의 북로군정서와 홍범도 장군의 대한독립군을 중심으로 뭉친 연합부대(약 1,800명)는 백운평, 완루구, 어랑촌 등 10여 차례에 걸친 6일간의 혈전에서 유격전술과 현대식 화력을 결합하여 일본군 정예부대에게 1,200여 명의 사망자라는 궤멸적인 타격을 입혔다. 독립군은 100여 명의 피해에 그쳤으며, 이 승전은 독립군의 불굴의 의지와 체코군단 무기가 결합된 한국 무장 독립운동사상 가장 위대한 승리로 기록되었다.

3) 승리 뒤의 비극: 경신참변과 역사가 주는 교훈

1920년 만주에서 울려 퍼진 봉오동과 청산리의 위대한 승전보는 나라를 잃은 민족에게 해방의 희망을 선사했지만, 그 기쁨은 오래가지 못했다. 전투에서 치욕적인 패배를 당한 일본군은 경신참변(간도참변, 1920. 10. ~ 1921. 4.)을 감행하여 보복에 나섰고, 약 7개월에 걸쳐 간도 지역의 무고한 한인 동포 1만여 명을 학살하는 잔혹한 초토화 작전을 자행했다. 이는 독립군 기지와 한인 사회의 기반 자체를 무너뜨리려는 일제의 야만적인 시도였다.

일제의 압박을 피해 러시아령 자유시(스보보드니)로 이동했던 독립군에게도 또 다른 시련이 닥쳤으니, 그것이 바로 자유시 참변(1921. 6.)이었다. 독립군 내부의 공산주의 계파 주도권 다툼이 격화되는 가운데 러시아 적군(赤軍)이 개입하여 독립군을 강제 무장 해제시키려 했고, 이 비극적인 충돌로 인해 수많은 독립군이 희생되면서 무장 독립운동 세력은 심각하게 와해되었다.

이처럼 승리와 비극이 교차하는 독립운동의 역사는 우리에게 엄중한 교훈을 남긴다. 그것은 바로 무능한 통치자가 국민을 노예로 만드는 역사의 범죄자라는 뼈아픈 진실과 그럼에도 불구하고 불굴의 의지와 체코군단과의 '빅딜'에서 보듯 국제 정세를 활용하는 역동성을 통해 거대 제국주의에 맞설 수 있다는 희망의 증명이다.

따라서 우리는 선열들의 노블레스 오블리제와 위국헌신의 정신을 계승하고, 과거의 승리와 비극을 세계사적 시각에서 올바로 인식하여 "무능한 통치자는 역사의 범죄자"라는 교훈을 가슴에 새기는 것이야말로 진정한 역사 광복의 길임을 깨달아야 한다.

5. 봉오동 전투의 진실과 홍범도 장군의 재조명

1) 봉오동 전투의 진실

2020년 6월 7일은 100년 전인 항일무장독립투쟁사 최초로 '봉오동 전투'에서 일본 정예군에 맞서 승리한 기념비적인 날이었다. 이미 100주년 행사가 끝난 지 6년이 지났다. 봉오동 전투는 1920년 6월 7일 만주 북간도에서 독립군 600여 명이 일본군 제19사단 월강추격대대와 남양수비대 1개 중대 500여 명과 싸워 승리한 전투다. 상하이 대한민국 임시정부의 기관지인 〈독립신문〉은 "일본군 전사자 157명, 중상 200여 명, 독립군 전사자 4명, 중상 2명"이라고 발표했다.

이는 같은 해 1월 7일 상하이 대한민국 임시정부가 무장독립투쟁을 선포한 지 5개월 만에 거둔 승리로서 봉오동 전투를 '독립전쟁 1차 대승리'라 규정했다. 이 승리의 주역은 청산리 대첩에서도 한 축을 담당했던 홍범도 장군이다. 정부는 1962년 홍 장군에게 건국훈장 대통령장을 추서했다. 그 후 홍범도 장군은 우리에게 위대한 독립운동가로 각인되었으나, 몇몇 사실들이 세간에 잘못 알려져 오해를 낳고 있다.

우선, '봉오동 전투는 홍범도 장군과 그의 대한독립군이 거둔 대승리'라는 오해다. 봉오동 전투는 최진동 · 운산 · 치흥 3형제가 이끄는 대한군무도독부와 홍범도의 대한독립군, 안무의 대한국민회군 등 3개 단체가 통합하여 결성한 '대한북로독군부'와 '대한신민단' 등이 연합하여 이룬 전과이다.

〈봉오골반일전적지〉

상하이 대한민국 임시정부의 〈독립신문〉과 〈일본 외무성의 밀정 보고서〉에, 봉오동 전투에서 모든 부분을 총괄한 "총사령관은 통합부대장인 '대한북로독군부' 부장 최진동이고 예하 전투 현장에서 전투를 지휘한 사람은 연대장 홍범도"라고 명확히 명시되어 있다. 세간에 알려진 바와는

다르게, 봉오동 전투의 실제 총지휘 사령관은 최진동 장군이며, 그 휘하에 홍범도 장군은 연대장으로서 전투가 벌어지는 현장에서 전투를 주도한 총지휘관이었다.

특히, 거부였던 최운산 장군은 형 최진동과 함께 개인 사비를 들여 러시아와 체코군단으로부터 대량의 무기를 구매하고 군량은 물론, 최운산 장군의 아내 김성녀 여사가 주도하여 의복을 자체 제작 · 조달하여 봉오동 대첩에 큰 견인차 역할을 했음이 학계에서 이미 밝혀졌다.

의병투쟁을 시작으로 크고 작은 전투를 통해 익힌 전형적인 야전형 지휘관인 홍범도 장군은 탁월한 유격전 능력을 십분 발휘하여 봉오동 상촌 지대의 산악지형과 지물을 적절히 이용한 매복과 기습전으로 일본 정규군을 괴멸시켰다.

2) 홍범도 장군을 둘러싼 오해들

홍 장군은 철저한 '공산주의자로 일자무식의 산포수'라는 오해다. 홍 장군이 일자무식이라는 오명은 초대 국무총리와 국방부 장관을 지낸 이범석 장군의 회고록인 『우둥불』에서 기인한다.

〈우등불과 이범석 장군〉

이범석 장군은 회고록에 본인 소속 부대인 북로군정서와 상관 김좌진 장군, 그리고 자신의 위상과 권위를 높이기 위해 청산리 대첩에서 홍범도 장군의 공적을 고의로 폄하 · 왜곡하며 일자무식(一字無識)의 노비 · 포수 출신이라 기술하였다. 그러나 러시아 연해주 우수리스크시 고려인문화센터와 하바롭스크 향토박물관에 전시된 홍범도 장군이 초서체로 작성한 편지는 일자무식자가 아닌 상당한 지식인이었음을 단적으로 보여준다. 특히, 1919년 독립군 대장으로서 반포한 '유고문'에서도 상당한 문장력을 보여주고 있다. 그는 1910년 어러 지역 의병 지도자들과 협의하여 선언서를 내는 일에도 참여하였는데 정말 일자무식이었다면 가능하지 않은 일이었다.

한편, 『홍범도 일지』에 의하면 홍 장군은 자유시 참변과 스탈린 집권 후 소련 영내에서 독립군 활동 금지령으로 항일무장독립운동을 못하게 되자, 농업조합을 만들어 한인들의 생활 권익신장에 투신했다. 이때 부패한 러시아 관리들의 가혹한 횡포와 탄압에 맞서 제도권 차원에서 해결하기 위해 1927년 10월 소련공산당에 입당했다. 이처럼 홍 장군의 공산당 가입은 사실이다. 그러나 홍 장군이 사상 · 신념적으로 경도되어 일신의 영달을 추구한 것은 결코 아니었음을 알 수 있다.

이처럼 여천 홍범도 장군에 대한 오해는 개인의 지나친 공명심과 개인 영웅주의사관, 식민사관의 프레임에서 기인했다고 본다. 특히, 정치 · 사회적 권위에 굴복하여 검증과 비판 없이 일방적인 주장을 그대로 받아들여 교과서에 기술한 과거 학계와 정부의 행태는 비판받아 마땅하다. 모든 기록은 철저한 크로스체크와 검증을 거친 이후에만 신뢰성 있는 사료로서 가치를 가지기 때문이다. 이범석 장군의 주장을 그의 권위(초대 국무총리와 국방부장관 역임) 때문에 비판적으로 검토하지 못한 것은 소위 베이컨의 '극장의 우상'에 함몰되어 사실로의 접근을 스스로 봉쇄하는 결과를 초래했다. 그리하여 우리의 집단기억에서 실체적 진실이 계속 왜곡되며 부풀려지는 악순환을 낳게 했던 것이다.

홍범도 장군의 유해 봉환에 앞서, 우리 국민 모두는 홍범도 장군을 객관적인 사실에 기초한 역사적 인물로 올바로 복원시켜야 한다. 이것이 홍범도 장군을 우리 국민들이 최고의 예우로 모시고, 진정 보답하는 길이

될 것이다.

"끝으로, 홍범도 장군의 유해 봉환 문제에 있어 북한은 과거 홍 장군이 평양 출생이라는 이유 등으로 연고권을 주장하며 봉환에 대한 미묘한 입장을 보이기도 했다. 하지만 대한민국 정부는 이와 관계없이 자주적인 결정을 통해 유해 봉환을 추진했다. 문재인 정부 시기인 2021년 광복절을 계기로 홍범도 장군의 유해는 카자흐스탄에서 마침내 고국으로 봉환되었다.

이와 더불어, 2025년 광복 80주년을 맞아 홍 장군과 함께 카자흐스탄에 묻혀 있던 계봉우와 황운정 애국지사의 유해 봉환도 적극 추진될 필요가 있다. 위대한 독립투쟁의 역사와 자주 독립의 정신을 상징하는 홍범도 장군의 뜻이 온전히 이어지고, 아직 고국으로 돌아오지 못한 모든 애국지사의 유해가 순조롭게 봉환되는 그날을 손꼽아 기다릴 것이다.

6. 잊혀진 조력자: 체코군단의 극동 여정과 무기 지원

1) 봉오동 · 청산리 전투에서 대승

봉오동 · 청산리 전투에서 대승을 거둘 수 있었던 요인을 전쟁이론과 함께 살펴보면 크게 두 가지 관점에서 파악할 수 있다. 우선, 전투를 수행하는 과정에서 인간적 요소가 중요하다는 '인간중심론적 전투수행론'과 군사기술적 요인이 결정적이라는 '기술결정론적 전투수행론'이 그것이다.

'기술결정론적 전투수행론'은 전쟁의 승패를 좌우하는 핵심적 요소가 첨단무기 혹은 이로 구성된 첨단전력의 보유 여부라는 관점을 취한다. 반면 '인간중심론적 전투수행론'은 전쟁이 불확실성과 마찰이 지배하는 영역이라는 클라우제비츠적 명제를 충실히 계승한다. 따라서 첨단무기의 존재 여부와 관계없이 전쟁의 불확실성 요소를 극복할 수 있는 군사적 천재의 존재 여부, 즉 군사지휘관의 자질이나 군대의 훈련 수준을 중시한다.

이에 근거한 필자의 판단은 봉오동과 청산리 전투의 승리가 '인간중심론적 전투수행론'과 '기술결정론적 전투수행론' 간의 절묘한 조합의 결정체라 할 수 있다는 것이다.

'인간중심론적 전투수행론'의 관점에서 보면, 최진동 · 최운산 장군, 홍범도 장군과 김좌진 장군 등은 한편으로 독립군 병사들에게 군인으로서 무한한 존경과 신뢰에 기초한 탁월한 지도력을 발휘했다. 동시에, 전투 현장에서 전술적 지형의 정확한 파악과 숙지, 그리고 여러 유형의 실전 같은 교육훈련을 통해 독립군 개개 병사들에게 싸워 승리할 수 있다는 자신감을 심어주었다. 특히 독립군은 전투 현장의 지형지물을 이용한 은폐 · 엄폐에 의한 매복과 기습전이라는 뛰어난 유격전 구사능력을 발휘하여 승리를 견인하는 한 축이었음을 봉오동 · 청산리 전투에서 여실히 증명해 보였다.

그렇다면, 승리의 또 다른 축이었던 '기술결정론적 전투수행론'으로 설명되는 첨단무기 보유는 당시 우리 독립군이 어떻게 가능했을까? 그것은 당시 유럽의 제1차 세계대전이라는 국제관계의 역학 속에서 러시아(소련) 극동 블라디보스토크에 와 있던 체코슬로바키아 군단으로부터 구입한 것이다.

이는 체코군단이 시베리아 횡단철도를 이용해 9,000킬로미터가 넘는 극동으로 오게 된 배경에 체코가 당시 오스트리아-헝가리 제국(1867년~1918년)의 식민지 상태에 있었다는 사실과 제1차 세계대전이라는 전쟁 상황이 빚어낸 결과였다.

그렇다면, 여기서 오스트리아-헝가리 제국의 탄생과 체코의 식민지 지배, 그리고 제1차 세계대전 중에 체코군단이 어떻게 탄생하게 되었는지를 간략하게 살펴볼 필요가 있다.

2) 오스트리아-헝가리 제국의 식민지 체코슬로바키아

오스트리아-헝가리 제국 이전의 신성로마제국은 원래 독일인, 폴란드인, 체코인, 마자르인, 이탈리아인, 남슬라브 제족(諸族) 등을 포함하는 다민족(多民族) 국가로 13세기부터 합스부르크가(家) 왕가의 통치 하에 있었다.

프랑스 혁명으로 등장한 나폴레옹이 1804년에 프랑스 제국을 선포한다. 이후 1806년 프랑스 제국은 아우스터리츠 전투에서 신성로마제국의 오스트리아 대공국 군대를 상대로 대승을 거두었다. 이 여파로 천년 동안 내려오던 허울뿐인 신성로마제국(962년~1806년)을 프란츠 2세가 자진 해체하였다. 이는 합스부르크 가의 위상을 높이기 위한 자구책으로, 프란츠

2세는 오스트리아 대공국을 중심으로 그 주변의 여러 소공국을 묶어 오스트리아 제국으로 승격하고 프란츠 1세라 칭하였다.

1815년 오스트리아는 나폴레옹의 몰락으로 유럽 최강국의 지위를 회복했으나, 프랑스 혁명의 여파로 자유주의와 민족주의가 유럽 전역으로 확산되었다. 오스트리아 제국은 이탈리아를 통일하려는 사르데냐 왕국 및 독일을 통일하려는 프로이센과 전쟁에서 연거푸 패배하자, 신성로마제국에 이어 오스트리아 황제가 헝가리 왕위를 계승해 왔던 전통마저 흔들렸다. 이에 프란츠 요제프 1세는 1867년 5월 29일 헝가리 귀족들에게 의회 설립과 자치를 보장하는 타협안을 제시하여 오스트리아-헝가리 제국이 성립하게 되었다.

보헤미아와 모라비아 지역에서 형성된 체코는 1526년부터 합스부르크가(家)의 신성로마제국의 지배를 받아오면서 1867년에 자동으로 오스트리아-헝가리 제국의 직할령이 되었는데 제1차 대전 말인 1918년에 해방을 맞이했다. 슬로바키아도 906년 헝가리의 마자르족이 모라비아 제국을 침략하여 슬로바키아를 점령함으로써 이후 1,000년 가까이 헝가리 왕국의 지배를 받아왔다. 1918년 제1차 대전 종전과 함께 체코와 슬로바키아가 하나의 국가로 탄생하였다.

이처럼 오스트리아-헝가리 이중제국의 지배하에 있던 체코와 슬로바키아는 19세기 중반부터 불기 시작한 범슬라브 민족주의 열풍으로 강한 결속을 다지며 하나의 민족으로 발전하고 있었다.

특히, 3국 협상(영 · 러 · 프)과 3국 동맹(독 · 이탈리아 · 오스트리아-헝가리 제국) 간의 제1차 세계대전(1914. 7. 28.~1918. 11. 11.)이 발발하자, 오스트리아-헝가리 제국에 징집된 체코슬로바키아인들은 동유럽 남부 발칸반도 일대의 동부전선에 투입되었다. 이 동부전선 일대는 슬라브계 민족들이 대거 국가를 구성하고 있는 지역이다.

마침 동유럽을 중심으로 불어 닥친 범슬라브 민족주의 열풍은 체코슬로바키아인들의 민족주의 정서에 큰 자극제로 작용하였다. 일부 체코슬로바키아 병사들은 탈영해 러시아 쪽으로 집단 귀순하기도 했다. 이는 '범슬라브주의'를 외치던 제정 러시아의 지향과 들어맞았다. 그들은 조국독립에 대한 강한 의지와 뜨거운 열망을 제정 러시아 육군 제3군 예하 6만여 명의 체코군단으로 결집했다. 이들은 러시아를 통해 연합국으로부터 지원받은 최첨단 무기로 무장한 상태에서 곧바로 1914년 10월 오스트리아-헝가리 제국과 독일제국 전선으로 투입되었다.

〈항일투쟁에 체코군단으로부터 공급받은 무기는 큰 힘이 됐다〉

이때 제정 러시아 측을 설득하고 협상하여 결국 체코슬로바키아인들을 포로가 아닌 군 무력집단으로 조직하고 군사교육훈련을 시키는 데 결정적인 역할을 했던 인물이 바로 초대 체코슬로바키아 대통령을 지낸 토마시 마사리크(1850년~1937년)였다. 그들의 눈과 총구는 오스트리아-헝가리 제국과 그 동맹인 독일 제국으로 향했다.

당시 체코군단은 갈리시아(오스트리아-헝가리 제국 영토) 전선에서 오스트리아-헝가리 제국과 치열한 전투를 벌여 큰 전과를 거두기도 하였다. 특히 1917년 7월 현 우크라이나 지역에서 일어난 즈보로프 전투에서 오스트리아-헝가리 제국군을 크게 이겼다. 이 승리 이후 체코슬로바키아 자원군 수가 늘어나면서 바흐마흐 전투에서도 독일 제국군에게 승리하며 휴전 협정을 맺도록 강요했다.

그런데 1917년 10월 7일 볼셰비키가 적위대를 동원해 임시정부 청사인 겨울궁전을 점령하는 10월 혁명을 일으킨다. 이에 등장한 레닌의 볼셰비키 혁명정부는 체제 안정을 위해 이듬해인 1918년 3월 3일 연합국(영 · 미 · 프) 일원에서 이탈하는 '브레스트-리토프스크 강화조약'을 독일과 전격적으로 체결한다. 이로 인해, 연합국은 물론 제정 러시아 편에 서서 싸웠던 체코군단 장병들은 큰 충격을 받고 거의 패닉 상태에 빠지게 된다.

체코군단은 자력으로 서유럽 전선으로 가서 전투에 계속 참전하려 했지만 쉽지 않았다. 러시아 북부 무르만스크나 아르한겔스크 등을 통해 체코군단을 서유럽전선으로 이동 및 배치하려 했던 영국과 프랑스 등이 러시아 서부로 군대와 배를 보냈지만 여의치 않았다.

결국 체코군단 장병들은 시베리아 횡단철도를 이용해 블라디보스토크로 가서 배편을 통해 이동할 수밖에 없었다. 이런 상황 하에서 프랑스 주재 체코 망명정부 지도자 토마시 마사리크는 연합국과 함께 러시아 레닌 혁명정부에 압박을 가해 다음과 같은 내용의 합의를 이끌어 냈다.

첫째, 체코군단은 현실적으로 독일군에 막혀 서유럽전선으로 이동 및 배치될 수 없으니, 시베리아 열차로 블라디보스토크까지 이동시킨다.

둘째, 블라디보스토크 항구에서 연합군 선박을 이용해 서유럽 전선으로 안전을 보장하는 조건 하에서 투입 및 배치한다.

셋째, 체코군단이 이동하는 과정에서 러시아 내전으로 인해 체코군단의 안전에 위협이 되지 않도록 미국, 영국, 프랑스, 이탈리아, 캐나다, 일본을 포함한 2만 5천 명 규모의 연합군을 시베리아로 출병시킨다.

볼셰비키 혁명의 후유증으로 인해 발발한 1918년 5월 러시아 혁명군(적군)과 반혁명군(백군) 간의 내전(1918년~1922년)에서 체코군단은 뜨거운 감자로 떠올랐다. 이때 체코 독립운동 지도자 마사리크는 체코군단 장병들에게 "가급적 내란에 휘말리지 말고 목숨을 잘 보전하여 안전하게 서유럽 전선으로 가라"라는 지침을 내렸다. 이에 체코군단은 볼셰비키에게 호의적이지는 않았지만 서부전선으로 가는 길이 급했기에 내전에 휘말리지 않으려고 최대한 신중을 기했다. 체코군단은 상황에 따라 백군과 적군을 적절히 이용하면서 이동하였다.

체코군단은 이동 중에 미필적 고의에 의한 세계적인 사건을 일으키는 데 일조한다. 바로 1918년 7월 17일 우랄산맥 남부 도시 예카테린부르크에서 제정 러시아 마지막 황제 니콜라이 2세와 그 가족들이 볼셰비키 적군에 의해 전격 처형되는 사건이 발생했다. 이는 체코군단이 백군과 함께 도시로 접근하여 황제 일가를 구출한다는 정보 때문에 초조해진 유대인 출신의 스베르들로프의 적군이 예카테린부르크의 이파티예프 하우스에 감금되어 있던 니콜라이 황제 2세와 그 일가족을 처형하였던 것이다. 이처럼 체코군단의 이동은 세계사적 사건이 아닐 수 없다.

이 즈음, 볼셰비키 혁명에 반대했던 연합군이 체코군단의 철수를 돕기 위해 상당량의 무기도 지원했다. 특히 체코군단의 안전한 기차 이동을 지원한다는 명분으로 7만 3천 명의 일본군은 연합국과 함께 소위 시베리아 출병(1918. 7.~1922. 10.)을 단행했지만, 실은 시베리아 영토에 대한 야심이었다.

3) 독립군의 체코군단으로부터 최신무기 구매

체코군단의 일부 부대는 1918년 7월 6일 적군과 백군의 내전이 한창이던 러시아 한가운데를 지나 시베리아 맨 끝 블라디보스토크 항에 도착했다. 연합군에 동조하는 체코군단은 항구 지역 일대에서 적군을 몰아냈다. 동시에 이 항구를 연합군 항구로 선포하여 모든 연합군 선박에 개방했다.

체코군단은 블라디보스토크에 주둔할 때, '덴니크(Denník)'라는 신문을 발행하기도 했다. 특히 같은 식민지 국가로서 동병상련을 느껴서인지, 3 · 1운동 발발 17일 후에 관련 소식을 다음과 같이 3회 보도했다. 이는 한국 민중의 일제로부터 독립에 대한 염원을 국제사회에 알리는 계기가 되었다.

한편, 체코는 1918년 10월 28일 건국을 선포하였는데 11월 11일 독일의 항복으로 전쟁이 끝나고 체코는 독립을 쟁취한다. 그리하여 블라디보스토크에 주둔하고 있던 체코군단은 1920년 2월이 되어서야 볼셰비키 정부와 정전협약을 체결하고 배편을 이용하는 대신 시베리아 횡단열차를 타고 본국으로 철수하기로 했다. 그래서 체코군단 장병들은 이때 효용성이 사라진 무기를 대거 우리 한국독립군에게 판매한다. 이때 북로군정서 독립군 부대가 사들인 무기는 박격포 2문, 기관총 6정, 소총 1,200정, 탄약 80만 발이었다. 이들 무기는 주로 체코 라돌라 가이다 장군이 지휘하던 부대가 보유하던 무기였다.

재미난 사실은 체코군단이 보유하던 무기가 미국산 러시아제 무기라는 것이다. 산업 시설이 열악했던 제정 러시아는 자국 육군의 개인화기인 모신나강 소총(M1891)을 생산할 능력이 부족했다. 그래서 미국 레밍턴사에 150만 정과 웨스팅하우스사에 180만 정을 각각 주문했다. 1917년 러시아 혁명이 일어날 때까지 75만 정을 제작했는데 수송 문제로 47만 정만 납품했다. 혁명으로 납품을 못하고 남은 28만 정은 미군이 인수했다. 일부는 러시아 혁명에 개입하기 위해 투입된 연합군에 공급되었다. 5만 정은 체코군단에게 제공되었다.

일본 외무성 밀정 보고서에 "북간도의 거부였던 최운산 장군은 거액을 들여 체코군단이 무장했던 모신나강 소총 1,200정과 탄환 수십만 발, 권총 430정과 탄환 5천 발, 맥심 기관총 2문 등을 구입해 봉오동 전투에서 독립군 통합부대인 대한북로독군부를 무장시켰다"라고 나와 있다.

또한 북로군정서 이우석 분대장 회고에 의하면, "무기 구입 자금이 루블화였는데 혁명으로 휴지 조각이 되어버려 다시 신권을 모으긴 했으나 모자라는 돈은 현지 동포들의 은비녀와 금가락지 등 온갖 귀중품으로 대신했다. 이러한 노력들이 북로군정서가 소총 1,800정, 기관포 7문, 대포 3문 등을 갖춘 북간도 최강의 독립군 부대로 발전하는 데 많은 기여를 했다"라고 증언했다.

덴니크 신문에서도 독립군의 무기구매와 관련한 보도기사를 1920년 3월 7일로 다음과 같이 보도하기도 했다.

위 기사는 체코군단이 한국 독립군에게 무기를 건넨 사실을 뒤늦게 파악한 일본군이 당시 체코군단이 체류하고 있던 러시아 당국에 보낸 항의서한을 공개한 것이다. 이를 통해 알 수 있는 것은 바로 제국 일본이 체코군단으로부터 우리 독립군에게 첨단무기가 흘러들어가는 사태에 대해 얼마나 민감하게 반응했는지를 알 수 있다.

북로군정서에서 활동한 이강혁은 "김좌진 장군의 북로군정서에서도 현지 동포들의 은비녀와 금가락지, 놋쇠 요강 등을 모아서 현물로 무기를 구매했다"라고 증언했다. 이 당시 총 한 자루 가격이 1년 노임에 해당하는 30원~45원으로 현 가치로 300만 원~450만 원에 해당하는 금액이다. 무장 독립투쟁 역량 확보를 위해 얼마나 많은 군자금이 필요했는지를 짐작케 하는 대목이다.

이처럼 봉오동 · 청산리 전투는 북간도 동포들이 음지에서 수행한 정보원 역할과 각종 보급품 지원은 물론, 생활용품까지 팔아 첨단무기를 구매하는 위국헌신 정신과 최진동 · 최운산 장군 형제와 최재형 선생 등이 보여준 노블레스 오블리주 정신이 빚어낸 값진 승리였다.

독립군 지휘관들은 국제정치라는 역학관계를 이용하여 최첨단 무기를 구입하여 봉오동 · 청산리 전투를 승리로 이끌었다. 이뿐만 아니라, 우리의 독립운동사 시각을 한반도와 중국대륙이 아닌, 세계사적 차원으로 확장시켰다.

7. 안중근 의사의 하얼빈 의거와 동양평화론

아픈 역사의 한 단면을 아십니까

2026년은 안중근 의사의 하얼빈 의거 제117주년이자, 오는 3월 26일은 순국 제116주년이다. 안 의사는 1909년 10월 26일 9시 30분께 중국 하얼빈 역에서 민비시해와 고종의 강제 폐위, 동양평화 파괴 등 15가지 죄목을 이유로 이토 히로부미(伊藤博文)를 저격 살해했다. 이듬해 2월 14일 발렌타인 데이로 더 잘 알려진 그날, 안 의사는 뤼순(旅順)형무소에서 사형을 선고받고 42일 만인 3월 26일 형장의 이슬로 사라져 항일투쟁의 큰 별이 되었다. 그의 나이 31세였다.

〈도마 안중근(1879~1910)〉

거사 당일부터 이토 장례식인 11월 4일까지 전 세계로 9만여 건이 신문에 보도된 안 의사의 의거는 1905년 을사늑약의 국제법적 불법성과 일본 제국주의 속성을 세계만방에 고하고, 항일 무장투쟁의 초석을 놓았다. 그러나 이처럼 멸사봉공의 정신을 몸소 보여준 안중근 의거에 대해, 당시 대한제국의 정부와 민중의 반응은 큰 대조를 보였다.

의거 소식이 국내외에 전해지자, 대다수 대한제국의 민중은 "겉으로 통쾌하다 칭송을 못하고 깊숙한 방에서 저마다 술을 따르며 모두 경하했다"라고 한다(황현 〈매천야록〉). 또한, 1905년과 1907년 사이에 연해주-만주로 이주한 동포들은 안 의사의 구명을 위해 적극적인 모금 운동을 전개했다. 특히 중화민국 초대 대총통 원세개(袁世凱)조차도 "살아서 백살이 없는데 죽어 천년을 가오리다"라는 추모시를 짓기도 했다.

이와는 반대로 대한제국의 황제와 정부의 고관대작들은 민중들의 정서와는 매우 동떨어진 행태를 보인다. 이는 망국으로 치닫는 통치자들의 전형적인 모습이었다. 의거 당일 조선통감 소네와 인천항 일본 군함에서 함상 파티 중에 하얼빈역 사건을 들은 총리대신 이완용 이하 대신들은 범인이 한국인이라는 사실에 경악을 금치 못했다. 이에 순종 황제와 정부는 닥쳐올 일본의 문책성 보복이 두려워 거의 공황상태에 빠졌다.

마치 1891년 5월 러시아 황태자가 일본 시가현 오쓰를 순방 중에 현지 경찰에게 머리에 찰과상을 입는 테러를 당하자, 일본 전역이 발칵 뒤집힌 상황과 같았다. 순종은 다음 날 아침 시종원경 윤덕영과 승녕부 총관 조민희, 총리대신 이완용, 한성부민회장 유길준 등 제1차 '조문 칙사단'을 황급히 구성하여 다렌항에 파견한다. 이토 유해가 일본으로 가기 위해 다렌항에 와 있었기 때문이다.

황제는 오후에 친히 통감부를 찾아 이토 빈소에 조문했다. 조문 칙사단은 다음 날 28일 오전에 다렌항에 도착했으나, 항구 분위기가 험악해 유해 운반선이 다렌항을 벗어나자 해상에서 조문을 했다. 이날 순종은 이토에게 '문충공(文忠公)' 시호를 내린다.

이완용은 조의를 표하기 위해 대한제국 황제의 명의로 "29일부터 31일까지 사흘 동안 한성 일원에 일체의 음주가무를 금지하라"는 칙령을 선포했다. 또한, 순종은 도쿄에 있는 황태자에게 28일부터 3개월 동안 상복을 입고 깍듯이 예를 표하도록 당부했다.

11월 4일 순종은 일본 국장으로 거행된 이토의 장례식에 대한제국 대신들(민병석, 조중응)로 구성된 소위 제2차 '조문 사죄단'을 파견하고 유족에게 은사금 10만 원(현재 가치로 약 15억 원)을 전달케 했다.

같은 날 정부 주최로 을사오적과 함께 학생들을 동원하여 장충단에서 국장급 수준으로 이토 추도식을 거행했다. 이어 전국의 유림을 비롯한 조선 내 13도의 대표를 자칭하는 인사들도 이토 암살과 관련 일본 천황에 죄를 청하는 '사죄사'의 행렬에 동참하겠다고 야단법석을 떨었다.

결국, 이들의 행렬이 현해탄을 건널 즈음, 오전 10시 구슬비가 내리는 뤼순형무소에서는 안중근 의사의 사형이 집행되었다. 그의 유해는 아직도 행방을 알지 못해 광복된 조국의 품에 안기지 못하고, 다만 서울 효창공원 내 삼의사라는 묘역에 가묘로 조성되어 있을 뿐이다.

엄혹한 시기에 이처럼 민족과 국가의 자주독립 기상을 세운 안중근 하얼빈역 의거는 당시 대한제국 황제와 정부에게는 반민족적 반국가적 행위에 지나지 않았다. 허울뿐인 제국의 무능한 황제와 자신들의 안위에 사로잡혀 사익만을 추구하는 친일 부역 고관대작들, 그들에게는 일본은 또 다른 사대의 대상이었다. 그래서 안 의사의 의거는 단지 경천동지할 사건이자, 대역죄인 그 이상도 이하도 아니었다.

오금이 저리고 부끄러운 과거다. 과거는 현재 우리와 함께 살아 숨 쉬는 역사다. 안중근 의사의 순국일에 즈음하여, 오늘날 지도층을 포함한 모두가 한 번쯤 깊이 되돌아볼 아픈 역사의 한 단면이다.

8. 독립운동사의 거성: 의열단장 김원봉과 역사적 평가

1) 김원봉의 공적과 위상: 독립운동사의 미아인가, 거성인가

약산 김원봉은 의열단(義烈團) 단장으로 시작하여 조선민족혁명당 대표, 조선의용대 총대장, 한국광복군 부사령관, 그리고 대한민국 임시정부 군무부장 등 독립운동사의 가장 격렬하고 중요한 전환점에서 핵심적인 역할을 수행한 거목이다. 그의 독립운동 기간은 약 30여 년에 달하며, 이는 다른 독립운동가들과 비교했을 때도 타의 추종을 불허할 만큼의 탁월한 업적이다.

김원봉은 1919년 11월 10일 만주 지린성에서 신흥무관학교 출신 동지들과 의기투합하여 의열단을 창단했다. 의열단은 '폭력 혁명론'을 바탕으로 일제 주요 기관 및 친일파 암살을 목표로 하는 무장투쟁 단체였다. 단재 신채호(申采浩) 선생이 작성한 「조선혁명선언(의열단 선언)」은 의열단의 투쟁 이념과 철학적 근간을 제시했으며, 이는 이후 모든 항일 무장투쟁 단체의 정신적 지주가 되었다. 의열단은 김익상, 김상옥, 나석주 의사

등 수많은 단원들이 조선총독부, 종로경찰서, 동양척식주식회사 등에 폭탄을 투척하는 의거를 감행하며, 일제에 가장 큰 공포와 타격을 준 독립운동 단체로 기록된다. 의열단의 활동은 당시 침체되어 있던 독립운동에 새로운 활력을 불어넣었으며, 한인애국단, 광복군 등 후대의 주요 무장단체 설립에 '산파 역할'을 했다는 평가를 받는다.

〈신흥문관학교 졸업생, 광복군사령부 앞(1940년 9월)〉

김원봉은 1938년 10월 중국 우한에서 조선의용대를 창설하며 체계적인 항일 군사대오 형성에 주력했다. 이는 중국 관내(關內)에서 조직된 최초의 한인 무장 부대였다. 이 조선의용대의 일부 대원들이 화북 지역으로 북상하여 1941년 조선의용대 화북지대를 편성하고 중국 공산당 팔로군과 연합하여 일본군과 치열한 전투를 벌였으나, 김원봉과 총본부 병력 약 40여 명은 중국 국민당의 적극적인 권유와 독립운동 역량 통합을 위해 1942년 5월 충칭(重慶)의 대한민국 임시정부 산하 한국광복군 제1지대로 편입되었다.

이러한 결단은 김원봉이 좌우를 초월하여 오직 항일투쟁의 효율성을 추구했음을 보여준다. 그는 광복군에 합류한 이후 광복군 부사령관으로 임명되었으며, 1944년에는 임시정부 군무부장(현 국방부 장관)에 취임하며 좌파 민족주의 진영을 대표하는 핵심 인물로서 임시정부의 통합과 대일항전 역량 강화에 결정적으로 기여했다. 이는 김원봉의 독립운동 공적이 단순한 좌익 활동이 아닌, 민족 전체의 독립을 위한 투쟁이었음을 방증한다.

김원봉의 사상적 정체성에 대해서는 흔히 '공산주의자'라는 오해가 덧씌워져 있으나, 다수의 전문가와 사료는 그가 '실용적 진보 민족주의자'였다고 평가한다.

- 공산주의 거부: 김원봉은 1927년 중국 공산당 세력과의 협력 과정에서 토사구팽당하는 경험을 통해 공산주의에 대한 회의를 가졌으며, 이후 소련 및 중공과 연계를 갖지 않고 민족주의와 사회주의 사이에서 항일투쟁에 유리한 현실적인 정치 행보를 취했다.
- 미 전략국(OSS) 보고서: 대한민국 임시정부를 담당했던 미 전략국 요원 클래런스 윔즈(Clarence Weems)는 보고서에서 김원봉을 '실용적 좌파 민주주의자'로 평가했다.

- 미 군정청 역사편수관 증언: 미 군정청 역사편수관 리처드 로빈슨(Richard Robinson)은 저서 『미국의 배반』에서 "김원봉은 조선공산당 가입을 단호히 거부한 좌파 민족주의자로서 공산당의 고질적인 전체주의와 소련의 권위를 거부했다"고 명시했다.
- 소련 대사 일지: 북한 주재 소련 대사 알렉산더 푸자노프(Alexander Puzanov)는 그의 일지에 "약산은 북한에서 조선노동당에 결코 가입한 적이 없다"고 기록했다.

즉, 김원봉은 민족주의를 뿌리로 삼으면서 사회주의 혹은 무정부주의를 항일 투쟁에 필요한 '자양제'로 삼아 민족주의를 내실화한 인물이었으며, 이는 오직 조국 독립만 쟁취할 수 있다면 그 누구와도 손을 잡을 수 있었던 실사구시적이고 생명력 있는 정치적 신념 체계였다.

2) 해방 후 월북과 서훈 논쟁에 대한 비판적 고찰

김원봉의 탁월한 독립운동 공적에도 불구하고, 그의 서훈을 둘러싼 논쟁의 직접적인 원인은 해방 이후 그가 보였던 11년간의 북한 행적 때문이다. 해방된 조국 어디에서도 환영받지 못하고 남북한 현대사의 미아로 전락한 그의 비극적 운명은 당시 남한 사회의 극단적인 정치적 혼란과 냉전적 사고의 산물이다.

김원봉의 월북(1948년 4월 20일)은 북한을 추종한 자진 월북이 아니라, 미군정 하의 극심한 정치적 압박과 생명의 위협 때문이었다는 것이 다수 전문가들의 평가이다.

- 정치적 탄압과 백색 테러: 해방 후 남한 사회는 좌우 대립이 극한으로 치달았고, 특히 몽양 여운형 선생이 대낮에 피살되는 등 좌익 계열 독립운동가들에 대한 극우 세력의 백색 테러가 만연했다.
- 친일 경찰의 고문: 결정적으로, 김원봉은 악명 높은 친일 고등계 형사 출신 노덕술에 의해 체포되어 심한 고문과 모욕을 당했으며, 생명의 위협을 느끼자 남한에서의 활동을 포기할 수밖에 없었다.
- 주변 증언: 그의 중국인 비서 스마루와 의열단 동료, 독립운동가 정정화 등의 일관된 증언은 "남한 정세가 나빠 월북할 수밖에 없다"는 그의 토로를 뒷받침한다.
- 인민군 창설 무관: 김원봉은 1948년 4월 20일 월북했으나, 조선인민군은 이미 2개월 앞선 1948년 2월 8일 공식 창설되었다. 따라서 그가 인민군 창설에 기여했다는 주장은 시간적으로도 성립될 수 없는 낭설이다.

두 번째 오해는 "김원봉이 설립한 조선의용대가 한국전쟁 당시 남침의 선봉대로 활동했다"는 주장이다. 이는 역사적 사실 관계가 왜곡된 것이다.

- 화북지대의 변질: 김원봉의 영향력이 소멸된 후, 조선의용대 대다수는 중국공산당 통제하의 화북지역으로 북상하여 1942년 '조선의용군 화북지대'로 재편성되었다.
- 마오쩌둥의 통제: 1943년 초 중국공산당 정풍운동을 거치며 마오쩌둥(毛澤東)은 중공당원인 김무정(金武亭)을 조선의용군 사령관으로 임명했고, 이 부대는 중공 팔로군의 정식 부대로 완전히 탈바꿈했다.
- 한국전쟁 참전: 해방 후 김무정의 조선의용군은 국공내전에 참전했다가 1949년 북한 인민군으로 편입되었으며, 이 부대가 한국전쟁 남침의 최선봉 부대로 활동했다.

남침의 전위대였던 '조선의용군'은 이미 김원봉의 통제를 벗어난 지 오래였으므로 김원봉의 조선의용대와는 전혀 관련이 없다. 월북한 김원봉은 1948년 9월 북조선 초대 내각에서 국가검열상(현 감사원장), 이후 노동상(현 노동부 장관) 등 한직에 가까운 고위직을 역임했다. 그는 1957년 9월 명예직인 최고인민회의 상임위원회 부위원장에 임명되었으나, 조선노동당에 가입하지 않았기에 군사 분야 등 핵심 권력에는 진출할 수 없었다.

- 김일성의 이용: 김원봉은 김일성 정권의 정통성 확보와 정치 질서의 정당화를 위한 '장식품'으로 이용당했다는 평가가 지배적이다.
- 숙청의 비극: 결국 1958년 11월, 김원봉은 "중국 국민당 장제스의 사주를 받은 국제간첩"이라는 터무니없는 죄목으로 김일성에 의해 숙청되었다. 소련 대사 푸자노프의 일지에는 숙청의 칼날이 다가오자 김원봉이 남한을 향해 필사적으로 탈출을 시도하려 했으나 실패했다고 기록되어 있다.
- 가족의 참혹사: 김원봉의 월북으로 인해 남한에 남은 가족들은 더 참혹한 비극을 겪었다. 그의 친동생 4명과 사촌 5명이 한국전쟁 당시 보도연맹 사건에 연루되어 피살되었으며, 부친도 가택연금 상태에서 굶어 죽었다. 나머지 가족들 역시 연좌제의 굴레 속에서 정상적인 사회생활을 할 수 없었다.

약산 김원봉은 남북한 모두에게 외면받아 근현대사의 미아로 전락했다. 남한에서는 11년의 북한 행적만을 집착하여 30여 년의 치열한 독립운동 행적을 모두 부정하고 '빨갱이'로 낙인찍었으며, 북한에서는 숙청되어 역사에서 지워졌다.

김원봉 일가족의 비극적인 운명은 과거 보수 정권의 일관성 없는 행태와 뚜렷이 대비된다. 보수 정권은 주체사상의 대부 황장엽의 74년간 북한 고위직 행적을 애써 외면하고, 1997년 월남 이후 13년간의 남한 행적만을 높이 평가하여 최고 훈장인 1급 국민훈장 무궁화장을 수여하고 국립대전 현충원에 안장했다. 이러한 진영 논리에 입각한 이중 잣대는 약산 김원봉에 대한 평가가 객관적인 역사 인식이 아닌, 냉전적 사고와 현실 정치의 논리에 의해 재단되고 있음을 여실히 보여준다.

2019년 문재인 정부 당시 김원봉의 서훈 논란이 불거졌을 때, 청와대는 "북한 정권 수립에 기여한 자는 서훈을 받을 수 없다"는 국가보훈처의 포상심사 조항 때문에 서훈이 불가능하다는 입장을 밝혔다. 7년이 지난 현재까지도 이 규정은 유지되고 있으며, 김원봉은 독립유공자 서훈을 받지 못하고 있다.

논쟁의 핵심은 그의 독립운동 공적 자체를 부정하는 것이 아니라, 휴전과 분단이라는 정치 · 군사적인 현실을 어떻게 총체적으로 판단해야 하는가에 대한 문제이다. 진영 논리에 입각한 소모적인 사회적 논쟁을 피하기 위해서는 김원봉에 대한 평가를 해방 이전과 이후로 명확히 나누어야 한다.

• 독립운동 공적: 그의 26년간의 항일 독립투쟁 공적은 그 자체로 대한민국 건국의 역사적 뿌리이므로, 좌우 이념과 관계없이 있는 그대로 인정하고 기려야 한다.
• 월북 이후의 과오: 해방 이후 북한 고위직 경력이 있고, 한국전쟁 당시 북한 지도부의 일원이었다는 점에서 한국전쟁의 도의적 책임에서는 자유로울 수 없으며, 이 부분은 역사적으로 상응한 비판을 받아야 한다.

앞으로 정치권은 역사적인 인물인 약산 선생을 현실 정치 무대로 소환하여 당리당략의 정치적 제물로 삼지 말아야 한다. 김원봉은 항일독립투쟁의 상징과도 같아 그를 빼놓고 대한민국 독립운동사를 온전히 이야기할 수 없기 때문이다.

일제를 대상으로 치열하게 싸웠음에도 해방된 조국 어디에서도 환영받지 못하고 비극적으로 생을 마감한 약산 선생의 심정은 어떠했을까? 이는 "해방 이후 남북한 현대사의 미아로 전락"한 독립운동가의 슬픈 초상이다. 2026년 현재, 우리는 의열단 창단 107주년을 앞두고, 좌우 이념의 냉전적 사고에서 과감히 탈피하여 김원봉의 독립운동 공적에 대해 보다 성숙한 역사 인식과 안목으로 제대로 평가하는 날이 속히 오기를 기대해야 할 것이다.

PART 5

현대사의 격랑

분단과 전쟁, 그리고 진실의 역사

1. 백범 김구의 위대한 유랑과 임시정부의 수호

1) 백범 김구의 재조명

2025년 광복 80주년을 맞이해 백범 김구(白凡 金九) 선생의 삶과 사상에 대한 재조명은 단순한 역사적 회고를 넘어선 시대적 요청이다. 최근 일각에서 식민지근대화론을 이식하려는 시도와 이승만 전 대통령 추앙을 위해 백범의 대일 무장 독립운동의 정당성을 폄훼하려는 왜곡된 시도가 지속적으로 발생하고 있다. 이러한 시도는 대한민국의 근본인 민주공화정의 수호 정신을 훼손하고, 외세에 의해 강요된 민족 분단을 극복하려했던 백범의 통일 지향 정신을 무력화하려는 행위이다. 특히, 현재의 역사관 논쟁 속에서 친일 · 식민사관의 부활 움직임에 맞서, 백범의 생애를 조명하는 것은 한중 우호 관계 발전과 자주독립 국가의 위상 확립이라는 오늘날의 외교적, 역사적 과제 해결에도 중요한 의미를 지닌다.

백범 김구는 1876년(고종 13년) 황해도 해주에서 몰락한 양반 가문의 7대 독자 김창암(金昌巖)으로 태어났다. 그의 가문은 과거 김자점의 방계 후손으로 몰려 역적의 낙인이 찍히며 상민으로 전락하는 비극을 겪었다. 어린 시절 그는 양반들의 무도한 신분적 갑질과 횡포를 뼈저리게 경험하며, 이러한 불평등에 복수하고 가문을 일으키기 위해 과거 시험에 도전했다. 그러나 당시 과거 시험이 매관매직으로 얼룩진 부패의 현장임을 목격하고 관직의 꿈을 포기하고 만다.

이후 그는 사회 변혁의 열망을 품고 1893년 동학농민운동에 참여하여 활발히 활동했으며, 그 어린 나이와 뚜렷한 리더십으로 인해 '아기 접주'로 불리며 이름을 김창수(金昌洙)로 개명했다. 1896년에는 명성황후 시해(을미사변)에 대한 민족적 복수심에 불타 황해도 안악군 치하포에서 일본군 육군 중위 쓰치다 조스케(土田讓亮)를 살해하는 '치하포 사건'을 일으켰다. 그는 이 사건으로 사형 선고를 받았으나, 당시 고종 황제의 칙령으로 집행이 정지되는 우여곡절 끝에 감옥에서 탈옥하였다. 이 일련의 사건들은 청년 김구가 개인적 복수심을 넘어 민족적 자각에 눈을 뜨고 독립운동가로 거듭나는 결정적인 전기가 된 것이다.

2) 백범으로 거듭나다

탈옥 후 재수감된 그는 1911년 일제가 조작한 '105인 사건'에 연루되어 복역하는 고난을 겪었다. 그는 옥중에서 자신의 호를 '백범(白凡)'으로 정했는데, 이는 백정(白丁)이나 범부(凡夫)와 같은 가장 낮은 계층의 사람들까지도 모두 교육하여 민족의 완전한 독립을 염원하는 지도자로서의 결의를 담은 것이었다. 1919년 3·1 운동이 발발하자, 김구는 조국 독립의 열망을 안고 상하이로 망명하여 대한민국 임시정부에 합류하였다.

임시정부 초기에 그는 요직을 맡기보다 임시정부를 수호하는 '문지기'의 역할을 자처하며 경무국장으로 활동을 시작했다. 이후 내무총장, 국무령 등의 요직을 거치며 임시정부의 기틀과 행정 시스템을 닦았다.

특히, 백범은 임시정부 청사의 유지, 재정 확보, 그리고 독립운동가들의 안전을 책임지는 보이지 않는 실무 총책임자 역할을 수행하며 임시정부의 존속에 결정적인 기여를 했다. 임시정부는 대통령제에서 국무위원 집단지도체제, 주석 중심제로 이어지는 다섯 차례의 복잡한 개헌 과정 속에서 존립의 위기를 맞았으나, 백범은 이 격동 속에서 임시정부의 정통성과 법통을 끝까지 수호하는 핵심적인 역할을 수행하였다. 이 시기는 백범에게 '개인 김구'를 넘어 '대한민국 임시정부의 상징'으로 자리매김하는 '위대한 유랑'의 시작이었다.

1930년대 초반, 임시정부는 내부 갈등과 자금난으로 인해 국제적 위상이 크게 떨어지며 침체기를 겪었다. 백범은 이러한 위기를 타개하고 무장투쟁의 의지를 대내외에 천명하기 위해 1931년 '한인애국단'을 극비리에 조직하였다. 한인애국단은 1932년 초, 이봉창 의사의 도쿄 천황 폭탄 투척 의거와 윤봉길 의사의 상하이 홍커우공원 의거를 연달아 성공시키며 한국 독립운동의 판도를 뒤집었다.

윤봉길 의사의 폭탄 투척은 일본군 수뇌부(시라카와 대장, 우에다 사령관 등)에 큰 타격을 주었으며, 이 사건은 국제 사회에 큰 충격을 주었다. 특히, 당시 중국을 이끌던 장제스(蔣介石) 정부는 "중국의 백만 대군도 못한 일을 조선의 한 청년이 해냈다"며 한국 독립운동의 무장 투쟁 역량을 높이 평가하고 임시정부에 대한 전폭적인 재정적 · 군사적 지원을 약속하는 결정적인 전기가 되었다. 이는 임시정부가 대륙 유랑 시기를 버터내고 한국광복군을 창설하는 토대가 되었으며, 백범의 뛰어난 전략적 기획력이 낳은 성과였다.

〈훙커우 공원 의거(1932)〉

윤봉길 의거 직후, 일제는 김구에게 당시 기준으로 한화 약 200억 원에 달하는 엄청난 금액인 60만 대양(大洋)의 현상금을 걸었다. 백범은 절체절명의 위기에 놓였고, 임시정부 요인들은 일제의 추적을 피해 상하이를 떠나 중국 각지로 흩어져야 했다. 이 시기 백범은 미국인 선교사 피치(George A. Fitch)와 중국인 조력자 추푸청(褚輔成)의 헌신적인 도움으로 자싱(가흥, 嘉興) 지역으로 피신했다.

추푸청의 수양아들 집인 메이완제 76호에서 은밀하게 도피 생활했으며, 때로는 처녀 배사공 주애보(朱愛寶)가 젓는 쪽배 위에서 반년 넘게 선상 피신 생활을 이어가는 등 목숨을 건 고난의 시간을 보냈다. 이 도피 기간 중에도 그는 장제스을 비밀리에 만나 한국광복군 창설의 기반이 되는 한중합작 군사 양성을 결정하는 등, 육체적 어려움 속에서도 항일투쟁의 고삐를 단 한 순간도 늦추지 않았다. 백범의 위대한 유랑은 단순한 피난이 아닌, 독립의 희망을 지키기 위한 고난의 행군이었다.

1945년 11월, 마침내 조국으로 환국한 백범은 기쁨보다는 강대국의 전략에 의해 분단된 조국의 비극적인 현실과 마주했다. 그는 모스크바 3상회의의 신탁통치 결정에 대해 '결사반대'하는 반탁 운동을 주도하며 분단을 막으려 했다. 그러나 미군정은 그를 주요 협상 상대로 인정하기보다 정치적 탄압과 견제의 대상으로 삼았으며, 백범은 남한 내에서도 이승만 등 우익 세력의 견제를 받았다.

백범은 분단을 막기 위해 남한만의 단독 정부 수립에 극력 반대하며, "통일된 조국을 건설하다가 삼팔선에서 쓰러질지언정"이라는 비장한 결의를 천명했다. 1948년 분단을 막기 위한 최후의 노력으로 목숨을 걸고 북한으로 건너가 남북연석회의에 참석했다. 그는 이 자리에서 '삼천만 동포에게 읍소(泣訴)함'이라는 성명을 통해 분단을 막고 통일된 민족 국가를 수립해야 한다는 염원을 호소했으나, 이미 북한에 권력을 공고히 한 김일성 정권의 정치적 선전전에 이용당하고 아무런 성과 없이 돌아와야 했다.

통일 조국을 향한 백범의 열망은 1949년 6월 26일, 서울 경교장(京橋莊)에서 육군 포병 소위 안두희의 흉탄에 서거하며 비극적으로 중단되었다. 안두희 암살 사건은 단순한 개인적 범죄가 아니었다. 이 사건은 친일 경찰 세력과 반공 극우 세력의 묵인 하에 이루어진 것으로 의심받았으며, 백범의 서거는 남한 사회의 반공 노선을 극단화하고 친일 세력의 재등장을 용이하게 하는 결정적인 계기가 되었다. 결국 한국전쟁이라는 민족사적 대재앙을 막지 못하는 결과를 초래했다.

백범 김구 선생은 평생 "눈 덮인 들판을 걸어갈 때 함부로 걷지 마라. 오늘 내가 걷는 발자국은 뒷사람의 이정표가 되리라"는 좌우명을 실천했다. 그의 생애는 단순한 망명 기록이나 정치 투쟁의 역사가 아니라, 가장 낮은 곳에서 시작해 민족의 완전한 자존과 통일을 세우기 위해 분투한 위대한 유랑의 역사이다. 오늘날 우리는 백범이 평생 추구했던 민족 통합의 정신과 외세에 굴하지 않는 자주 독립의 가치를 계승하는 것이, 분단된 한반도에 남겨진 가장 엄중한 역사적 과제임을 깨달아야 한다.

3) 샤넨셩 작가와 『백범 김구 중국 망명기: 위대한 유랑』

샤넨셩(夏輦生) 작가는 중국 저장성(浙江省)의 자싱일보(嘉興日報) 기자 출신으로 언론인으로서의 냉철한 시각과 역사에 대한 깊은 열정을 바탕으로 한국 독립운동사를 추적해 온 인물이다. 그의 삶은 백범 김구 선생이 중국에서 보낸 26년간의 고난에 찬 항일 독립투쟁 발자취를 상세히 기록하고 조명하는 데 바쳐졌다고 해도 과언이 아니다.

〈샤넨셩(夏輦生) 작가와『위대한 유랑』〉

그는 특히 김구와 윤봉길 등 한국의 독립운동가들을 소재로 한 일련의 작품들을 집필하며, 중국인으로서 한국 독립운동을 바라보는 깊은 이해와 헌신적인 우정을 담아냈다. 이러한 그의 저서들은 "한류 3부작"으로 불리며 한중 양국의 역사적 유대감을 강화하는 데 크게 기여했다.

샤넨셩 작가의 대표적인 집필 활동인 "한류 3부작"은 김구 선생의 유랑 경로인 저장성 자싱 지역의 역사적 사실과 인물들을 배경으로 한다. 샤넨셩 작가는 이 3부작을 통해 한국 독립운동의 역사를 중국인의 시각으로 복원하는 데 기여했으며, 특히 독립투쟁을 도운 이름 없는 중국 민중들의 헌신적인 역할을 발굴하여 한중 양국 간의 역사적 우의를 입증했다는 평가를 받고 있다. 그의 집필 활동은 단순한 역사 기록을 넘어, 양국이 과거의 고난을 함께 극복했음을 증명하는 문화적 이정표로서의 의미를 지닌다.

작품명	주요 내용	역사적 배경
『호보유망(虎步流亡)』	• 백범 김구 선생의 13년간의 처절한 중국 망명 독립투쟁 흔적을 담아낸 논픽션에 가까운 기록이다. • 이번에 한국에서 『위대한 유랑』이라는 제목으로 출간된 원저이다.	• 윤봉길 의거 후 김구 선생이 일제의 추적을 피해 상하이에서 자싱 등으로 피신하며 겪은 고난의 역사.
『선월(船月)』	• 백범 김구 선생과 그의 피신을 목숨 걸고 도운 중국인 처녀 뱃사공 '주애보'의 이야기를 다룬 작품이다.	• 김구 선생이 자싱에서 주애보가 젓는 쪽배 위에서 반년 넘게 선상 피신 생활을 이어갔던 실화를 바탕으로 한다.
『천국의 새』	• 윤봉길 의사를 주인공으로 삼아 그의 짧지만 강렬했던 투쟁과 숭고한 정신을 그려낸 소설이다.	• 1932년 윤봉길 의사가 상하이 홍커우공원에서 의거를 감행하기까지의 과정과 정신 세계를 조명한다.

샤넨셩 작가의 저서『백범 김구 중국 망명기 : 위대한 유랑』은 백범 김구 선생이 중국 망명지에서 펼친 13년간의 처절한 항일 독립투쟁 발자취를 상세히 기록한 결과물이다. 본래 1999년 중국에서 『호보유망(虎步流亡)』이라는 제목으로 출간된 이 책은 백범의 차남인 김신 선생과 샤넨셩 작가가 현장을 직접 답사하며 기록한 내용과, 김구 선생을 헌신적으로 도운 수많은 중국인들의 이야기를 담고 있어 양국 국민의 깊은 우정을 증명하는 역사서로 평가받는다.

그러나 이 책의 한국어판 출간 과정은 한 편의 드라마와 같았다. 1999년 중국 출간 직후 한국 출간이 추진되었으나, 한국 측 출판사가 이전하는 과정에서 김신 선생과 함께 취재했던 사진과 원고 등 귀중한 자료들이 모두 분실되는 사고가 발생하며 출판이 무산될 위기에 처했다. 절망적인 상황 속에서 25년이 흐른 뒤, 김기태 세명대학교 교수(현 처음책방 대표)가 보관하고 있던 당시의 원고와 사진 자료 덕분에 광복 80주년인 2025년에 맞춰 마침내 한국어판이 극적으로 빛을 보게 되었다.

샤넨셩 작가는 한국 방문 첫 공식 일정으로 2025년 8월 13일, 경기도 이천의 '처음책방'에서 초청 강연회를 가졌다. 이 자리에서 작가는 자료 유실 위기를 극복하고 출간을 성사시킨 김기태 교수와의 인연을 특히 강조했다. 그는 "교류는 인연에서 시작된다"고 말하며, 인간적인 교류가 위대한 역사적 기록을 세상에 다시 내놓는 기반이 되었음을 밝혔다.

샤넨셩 작가는 이번 한국어판 출간을 "작가로서의 이정표이자 역사적 증명"이라고 정의하며, 이 책은 단순히 한 작가의 저서가 아닌 한중 양국이 공동으로 만들어낸 결과물이라는 점에 깊은 감개를 표했다. 그는 8월 13일을 한중 양국의 큰 인연이 맺어진 날로 평가하며, 이 인연을 바탕으로 양국이 함께 미래를 향해 나아가기를 희망하는 메시지를 전했다.

그리고 다음 날인 8월 14일에는 서울 국회의원회관에서 "광복 80주년 기념 학술포럼 〈백범 김구 중국망명기 : 위대한 유랑〉"이 조국혁신당 대한민국역사바로세우기특별위원회 주최로 성대하게 개최되었다. 이 포럼에는 이학영 국회부의장 등 주요 정치인과 관계자들이 참석하여 백범 김구 선생의 정신을 기렸다.

이 자리에서 김갑년 위원장은 이 포럼을 "우리의 병폐를 몰아내는 새로운 독립운동"의 장으로 정의하며 역사적 의미를 부여했고, 이학영 국회부의장은 백범 정신의 계승을 통한 현재 한국 사회의 갈등 해소를 강조했다.

포럼 2부 '작가와의 대화'에서 샤넨셩 작가는『위대한 유랑』을 단순한 책이 아닌 "윤봉길 의사가 던진 폭탄처럼 평화를 위한 씨앗"이라고 역설했다. '테러리스트' 논란에 대해 작가는 일부 극우 세력의 '김구 테러리스트' 주장(한인애국단의 의거를 테러로 폄훼하는 시도)에 대해 단호한 일침을 가했다. 그는 "윤 의사의 폭탄은 평화를 위한 외침이었으며 김구 선생은 절대 테러리스트가 아니다"라고 반박하며, 윤봉길 의사의 의거는 침략에 대한 정당한 저항이었음을 강조했다. 나아가, 그러한 역사 왜곡 질문을 하는 이들의 정체성 자체를 되물어야 한다고 일갈하며 백범 정신의 정당성을 옹호했다.

2. 샌프란시스코 체제와 독도 분쟁의 국제정치적 기원

1) 제2차 대전 후 미국의 냉전 전략과 대일 정책의 변화

'한국에게 가깝고도 먼 나라'하면 바로 떠오르는 나라가 일본이다. 이 구절은 먼 과거부터 오늘날까지 한일관계가 순탄치 않았음을 단적으로 표현한 말일 것이다. 20세기가 도래하자마자 한반도는 제국 일본에 강점되어 엄혹한 식민지 지배를 경험했다. 이로 인해 일제의 식민지 지배가 낳은 미해결 과제로 일본 징용자 문제와 일본군 위안부 문제, 그리고 독도 귀속권을 둘러싼 문제 등이 남아 있다. 이들 문제는 하나같이 한국 국민의 인권과 민족주의 정서에 아주 민감한 영역들이다.

특히, 독도는 한국 국민에게 제국주의 첫 희생양이자, 한반도 독립의 상징으로 인식되고 있다. 이러한 독도를 둘러싼 한 · 일 간의 문제는 1952년 1월 28일부터 오늘날까지 70여 년 동안 한일관계에서 독립변수(獨立變數)이자, 종속변수(從屬變數)라는 동전의 양면 구도로 굳어져 왔다.

〈샌프란시스코 강화조약〉

이처럼 동전의 양면 구도화된 한일 간의 독도문제의 본질은 역사적 권원의 문제와 국제법적 문제가 아니라, 바로 '만인의 만인에 대한 투쟁'으로 점철된 약육강식의 냉엄한 강대국이 주도하는 국제정치의 역학 구도가 빚어낸 산물이었다. 다시 말해서, 제2차 세계대전 중에 연합국 동맹을 대표했던 미국과 소련은 종전 후 소련의 공산주의 세계화라는 팽창주의와 이에 대응한 미국의 대소 봉쇄정책으로 소위 유럽발 미 · 소 간 냉전 구도를 형성했다.

이러한 유럽발 냉전 구도의 나비효과는 1948년 동아시아로 이식되어 한반도에서 남북분단 정권 수립과 1949년 10월 중국대륙의 공산화, 그리고 1950년 한반도에서 6 · 25 한국전쟁 발발과 중공군 참전으로 발현되었다.

냉전의 동아시아화로 인해 대륙 세력(북한-공산 중국-소련)과 극한 갈등과 대립 중에 있던 미국은 동아시아 전략정책의 핵심이라 할 수 있는 기존 대일정책을 대폭 수정하게 되었다. 즉 미국은 대일정책을 기존 민주화와 비군사화하여 중국, 소련과 함께 평화체제를 추구했으나, 동아시아 냉전의 격화로 대륙 공산 세력을 견제하는 반공의 보루로 설정하여 대일 역코스정책으로 대전환을 꾀했다. 이는 전쟁 책임 명문화와 배상금 지불, 영토 할양 등으로 규정지어진 전범국 징벌적 조약에서 비징벌적 관대한 평화조약 체결로 귀결되는 것을 의미했다.

이에 미국은 대일강화조약(對日講和條約)을 조기에 체결하기 위한 주일연합국총사령부(GHQ)와 미국 국무부 중심으로 준비에 박차를 가했다.

여기에 영국 외무성도 가세하여 미국 주도의 대일강화조약 체결에 힘을 실어주었다. 특히 미국은 전시 중에 카이로선언과 포츠담선언에서 합의하여 확정한 징벌적 영토정책의 원칙인 '일본 영토 도서 특정', '경 · 위도선 활용', '부속 지도 첨부'라는 세 가지 원칙에 기초하여 대일영토정책을 입안했다. 이때 조약 준비 초반인 1947년 1월부터 1949년 11월 2일까지 조약 임시초안에 '독도(일본명칭: 다케시마(竹島)/유럽명칭: 리앙쿠르암)'가 한국 영토로 지도 첨부와 함께 명기되었으나, 후에 일본 영토로 둔갑하더니, 나중엔 1951년 8월 초안 최종안을 거쳐 정식 대일강화조약에 이르러서는 독도 자체가 언급 없이 생략된 상태에서 1951년 9월 8일 미국 샌프란시스코에서 체결되었다.

이후 1952년 1월 18일 한국 정부가 독도를 포함한 「대한민국 인접해양의 주권에 대한 대통령 선언(평화선)」을 선포했다. 이에 일본 정부는 1월 28일 항의를 시작으로 한일관계가 극한 대립으로 치닫자, 미국은 독도문제에 절대 개입하지 않겠다며 돌연 중립(中立)을 천명했다.

이처럼 당시 냉전이 극도로 격화되어 가고 있던 동아시아의 국제정치 구도 속에서 미국이 주도한 대일영토정책을 대일강화조약으로 귀결시켜 가는 과정에서 파생된 문제라고 보고 종전 후부터 대일강화조약 체결과 이후 1953년까지 미국의 독도정책을 고찰하고자 한다.

기존 독도문제와 관련한 선행연구는 대부분 역사적 · 지리적 권원의 문제와 국제법 법리에 기초한 영유권 분석 등에 집중되었다. 이와 같은 연구로는 강대국의 세계적-지역적 국제정치 전략 구도에서 배태된 현 독도 분쟁의 실체를 입체적으로 규명하는 데 그 한계가 있다고 본다. 왜냐하면, 앞서 언급했듯이 독도문제는 전후 강대국 미국이 주도하는 동아시아 역내 질서를 구축해 가는 과정에서 미국의 절대적인 정책적 영향력이 잉태시켰기 때문이다.

미국의 이러한 자국 중심의 일방적인 대일정책 행태가 한일 간의 독도문제를 잉태시킨 근원적인 배경으로 자리했다고 보고 다음 세 가지 측면에서 고찰하고자 한다. 첫 번째, 종전 후 대일평화조약 체결 전후 유럽 차원과 동아시아 차원에서 미국의 냉전 전략과 구체적인 그와 관련된 정책들을 살펴본다. 두 번째, 미국 주도의 2차 대전 중에 대일영토정책과 종전 후 대일영토정책 중에 독도에 대한 인식과 변화 과정, 그리고 대일강화조약 초안 작성에서 어떻게 반영되었는지 주목한다. 세 번째, 대일강화조약 체결 후 한일 간의 독도를 둘러싼 주장과 대응에 대한 미국의 입장과 대응을 분석해 본다.

2) 대일평화조약 속 독도 귀속 누락과 한일 갈등의 씨앗

종전 후 유럽에서부터 시작된 미 · 소간의 동서냉전(冷戰)은 1948년을 기점으로 동아시아로 이식되어, 소위'냉전의 동아시아화'가 되었다. 이는 동아시아 역내 미 · 소 블록화를 촉발시켜 미국 주도의 샌프란시스코대일강화조약(이하, '대일강화조약') 준비 과정에서 독도가 포함된 대일영토

정책에 영향을 끼쳤다. 특히 영토 조항과 관련해 독도 귀속문제에 영향을 주어 한일 간의 최대 현안으로 떠오르게 하는 배경이 되었다.

본 장에서는 '유럽 발 냉전과 그로 인한 냉전의 동아시아화'에 대해 대소봉쇄정책으로 일관했던 미국을 중심으로 살펴보고자 한다. 이는 미국 주도의 대일강화조약 준비 과정과 그 후에 독도정책을 보다 심층 이해하는 기본 배경이 되기 때문이다.

① 종전 후 미 · 소 냉전체제의 형성과 전개

제2차 세계대전 중에 연합국의 일원으로 동맹관계였던 미국과 소련은 1945년 8월 15일 종전 후 새로운 국제질서를 자국에게 유리한 방향으로 재편하는 과정에서 점차 상대방에 대한 불신과 경쟁의식을 드러내기 시작했다. 이는 미 · 소 간의 체제와 이념의 갈등으로 표출되면서 동서냉전이라는 소위 적대적 공생관계가 형성되는 중요한 토대를 제공해 주었다.

미 · 소 간의 관계가 미세한 균열을 보이면서 갈등을 노정시킨 첫 출발점은 포츠담선언(1945. 7. 26.)에서 결정했던 전후 처리 문제를 논하기 위해 모인 1945년 9월 '런던외상회의(1945. 9. 11.~10. 2.)'였다. 이 회담에서 소련은 미국과 영국에게 패전국 일본의 통치에 참여, 다르다넬스 해협 자유 통항권 보장, 리비아 북부 트리폴리타니아 할양 등을 요구했다. 이에 미 · 영 양국은 소련의 요구를 단호히 거절함으로써 미소관계가 악화되었음은 물론, 이 파장은 동아시아 한반도와 중국대륙으로까지 영향을 미치면서 유럽 차원을 넘어 동아시아에까지 냉전이 첫발을 내딛는 실질적으로 냉전의 복선이 되는 중요한 발단이 되었다.

또한 런던회담에 앞서 1945년 9월 6일 소련 외무상 몰로토프는 소련 국민과 전 세계를 향해 '원자탄 비밀'에 대한 문제 제기 방송연설을 통해 원자탄 관련 상호 정보 공유하자는 제안을 하였다. 이에 같은 해 11월 미국은 단호한 거부의 태도를 보이면서 '런던외상회의'와 '원자탄 비밀' 관련 몰로토프 방송연설은 소련과 서방 측 간의 불신과 갈등을 초래하는 또 하나의 단초가 되었다.

한편, 1946년 2월 9일 신년 벽두부터 '자본주의와 전쟁 불가피론'을 피력한 스탈린의 유세연설을 시작으로 전후 대소련 봉쇄정책의 이론적 기반을 제공한 소련 주재 미국 외교관이었던 조지 케넌의 1946년 2월 22일 「장문의 전보(Long Telegram) 비밀보고서」와 3월 5일 미국에서 처칠 전 수상의 '철의 장막(The Iron Curtain)' 연설, 그리고 9월 주미 소련 외교관 노비코프의 일명 「미국에 대한 정책보고서」 등은 미 · 소 간의 불신을 조장하여 냉전의 길로 점점 들어섰음을 알리는 이정표가 되었다.

앞서 언급한 종전 후 미 · 소 간의 일련의 사건들은 불신과 갈등을 내포하여 유럽 동서냉전을 촉발 · 촉진하는 방아쇠로 작용하였다. 이에 미국은 세계적 차원의 전략정책인 '봉쇄정책'이라는 소련을 포함한 공산권에 대한 전면적인 포위 및 고립정책으로 맞서면서 유럽의 동서 냉전정책을 다음 세 가지 측면에서 주도해 나아갔다.

〈조지 케넌과 「장문의 전보」〉

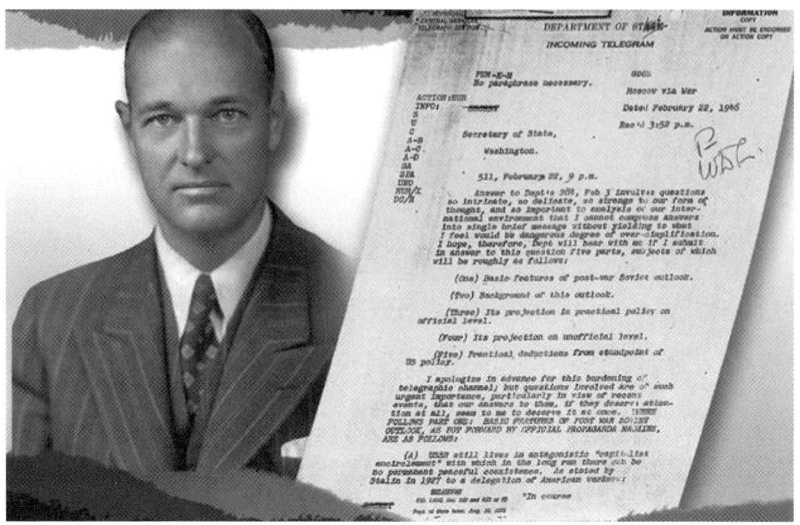

첫 번째 정치적 측면에서 보면, 조지 케넌의 「장문의 전보 보고서(1946. 2. 22.)」와 트루먼 독트린(1947. 3. 12.)으로 집약할 수 있다. 미국 대소련 봉쇄정책의 이론적 기반을 제공했던 조지 케넌의 2월 22일 「장문의 전보 보고서」는 1946년 2월 9일 스탈린의 유세연설에 대한 반작용의 산물로서 그 핵심은 "대소정책은 봉쇄정책을 취해 소련을 붕괴시키거나 점점 힘을 잃게 하게 될 것"이라는 내용이다. 이는 1947년 7월에 Mr. X라는 필명으로 '포린 어페어즈'지 7월호에 '소련 행동의 근원'이라는 논문으로 좀 더 구체화되었다. 이처럼 조지 케넌의 '대소련 봉쇄정책' 관련한 보고서와 논문은 1947년 3월 '트루먼 독트린'에 이론적 영향은 물론 정당화에 적극 기여하여 궁극적으로 미국의 냉전 전략의 핵심정책으로 한 세기를 빛을 발하게 하였다.

한편, 종전 후 내전을 통해 공산 세력이 우세해진 그리스와 흑해와 지중해를 연결하는 튀르키예의 다르다넬스 해협에 소련이 군사기지를 설치하려는 움직임이 보이자, 미국 정부는 그리스와 튀르키예가 소련의 영향권으로 편입되는 것을 원천 봉쇄하기 위해 4억 달러 지원을 핵심으로 하는 '트루먼 독트린'을 1947년 3월 12일 발표하였다. 이는 조지 케넌의 「장문의 전보 비밀보고서」를 구체화한 냉전 전략정책으로 소련의 팽창에 대한 미국의 대소련 봉쇄정책의 출발점이자 냉전체제의 실질적인 출발점이 되었다. 특히, 트루먼 독트린의 발표 이후 미국의 소련 봉쇄정책은 1947년 6월 5일 하버드 대학에서 유럽 부흥 계획이 담긴 마셜플랜(Marshall Plan)과 1949년 4월 북대서양조약기구(NATO)로 구체화되었다.

두 번째 경제적인 측면에서는, 마셜플랜(Marshall Plan)이다. 1947년 6월 신임 국무장관 조지 마셜(George Marshall)은 전 유럽에 차관, 식량, 원료를 제공하는 원조계획을 발표했다. 이때 소련을 위시한 동유럽 공산권 국가들은 조지 마셜 원조 제안을 즉각 거부했다. 그리하여 서유럽을 중심으로 원조가 집중되었는데, 마셜플랜의 총 금액은 150억 달러로, 2023년 가치로 환산하면 1,300억 달러에 달하는 규모로서 이 자금 가운데 23%가 영국에 지원되었고, 프랑스에 18%, 서부 독일에 11%가 투입되었다. 이는 당시 유럽 GDP 3% 성장에 기여한 것으로 드러났다.

한편, 마셜플랜을 미국의 대소련 봉쇄정책의 일환으로 인식한 소련은 1947년 10월 5일 코민포름(Kominform)의 창설과 1949년 1월 공산권 경제

상호 원조를 목적으로 한 코메콘(COMECON) 기구 설립으로 맞섰다.

세 번째, 군사적인 측면에서는 북대서양조약기구(NATO)로 구체화되었다. 소련의 베를린 봉쇄(1948. 6. 24.~1949. 5. 12.)로 서유럽 국가들에게 소련의 팽창주의와 군사적 위협이 확대되자, 베를린 봉쇄가 진행 중이던 1949년 4월 4일 미국 워싱턴에서 미국과 서유럽 국가 간의 12개국으로 구성된 집단 군사동맹체인 북대서양조약기구(NATO)를 출범시켰다. 이뿐만 아니라, 한 달 뒤 5월 10일 미국 정부는 대소련 전쟁계획(OFFTACKLE)을 수립하여 서유럽과 페르시아만, 일본을 대소련 방어의 거점으로 설정했다. 동시에 미국은 만약 소련이 서유럽과 중동, 아시아 일대로 침략해 온다면 핵무기로 강력 대응하겠다는 제3차 세계대전 시나리오까지 준비해 놓았다. 이에 유럽 나토를 견제하기 위해 소련과 동유럽 공산권 총 8개국은 1955년 5월 바르샤바조약기구 창설로 맞섰다.

이처럼 종전 후 미 · 소 간 서로 다른 체제와 이념에 기초한 불신과 갈등은 동서 냉전체제를 형성한 주요 동력이 되었다. 특히, 미국은 소련에 대한 일련의 각종 전략적 조치들을 대소 봉쇄정책으로 귀결시켜 안보 딜레마라는 냉전적 악순환 구조를 동아시아 지역으로 확대시키는 결과를 낳았다.

② 동아시아 냉전체제와 미국의 대일정책 전환

태평양전쟁은 1945년 8월 15일 일본의 항복으로 종료되었다. 그 후 27

일이 지난 1945년 9월 11일 연합국 5개국은 전후 처리를 위해 영국 런던에서 '런던외무장관회의'를 가졌다. 이 회의에서 소련의 여러 요구 사항이 관철되지 않자, 스탈린은 이에 분노하여 9월 20일 회담 중간에 북한의 정부 수립 관련 소위 〈9 · 20 스탈린 비밀지령문〉 하달과 10월 8일 중국공산당에게 "30만 명을 동원하여 만주를 점령하라"는 비밀지령문을 내려 보냈다. 이 두 가지 지령문은 동아시아 냉전의 태동을 알리는 신호탄이 되었다.

이러한 동아시아 냉전의 잉태는 1948년 한반도에서 이념을 달리하는 남북분단 정권 수립과 중국대륙의 공산화(1949. 10. 1.) 그리고 한국전쟁의 발발(1950. 6. 25.) 등으로 표출됨으로써 유럽 냉전 구도가 동아시아로 이식되는 소위 '유럽 냉전의 동아시아화'의 결정적인 복선이 되었다.

특히 동아시아 냉전을 재촉했던 중국대륙의 공산화와 한국전쟁은 다국적 참여를 통한 평화체제 구축과 장제스 중국을 통한 소련 견제, 그리고 패전국 일본에 대한 징벌적이고 엄격한 평화를 특징으로 했던 미국의 대동아시아 전략에 큰 변화를 가져오게 하는 기폭제로 작용하였다.

동아시아에서 미국의 냉전 전략정책은 유럽과는 달리 전시 연합국 동맹국이었던 장제스 중국과, 그리고 전범국인 일본, 그리고 샌프란시스코 대일평화조약 체결 등을 중심으로 전개되었다.

미국의 대중국 냉전 전략정책은 종전 후 1946년까지 장제스 중국에 대한 소련의 영향력을 최소화하는 것은 물론, 중국 공산당의 세력 확대를 억제하고 친미 통일 중국 정부를 수립하는 것이 목표였다. 그러나 현실은 미국의 기대와는 역방향으로 나아갔다. 즉, 장제스 정부의 무능과 부패, 그리고 국민들의 불만은 장제스 정부에 대한 미국의 지지 기반을 약화시켜 나아갔다.

1946년 10월 미국 외교관 조지 케넌은 "중국은 경제, 군사, 기술 등에서 낙후되어 공산정권이 들어서도 미국의 안보에 위협이 되지 못한다"라는 보고서를 국가안보회의에 제출했다. 또한 1948년 8월 미국은 『중국백서』 발간을 통해 "중국 공산당 승리의 책임은 장제스 정부의 무능과 부패에 있기에 미국은 더 이상 장제스 정부를 지원할 가치가 없다"라고 단호한 입장을 밝혔다. 그리하여 공식적으로 장제스 중국의 지지를 철회하고 1950년 1월 애치슨 선언을 통해 극동 방위선에서 장제스 대만을 포기하는 정책으로까지 나아갔다. 그러나 한국전쟁 발발로 미국이 돌연 대만에 미7함대를 파견해 방어함으로써 공산 중국을 견제하는 불침항모로서 대만의 군사 전략적 지위는 오늘날까지 유지되고 있다.

이처럼 1949년 10월 중국대륙의 공산화는 전범국 일본에게 동아시아 지역에서 공산 세력을 방어하는 최후 반공의 보루로서 그 전략적 가치가 급상승하게 되었다.

다음으로 패전국 일본에 대한 미국의 냉전 전략정책이다.

종전 후 미국은 주일본 연합국총사령부를 설치하여 일본에 대해 연합국 군정 통치를 1952년 4월 28일까지 실시했다. 이때 맥아더 연합국총사령부는 1946년 11월 일본의 군대 보유와 교전권을 금지하는 평화헌법을 제정하고 비군사화와 민주주의를 통해 '극동의 스위스' 혹은 농업국가로 전락시키겠다는 징벌적 정책 목표를 세웠다.

그러나 1948년에 들어와서, 한반도의 남북한 정권 수립과 중국대륙에서 마오쩌둥 공산군이 우세해지면서 동아시아 정세가 미국에게 불리하게 돌아가자, 미국의 대일본 정책에 큰 변화를 가져오게 되었다. 이에 주일연합국최고사령부(GHQ)와 미국은 전범국 일본에 대해 징벌적 개혁을 중단하고 정치 · 경제적 안정에 최우선하는 이른바 역코스정책(The Reverse Course Policy)으로 변화하였다. 이른바, 일본 군산복합체의 핵심이던 재벌 해체 중단과 친기업적 세제 개혁, 그리고 전범의 정치적 권리 회복이다.

한편, 조지 케넌은 1948년 5월 "일본 경제를 발전시켜 동아시아의 산업 중심 국가로 재건해야 하며, 평화조약을 체결한다면 그 조약은 간단하고 포괄적이며 비처벌적이어야 한다"라는 내용의 국무부 정책기획안 28(PPS-28)을 의회에 제출했다. 이후 그 보고서가 10월 28일 국가안보회의(NSC) 13/2로 트루먼 대통령의 승인을 받음으로써 미국은 일본을 정치 · 경제적으로 재건시켜 미국의 세력권에 묶는 쪽으로 정책을 전환하였다. 특히 1949년 1월 트루먼 대통령은 연두교서에서 일본을 경제적 측면에서 '극동의 공장'이라는 공업국가로 육성하며, 정치적으로는 '반공의 방벽'으로 전환하겠다고 천명했다.

이로써 전후 '유럽발 냉전의 동아시아화'로 인한 미국의 대일정책 변화는 일본에게 전범국의 멍에를 벗고 정상적인 국가로 나아갈 수 있는 발판을 제공했다. 동시에 일본은 미국의 동아시아 반공의 동반자로서 대일평화조약 체결 시 거의 모든 권익을 보장받는 파격적인 혜택을 받았는데 이는 동아시아 분쟁의 씨앗을 잉태시키는 주요 화근이 되었다.

세 번째는 미국 주도의 샌프란시스코 대일평화조약 체결이다. 대일평화조약은 1951년 9월 8일 미국 샌프란시스코에서 연합국 48개국과 일본이 체결한 소위 정전협정에서 평화협정으로 전환되는 조약이라 할 수 있다. 특히, 평화조약 체결 당일 미 · 일 양국은 '미일안보조약'도 체결하고 이듬해 2월 28일 '미일행정협정'까지 체결하여, 오늘날 동아시아 역내 질서를 규정하는 소위 냉전 성격의 '샌프란시스코 체제'가 구축되는 토대가 되었다.

미국이 주도한 대일평화조약의 최종 목표는 전후 동아시아에서 미국이 대소련과 공산 중국을 견제할 구도를 만들어 미국의 동아시아 전진기지를 구축하는 것이었다. 이는 미국이 자국 이익을 중심으로 대일강화조약을 전통적 평화조약인 징벌적 조약에서 반공조약으로 성격을 전환시키면서 패전국 일본의 전쟁 책임, 영토 할양, 배상금 지급을 배제하여 전범국 일본에게 면죄부를 준 것은 물론, 동아시아 냉전 질서를 옹호하는 파트너로 삼고자 하는 궁극적인 의도였다.

한편, 미국 MIT공대 존 다우어(John W. Dower) 교수는 샌프란시스코 체제 특징을 크게 세 가지로 규정하였다. 첫째, 일본과 오키나와 분리다. 오키나와는 주변지역으로 투사할 수 있는 각종 군용기 발진기지로서 절대 필요한 곳이다. 특히, 1951년 1월 26일 일본을 방문한 미국의 평화조약 협상대표인 존 포스터 덜레스는 "미국이 원하는 만큼의 군대를, 원하는 장소에 원하는 기간만큼 주둔시킬 권리를 어떻게 확보할 것인가"의 문제가 미국에게 절대적인 핵심 사안이라 말했다. 둘째, 대일강화조약과 미일안보조약, 미일행정협정 등은 일본에게 재무장을 촉진함과 동시에 일본의 우익 정치인들이 안보조약을 가지고 헌법을 고치려는 "꼬리가 몸통을 흔드는(wag the dog)" 정치 풍조를 조장했다. 셋째, 일본이 강탈한 영토를 반환하는 문제에 대해 역사적 사실에 근거하지 않고, 미국의 국가안보 이익 차원에서 접근해 분쟁과 갈등의 씨앗을 〈표-1〉과 같이 잉태시켜 놓았다. 특히, 대일강화조약은 미국의 동아시아 우방국들과 양자동맹을 통한 안보 및 지역 질서 구축의 기본 토대가 되었다.

〈샌프란시스코 강화조약 영토 조항과 동아시아 지역 분쟁〉

조항	처리영토	관련 문제	관련국
2조	(a)조선 (b)대만 (c)지시마 · 남가라후토 (f)남사 · 서사제도	한반도 문제(분단 국가) 독도 · 다케시마 문제(귀속 문제) 북방영토 문제(귀속 문제) 남지나해 문제(귀속 문제)	대한민국 조선민주주의인민공화국 일본, 대한민국 중화인민공화국 중화민국 일본, 소련/러시아 중화인민공화국 중화민국, 베트남 필리핀, 말레이시아 부르나이
3조	류큐(오키나와) · 오가사와라제도 등	센카쿠열도 · 댜오위다오제도 문제(귀속문제) 오키나와(기지)문제	일본, 중화인민공화국 중화민국, 일본, 미국

이상과 같이, 미국이 주도한 대일강화조약은 미국의 반공 동맹국인 일본에게 전범국가로서 면죄부는 물론, 영토 조항 부분에서 정상국가로서 위상에 맞는 거의 모든 권익을 보장해주었다. 미국의 대일영토정책 중에서 특히 독도에 대한 입장과 정책이 대내외 요인에 의해 조약 체결까지 여러 변화 단계를 거듭하며, 결국 한일 간의 뜨거운 문제로 자리하게 된 배경이 되었다.

3) 샌프란시스코 조약 이전, 미국의 독도 정책: 냉전의 그림자

종전 후 '유럽발 냉전의 동아시아화' 과정과 그에 대한 미국의 냉전 전략 정책에서 알 수 있듯이 소련의 팽창주의와 중국대륙의 공산화, 한국전쟁 등은 미국의 대동아시아 전략 정책에 큰 변화를 야기하는 주요 배경이었다.

이러한 정세는 미국이 일본을 패전에 따른 응징을 위한 점령의 대상에서 냉전 격화에 따라 소련과 중국 등 공산 세력에 맞선 동아시아 반공의 보루로서 재무장시켜야 할 대상으로 인식하게 하였다. 마침내 미국의 대일 정책이 역코스 정책으로 선회하면서 독도 자체가 언급 없이 대일평화조약이 체결되는 주요 배경이었다. 이는 결과적으로 오늘날까지 한 · 일 간의 영토 분쟁의 요인 중 하나다.

이번 장에서는 2차 대전 중 전시 수뇌회담에서 대일평화조약 체결에 이르기까지 '독도의 귀속 여부'를 중심으로 미국 주도의 대일 영토 정책이 어떤 변화의 과정을 밟으면서 대일평화조약으로 귀결되었는지를 시기별로 세 단계를 나누어 본다.

① 전시 미국 주도의 대일영토정책의 구상 및 확정

태평양전쟁 중에 연합국 중에서 강대국인 미국이 주도하는 대일 영토 정책은 전시에 여러 연합국 수뇌회담을 통해 전후 대일 영토 처리에 대한 개념적 구상이 회담을 거듭하면서 구체적으로 확정된 것이다. 태평양 전쟁 중 미국 주도의 대일 영토 정책은 대서양 헌장을 시작으로 카이로선언과, 얄타협정, 그리고 포츠담선언을 통해 정식화는 물론, 개념적으로 확정되었다.

그 주요 특징은 다음과 같다. 첫째, 전후 대일 영토 처리의 원칙과 기준은 전시 중에 여러 연합국 정상회담(대서양회담-카이로회담-얄타회담-포츠담회담)에서 형성되었다. 둘째, 대일 영토 처리와 관련한 핵심적 결정은 카이로언(1943)과 포츠담선언(1945)으로 이 두 선언은 《연합국 최고사령관 점령정책 재성명(1945.12.19.)》으로 좀 더 구체화되었다. 셋째, 이 시기 확정된 대일 영토 정책의 기본 정신은 강화조약의 일반적 특징인 전쟁 책임 명기와 배상금 지불, 영토 할양 등이 포함된 징벌적 조약을 특징으로 하고 있다. 네 번째는 연합국 간의 영토 불확대 원칙을 천명하고 전시 중에 적국과 단독 불 강화 원칙에 합의한 것이다.

전후 일본의 영토 처리에 대한 미국 주도의 연합국 최초의 구상은 1941년 8월 14일 미 · 영 양국 정상에 의한 〈대서양 헌장〉에서 "양국(미국과 영국)은 영토의 확장을 바라지 않는다." 그리고, "관계 주민의 자유 의사에 반하는 영토 변경을 인정하지 않는다."라는 조항을 통해 '영토 불확대 원칙'의 기준을 제시하는 것으로 출발하였다.

이후 '영토 불확대 원칙'은 1942년 1월 1일 〈연합국공동선언〉과 〈카이로선언(1943.12.1.)〉, 그리고 〈얄타협정(1945.2.11.)〉, 〈포츠담선언(1945.7.27.)〉으로 이어지면서 종전 후 앞서 두 선언의 연장선상에서 1945년 12월 19일 〈연합국 최고 사령관 대일 점령 정책 재성명〉으로 계승되었다. 대서양선언이 영토 관련해 원칙을 담은 관념적 수준에 머물렀다면, 카이로선언과 포츠담선언은 보다 구체적인 대일 영토 처리의 기준을 제시했다.

특히, 1945년 8월 14일 일본이 항복의 조건으로 카이로선언과 포츠담선언을 수락함으로써 종전 후 〈연합국 최고 사령관 대일 점령 정책 재성명〉과 함께 1946년 1월 31일 일본 외무성은 이 세 가지 문서를 미국이 주도한 연합국이 합의한 대일 영토 정책으로 규정한 것이다. 하지만 1945년 2월 11일 소련을 대일전에 참전시키기 위한 미 · 영 · 소 간에 합의한 얄타협정(1945.2.11.)은 그간 유지되어 온 '영토 불확대 원칙'이 무시되고 러일전쟁 후 포츠머스강화조약(1905.9.5.)에 의한 일본에 할양된 사할린 남부와 쿠릴열도를 소련에 반환하게 함으로써 소련의 요구를 수용한 것입니다. 이는 대일평화조약 제2장 제2조 (C)항으로 명문화되었다.

먼저 카이로선언은 전시 중에 대일 영토 정책과 관련해 구체적이면서 공식적인 기초 문서이자 하나의 원칙으로서 미 · 영 · 중 등 강대국 3국 간의 합의한 결과를 소련이 승인함으로써 연합국의 공동 커뮤니케가 되었다. 이 공동 커뮤니케의 일본 영토 관련 내용은 다음 네 가지였다. "첫째, 1914년 제1차 세계대전 이후 일본이 탈취 및 점령한 태평양의 모든 도서를 박탈하고, 둘째, 만주 · 타이완 · 펑후제도(澎湖諸島)와 같이 일본이 중국으로부터 도취(盜取)한 모든 지역을 중화민국에 반환해야 하며, 셋째, 일본이 폭력과 탐욕에 의해 약취(略取)한 기타 일체의 지역에서 구축(驅逐)되는 것입니다. 끝으로, 한국인들의 노예 상태에 주목해 적절한 시기에 한국을 해방하고 독립시킨다." 등으로 구성되어 있다.

두 번째, 포츠담선언은 앞서 언급한 카이로선언의 내용을 보다 구체화하여 패전국 일본의 영토를 자세하게 규정한 것이다. 전시 회담 중에서 마지막 회담으로 미 · 영 · 소 3국이 독일 포츠담에 모여 일본에 대한 항복 요구와 전후 일본 처리 원칙이 논의되었다. 포츠담선언은 총 13개 항목으로 구성되어 카이로선언의 이행과 일본 영토를 규정한 제8항 등이 포함되어 있다. 구체적으로 제8항의 내용은 "〈카이로선언〉의 조건은 이행되어야 하고, 일본의 영토 주권은 혼슈와 홋카이도, 규슈, 시코쿠, 그리고 우리(연합국)가 이미 결정한 모든 작은 섬(諸小島)으로 제한한다."는 것이다. 여기서 '모든 작은 섬'은 일본 영토의 귀속 여부를 결정할 모든 권한이 미국 주도의 연합국에 있음을 분명히했다. 이후 일본이 1945년 8월 14일 포츠담선언을 수락하고 무조건 항복함으로써 포츠담선언은 종전 후 대일 영토 처리의 기본 원칙이 되었다.

이로써 포츠담선언에 기초해 미국 주도의 연합국 대일 영토 정책이 구체적으로 입안되기 시작했다. 이에 일본 정부도 포츠담선언을 토대로 많은 작은 섬들을 일본령으로 인정받는 데 혼신의 노력을 기울였다. 그리하여 독도와 북방 4도, 류큐 등의 섬의 귀속 문제가 부상하게 되었다.

끝으로, 종전 후 1945년 12월 9일 주일연합국최고사령부(GHQ)는 〈연합국 최고 사령관 대일 점령 정책 재성명〉을 통해 "홋카이도, 혼슈, 큐슈, 시코쿠 및 대마도를 포함하는 약 1천 개의 근접한 모든 작은 섬들로 제한한다."고 천명했다. 앞서 언급한 포츠담선언은 일본 영토를 4개의 주요 섬과 작은 섬들이라고 모호하고 불완전하게 규정했다면, 이 〈연합국 최고 사령관 대일 점령 정책 재성명〉은 기본 4대 섬(홋카이도-혼슈-큐슈-시코쿠)과 대마도를 포함하는 약 천여 개의 인접한 작은 도서들이 일본의 영토 주권에 포함될 것이라고 그 범위를 보다 명확하고 구체적으로 명시했다.

그리하여 전후 미국이 주도하는 연합국의 대일 영토 정책은 4개의 본섬 외에 인접한 천여 개의 섬에 대한 규정이 핵심으로 부상하게 되었다. 일본 정부도 역시 주변 천여 개의 도서들을 일본 영토로 규정하기 위해 〈평화조약문제연구 간사회〉 조직을 만들어 세밀한 영토 관련 팜플렛 자료를 준비하여 대응했다.

② 대일평화조약 초안과 독도 귀속의 변화 과정

종전 후 앞서 언급한 전시 중에 미국 주도의 연합국들 간에 합의한 일본 영토 처리 원칙과 기준은 1949년 11월 주일미정치고문 겸 연합국총사령부 외교국장인 윌리엄 시볼드 의견서와 보고서가 등장하기 전까지 불안정한 상태로 유지되었다. 전후 미국 주도의 연합국은 일본 도쿄에 연합국 최고총사령부(GHQ)를 설치하고 일본에 대한 간접 군정 통치권(종전연락중앙사무국을 통한 간접 지배)을 행사하며 지배해 갔다.

첫째, 미국은 전시 중에 합의된 전쟁 책임과 배상금 지불, 영토 할양 등을 핵심으로 하는 구체적인 징벌적 대일영토정책의 원칙을 세웠다. 둘째, 미국이 1946년 1월 29일 일본 영토를 제한하기 위해 발령한 스카핀

(SCAPIN) 제677호와 1947년 1월부터 1949년 11월 2일자 초안까지 대일평화조약 각종 초안에서는 카이로선언과 포츠담선언을 계승하여 '포기해야 할 일본의 도서 영토 특정'과 '경도-위도선 활용'을 통한 일본 영토 표시, 그리고 복잡한 문서 내용에 대한 이해와 시각적 효과의 제고를 위해 '부속 지도 첨부' 등으로 간단히 표시하는 예를 들어, '스카핀(SCAPIN) 제677호'에 첨부된 지도처럼 대일영토 처리의 세 가지 원칙하에 여러 임시초안을 입안했다.

셋째, 1948년 유럽발 냉전의 동아시아화로 인해 미국의 기존 '군국주의 해체와 민주주의 확보'라는 대일정책에서 '역코스정책'으로 전환하면서 '징벌적 대일평화조약' 체결을 피하려는 방향으로 선회했다. 넷째는 이 시기 후반부터 냉전의 격화로 인해 소련과 공산 중국을 대일평화조약에서 배제하는 단독강화 및 다수강화조약 체결 움직임으로 나아갔다. 다섯째, 전후부터 1949년 12월 19일에 생산된 「연합국의 구일본영토 처리에 관한 합의서」까지 한국 영토 관련 총 13개 문건들 모두 총망라하여 독도(리앙쿠르암)가 한국 영토로 명확히 표기되었다.

종전 후 미국은 대일영토정책과 관련하여 1945년 12월 9일 일본 영토 범위를 제한한 연합국최고사령부(GHQ)의 「연합국최고사령관 대일점령정책 재성명」을 발표했다. 이를 기초로 '리앙쿠르암(독도)'를 지도와 함께 한국 영토임을 명확히 제시한 최초 공식 문서인 연합국최고사령관이 발령한 스카핀(SCAPIN) 제677호(1946. 1. 29.)와 독도로부터 12마일 이내로

〈스카핀(SCAPIN) 제677호, 1946.01.29〉

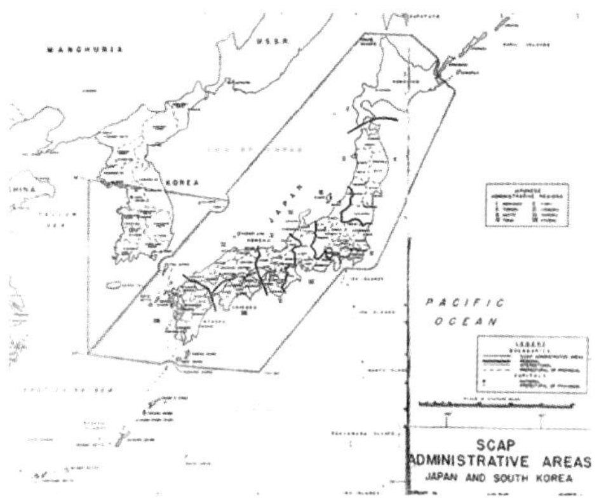

접근을 금지하는 '일본의 어업 및 포경업 구역'을 설정한, 소위 '맥아더라인'이라 불리는 스카핀(SCAPIN) 제1033호(1946. 6. 22.) 등을 각각 발령했다. 이들 문건은 독도가 한국 영토임을 재확인한 문서들로서 일본 영토에서 제외한 1942년 3월 미국 해군성 수로국이 발간한「태평양 북서부 해도」라는 책자를 참고한 것으로 추정된다.

이 해도(海圖)는 경도선과 위도선을 통해 울릉도와 리앙쿠르암(독도)을 일본령과 구분하여 한국 영토로 명확히 표시한 것으로 1947년 이래 미 국무부 대일조약 작업단이 사용한 경계선과 정확히 일치한다. 이것으로 비추어볼 때,「태평양 북서부 해도」는 1947년 1월부터 1949년 12월 19일 미 국무부가 작성한 각종 대일평화조약 임시초안들과 연구보고서, 그리고「연합국의 구일본영토 처리에 관한 합의서」등이 한국 영토와 관련해 활용되었음을 알 수 있다. 특히 이 시기의 대일강화조약 초안들은 제1

차 세계대전 후 베르사유 평화조약, 제2차 세계대전 후 이탈리아 평화조약 및 루마니아 평화조약과 동일하게 패전국 일본의 전쟁 책임과 영토 할양 및 배상금 지불 등을 대일평화조약의 주요 목적으로 설정했기 때문에 영토 조항들은 매우 상세하고 복잡한 영토 조항들로 구성되었다.

이 시기 미국의 대일영토정책은 크게 두 단계로 구분해서 볼 수 있다.

첫 번째 단계는 1947년 1월부터 대일평화조약 관련 임시초안 작성을 시작으로 1949년 11월 윌리엄 시볼드(William J. Sebald)가 미 본국에 의견서 보고서를 제출하기 전까지 기간이다. 이 시기 전시 연합국이 합의한 대일영토정책은 강화조약의 일반적인 특징인 '징벌적 조약'을 특징으로 한 초안들이 작성되었다. 미국은 국무부를 중심으로 대일평화조약 작업단이 1946년 후반기부터 대일평화조약 체결을 준비하기 시작하여 1947년 1월에 독도를 한국 영토로 하는 두 쪽짜리 영토 조항 초안을 작성했다. 이 초안은 잠정이면서 비공식적으로 국무부의 대일강화 작업단이 독도를 한국 영토로 표기한 최초 문서로서 1949년 11월 2일자 대일강화조약 초안까지 영토 관련 조항의 핵심적인 기준이 되었다.

이후 연합국총사령부에 송부한 3월 19일자 초안과 일본의 영토, 일본에서 배제될 지역, 한국의 영토(독도 포함), 대만의 영토를 세밀히 기술한 7월 24일자 미 국무부 지리담당관 새뮤얼 보그스(Samuel W. Boggs)의 영토 초안 등은 경도-위도 지점들을 특정하고 첨부 지도에 이 지점들을 선을 긋어 연결하는 영토 표시 방법을 사용했다. 이는 바로 카이로선언과 포츠담선언의 영토 규정을 구체화한 결과다. 또한 같은 해 국무부 내부 검토용으로 제작한 8월 5일자 초안과 국무부 정책 문서로 작성된 「국무부 정책기획단(PPS) 보고서-10」에서 모두 독도를 한국령으로 표기했다. 특히 「국무부 정책기획단(PPS) 보고서-10」 문서는 국무부가 최초로 첨부 지도를 제작하여 지도상에 독도를 한국 영토로 명확히 표시했다. 이후 1948년 1월 8일자 초안까지 포함하여 4개의 초안이 더 생산되었으나, 1949년 9월까지 약 20개월 정도 대일평화조약 입안 작업이 표류 및 공백기를 갖게 되었다. 그 배경은 두 가지에서 비롯되었다.

첫 번째 이유는 1947년 7월경에 미국 정부가 극동위원회 회원국들에게 대일평화조약의 조기 체결을 제안했으나, 소련은 주요 연합국의 거부권(비토권) 보장과 연합 강대국의 외무장관 회의체에 의한 대일평화조약을 주장했다. 또한 장제스 중국 역시 조기 강화와 방식에 반대함으로써 미국의 조기 대일평화조약은 추진의 동력을 상실하여 1948년 1월 이후부터 1949년 9월까지 공백기를 유발하는 하나의 배경이 되었다. 두 번째는 미국의 국무부와 국방부 간에 조기 대일평화조약 체결에 대한 입장 차이 때문이었다. 즉 미 국방부는 일본과 조기 평화조약 체결로 인해 일본에서 미군 철수 혹은 감축이 가져올 극동지역 안보상의 위험성을 지적하며 조기 대일강화조약 체결에 반대했다.

한편, 1948년 유럽발 냉전이 동아시아로 엄습해 오자, 미국 대소련 봉쇄정책의 이론가인 조지 케넌이 "일본을 아시아의 산업 중심국가로 재건해야 한다" 또한 "대일강화조약 체결 시 간단하고 포괄적이며 비처벌적이어야 한다"라는 국무부 정책기획안(PPS-28)을 작성하여 1948년 10월 28일 국가안전보장결의(NSC) 13-2로 승인되어 대일정책의 변화는 공식화되었다. 즉 미국의 기존 대일정책이 '군국주의 해체와 민주주의 확보'에서 일본 경제 재건과 미국의 하위 반공 동반자로 상정한 역코스정책의 전환을 의미하였다. 그리하여 기존 대일본 인식에 대한 미국의 우호적인 변화라는 주관적인 조건과 악화 일로에 있는 미소관계라는 객관적 조건 등은 미국이 소련과 공산 중국을 배제한 가운데 미국 주도에 의한 대일평화조약을 체결하는 단독강화를 채택해 가는 배경이 되었다.

두 번째 단계는 1949년 11월 연합국총사령부 외교국장 겸 주일미정치고문인 윌리엄 시볼드(William J. Sebald) 의견서 및 보고서 등장이다. 20개월의 공백기를 깨고 1949년 9월과 10월 재개된 미국 주도의 대일평화조약 초안 작업의 동력은 영국과 영연방 국가들의 협조에서 시작되었으나, 국방부와는 여전히 이견 조정의 합의가 되지 않는 상황 아래에서 국무부 단독으로 11월 2차 초안을 작성하였다. 이 초안은 국방부 장관과 연합국 맥아더 총사령부, 그리고 주일미정치고문 윌리엄 시볼드 등 세 사람에게만 송부되었다. 평소 일본 정재계로부터 지속적인 로비 공세를 받고 있던 윌리엄 시볼드는 본국 국무부에서 전달받은 11월 2일자 대일평화조약 초안을 받아보고 1947년 6월 일본 외무성이 간행한 「일본의 부속 소도 제4권, 태평양 소도서 및 일본해 소도서」라는 로비용 팸플릿을 기초로 '독도'

를 일본령이라 주장하는 의견서를 제출하였다.

시볼드는 1949년 11월 14일 버터워스(W. Walton Butterworth) 국무부 극동담당 차관보에게 보낸 전문에서 "리앙쿠르암(다케시마)에 대한 재고를 건의한다. 이 섬에 대한 일본의 주장은 오래되고 타당성이 있는 것으로 이 섬에 기상관측소와 레이더 기지를 설치하는 안보적 고려가 바람직할 것으로 판단한다"라는 의견을 제시했다. 또한 11월 19일 국무장관에게 보낸 보고서에서 시볼드는 "한국과 관련해 이전에 일본이 소유했던 섬들의 처리에 대해 리앙쿠르암(다케시마)은 초안 제3조에 일본령으로 넣을 것을 건의한다. 이 섬에 대한 일본의 주장은 오래되었고, 타당한 것으로 보인다. 이 섬을 한국 근해의 섬으로 간주하기 어렵다"고 주장했다.

일본계 여성과 결혼하여 친일적 성향을 보였던 시볼드는 그의 보고서에서 11월 2일자 일본 영토 조항에서 경계선을 긋는 도해 방법을 비판하며 이는 일본의 심리적 위축을 불러오기에 지도를 삭제해야 한다고 주장했다. 시볼드의 권고 이후 국무부의 조약 초안 중에 '일본의 영토를 명확히 특정하는 경계선을 긋는 표시 방법'과 '일본의 영토 범위를 명확히 보여주는 첨부 지도'가 사라졌다. 이로 인해, 대일평화조약에서 일본 영토를 명확히 표시하는 조문들이 설정되지 않거나, 혹은 해당 지도들은 더 이상 제작되지 않았다. 그리하여 조문 해석에 대한 모호성과 이중성이 생겨 동북아 해양영토 분쟁의 최초 발원지가 바로 11월 2일자 초안을 둘러싼 윌리엄 시볼드의 의견서와 보고서라 할 수 있다. 시볼드의 보고서(1949. 11.

19.)가 반영되어 '독도'가 일본 영토라는 1949년 12월 29일자 초안이 작성되게 되었다.

12월 29일자 대일평화조약 초안보다 10일 앞서 '독도'가 한국 영토로 표기된 마지막 문서라 할 수 있는「연합국의 구일본영토 처리에 관한 합의서(1949. 12. 19.)」가 연합국들 간의 극비리에 합의하여 생산된 문서이다. 이 문서는 1949년 11월 2일자 초안의 일본 영토 조항에서 1949년 11월 19일 시볼드의 보고서, 그리고 1949년 12월 29일자 초안의 일본 영토 조항으로 이어지는 과도기적 상황을 보여주고 있다.

이상과 같이, 1946년 1월 29일 스카핀(SCAPIN) 제677호와 1947년 1월부터 1949년 11월 2일까지 작성된 대일평화조약 초안들은 모두 독도가 한국 영토로 명확히 표시되어 있었다. 그러나 동아시아 냉전의 격화(중국대륙 공산화)와 시볼드의 보고서는 1949년 12월 29일 초안에서 1950년 7월 18일자 문서인「대일평화조약 논평」까지 문서들에 독도가 일본 영토로 표시되었지만, 8월 7일 초안부터 대일평화조약까지 독도는 구체적으로 특정되지 않은 채 조약문 조항에서 생략되었다.

③ 냉전 격화와 대일평화조약의 독도 조항 생략

중국대륙의 공산화(1949. 10. 1.)와 한국전쟁 발발(1950. 6. 25.) 그리고 중공군의 한국전쟁 참전(1950. 10. 19.)으로 미국이 대일정책의 궤도 수정과 조기 대일강화조약 체결을 추진할 수 있는 동력을 얻게 되었다.

첫째, 동아시아 냉전의 격화에 따라 미국은 전범국 일본을 반공 보루의 하위 동맹국으로 위상을 부여하여 전쟁 책임 명문화, 배상금 지불, 영토 할양 등 징벌조약의 핵심 사항을 배제시켰다. 둘째, 존 포스터 덜레스(John Foster Dulles)의 대일평화조약 특사 개인적 신념과 엄중한 동아시아 국제정세로 인해 복잡하고 상세했던 징벌적 조약에서 단순한 단축형 평화조약을 추구하였다. 셋째, 영토 관련 임시초안 중에서 전시 중 연합국이 합의한 대일영토 처리의 규정과 일본령 도서 특정과 경 · 위도선 활용, 부속 지도 첨부 등 세 가지 큰 원칙이 사라졌다. 넷째, 1950년 8월 7일 초안부터 대일강화조약 정식 체결까지 생산된 초안 중에 영토 관련 조항에서는 독도가 구체적으로 특정되지 않았고, 조약문에서 생략되었다.

1950년과 1951년 이 두 해 동안 동아시아는 한국전쟁 발발과 중공군의 한국전 참전으로 전시 중에 합의했던 연합국 간의 대일본 영토정책은 큰 변화의 길목에 들어섰다. 한마디로 카이로선언과 포츠담선언에서 규정한 대일영토정책의 폐기다. 이는 크게 두 가지 배경에서 비롯되었다.

첫 번째, 미국의 동아시아 안보 전략 차원에서 대일본 정책의 일대 변화였다. 1948년부터 유럽발 냉전이 동아시아로 이식되자, 한반도의 체제를 달리한 남북한 정부 수립과 이듬해 중국대륙의 공산화(1949. 10. 1.), 그리고 한국전쟁 발발(1950. 6. 25.), 중공군의 참전(1950. 10. 19.) 등으로 표출되었다. 냉전을 넘어 열전으로 치달으면서 탈군국주의화와 비군사화, 그리고 민주주의 확보라는 전후 대일본 점령정책의 목표가 산업을 재건하여 동아시아 반공의 보루로 삼고자 하는 미국의 하위 동맹 파트너로서 그 위치를 부여받았다.

두 번째, 대일평화조약 체결을 전담할 미국 대통령 대일평화조약 특사로 임명된 존 포스터 덜레스(John Foster Dulles)라는 인물의 등장이다. 노련한 변호사 출신인 덜레스는 1950년 4월 19일 딘 애치슨 국무장관에 의해 국무장관 고문으로 발탁되었다가 한 달 후 5월 18일에 트루먼 대통령은 덜레스를 대일평화조약 체결을 전담하는 소위, 대일평화조약 특사로 임명했다. 덜레스는 대일평화조약의 핵심을 '징벌적 조약'이 아닌 '비징벌적인 관대한 평화조약'에 방점을 두고 소련과 공산 중국을 배제한 단독강화와 다수평화 방식을 추진했다. 특히 6 · 25 한국전쟁의 발발은 대일평화조약 추진의 탄력과 조기 타결에 힘을 실어줌으로써 반공조약의 성격으로 바뀌어 갔다. 다수평화 방식이 될 수 있도록 관련 국가들이 가능하면 많이 참여할 수 있도록 상세하면서 복잡한 조약 내용을 지양하면서 간단한 단축형 조약을 추구하였다. 그리하여 전범국가로서 징벌적 조약의 핵심이라 할 수 있는 전쟁 책임과 영토 할양, 그리고 배상금 지불 항목이 대일강화조약 초안과 실제 조약상에서 사라지는 배경이 되었다.

앞서 언급했듯이, 일본 외무성에서 제작한 팸플릿「일본의 부속 소도 제4권, 태평양 소도서 및 일본해 소도서(1947. 6.)」에 기초한 윌리엄 시볼드의 의견서(1949. 11. 14.)와 보고서 등장(1949. 11. 19.)으로 인해 독도가 1946년부터 1949년 11월까지 작성된 스카핀(SCAPIN) 지령문과 각종 영토 관련 초안 등에서 기존 한국 영토 표기 방식에서 벗어나 1949년 12월 29일자 대일강화조약 초안에서 독도가 일본 영토로 표기되었다. 이후 1950년 1월 3일 미 국무부 새뮤얼 보그스의 영토 조항 초안과 같은 해 7월 18일에 작성된 「일본과의 평화조약 초안에 대한 논평」, 8월 3일자 초안 등에서 독도가 일본 영토로 표기되었음을 알 수 있다.

한편, 1950년 8월 7일자로 작성된 초안은 기존과 다른 대일영토정책 변화라는 큰 틀에서 하나의 전환점이라 할 수 있다. 덜레스가 대일강화조약에서 추구하고자 했던 비징벌적이고 간단한 축약형 초안이 8월 7일 임시초안에서 빛을 발하기 시작했다. 또한 이 초안에 더욱 주목해야 할 점은 바로 전시 포츠담 회담에서 "일본의 영토를 주요 4개의 섬과 인근 주요 섬들로 규정한다"라는 연합국의 합의된 전시 대일영토정책 처리 원칙의 폐기다. 즉 일본 영토에 포함되거나, 배제될 섬들의 명칭과 일본령을 구획하는 위도선과 경도선을 일체 생략한 것이다.

이처럼 일본 영토 규정과 관련하여 일본 영토에서 포기될 지역이 기존 방식과 다르게 특정하지 않는 방식으로 채택한 것이 가장 큰 변화였다. 특히 여기서 독도의 귀속 여부가 이 초안(1950. 8. 7.)부터 시작하여 정식 조약이 체결되는 1951년 9월 8일 샌프란시스코 대일평화조약까지 구체적인 특정 없이 일체 생략되는 시발점이 되었다. 이는 한편으로 덜레스의 단축형 조약 추구의 결과이기도 하지만, 다른 한편으로 대일평화조약 체결의 시급성, 한국전쟁이 불러온 동아시아 안보적 위기, 소련을 배제한 단독강화의 추진 등 2차 대전기의 연합국 협력체제의 종식과 새로운 동아시아 질서 재편의 추구였다.

또한, 덜레스는 한 발 더 나아가 구체적이고 세부적인 논란을 피하면서 여러 국가들의 이해를 개략적인 수준에서 억제하여 구체적인 특정 요구를 하지 못하도록 사전 봉쇄하고자 했다. 이를 위해 1950년 9월 11일자 「대일강화조약 7원칙」을 확정하여 제시하였다. 이는 앞으로 대일강화조약의 기본 성격이 되었다. 전시 중에 연합국이 합의한 대일본 영토정책은 덜레스가 단축형 조약을 추진하면서 폐기되었다. 특히, 「대일강화조약 7원칙」 중에 영토 관련 내용은 다음과 같다.

> 영토: 일본은 (a) 한국의 독립 승인, (b) 류큐와 보닌에 대해 미국을 시정권자로 하는 유엔의 신탁통치 동의, (c) 타이완, 펑후제도, 남사할린, 쿠릴의 지위에 대한 영국, 소련, 미국, 중국의 장래 결정 수용한다. 조약이 발효한 후 1년 이내에 아무런 결정이 없는 경우, 유엔총회가 결정한다. 중국 내 특별 권리와 이익은 포기한다.
> (1950. 9. 11. 확정/1950년 11월 24일 공식 발표)

기존 초안에서 복잡하고 상세했던 영토 관련 조항이 매우 간결하게 기술되었음을 볼 수 있다. 한국 관련 조항은 "한국의 독립 승인"한다는 한 줄로 정리되어 있다. 이처럼 간결한 조약 추구는 「대일평화조약 7원칙」에 기초하여 14개국 정부 대표들과 의견 교환 후 대외협상용으로 작성한 미국 정부의 최초 공식 초안인 1951년 3월 19일자 「대일평화조약 임시초안(제안용)」에 반영되었다. 이 제안용 임시초안의 제3장의 영토 조항을 보면 다음과 같다.

> 3. 일본은 한국, 대만 및 평후도에 대한 모든 권리, 권원, 청구권을 포기한다. 또한 남극지방의 일본 국민의 활동에서 비롯되었거나 혹은 위임통치 체제와 관련된 모든 권리, 권원, 청구권을 포기한다. 일본은 이전에 일본의 위임통치하에 있던 태평양 도서를 신탁통치 체제하에 둘 것과 관련한 1947년 4월 2일자 유엔안전보장이사회 결정을 승인한다.
>
> 4. 미국은 유엔에 대해 북위 29도 이남의 류큐제도, 로사리오섬을 포함한 보닌제도(오가사와라), 볼케이노섬(이오지마), 파라셀제도 및 마커스섬에 대한 미국을 시정권자로 하는 신탁통치 체제하에 둘 것을 제안한다. 일본은 이러한 제안에 동의할 것이다. 이러한 제안을 행하며 그에 따른 긍정적 조치에 따라 미국은 이 섬들의 주민 및 그 영해를 포함한 이들 영토에 대한 행정, 법률, 관할의 모든 권한을 행사할 것이다.
>
> 5. 일본은 소련에게 사할린의 남부와 그에 인접한 모든 섬들을 반환(return)할 것이며, 소련에게 쿠릴섬들을 이양(hand over)할 것이다.

위 영토 조항에서 미국과 관련된 태평양 도서인 구일본 위임통치령, 류큐제도, 오가사와라제도, 이오지마 등에 대해서는 명확히 규정하였다. 그러나 한국, 대만, 평후도에 대해서는 매우 간략하게 기술되어 있음을 알 수 있다.

한편, 영국과 영연방 국가들(호주, 뉴질랜드, 캐나다 등)은 미국이 작성한 1949년 12월 29일자 초안에서 '독도'가 한국 영토가 아닌 일본 영토로 귀속되어 있는 것에 대해, 1949년 12월 19일 연합국 13개국이 합의한 「연합국의 구일본영토 처리에 관한 합의서」를 위반했다며, 미국의 일방적인 행태에 대해 비판을 가했다.

그리하여 영국 정부는 자체적으로 1951년 2월 28일(제1차 초안)과 3월(제2차 초안), 그리고 4월 27일(제3차 초안) 등 세 차례에 걸쳐 「영국 외무성 대일평화조약 초안」을 작성했다. 영국 정부의 초안은 카이로선언과 포츠담선언에 기초한 징벌적 성격의 대일평화조약 초안으로 일본령 도서 특정과 경도선 · 위도선 활용, 부속 지도 첨부라는 세 가지 큰 원칙에 입각해 작성했다. 특히 독도가 한국령임을 제2차와 제3차 초안에 기술하고 지도에도 명확히 명시하였다.

〈대일평화조약 초안의 부속지도〉

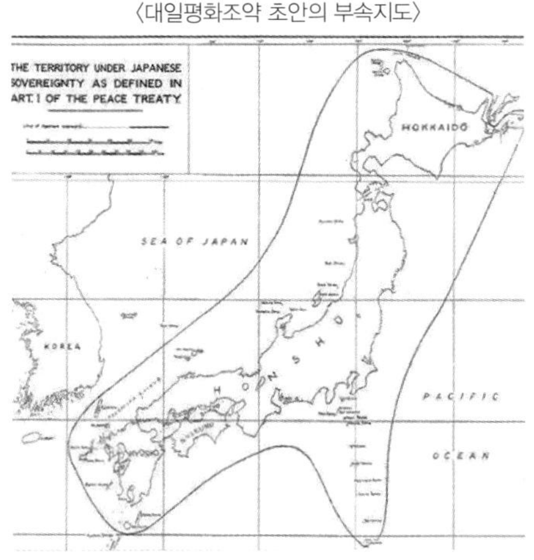

이에 당황한 미국 정부는 영국에게 「영 · 미 합동 초안」을 만들고자 제안하여 수차례 회의를 거쳐 영 · 미 간 합동 초안이 '1951년 5월 3일자 제1차 초안'과 같은 '6월 14일자 제2차 초안', 그리고 '7월 3일자 최종안인 제3차 초안'이 생산되었다. 특히, 제2차 초안에서 전시 중에 연합국이 합의한 대일영토 규정을 미국과 영국은 폐지하기로 의견을 모았다. 제2차와 제3차 초안에서 공통적으로 한국 영토와 관련하여 "일본은 한국의 독립을 승인하며, 제주도, 거문도, 울릉도를 포함한 한국에 대한 모든 권리, 권원, 청구권을 포기한다"라고 명시되었다. 이 한국 영토 관련 조항은 1951년 8월 13일자 최종안에 동일하게 유지되면서 1951년 9월 8일 미국 서부 샌프란시스코 전쟁기념 예술공연장에서 초청국 52개국 중 소련, 폴란드, 체코가 의사규칙과 공산 중국의 초청 문제를 들어 서명을 거부함으로써 연합국 48개국과 일본이 대일평화조약에 서명을 했다. 이렇게 하여 일본은 1952년 4월 28일 주권을 회복했고, 동아시아 역내 국가들은 샌프란시스코 평화체제의 잔영이 남긴 소위 대분단(중 · 러와 미 · 일 간의 대립)과 소분단(한반도와 대만)이 혼재한 구도 속에서 오늘날까지도 대립과 갈등을 지속하고 있다.

주지하는 바와 같이, 오늘날 대일평화조약이 갖는 큰 문제점은 일본과 조약 체결 당사국인 한국과 중국이 조약 체결 서명국가에서 배제됨은 물론, 소련(러시아)처럼 서명을 거부한 데서 비롯되었다. 이는 특히 영토 분야에서 오늘날 중 · 일 간의 센카쿠 문제와 한 · 일 간의 독도문제, 그리고

러 · 일 간의 북방 4도 문제 등을 잉태시킨 결정적 배경이 되었다.

특히 미 · 영 · 일 3국에 의해 한국이 조약 체결국가로서 자격이 거부된 주요 원인은 "한국이 일본과 교전했던 연합국이 아니다"라는 일본의 주장과 "한국을 초청하게 되면 일본의 식민 통치에 대한 부정에 이어 구미의 식민 통치 자체를 부정하는 논의가 분출될 것"을 우려한 영국의 적극적인 반대, 그리고 "한국 대표가 반일 민족주의 정서로 제국주의 일본을 비판하면서 미국이 치밀하게 준비한 평화회담에 찬물을 끼얹을 수 있다"고 생각한 미국 자체의 판단 등이 작용하였기 때문이다.

한편, 미국이 주도한 샌프란시스코 대일강화조약 영토 조항 제2조 (a)에서 '독도'가 명기되지 않는 것에 대해, 미국 코네티컷대학교 알렉시스 더든(Alexis Dudden) 교수는 "한국전쟁에서 어느 쪽이 승리할지 모르는 상태에서 미국의 입장에서는 독도를 미국의 관할 하에 두면서 일본에 그 영유권을 명시적으로 허용하지 않고, 한국에도 그 영유권을 명시적으로 허용하지 않으면서 독도를 빼앗기지 않는 것이 중요하다고 판단했다. 따라서 북한이 한국전쟁에서 실제로 승리하고 한국에 대한 중국의 지배권이 건재하고 한반도 전체가 공산화된다 하더라도 독도의 영유권에 대한 명문 규정은 존재하지 않으므로 독도에 대한 미국의 영유권이 계속 보장되도록 시도한 것이다"라고 주장했다.

If you're the American planner and you don't know who is going to win the Korean War, you keep it American-controlled. but you don't necessarily give it to Japan, You don't necessarily give it to Korea, you just make sure that it's not going to fall into the wrong hands. So if North Korea had actually won, China had stayed in full force, and all of the Korean peninsula were under communist control, United States still would have had Dokdo. Because it's not named.)

또한 일본외무성 정보국장을 지낸 마고사키 우케루(孫崎享)는"이는 미 국무부의 명확히 의도 아래 이루어진 것입니다. 미국이 독도문제가 영토문제로 (한일관계에) 긴장관계가 생기는 것이 바람직하다는 판단을 하고 있었기 때문에"이라고 언급했다.

또한, 일본 외무성 정보국장을 지낸 마고사키 우케루(孫崎 享)는 "이는 미 국무부의 명확한 의도 아래 이루어진 것입니다. 미국이 독도문제가 영토 문제로 (한일관계에) 긴장관계가 생기는 것이 바람직하다는 판단을 하고 있었기 때문에"이라고 언급했다.(これは明確に、アメリカ国務省の意図の下に行われたわけです。ということを考えると、アメリカが、竹島の問題であちらこちらに揺れ動いて、不安定な状況を作ったということも事実であるし、領土で緊張があったほうが望ましいという判断を米国がしてるわけだから)

이상과 같이, 종전 후 미국 주도의 대일영토정책은 미국 자신의 동아시아 패권 전략의 유지 및 강화를 위한 하나의 수단화된 장치로서 전적으로 대일평화조약을 이용하였다. 특히 독도문제는 여러 우여곡절 끝에 조약 문구에서 구체적으로 특정화되지 않고 생략된 것은 미국의 대동아시아의 전략적 이익에 기반한 것으로, 한마디로 당시 미국이 일방적으로 주도하는 동아시아 역내 냉전적 국제질서를 구축하는 과정에서 찢겨져 나온 파편의 결과였음을 확인할 수 있었다.

4) 냉전 격화와 대일평화조약: 독도 귀속 문제의 생략과 한일 갈등의 기원

① 독도문제를 둘러싼 한일 간의 갈등과 대립

독도문제를 둘러싼 한국과 일본 간의 갈등과 대립은 샌프란시스코 대일평화조약 체결 후 본격적으로 시작된 것dl다. 제2차 세계대전 중 연합국은 "전후 일본 영토를 주요 본토 4개의 섬과 연합국이 결정할 1천여 개의 부속 도서로 한정한다"는 대일 영토 정책을 일본과 합의했다. 실제로 1947년부터 1951년 초까지 미국과 영국이 작성한 대일평화조약의 임시초안 및 부속지도 등에는 '독도'가 한국 영토임이 명확히 표시되어 있었다.

그러나 1950년 6월 한국전쟁 발발로 냉전이 격화되면서 상황은 완전히 달라졌다. 존 포스터 덜레스(John Foster Dulles)가 등장한 후 대일평화조약의 성격은 엄격한 징벌적 조약에서 관대한 단축형 조약으로 전환되었고, 일본에 대한 전쟁 책임 부과, 배상금 지불, 영토 할양 등이 배제되었다. 이 과정에서 독도는 임시초안과 본 조약 영토 조항에서 완전히 생략되었다. 이는 기존 대일 영토 정책의 폐기를 의미하며, 동시에 한 · 일 관계의 불행한 출발점되었다.

이처럼 독도에 대한 언급 없이 대일평화조약이 체결된 지 132일이 지난 1952년 1월 18일, 한국의 이승만 정부는 '연안 수역 보호를 명분'으로 「대한민국 인접 해양의 주권에 대한 대통령 선언」을 선포했다. 이 선언은 '평화선' 혹은 일본에서 '이승만 라인'으로 불리는데, 이는 독도 영유권과 관련하여 '신의 한 수'로 평가된다. 즉, 대일강화조약상 독도 관련 언급이 전혀 없는 상황에서, 일본 주변에 선포되었던 〈맥아더 라인(SCAPIN 제1033호)〉 철폐에 대한 보완책이자, 한국 정부가 독도를 실효적으로 지배할 수 있는 제도적 장치를 구비하는 결정적인 계기였기 때문이다. 이는 역설적으로 일본이 한국을 상대로 독도 영유권에 대한 도발을 시도하여 오늘날까지 이어져 오는 실질적인 출발점이 되었다.

이에 일본 정부는 평화선 선언 1주일 만인 1952년 1월 24일, 공해에 대한 일방적인 주권 선언은 전례가 없다며 반발했다. 한국 정부는 트루먼 대통령의 연안 어업 및 해저 지하자원에 관한 선언(대륙붕 선언)에 의해 확립된 국제 관례에 따른 것이라고 반박했다. 하지만 일본은 4일 뒤인 1월 28일, "미일평화조약의 해석상 일본 영토로 인정된 죽도(竹島: 우리의 독도)를 이 라인 안에 넣은 것은 한국의 일방적인 영토 침략이다"라고 주장하며, 한 · 일 간 최초의 정부 간 영토 논쟁이 공식적으로 벌어졌다.

이후 일본 어선의 불법 침범 조업이 증가하자, 이승만 대통령은 1952년 7월 18일 신포 수역에서 조업하는 외국 어선은 국적을 불문하고 나포하라는 강경한 지시를 내렸다. 또한, 한국 정부는 1953년 12월 12일 평화선 선포를 국내법적으로 뒷받침하는 「어업자원 보호법」을 제정하여 수역

내 외국 선박의 불법적인 어업 행위를 엄격히 단속했다. 한편, 평화선 선포 8개월 후 국제연합군 사령관 M.W. 클라크가 북한 잠입 방지 등을 목적으로 설정한 '클라크 라인'이 평화선과 거의 비슷한 수역이어서, 이는 평화선 선포를 간접적으로 지원한 결과가 되기도 했다.

이 시기 일본 정부는 국회와 공조하며 독도를 주일미공군의 폭격 연습 지역으로 지정 및 해제하는 책략을 구사했다. 미일 행정 협정(1952.2.28.)에 따라 독도를 폭격 훈련장으로 지정했다가 일본 어민의 항의를 명분으로 훈련 구역에서 배제시킨 것입니다. 일본 정부는 이 지정 및 해제 방식을 통해 독도를 자국의 영토화하려는 고도로 변형된 침략 행위를 자행했다.

이를 계기로 자신감을 얻은 일본 정부는 1952년 9월 20일 'ABC 라인(日本警備區域線)'을 설정하고 해상보안청 감시선을 출동시켜 한국 경비정과 마찰을 빚었다. 특히, 1953년 이후 일본은 과감하게 독도에 상륙하여 한국령 표지석을 제거하고 일본령 표지석을 설치하며 조업 중인 한국 어부를 협박하는 등 물리적 강압을 동원했다.

이에 맞서 한국 정부는 울릉도 경찰과 해양 경찰 등 공권력을 동원해 독도를 수호하기 시작했으며, 1953년~54년 독도 조사를 실시했다. 1953년에는 울릉도 경찰서 독도 순라반이 장비 및 인력의 열세에도 총격을 불사함으로써 독도 수호 의지와 결의를 보여주었다. 1954년 중반 이후 한국 정부는 독도에 영구 시설물을 설치하기 시작함으로써 독도가 한국 영토임을 대내외에 분명히 천명했다. 이후 한국 정부가 실효적 지배를 위한 조치를 강화하자, 1955년부터 일본 정부는 외교적 각서 교환 방식으로 전환했다.

결국 최종적으로 일본과의 독도 분쟁에서 대한민국의 영토 주권 수호는 문서와 협의 · 협상이 아닌, 국가와 국민의 단합된 단호한 수호 의지와 강력한 힘의 논리가 뒷받침될 때만이 대한민국의 영토를 온전히 지켜낼 수 있음을 확인할 수 있었습니다.

② 냉전의 격랑 속, 미국의 독도 정책: 일관성 없는 행보와 중립 선언

앞서 제2절과 제3절에서 살펴보았듯이, 독도문제는 단순히 한 · 일 양국 간의 역사적 권원(고유 영토론)이나 국제법상 무주지 선점의 문제가 아니라, 동아시아 역내 국제정치적 역학관계가 낳은 문제다. 그 출발점은 미국이 실질적으로 연합국을 대신하여 주도한 대일본 정책의 결과에서 비롯된 것이다. 한 · 일 간의 독도 분쟁에 대한 미국의 입장을 대일 강화조약 체결 이전까지 소급하여 살펴보면 다음과 같다.

첫 번째, 종전 후 미국이 주도한 대일평화조약 체결을 위한 임시 초안과 기타 문건에서 일관성 없는 자세를 보였다. SCAPIN 제677호(1946.1.29.), 1947년 1월부터 1949년 11월 2일까지 작성된 임시 초안, 국무부 정책 보고서 등 12개 문서, 그리고 1949년 12월 19일 미국이 주도한「연합국의 구(舊)일본 영토 처리에 관한 합의서」등에서 모두 독도가 한국 영토임을 부속 지도와 함께 명확히 명시했다. 그러나 연합국 총사령부 외교국장 겸 주일 미 정치고문인 윌리엄 시볼드(William Sebald)의 의견서(1949.11.14.)와 보고서(1949.11.19.)가 발단이 되어 1949년 12월 29일 임시 초안부터 1950년 7월 말까지 생산된 모든 문서에 독도가 돌연 일본 영토로 명시되었다. 이후 대일 평화조약 체결 전담 특사로 임명(1950.5.18.)된 존 포스터 덜레스는 비징벌적 단축형 조약을 추구한다는 방침 아래, 1950년 8월 7일 임시 초안부터 1951년 9월 8일에 체결한 정식 대일 강화 조약까지 독도 자체가 구체적으로 특정되지 않고 생략되었다. 이로 인해, 독도에 대한 한일 간 분쟁의 큰 틀에서 단초가 마련되었다.

두 번째, 대일 강화 조약이 체결된 후 한 · 일 간의 독도문제로 극한 대립으로 치닫자, 미국은 돌연 중립적 입장으로 선회했다. 대일 강화 조약 체결에 앞서 한국 정부는 미국 정부에 맥아더 라인의 유지와 대일 평화조약 영토 조항에서 일본이 포기해야 할 영토로 독도를 포함시켜 줄 것을 요구했으나, 미국은 이를 모두 기각했다. 이에 대한 대응 차원에서 한국 정부는 독도가 포함된 「대한민국 인접 해양의 주권에 대한 대통령 선언(평화선)」을 선포하여 대응했다. 그리고 미국은 한국 정부의 일방적인 부당한 조치에 비판을 가했고, 독도를 주일 미 공군의 폭격 연습장으로 지정 및 해제하는 일본의 책략에 미국은 적극 동조했다.

그뿐만 아니라, 한 · 일 간의 갈등과 대립이 심각한 수준으로 비화되자, 1953년 3월부터 11월까지 미 국무부 극동국 관료들과 주일 대사관 외교관들 사이에서는 1951년 8월 10일자 '러스크 서한'을 공개하여 독도 영유권 분쟁을 끝내야 한다는 의견이 봇물처럼 터져 나왔다. 이 서한은 미국무부 극동 담당 차관보 딘 러스크(Dean Rusk)가 양유찬 주미 한국 대사에게 "독도가 한국 영토의 일부로 취급된 적이 없다"는 것을 핵심으로 담고 있다. 특히, 1953년 4월 초 레온하트 1등 서기관과 핀 2등 서기관 등은 대일 강화 조약에 따라 독도 영유권이 명백히 일본에게 있으며, 한국의 독도 영유권 주장과 한·일 갈등을 해소하기 위해 1951년 8월 10일자 「러스크 서한」을 공개해야 한다고 주장했다. 또한, 터너 참사관도 "만약 한국 정부가 러스크 서한, 즉 독도의 일본령을 받아들이지 못하면 차선책으로 국제 사법 재판소행을 선택해야 하며, 이것조차 수용되지 않으면 「러스크 서한」을 공개해야 한다"고 주장했다.

이와 관련, 1953년 1월 26일 미 아이젠하워 행정부에서 국무 장관에 취임한 존 포스터 덜레스는 주일 미 대사관에서 강력히 주장하고 있는 「러스크 서한」의 공개와 독도 영유권 문제에 대한 미국의 입장 표명 주장에 대해 단호한 반대 입장을 천명했다. 그는 한·일 간 독도문제가 최고조에 달했던 1953년 12월 9일 주일 미 대사관과 주한 미 대사관에 각각 전문을 발송하여 미국이 독도 분쟁에 개입하면 안 되는 다섯 가지 이유를 들어 설명했다.

첫째, 독도문제와 관련해 미국은 포츠담선언 및 이를 계승한 평화조약에서 독도를 일본에 남겨두었다는 견해를 갖고 있다. 행정 협정에 따른

(독도 미 공군 포격 연습장 지정 · 해제) 조치 등에 참가했지만, 그렇다고 해서 평화조약에서 야기되는 일본 영토와 관련한 국제 분쟁에 개입하거나 이를 안정시킬 책임을 자동적으로 지는 것은 아니다. 둘째, 독도에 대한 미국의 입장은 평화조약에 서명한 수많은 국가들 중의 하나일 뿐이다. 셋째, 미일 안보 조약에 따라 일본이 미국으로 하여금 한국에 대한 군사 행동을 요구하는 것은 법률적으로 인정될 수 없다. 안보 조약은 미국 측에 대해 어떤 법률적 구속력을 갖고 있지 않는다. 넷째, 미국은 소련이 점령한 하보마이 섬이 일본의 영토라고 공개적으로 선언했으나, 일본은 소련을 상대로 군사 행동을 강제하거나 대소 군사 행동이 미국의 의무라고 주장하지 않고 있다. 다섯째, 때문에 미국은 '한국의 다케시마(독도)에 대한 요구'로부터 비롯된 영토 분쟁에 개입해서는 안 된다.

이상의 같은 이유를 들어 독도문제가 한일 관계와 한미 관계, 미일 관계를 파탄으로 몰고 갈 수 있는 뇌관임을 감지한 덜레스 국무 장관은 미국의 위치를 정책 결정자의 위치에서 중립적인 위치와 입장으로 정리했다. 그리하여 덜레스는 1954년 이후부터 미 국무부와 주일 · 주한 미 대사관에 한 · 일 간의 독도 분쟁에 미국이 절대 개입하지 말 것을 언명했다. 그럼에도 불구하고 미 국무부를 중심으로 일본을 옹호하는 듯한 목소리가 잦아들지 않았고, 이러한 분위기는 1960년대까지 지속되었다.

5) 냉전의 그림자, 독도 분쟁의 국제정치적 기원

제2차 세계대전 중 연합국 동맹의 핵심 축이었던 미국과 소련은 종전 후 각자의 전략적 이익에 기초한 대외 정책 곳곳에서 충돌하기 시작했다. 1945년 9월 11일 런던 외무장관회의에서부터 미 · 영과 소련 양측 간의 갈등과 대립의 먹구름이 드리우기 시작했다. 특히 1947년 3월 12일 트루먼 독트린을 선포하여 대소 봉쇄 정책을 냉전 전략으로 확정하고 소련과 동유럽 공산 국가들을 봉쇄 및 견제해 나선 것이다.

이처럼 유럽에서 시작된 냉전 대결의 나비효과는 1948년 동아시아에서 체제를 달리하는 한반도 남북 분단 정권 수립, 1949년 중국대륙의 공산화, 그리고 1950년 6.25 한국전쟁 발발과 중공군 참전 등으로 발현되었다.

미국의 대동아시아 패권 구도가 불리하게 돌아가자, 미국은 기존의 '비군사화와 민주화'를 통해 극동의 스위스화를 추진하려 했던 대일 정책을 공산 중국과 소련의 팽창주의에 맞서는 동아시아 반공의 보루라는 방파제로 설정했습니다. 이를 구체화하기 위해 전범국 일본을 산업 중심 국가로 육성하는 역코스 정책(Reverse Course Policy)으로 전환했다. 미국의 대일 역코스 정책은 동아시아 역내에 부정적인 유산을 낳는 배경이 되었다.

특히, 미국이 주도한 대일평화조약은 징벌적 조약에서 비징벌적 반공 조약으로 기조가 바뀌면서 19세기 이래로 전범국에게 부과했던 전쟁 책임과 배상금 지불, 영토 할양 등 징벌적 조치들이 배제되고 관대한 평화조약으로 체결되었다. 이는 오늘날 동아시아 냉전 체제의 역사와 영토 갈등을 낳는 직접적인 원인이 된 것이다.

종전 후 패전국 일본에 대한 미국의 영토 정책은 전시 중에 연합국 합의에 의해 결정되고, 카이로선언과 포츠담선언에서 구체화되었다. 특히, 미국은 대일평화조약 초안을 준비하는 과정에서 일본 도서의 구체적 특정과 경 · 위도선으로 경계선 표시, 그리고 부속 지도의 제작 · 첨부를 통해 패전국 영토 관련 징벌적 조약을 구현하는 하나의 방식을 사용했다. 그리하여 1947년 1월부터 1949년 11월 2일까지 작성된 미국의 초안과 부속 지도는 물론, 1951년 전반기에 제작된 영국의 초안과 부속 지도 등에 이 방식이 적용되어 '독도'를 한국 영토로 명확히 표기되어 있는 것을 확인할 수 있었다.

그런데 1949년 10월 중국대륙 공산화와 1950년 한국전쟁 발발로 냉전이 격화되는 상황에 주일 미 정치고문인 윌리엄 시볼드의 객관적인 사실관계가 결여된 보고서(1949.11.19.)와 1950년 5월 18일 대일평화조약 특사로 임명된 덜레스의 등장은 초안에서 독도가 한때 일본 영토로 명확히 표기되었다가 어느 시점에선 구체적으로 귀속 여부가 특정되지 않고 생략된 가운데 본 대일평화조약이 체결되었다. 이는 독도를 둘러싼 한 · 일 간 분쟁의 단초가 되었음은 주지의 사실이다.

그리하여, 정식 조약이 체결된 이듬해인 1952년 1월 18일 한국 정부는 독도를 포함한 「대한민국 인접 해양의 주권에 대한 대통령 선언(평화선)」

을 선포함으로써 한일 간의 기나긴 갈등과 대립의 실질적인 출발점이 되었다. 이는 1년 전 9월 8일 체결된 대일 평화 회담의 준비와 체결 과정, 그리고 그 이후 처리 과정에 그 연연(淵源)을 두고 있다.

전후 독도문제는 역사적 권원과 지리적 권원, 그리고 국제법적인 성격보다는 미국이 주도한 동아시아 역내 국제정치적 지역 문제의 성격이라 할 수 있다. 그래서 미국은 독도문제가 한일 관계와 한미 관계, 그리고 미일 관계에 파탄을 초래할 뇌관임을 인식하여 중립적인 입장으로 선회한 것은 고도의 국제정치적 현실에 기초한 것임을 알 수 있다.

독도문제는 미국의 대공산권 전략으로 인해 영토 문제가 본질을 잃고 정치화된 산물입니다. 또한, 동아시아 역내 질서 확립에 결정권을 쥐고 있던 미국의 패권주의 행태가 초래한 최종적인 결과물이자 그림자였다. 즉 미국이 전후 동아시아 지역 질서를 재편하는 과정에서 찢겨져 나온 파편인 셈이다. 이는 본질적으로 중국의 공산화와 한국전쟁으로 이어지는 동아시아 냉전의 격화 과정에서 미국의 우호적인 일본 중시 정책과 반공 정책, 나아가 큰 틀에서 미국의 단극적 동아시아 패권 구도의 연장선상에 놓인 것이었다.

3. 신탁통치 논란과 한반도 분단의 나비효과

1) 강대국의 '글로벌 봉건체제' 구상과 신탁통치 전략

제2차 세계대전 종식과 함께 미국이 구상한 전후 세계 질서는 일종의 '글로벌 봉건체제(Global Feudal System)' 구축을 목표로 했다. 이 구상에서 미국은 군사적 · 경제적 패권을 쥔 '종주국(宗主國)'으로 스스로를 설정하고, 영국, 소련, 프랑스, 중국 등의 주요 연합국들을 지역적 영향력을 행사하는 '제후국(諸侯國)'으로 설정하여 권력을 재편하고자 하였다.

신탁통치 구상은 미국의 새로운 패권 질서에 봉사하는 핵심 전략적 도구로서, 기존의 제국주의적 식민지 체제를 명분상 해체하는 동시에 식민지 국가들에 미국식 민주주의와 시장경제 이념을 이식하기 위한 통제 수단으로 활용되었으며, 여러 국가의 공동 참여를 통해 전후 점령과 통치의 정치 · 군사적 부담을 분산시키면서 자국의 이익을 극대화하려는 고도의 외교 전략이었다. 특히 한반도 신탁통치는 해방 후 극동 지역에서 소련을 견제하고, 미국의 군사적 · 경제적 영향력을 안정적으로 확보하기 위한 핵심적인 외교적 포석이었던 것이다.

한반도 신탁통치 논의의 구체적인 기원은 이미 1942년 미 국무성 보고서에서 확인된다. 당시 미국은 한국인의 독립 역량이 부족하다고 판단하여 장기간의 국제적 협의 통치가 필요하다고 보았다.

〈모스크바 3상 회의〉

회담	연도	주요 논의 및 결정
카이로회담	1943년	한국 독립을 '적절한 과정'을 거쳐 달성한다는 모호한 문구로 명문화.
얄타회담	1945년	미-소 간의 협의를 통해 구체적으로 20~30년의 신탁통치 필요성이 언급되며 윤곽 형성.
포츠담회담	1945년	신탁통치 기본 원칙이 연합국 간에 재확인. 일본의 급작스러운 항복으로 한반도 분할 점령 및 지정학적 경쟁 구도 형성.

한반도의 운명은 1945년 12월 모스크바 3상 회의의 결정이 왜곡 보도되는 사건을 기점으로 극단적인 분열을 향해 치달았다. 이 왜곡 보도는 해방 정국에서 가장 치명적인 정보 조작이었으며, 좌우익의 협력 가능성을 완전히 파괴하고 이념적 양극화를 급속도로 심화시키는 나비효과의 시발점이었다.

모스크바 3상 회의의 실제 결정 내용은 다음과 같았다.

- 한반도에 임시 민주정부를 수립할 것.
- 이를 지원하기 위해 미 · 소 공동위원회를 설치할 것.
- 이 위원회가 임시정부와 협의하여 최장 5년간 4개국(미 · 영 · 중 · 소) 신탁통치를 실시한다는 것이었다.

〈모스크바 3상 회의〉

그러나 이 결정이 공식 발표되기 전인 12월 27일, 동아일보 등 국내 주요 언론은 "소련은 신탁통치 주장, 미국은 즉시 독립 주장"이라는 정반대의 왜곡 보도를 내보냈다. 이 오보는 대중에게 신탁통치를 과거의 식민통치와 동일하게 인식하게 만들었고, '찬탁(모스크바 협정 지지) vs 반탁(신탁통치 반대)'이라는 극단적인 이념 대결 구도를 형성했다.

왜곡 보도 이후 한반도에는 '반탁=반소=반공=애국'이라는 단순하고 강력한 프레임이 대중에게 고착화되었으며, 초기 반탁에 동참했던 좌익 세력은 소련의 지령이 하달되자 찬탁(협정 지지)으로 선회하였고 우익 진영(이승만, 김구 등)은 신탁통치를 민족의 모욕으로 규정하며 강력한 반탁 운동을 전개했다.

이 이분법적 갈등의 최대 수혜자는 역설적으로 친일파 세력이었으니, 이들은 반탁 운동의 전면에 대거 합류하여 자신들의 과거 부역 행위를 은폐하고 '애국자'로 변신함으로써 해방 후 과거 청산의 기회를 완전히 상실시키는 결정적 요인이 되었다. 남한의 이 혼란을 틈타 북한 지역에서는 이미 1945년 9월 스탈린의 비밀지령에 따라 김일성이 중심이 되어 단독적인 중앙집권적 권력 체제 수립에 착수하여 남한보다 먼저 분단 국가로서의 토대를 공고히 했다.

미소공동위원회가 두 차례에 걸쳐 결렬되고 신탁통치 구상이 좌절되자, 미국은 한국 문제를 1947년 유엔(UN)으로 일방적으로 이관하였다. 미군정은 일제강점기의 행정 기구와 친일 경찰을 그대로 재등용하는 치명적인 실책을 저질렀으며, 이는 남한 내에서 이승만과 같은 극우 반공 세력이 권력을 장악하는 토대를 마련해 주었다.

1948년 남한만의 단독 선거와 정부 수립은 제주 4.3 사건, 여순 사건 같은 국가 폭력을 동반한 내부적 비극을 낳았으며, 좌우를 아우를 수 있는 구심점이었던 김구 선생이 1949년 암살당하며 민족 내부의 단합된 리더십은 완전히 붕괴되었고, 반민특위마저 해체되면서 갈등은 극에 달했다.

신탁통치 왜곡 보도라는 작은 나비효과로 시작된 일련의 비극적 연쇄작용은 결국 1950년 6.25 한국전쟁이라는 동족상잔의 민족사적 대비극으로 귀결되었으니, 이 역사는 우리에게 강대국의 전략에 휘둘리지 않고 주체적인 역량을 길러 과거의 모순을 극복하여 미래의 통일을 준비해야 한다는 엄중한 교훈을 남긴다.

제2차 세계대전이 종결을 향해 가던 1940년대 초중반, 한반도의 미래는 이미 강대국들의 회담 테이블 위에서 결정되고 있었다. 이 과정에서 미국과 소련이라는 두 초강대국의 근본적으로 상이한 전략적 이해관계가 충돌하며 한반도 분단의 씨앗이 뿌려졌다.

미국은 우드로 윌슨 대통령 시대부터 이어져 온 이상주의적 외교 전통을 고수하고 있었다. 민족자결주의와 영토 불확장 원칙은 미국 외교정책의 핵심 원칙이었으며, 이는 전후 국제질서 재편 과정에서도 여전히 중요한 기조로 작용했다. 미국은 "식민지였던 지역들이 즉각적인 독립보다는 일정 기간의 준비 과정을 거쳐 점진적으로 자치 능력을 갖추어야 한다"는 입장이었다. 이러한 관점은 국제연맹 시대부터 발전해온 위임통치 개념의 연장선상에 있었으며, 전후에는 신탁통치라는 이름으로 구체화되었다.

반면 소련의 스탈린은 전혀 다른 논리로 접근하고 있었다. 두 차례의 세계대전을 겪으며 서방으로부터의 침략 위협을 뼈저리게 경험한 소련은 자국의 안보를 최우선 과제로 삼았다. 스탈린의 전략은 명확했다. 소련 국경 주변에 완충지대를 확보하고, 이 지역에 친소련 정권을 수립하여 서방의 침략을 사전에 차단한다는 것이었다. 이는 전통적인 지정학적 사고방식에 기반한 현실주의적 접근이었으며, 동유럽과 동아시아 전역에서 일관되게 적용된 원칙이었다.

1943년 11월 카이로에서 루스벨트, 처칠, 장제스가 만나 발표한 카이로선언은 이러한 강대국 전략의 산물이었다. 선언문에 포함된 "적절한 과정을 거쳐(in due course)" 한국을 독립시킨다는 문구는 표면적으로는 한국의 독립을 약속하는 것처럼 보였지만, 실제로는 즉각적인 독립이 아닌 일정 기간의 국제적 관리를 전제로 한 표현이었다. 이 애매한 문구 뒤에는 미국의 신탁통치 구상이 숨어 있었으며, 이는 훗날 한반도를 둘러싼 격렬한 논쟁의 불씨가 되었다.

〈카이로선언〉

더욱 중요한 것은 이 모든 논의 과정에서 정작 한반도의 주인인 한국인들은 철저히 배제되어 있었다는 사실이다. 강대국들은 자신들의 전략적 이익과 국제질서에 대한 구상에 따라 한반도의 미래를 설계했고, 이는

해방 이후 한국 현대사의 비극적 전개를 예고하는 서막이었다.

2) 1945년 12월의 충격: 왜곡된 보도가 만든 분열의 시작

1945년 12월 16일부터 26일까지 모스크바에서 개최된 미 · 영 · 소 3국 외상회의는 한반도의 운명을 결정하는 중대한 회담이었다. 이 회의에서 3국은 한반도 문제에 대해 다음과 같은 합의에 도달했다. 먼저 임시 한국 민주정부를 수립하고, 이를 지원하기 위해 미 · 소 공동위원회를 설치하며, 미 · 영 · 중 · 소 4개국이 최장 5년간 신탁통치를 실시한다는 내용이었다.

이 결정안은 복잡한 국제정치적 타협의 산물이었다. 미국은 신탁통치를 통해 한반도를 점진적으로 독립시키려 했고, 소련은 자국의 영향력을 확보하면서도 미국과의 직접적 충돌을 피하려 했다. 그러나 이러한 합의 내용이 한국에 전달되는 과정에서 역사를 바꾸는 오보가 발생했다.

1945년 12월 27일, 동아일보는 "소련은 신탁통치 주장, 미국은 즉시 독립 주장"이라는 특종 기사를 1면 톱으로 보도했다. 이 보도는 모스크바 회담의 결과를 정반대로 왜곡한 것이었다. 실제로는 미국이 신탁통치를 주도적으로 제안했고 소련이 이에 동의한 것이었는데, 동아일보는 이를 완전히 뒤바꾸어 보도한 것이다. 이 오보가 발생한 배경에 대해서는 여러 설이 있지만, 정확한 진상은 오늘날까지도 완전히 밝혀지지 않았다.

이 오보의 파장은 상상을 초월했다. 해방의 기쁨에 들떠 있던 한국인들은 신탁통치라는 말에 격분했다. 36년간의 일제 식민지배에서 벗어났는데 다시 외국의 통치를 받는다는 것은 도저히 받아들일 수 없는 일이었다. 특히 소련이 신탁통치를 주장했다는 오보는 좌익 세력에 대한 대중의 분노를 촉발했다. 우익 진영은 즉각 반탁 운동을 전개했고, 좌익 진영은 처음에는 반탁 입장이었다가 나중에 모스크바 결정을 지지하는 쪽으로 입장을 바꾸면서 찬탁으로 비난받았다.

이 오보가 가져온 가장 비극적인 결과는 한반도를 찬탁과 반탁이라는 극단적인 이념 대립 구도로 몰아넣었다는 것이다. 본래 신탁통치 문제는 그 실시 방법과 기간, 조건 등에 대해 다양한 의견이 존재할 수 있는 복잡한 사안이었다. 그러나 오보로 인해 형성된 찬탁-반탁 구도는 이러한 건설적 논의의 여지를 완전히 차단해버렸다.

더욱 심각한 문제는 이 과정에서 일제강점기 친일 행위로 얼룩진 인물들이 반탁 운동에 적극 가담하며 과거를 세탁할 기회를 얻었다는 점이다. 그들은 반탁이라는 명분 아래 애국자로 변신했고, 이는 훗날 친일 청산이 좌절되는 데 중요한 배경이 되었다. 한 건의 오보가 한반도의 정치지형을 재편하고 민족 분단을 심화시킨 것이다.

1945년 9월 8일, 인천 앞바다에 상륙한 미군은 38선 이남에 군정을 실시했다. 그러나 한국의 역사와 문화, 정치 상황에 대한 이해가 부족했던 미 군정은 출발부터 심각한 실책을 거듭했다. 가장 큰 문제는 일제강점기 행정 조직과 인력을 그대로 활용한 것이었다. 독립을 열망하던 한국인들에게 이는 해방이 아닌 또 다른 점령으로 느껴졌다.

미 군정의 미숙한 통치와 단독정부 수립을 향한 일방적 추진은 한반도 곳곳에서 비극적 사건들을 낳았다. 그중 가장 참혹한 사건이 제주 4.3 사건이다. 1947년 3월 1일 제주에서 열린 3 · 1절 기념식에서 경찰의 발포로 민간인 6명이 사망하는 사건이 발생했다. 이에 항의하는 시위가 확산되었고, 1948년 남한 단독 선거 반대 운동으로 이어졌다.

1948년 4월 3일, 남로당 제주도당 주도로 무장봉기가 시작되었다. 미 군정과 이후 수립된 이승만 정부는 초토화 작전으로 대응했다. 이 과정에서 무장대와 토벌대 사이에 끼인 수많은 양민들이 희생되었다. 마을 전체가 불태워졌고, 주민들은 '빨갱이'로 몰려 무차별적으로 학살당했다. 1954년까지 계속된 이 비극으로 제주도 인구의 약 10%에 해당하는 2만 5천~3만 명이 목숨을 잃었다. 이는 단순한 폭동 진압이 아니라 국가권력에 의한 대규모 민간인 학살이었으며, 제노사이드에 가까운 만행이었다.

제주 4.3 사건의 여파는 육지로 번졌다. 1948년 10월 19일, 제주 진압 명령을 받은 여수 주둔 국방경비대 제14연대 소속 군인들이 출동을 거부하며 반란을 일으켰다. 이것이 여순 사건(여수 · 순천 10.19 사건)이다. 반란군은 일시적으로 여수와 순천 지역을 장악했고, 이 과정에서 경찰과 우익 인사들이 살해되었다. 정부군의 진압 작전 과정에서는 반대로 좌익 협력자로 의심받는 민간인들이 대량으로 학살되었다.

여순 사건은 대한민국 정부 수립 직후 발생한 최대 규모의 군사 반란이었다. 이승만 정부는 이 사건을 계기로 국가보안법을 제정하고(1948년 12월), 강력한 반공 체제를 구축했다. 군과 경찰 내부의 좌익 세력에 대한 대대적인 숙청이 이루어졌고, 사회 전반에 반공 이데올로기가 강화되었다. 여순 사건은 대한민국이 반공을 국가 정체성의 핵심으로 삼는 결정적 계기가 되었다.

이 일련의 비극적 사건들은 해방공간에서 좌우 이념 갈등이 얼마나 폭력적으로 표출되었는지를 보여준다. 미 군정의 무능과 이승만 정부의 가혹한 대응은 한국 현대사에 깊은 상처를 남겼고, 이 트라우마는 오늘날까지도 한국 사회에 영향을 미치고 있다.

3) 좌절된 정의: 미 군정 3년과 친일 청산 실패의 파장

1948년 8월 15일 대한민국 정부가 수립되었을 때, 많은 한국인들은 새로운 국가가 일제 잔재를 청산하고 정의로운 사회를 건설할 것을 기대했다. 제헌헌법 제101조는 "이 헌법을 제정한 국회는 단기 4278년 8월 15일 이전의 악질적인 반민족행위를 처벌하는 특별법을 제정할 수 있다"고 명시했다. 이에 따라 1948년 9월 국회는 반민족행위처벌법을 제정했고, 1949년 1월 반민족행위특별조사위원회(반민특위)가 출범했다.

반민특위는 민족정기를 바로 세우려는 역사적 시도였다. 특위는 일제 강점기에 독립운동을 탄압하고 민족을 배신한 친일파들을 조사하고 처벌하기 위해 전국적으로 활동을 시작했다. 경찰 간부, 고위 관료, 언론인,

기업인 등 각계각층의 친일 인사들이 조사 대상에 올랐다. 초기에는 상당한 성과를 거두는 듯 보였다. 대표적 친일파들이 체포되었고, 국민들의 지지도 뜨거웠다.

그러나 반민특위는 곧 거대한 벽에 부딪혔다. 그 벽은 다름 아닌 이승만 대통령과 그의 정치적 기반이었다. 이승만 정부는 일제강점기부터 활동해온 친일 경찰과 관료들을 권력의 핵심 기반으로 삼고 있었다. 이들은 행정 경험이 풍부했고 반공 투쟁에 적극적이었기 때문에, 이승만은 이들을 필요로 했다. 친일파 청산은 곧 자신의 권력 기반을 무너뜨리는 일이었던 것이다.

이승만 정부는 다양한 방법으로 반민특위의 활동을 방해했다. 예산과 인력 지원을 축소했고, 경찰은 특위의 조사 활동에 비협조적이거나 적극적으로 방해했다. 급기야 1949년 6월 6일, 서울 종로경찰서장 최난수가 이끄는 경찰 병력이 반민특위 사무실을 습격하는 사건이 발생했다. 이른바 '6.6 반민특위 습격 사건'이다. 특위 요원들이 구타당하고, 중요 서류가 압수되었다. 이는 국회가 설치한 합법적 기구를 행정부가 무력으로 탄압한 헌정 유린 사건이었다.

이승만은 또한 여순 사건과 같은 안보 위기 상황을 활용하여 "지금은 친일 청산보다 반공이 우선"이라는 논리를 펼쳤다. 국회 내에서도 친일파 출신 의원들과 보수 세력이 특위 활동을 제약하는 법안을 통과시켰다. 결국 1949년 8월, 반민특위는 제대로 된 성과를 내지 못한 채 공식적으로 해체되었다.

반민특위의 실패는 한국 현대사에 깊은 상흔을 남겼다. 친일파들은 처벌받지 않았고, 오히려 대한민국의 주류 엘리트로 자리 잡았다. 그들은 경찰, 사법부, 행정부, 기업, 언론 등 사회 각 분야에서 영향력을 행사했다. 이는 한국 사회에 역사 정의가 실현되지 못한 원죄로 남았고, '친일=보수=반공'이라는 기형적 정치 구도가 형성되는 배경이 되었다. 과거 청산의 실패는 단순히 과거의 문제가 아니라 현재까지 이어지는 한국 사회의 구조적 모순의 뿌리가 되었다.

1945년 12월의 신탁통치 오보에서 시작된 나비의 날갯짓은 5년 후 한반도를 전쟁의 화염으로 몰아넣었다. 그 과정을 되짚어보면, 하나의 사건이 어떻게 돌이킬 수 없는 비극을 초래하는지를 명확히 알 수 있다.

신탁통치 오보는 좌우 진영 간의 타협 불가능한 적대감을 조성했다. 찬탁과 반탁이라는 극단적 구도 속에서 중도적 입장을 취하기는 거의 불가능했다. 좌익은 '소련의 앞잡이'로, 우익은 '친일파 집단'으로 서로를 규정하며 대화의 가능성을 차단했다. 미소공동위원회는 이러한 갈등 구조 속에서 아무런 진전을 이루지 못했고, 결국 결렬되었다.

〈찬탁.반탁 시위 모습〉

미소공동위원회의 실패는 한반도 문제를 유엔으로 이관시켰고, 1948년 5월 남한만의 단독 선거가 실시되었다. 북한은 같은 해 9월 조선민주주의인민공화국을 수립했다. 통일 독립국가를 세우려던 꿈은 산산조각 났고, 한반도에는 두 개의 적대적 국가가 들어섰다. 이 과정에서 제주 4.3 사건, 여순 사건과 같은 유혈 참극이 발생했고, 남북한 모두에서 이념적 숙청이 자행되었다.

분단은 곧 전쟁의 씨앗이었다. 남한의 이승만과 북한의 김일성은 모두 무력 통일을 꿈꾸었다. 김일성은 소련과 중국의 지원을 얻어 1950년 6월 25일 전쟁을 일으켰다. 그러나 이 전쟁의 뿌리를 거슬러 올라가면, 1945년 해방 직후부터 형성된 극단적 대립 구조가 자리 잡고 있다. 신탁통치 오보로 시작된 좌우 갈등, 미 군정의 실패, 단독정부 수립, 친일 청산 좌절

등 일련의 사건들이 누적되면서 한반도는 전쟁을 향해 치달았다.

한국전쟁은 3년간 지속되며 수백만 명의 인명을 앗아갔다. 남북한 모두 국토가 폐허가 되었고, 이념 갈등은 더욱 극단화되었다. 전쟁은 휴전으로 끝났지만 평화조약은 체결되지 않았고, 한반도는 70년 넘게 분단 상태로 남아 있다. 가족은 헤어졌고, 증오는 대물림되었으며, 민족의 상처는 아물지 않았다.

만약 1945년 12월 27일 동아일보가 정확한 보도를 했다면 어땠을까? 역사에 가정은 무의미하지만, 그날의 오보가 한반도의 운명을 바꾼 결정적 순간이었다는 것만은 분명하다. 독립을 위해 통일이 불가능해졌고, 통일을 위해 전쟁이 불가피해지는 모순된 상황. 이것이 신탁통치 오보에서 한국전쟁으로 이어진 비극적 나비효과의 본질이다.

해방 81주년을 맞이하는 오늘날, 우리는 여전히 그날의 선택들이 만든 결과 속에서 살아가고 있다. 분단, 이념 갈등, 과거사 논쟁, 친일 청산 미완성 등은 모두 1945년 해방공간에서 비롯된 미해결 과제들이다. 역사를 돌이킬 수는 없지만, 그 교훈을 기억하고 되풀이하지 않으려는 노력은 여전히 유효하다. 작은 거짓이 큰 비극을 낳는다는 진실을, 우리는 잊지 말아야 한다.

4. 대한민국 정당정치의 태동과 구조적 한계

1) 정당정치의 본질과 근대 민주주의의 형성

정당정치는 현대 민주주의를 지탱하는 핵심 기둥이자, 토론과 논쟁, 그리고 양보와 타협을 통해 사회적 합의를 능동적으로 이끌어내는 과정이다. 서구에서 정당이 형성된 경로는 크게 두 가지로 분류된다. 첫째는 의회 내부적 형성으로, 의회 내에서 의원들이 특정한 정치적 이해관계를 중심으로 집단을 형성한 뒤, 선거권이 확대됨에 따라 대중 조직으로 확장하며 지역 기반을 갖춘 방식이다. 대표적으로 영국의 휘그당과 토리당이 이러한 경로를 밟았다. 둘째는 의회 외부적 형성으로, 노동조합이나 종교단체 등 의회 밖에 존재하던 사회 조직들이 선거권 확대를 계기로 자신들의 이익을 대변하기 위해 정당을 조직하고 의회에 진출한 방식이다. 독일의 사회민주당(SPD)이 대표적인 예이다. 이처럼 정당은 대중과 국가 권력을 연결하는 통로이며, 정치학자 E. E. 샤츠슈나이더(Elmer Eric Schattschneider, 1892년 8월 11일 ~ 1971년 3월 4일)가 "정당 없는 근대 민주주의는 존재할 수 없다"고 강조했듯이, 정당은 민주주의를 실현하는 핵심 도구인 것이다.

한국 정당정치를 시대적 맥락에서 깊이 이해하기 위해서는 보수와 진보라는 이념적 스펙트럼의 가치 차이를 명확히 구분해야 한다. 보수주의(우파)는 전통적인 사회 질서와 가치를 옹호하며, 경제적으로는 자유 경쟁, 성장, 그리고 개인의 자율과 책임을 우선하는 가치를 중시한다. 이들은 실력주의를 기반으로 한 능력주의 사회를 지향하며, 기업 활동의 자유를 통한 전체적인 파이 확대를 강조한다. 반면, 진보주의(좌파)는 사회의 구조적 모순과 불평등 해소에 중점을 두며, 경제적으로는 분배의 정의, 제도적 평등, 그리고 사회적 약자에 대한 국가 및 사회의 책임, 참여 민주주의 확대를 강조한다. 이들은 노동자 우선의 가치와 공공의 역할을 확대하여 사회 구성원 전체의 복지 증진을 목표로 한다. 한국의 정당들은 해방 이후부터 현재까지 이러한 이념적 축과 더불어 반공(反共), 민주화, 경제 발전이라는 시대적 이슈에 따라 각기 다른 정체성을 표방하며 발전해온 것이다.

대한민국의 정당정치는 해방 직후라는 극심한 혼란과 정치 · 사회적 위기 속에서 태동하였다. 이는 정치학적으로 크게 세 가지 핵심 위기로 요약되는 특수성을 가진다. 첫째는 정통성(Legitimacy)의 위기이다. 36년간 한반도를 통치했던 일제 총독부의 통치 기구가 붕괴하면서, 새로 수립될 국가의 정통성과 통치 권한을 누가 행사해야 하는지에 대한 근본적인 의문이 발생한 것이다. 둘째는 통합(Integration)의 위기이다. 미 · 소 강대국의 대립으로 인해 한반도가 분단되고, 남과 북에 서로 다른 이념을 가진 국가 수립 세력이 등장하면서 민족의 통일이라는 국가적 과제와 직결된 통합의 문제가 첨예하게 대립하였다. 셋째는 참여(Participation)의 위기이다. 식민지 지배하에 있던 수많은 민중이 해방을 맞아 정치 참여 권리를 획득하면서, 대중의 민주적 요구가 폭발적으로 분출한 상황이었다. 이러한 세 가지 위기가 맞물린 격변 속에서 국가 수립을 둘러싼 우익과 좌익의 다양한 정당들이 등장하며 치열하게 경쟁한 것이다.

1945년 8월 15일 해방 직후, 한국 사회에는 미래 국가 건설의 방향을 두고 이념적으로 분열된 수많은 정당 및 정치 단체들이 난립하였다. 우익 진영에서는 송진우, 김성수 등이 중심이 된 한국민주당(한민당)이 가장 강력한 조직력을 가진 세력이었다. 이들은 지주와 자본가 세력, 그리고 일제강점기 경성제국대학 등 고등교육을 받은 엘리트 지식인들을 기반으로 하였으며, 미 군정과 협력하며 반공주의적 국가 수립을 주장하였다. 망명지에서 돌아온 김구의 한국독립당은 임시정부의 정통성을 계승하며 완전한 민족 통일 국가 수립을 최우선 목표로 하였다. 한편, 좌익 진영에서는 여운형이 중심이 된 조선인민당이 대중적 지지를 바탕으로 활동하였으며, 박헌영의 조선공산당은 소련의 지지를 기반으로 급진적인 사회주의 혁명을 주장하였다.

그러나 미 · 소 냉전의 심화와 모스크바 3상 회의를 둘러싼 신탁통치 논쟁은 좌우합작 운동을 좌절시키고, 남한 내에서 우익 중심의 정당 체제가 형성되는 결정적인 계기가 되었다. 이승만이 주도한 단독 정부 수립은 한민당의 지지를 바탕으로 이루어졌으며, 이후 한민당은 민주당, 신민당 등을 거치며 오늘날 한국 보수 정치의 주요 계보와 민주당 계열의 한 축으로 이어지는 복잡한 흐름을 형성하였다. 북한의 경우, 조선공산당 북조선분국이 중심이 되어 남북 노동당 합당을 거쳐 1949년에 조선노동당으로 일원화되며, 일당 독재 체제를 구축하는 방향으로 정당 구조를 완성하였다.

2) 한국정당정치의 구조적 한계와 과제

대한민국 정당정치는 태생적으로 몇 가지 구조적 한계와 고유한 특징을 안고 있는 것이 현실이다. 첫째, 권력의 피조성(被造性)이라는 문제이다. 한국의 정당들은 서구처럼 의회나 사회 기반으로부터 자생적으로 성장하여 권력을 창출하기보다, 이미 확보된 권력 집단(자유당의 이승만, 공화당의 박정희, 민정당의 전두환 등)에 의해 정권 유지 수단으로 창당되는 경향이 강했다. 이러한 권력 주도형 정당 창당은 정당 본연의 자율성과 독립성을 심각하게 결여시키는 결과를 낳았다. 둘째, 정당의 비민주적 운영이다. 해방 이후 유신 정권에 이르기까지 정당 내부의 민주적 경쟁과 토론이 부족하였으며, 특정 지도자의 카리스마나 독선에 의해 당의 정책과 운영이 좌우되는 '보스(Boss)' 중심의 구조가 만연하였다. 셋째, 인물 및 지역 구도 중심성이다. 근대적인 공당(公黨)의 구조를 갖추기보다 특정 인물(대통령 후보)을 중심으로 결집하고, 영남(경상도), 호남(전라도), 충청도 등 지역 구도를 기반으로 지지세를 확보하는 성격이 강했다. 이러한 다이묘식 정당 운영은 정당의 이념적 기반을 약화시키고, 국민이 정당 자체에 대한 일체감을 갖기 어렵게 하여 정당의 수명을 단축시키는 결과를 초래하였다.

해방 전후의 정당정치 역사는 독립을 향한 열망에도 불구하고, 미완의 과제와 구조적 결함이 어떻게 민주주의 발전을 저해했는지를 명확히 보여준다. 한국의 정당정치는 마치 거친 풍랑이 이는 바다 위에서 임시방편으로 조립된 뗏목과 같았던 것이다. 튼튼한 이념적 기반과 당내 민주주의라는 '선체'를 갖추기 전에, 분단과 권위주의라는 '파도'에 맞서기 위해 권력자와 지역색이라는 '임시 밧줄'에 의존했던 것이다. 따라서 미래 한국 정당정치의 과제는 명확하다. 특정 인물의 힘이 아닌, 견고하고 명확한 정책 노선과 당내 민주주의라는 설계도를 바탕으로 한 '강철 함선'으로 거듭나야 한다. 과거 청산의 미흡함과 권력에 의한 피조성이라는 뼈아픈 역사를 극복하고, 국민의 신뢰를 회복하는 것만이 민주주의를 더욱 성숙시키는 유일한 길이다.

5. 한국전쟁: 냉전의 비극과 강대국의 선택

1) 냉전의 서막과 한반도를 둘러싼 국제정세의 격랑

한국전쟁의 기원은 제2차 세계대전 이후 급속도로 형성된 미 · 소 냉전 체제와 밀접하게 맞물려 있는 현실이다. 미국은 1947년 트루먼 독트린과 마셜 플랜을 통해 공산권의 확장을 저지하는 봉쇄 정책을 본격화하였다. 이에 대응하여 소련은 서베를린 봉쇄와 핵실험 성공으로 맞서며 냉전의 긴장을 고조시켰다. 동북아시아에서 미소공동위원회가 결국 결렬됨에 따라 한반도 문제는 유엔(UN)으로 이관되었고, 이는 남한에 단독 정부가 수립되는 결과를 낳았다. 이후 주한미군이 철수하고, 1950년 1월 미국의 국무장관 애치슨이 극동 방위선에서 한국과 대만을 제외한다고 발표한 '애치슨 선언'이 나오면서 한반도의 안보 지형은 급격히 흔들리게 된 것이다. 이 선언은 북한과 소련에게 남침 결정을 부추기는 중요한 요인이 되었다.

한국전쟁은 북한 김일성 주석의 집요한 남침 승인 요청과 강대국들의 전략적 판단이 결합되어 일어난 비극적 결과이다. 초기에는 미군의 개입 가능성을 우려하여 남침을 거절했던 소련의 스탈린은, 1949년 중국의 공산화와 소련의 핵무기 보유 등 국제 정세가 공산권에 유리하게 돌아가자 1950년 4월에 남침 계획을 최종 승인하였다. 스탈린은 미국이 쉽게 개입하지 못할 것이며, 소련의 원자탄 보유가 억제력을 가질 것이라고 판단한 것으로 알려져 있다. 이어서 김일성은 중화인민공화국의 마오쩌둥 주석을 만나 전쟁을 조기에 종료할 수 있다는 자신감을 표출하며 중국의 동의를 얻어냈다. 이로써 북한, 소련, 중국 세 국가의 전쟁 공모가 완성된 것이다.

〈민족의 비극, 한국전〉

북한은 '폭풍작전'이라는 암호명 아래 대규모 병력을 38선 부근으로 남진 배치하고 소련제 최신 무기를 집결시키는 등 치밀하게 남침을 준비하고 있었다. 반면, 대한민국은 전쟁 직전 비상경계령을 해제하고 장병들에게 농번기 휴가를 주는 등 군사적 대비가 전무한 상태였다. 심지어 전쟁 발발 전날 밤, 군 고위 간부들은 육군장교 클럽 개관 파티에 참석해 술을 마셨으며, 새벽에 전쟁 보고를 받은 뒤에도 지휘부 간의 연락 체계가 제대로 작동하지 않아 초기 대응에 완전히 실패한 것이다. 결국 전쟁 발발 사흘 만인 6월 28일 새벽, 이승만 정부는 피란민이 건너던 한강다리를 조기에 폭파하여 수많은 민간인 희생자를 내고 서울에 남아있던 국군 주력을 고립시키는 돌이킬 수 없는 비극적 실책을 저지른 것이다.

한국전쟁은 관련국들에게 각기 다른 전략적 도구로 활용되었다는 점에서 의미가 깊다. 스탈린은 1950년 8월 체코 대통령에게 보낸 비밀 편지에서, 미국을 한국에 묶어둠으로써 유럽 내 사회주의를 강화하고 제3차 세계대전을 연기할 시간을 벌었다고 고백한 바 있다. 소련은 이 전쟁을 통해 중국을 고립시켜 소련에 절대적으로 의존하게 만드는 데 성공한 것이다. 한편, 미국은 이 전쟁을 계기로 NSC-68 문서를 채택하며 전 세계적인 대공산권 봉쇄 전략과 군비 증강을 구체화하였다. 결과적으로 한반도는 강대국들의 이해관계가 충돌하며 분단이 더욱 고착화되는 '적대적 공생관계'의 장이 된 것이다.

2) 6 · 25 전쟁의 발발과 영광 지역의 비극적 상흔

서울이나 일본 등으로 유학을 다녀온 인재들에 의해 사회주의 사상이 유입되었고, 이것이 해방 후 인민위원회 조직의 주축이 되었다. 1946년 영광군 인민위원회 해체와 추수 봉기를 기점으로 좌익의 폭력적 공격이 시작되었으며, 이후 여순사건의 잔존 병력이 불갑산 등에 합류하면서 군 · 경(토벌대)과 빨치산(무장세력)이 대치하는 '이중권력'의 시기가 도래했고 이 과정에서 주민들의 고통이 심화되었다.

영광의 학살은 전쟁 전후 여러 단계에 걸쳐 좌 · 우익 양측에 의해 자행되었다. 1950년 7월 9일 인민군 진입 전 영광읍 등지에서 경찰에 의해 약 300여 명의 보도연맹원이 희생되었고, 7월 23일 인민군 진입 후에는 피신하지 못한 우익 인사들과 청년단원들이 유격대에 의해 학살당했다. 9.28 수복 이후에도 영광의 면 단위 지역(염산, 백수, 불갑면)은 1951년 3

월에야 완전히 수복되었으며, 이 미수복 기간 동안 지방 좌익인 '생산유격대' 등에 의해 압도적인 규모의 민간인 학살이 자행되었다. 특히 기독교인에 대한 박해가 심해 야월교회(65명), 염산교회(77명) 등 영광군에서만 총 194명의 기독교인이 학살되었다.

1952년 공보처 통계에 따르면 한국전쟁 당시 좌익에 의한 피살자 중 전남 지역이 72.6%를 차지하며, 영광군에서만 총 25,078명의 민간인이 희생되었고 희생자의 상당수는 10~20대 젊은 층과 어린이였다.

영광군은 사령부 및 통제본부와의 거리가 멀어 상급 통제권력이 미치지 못하는 상황이었으며, 이로 인해 좌 · 우익 조직 구성원들의 폭력 행위에 대한 공적 제어가 제대로 이루어지지 않았던 것이 대규모 학살의 주요한 원인이 되었다. 또한 영광은 광주와 해로를 잇는 연결 통로였으며 불갑산 등의 산악지형이 발달해 있어 빨치산들의 주요 피난처 역할을 했고, 이곳으로 피난해온 좌익 세력들의 조급함과 보복 심리, 그리고 선제공격의 감정이 맞물리면서 비극적인 학살로 이어졌다. 9.28 수복 이후에도 염산면, 백수면, 불갑면 등은 1951년 3월에야 완전히 수복될 정도로 수복이 지연되었으며, 이 기간 동안 패배감에 따른 공포와 무정부 상태가 조성되었고 보복과 사전 공격 등의 적대적 감정을 가진 무장 군중들에 의해 학살의 악순환이 심화되었다. 영광 지역은 이러한 아픈 역사를 딛고 현재는 희생자들을 추모하는 위령탑 건립과 위령제 개최를 통해 용서와 지역 화합의 길로 나아가고자 노력하고 있다.

〈한국전쟁 전후 민간인 희생자 위령탑 제막식〉

3) 전쟁이 남긴 엄중한 교훈과 평화의 가치

한국전쟁은 단순히 한반도 내의 문제가 아니라, 제2차 세계대전 이후 급속히 형성된 미 · 소 냉전 체제의 논리와 강대국들의 전략적 이해관계가 충돌하여 빚어진 비극적인 결과이다. 트루먼 독트린과 마셜 플랜으로 상징되는 미국의 봉쇄 정책과 이에 맞선 소련의 군사적 대응이 한반도를 직접적인 대결의 장으로 만들었다.

특히, 미국의 애치슨 선언은 북한과 소련에게 남침 실행을 부추기는 결정적인 촉매제가 되었으며, 북한의 김일성 주석, 소련의 스탈린, 그리고 중국의 마오쩌둥 주석이라는 세 공산권 지도자의 전략적 공모가 전쟁 발발의 직접적인 원인이 되었다. 스탈린은 미국을 아시아에 묶어두려는 전략적 목적을, 마오쩌둥은 아시아 공산화의 기회를, 그리고 김일성은 무력 통일을 염원했다.

전쟁 직전 한국의 무방비 상태와 지휘부의 안일함은 북한의 치밀한 '폭풍작전' 앞에서 초기 대응에 완전히 실패하게 만들었으며, 이는 한강 다리 조기 폭파와 같은 돌이킬 수 없는 비극적인 실책으로 이어졌다.

결과적으로 한국전쟁은 강대국들에게 각자의 정치적 목적을 달성하는 도구가 되었다. 소련은 중국을 고립시키고 유럽 내 사회주의를 강화할 시간을 벌었으며, 미국은 NSC-68 채택을 통해 전 세계적인 군비 증강과 대공산권 봉쇄 전략을 구체화하는 계기로 삼았다.

이러한 역사적 사실은 강력한 국력과 주도적인 외교 역량 없이는 한반도가 강대국들의 '적대적 공생관계' 속에서 영원히 희생되는 약소국 신세를 면치 못한다는 엄중한 교훈을 남긴다. 평화는 외부의 선의가 아니라, 전쟁을 미연에 방지할 수 있는 투철한 안보관과 국민적 총역량을 통해서만 지켜질 수 있다는 것이 한국전쟁이 우리에게 주는 가장 뼈아픈 역사적 유산이다.

6. 5·18 진상조사위 출범과 진실 규명의 시대적 소명

2026년은 5·18 광주민주화운동 46주년이 되는 해이다. 5·18 광주는 그동안 진실이 제대로 규명되지 않고, 온갖 왜곡과 폄훼라는 인고의 세월을 견디어 왔다. 5·18민주화운동은 1980년 5월 17일부터 27일까지 전두환

신군부 세력이 북한의 남침 위협을 거짓으로 조작해 정권 무력 찬탈을 기도한 행위에 맞서 궐기한 광주 시민들의 저항운동이다. 5월 21일 오후 1시경부터 27일까지 계엄군이 휘두른 총칼에 165명이 사망하고 84명이 행방불명되었으며, 3,000여 명이 부상을 당했다.

이러한 불법적인 국가 폭력에 대해, 1988년 5·18진상조사특위 청문회를 시작으로 지금까지 국가기관의 조사가 총 9차례 있었다. 하지만 과거사 청산과 중대한 인권침해 등에 대한 총체적인 조사가 미흡했고 12·12와 5·18 사건으로 기소된 16명이 유죄 확정 후 8개월 만에 석방 및 사면 복권됨에 따라 가해자에 대한 처벌이 엄정하지 않아 결과적으로 대법원 판결 부인과 나아가 5·18 왜곡으로까지 비화되었다.

5·18특별법 시행 1년 3개월 만인 2019년 12월 27일 국가 차원의 5·18진상규명위원회가 출범했다. 10번째 출범한 이번 진상조사위는 '5·18특별법'을 통해 기존 정부기관에서 행했던 진상 규명의 한계를 과감히 극복하고, 보다 강화된 조사권과 독립성을 가진 최초의 조사기구이다.

또한, 조사결과를 토대로 피해자의 명예 회복과 재발방지 대책, 국민 홍보와 교육, 5·18 왜곡과 폄훼를 막기 위한 제도 개선 등 7가지 국가 의무 이행이 담긴 최초 국가 차원의 5·18보고서를 작성한다. 이는 5·18민주화운동을 하나의 정사(正史)로서 확립하는 계기가 되는 것은 물론 향후 모든 정부의 의무 이행으로 규정한다는 데 큰 의미가 있다.

이처럼 역대 어떤 조사기구보다 중량감을 갖는 진상조사위에 바라는 것은 다음과같다.

첫째, 투명한 내부 합의를 전제로 한다. 여야가 추천한 위원들 간 사안에 따른 갈등과 대립을 사전에 방지할 수 있는 투명한 내부 합의가 전제되어야 한다.

둘째, 적극적인 권한 행사다. 특별법에서 합법적으로 부여한 동행 명령장 발부와 검찰에 압수수색영장 청구 및 수사 · 고발 의뢰, 그리고 국회의 특별검사 임명 및 청문회 요청 등 적극적으로 권한을 행사해 지난 46년 동안 밝히지 못한 사건을 명확히 드러내는 마지막 기회로 삼아야 한다. 특히, 국정원과 국방부가 보유하고 있는 관련 자료 공개 요구는 특별법이 부여한 권한으로는 어느 정도 한계가 있으므로 통치권 차원의 협조나 지시가 선행되었으면 한다.

셋째, 국민 참여형 진상조사가 필요하다. 피해자와 가해자뿐만 아니라 사건의 정황과 진실을 알고 있는 국민도 함께 참여하는 5·18 진상조사활동이 되길 바란다. 특히, 2019년 5·18 당시 전 미군 군사정보관 김용장 씨와 전 보안사 특명부장 허장환 씨의 증언, 그리고 노태우 아들 노재헌 씨의 5·18묘지 참배와 거듭된 사과 등은 향후 여러 관련자가 제보와 증언, 신고 등을 할 수 있는 분위기를 형성하는 데 상당한 도움이 되었다.

5·18 진상규명은 진보와 보수의 문제가 아닌, 우리 사회의 '상식과 정의'의 문제이다. 46년이 지난 지금까지 5·18민주화운동이 거짓된 애국이란 이름으로 포장되어 진실이 가려져 있는 것은 아닌지 성찰하고, 이 진

실이 명확히 규명되어야 용서와 화해, 그리고 우리 모두가 바라는 국민통합을 이룰 수 있음을 자각해야 한다.

에 · 필 · 로 · 그

모교 '학교법인 해룡학원' 창립 50주년을 축하하며…

지천명(知天命)에 이른 해룡학원 : 창립 50주년과 세대를 잇는 인연

대망의 2015년 을미년(乙未年) 새해가 밝았다!

올해는 우리 해룡고등학교 '학교법인 해룡학원'이 '해룡농업기술학교(1966년)'를 모태로 창설하여 출발한 지 어느새 지천명(知天命)에 이르는 창립 50주년을 맞이한 뜻깊은 해이다. 먼저, 나는 우리 자랑스러운 모교 해룡고 학교법인 "해룡학원 창립 50주년"을 진심으로 축하한다!

"학교법인 해룡학원"은 지난 반세기 동안 해룡고등학교를 통해 "맑고 밝은 훈훈한 인간을 육성한다"는 창립이념을 적극 구현하여 영광 지역사회 희망의 등불로서 지역민의 귀와 눈은 물론 한국 사회를 밝게 비추며 인재양성의 요람으로 그 자리매김을 확고히 해왔다. 우리 모교 해룡고는 잘 알다시피 농어촌 지역에 소재하고 있어 여러 불비한 여건과 열악한 교육환경에도 불구하고 무(無)에서 유(有)를 창조하듯 온갖 어려움을 극복하여 오늘날 명실상부한 지역 명문사학으로 질적 성장을 이루어왔다. 이와 같은 눈부신 성장과 발전의 쾌거는 초대 재단 이사장 박천식 선생님과 권재홍 전 교장선생님(현 해룡학원장), 그리고 현 박혁수 교장선생님 등을 중심으로 그동안 음지에서 수많은 전 · 현직 은사님들의 노고가 있었기에 가능했다고 본다. 이에 대한 깊은 존경과 감사를 드린다.

또한, 은사님들의 훌륭한 가르침에 힘입어 멋진 해룡인(海龍人)으로 성장하여 저마다 국내는 물론 해외 먼 이국 땅 생활전선에서 묵묵히 제 역할을 하고 계시는 1만 3천여 선 · 후배 동문님과 현재 '고통과 낭만'이 끊임없이 교차하는 모교 교정에서 미래를 향해 불철주야 젊음을 불태우고 있을 800여 재학생 후배님 모두에게 폭풍 같은 힘찬 응원을 보낸다.

나는 재학생 후배님들과 25년이라는 시간차는 있지만, 동일한 공간에서 고교 3년이라는 시간을 보냈던 제15회 졸업생(1991년 2월)이자, 현재 만학도로서 중국 베이징대학교 대학원에서 국제관계학 전공 박사과정에 있는 정원식(1972년 군서면 남계리 출생)이다. 이번 후배님들과 나와의 이 아름다운 인연은, 고교 시절 멋진 선생님으로 기억되고 있는 이상무 은사님께서 "해룡학원 창립 50주년" 즈음 책자 발간을 위해 "고교 시절 추억담과 재학생 후배들에게 해주고 싶은 말"을 내용으로 글 한 편을 엮어달라는 제안에서 시작되었다. 물론 나는 제안을 받는 순간 황송하고 민망하기도 했다. 하지만 글을 쓰고자 결심한 이후, 이 글을 어떻게 써야 하나 고민하던 중에 "인간이라는 동물은 저마다 나이가 들수록 과거의 추억을 먹고 산다"는 말이 떠올랐는데, 이제는 기억조차 아련한 지난 고교 3년의 추억을 떠올리며 각박한 일상으로부터 벗어나 기억과 추억의 쉼터에서 잠시 쉬어가려 한다.

오늘날 자화상의 원형 : 고교 3년

지금은 불혹(不惑)의 문턱을 넘어섰지만, 25년 전 '해룡고등학교 3년'은 제 개인의 소소한 부분에서부터 삶의 프레임을 서서히 규정지었던 시기라고 본다. 고교 3년은 사람마다 인생에서 어떤 지표와 이미지로 각인되어 있는지, 또한 어떠한 평가와 가치를 부여하고 있는지 각자 다르겠지만, 오늘날 제 자화상의 실제 원형은 고교 3년이라는 과정에서 잉태되었다고 생각된다. 물론 제한된 지면에서 추억 몇 가지를 통해 자화상 전체를 설명할 수는 없겠지만, 적어도 일정 부분은 가능하지 않을까 생각한다. 지금부터 1 · 2학년 시기를 중심으로 몇 가지 솔직 담백한 추억담으로 제 자화상의 원형을 찾아 나서보고자 한다.

첫 번째, 평생의 트라우마가 된 수학시간과 밀걸레자루의 공포

1988년 저의 고교 1학년(8반/담임: 강연석 수학선생님) 출발은 모든 것이 새롭고 생소하여 막연한 긴장감과 두려움, 그리고 기대감 등 여러 복잡한 감정들이 교차하면서 시작되었다. 당시 이런 나의 감정들을 극렬한 화학적 반응을 일으키며 요동치게 한 것은 바로 공포의 수학시간이었다.

솔직히 수학은 나의 중 · 고교 6년이라는 전 과정에서 말로 형언할 수 없을 만큼 정신적인 스트레스이자 트라우마였다. 매번 수학성적은 난이도와 상관없이 항상 낮은 점수대를 형성하여 평균점수를 팍팍 깎아 내리는 상수였다면, 전체 석차는 시험 난이도에 따라 춤을 추는 종속변수였다. 이처럼 수학은 나의 학습의욕에 심각한 영향을 주어 공부의욕을 팍팍 떨어뜨리는 데 기여한 일등공신이었다.

이러한 상황에서, 당시 나를 더욱 힘들게 한 것은 담임선생님께서 활기 왕성한 27세의 남자 수학선생님이셨다는 것이다. 당시 수학시간 시작을 알리는 종소리가 울리면 요란했던 교실은 모두(현재의 두 개 반에 해당하는 58명)가 약속이나 한 듯 고요한 적막과 무거운 침묵에 빠져들면서 우리는 하나같이 선생님이 문턱을 넘어 오시는 발걸음과 그분 얼굴의 안색을 먼저 살펴야 했다.

왜냐고? 그날 안색에 따라 수업 분위기가 확 달라지기 때문이었다. 수업 중에 연습문제가 튀어나오면, 해당 날짜에 따라 운 없이 당첨된 급우들은 칠판 앞 공포의 무대에서 문제를 풀어야 했다. 불행하게도 그들 중 몇 명이라도 문제를 풀지 못하면 반 전체는 공포에 떨어야 했다. 그때 평소 청소시간이면 늘 친하게 지내던 '밀걸레자루'가 이때 갑자기 안면을 몰수하고 '사랑의 채찍'이라는 가면을 쓰고 살벌한 괴물로 변신하여 우리 모두의 엉덩이, 허벅지, 손바닥 등에서 쉼 없이 거칠게 춤을 추었다. 지금에 와서 생각해 보면 모두 추억이고 로망이라 하지만, 당시 저에게는 솔직히 두려움과 공포 그 자체였다. 이처럼 수학에 대한 나의 콤플렉스와 트라우마는 내가 일찍이 수학에게 이별을 통지하고 영어를 비롯한 일부 암기 과목을 절대적으로 편애했던 데서 비롯된 나의 기회비용이라 생각된다.

수학에 대한 저의 공포감은 이후 크게 3가지 행태로 표출되었다. 첫 번째는 2 · 3학년 때 교탁 앞 두 번째 줄에 항상 앉았던 제가 수학시간만 되면 맨 뒤 좌석으로 이동하여 영어와 기타 과목에 몰입하는 행태로 표출되었다. 이것은 사실 저의 유일한 비상 탈출구였다. 두 번째, 대학교에서 수학과 여학생들을 보면 존경과 경외감이라는 심리 형태로 나타났다. 이것은 아직도 현재 진행형이다. 세 번째는 수학과 출신 여자를 반드시 배우자로 맞이해야 한다는 강박관념이 서서히 싹트기 시작했다. 결국 저는 모 대학교 단과대학에 수석 입학한 수학과 출신 여자친구를 2002년 '5월의 신부'로 맞이하면서, 저의 소박한 꿈이 실현되었다.

아내와 연애 시 한 일화를 잠시 소개할까 한다. 그녀와 저는 보기 드문 현역 육군 장교(당시 대위) 커플로서 한창 연애에 불을 지피고 있을 때인 2000년 11월 어느 일요일, 저는 조용한 커피숍으로 그녀를 불러내어 동아일보라는 중앙 일간지에 게재된 '자연계 수학 수능문제풀이' 테스트를 한 적이 있다. 그때 저는 여자친구에게 수학 문제풀이 만점을 맞으면 광주 신세계백화점에서 영국 유명 브랜드 '버버리 트렌치코트'를 사주겠다며, '설마 이걸 풀겠어'하는 생각에 미끼 아닌 미끼를 던졌다.

그런데 이게 웬걸, 졸업한 지 5년이 지났건만 그녀는 결국 규정된 시간에 문제풀이 만점을 받아, 나로 하여금 강렬한 존경과 경외심을 불러일으킴과 동시에, 100만 원이라는 거금을 들여 트렌치코트를 신용카드 5개월 할부로 어쩔 수 없이(흑흑흑) 사주도록 만들었다. 지금은 저를 대신해서 영광 중앙초교 4학년에 재학 중인 딸아이가 수학 때문에 매일 밤 엄마에게 시달리며 고난의 행군을 하고 있다. 제가 이처럼 수학과 관련해 트라우마 같았던 추억담을 구구절절 말씀드린 이유는 우리 해룡고교 후배들이 저와 같은 전철을 절대 밟지 말아달라는 타산지석의 경각심 차원에서 말씀드린 것이다. 그렇지 않으면 마음의 상처는 물론, 많은 희생과 대가를 치러야 하기에!

고난의 행군 속에 1학년이 지나고, 어느덧 고2(1반/담임 김남현 국사 선생님)가 된 1989년은 여러 측면에서 저의 정신적인 성장이 한 단계 도약했던 시기로 기억되고 있다. 이 시기와 관련해 앞서 언급한 첫 번째에 이어 3가지 더 추억담을 더 소개할까 한다.

두 번째, 영어시간에 들었던 인생 수업 : 바른 남자, 책임감 있는 가장

이와 관련된 에피소드는 다음과 같다. 교장 선생님을 끝으로 퇴직하셨던 권재국 영어선생님이 1학기 어느 날, 우리 영어교과 담당인 김성순 선생님(백수중학교 근무 중 금년 명예퇴직하심)을 대신해 그날 하루 수업하러 들어오셨다. 그때 권재국 선생님께서는 우리 반 학생들과 인사가 끝나기 무섭게 저희들을 향해 조금 흥분된 어조로 "00 달린 너희 사내놈들 정신 똑바로 차리고 공부 열심히 해서 책임감 있고 바른 성인 남자가 돼라"며 호통조로 말씀하셨다. 물론 그때 우리 모두는 순간 어리둥절했다.

당시 선생님께서 하셨던 말씀을 간단히 요약하자면, 우리 학교에서 영어교사 신규채용을 위해 지원자 3명을 선발하여 최종 면접심사를 하는데, 그중에 서울대학교 출신의 여자 지원자가 있어 상당히 놀랐다고 한다. 당시 선생님께서는 이곳이 고향도 아니고, 훨씬 여건 좋은 대도시 학교에 지원하면 얼마든지 채용이 될 텐데, 왜 하필 지방 시골학교에 지원했을까, 내심 뭔가 사연이 있지 않을까 하여 그 지원자를 조용히 불러 여러 얘기를 나누었다고 한다.

그때 지원자 왈(曰), 가정 형편이 아주 어려워 고학생 신분으로 힘들게 학교를 다니는데, 어느 날 갑자기 훤칠한 키에 어깨 넓은 사내가 다가와 자기에게 헌신적으로 잘 대해 주어 그 남자와 자연스레 연애를 하게 되었고, 어느 날 임신하여 아이를 출산하고 보니, 남편이 조폭 · 건달이라는 것을 그때 처음 인지를 하게 되었다고 한다. 그때부터 남편은 감옥을 들락날락하여 정상적인 가정생활도 어려울 뿐더러 경제적으로도 서울 생활이 어렵게 되자, 결국 남편 고향인 영광으로 내려올 수밖에 없었다고 한다. 권재국 선생님께서는 그러한 사연을 듣고 난 후, 지원자의 입장이 딱하고 안타까워 생활 여건이 더 좋은 광주 모 학교로 채용될 수 있도록 힘껏 도움을 주셨다고 한다.

당시 권재국 선생님께서 귀한 시간을 내어 우리 모두에게 전하고자 했던 궁극적인 메시지는 바로 "미래에 올바른 사고와 가치관을 지닌 건장한 성인 남자로 성장하여 한 여자와 한 가정을 당당히 책임질 수 있는 멋진 사회인이 되라"는 당부의 말씀이셨다. 그때 선생님의 진심 어린 말씀은 나에게 신선한 충격 그 자체로 다가와, 오늘날까지 나의 머리와 가슴속에 깊이 각인되어 삶을 살아가는 데 있어 큰 교훈과 경계로 삼으며 항상 되새기고 있다.

세 번째, 미팅의 환상을 깨고 얻은 교훈 : 자연스러운 인연의 소중함

꽃 피는 5월 어느 토요일, 오전 수업이 끝나고 집에 가려 교실을 나서려는 순간, 정상범(물류회사 근무)이라는 반 친구가 나를 급히 부르며 하는 말이 "오늘 오후에 K-종합고등학교에 다니는 같은 학년 여학생 다섯 명과 5대5 미팅이 있는데, 우리 측 한 명이 부득이한 사정으로 빠지게 되었으니, 네가 대신 땜빵을 해 달라"는 것이었다. 저는 그때 호기심이 발동하여 흔쾌히 승낙을 하고 반 친구 4명과 함께 미팅장소인 '나래궁 중화 요리집'으로 발길을 향했다. 다섯 명의 여학생들은 이미 도착했는데, 그녀들의 키와 외모는 기대와는 달리 하나같이 들쭉날쭉(?)했으며 공부에는 전혀 관심이 없어 보이는 이미지였다.

우리 모두는 그때서야 비로소 '등잔 밑이 어둡다'는 것을 알게 되었다. 즉 우리 학교 여학생이 진정 지성과 미모를 두루 겸비했다는 것을!(남학생 후배님들 아셨지요!) 어쨌든, 당시 우리 남정네 다섯 명은 인내심을 갖고 간단히 식사를 한 후에, 남자 측이 꺼낸 소지품을 여학생들이 선택하는 방식을 통해 파트너를 정했는데, 이때 저의 파트너는 저와 성씨가 동일한 정○○ 양이었다. 당장 바꾸고 싶었지만, 그냥 꾹꾹 참으며 찜찜한 기분으로 다른 장소로 이동하면서 대화를 하는 중에 그녀 집안과 우리 집안이 먼 친척 관계라는 것을 알게 되었다. 그날 있었던 내 생애 첫 미팅이자 마지막 미팅은 소위 '친척상봉 이벤트'로 막을 내렸다.

평소에 갖고 있던 미팅에 대한 막연한 환상은 이때 송두리째 무너져 내려(돈 · 시간 낭비), 대학교에 입학해서도 그 흔한 미팅 한번 하지 않고 그냥 물 흐르듯 오다 가다 만나는 인연이 가장 이상적이라는 것을 일찍이 알게 되었다. 그래서 제 아내와의 첫 인연도 광주공항 대합실에서 자연스럽게 우연을 가장한 필연적인 만남이었고, 이후 평생 삶의 동지가 되었다.

네 번째, 1989년 학생회장 선거 :
작은 풀뿌리 민주주의와 변치 않는 우정

이 대목에서는 보다 자세한 이해를 돕기 위해 당시 한국 사회의 정치적 분위기를 잠깐 언급을 해야 될 것 같다. 소위 "민주주의는 민중의 피를 먹고 산다"는 말이 있듯이, 1987년 한국 사회는 민주화를 향한 온 국민들의 염원이 '6월 항쟁'으로 분출되어 '대통령 직선제를 포함한 정치 개혁안인 6 · 29 선언'을 쟁취해 낸다. 이는 27년 만에 국민이 진정 이 나라의 주인이라 명시한 대한민국 헌법 제1조 2항이 실현되는 순간이었다. 이런 정치적인 배경에서 '1988년 5공비리 청산과 온 국민의 염원인 88 서울 올림픽의 성공적인 개최' 등은 한국 사회로 하여금 제도권 차원에서 '절차적 민주화'로 향하도록 힘찬 탄력을 주며, 급기야 1989년부터 민주화 요구에 대한 사회 여러 집단과 단체들로부터 봇물 터지듯 구체적인 행동으로 표출되기 시작하였다.

이 시기 우리 학교도 이러한 사회적 분위기에 영향을 받으면서 우리 학년이 입학하기 1년 전인 1987년 2학년 선배 학년부터 학생회장 선거(직선제 제1기 회장: 신용남 선배)를 기존 학급임원 중심의 획일화된 간접선거 방식에서 과감히 탈피하여 1천 6백여 전교생 모두가 참여하는 직접선출 방식으로 대전환을 했다. 1989년 2학년이 되어 제가 직접 그 중심에 서 보고, 이후 나이가 먹고 사회에 나와서 보니, 그때 우리 학교에서 이뤘던 학생회장 선출에 대한 직접 선거제 도입이 놀랍게도 전국에서도 가장 앞선 "작은 풀뿌리 민주주의 실천의 요람"이었음을 알게 되었다. 이러한 직접 선출방식은 본래 학교가 보수적인 성향의 집단임을 고려해 봤을 때, 파격적인 결정의 산물이라 생각된다. 이처럼 당시 권재홍 전 교장선생님께서 시대의 지배적인 정치 이데올로기에 의해 만들어진 '시대정신'을 반영한 과감한 용단이 있으셨기에 그 작지만 소중한 '풀뿌리 민주주의'를 학교라는 작은 공간에서 어린 나이에 직접 체험하고 느껴보고 만끽할 수 있었지 않았을까 하는 생각을 해본다.

이즘 체험담에 좀 더 지면을 할애하여 소개해볼까 한다. 1989년 8월 4

째 주 월요일, 2학기 개학부터 '학생회장 선거'에 누가 출마할 것인가가 우리 동급생들 간에 뜨거운 관심이 되었다. 동시에 또 다른 큰 관심사는 바로 그해 5월 28일, '참교육 실현'을 슬로건으로 출범한 '전국교직원노동조합'(이하 '전교조': 4 · 19혁명 직후 최초 결성되었으나 5 · 16 쿠데타로 해체된 이후, 두 번째로 결성되어 1999년 1월 6일 국회 '교원노조법' 통과로 합법화됨)을 둘러싼 국가 사회적 이슈였다. 여기에 강한 신념을 가지고 창립 멤버로 참여하신 우리 학교 두 분 선생님(김옥태 · 장주선 선생님)께서 전교조를 불법조직 및 단체로 규정한 정부 당국의 강경 대응에 의해 동년 6월 강제로 해직(동년 9월 기준: 1,519명의 교사 파면 · 해임, 42명 구속 후, 1994년 3월 2일 1,419명 복직)되는 개교 이래 초유의 사태가 발생하였다. 이 사태는 우리 모두에게 엄청난 큰 충격과 파장을 불러왔다. 이로 인해 우리 전교생 모두는 수업을 거부하고 학교 운동장에서 전교조를 지지하는 집회를 열기도 했다. 마침 여름방학에 들어가면서 잠시 수면 아래 있던 전교조 이슈는 2학기 개학과 동시에 학생회장 선거와 맞물리면서 다시 최대 현안으로 떠오르게 되었다.

이런 교내 분위기 속에서 당시 저는 1학년에 이어 2학년에도 반 실장과 현 학생회 총무 차장(직선제 제2기 회장 박영권 선배)을 겸직하고 있던 중이라 주변 친한 친구들인 우리 1반의 김성철(관세청 공무원) · 나계수(교회 목사님), 2반 실장 · 부실장 정달균(조경사업) · 양문수(현 군성송학성지중학교 교직원)와 8반 실장 박재홍(변리사) 등 여러 친구들, 그리고 많은 친한 선후배들로부터 학생회장에 출마해보라는 권유를 받고 있던 중이었다. 이런 저의 상황에 대해 담임선생님은 학업에 지장을 줄 수 있으니 신중히 판단하라고 조언을 하셨다. 이때 저는 장고(長考) 끝에 출마를 결정한 후, 아버지 몰래 어머님께 밤낮으로 떼를 써서 3만원(당시 자장면 한 그릇 1,000원 기준: 현재 15만 원 상당)의 선거 자금을 힘들게 타냈다. 이 돈으로 저는 기호 2번으로 출마하여 남자 실장 · 부실장 중심으로 참모진용을 갖추었고, 상대편 기호 1번 후보(8반: 정봉구)는 동아리 회장단을 주축으로 참모를 구성하여 소위 문과생 대 이과생의 대결구도를 형성하였다.

우리 측 선거 캠프는 방과 후에 서로 머리를 싸매고 교실과 분식점 혹은 자취방을 전전하며 선거 공약과 홍보 전단, 그리고 유세 시나리오 등을 만들어 만반의 준비를 끝내고 2주간의 선거유세 활동(30개 교실유세와 운동장 전체유세)에 들어갔다. 특히, 2학년 여학생 교실에서 유세활동 시, 전교조 관련 민감한 이슈에 대한 질문이 포화 상태를 이루면서 격렬한 논쟁을 주고받았다. 예를 들어, 전교조와 지난 6월 지지 집회에 대한 생각과 입장, 회장 당선 시 구체적인 행동방향, 후보자 측의 소위 '여당 성향' 소문에 대한 진상 등이 그 내용이었다. 지금도 그 여학생들의 표정과 눈빛을 생각하면 아주 살벌하고 무서워요!

이 시기 2 · 3학년 교실 유세를 할 때는 전반적으로 후보자의 자질과 공약에 대한 검증 혹은 관심보다는 앞서 언급했듯이, 전교조에 관련된 이

슈가 선거 분위기를 압도하여 후보자와 학생 유권자 간의 결론 없는 소모적인 지루한 논쟁이 이어졌다. 당시 우리 측의 선거노선은 실질적인 '학생권익 신장과 복지 강화' 부분에 역점을 둔 내부 지향적인 온건 성향이었다면, 상대 후보 진영은 해직된 두 분 선생님이 동아리 지도교사(김옥태 선생님: 흥사단 아카데미, 장주선 선생님: 문예반)였던 관계로 동아리 회장단이 중심이 된 외부 지향의 급진 성향이었다.

결과적으로 상대 후보 측이 당시에 2 · 3학년 학생 유권자들에게 더 소구력(訴求力) 있는 이미지로 보였다고 본다. 거기에다 전교조를 적극 지지하고 있던 멋진 총각 영어선생님 한 분(김준 선생님, 현재 전주 성심여고 재직)이 선거중립 입장을 깨고 투표 당일 2시간 전 여학생 2학년 6반 수업시간에 기호 1번 후보를 적극 지지한다는 돌출 발언으로 선거판이 삽시간에 요동치는 우발상황이 발생하기도 했다.(정말 사회 선거판처럼 리얼하죠!) 이런 상황에서 선거결과는 결국 기호 1번이 38표라는 근소한 차이(학생 유권자 1,600여 명 기준)로 승리를 거두었다.

이때 나의 선거 참모였던 박재홍 친구는 과학실험실 개표현장에서 투표결과를 보자마자 울면서 저를 찾아와 패배 소식을 알려 왔다. 이때 저는 선거결과에 관계없이 사랑하는 친구가 울고 있는 모습을 보자, 제가 오히려 미안한 마음에 울컥하여 그 친구를 적극 위로하고 달랬던 기억이 생생하게 떠오른다. 갑자기 그때를 생각하니 제 마음이 찡하네요! 이처럼 1,600여 전교생이 참여한 1989년 세 번째 '학생회장 직접선거'는 전교조라는 국가 사회적 차원의 이슈와 맞물리며 순수한 학생선거 취지의 참모습을 살리지 못하고 결국, 소모적인 이분법적 논리와 근거 없는 흑백선전에 매몰되어 공허한 메아리처럼 퇴색된 매우 아쉬운 선거로 기억되고 있다.

그러나 당시 나에게 있어 일련의 학생회장선거 이벤트는 "백문이 불여일견(百聞이 不如一見)"처럼 '작은 풀뿌리 민주주의'를 직접 체험할 수 있었던 소중한 기회였고, 또한 나의 내적 성장을 더 한층 성숙시킨 계기였다고 생각한다. 뿐만 아니라, 당시 나와 한 달 동안 동고동락했던 선거참모진 친구들 8명 모두에게 정식으로 "수고했다!", "감사하다!"라는 말을 못했던 것으로 기억하는데, 이번 기회를 빌려 그때 모두 인간성 좋고, 공부도 잘하고, 똑똑한 멋진 참모친구들에게 "수고했고 감사했다!"는 말을 꼭 전하고 싶다.

콤플렉스를 디딤돌로 : 내 인생의 도전과 성취

"왕후장상영유종호(王侯將相寧有種乎)"는 중국의 사마천이 지은 사기(史記)의 진섭세가(陳涉世家)편에 있는 말로 BC 209년 진(秦)나라 말기 진승(陳勝)과 1,400여 년이 지난 AD 1198년 고려 무인 최충헌의 노비 만적(萬積) 등이 반란을 도모하며 선동했던 말로 유명하다. 이 뜻은 위 제목처럼 "왕과 제후, 그리고 장수와 정승의 씨가 어찌 따로 있겠는가!"라는 말로 "사람의 신분은 태어날 때 정해지는 것이 아니라, 그 누구든 노력만 하면 얼마든지 달라질 수 있음"을 강조한 말이다. 나는 평소에 어떠한 열악한 환경과 어려운 난관 · 좌절에 부딪쳤을 때, 이 고전 명구를 통해 나 자신을 끊임없이 다독이며 오뚝이처럼 다시 일어설 수 있는 의지를 불태우곤 한다.

나는 여기서 위 고전 명구의 의미를 되새기며 '중국유학 결정까지의 상황'과 '베이징(北京)대학 유학 중에 인상적인 일화 두 가지 소개'와 더불어 '후배님들에게 드리는 당부의 말씀'을 끝으로 후배 여러분들과 아쉬운 작별인사를 할까 한다.

우선, 나는 다이내믹한 고교생활 3년을 보내고 건국대학교 영문과에 진학하였으나, 전공이 맞지 않아 방황 아닌 방황을 하면서 몸뚱이 하나밖에 없는 촌놈들이 그러하듯이 막노동판에서 잡부로 생활비와 기숙사비를 조달하였다. 동시에 3 · 4학년 때는 혹독한 R.O.T.C. 사관후보생 과정을 통해 대학생활 방황과 공허함을 달래며 1996년 2월 졸업과 동시에 동월 29일 경기도 성남시에 소재한 '학생 중앙군사학교'에서 육군 장교 소위로 임관하여 6년 4개월의 군 생활을 시작하였다. 나는 이때 운 좋게도 군 병과 자체가 현역 장병에 대한 체계적인 정신교육을 전담 · 지원하는 정훈장교(政訓將校: 政治訓練將校의 약칭)였기 때문에, 대학 때 못 다했던 인문 · 사회과학 분야 서적을 전방위적으로 정독하게 되었다.

이때의 독서량은 해외유학을 할 수 있었던 지적 자산이 되었다. 군 전역 2년을 앞두고 새로운 인생의 도전을 위해 중국유학을 준비하면서 대위로 전역을 하게 되었다. 당시 나의 멘토였던 큰 형님이 고려대학교 졸업과 동시에 합격한 대한항공 입사를 포기하고 온갖 고난을 헤치며 일본 최고의 명문 국립대학 중에 하나인 교토(京都)대학에서 '동아시아 경제사' 전공으로 박사학위를 취득하여 한국 모교에서 강의를 하고 있었기에, 내가 유학을 결심하기가 훨씬 수월했다.

그러나 부모님은 당신들의 큰 아들이 일본유학 당시 매우 고생한 것을 그 누구보다도 잘 아셨기에 반대가 엄청 심하셨다. 이때 나는 군 생활 중에 악착같이 모았던 현금 9,000만 원을 밑천으로 과감하게 중국유학을 결정하였다. 당시 나는 실감했다, 부모님으로부터의 진정한 독립은 정신적 자존심 독립이 아닌, 경제적 자립이라는 것을 말이다.

2003년 3월 드디어 나는 중국 베이징(北京)으로 유학을 갔지만, 사스(중증급성호흡기 증후군) 발병 때문에 어쩔 수 없이 한 달 반 만에 귀국해야 했다. 나는 다시 이듬해인 2004년부터 어학연수를 시작으로 중국 최고의 명문인 베이징(北京)대학교 대학원 진학을 목표로 모든 역량을 집중하였다. 결국 나는 고군분투 끝에 진학하여 현재 베이징(北京)대학교 국제관계학 전공 박사과정에서 거의 마지막을 향해 달려가고 있다. 그동안 앞만 보고 쉼 없이 달려왔던 나의 발자취를 더듬어 보니, 각고의 노력으로 짜릿하게 맛보았던 여러 성취감 중에서 대표적으로 두 가지 성취에 대한 감회에 대해 말씀드릴까 한다.

첫 번째, 단과대학 대학원 석사과정에 설치된 특별반인 소위 "일본 투자반(이하 일자반:日資班) 선발" 일화에 대한 감회이다. 나는 2004년부터 어학연수를 시작으로 석사입학 필기시험(6과목) 준비라는 고난의 행군 끝에 2006년 9월 단과대학 유학생 20명 선발 정원 중에 2등으로 합격하였다. 동시에 단과대학 대학원생 전체 80명 중에 다시 시험을 통해 최우수학생 10명을 선발하여 구성하는 일자반(일본 민간재단이 와세다 대학을 통해 설치한 과정: 장학금 및 1개월 일본 무료연수 지원)에 제15기로 합격하는 영광을 안았다. 대신 세상에는 공짜가 없다! 일자반에서 한 학기에 배정된 10과목(1과목당 3시간 수업, 일반학생 4과목)이라는 살인적인 과정을 주 · 야간으로 소화하며 평일 3시간 정도 잠을 자면서, 소위 고3 수험생 과정보다 더 혹독한 시간을 두 학기 내내 소화해야 했다.

이때 나는 두 학기 동안 나 자신에게 끊임없이 긴장감을 심어주기 위해 타이트한 바지에 발목까지 올라오는 등산화를 신으면서 '군인정신'의 감을 살려 지각 · 결석 한 번 하지 않고, 도서관과 집만을 오가며 철저한 예습 · 복습을 통해 단과대학 역대 유학생 중에서 평균 성적 91.3점(타 학생 평균 75~80점대)이라는 최고의 성적으로 코스를 끝냈다. 석사 과정 시 고군분투한 끝에 성취한 노력의 산물은 나의 잠재의식 속에서 그동안 느껴왔던 학벌과 성적에 대한 콤플렉스와 열등의식을 일거에 황해바다에 장렬히 수장시키도록 만들어 주었으며, 당시의 느낌은 야구경기에서 상대팀에게 끌려가던 9회말 투 아웃 투 쓰리에서 통쾌한 역전 만루 홈런을 친 기분이라 할까!

두 번째는 박사과정 2년 차 때, 20년간 재중국한국유학생사 최초로 '일본 정부장학생'에 선발된 성취감에 대한 감회이다. 내가 석사과정 1년 차 여름방학 때 1개월간 일본에서 무료 연수를 하게 되었는데, 그때 중국과 일본을 비교하며 많은 것을 배우고 느낄 수 있는 정말 소중한 기회였다. 나는 이 기회를 통해 박사과정에 진학해서 중 · 일 간 해양안보관계 분야를 연구하기로 결심했다. 이후, '일본재단 국제교류기금'에서 일본연구를 지원하는 장학 프로그램(펠로쉽)이 있다는 것을 인지한 후, 일본어 독학을 시작으로 2년간의 준비에 박차를 가했다.

매일 평균 2시간씩 고막이 터져라 일본어 회화와 뉴스를 MP3로 들으면서, 동시에 독서카드에 일본어 단어와 문장을 써서 길거리 혹은 화장실 · 침실 · 학교 캠퍼스 · 공원 등, 조용한 공간에서 정신 나간 사람처럼 중얼중얼 큰소리로 목 터져라 통째로 외웠다. 그때 주변 사람들은 나를 향해 정신이 이상한 사람을 보는 것 같은 표정을 지었다. 물론 나는 절대 그런 시선에 아랑곳하지 않았다. 어찌 됐든, 그 작은 노력들이 하나하나 모여서 결국은 2011년 4월 21일 월요일 오후 3시 반경에 일본 토쿄에 있는 '일본재단 국제교류기금 본부'로부터 합격이라는 파랑새가 되어 돌아왔다.

물론 어학은 합격의 기본 요건들 중 하나이다. 이후 2012년 1년 동안(매월 31만 엔/당시 환율로 4백 50만 원) 일본 외무성 산하 '국제전략문제연구소'와 '도쿄대학'에서 '일본 국가해양안보전략정책'을 연구하였다. 암튼, 합격통보를 받는 그 순간 나는 온 몸이 저릿하며 그동안 고생하고 힘들었던 일들이 스쳐 지나가면서 하염없이 눈물을 쏟아내었는데, 그때가 아마도 내 생애 처음이었던 것 같다. 전라남도 영광 군서면 시골촌놈이 오직 오기와 깡으로 뭉친 패기와 열정으로 중 · 일 양국 사이에서 뭔가 해냈다는 강한 성취감이라 할까! 앞으로 베이징(北京)대학 강의실에서 눈물의 신(scene)은 한 번 더 있을 듯하다.

꿈을 향해 노력하는 해룡고 후배들에게 전하는 메시지

제가 앞서 소개해 드렸듯이, 베이징(北京)대학으로의 유학 결정 과정과 석 · 박사 재학 중에 맛보았던 성취감 등은 이 글로 다 표현할 수 없을 만큼 엄청난 고통의 피와 땀, 그리고 내면의 눈물 등이 한데 어우러져 화학적 반응으로 빚어낸 결과물이다. 물론 지금도 진행형이지만!

솔직히 제가 이런 가시밭길의 십자가를 자진해서 메고 가고자 했던 궁극적인 이유는 비록 보잘것없는 촌 동네 빈농의 아들로 태어나 배경도 재력도 없이 고작해야 몸뚱이 하나밖에 없는 시골 촌놈이지만, 당당하게 대한민국 사회를 이끌어가는 리더 그룹에서 나의 꿈과 이상을 과감히 펼쳐 보이고 싶은 "강한 집념과 의지의 발로였다"고 생각한다. 제가 살면서 곰곰이 생각해 보니, 가끔 인간에게 적당한 '콤플렉스와 열등의식' 등은 필요하다고 본다.

왜냐하면, 현실에 안주하지 않고 끊임없이 그것을 극복해 내려는 태양열 같은 무한한 에너지를 발산하는 원천의 보고이기 때문이다. 이것은 바로 "권세 높은 사람들이 원래 씨가 따로 있나, 남은 하는데 왜 나라고 못 하겠는가!"라는 "왕후장상영유종호(王侯將相寧有種呼)!"라는 고전 명구로 귀결된다. 단, 여기에는 한 가지 절대원칙이 있는데, 정도로서 정면승부를 통해 도덕 · 윤리적으로 전혀 하자가 없는 무결점의 산물이어야 한다. 그렇지 못한 성취감은 결코 오래 지속되지 않고, 곧바로 자기 파멸로 이끄는 괴물(부메랑)이 될 수 있기 때문이다.

저는 여기서 우리 후배 여러분들에게 간곡히 말씀드리고 싶은 5가지 덕목이 있다. 첫째는 어떤 열악한 환경에도 결코 굴복하지 않고 당당히 극복해 나갈 수 있는 강한 정신력과 그에 맞는 실력을 갖추어야 한다. 이는 우리 같은 농어촌 출신자들의 존재 이유이다. 앞으로 후배님들이 살아갈 대한민국 사회는 기득권의 대물림 현상이 더욱 강화되어 계층 간에 상하 이동이 점점 경직화되는 사회로 변모해 있을 것이다. 이는 후배님들에게 가혹한 환경이자 강력한 도전의 대상이 될 거라 생각한다.

여기에 맞는 적절한 사례를 하나 들어보면, 바로 저의 사촌 조카(정선희: 모교 20회 졸업생) 사위(최인호: 고창 부안면 출생)가 집이 아주 가난하여 어쩔 수 없이 전북 고창읍내 있는 '강호 항공고등학교'를 졸업했다. 군 전역 후, 평소 품었던 큰 꿈을 이루기 위해 미국 LA행 편도 비행기 표만 들고 혈혈단신으로 유학을 갔고, 그는 미국 유학 7년 동안 접시 닦는 아르바이트를 하며 모 대학교 전자공학 학부 · 석사를 졸업해 지금은 미국 유명 방위산업체에서 무인전투기 개발팀에 근무하며 소위 '아메리칸 드림'을 이루었다.

둘째, "나는 할 수 있다(I can do it)"라는 강한 자신감과 긍정적인 사고를 소유한 멋진 후배가 되었으면 한다. 항상 패배의식과 비관적인 사고에 빠져 있으면 결국 남 밑에 있는 노예적인 삶에서 결코 벗어나지 못한다는 것을 명심 또 명심해야 한다.

셋째, 여러분의 '꿈과 이상'을 실현하는 데 있어 유사한 롤 모델 하나를 선정하여 그대로 모방을 해보아라. '모방은 곧 창조다'라는 말이 있듯이, 당장에 빅3 대학을 간 선배 혹은 공부 잘한 친구들의 공부방식과 생활 패턴을 모방하는 것이 그 첫 출발이다. 우리가 어렸을 때 위인전을 왜 그렇게 많이 읽었는지, 다 그만한 이유가 있다.

넷째, 주변 경쟁자들과 끊임없는 차별화를 시도하라. 제가 앞서 언급했던 성취감의 사례도 역시 이런 차별화의 발로였다. 주변 경쟁자들과 똑같은 틀에서 똑같이 사고하고 행동한다면 절대 발전이 없다. 우리에게 주어진 환경과 출발선은 그 자체가 불리한 조건이기에! 어떻게 하면 경쟁자들과 차별화를 할 수 있을까, 그 첫 출발은 바로 끊임없는 문제의식과 강한 실천력 - 중국 전 국가주석 마오쩌둥 왈: "실천은 진리를 증명하는 유일한 기준이다!" 그리고 남보다 몇십 배 노력하는 것이다. 노력 앞에 그 어떤 장애물도 없다는 진리를 이 선배는 몸소 체험을 했기에, 우리 후배님들도 반드시 그렇게 할 수 있을 거라 확신한다.

다섯째, 선생님들과 소통을 강화할 수 있는 채널 구축을 적극 권한다.

후배님들이 학교생활에서 어렵고 힘들 때 마음 편히 대화하고 상담할 수 있는 멋진 멘토로서의 선생님이다. 저는 고2 때, 당시 하숙을 하고 계시던 이상무 선생님에게 가끔 들러 학교에서 못다 한 여러 이야기를 솔직 담백하게 대화를 나누었던 기억들과 함께, 고3 때는 고2 때 저의 영어교과 담임으로 인연을 맺은 김성순 선생님과 도서관 앞뜰(당시 선생님의 청소지도 구역)에서 청소시간만 되면 저는 교실청소를 땡땡이(?)치고 선생님을 찾아가 수험생으로서 고민과 진로, 그리고 기타 여러 얘기들을 기탄없이 편안하게 나누었던 추억들이 새록새록 떠오른다. 이 두 분 은사님은 당시 저에게 학교생활을 포함한 삶의 훌륭한 멘토로서 아낌없는 지도편달을 해주셨고, 저 또한 이 두 분을 통해 교과서 밖에 있는 것을 많이 배우고 느꼈던 아름다운 시간이었던 것 같다. 그때의 소중한 인연이 현재까지도 멋지게 이어지고 있다.

내일의 주인공들, 해룡고 후배들에게

선배는 어떤 환경과도 타협하지 않고 현장에서 실천적 이성을 통해 경쟁자들과 끊임없는 차별화를 시도하며 치열하게 살아왔다고 생각한다. 앞으로도 그러한 삶은 쉼 없이 계속될 것 같다. 앞서 제가 제시한 5가지 덕목은 교과서적이고 원론적인 내용이 아닌, 이 선배가 치열한 삶의 현장에서 체험하고 느낀 점을 말씀드린 것으로 우리 후배님들의 앞으로 삶과 인생에서 하나의 작은 '몸짓'이 아닌, 진정 큰 '꽃'이 되길 간절히 기대해 본다. 한편으로 우리 후배님들이 '몸은 비록 물리적 시공간인 영광 해룡고에 있지만 마음과 눈은 항상 서울과 전 세계(워싱턴 · 베이징 · 도쿄 · 런던 · 파리 · 베를린 · 모스크바)를 지향'했으면 한다!

앞으로 남은 고교생활, 선배처럼 후회와 아쉬움 없이 멋지게 보내고, "우리는 만날 때에 떠날 것을 염려하는 것과 같이, 떠날 때에 다시 만날 것을 믿는다"라는 어느 시인의 시구와 불가(佛家)에서 말하는 "회자정리(會者定離), 거자필반(去者必返)"처럼 언젠가 대학교 강단에서 혹은 대한민국 하늘 아래에서 반드시 한번은 만남이 있을 거라 확신한다. 우리 후배님들 모두 붕몽의생(鵬夢蟻生: 큰 꿈을 품고 개미처럼 부지런히 생활하다)하여 목표로 하는 대학과 인생의 꿈을 꼭 이루어라, 사랑한다!

끝으로, '해룡학원 학교법인 창립 50주년'을 다시 한번 깊이 축하를 드리며, 이를 계기로 우리 모교 해룡고등학교가 지역 명문사학에서 대한민국 전국 최고의 사학으로 거듭나는 원년의 해로 기록되길 멀리서나마 진심으로 기원한다.

2015년 1월 1일,

중국 베이징대학교에서 해룡고등학교 제15회 졸업생

정원식 드림.

저·자·소·개

정원식

1. 출생년도

- 출생지: 전남 영광군 군서면 남계리(농촌 마을)
- 출생년도:1972년 2월(호적: 1971년 1월)

2. 학력

- 군서면 군서송학초등학교(제36회)
- 영광읍 해중중학교(제15회)
- 영광읍 해룡고등학교(제15회)
- 건국대학교 영문과 졸업
- 중국 북경대학교 대학원 국제정치학 석사학위 취득(2008.7)
- 중국 북경대학교 대학원 국제관계학 박사학위 취득(2017.7)

3. 주요 경력

- R.O.T.C. 육군 대위 전역(6년 4개월:1996.2.29.~2002.6.29)
- 북경대학교 한국유학생 대학원학생회 제3대 회장(2010.4~2011.4)
- 재한국북경대학교대학원교우회 회장(2018.12.15.~현재)
- (사)약산김원장군기념사업회 학술분과 이사(2020.11.19.~현재)
- 상생문화연구소 연구위원(대한독립운동사 연구:2021.6.1.~2024.6.1)
- (사)여성항일운동기념사업회 연구소 소장(2022.3.2.~현재)
- 바르게살기운동 전남 영광군 영광읍협의회 회원(2022.9.1.~현재)
- 한국전쟁전후민간인희생자 영광군 유족회 회원(2022.10.1.~현재)
- 전남 영광군 미래교육재단 설립준비위원회 위원(2023.9.1.~2024.12.31)
- 전남 영광군 영광군남중학교 운영위원회 위원(지역위원: 2025.4.1.~현재)
- 제22기 민주평화통일자문회의 영광군협의회 자문위원(2025.11.1.~현재)
- 전남 영광군수 재선거 조국혁신당 공동선대위원장(2024.9.15.~10.10)
- 조국혁신당 대한민국역사바로세우기 특별위원회 부위원장(2025.1.9.~9.30)

- 조국혁신당 전남 영광·함평군지역위원장(현 영광군지역위원장:2025.3.17.~현재)
- 조국혁신당 전라남도당 대변인(2025.12.20.~현재)

4. 수상 경력

- 대한민국 대한국인 대상(역사공헌 부문)수상
- 조국혁신당 1급포상 수상
- 담양군수 공로상 수상

5. 보도 자료

- 노컷뉴스. (2021.09.08).「일본 독도 도발, 뒤에는 미국이 있었다」.
- 월간조선. (2011.06).「독도, 130문 130답—연합국의 대일평화조약 준비」.
- 중앙일보. (2019.11.06).「한일 갈등 근원 '샌프란시스코 체제' 무엇이 문제였나」.
- 프레시안. (2019.06.17).「샌프란시스코 체제, 미국의 동아시아 지배전략」.

참고문헌

1. 단행본

고봉준 외. (2014). 『동아시아 영토문제와 독도』. 서울: 동북아역사재단.

곽진오. (2012). 『일본은 왜 독도에 집착할까』. 서울: 동북아역사재단.

김명기. (2010). 『한국의 독도영토주권의 국제적 승인』. 서울: 선인.

김영수. (2014). 『제국의 이중성』. 서울: 동북아역사재단.

김영호 외. (2016). 『샌프란시스코 체제를 넘어서』. 서울: 메디치미디어.

김용구. (2001). 『세계외교사』. 서울: 서울대학교출판부.

김현수. (2007). 『세계도서 영유권분쟁과 독도』. 서울: 연경문화사.

도시환. (2015). 『독도 영토주권과 국제법적 권원 Ⅰ · Ⅱ · Ⅲ』. 서울: 동북아역사재단.

동북아역사재단 독도연구소 편. (2010). 『독도 영토주권과 해양영토』. 서울: 동북아역사재단.

동북아역사재단 독도연구소 편. (2011). 『일본의 독도 영유권 주장의 허상』. 서울: 동북아역사재단.

마고사키 우케루. (2012). 『일본의 영토분쟁』. (김영근 역). 서울: 메디치미디어.

마고사키 우케루. (2013). 『미국은 동아시아를 어떻게 지배했나』. (양기호 역). 서울: 메디치미디어.

박건영. (2015). 『국제관계사』. 서울: 사회평론아카데미.

박덕배. (2016). 『동북아 해양영토전』. 서울: 블루노트.

유철종. (2011). 『동아시아 국제관계와 영토분쟁』. 서울: 삼우사.

이동철 외. (2004). 『일본과 주변국가들간의 영토분쟁』. 서울: 인문사.

이석용. (2005). 『국제법상 도서제도와 독도』. 서울: 세창출판사.

이석우. (2003). 『동아시아 영토분쟁과 국제법』. 서울: 집문당.

이정. (2015). 『중일영토분쟁』. 서울: 홀리데이북스.

정재민. (2012). 『국제법과 함께 읽는 독도현대사』. 서울: 나남.

정태상. (2016). 『독도문제의 진실』. 서울: 만권당.

최장근. (2008). 『동아시아 영토분쟁의 패러다임』. 서울: 제이앤씨.

한국국방연구원. 『동북아 지역의 영유권 분쟁과 한국의 대응전략』.

2. 논문

김만호. (2017). 「동북아 평화와 해양분쟁: 독도영유권 분쟁의 해결방안 모색을 중심으로」. 『평화학연구』. 18(3).

김명기. (1996). 「대일강화조약 제2조에 관한 연구」. 『국제법학회논총』. 43(1).

김채형. (2007). 「샌프란시스코평화조약상의 독도영유권」. 『국제법학회논총』. 52(3).

김채형. (2014). 「독도에 관련된 샌프란시스코평화조약을 둘러싼 미국과 영국의 입장 고찰」.

『인문사회과학연구』, 15(1).
박관숙. (1968). 「독도의 법적지위에 관한 연구」. 연세대학교 대학원 박사학위논문.
박현지. (2008). 「대일강화조약과 독도영유권」. 『국제법평론』, (2).
백충현. (1985). 「국제법상으로 본 독도연구」. 『독도연구』, (1).
정병준. (2005). 「영국 외무성 대일평화조약 초안-부속지도의 성립(1951.3)과 한국 독도영유권의 재확인」. 『한국독립운동사연구』, 24.
정병준. (2005). 「윌리엄 시볼드와 '독도분쟁'의 시발」. 『역사비평』, (71).
정병준. (2006). 「한일 독도영유권 논쟁과 미국의 역할」. 『역사와 현실』, (60).
정재민. (2013). 「대일강화조약 제2조가 한국에 미치는 효력」. 『국제법학회논총』, 58(4).
조상호. (2010). 「해양영토분쟁과 독도영유권에 관한 연구」. 『지방정부연구』, 14(2).
조성훈. (2009). 「1954년 밴 플리트 사절단 보고서와 미국의 독도인식」. 『동양학』, 46.

3. 보도기사

경향신문. (2020.01.19.). 「5 · 18 진상조사위 출범, 진실 규명의 마지막 기회」
경향신문. (2020.07.08.). 「봉오동 전투 100주년, 홍범도 장군에 대한 오해와 진실」
노컷뉴스. (2021.09.08). 「일본 독도 도발, 뒤에는 미국이 있었다」.
오마이뉴스. (2021.03.19.). 「안중근 의사의 의거 이후 대한제국이 보인 모습 아픈 역사의 한 단면을 아십니까」
오마이뉴스. (2021.08.30.). 「홍범도 장군 유해 봉환, 후손에 남긴 세가지 의미」
오마이뉴스. (2020.10.23.). 「청산리 대첩 100주년, 승리의 숨은 조력자 '체코군단'」
월간조선. (2011.06). 「독도, 130문 130답-연합국의 대일평화조약 준비」.
전북시사. (2023.02.02.). 「美 · 日정상 회담과 미국의 동아시아 해양패권의 실체」
중앙일보. (2019.11.06). 「한일 갈등 근원 '샌프란시스코 체제' 무엇이 문제였나」.
프레시안. (2019.06.17). 「샌프란시스코 체제, 미국의 동아시아 지배전략」.
한국일보. (2019. 12. 16). 「의열단장 약산 김원봉에 대한 오해와 진실」
한겨레신문. (2022.12.28.). 「'방패'와 '창'모두 갖춘 보통국가 일본의 등장… 우리의 준비는?」

부록

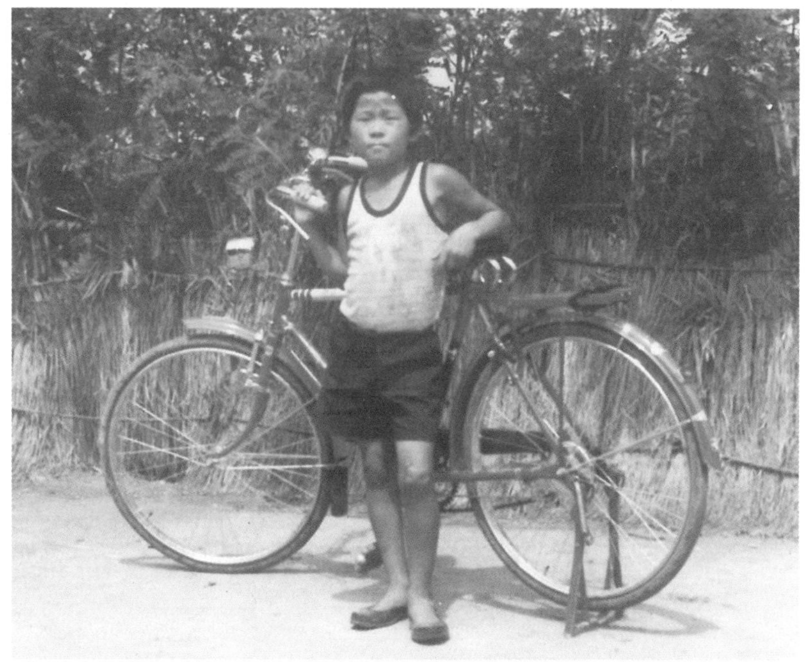

초등학교 3학년 때 집 마당 자전거와 함께

초등학교 5학년 소풍 때 박인천 담임선생님과 함께

초등학교 시절 뒷산에서 누렁이와 함께

초등학교 5학년 소풍 반 단체사진

중학교 3학년 때 동네 다리에서 친구들과 함께

해룡중학교 3학년 가을소풍 때 반친구들과 함께

초등학교때 4학년 때 동네 친척이자 친구들과 함께

해룡고등학교 3학년 봄소풍 때 친구들과 함께

해룡고등학교 3학년 봄소풍 때 은사님들과 함께

해룡고등학교 3학년 봄소풍 때 친구들과 함께

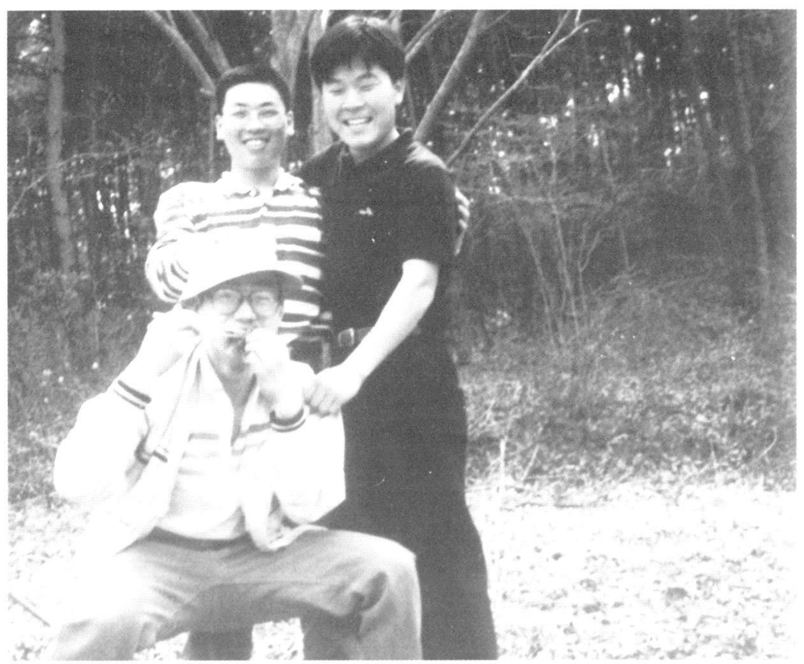
해룡고등학교 3학년 봄소풍 때 친구들과 함께

어머님과 함께 해룡고등학교 졸업식

어머님과 함께 건국대학교 졸업식

어머니와 함께 대학 졸업식

건국대학교 졸업식 일감호 앞

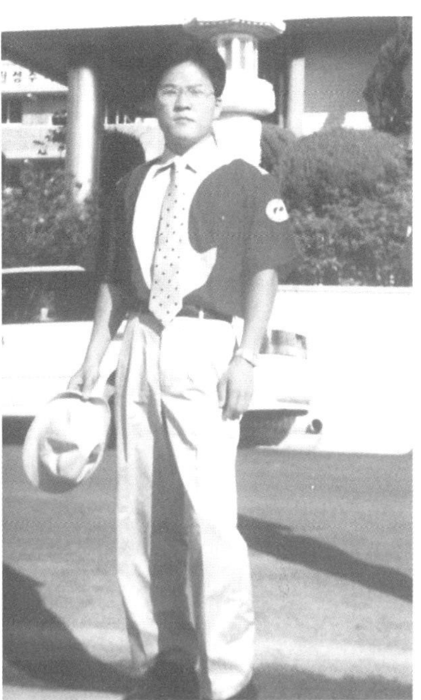
1993년 8월 대전엑스포 자원봉사 활동

1996년 2월 29일 육군장교 소위 임관식 때
아버지와 작은형과 함께

1996년 2월 29일 경기도 성남 학생중앙군사학교에서
육군소위 임관

육군 중위시절 사단문선대장으로 지휘관에 경례

육군 소위시절 6사단 사단사령부 앞

군 장교 시절 아내와 함께

육군 중위시절 6사단 신병퇴소식 때 신병가족에게 부대소개

육군 중위시절 6사단 2연대 참모시절 철원 구월정리역 앞

2021년 북경대학교 한 · 중역사탐장 자유토론회

북경대학교 대학원 박사졸업논문 심사 후 심사교수님들과 함께

북경대학교 졸업식

북경대학교 졸업식 때 두 은사님과 함께

재한국북경대학교대학원교우회 창립총회 및 송년회

부산광역시청 대회의실에서 한 · 중정책포럼 개회사를 하는 모습

대한민국역사바로세우기 학술대회 중

대한민국역사바로세우기 학술세미나

국회에서 중국 샤녕셩 작가와의 북토크

역사바로세우기 부위원장 임명식

3.1 독립선언일 개정 기자회견

농번기 때 농업 활동

영광군 마을회관에서

제17회 대한민국 대한국인 대상 수상

서왕진 국회의원과 함께

한국전쟁 민간인 희생자 유가족, 이재명 후보 지지 선언

목포 MBC에 보도된 이재명 대통령 지지 선언

조국혁신당 이재명 대통령 선거 운동

조국혁신당 전라남도당

조국혁신당 조국 당대표와 함께

| 옮긴이 **이정호** |

고려대학교 임학과(농학사)와 화학과(이학사)를 복수 전공으로 졸업하고 동대학원에서 산림유전학으로 석사학위를 마쳤다. 영국 노팅엄 대학에서 「인간 티-박스(T-box) 유전자 무리의 분자유전학」이라는 학위논문으로 인간분자유전학 박사학위를 받았다.
하버드 의과대학 베스이즈라엘디커니스 의료원의 심장연구부와 삼성생명과학연구소에서 유전체학을 연구했고 현재 고려대학교 생명자원연구소 선임연구원이다.
집단유전학/유전체학 연구와 함께 유전학과 생명과학의 과학학을 연구하고 있으며 최근에 「한국의 유전정보 생산 구조」라는 논문을 썼다. 실존적 문제에 대한 지적 추구로 8년 전에 『세속적 정신과의 만남』을 우리말로 옮긴 바 있다. 최근 '숲과 문화 연구회' 운영위원으로 활동하면서 『아름다운 우리 숲 찾아가기』 『숲이 희망이다』의 공동 집필에 참여하였으며, 『소나무, 또 하나의 겨레 상징』 『숲의 철학』 등을 편집하였다.

유전자, 사람, 그리고 언어

Geni, Popoli, E Lingue

유전자, 사람, 그리고 언어

루이기 루카 카발리-스포르차 지음 | 이정호 옮김

지호

| 서문 |

이 책은 우리의 지식에 기여하는 서로 다른 분야들이 하나로 수렴되는 인간 진화에 대한 연구를 개관한다. 이는 고고학, 유전학, 그리고 언어학에 의거한 과거 몇만 년의 역사이다. 행복하게도 이 세 학문 분야는 현재 새로운 데이터와 통찰들을 많이 생산해내고 있다. 이 모두가 공통된 하나의 이야기로 수렴되기를 기대하는데 이 모든 분야 뒤에는 단일한 역사가 자리잡고 있다. 각각의 접근 방법은 제각각 빈틈이 있게 마련이다. 그러나 이 모두를 종합하면 그 빈틈을 메우는 데 도움이 될 것이다. 다른 과학 분야들—문화인류학, 개체군계량학, 경제학, 생태학, 사회학—도 이러한 노력에 동참하고 있으며 우리의 이해를 돕는 큰 기둥이 된다.

그러나 이 다양한 학문 분야들의 어려운 용어로 이야기한다면 인류 역사에 대한 결론들이나 인간 진화의 원인들을 대중에게 제대로 전달하기가 힘들 것이다. 과학 용어의 사용은 엄밀성을 보장하고 전문가들간의 소통을 빠르게 하지만 전문가들과 일반인들 사이에 장벽을 만들기도 한다. 나는 이 책에서 전문 학술어를 가급적 쓰지 않으면서 일반 대중에게 알려지지 않은 용어들과 방법들을 설명해보려고 시도하였다. 비영어판(프랑스어, 이탈리아어, 스페인어, 독일어)을 읽은 독자들은 이 책에서 제시한 과학이 일반인들이 따라가는 데 큰 무리가 없으며 여러 학문 분야를 아우르는 이 책의 다학제적 성격도 이해할 수 있다고 했다.

어떤 사람들에게는 역사(진화를 포함하여)는 과학이 아니다. 왜냐하면 역사의 결과는 반복될 수 없고 따라서 실험으로 검증할 수 없기 때문이다. 그러나 동일한 현상을 서로 다른 각도에서 연구해 각각 독립된 사실들을 밝혀내는 다양한 학문의 도움을 받으면 독립적인 반복의 장점을 살릴 수 있다. 이것이 다학제적 접근이 꼭 필요한 이유이다.

이러한 작업에서 나타나는 중요한 결론 하나는 인간의 유전적 진화는 기술혁신과 문화적 변화에 의해 크게 영향을 받았다는 것이다. 여러 세대에 걸쳐 축적된 지식인 문화는 인류와 다른 동물들과의 가장 큰 차이점이다(이것은 단지 정도의 문제이기도 한데, 동물들 역시 살아가는 동안에 학습하고 다음 세대에 그 지식을 전달하기 때문이다). 문화적 전달은 이처럼 중요한 연구 주제이지만, 그동안 줄곧 무시당해왔다.

이 책의 주제는 중요한 사회적 문제들에 대해 의미심장한 함의점들을 담고 있다. 무엇보다도 왜 인종차별(인종주의)이 오류인가를 설명한다. 유전학은 우리의 정체성을 형성하는 데 방법적 기초를 제공한다. 그런데 문화적, 사회적, 물리적 환경들도 이러한 인간 형성에 똑같은 기초를 준다. 가장 주된 유전적 차이들은 개인들 사이에서 발견되는 것이지 집단간 혹은 '인종'간에서 찾을 수 있는 것이 아니다. 집단 혹은 인종의 유전적 기원에서 나타나는 차이들은 아주 미세하며 겉으로 그렇게 보일 뿐이다(교통 발달과 이주에 의한 상호 교환, 문화적 상호 교환에 의해 이러한 차이는 더욱더 희석되고 있다). 그 미세한 유전적 기원의 차이들은 상이한 기후에 대한 적응적 반응에서 나타난 것이라 할 수 있다. 더욱이 유전적 차이와 문화적 차이 그리고 자연(nature)과 양육(nurture)을 구분하는 데에는 심각한 어려움이 존재한다.

내가 바라는 것은 아주 오랫동안 서로 별 상관이 없는 상태로 유지되어왔던 여러 학문 분야들 사이에 실제로 많은 합치점이 존재한다는 것을 적나라하게 보여준 발견들, 곧 예상했거나 예상하지 못했던 그런 발견들에서 내가 느꼈던 지적 희열을 독자들도 경험하는 것이다.

| 감사의 말 |

이 책은 많은 사람들의 신세를 지고 있다. 나는 이 책을 1981년과 1989년에 콜레주 드 프랑스(Collège de France)의 초청으로 연속 특별 강연을 할 때 구상했다. 콜레주 드 프랑스는 대단히 훌륭한 교육기관이다. 소르본 대학의 오만과 후진성을 지양해 탁월성을 보이도록 프랑수아 1세가 설립했다. 자크 뤼피에의 배려 덕분에 강연 원고를 쓸 동기를 얻었고 두 차례에 걸쳐 봄에 파리에서 한 달 동안 머무르는 멋진 기회도 가졌다. 1994년 오디에 자코브가 콜레주의 강의들을 새로운 총서로 발간하려는 계획을 밝혀서 세번째로 강연 원고를 처음부터 다시 쓰게 되었다. 이탈리아어판은 네번째 기회가 되었다. 제자인 마크 세일스태드가 프랑스어판과 이탈리아어판의 차이들에 겁먹지 않고 이 두 판본으로 일차 영역(英譯)하였다. 그는 하버드 대학의 박사논문을 준비해야 하는 바쁜 와중에서도 원고를 마련해주었다.

영역 원고의 수정이 필요했던 것은 이 책을 더욱 새롭게 개선하고 수정하고 싶은 거부할 수 없는 유혹 때문이었다. 이 다섯번째 판본은 에탄 노소프스키의 명쾌하고 엄격한, 그리고 정확한 편집을 거쳐 완성되었다. 원고를 정돈하는 데 도움을 준 필리스 메이버그와 인쇄를 재촉한 브라이언 블랜치필드에게 감사드린다.

다학제적 접근을 취할 때에는 다른 분야의 전문가들과 공동 연구를 수행하는 것이 필수적이다. 나는 지난 50년간 이 책에 묘사되어 있는 과학 작업의 기초를 놓는 데 많은 친구들과 동료들에게 큰 도움을 받았다. 감사의 표시로 몇십 년간의 주요 공동 연구를 요약하고자 한다.

나는 1940년대에 세균을 연구하는 유전학자로 연구생활을 시작했다. 이탈리아 파르마 대학의 시간강사였던 1950년대에 나는 조금씩 인간집단유전학(human population genetics)으로 연구의 초점을 전환하고 있었다. 파르마 시절의 주된 연구는 진화에서의 우연의 역할에 관한 것이었는데 당시에는 간과되고 있던 주제였다. 나는 지난 3세기 동안 인구 집단의 밀도가 엄청나게 변한 어떤 지역—비옥한 평지는 밀도가 아주 높고 산지는 아주 낮은—의 개체군계량적 기록을 살펴봄으로써 이 문제에 대한 분명한 수량적 답을 얻을 수 있었다. 마을들의 크기와 마을간의 인구 이주는 교구(敎區) 기록문서들에서 추정할 수 있었다. 한 세대에서 다음 세대로 유전자를 물려줄 부모가 거의 없다면, 다른 마을들에서 찾을 수 있는 유전자 유형의 빈도에 중요한 증감요동(fluctuation)이 우연히 생겨날 것이다. 이러한 진화에서의 우연의 영향을 '부동(浮動)'이라고 한다. 그런데 이 낱말은 다른 과학 분야에서는 실제로 정반대의 의미로 쓰이기 때문에 어떤 면에서는 잘못 만들어진 용어이기도 하다. 어쨌든 이 연구 덕분에 개체군계량학에 기반을 두면서 부동에 의한 마을들간의 변이를 예측할 수 있었고 지역에 따른 유전적 변이와 비교할 수 있게 되었다. 이 연구 작업과 주교 문서보관소에서 얻은 근친교배 데이터는 두 사람의 조언과 도움 없이는 만들어질 수 없는 것이었다. 당시에 내 제자였고 지금은 파르마 대학의 생태학 교수이며 가톨릭 사제인 안토니오 모로니와, 당시는 박사후연구원(postdoc)이었고 지금은 파르마 대학의 인류학 교수인 프랑코 몬테리오가 그들이다.

1960년대에 나는 이탈리아의 파비아 대학으로 옮겼고, 현재 케임브리지 대학의 곤빌 칼리지와 카이우스 칼리지에서 일하고 있는 앤서니 에드워즈와 공동으로 인간유전적 데이터의 진화적 계통수를 재구축하는 방법들을 연구하기 시작하였다. 그후 1976년에서 1985년 사이에 많은 현장답사를 하면서 아프리카의 피그미족을 연구했다. 이 연구는 당시 라이든 대학의 교수였던 마르셀로 시니스칼로, 불행히도 이미 작고한 콜린 턴불, 현재 워싱턴 주 밴쿠버 대학의 교수인 배리 휴렛 등과의 공동 연구에 힘입은 바가 컸다. 우리의 연구 작업은 내가 편집하여 『아프리카의 피그미*African Pygmies*』라는 제목의 책으로 1986년에 출간되었다.

얼마 지나지 않아 인간집단유전학 연구는 여러 학문 분야들과 연접해 있어서 다른 분야 과학자들의 도움이 있어야만 발전할 수 있다는 것이 자명해졌다. 나는 1971년에 스탠퍼드 대학으로 자리를 옮겨 현재 콜게이트 대학의 고고학자인 앨버트 애머만과 공동 연구로 중동 지역에서 유럽으로 신석기 농업이 팽창하면서 농업 기술 혹은 농업인들 자체가 그 진원지에서 북서쪽으로 확산되지 않았는가 하는 문제를 다루었다. 유전자지리학(gene geography)의 연구는 1977년에 파올로 메노치(현재 파르마 대학의 생태학 교수), 알베르토 피아차(현재 튜린 대학의 인간유전학 교수)와 공동으로 시작했는데, 농업의 유럽 확산 문제에 대한 해답을 제시하려는 목적이었고 결국 중요한 대답을 내놓을 수 있었다. 마침내는 이 유전자지리학의 접근 방식을 전 세계로 확대하였고 1994년 프린스턴 대학 출판부에서 『인간 유전자들의 역사와 지리학 *History and Geography of Human Genes*』이란 책으로 나왔다. 이 책 『유전자, 사람, 그리고 언어』의 앞부분에 있는 다섯 장에서 다룬 주장들 대부분이 『인간 유전자들의 역사와 지리학』에서 비롯하였다. 따라서 본문에서 이 책을 적절히 언급할 것이다.

1970년대와 1980년대 초반에는 문화적 진화에 대해 상당히 깊이 있는 연구를 하게 되었다. 이는 아프리카의 피그미족을 관찰한 후에 생긴 개인적이고 심도 깊은 관심에 따른 것이라고 할 수 있다. 문화적 전달과 진화를 다루면서 스탠퍼드 대학의 생물학 교수인 마르커스 펠드만과 공동 연구하게 되었다. 언어적 진화의 응용에 관한 연구는 샌프란시스코 만(灣) 지역의 언어학자들과의 교류 덕분에 가능했다. 캘리포니아 대학 버클리 캠퍼스의 빌 왕, 스탠퍼드 대학의 조세프 그린버그와 메리트 룰렌이 그들이다.

1970년대 말과 1980년대 초에는 칸, 데이비드 보스타인, 론 데이비스, 마크 스콜닉, 레이 화이트 등의 생산적인 연구 성과를 통해 유전물질인 DNA를 화학적으로 분석할 수 있는 방법이 현실화되었다. 당시까지만 해도 유전성의 단위인 유전자는 그 산물인 단백질을 통해서만 해석되었다. 그 이후로 직접 DNA를 이용하여 그 변이를 연구할 수 있게 되었고, 오히려 훨씬 쉬워졌다.

모든 세포 내에 존재하는 소기관이면서 어머니를 통해서만 차대(次代)에게 전달되는 미토콘드리아 DNA는 가장 먼저 연구되기 시작한 대상이다. 우리는 더그 윌리스와 그의 학생들과 함께 이 일을 시작했다. 현생 인류가 아프리카에서 출현하여 세계의 다른 지역으로 확산되었다는 최초의 중요한 증거는 작고한 버클리 대학의 앨런 윌슨에게서 나왔다. 현재 나의 스탠퍼드 연구실험실에서는 남성에게만 존재하고 아버지로부터 아들에게만 전달되는 Y염색체를 연구하고 있다. 내 실험실의 피터 언더힐 박사와 론 데이비스 실험실의 피터 외프너 박사가 DNA 변이를 발굴해내는 아주 탁월한 실험기법을 함께 개발했다. 굉장한 행운의 손길이 축복해준 것이다. 그들이 발전시킨 Y염색체 변이체들의 계보학은 현생 인류의 진화의 역사를 이해하는 데 큰 도움을 줄 것이다. 지금 이 연구는 빠르게 발전하고 있다.

이미 우리들 손에 들어와 있는 연구 결과들이 현생 인류를 오늘날과 같은 모습으로 만든 아프리카 유래의 이주와 팽창에 대한 깔끔한 그림을 제공해줄 것으로 기대한다. 인류의 이주와 팽창은 이전에 생각한 것보다 더 최근에 일어난 것으로 보인다. 그런데 그렇게 짧은 진화적 시간 동안에 엄청나게 큰 다양성을 생성해낸다는 것은 불가능하다. 이런 사실은 우리가 다른 대륙의 사람들에게서 느끼는 인종적 차이가 아주 '피상적'이라는 것을 분명하게 확신할 수 있게 해준다.

차례

1. 유전자와 역사

Genes and History

황제의 오만

단테 알리기에리(1265~1321)의 명성, 곧 그가 이탈리아 문학의 최고 대가라는 명성은 이후의 모든 이탈리아 시인들과 작가들의 기세를 눌렀다. 하지만 단테만이 유일하고 위대한 이탈리아 시인은 아니다. 페트라르카(1304~1374), 아리오스토(1474~1533), 그리고 레오파르디(1798~1837) 같은 시인들도 틀림없이 있었다. 그중에 재능 있는 시인이었을 뿐만 아니라 뛰어난 철학자이기도 한 레오파르디는 아마 이탈리아 밖에서는 거의 알려지지 않은 인물일 것이다.

최근에 나는 레오파르디의 희곡 『코페르니쿠스』를 다시 읽었다. 이 작품은 아직도 그 적실성이 바래지 않았으며 통찰을 얻기에 충분하다고 생각한다. 등장인물은 '태양', 하루의 '처음시간'과 '마지막시간', 그리고 '코페르니쿠스'이다. 막이 오르면 태양은 처음시간에게 자신은 매일 지구 주위를 도느라 지쳐 있으며 지구에게 자기의 짐을 좀 덜어 줄 것을 요청하고 싶다고 고백한다. 그러자 앞으로 벌어질 일에 깜짝 놀란 처음시간은 태양이 물러나면 굉장한 혼란이 발생할 것이라고 지적한다. 하지만 태양은 막무가내로 지구의 철학자들에게 앞으로 일어날 변화에 대해 알릴 것을 주장한다. 철학자들이 좋든 나쁘든 어떤 일에 대해서도 인간들을 설득할 것이기 때문이라는 것이다. 두번째 장면에서 태양은 자신의 은퇴에 대한 경고를 그대로 실행한다. 태양이 떠오르지 않자 깜짝 놀란 코페르니쿠스는 그 원인을 연구하기 시작한다. 그의 탐색은 그 자신과 마지막시간이 태양의 제안을 받아들여야 하는 것으로 쉽게 끝나버리는데, 그 제안이라는 것은 지구가 자신이 차지하고 있는 우주의 중심 자리에서 내려와 태양 주위를 돌아야 한다는 것이었다. 그러자 코페르니쿠스는 가장 뛰어난 인간들인 철학자들도 그 제안의 타당성을 지구에게 납득시키기 어려울 것이라고 한다. 오히려 지구와 그 가운데 살고 있는 인간들은 우주의 중심으로서의 그들의 위치에 너무도 익숙한 상황이라서 그들 모두에게 '황제의 오만'이 있다고 지적했다. 따라서 그렇게 엄청난 변화는 물리적인 충격뿐만 아니라 사회적이고 철학적인 혼란을 불러올 것이고, 인간의 삶에서 가장 기본적인 전제들이 완전히 뒤집혀버릴 것이라고 말한다. 그러나 태양은 인간의 삶은 변함없이 계속될 것이고, 남작, 백작, 황제들 모두 자신들의 지위와 중요성을 잃지 않을 것으로 믿는다고 한다. 그러나 코페르니쿠스는 다시 반대의사를 분명히 하는데, 우주적 반란이 시작될 것이며 곧 다른 행성들이 지구가 누렸던 중심성의 권리를 자신들이 가져야 한다고 서로 주장할 것이라고 말한다. 종국에는 태양이 지금껏 가졌던 중요성을 모두 잃고 다른 궤도를 찾아보도록 강요당할 수도 있다고 설득한다. 그러나 태양은 지지 않고 계속 버티면서, 이단자로 화형을 당할 수도 있다는 코페르니쿠스의 마지막 우려까지도 그의 책을 교황에게 갖다 바치면 그런 운명을 비켜갈 수 있을 것이라고 반박해버린다.

코페르니쿠스를 대상으로 희곡을 쓰면서 레오파르디는 주요 등장인물인 코페르니쿠스보다 수세기 뒤에 태어나 살게 된 시간적 이점을 누렸다고 말할 수 있다. 레오파르디는 코페르니쿠스(1473~1543), 지오다노 브루노(1548~1600), 그리고 갈릴레오(1546~1642)에게 일어났던 일들을 잘 알고 있었다. 그러나 최근에 일고 있는 과학적 쟁점들을 생각해보면 우리는 레오파르디와 같은 유리한 고지를 차지하고 있지 않다. 현존하는 어떤 과학이론도 갑자기 수정되는 수모를 당하거나 심지어 완전히 파괴되어 사라질 수 있다. 실제로 모든 가설들이 검증되든지 아니면 기각되든지 하면서 과학은 진보하고 있다. 우리가 과학적 산문에서 쓰는 수많은 조건문 투의 문장들이 이러한 진실을 뒷받침한다. 나는 내 책들 가운데 하나의 번역을 고치면서 모든 조건문을 지시문으로 바꾸어보고는 오싹함을 느낀 적이 있다. 내가 쳐놓았던 방어막이 모두 없어졌던 것이다. 과학 저널에 실을 논문을 쓸 때, 우리는 많은 진술들이 그 전반적 의미에서는 지지받을 수 없다는 것을 안다. 이것이 일반인들에게는 이상하게 보인다. 과학은 원래 오류 가능성이 없는 것이 아니었던가? 결국 종교만이 확실성을 줄 수 있다고 주장한다. 다른 말로 하면 종교마다 다른 대답을 한다는 사실에 힘들어 하는 몇몇 사람들이 있음에도 불구하고 결국 믿음만이 의심에 대해 면역을 가진다는 것이다. 과학 분야에서는 수학만이 회의주의의 여지를 주지 않는 예외일 것이다. 그러나 만약 수학적 결과들이 경험적 법칙이 결코 따라가지 못할 만큼 정확하다면, 철학자들도 자신들이 결코 독창적이지 않다는 것을 발견했을 것이다—철학자들은 독창적이기는커녕 이미 한 말을 자꾸 되풀이하고 있다.

『코페르니쿠스』는 또한 나에게 인종과 인종주의에 대한 태도를 다시 한번 일깨워주었다. 개개의 인간 집단들은 그들이 세계에서 최고라고 믿는다. 사람들은 거의 예외 없이 자신들이 태어난 소우주를 사랑하고 그 공간을 떠나려 하지 않는다. 백인들에게 가장 위대한 문명은 유럽이며 최상의 인종은 백인이다(프랑스에서는 프랑스인, 잉글랜드에서는 잉글랜드인). 그럼 한국인이나 중국인들은 어떻게 생각할까? 일본인들은? 오늘날 미국으로 건너간 이민자들은 그들의 본국에도 바람직한 삶이 존재한다고 느끼면 곧바로 다시 되돌아가지 않는가?

레오파르디가 관찰한 바와 같이 점점 더 많은 것들이 변해갈수록 점점 더 많은 것들이 변하지 않는다는 것도 진실이다. 경제적으로 부강한 고귀한 가문들이 형성되었다가 스러져 가곤 한다. 이러한 권력들이 뒤바뀌는 속도가 점점 더 빨라지지만 권력이라는 구조 자체는 별로 바뀌지 않는다. 로마 제국은 유럽의 다른 나라들보다 오래 지속되었다. 그러나 단지 5백 년 정도의 역사일 뿐이다. 로마 제국은 잉카 제국과 비슷한 크기였다. 로마 제국 이전에는 그리스, 페니키아, 카르타고 같은 해상 권력들이 지중해 연안을 거주지로 삼았다. 동시대의 유럽 대륙은 켈트의 왕자들이 유럽의 지배권을 대부분 장악하였다. 기원전 1000년의 후반부에는 켈트와 해상 공국들이 상업적, 언어적, 문화적 유대에 의해 통일되긴 했지만 정치적으로는 갈라져 있었다.

궁극적으로는 켈트와 해상 공국들이 모두 로마 제국에게 멸망당했다. 로마인들은 유럽에서 최초로 정치적으로 통일된 문화를 이룩하였다. 그러나 로마도 결국은 동에서 온 '야만인(바바리안)' 침략자들에게 멸망당하고 말았다. 이후 그 바바리안들이 번성하였고 단지 로마 제국의 동쪽 부분인 비잔틴 제국만이 중세까지 생존할 수 있었다. 서쪽에서는 샤를마뉴 대제가 기원후 800년 즈음에 프랑크적 정치 발전의 연장선상에서 신성로마제국을 창건하였다. 이에 따라 프랑스와 독일, 그리고 이탈리아 일부와 스페인이 잠시 재통일되었다. 기원후 1000년 이후에는 교황권과 게르만 제국이 자주 충돌하였지만 프랑크의 권력은 독일로 옮겨갔으며 일부는 교황에게 넘어갔다. 오스트리아 황제가 1806년까지 신성로마제국이란 명칭을 유지했지만 14세기쯤에는 신성로마제국의 정치적 중요성은 거의 사라져버렸다. 많은 유럽 국가들이 1000년과 1500년 사이에 형성되었고 강화되었다. 그 유럽 국가들 사이에 전쟁도 잦았지만 유럽의 대부분을 점령하는 것은 나폴레옹 시기가 되어서야 가능했다. 대양 항해가 가능한 배를 건조할 수 있게 되자 여러 유럽 왕국의 해군과 육군은 다른 대륙들에서 국가적 부(富)를 차지하려는 경쟁에 열중했고 세계의 다른 지역으로 유럽의 헤게모니를 확대했다. 포르투갈, 스페인, 영국, 네덜란드, 프랑스, 러시아는 12세기까지 존속한 광대한 해외 제국들을 설립하였으나 전 유럽 역사를 통틀어 5세기 이상을 지속한 제국은 없었다. 나폴레옹은 신속하게 유럽 대륙을 정복하였지만 그의 통치도 20여 년을 넘지 못했다.

중국도 제국은 기원전 3세기에 시작되었으나 가지각색의 왕조들 아래 여러 차례 굴곡을 겪으면서 어느 왕조도 4세기를 채 넘기지 못했다. 몇 차례의 어려운 시기를 지낸 후 13세기에는 중국도 몽골(원나라)에게 굴복했다. 다시 백여 년 후에 명(明)이 3세기에 걸친 한인(漢人)의 지배력을 회복하였다. 그러나 다시 비한인(非漢人) 왕조인 청(淸)이 20

세기까지 3세기를 통치하였다. 이와 비슷한 유형이 모든 대륙 혹은 아대륙에서 발견된다.

민족적 자긍심은 언제나 성공적인 시기일수록 그 기세가 강렬하였다. 한 민족이 자신들이 강하다고 느끼면 느낄수록 더욱 "우리가 최고다"라고 말하기 쉽다. 소수의 지도자나 작은 무리의 현명한 결정, 또는 지략에 뛰어난 정치적 행동들이 오래 지속하는 국가를 만들어낸다. 심지어 폭압적인 정권이 때로는 번영의 시대를 구가하는 경우도 있다. 정치 권력으로 부각되기 위해서는 자주 폭력이 요구된다. 물론 언제나 물리적 폭력만이 요구되는 것은 아니다. 유리한 외부 환경이 일시적일 수도 있지만 정치적 안정을 유지하는 데 도움이 된다. 권력을 책임 있게 사용하는 정치가들은 유능한 다른 정치가들에 의해 쉽게 대체되지는 않는다. 행복한 번영의 시기에는 자신들의 성공이 그들 자신의 탁월한 성질들, 곧 그들 자신을 위대하게 하는 자기 '인종'의 본래적 특성들 때문이라고 사람들은 확신한다. 불멸성이라는 환상은 모든 역사적 교훈을 무시하게 만든다. 모든 것이 잘 돌아갈 때에는 자기비판이 드물어지며 어떤 때에는 거의 사라지고 만다. 또한 그 비판을 듣는 사람도 없게 마련이다.

아마도 클로드 레비-스트로스가 "한 인종이 생물학적으로 우월하다는 믿음"이라고 말한 것이 인종주의에 대한 가장 간단하고 적절한 정의일 것이다. 물론 언제나 그렇다고는 할 수 없지만 대체로 자신들이 속한 인종이 생물학적으로 우월한 유전자, 염색체, 또는 DNA[1]를 가지고 있어서 다른 인종들에 비해 월등하다는 믿음이 바로 인종주의다. 현재의 미국 상황이 바로 인종주의적이다. 외국에서 미국으로 전화를 걸 때 맨 먼저 국가번호 1을 눌러야 하는 것은 결코 우연이 아닌 것이다.

어떤 특정한 순간에 특정 민족이 그 이전에 있었던 혹은 그 직후에 있게 될 다른 나라들보다 우위(dominant)에 있을 수는 있다. 그런데 실제로 다른 민족보다 우위에 있다고 스스로 확신하기까지는 그 특정 민족이 절대적 우위에 있을 필요가 없는 경우도 있다. 심지어는 아주 제한적인 작은 성공을 가지고도 다른 나라들에게 그 힘을 증명해 보이는 것처럼 보일 때도 있다. 그런데 많은 사람들이 이러한 우세함이 생물학적으로 결정된다고 믿는 것이다.

인종주의의 다른 이유들

거의 대부분의 사회는 적어도 특정한 활동에서 자기 사회가 다른 사회보다 우위에 있다고 여길 충분한 이유를 찾는다. 어떤 영역에서 능력이 있다는 단순한 주장—예를 들어 미술, 축구, 장기, 요리—만으로도 한 민족에게 과장된 우월감을 고취시킬 수 있는 것이다.

우리의 일상(개인적으로뿐만 아니라 문화적으로 영향을 받기 쉽다)은 자신의 습관과, 이와 현저하게 다른 이국적 습관을 피상적으로 비교하는 것으로 가득 차 있다. 우리들 대부분은 이러한 차이들이 어디서 비롯하는지 모르면서도 그런 것들이 존재한다는 사실만으로 불안과 증오를 느낄 수 있다. 인간의 본성은 변화를 반기지 않는다. 이는 우리가 현재 처해 있는 조건들이 아주 불만족스러울 때조차 그렇다. 아마도 이러한 굳어진 습관이나 적응 불안이 인종주의로 이끄는 보수성을 부추기는 것 같다.

다양한 민족과 국가 사이에는 의심할 필요조차 없는 차이가 존재한다. 언어, 피부색, 취향(특히 음식에 대한), 인사법은 문화마다 차이를 보인다. 이러한 사실은 다른 민족과 국가의 사람들이 내 민족, 내 국가와는 근본적으로 다르다고 믿게 만든다. 우리는 우리 방식이 최선이며, 이 방식은 다른 민족과 국가의 사람들에게는 아주 나쁠 것이라고 쉽게 결론지어버린다. 고대 그리스인들에게는 헬라어를 못하는 사람들은 다 '야만인'이었다. 한 개인이 자기 나라에서의 불만족스러운 삶 때문에 이민을 간다면, 다른 지역이나 대륙에서의 불확실성이나 생소한 생활조건들을 참아내려 할 것이다. 심지어는 새로운 것을 배워야 하는 고통도 마다하지 않을 것이다. 그러나 일반적으로 사람은 그가 태어난 굴레를 더 좋아하며 자신에게 익숙한 것들을 버리고 싶어 하지 않는다.

그 밖에 많은 요인들이 인종주의적 감정을 부추긴다. 가장 중요한 요인 중 하나가 자신의 불행을 다른 사람에게 투사하려는 욕망이다. 누구나 현대 사회에서의 자기 소외가 분노와 내적 불안을 일으키는 아주 심각한 원인이라는 것을 잘 알고 있다. 이러한 감정들은 실업에 대한 두려움, 비인간적 작업으로 내몰렸을 경우, 빈곤하고 불의한 현실의 경험, 엄청난 부가 단지 극소수에게만 가능하다는 시기심 어린 관찰에서 비롯된 박탈감 같은 것에서 기인할 수 있다. 세상 사람 누구나 사회적 지위가 낮은 사람들에게 권위주의적일 수 있다. 심지어는 자신이 상사에게 이용당한다는 피해의식을 느끼는 사람도 권위적일 수 있는 것이다. 마찬가지로 가난한 사람들도 자신보다 더 빈곤한 사람들을 찾는다.

이 모든 요인들 때문에 사회에는 인종주의가 광범위하게 퍼져 있다. 평화와 시민적 질서의 시기에는 인종주의가 그렇게 뚜렷이 나타나지 않는다. 하지만 빈곤한 국가에서 밀려드는 대규모 이민에 대한 적개심은 인종주의를 더욱 악성의 형태로 몰아간다.

인종주의에는 과학적 근거가 있는가?

인종주의 혹은 인종차별은 유해한 것이므로 다스려야 마땅하다. 인종주의는 거의 모든 현대 종교와 윤리 체계에 의해서 비판받는다. 그러나 우월한 인종이 존재한다거나, 인종간에 사회적으로 중요한 유전적 차이들을 발견할 수 있다는 주장의 타당성 자체를 완전히 뿌리 뽑을 수 있는 것일까? 인간 모둠[2]들 사이에는 일정한 정도로만 유전자들에 의존하는 형질, 곧 피부색, 눈 모양, 머리카락, 얼굴 형태, 몸 윤곽과 같은 형질들에 분명한 차이가 존재한다. 하지만 이런 외형적 형질들, 아니면 다른 형질들이 인종주의에 대한 과학적 정당성을 부여할 수 있을까? 인종주의를 정당화하는 다른 차이들이 과연 존재할까?

우리는 먼저 살펴볼 변이(variation)의 성격을 잘 정의해야 한다. 이런 정의내리기는 우리가 인종이라는 말로 지칭하는 것이 무엇인지, 어떠한 인간 모둠들을 자세히 조사해야 하는지, 인종적 차이가 우리에게 무엇을 알려주는지를 이해하는 데 도움을 준다.

생물학적 변이와 문화적 변이

우리는 대부분의 사람들이 생물학적 계승성과 문화적 계승성을 구분하지 못한다는 사실에 주목해야 한다. 때로는 이것이 생물학적 변이이고, 저것이 문화적 변이라고 똑 부러지게 구분할 수 없다. 어떤 때는 인종적 차이의 원인이 생물학적인 것일 수 있다. 이 경우에 우리는 그 차이가 DNA 때문에 생겼으므로 '유전적'이라고 부른다. 그런데 어떤 때는 인종적 차이의 원인이 다른 사람에게서 학습을 통해 배운 것이라는 의미에서 '행동적'인 것일 수 있다. 이럴 때 우리는 '문화적'이라고 부른다. 또 다른 경우는 두 요인이 함께 작용하는 것이다. 유전적으로 결정된 형질들은 통시적으로 매우 안정적이다. 사회적으로 결정된, 또는 학습된 행동들이 아주 빠르게 바뀔 수 있는 것과는 다르다. 앞에서 언급한 것처럼 우리가 인종을 분류하는 데 사용하는 시각적인 특성들에는 집단간에 분명한 생물학적 차이가 존재한다. 이러한 유전적 차이들이 본질적으로 중요하다는 사실을 밝혀내거나 한 민족이 다른 민족에 비해 가지는 우월성의 의미를 지지할 수 있다면, 인종주의 혹은 인종차별이 정당하다고 형식적으로 말할 수 있다. 개인적으로 이러한 종류의 인종주의에 대한 유전적 정의, 또는 생물학적 정의는 다른 어떠한 것보다 만족도 면에서는 우월하다고 생각한다. 그런데 어떤 사람들은 인종주의적 판단의 영역을 마음껏 확장하여, 심지어는 가장 피상적인 문화적 특성들까지 인간 모둠들간의 차이로 삼으려 할 것이다. 이렇게 확대된 정의가 지니는 유일한 장점은 인종차별 문제에서 가장 중요한 난관으로 우뚝 서 있는 관문을 손쉽게 돌아간다는 것이다. 특정 형질이 유전적 성분(계승되느냐의 여부와 정도)을 지녔는지 아닌지를 검증해야 하는 난관을 쉽게 회피하고 마는 것이다. 하지만 다른 사람의 시끄럽게 떠드는 태도, 왁자지껄한 식사 습관, 옷 입는 취향, 더듬거리고 틀리는 발음 등에 적개심을 느낄 때 인종주의를 언급하는 것은 적절하지 않은 것 같다. 이러한 과민한 반응은 모든 나라, 여러 사회 계층에서 흔히 발견되는데, 이는 본질적인 인종주의라기보다는 교육에 의해서 교정하고 통제할 수 있는 것이다.

눈에 보이는 변이와 보이지 않는 변이

인류의 선조들에게 깊이 각인시켰으면서 오늘날에도 많은 사람들을 괴롭히는 인종적 차이들은 피부색, 눈 모양, 머리카락의 색, 몸과 얼굴의 윤곽 같은 것들인데, 한 개인의 인종적 기원을 한눈에 알아차리게 하는 형질이다. 인종적 섞임을 제외한다면, 우리에게 아주 익숙한 이 같은 표준적인 유형들로 유럽인, 아프리카인, 아시아인을 가려내기는 그리 어렵지 않다. 이러한 특성들 중 상당수는 특정한 대륙에서 거의 균일성을 보이기 때문에 '순수한' 인종들이 존재하고, 인종들간의 차이는 불연속적이라는 인상을 심어준다. 피부색과 몸의 크기는 태양 광선에 노출되는 정도나 특정 식단에 의해서도 영향을 받기 때문에 유전적 영향이 그리 크지는 않다. 하지만 중요한 유전적 성분이 항상 내재하고 있다.

그런데 이런 특성들은 우리에게 큰 영향을 미친다. 우리가 그 특성들을 아주 쉽사리 인지하기 때문이다. 이러한 특성들의 원인은 무엇일까? 현재의 인류와 별반 다를 바가 없는 '현생 인류'[3] 또는 초기 인류는 처음에 아프리카 대륙에서 출현하여, 그 수가 증가하였고, 이후 다른 대륙으로 널리 이주해 갔다. 따라서 아마도 피부색과 몸의 크기와 같은 특성들은 인간 진화 전체를 놓고 볼 때 가장 최근에야 진화한 형질로 확신할 수 있는 것이다. 이에 대한 증거와 상세한 이야기는 뒤에서 논의할 것이다. 여기서 우리의 관심사는 인류가 아프리카 대륙에서 나와 세계의 다른 지역으로 이산(diaspora)함으로써 매우 다양한 환경들—(이미 익숙해져 있었던) 덥고 습한 환경이나 덥고 건조한 환경에서 온난한 환경이나 시베리아와 같이 세계에서 가장 추운 환경도 포함하는—과 새롭게 대면하게 되었다는 점이다. 이러한 다양한 환경과의 만남이 몰고 온 변화의 단계들을 되짚어볼 수 있을 것이다.

1. 새로운 환경과의 대면은 불가피하게 적응을 불러온다. 아프리카로부터의 이산 이후 5만 년에서 10만 년 동안은 문화적이고 생물학적인 적응이 심도 깊게 일어날 기회였다. 생물학적 적응의 흔적들은 피부색, 코, 눈, 머리, 몸의 크기와 모양 같은 형질에서 볼 수 있다. 각각의 인족[4] 모둠은 그 집단이 정착한 환경의 영향 아래에서 유전적으로 주물되었다고 할 수 있다. 검은 피부색은 치명적인 피부암을 유발할 수 있는 자외선이 강렬한 적도 지방에서도 살 수 있도록 보호하는 기능을 한다. 비타민D가 결여된 곡물에 거의 전적으로 의존하는 유럽 대륙 농민들은 유제품이 빈곤한 식단 때문에 구루병에 취약할 수밖에 없었다(지금 비타민D를 식단에 첨가할 필요가 있다). 그러나 그 필수 비타민이 곡물의 전구 분자들(precursor molecules)과 태양 광선의 도움으로 생성될 수 있었기에 그들은 중동 지역으로부터 이주해 들어간 고위도 지역에서도 생존해 나갈 수 있었다. 이 때문에 유럽인들은 태양의 자외선이 관통해 들어가 전구 물질을 비타민D로 전환시킬 수 있는 흰 피부를 갖게 되었다. 따라서 평균적으로 좀더 고위도의 북쪽에서 태어난 유럽인들의 얼굴이 더 희다고 말할 수 있는 이유도 여기에 있다.

몸의 크기와 모양은 온도와 습도에 적응한 것으로 볼 수 있다. 열대

우림과 같이 덥고 습한 기후에서는 작은 키가 유리한데 몸통 부피에 비해서 상대적으로 표면적이 커서 땀의 증발을 더 원활하게 하기 때문이다. 또한 작은 몸은 에너지를 덜 쓰고 열을 더 적게 낸다. 곱슬머리는 땀이 머리의 표피에 더 오래 머물게 하기 때문에 냉각에 유리하다. 이러한 적응 때문에 열대 기후에서 몸이 너무 뜨거워지지 않을 수 있었다. 열대림 속에서 사는 집단들은 대체로 키가 작다. 피그미족이 아마 극단적인 사례일 것이다. 반면에 몽골인들의 얼굴과 체형은 시베리아의 혹한에 적응한 결과이다. 몸은—특히 머리 형태는—둥근 경향을 보이는데 몸통 부피를 증가시킨 결과이다. 몸통 부피에 비해서 몸 표면의 증발 면적이 감소되어 열의 발산이 적어진다. 따라서 코가 낮아져 쉽게 얼지 않으며, 콧구멍이 매우 좁아서 찬 공기가 허파에 다다르기 전에 데워진다. 눈은 피부의 지방질 주름에 의해 혹독히 추운 시베리아 공기를 견딜 수 있다. 이렇게 생긴 눈은 때때로 아름답다고 여겨지기도 한다. 찰스 다윈(1809~1882)은 '인종적 차이가 개인의 특정한 취향 때문에 생긴 것이 아닐 수도 있지 않을까?' 하는 의문을 가졌다. 다윈은 배우자를 매력적인 특성에 의해 선택한다는 착상에 '성선택'이라는 이름을 붙였다. 예를 들어 눈 색깔이나 모양과 같은 일부 특징들은 성선택에 의해 나타났을 가능성이 매우 높다. 아시아적인 눈 모양이 아시아에서만 좋게 인식되었던 것은 아니다. 그런데 다른 지역에서도 매력적인 것으로 여겨졌다면 왜 세계 다른 지역의 사람들에게서는 이런 특징이 잘 나타나지 않을까? 물론 이런 눈 모양은 남아프리카 부시맨의 특징이기도 하다. 다른 아프리카인들은 사시인 경우도 있다. 이런 특징이 환경에 대한 적응이 아니라 성선택을 통해 동북아시아에서 서남아시아와 같이 전혀 춥지 않은 곳으로 확산되었을 수도 있다.

이와는 달리 이 형질이 인류 진화의 역사적 경로에서 한 번 이상 나타났을 수도 있다. 처음에 기후 요인이 인종적 차이들을 만드는 데 가장 중요한 원인이었다고 하더라도 성선택을 그럴 가능성 있는 부차적 설명으로 무시해서는 안 된다. 불행하게도 이러한 형질들이 매우 복잡하기 때문에 적응의 유전적 토대들이 알려지지 않은 상태이다. 배우자 선택의 취향에도 지역적 변이들이 존재하는데 이 사실이 문제를 더욱 복잡하게 만든다.

2. 특정한 한 집단이 생활을 영위하는 지역에서는 기후적 변이를 거의 찾아볼 수 없는 반면 지구 전체의 기후에는 굉장한 변이가 나타나는 사실을 발견할 수 있다. 그러므로 기후에 대한 적응적 반응들은 기후가 균일한 지역에 사는 유전적으로 균일한 인족 모둠들을 생겨나게 했을 것이고, 서로 다른 기후에 따라서는 상당히 다른 인족 모둠들을 생겨나게 했을 것이다.

우리는 인간이 지구의 모든 대륙에 정착한 이후부터 현재까지가 이러한 생물학적 적응이 생겨나는 데 필요한 충분한 시간이었느냐고 물을 수 있다. 이 질문에 대한 대답은 그 자연선택[5]의 강도가 매우 강력했기 때문에 아마도 그렇다일 것이다. 한 가지 좋은 예로 중부 및 동부 유럽에서 적어도 2천 년을 살아온 아스케나지 유대인의 피부색이 동일한 시간대를 지중해 연안에서 살아온 세파르디 유대인의 피부색보다 훨씬 희다는 점을 주목할 수 있을 것이다. 물론 이것은 자연선택이 작용한 좋은 사례일 수 있다. 그러나 이는 또한 이웃하는 집단들과의 유전적 교환 때문에 나타난 결과로도 볼 수 있을 것이다. 현재 이용 가능한 유전적 정보에 근거하면 두번째 해석이 더욱 가능성이 높다. 물론 더 나은 유전적 데이터가 있어야만 자연선택의 영향을 배제할 수 있을 것이다.

3. 기후에 대한 적응은 주로 인체 표면의 특성들에 영향을 준다. 인체 내부와 외부의 중계면은 내부에서 외부로의 혹은 그 반대 방향의 열 교환에서 큰 역할을 한다. 다음과 같은 은유적 표현이 이 중계면의 중요성을 설명해준다. 겨울에 집 건물의 난방비를 혹은 여름에 냉방비를 줄이려 한다면, 내부와 외부의 열 흐름이 최소화하게 집 건물의 단열장치를 개선해야 한다. 이와 마찬가지로 인간의 몸 표면은 사람들이 서로 다른 환경에 적응하도록 상당한 규모로 변형되었다.

4. 우리는 사람을 볼 때 기후에 의해 영향을 받은 몸 표면만을 보게 된다. 그 몸 표면이라는 것이 상대적으로 균일한 한 집단을 다른 집단들로부터 구별하는 특징이다. 몸 표면만을 보는 편견 때문에 인종이란 '순수한' 것이고, 한 인종은 다른 인종과 매우 다르다는 잘못된 생각에 이끌린다. 아르튀르 고비노(Arthur Gobineau)를 포함한 19세기의 철학자나 정치학자들 그리고 그 추종자들이 보여준 '인종적 순수성' 수호에 대한 열정을 설명할 다른 이유는 없다. 이들은 백인의 성공이 그들의 인종적 우월성 때문에 생긴 것이라고 확신했다. 당시에는 가시적인 특징들에 대해서만 조사, 연구가 가능했기 때문에 순수한 인종들이 존재한다고 상상하는 것 자체가 그리 터무니없는 일이 아니었다. 그러나 현재로서 우리는 순수 단일 인종이라는 것이 존재하지도 않으며 실제로 단일한 순수 인종을 창출한다는 것 자체도 불가능하다는 것을 잘 알고 있다. 단지 부분적 '순수성'을 이룩해내려고 한다고 하더라도 적어도 20세대에 걸친 근친교배(inbreeding)—수많은 형제-자매간, 부모-자식간 교배—가 요구된다. 여기서 순수성이란 어느 고등 동물종의 집단들에서도 '자연적으로' 도달되어본 적이 없는 유전적 균질성이

라는 순수성을 말한다. 그런데 이만큼의 근친교배가 이루어진다면 그 차세대들의 건강과 번성력에 엄청나게 부정적 영향을 유발하게 된다. 몇몇 예외 말고는 인간 역사에서 이런 극단적인 근친교배 과정이 일어난 적이 없었다는 사실은 확신해도 된다.

좀더 최근에 와서 기후와 관련 없는 눈에 보이지 않는 숨겨진 변이에 대한 면밀한 유전적 연구를 통해서 균일한 인종이 실제로 존재하지 않는다는 사실이 재확인되었다. 자연에는 인종적 순수성이 존재하지 않는다는 것은 진리이다. 그뿐 아니라 인종적 순수성은 있지도 않을뿐더러 바람직한 것도 아니다. 그러나 인간과 근연관계가 멀지 않은 동물종들에서 이루어진 것처럼 복제(cloning)를 통해서는 '순수한' 인종을 창출해낼 수도 있을 것이다. 하지만 인공적인 분계화(복제)로 인종을 만들어낸다는 것은 생물학적으로나 사회적으로 엄청나게 위험한 잠재적 결과로 나타날 수 있다.

또한 우리에게는 인종들이 서로 엄청나게 다르고 또 순수한 것이라는 인식을 심어줄 수 있는 특성들이 존재하는 것은 사실이지만, 태어난 대륙이나 다른 기준들에 근거하여 정의된 인종들 사이의 차이(변이)가 통계적으로 아주 작은 규모라는 사실을 알게 될 것이다. 기후에 의해 영향을 받은 몸 표면에 국한된 인종 인식은 정말로 피상적인 것이다. 이러한 인종적 차이들이라는 형질에는 아주 적은 수의 유전자들이 관여할 것이고, 또 그 생물학적 의미도 거의 중요하지 않은 것으로 보인다. 특별하게도 오늘날 인류가 전적으로 인공적인 기후를 점진적으로 만들어가고 있기 때문이다.

숨겨진 변이 : 유전적 다형성들

ABO 혈액형은 완전히 유전적인 변이, 곧 눈에 보이지 않는 변이, 또는 숨겨진 변이의 첫번째 사례라고 할 수 있다. 이 혈액형은 20세기 초에 발견되었으며, 혈액형을 일치시키는 것이 성공적인 혈액 주입(수혈)에 필수적이었기 때문에 엄청난 연구 대상이었다. 이 유전자에는 세 가지 주요 형태—'대립인자(allele)'라고 한다—가 존재하는데, 이 모두 엄격한 유전성을 지니고 있다. 한 개인은 자신의 혈액형으로 O, A, B, 그리고 AB 중 하나를 가진다.

앞으로 이야기할 것들을 이해하는 데 꼭 필요한 것은 아니지만 여기에서 유전성(inheritance)의 기초 법칙 하나를 언급하지 않을 수 없다. 우리 모두는 부모 한쪽으로부터 하나의 대립인자를 물려받는다는 법칙이다. 곧 하나는 아버지로부터 다른 하나는 어머니로부터 물려받게 된다. 그러므로 혈액형 표현형이 AB형인 개인은 A대립인자(유전자)를 어느 한쪽의 부모로부터 물려받고 B대립인자를 반대쪽으로부터 물려받은 것이 된다. O형인 사람은 부모 양쪽으로부터 O대립인자를 물려받은 것이다. 그런데 A형인 사람은 AO와 AA라는 두 유전적 조성(유전자형) 가운데 하나이다. 유전자형이 AO인 사람은 한쪽 부모에게서는 A대립인자를 물려받은 것이고, 다른 쪽에게서는 O대립인자를 물려받은 것이다. 반면에 유전자형이 AA인 사람은 부모 양쪽으로부터 A대립인자를 물려받은 결과이다. B형인 사람은 A형인 사람과 비슷한 양상을 보이는데, 이 사람의 유전자형은 BO이거나 BB이다.

유전적 다형성(polymorphism)이란 한 유전자가 적어도 두 형태(대립인자) 이상 존재하는 경우를 말한다. 유전적 다형성이 존재한다는 것은 상이한 혈액형이 서로 다른 특이적인 시약에 반응한다는 사실로써 증명할 수 있다. 혈액형을 결정할 때 눈에는 보이지 않는 적혈구 세포, 곧 산소 함유의 작은 혈액 세포들에 반응하는 두 시약인 '항A' 혈청과 '항B' 혈청이 필요하다. 유리 슬라이드에 환자의 피를 두 방울 떨어뜨린 후 시약을 가하면 혈액형 결정 반응이 일어나게 된다. 양성 반응은 시약을 가한 후에 혈액 세포들이 서로 엉겨 붙는 것을 말한다. 혈액의 붉은 색깔은 적혈구 때문에 나타나는데 반응이 일어나 적혈구 세포들이 엉겨 붙게 되면 혈액의 나머지 부분은 맑은 색으로 변한다. 만약 반응이 음성이면 혈액 방울들이 그대로 붉게 남아 있게 된다. A형은 단지 항A 혈청에만 양성으로 반응하고, B형은 항B 혈청에만 반응한다. O형은 어느 혈청 시약에도 반응하지 않고, AB형은 두 혈청 시약 모두에 반응한다.

다형성을 다루는 통계학을 단순화해서 살펴보자. 혈액형에서 한 개인에게 두 개씩 존재하는 대립인자의 수를 계수하자. 사람의 수나 유전자형의 수는 세지 않는다. 대립인자의 수를 세기 때문에 유전자형이 AA이거나 AO인 다형적 A형 개인들을 구별할 방법이 없어진다. 혈액형이 B형인 다형적 개인들도 마찬가지다. 다행스럽게도 대립인자의 수만을 센다고 해도 단순한 계산으로 몇 명이 AA유전자형이고 몇 명이 AO유전자형인지를(혹은 BB와 BO의 구별에도 마찬가지다) 추정할 수 있다. 제1차 세계대전 때 루드비크 히르쉬펠트(Luwick Hirschfeld)와 한카 히르쉬펠트(Hanka Hirschfeld)라는 면역학자 부부가 베트남인, 세네갈인, 인도인과 같은 영국과 프랑스의 식민지 군대의 군인들과 전쟁포로들을 검사하였다. 이 부부는 서로 다른 혈액형을 가진 개인들의 비율이 각 집단에서 서로 다르게 나온다는 사실을 발견하였다. 이 현상은 현재 보편적인 현상으로 알려져 있다. 이제 우리는 이와 같은 다형성의 사례가 굉장히 많다는 것과 다른 다형성의 대부분이 개개의 인간 집단들에서 다르게 나타난다는 사실도 알고 있다. ABO 혈액형에 대한 이러한 초기의 작업들이 '인류학적 유전학(anthropological genetics)'을 탄생시킨 것이다.

집단간의 유전적 변이

다음의 표는 대륙간에 나타나는 ABO 대립인자들의 빈도(퍼센트 단위)를 보여준다.

지역	A	B	O
유럽	27	8	65
영국인	25	8	67
이탈리아인	20	7	73
바스크인	23	2	75
동아시아	20	19	61
아프리카	18	13	69
아메리카 원주민	1.7	0.3	98
오스트레일리아 원주민	22	2	76

이 표를 보면 우리는 지구상의 다른 지역에 사는 집단들 사이에 광범위한 변이가 있음을 곧바로 알아차릴 수 있다. 다른 말로 표현하자면 각 집단은 독특한 유전자(대립인자) 빈도를 가지고 있다. O유전자

는 61퍼센트에서 98퍼센트에 이르는 빈도를 보이면서 어느 집단에서나 다수를 차지하고 있다. A유전자는 1.7퍼센트에서 27퍼센트의 변이를 보여주고, B유전자는 0.3퍼센트에서 19퍼센트의 변이를 나타낸다. 아메리카 원주민의 표본 크기가 아주 작다는 것을 감안하면 A와 B유전자는 실제로 그 빈도가 더 작아서 거의 존재하지 않을 것 같다.

이 빈도표는 두 가지 질문을 던진다. 1)이 ABO형의 빈도에서 나타나는 변이가 단지 예외적인 경우인가, 아니면 다른 유전자들에서도 비슷한 현상이 나타날 것인가? 2)우리는 왜 이렇게 크나큰 변이가 인간 집단 사이에 존재하는가를 설명할 수 있을까? 현재는 첫번째 질문에 대해 다른 유전자의 경우를 탐색해보고 두번째 문제는 조금 미뤄두자.

제1차 세계대전 이후에 ABO식 혈액형의 발견에 이용된 방법과 동일한 유형의 반응을 사용하는 다른 혈액형계가 개발되었다. 그중 가장 복잡한 체계가 RH 체계인데 제2차 세계대전 때 유럽인에게서 처음 발견되었다. 그리고 이 연구가 유럽 이외 지역에 사는 인류에게도 급격히 확대되었다. ABO식 혈액형과 RH식 혈액형 이외의 다른 혈액형 유전자들은 임상적 중요성이 별로 없다고 해도 과언이 아니다. 그러나 자신의 조상, 친척, 나아가 궁극적으로 민족의 기원을 알려고 하는 열정, 곧 인류학적 호기심은 수많은 연구자들이 새로운 유전학적 연구 기법들을 사용하여 새로운 유전적 다형성 연구를 성공적으로 계속하도록 만들었다.

유전학은 계승 가능한 차이들에 대한 연구라고 정의할 수 있다. 그런데 이 유전학이 과거를 조망할 수 있는 창들을 제공해준다. 우리는 몇 가지 예외가 있음에도 불구하고 키, 피부색, 머리카락의 색, 눈 색깔과 같은 많은 형질에 유전성이 있다는 사실을 안다. 하지만 정작 이런 형질들이 어떻게 유전적으로 결정되는지는 잘 모른다. 더욱이 이러한 형질들의 일부는 비유전적인 인자에 의해서도 영향을 받는다. 키의 경우에는 영양의 정도, 피부 색깔의 경우에는 햇빛에의 노출 정도 같은 환경적 인자들에 의해 영향을 받는다. 우리에게 익숙한 이러한 특성들의 유전적 메커니즘에 대해서 과학자들조차도 아직 잘 모르는 것은 두 가지 이유 때문이다. 하나는 비유전적, 환경적 인자들과의 상호작용이 있기 때문이고, 다른 하나는 신체 모양에 관계된 모든 형질들을 결정하는 메커니즘에는 일반적인 복잡성이 있기 때문이다. 이와는 대조적으로 혈액형의 유전성이나 효소단백질이 가진 화학적 다형성의 유전성은 분명하게 이해하고 있다. 상대적으로 단순한 물질인 단백질에 의해 결정되는 형질은 화학적으로 단순하며, 이해하고 계량하기가 아주 쉽기 때문이다. 그러나 이러한 단백질에 의해 결정되는 형질들은 눈으로 직접 볼 수 없다. 즉 보이지 않는다는 말이다. 이 비가시적 형질들을 검출하는 데에는 고도로 세련된 실험 방법들이 동원되어야 한다.

유전학의 초창기 시절부터 미국의 과학자 윌리엄 보이드(William Boyd)는 처음으로 발견된 유전적 체계들인 ABO식, RH식, MN식 혈액형만으로도 다섯 대륙의 표본 집단들을 구분할 수 있다는 것을 이미 보여주었다. 영국의 혈액학자 아서 무런트(Arthur Mourant)는 1954년에 인류 다형성 관련 데이터에 대한 포괄적 요약을 최초로 정리했다. 1976년에 나온 그의 책 제2판에서는 이 데이터가 무려 천 페이지가 넘을 정도였고, 기존 데이터의 양보다 2배 정도가 늘어난 것이었다.

유전적 물질인 단백질은 유전학 연구에서 일종의 꼬리표 같은 역할을 하기 때문에 '유전적 표지(genetic marker)'라고 부르는데, 이를 이용하는 다형성 연구에서는 두 가지 주요한 실험법을 사용하고 있다.

첫번째는 거의 모든 혈액형 판정에 이용하는 것으로 세균이나 다른 외부 기원의 물질에 대해 반응하는 물질, 곧 인간 몸에서도 자주 만들어지는 생물적 시약을 사용한다. 이 시약은 면역글로불린, 또는 항체라고 부르는 특별한 단백질이다. '면역'은 외래의 병인에 대한 저항이라고 정의한다. 항체 단백질들은 면역이 형성되는 과정에서 만들어지며, 대체로 외래 물질인 항원과 특이하게 반응한다. 항원은 대개 다른 외부의 단백질이다. 두번째는 1948년에 개발된 또 다른 유전분석 방법으로, 특별한 단백질 분자들의 물리적 성질들에 근거한 직접적인 변이 검출이다. 대개 한 전기장 안에서 단백질의 이동성 차이를 측정하는 것이다. 이러한 방법을 전기영동(electrophoresis)이라고 한다.

이 두 분석법은 개인별로 나타나는 특정 단백질의 구조상의 변이를 전기영동처럼 직접적으로 혹은 항원항체반응처럼 간접적으로 밝혀낼 수 있다. 이러한 방법들을 통해서 단백질 변이체들의 행동이 가계 내에서 검사될 수 있고, 가계를 통한 계승성(유전성)에 따라서 그 변이의 유전적 성질을 확인할 수 있다. 그러나 이렇게 검출될 수 있는 단백질의 수가 많지 않아서 1980년대 초 무렵에도 약 250여 개 정도였다. 모든 단백질이 DNA로부터 만들어지기 때문에 단백질 변이의 뒷배경에는 생물학적 계승성을 담당하는 화학물질인 DNA에 단백질 변이에 상응하는 변이가 반드시 존재한다. 화학적으로 DNA를 분석하는 방법은 단백질분석법이 가능해진 이후에 개발되었다.

1980년대 초에 와서야 DNA 상의 변이를 분석하는 일이 시작되었다. DNA는 네 가지 핵산기인 아데닌(A), 시토신(C), 구아닌(G), 티민(T)이 조합적으로 결합된 사슬로 이루어져 있는 아주 긴 섬유이다. 어느 특정한 DNA 안의 핵산기의 서열에 변화가 일어나는 것은 아주 드문 일인데, DNA 복제(replication)시에 한 염기가 다른 염기로 치환될 때 대개 무작위로 일어난다. 예를 들어 한 핵산 단편이 GCAAT GGCCC라고 한다면 한쪽 부모에게서 한 자녀에게 계승되는 그 절편의 한 복사본이 만들어질 때 다섯번째 염기인 T가 C로 치환될 수가 있다. 그러면 그 자녀 한 명의 단백질을 만들어내는 DNA는 GCAA CGGCCC일 것이다. 이러한 염기치환의 변화가 DNA에 일어날 수 있는 최소한의 변화인데 이를 '돌연변이(mutation)'라고 한다. 그런데 이러한 변화를 그대로 지닌 그 자녀의 자손들도 돌연변이된 핵산을 계속 물려받게 된다. DNA의 한 작은 변화가 단백질의 변화까지 일으킬 수 있는데, 그 변화는 우리가 볼 수 있는 가시적 변화일 수도 있는 것이다.

제한효소[6]는 두 개인의 DNA에 나타나는 차이를 검출할 수 있는 쉬운 방법 가운데 하나이다. 제한효소는 세균에 의해 만들어지는데 4, 6, 8 염기쌍 길이의 특정한 서열—예를 들어 GCCG—을 특이적으로 인식하여 핵산을 끊어준다.

1980년대 후반에 자연이 세포분열시 DNA를 복제하는 데 이용하는 핵산중합효소를 첨가하여 시험관에서 DNA를 증폭하는 방법이 개발되었다. 이를 '중합효소연쇄반응(PCR)'이라고 한다. 이 새로운 실험기법은 1990년대의 유전분석 능력을 획기적으로 개선하였다. 현재 우리는 DNA 상에 수백만 이상의 다형성이 존재하며 이 모두를 연구할 수 있다는 것을 알고 있다. 이제야 겨우 모든 DNA 다형성을 만족할 만한 속도로 검출하는 기법들이 인간의 능력 범위에 들어오게 된 것이다.

유전적 변이에 대한 분석의 미래는 분명히 DNA 연구에 달려 있지만 단백질에 근거한 방법들로 축적한 기존의 결과들이 그 가치를 모두 잃었다고 할 수는 없다. 물론 DNA 기법들에 의해서만 해결 가능한 특별한 문제들도 있다. 반면에 인간 집단들의 단백질 데이터에 의해 형성된 엄청난 정보량은 다양성의 빈도치가 거의 10만에 다다를 정도이다. 이 결과들은 지구 전역의 수천의 상이한 집단들에 대해, 백여 개의 유전자에 대해 만들어진 것이다. 따라서 이 책에서 제시하고 논의하는 많은 결론들은 단백질 유전적 표지의 연구에 근거한 것이다. DNA로 한 연구와 단백질을 이용하여 수행한 연구가 모순된 결과를 나타낸 적이 없으며 서로 보완하는 것이었다. 우리는 이제서야 겨우 수천의 DNA 형성에 대한 지식을 만들어가고 있는 셈인데, 문제는 대상 집단의 수가 몇 개 정도로 제한되어 있다는 점이다. 이 가운데 가장 중요한 몇 가지를 다음에서 요약하겠다.

다수의 유전자 연구에는 '큰 수들의 법칙'을 사용해야

인간 진화를 재구성하는 것이 단지 현재의 생존 집단들을 연구함으로써 가능한가? 우리는 이 재구성 과정을 단순화할 수 있는데 그것은 바로 토박이 인족에 대한 연구에 집중하는 것이다. 이 토박이 인족 연구는 한 지역에 오래 정착한 사람들과 최근에 이주한 이주민들을 구분하는 것이 가능한 경우에만 할 수 있다. 그러나 인류의 기원과 진화는 ABO 혈액형 같은 단일 유전자로부터 더 많은 것을 알아낼 수 있다.

여기서 '유전자'라는 용어를 상세히 논의해보는 것이 좋겠다. 모두가 이 말을 듣고 있지만 정확한 의미를 아는 사람은 몇 명 되지 않는다. '유전적 계승성의 단위'라고 하는 오래된 정의는 아직도 이해하기가 어렵다. 사실상 이 오래된 정의는 화학적으로 유전자가 무엇인지 모를 때 쓰던 정의이다. 현재 우리는 더욱 구체적인 정의를 내릴 수 있다. 유전자는 특이적이며 인지 가능한 생물학적 기능(실제적으로는 대부분 특정 단백질을 생성해내는 기능을 지칭한다)을 지니는 DNA의 특정한 부분이다. 따라서 유전자는 아주 복잡하게 꼬이고 조직화된 핵산(DNA), 엄청나게 긴 핵산실(DNA thread)을 함유하는 염색체(한 세포의 핵이 변해 막대 모양으로 나타나는 것)의 한 부분이다. 보통 한 세포는 많은 수의 염색체를 가진다. 이 염색체들이 그 딸세포들로 분배되는 방식에 따라서 딸세포가 모세포의 염색체들의 완전한 복사본을 받게 되는 것이다. 그런데 진화를 연구하는 경우에는 실제로 잘 모르기 때문에 유전자의 기능에 대해 무시해야 하는 경우가 많다. 진화를 연구하는 경우에는 유전자가 한 종류보다 많은 다수의 형태로 존재하는 경우가 유용하다. 한 유전자의 다른 형태(대립인자)가 많으면 많을수록 연구 목적에 더 잘 들어맞기 때문이다. 단지 3개의 대립인자를 가진 ABO 혈액형 유전자는 그리 정보성이 높지 않다. 인류 기원의 장소인 아프리카 대륙의 현생 집단에서는 이 세 개의 대립인자가 모두 발견된다. 하지만 이것은 아시아나 유럽에도 마찬가지다. 그러나 아시아 대륙에서는 B대립인자의 빈도가 다른 대륙에서보다 더 높다. 유럽에서는 A대립인자의 빈도가 약간 더 높다. 아메리카 대륙의 원주민은 거의 모두 O형이다. 여기서 어떤 결론을 도출할 수 있을까? 아메리카 원주민들에게서는 A와 B대립인자가 모두 유실된 것처럼 보인다. 왜 그렇게 되었을까? 많은 사람들이 그 이유를 설명하는 추측을 내어놓았지만 완전히 만족스러운 대답을 마련한 것 같지는 않다. 그리고 그것은 거의 불가능하다.

한 민족의 역사적 기원과 한 유전자의 역사적 기원을 연결짓는 가설은 1940년대 초 RH 유전자를 기초로 형성되었다. 이것은 나중에 독립적인 다른 증거들에 의해서도 확인되었다. 가장 단순한 유전분석은 RH^+와 RH^-로 구별한다. 전 지구적으로 RH^+가 대다수인 반면에 RH^-는 유럽인들에게서만 주목할 만한 높은 빈도로 나타나고 스페인과 프랑스 접경 지역의 바스크족에서 최대의 빈도가 나타난다. 이것은 RH^-가 서부 유럽의 RH^+ 대립인자에서 돌연변이로 나타나고, 그 이유는 잘 모르지만 RH^+ 유전자의 빈도를 확연하게 감소시키지 않는 방향으로 아시아와 아프리카로 퍼져나갔다는 것을 시사한다. RH^- 대립인자의 빈도가 가장 높은 곳은 유럽의 서부와 북동부이다. 그 빈도는 발칸 반도 쪽으로 가면서 서서히 감소하는 경향을 나타낸다. 이는 마치 유럽이 한때는 모두가(혹은 대다수가) RH^-였는데 이후에 RH^+의 사람들이 발칸 반도를 통해 들어와서 원주 유럽인들과 섞이면서 서쪽과 북쪽으로 확산된 것처럼 보인다. 이 가설은 여러 다른 유전자에 대한 동계(同系) 연구에 의해 지지를 받는다. 그렇지 않았으면 여전히 불확실한 채로 남아 있었을 것이다. 나중에 보게 되겠지만 고고학도 이 주장을 뒷받침한다.

진화 역사를 재구성하는 것은 굉장히 도전적인 작업으로 정평이 나 있다. 서로 다른 수천의 민족들에게서 수많은 유전자 데이터가 축적되었다. 이는 백여 개 이상 유전자의 대립인자들의 빈도를 묘사하는 엄청난 양의 정보—진화적 가설들을 검증하는 데 아주 유용한 지식의 덩어리—를 만들어낸 것이다. 이러한 경험은 '인간 진화를 재구성하는 데 단지 단일한 유전자의 결과에만 의존해서는 안 된다'는 결론을 가져다주었다. 현재 수백 개 이상의 대립인자를 가지는 하나의 유전자 체계인 인간백혈구항원[7]만 있으면 인간 진화의 재구성을 충분히 이뤄

낼 수 있다고 볼 수도 있다. 인간백혈구항원 체계는 외부의 감염에 대항하여 싸우는 데 주요한 역할을 수행한다. 최근에 기관과 조직의 이식에 관계되어 기부자와 이식인을 대응시킬 때 아주 중요한 기준이 되었다. 이 인간백혈구항원 유전자는 그 대립인자의 수가 많고 매우 다양하다. 이들이 이렇게 다양한 형태들을 가지는 이유는 비친족 개인들 사이에 일어날 수도 있는 종양의 확산에 대한 잠재적 방어가 필요하기 때문인 것 같다. 그러나 감염과 싸우는 역할과 관련하여 극심한 자연선택의 압력 아래에 놓여 있다. 만약 인간백혈구항원을 이용한 관찰을 통해서 도달한 결론들이 다른 유전자들을 이용한 관찰에서 나온 결과와 다르다면 이에 따라 상이한 결론들에 의해 서로 다른 역사적 해석이 생겨날 가능성이 높기 때문에 우선 그 이유를 설명해야만 한다. 따라서 현존하는 모든 정보를 살펴보는 것이 유용할 뿐만 아니라 필수적일 것이다. 가장 광범위하고 통합적일수록 우리들이 묻는 문제들에 대한 해답을 제시할 확률이 높고, 차후의 새로운 발견들에 의해 반증될 가능성이 가장 적을 것이다.

그러므로 우리가 설정한 문제들에 대한 부분적 해답을 제공할 만한 모든 학문 분야의 정보를 취합할 필요가 있다. 유전학에서는 가능한 한 많은 유전자들로부터 정보를 수집하기를 원한다. 가능한 최대수의 유전자들을 이용해야 확률들을 계산하는 데 '큰 수들의 법칙(the law of large numbers)'을 사용할 수 있는 것이다. 무작위적 사건들이 진화에서 아주 중요한데, 변덕스럽지만 많은 무작위적 사건들을 관찰한다면 진화적 사건들의 행동까지도 설명할 수 있기 때문이다. 1713년 『추론의 예술*Ars conjectandi*』이라는 책에서 자크 베르누이(Jacques Bernoulli, 1654~1705)는 "가장 바보스러운 사람일지라도 어떤 자연적

본능에 의해, 관찰을 더 많이 할수록 실패의 위험은 감소한다고 스스로 납득하게 된다"라고 썼다.

여러 연구들은 불충분한 관찰 때문에 그 가치를 입증받지 못했다. 우리가 핵산(DNA)상에서 직접적으로 다형성을 조사한다면 증거의 부족이란 있을 수 없다. 우리는 수백만 개의 다형성을 연구할 수 있다. 하지만 그 전부를 다 조사할 필요는 없다. 왜냐하면 조사하는 다형성의 수를 계속 증가시키다보면 어느 지점에서는 수를 증가시킴에 따라 새로운 결과나 새로운 결론의 도출이 더 이상 나타나지 않기 때문이다. 따라서 언제나 그렇듯이 단순히 규모가 큰 표본 하나를 조사하는 것은 충분치 않다. 또 다른 경우로 데이터 상에 비균질성이 나타나서 개개가 상이한 역사를 의미하는 수개의 범주로 구분해야 하는 경우에는 이러한 불일치의 원인들을 철저히 규명해내야 한다. 부계로 전달되는 유전자와 모계로 전달되는 유전자들을 비교한 연구에서 나오는 결과들 사이에 이러한 불일치의 사례가 종종 발견되는데 이는 다른 장에서 논의하겠다.

유전적 거리

여러 집단들을 대조해보려면 많은 양의 유전적 정보를 종합해야 한다. 무엇보다도 먼저 집단간의 '유전적 거리(genetic distance)'를 계량하기 위해 단순히 집단들을 쌍으로 비교한다. 굉장히 많은 수의 유전자와 새로운 분석 기법들이 우리 손에 있어야 수많은 집단들 사이의 차이, 심지어 개별 집단 내에서의 유전적 차이를 연구할 수 있는 것이다. 다수의 유전자에서 집단간의 빈도차가 아예 없거나 아주 작아서 집단간의 전 지구적 유전적 거리는 0에 가까운 작은 값이다.

RH 유전자는 다른 곳에서는 별로 유용하지 않지만 유럽 대륙에서는 흥미로운 유전적 거리를 보여준다. 예를 들어 RH^- 대립인자의 개인들의 빈도는 영국에서는 41.1퍼센트, 프랑스에서는 41.2퍼센트, 구유고슬라비아에서는 40퍼센트, 불가리아에서는 37퍼센트로 나타난다. 이러한 빈도차는 거의 무시해도 좋을 정도이다. 그러나 바스크족에서는 RH^- 개인들의 빈도가 50.4퍼센트이고 북유럽의 라프족(사아미족이라고 불러야 더 정확하다)에게서는 단지 18.7퍼센트이다. 이 유전자에 대해서 프랑스와 영국의 유전적 거리는 빈도차를 그대로 계산하여 0.1퍼센트가 된다. 프랑스인과 불가리아인 사이(4.2퍼센트), 또는 불가리아인과 구유고 연방인 사이(3퍼센트)가 이보다 큰 차이가 난다. 그러나 영국인과 바스크족 사이의 거리(9.3퍼센트)는 상당하다. 더욱이 바스크족과 라프족 사이는 엄청난 거리(31.7퍼센트)가 있다.

유전적 거리라는 개념을 쉽게 설명하기 위해 위에서 한 유전자의 대립인자들이 보여주는 빈도(퍼센트) 차이를 잠정적으로 이용하였다. 실제로 유전적 거리의 계산에는 여러 가지 방법이 있으며 꽤나 복잡하다. 유전적 거리의 계산을 시작할 때 나는 위대한 유전학자이자 통계학자인 나의 스승 로널드 피셔(Ronald. A. Fisher) 경에게 조언을 구했었다. 그 말고는 조언을 구할 더 좋은 사람이 없었기 때문이다. 하지만 여기서 피셔의 수식을 제시하는 것은 너무나 복잡하기 때문에 별 의미가 없다. 그러나 반복 가능한 결론을 내리려 한다면 많은 수의 유전자에 대해 두 집단간의 거리를 계산하여 평균을 내는 것이 필수적이다.

피셔의 유전적 거리를 구하는 수식 다음에 나온 다른 여러 개의 수식들 중에 일본계 미국인인 유명한 수리유전학자 마사토시 네이(Masatoshi Nei)가 전개한 거리 계산식이 내가 먼저 사용하였던 피셔의 수식보다도 더욱 널리 사용된다. 하지만 네이 교수는 20년 전에 도입하여 사용해본 이후 요즈음에는 인류 집단의 연구에 피셔의 접근법이 자신의 수식보다 더 낫다고 확신하고 있다.

하여튼 유전적 거리를 계산하는 데 요즈음 이용되는 수식들은 전체적으로 아주 비슷한 결과들을 가져다준다. 실제로 결과들 사이에 심각한 불일치가 발견되면 데이터 자체에 다른 문제가 있지 않는가를 먼저 의심하게 된다. 이때는 보통 유전자의 표본수가 부족한 경우가 많다.

여러 유전자 각각에 대해 집단간의 유전적 거리가 계산되었다면, 그 얻은 거리 값들을 평균할 수 있다. 연구 대상으로 삼은 유전자들로부터의 모든 정보를 종합하는 것이다. 이용된 유전자의 수가 많으면 많을수록 유도된 결론의 신빙성이 높아질 것이다. 우리가 충분한 수의 유전자를 가지고 있다면 그 유전자들을 몇 개의 무리들로 나누고 각각의 무리들을 대상으로 결론들을 검정해볼 수도 있을 것이다. 그리하여 모든 것을 제대로 했다면 유전적 거리 계산에 이용된 유전자의 종류에 '독립적인' 검정을 수행하는 것이다.

지리적 거리에 의한 분리

미국의 시월 라이트(Sewall Wright), 프랑스의 구스타프 말레코(Gustav Malécot), 일본의 모토오 기무라(Motoo Kimura), 이 세 수학자들이 발전시킨 흥미로운 이론—각각의 사이에는 별반 차이가 없는—에 따르면 두 집단간의 유전적 거리는 그 두 집단을 분리시키는 지리적 거리와 직접적으로 상관 관계를 보이면서 증가한다는 것이다. 이러한 예측은 대부분 배우자를 자기가 속한 마을이나 촌락 내부, 또는 도시의 일부에서 선택하지만 아주 적은 비율로나마 이웃하는 집단들에서 선택하는 경우도 있다는 관찰에서 유도되었다. 이 적은 비율이 혼인에 의한 이주를 반영하는 것이다. 혼인에 의한 이주는 언제 어디서나 이루어진다. 아주 단순한 모델에서는 보통 이웃하는 마을끼리 같은 수의 이주자를 교환한다. 혼인 때문에 이루어지는 이주에 대한 최초의 계량적 분석은 장 수터(Jean Sutter)와 트란 느곡 토안(Tran Ngoc Toan)이 실시하였고, 독립적으로 나와 안토니오 모로니(Antonio Moroni), 지아나 제이(Gianna Zei)가 배우자의 출생지를 기록한 교회의 교적부를 이용하여 계산한 바 있다. 이러한 이주에 관한 계량 연구를 통하여 주로 자기가 속한 마을에서 지리적으로 가까운 곳에서 결혼할 배우자를 찾는 경향이 있다는 사실이 예상과 일치하였다. 유전적 거리는 집단들간의 지리적 거리가 증가함에 따라 커진다는 이론에 대한 첫 검증은 작고 균질한 지역들을 연구한 뉴턴 모턴(Newton Morton)에 의해 이루어졌다. 파올로 메노치(Paolo Menozzi)와 알베르토 피아차(Alberto Piazza), 그리고 나는 이러한 검증을 전 세계로 확대 적용하였고, 그 결과는 『인간 유전자들의 역사와 지리학』(1994)이라는 책의 모태가 되었다. 다음의 〔그림 1〕은 그 책에서 인용한 것이다.

지리적 거리의 증가에 따른 유전적 거리의 증가는 처음에는 일직선일 수 있다. 그러나 지리적 거리가 더욱 증가하여 어느 문턱을 넘어서면 그 증가폭이 천천히 감소한다. 이러한 유전적 거리의 증가 곡선이 보여주는 두 가지 특성, 곧 증가 시초의 증가속도(기울기)와 지리적 거

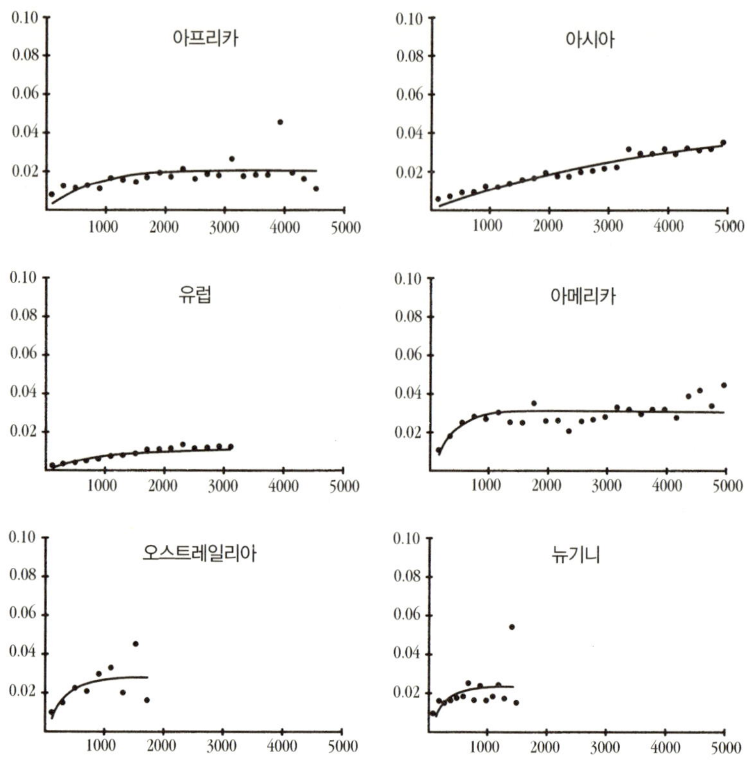

〔**그림 1**〕 여러 대륙의 유전적 거리(수직축에 0에서 1 사이의 척도로 표시)와 지리적 거리(수평축에 마일 단위로 표시)의 관계. 집단 쌍들간의 유전적 거리는 단백질 분석 방법들(혈액형들, 전기영동 등을 이용한 방법)에 의해 검출된 110개 유전자에 대한 가능한 데이터들로부터 평균을 내어 산출하였다. 방법적 편차에 강고한(robust) 유전적 거리의 평균은 다른 지리적 거리의 등급들을 공유하는 종족들간, 촌락들간, 혹은 다른 인간 공동체들간의 모든 가능한 쌍들에 대해 계산하였다.

리의 증가에 따라 도달되는 최대값은 여러 대륙에서 차이가 있다. 이런 증가 곡선의 특성은 아메리카와 오스트레일리아의 원주민에서 최대값을 보이고, 가장 균질성을 지니는 유럽에서 최소값을 나타낸다. 유럽에서는 그 다음으로 균질성이 큰 대륙에서보다 유전적 거리의 최대값이 세 배나 작다. 정치적 분열상에도 불구하고 유럽 대륙 내에서의 이주는 다른 지역에서보다 더욱더 큰 규모의 유전적 균질성을 만들어내기에 충분하였다. 지난 천 년의 광범위한 이주에도 불구하고 아시아에서는 이 유전적 거리의 증가 곡선이 최대치 혹은 다른 의미의 유전적 평형(genetic equilibrium)에 도달하지 않았다(그리고 분명히 전 세계 전체보다도 평형 도달에서 가까운 정도가 멀다). 예를 들어 황인계 사람들(흉노)이 기원전 300년경에 동쪽과 남쪽, 그리고 서쪽으로 팽창을 시작하였다. 18세기쯤에 터키의 서진은 현재의 오스트리아 빈 근처에서 멈추었고, 그것이 마지막 공적이었다.

〔그림 1〕은 데이터가 이론을 지지하는 아주 주목할 만한 사례를 훌륭하게 제시해주는 것이다. 비교하는 두 개별적 집단 쌍은 이론적 곡선에서 굉장히 벗어난 산포도를 보일 것이다. 그러나 〔그림 1〕의 개개의 점들은 백여 개의 유전자들로부터 계산한 수많은 집단 쌍들의 평균값들이다. 여기서 우리는 어떤 유전자가 분석에 이용되든지 간에 크게 다른 결과를 보여주지는 않는다는 점을 관찰하게 되었다. 단지 한 유전자 체계가 다른 유전자들의 결과와 현격한 차이를 보이는데 바로 면역글로불린 유전자들이었다. 이 유전자들은 항체를 만들게끔 암호화되어 있는데 아마도 이 유전자들에서 나타나는 더 큰 규모의 유전적 변이는 인간이 직면하는 여러 가지 감염성 질병의 종류보다 한층 더 큰 규모의 지역적 변이에 대한 대응으로 생겨난 것으로 보인다.

그러면 인종이란 무엇인가?

하나의 인종(race)이란 우리가 다른 모둠의 개인들과는 생물학적 차이가 있다고 인식하는 일군의 개인들의 집합체이다. 과학적 '인식'을 위해서는 우리가 한 인종이라고 부르고 싶은 집단과 그 이웃하는 집단 간에 나타나는 차이가 일련의 잘 정의된 기준들에 맞게 통계적으로 유의성이 있어야 한다. 그런데 통계적 유의성의 문턱(threshold)이라는 것은 상당히 자의적일 수 있다. 왜냐하면 집단간에 유전적 거리가 유의성에 도달하는 확률은 조사에 사용된 개인과 유전자의 수에 따라 지속적으로 증가하기 때문이다.

우리의 실험은 심지어 바로 이웃하는 집단들(마을이나 촌락들)일지라도 서로 현격히 다른 경우가 있다는 사실을 보여주었다. 어떤 마을에서 조사에 동원될 수 있는 개인의 숫자에도 한계가 있다. 그러나 조사에 동원될 수 있는 유전자의 수는 엄청나게 많기 때문에 원칙적으로는 아무리 지리적으로나 유전적으로 가까운 두 집단간에도 차이를 발견해낼 수 있으며, 통계적으로 유의성이 있게 할 수 있는 것이다. 조사할 수 있는 유전자의 수가 충분하다면 미국 뉴욕 주의 이타카와 올버니 사이라거나 이탈리아의 피사와 피렌체 사이의 유전적 거리도 분명히 유의성이 있을 것이고, 따라서 통계적으로 증명할 수 있는 사실이 있을 것이다. 이타카와 올버니의 주민들은 자신들이 서로 다른 인종에 속한다는 결과에 실망할지도 모른다. 피사와 피렌체의 사람들은 과학이 그들 사이의 유전적 차이를 제시해주어서 그들 사이의 뿌리 깊은 상호 불신을 정당화해주었다고 기뻐할지도 모른다. 『신곡*La Divina Commedia*』에서 피렌체 사람인 단테는 신이 아르노 강 어귀에 있는 두 섬을 옮겨서 피사에 홍수가 나도록 해주기를 바라는 식으로 피사 사람들에 대한 적대감을 표현하였다.

따라서 세계의 인간 집단을 수백, 수천 혹은 수백만 개의 서로 다른 인종으로 분류한다는 것은 말도 되지 않는 소리다. 그러나 인종적 차이에 대한 정의를 도출해내는 경계를 설정하는 데 필요한 유전적 분기(genetic divergence)의 수준은 어느 만큼이면 적당할까? 유전적 분기의 정도도 연속적인 방식으로 증가하기 때문에 어떤 정의나 문턱을 상정한다고 해도 완전히 임의적일 수밖에 없을 것이다.

지리적인 지도 위에 생성된 유전자 빈도들이 구성하는 표면에 나타나는 불연속성을 분석함으로써 인종을 정의할 수 있을 것이라는 제안이 나온 적이 있다. 기도 바부자니(Guido Barbujani)와 로버트 소칼(Robert Sokal)의 논문(1990)에서 소개한 방법으로 지리적 거리의 단위당 나타나는 유전자 빈도의 변화율이 보여주는 국소적 증가를 살펴보는 것이다. 이주나 결혼에 대한 장애들이 이러한 증가를 만들어낼 것이다. 여러 유전자들에 대해 같은 결과가 나온다면 그러한 장벽들이 인종을 구분하는 데 도움을 줄 것이다. 그러나 유전자 빈도에 대해서 엄밀한 불연속성을 찾아내는 것이 불가능하지 않다고 해도 굉장히 어렵기 때문에, 그 대신 그들은 아마 유전자 빈도가 급격히 변화를 겪는 지역을 찾으려 들 것이다. 이때 자연스럽게 유전적 변화가 특별히 극심한 경우들이 아주 임의적인 방식으로 채택될 것이다. 이러한 경우를 '유전적 장벽들(genetic barriers)'이라고 할 수 있을 것이다.

이러한 과정은 인종에 의한 분류가 노출하고 있는 이론적 난점들을 잘 설명해준다. 유전자 빈도(대립인자 빈도)는 고도나 나침반 방향과 같이 지구 표면의 일정한 지점에서 아주 정밀하게 측정될 수 있는 그러한 종류의 지리학적 특징들이 아니다. 오히려 유전자 빈도는 유한한 면적의 어느 지역을 차지하고 있는 한 집단의 성질들인 것이다. 한 가지 가능한 해결책은 마을과 소도시들을 지리학적 공간에서의 '점들'로 간주하는 것이다. 대도시들은 몇 개의 지리적 점들로 세분할 수 있는데 대도시 속의 거주 공간적 분리들을 고려하려는 목적에서이다. 그러나 마을과 소도시들의 유전자 빈도에 대한 이용 가능한 데이터는 충분하지 않은데, 아마도 이들은 극단적으로 세밀한 집락성(clustering)을 보일 것이다.

어찌되었건 간에 이 방법은 유전적 경계선들의 지리적 위치를 정하는 데 아직도 유용하다. 물론 그 경계선들이라는 것이 임의적이라 하더라도 말이다. 예를 들어 유럽의 경우 바부자니와 소칼은 33개의 유전적 경계선들을 찾을 수 있었는데 이 중 22개는 지리적 특징들(산, 강, 바다)에 해당하였고 거의 모든 경우(31개의 경계선들)는 언어 혹은 방언 경계선들과 상응하였다. 이탈리아와 같은 균일한 언어를 가진 나라에서는 가족의 성(姓)씨가 유전자보다 더 좋은 결과를 나타냈다. 가족 성씨는 대물림되는 것이기 때문에 유전자와 거의 같은 정보를 가지고 있다. 그러나 성씨는 그 성을 가진 사람들을 많이 모을 수 있기에 오히려 정보량이 훨씬 더 많을 수도 있다.

인종 분류에서 직면하는 더욱더 의미심장한 난점은 앞서 이야기한 방법에 의해 찾은 장벽(경계선)이 하나의 집단이 거주하는 닫힌 공간 하나를 지정하는 경우가 거의 없다는 사실이다. 알프스와 같은 지리적 특징이 경계의 규정을 도와주는 때에도 그러하다. 바다의 섬들만이 유일한 예외이다. 각각의 섬들은 단일한 인종으로 분류할 수 있다. 왜냐하면 만약 충분한 유전적 정보가 있다면 하나의 섬에서는 다른 섬이나 이웃하는 본토와는 다른 것이 나타날 수 있기 때문이다. 그런데 이러한 사실이 실제적인 목적을 위해서, 예를 들어 미국에서 인구조사를 한다든지 하는 일에 유용할 것인가? 이 질문에 대한 대답은 명확히

'아니오'이다. 세번째 문제는 바로 이렇게 아주 근연성이 높은 집단들을 유전적으로 구분하기 위해서는 엄청나게 많은 유전자를 연구해야 한다는 사실이다.

인종을 분류하고자 하는 시도는 19세기 말을 지나서도 계속되었다. 그런데 그 결과들이라는 것이 서로 모순을 이루는 경우가 많았다. 바로 이것이 인종 분류에 내재한 지독한 어려움을 말해주는 좋은 증거이다. 다윈은 이미 지리적 연속성이 인류가 인종을 분류하려는 노력을 좌절시킬 것이라는 사실을 이해했다. 그는 역사가 흘러오면서 수없이 반복을 거듭한 한 가지 현상을 주목하게 되었다. 서로 다른 인류학자들이 새로 나타나서는 셋에서 3백에 이르는 완전히 다른 인종 분류의 결과표를 만들어내는 것이었다. 그러면 왜 이렇게 인간에게는 인종을 구분하려는 꺼지지 않는 충동이 존재하는 것일까? 이 질문은 엄청나게 중요하다. 아마도 이보다는 더욱 보편적인 질문인 '왜 분류하는가' 하는 질문에 대답하는 것이 더 좋을지도 모른다.

왜 사물을 분류하는가?

아주 많은 사물이 주어졌을 때 우리는 그 잠재적 혼돈 속에서 어떤 형식으로든 질서를 부여하려는 충동을 느낀다. 이것이 바로 분류하기의 목적이다. 분류를 통해서 심지어는 과잉 단순화라는 비싼 비용을 치르고서라도 대상물들의 복합적인 배열들을 단순한 단어들이나 개념들로 묘사할 수 있게 된다.

동물학자들과 식물학자들은 수천 혹은 수백만의 종(種)들을 분류해

왔다. 그런데 그러한 분류 작업들이 완결되려면 아직도 멀다. 만약 변이라는 것이 중요하지 않거나 또는 별로 복잡성을 띠지 않았다면 변이를 범주화할 필요도 없었을 것이다. 한 사람의 필요에 적절한 차이의 수준을 쉽게 인식할 수도 있었을 것이다.

분류하는 경향을 가진 것은 인간만이 아니다. 예를 들어 침팬지나 대부분의 동물들도 수백 종의 이파리와 열매들을 '먹을 수 있음'과 '먹을 수 없음'의 두 범주로 구분할 줄 안다. 많은 식물들이 독성을 지니고 있기 때문에 '먹을 수 있음(식용)'은 가장 기초적이다. 하지만 식욕에 따라서 다른 범주가 사용될 수도 있다. 침팬지가 어느 먹이는 먹어도 되고 어느 먹이는 먹으면 안 되는지를 자손에게 가르치는 것이 관찰되었다.

동물과는 달리 인간은 대상물들의 차이를 감별하는 데 언어를 사용한다. 우리는 구분하고자 하는 각각의 대상물에 하나의 이름을 할당한다. 아프리카 피그미족은 수백 종의 나무들—서구의 식물학자도 비슷한 숫자를 감별할 줄 안다—과 수백 종의 동물들을 육안으로 쉽사리 인식한다. 그러나 이만한 다양성은 분류하기에 필요한 고도의 질서를 요구하는 정도는 아니다.

변이의 폭이 매우 큰 경우에는 분류와 그에 뒤따르는 과잉 단순화가 필수적이다. 조르주 루이 르클레르 뷔퐁(1707~1788)이나 카롤루스 린네(1707~1778) 같은 자연사가(naturalist)[8]들이 식물과 동물의 엄청난 다양성에 적합한 분류 체계를 정립하였다. 비슷한 분류 체계들이 비발전적(비화폐적) 경제를 가진 일부의 '원시적' 인류 집단에서도 발견된다.

왜 인종 분류가 유용한가? 의심할 여지없이 개체군계량학자들과 사회학자들은 이 주제에 대해 뚜렷한 견해를 가지고 있다. 대부분의 실제적인 분류들은 극단적으로 단순하기 짝이 없다. 미국의 인구조사는 백인, 흑인(아프리카계), 아메리카 원주민(인디언계), 아시아인, 그리고 히스패닉으로 구분한다. 그런데 맨 마지막 범주는 거의 아무런 생물학적 의미가 없다. 실제적으로 히스패닉은 멕시코계를 뜻하는 것인데, 더욱 일반적으로는 스페인어를 쓰는 수많은 사람들 모두가 이 범주에 드는 것이다.

이보다 개선된 분류법을 제시하려 한들 실패로 끝나기 일쑤다. 인족 모둠들 사이의 변이를 확연히 관찰할 수 있다면 그 분류법을 지지할 수 있을지도 모른다. 가시적 차이들이 '순수한' 인종의 존재를 믿도록 하지만, 앞에서도 논의한 바와 같이 우리는 가시적 차이들에 근거한 분류가 너무 협소하고 본질적으로 틀린 기준이라는 것을 잘 알고 있다. 아주 엄밀하게 측정하여 그 값이 좌표에 표시된 가시적 형질들이 우리가 믿고 있는 것보다 얼마나 구별 능력이 떨어지는지 —불연속성이 생각보다 크지 못하기 때문에 —가 확연히 드러난다. 대륙적 기원에 근거한 분류가 인종 구분에 원초적 근사치를 주기는 하지만 그건 그때뿐이고, 곧 아시아와 아프리카 그리고 아메리카 원주민들 자체도 굉장히 '이질적'이라는 사실을 인식하게 된다. 집단이 이보다는 매우 '균질적'인 유럽의 경우에도 몇몇 아집단에 대한 구분이 나왔었다. 그러나 분류 체계에서 분명하고 만족할 만한 기준이 없다는 사실이 금방 드러난다. 우리가 통계학적 충분성에 대한 문제에 주의를 기울이면 기울일수록 분류의 노력이 더욱더 희망 없는 것처럼 보인다. 엄격하게 유전되는 특성들이야말로 인체측정학적 측정이나 피부색이나 형태 같은 특성들보다는 만족스러운 것이 사실이다. 또한 굉장히 균질적인 인종만을 끄집어내려 해도 모든 지역에 걸친 거의 전적인 유전적 연속성에 직면하게 되는 경우도 있다. 유전자 빈도상에서는 마을과 마을 사이에서 일정한 작은 양의 변이가 나타나는 것이 전형적이지만, 거의 모든 인간 모둠들—피레네 산맥이나 알프스의 어느 마을에서 아프리카의 피그미 촌락에 이르기까지—은 그 개인 구성원들간에 거의 똑같은 평균적인 유전적 거리를 보인다. 한 작은 마을은 다른 어떤 대륙에 위치한 작은 마을이 가지고 있는 거의 똑같은 양의 유전적 변이량을 함유하고 있다. 그 정확한 유전적 조성은 일부 변이를 보이기는 하지만 각각의 집단은 전체 인류라는 대우주를 재현해주는 하나의 소우주이다. 알프스의 작은 마을과 30명의 피그미 이동촌락이 큰 국가, 예를 들어 중국이 함유하는 유전적 변이보다 크게 적지 않은 양의 이질성을 보여준다. 아마도 단지 두 팩터 정도만 작을 뿐이다. 평균적으로 이러한 집단들은 전 세계를 대상으로 한 것보다 다만 조금 적은 이질성을 함유하고 있을 뿐이다. 사용된 유전적 표지가 어떠한 유형이든지 간에 (엄청나게 다양한 선택 범위 내에서 선택되었을 것이지만) 어떤 특정한 집단에서 뽑은 두 개인들간에 나타나는 변이는 전 세계 인구에서 두 명의 개인을 뽑았을 때 나타날 변이의 거의 85퍼센트를 보인다.

그러므로 (서구적) 전통의 연장선상에서 시도된 어떠한 인종 분류도 이제는 포기하는 것이 현명한 일이라고 본다. 그러나 인종과는 별개로 유전적 차이에 대한 관심을 그대로 유지시키는 실제적 이유도 존재한다.

유전적 차이에 대한 연구는 실제로 유용할까?

인종의 합리적 분류에 대한 지적 관심은 거의 전적으로 연속적인 현상에 대하여 인공적인 불연속성을 부여하려 드는 조잡함과 충돌한다. 그러나 분류를 정당화하는 또 다른 이유가 있는 것일까? 만약 불연속성이 원래부터 존재하는 것이면 그 불연속성은 반드시 찾으려고 노력해야 한다. 이러한 노력은 바로 유전적 차이에 근거한 분류를 정당화하는 실제 이유에 근접해 있다.

인간은 사회적 공동체 안에서 살아간다. 그 사회적 모둠이라는 것은 빠른 속도로 진화하며, 그 규모가 커지면서 내적 구조도 복잡해진다. 세계의 대다수는 아직도 복잡성이라는 척도의 낮은 끝에 속한 단순한 사회적 모둠들로 형성되어 있다. 산업화된 국가들은 복잡성 척도의 반대편 높은 끝에 위치해 있다. 대부분의 사람들은 자신이 속한 사회적 모둠들과 자신을 동일시하고 그 모둠에 이름을 부여한다. 공공연히 알 수 있는 것처럼 이러한 이름은 사용하는 언어의 이름이나 부족의 이름—많은 경우에 부족이 충분히 성장하여 단순한 사회적 모둠이 아닌 경우가 생기더라도—과 동일한 경향을 띤다. 또한 더 큰 모둠 내부에는 더 작은 구분들이 생겨나는 경향이 있다. 이는 지구상에 존재하는 사회적 인간 모둠들의 수가 얼마인지 그 하한선을 그어준다. 오늘날 존재하는 지구상의 언어의 수는 5천~6천 개 정도이다. 따라서 오늘날 지구상에 존재하는 인류의 사회적 모둠의 수는 1만 개, 또는 크게 잡아서 10만 개 정도라고 추산할 수 있다.

만약 우리가 사회적 모둠의 수가 얼마인지 그 상한선을 그으려 한다면 사회적 모둠이라는 것이 정확히 어떤 의미를 가지는지를 분명히 해야 한다. 유전학적인 관점에서 가장 의미 있는 사회적 모둠은 한 명의 개인이 자신의 배우자를 찾을 만한 그런 인간 집단이다. 근친교배의 치사적 결과를 회피할 수 있는 이러한 사회적 모둠의 최소 규모는 5백

명 정도이다. 그런데 이 숫자는 또한 '마법의 숫자'라고 할 수 있는데, 사실 관계에 관련된 증거가 있는 것은 아니지만 수많은 인류학자들이 가장 경제적으로 원시적인 한 부족, 또는 종족의 평균적인 크기가 그 정도에 해당한다고 지적하고 있는 것이다. 따라서 이 숫자는 지구상에는 적어도 천만 개 정도의 사회적 모둠이 존재한다는 것을 의미한다. 그러나 다른 면을 고려한다면 유전적인 관점에서 독특한 것으로 구분할 만한 가치가 있는 사회적 모둠 수의 합리적 상한선은 아마도 백만 명 정도가 될 것이다. 그리고 그 평균적인 모둠은 5천에서 5만 명 정도의 개인들로 구성될 것으로 추산된다. 이러한 유전적으로 의미가 있는 사회적 모둠에 관련된 숫자들은 조금 더 수정되어야 할 것 같다. 그러나 나는 그렇게 할 권리를 아직은 유보해두려 한다. 하지만 원칙은 유효한 채로 남을 것이다.

분명한 사실은 인류학자들이 약 백만 개의 분류도 수용할 것이고, 만 개로 구분하는 것조차 받아들일 것이란 점이다. 그러나 이러한 분류는 분명히 '유전적' 분류인 것이고 아마 유용할 것이다. 그리고 실제로 그만큼이 존재하는 것일 수도 있다. 물론 좀더 복잡성을 띨 것이지만 먼 미래에 더욱 확정적인 것으로 나타날 것이다. 이러한 유전적 모둠에 속하는 개인들은 전체 인류로부터 임의적으로 선택된 두 개인들이 보여주는 유전적 유사성(genetic similarity)보다 아주 큰 유사성을 보여줄 것이다. 왜냐하면 그들이 무작위 추출된 두 개인들보다는 공통 조상성을 현격히 크게 가지고 있을 것이기 때문이다. 사실상 공통 조상성이 큰 사회적 모둠은 내배우성(內配偶性) 행동—모둠 내에서 결혼하는 경향—에 근거하여 정의될 수 있을 것이다. 내배우성 혹은 족내혼은 모둠들간에 유전적 및 문화적 분화를 점진적으로 생성해내는 경향이 있다. 집단들의 유전적 분화가 실제로 존재한다면, 아주 적은 양이지만 시간상으로는 안정적이다. 이와 대조적으로 문화적 분화는 놀랄 만큼 높을 수 있고 일정 수준에 도달하는 것도 빠르게 진행되지만, 쉽게 가역적인 성질을 보일 수도 있으며 그렇게 안정적이지 못하다. 그러나 유전적 차이들은 아주 실제적인 관점에서 굉장히 중요할 수가 있는데 그것은 특정한 질병들에 걸릴 개연성이나 동일한 약품에 대해 비슷하게 반응할 가능성이 높다는 점에서 그렇다.

이와 같은 사실에 회의적인 사람들에게 제시할 수 있는 사례로는 유전적 차이의 원칙이 적용된 아이슬란드의 경우이다. 아이슬란드의 국민 모두를 대상으로 한 한 제약회사의 의학 연구가 아이슬란드 의회의 승인을 거쳐서 시작되었다. 아이슬란드의 인구는 고작 25만 명이다. 앞에서 제시한 상한선과 하한선의 범위 내에 떨어지는 숫자이다. 아마도 현재 진행되고 있는 연구의 결과에 따라 아이슬란드 집단이 이전에 예상했던 것보다 동질적(homogeneous)이지 않을지도 모르는 일이다.

역사적 연구의 약점과 강점

인간 다양성에 대해 살펴보기 시작하면서 우리는 어쩔 수 없이 다음과 같은 많은 질문들을 던지게 된다. '인간 다양성은 어떻게 생겨나게 되었는가?', '다양성을 생성하는 데 작동하는 힘들은 어떤 것들인가?', '다양성 생성에 관련된 일련의 사건들이 일어난 경로는 어떠한가?'와 같은 것들이다. 간단히 말하자면 인간 진화의 역사는 어떠했고 인간 진화를 추동하고 방향 지은 인자들은 어떤 것들인가 하는 것이다.

인간 진화를 재구성하려는 노력은 역사적 연구에서 우리가 만나게 되는 문제점들을 대부분 그대로 드러나게 한다. 실험적 과학은 누구도 그럴 것이라고 생각해보지 않은 그런 가설도 검증할 수 있게 해준다. 반면에 가끔은 반복되는 듯이 보이는 경우도 있지만, 역사 자체는 반복되지 않는다. 그렇지만 빈번히 역사적, 인류학적 유추들은 유용하다. 이 유추들이 독립적인 확정이거나 보완적인 증거를 제시하면 하나의 가설을 제거하든지 지지하든지 하게 된다. 다학제적인 연구는 따라서 어느 의미에서 일종의 사건의 반복—보통 실험적 방법에만 가능한—을 제공하는 것이다.

관련된 연접 학문 분야들을 탐색하다보면 무진장한 발견물을 건지는 수가 있다. 내가 언어학이나 고고학 혹은 인구학으로부터 지지를 획득하거나 발견하려 노력하게 된 것은 이러한 경험이 있었기 때문이다. 다학제적 접근이 긍정적인 결과들을 건져 올린 만큼 지적인 만족도는 컸다. 이러한 접근의 연구자는 여러 과학들과 그 방법적 수순들의 근본적 통일성을 알고 있다.

2. 계통수 숲속의 산책

A Walk in the Woods

몇 해 전부터 나는 현존하는 인간 집단들의 유전적 데이터를 가지고 '인간 진화'의 역사를 재구성하는 것이 가능한지에 관심을 갖게 되었다. 그 당시에 인간 진화의 역사라는 주제에 대해 우리가 알고 있는 지식의 거의 대부분은 고인류학에서 나온 것이었다. 하지만 화석 자료라는 것이 아주 희귀하고, 지금까지도 얼마 되지 않는 불충분한 뼈와 자료들을 가지고도 만족할 수밖에 없는 실정이다. 거대한 퍼즐 덩어리 중에서 임의적인 파편 몇 개만 남아 있는 것이다. 그런데 어떻게 이런 제한된 실마리를 가지고 전체를 재구성할 수 있을까? 물론 새로운 화석이 발견되거나 역사적 날짜를 수정하게 되어 인간 진화에 대한 우리의 이해를 전반적으로 재검토해야 하는 경우가 종종 있기는 하다. 백만 년 된 심승의 턱뼈 화석의 발견 하나가 과학 저널은 물론 신문의 1면을 장식하기도 하는 것이다.

우리가 화석에 대해 집착한다면 훨씬 더 풍요로운 진화적 정보의 원천에 주의를 게을리 하는 셈이다. 비록 현존하는 인간 집단들로 크게 제한되어 있지만 유전적 데이터는 우리에게 인류 역사에 대하여 많은 부분을 이야기해줄 수 있다. 유전자와 유전자 빈도는 골격의 특징과는 달리 정확하고 잘 이해할 수 있는 규칙들에 따라 오랜 시간에 걸쳐서 변화한다. 물론 골격 형태나 뼈의 진화 역시 유전적으로 결정되는 것이기는 하지만 유전자에 비하면 훨씬 복잡하고 불분명한 방식을 가진다. 이들은 환경적 요인의 영향을 가장 현저하게 받고, 또한 다른 많은 요인들에서도 영향을 받기 때문이다.

유전학도 역시 단점들이 있다. 예를 들어 고대의 집단들은 연구하기 어렵다. 그러나 현재 우리는 이따금 그리 오래되지 않은 화석 속에 DNA가 보존되어 있음을 알고 있다. 영화 〈쥐라기 공원〉을 보거나 소설을 읽은 사람이라면 알고 있을 만큼 고생물유전학(paleogenetics)이라는 새로운 과학이 성장하고 있는 것이다. 수백만 년 된 호박 화석 속에 보전된 곤충에게서도 DNA가 때때로 회수될 수 있다는 주장까지 제기되었다. 물론 코끼리나 인간은 호박 침전 속에 보전되지 않을 것이다. 게다가 호박으로부터 DNA가 회수될 수 있다는 생각은 지나치게 낙관적이고, 수백만 년 전에 생존한 생물체로부터 DNA를 양호한 상태로 회수해낸다는 일 자체가 (혹시 있을 수는 있다고 해도) 거의 불가능한 희망일 뿐이다.

문제는 오래된 DNA가 광범위한 절편화와 화학적 변화를 겪는다는 것이다. 따라서 동일한 DNA 조각의 수많은 절편들을 비교해야만 성공적으로 하나의 짧은 DNA 조각이라도 그 전체의 구조를 재구성할 수 있다는 것이다. 이와 같은 방법은 미토콘드리아 DNA(mtDNA) 연구의 개척자이며 앨런 윌슨(Allan Wilson)의 제자인 스반테 파보

(Svante Pääbo)가 연구소장으로 있는 뮌헨의 연구소(막스 플랑크 연구소 진화인류학연구실/옮긴이)가 성공적으로 정립하였다. 성공적인 결과를 가져온 표본들은 '오에치(Oetzi)'라는 별명을 가진 사체의 해골에서 회수한 것이었다. 오에치는 청동기 시대 사람의 사체로서 오스트리아와 이탈리아 사이에 있는 알프스의 빙하가 녹으면서 발견한 것이다. 오에치의 옷과 도구들은 청동기 시대의 패션과 기술의 발달에 관한 귀중한 정보를 제공하였다. 조사에 쓰인 오에치 사체의 DNA는 미토콘드리아(사립체)에서 비롯된 것이었다. 미토콘드리아는 효모로부터 포유동물에 이르기까지 진핵생물의 모든 세포 안에서 발견되는 박테리아를 닮은 세포내소기관이다. 미토콘드리아 안에는 DNA로 된 아주 작은 미토콘드리아 염색체가 단일 판본(copy)으로만 존재한다. 그런데 대부분의 세포는 수백 내지는 수천 개의 미토콘드리아를 가지고 있다. 미토콘드리아는 세포의 성장과 유지, 화학적 영양소의 사용에 필요한 에너지를 생성하는 기능을 담당하고 있기 때문이다. 따라서 거의 모든 세포에 상당한 양의 미토콘드리아 DNA가 존재하는 것이다. 대조적으로 모든 진핵세포의 핵에 있는 염색체 유전자들을 형성하는 DNA는 유전자당 두 판본이 존재한다. 두 판본 중 한쪽은 아버지에게서, 그리고 다른 한쪽은 어머니에게서 물려받은 것이다.

오에치라는 청동기 시대 사람의 미토콘드리아 DNA는 현재 같은 지역에 살고 있는 사람들의 DNA와 인상적일 정도로 비슷했다. 그 지역에 살던 집단은 상당히 안정적이었던 것 같다. 덤으로 그가 죽은 후 약 5천여 년 동안 외지인들의 대규모 인구 유입(이주)도 없었던 것 같다.

미토콘드리아 DNA를 이용한 재구성이라는 이 절묘한 기법은 더 큰 성과를 이루어냈다. 네안데르탈인의 DNA 추출이라는 훨씬 야심찬 과업이 시도되었을 때 이 기법은 엄청난 유용성을 입증한 것이다.

1856년 독일 북부에서 굴착 공사 중에 현생 인류의 뼈와는 전혀 다른 해골이 발견되었다. '진화'라는 개념이 존재하기는 했지만 아직도 모호한 상태였다. 말하자면 다윈의 『종의 기원』이 출간되기까지는 아직도 3년을 더 기다려야 했던 때였다. 그러나 진화 개념의 발견에 대해 전해 들은 한 지방 학교의 교장은 자기가 가진 그 발굴물의 중요성을 깨닫게 되었고, 따라서 뼈들을 본(Bonn) 대학의 해부학 교수에게 가져다주었다. 이 뼈의 이름은 발견한 장소인 네안데르 강의 언덕 이름을 따서 네안데르탈이라 붙여졌다. '탈(thal, tal)'은 독일어로 언덕을 뜻한다.

다른 많은 비슷한 화석들이 그 이후로 약 150여 년 동안 발견되었다. 그러나 현생 인류와 네안데르탈인과의 관련성은 계속해서 자연인류학자(체질인류학자)들을 괴롭히고 있다. 두 생물종간의 차이점은 확연하였지만 주목할 만한 유사성도 분명히 존재한다. 일부 학자들은 네안데르탈인이 현생 인류의 직계 조상이라고 생각했다. 다른 일군의 학자들은 고대 유인원이나 고대 인류의 멸종된 한 줄기라고 생각했다. 이 문제는 만약 회수할 방법이 있다면 멸종된 네안데르탈인의 DNA를 분석하면 풀 수 있을 것이었다. 고대인의 상박골 표본을 가지고 파보 박사가 일하는 뮌헨의 연구소에서 오에치 사체를 연구했던 방식과 비슷한 접근법으로 실험을 해보았다. 그 결과는 확연했다. 현대 인류의 미토콘드리아 DNA와 네안데르탈인의 미토콘드리아 DNA는 상당한 정도, 곧 종의 구분이 가능한 정도의 차이가 있다는 사실이었다. 이 차이를 수량으로 계산함으로써 현대 인류와 네안데르탈인의 마지막 공통 조상이 지금으로부터 약 50만 년 전에 존재했다는 사실을 추론해냈다. 이들의 공통 조상이 어디서 살았는지는 분명하지 않다. 그러나 현생 인류와 네안데르탈인은 상당히 일찍 분리되었으며 현생 인류는 아프리카에서, 네안데르탈인은 유럽에서 서로 동떨어진 채 발달을 계속했다. 미토콘드리아 DNA의 분석 결과는 이전에 고인류학자들이 주장한 초기 가설과는 대조적으로 네안데르탈인이 우리의 직계 조상이 아니라는 사실을 명백히 밝혀주었다. 약 6만 년 전에 네안데르탈인은 유럽에서 중앙아시아 그리고 중동까지 퍼져나갔다. 그러나 그 이후의 자취는 이 지역들에서는 발견되지 않는다. 현생 인류는 약 4만 2천 년 전 내지 4만 3천 년 전에 유럽에 도달했다. 아마도 네안데르탈인과 접촉했을 수도 있지만, 현생 인류와 네안데르탈인 사이에 잡종(hybrid)이 나타났다는 증거는 없다. 4만 년 전 직후에 네안데르탈인은 유럽에서 수가 크게 줄어서 점점 더 희소해졌으며 현재까지 남아 있는 마지막 표본은 3만 년 전의 것이다.

이렇게 엄청난 정성을 들여야 하는 연구들이 많은 다른 네안데르탈인 뼈들과 다른 오래된 유골들에까지 확대되기를 희망한다. 그러면 고생물학에서 상대적으로 최근에 해당하는 영장류의 진화를 해명하는데 도움이 될 것이다. 불행히도 이보다 더 오래된 표본들을 대상으로 하는 실험은 효율적이지 못하고 어렵기만 하다. 그리고 미토콘드리아 DNA보다는 정보성이 높은 세포핵 내 유전자들에 관한 연구 결과는 오에치 정도나 오에치보다 덜 오래된 화석들에서만 성공을 거두었다.

내가 인류 진화에 대해 관심을 갖기 시작한 것은 로널드 피셔 교수가 유전학과의 학과장으로 있던 영국 케임브리지 대학에서였다. 하지만 처음 십여 년간의 나의 연구는 세균(박테리아)유전학에 관한 것이었다. 그리고 1951년 이탈리아의 파르마 대학에서 일반 유전학을 가르치게 되었는데 그때 나는 연구 대상 생물종을 세균에서 더욱 매력적인 생물종인 사람으로 전환했다. 1961년쯤이 되자 나는 이 장—2장 '계통수 숲속의 산책'—에서 다루는 문제에 대해 충분한 데이터를 가질 수 있게 되었다.

진화적 나무의 성장

다윈 이후로 우리는 진화를 생물종들과 그 조상들 사이의 관계를 더듬어 나가는 나무(계통수)라는 측면으로 사유해왔다. 하나의 '종'은 짝지으며(교배하며) 번식 능력이 있는 차대(자손)들을 생산할 수 있는 개인 혹은 개체들로 구성된 모둠이라 정의할 수 있다. 인류는 하나의 생물종이고 모든 인간 집단들은 상호간 번식 능력이 있다. 이는 인류 모둠들 모두가 가까운 공통 조상을 공유하고 있다는 것인데, 유전자가 집단들 사이에서 지속적으로 교환되었음을 의미한다. 반면에 만약 집단들이 상대적으로 깨끗하게 쪼개어진다면, 따라서 나누어진 새로운 두 아집단들 사이에 유전적 교환이 거의 또는 전혀 없다면, 이러한 분리 과정이 하나의 나무로 정확히 표현될 것이다. 새로운 대륙에 인류가 살게 되면 그 결과 이러한 분명한 집단 분열이 생겨난다. 한 대륙에서 다른 대륙으로의 이주는 필연적으로 일종의 불연속성을 발전시키게 되는 것이다. 심지어 이주하는 데 오랜 시간이 걸리고 모집단과 딸집단 사이에 지리학적 연속성이 지속된다 하더라도 궁극적으로 일정한 정도의 유전적 분화는 불가피하게 일어나게 마련이다.

앞의 1장에서 밝힌 것처럼 집단들의 쌍으로 비교하여 유전적 거리를 계산함으로써 그리 어렵지 않게 '유전적 근연성(genetic relatedness)'을 결정할 수 있다. 5개 대륙에서 현재의 원주민 집단들을 살펴보자. 이것은 1961년에 앤서니 에드워즈(Anthony Edwards)와 내가 연구했던 원래의 15집단(대륙당 3집단)을 단순화시킨 실례이다. 퍼센트로 나타낸 대륙간의 유전적 거리는 다음과 같다.

대륙간 유전적 거리

	아프리카	오세아니아	아메리카	유럽
오세아니아	24.7			
아메리카	22.6	14.6		
유럽	16.6	13.5	9.5	
아시아	20.6	10.0	8.9	9.7

이 표에 나타난 대륙간의 유전적 거리로부터 시작해서 이러한 차이들을 만들어낸 계속적인 분열들을 설명해주는 계통수를 어떻게 재구성할 수 있을 것인가?

나와 에드워즈가 이 방법적 과제를 풀어나간 첫번째 방법은 상당히 복잡했다. 그러나 예시적 설명을 위해 '평균 연결(average linkage)'이라 부르는 간단한 기법 하나를 선택해서 설명할 것이다. 이후에 우리는 평균 연결이 복잡하지만 신뢰성은 더 높은 어려운 기법들을 이용하여 분석한 것과 거의 동일한 결과들을 나타낸다는 것을 알게 되었다.

하나의 계통수를 이용해서 다섯 대륙의 단순한 분석이 제대로 되는 것은 위의 '대륙간 유전적 거리'라고 이름 붙인 표처럼 합리적인 순서로 여러 모둠들이 배열되어 있을 때이다. 제일 먼저 가장 작은 차이를 가지는 쌍은 바로 아메리카 원주민과 아시아인이다. 두 집단의 분리

기간이 길수록 그들 사이의 유전적 거리가 큰 것은 당연하다. 그러므로 아시아와 아메리카의 분리가 가장 최근에 해당하는 계통수 갈라짐이 될 것이다. 사실 우리는 고고학적 정보를 통해 아메리카 원주민들이 아마도 1만~2만 5천 년 전, 곧 시베리아와 알래스카가 육지로 연결되어 있던 빙하 시대 마지막에 아시아에서 아메리카 대륙으로 걸어서 이동할 수 있었던 시기에 그곳에 정착했을 것이라고 본다. 이에 대해서는 뒤에서 좀더 자세히 논의할 것이다. 아메리카 대륙의 비교적 정확한 정착 시기에 대해서는 아직도 불분명하며, 아메리카 대륙이 현생 인류가 가장 늦게 정착한 대륙이라고 할 수 있을 것이다.

유전적 거리와 분리 기간 사이에 비례 관계가 있다는 것은 합리적인 원칙이다. 하지만 언제나 비례 관계가 성립한다고는 볼 수 없다. 분명히 아메리카와 아시아 사이의 유전적 거리가 가장 작다. 그렇지만 아시아-아메리카의 거리는 유럽-아메리카의 거리나 유럽-아시아의 거리보다는 아주 작은 차이를 보인다. 모든 측정치는 통계적 오차에 의해서 영향을 받는다. 그리고 측정된 양의 '참값'은 절대 알 수 없는 것이다. 측정에 완벽을 기할 수는 없지만, 통계적 오차는 계산할 수 있으므로 관찰의 횟수를 늘림으로써 오차의 크기를 줄여나갈 수 있다. 우리가 사용한 '거리'는 백여 개 유전자에 근거를 두고 있는데, 여기에는 약 20퍼센트 정도의 통계적 오차가 있다고 할 수 있다. 이 20퍼센트의 수치는 주어진 확률 아래에서 참값이 자리할 신뢰 구간을 계산할 방법을 일러준다. 그리고 언제나 측정 오차를 줄일 방법이 있는데 바로 거리 계산에 사용되는 유전자의 수를 늘리는 것이다. 현재로서는 우리의 서술을 강화시켜줄 만큼 복잡한 다른 데이터를 가지고 있다고 이야기하는 것만으로도 충분할 것이다. 다시 돌아가 가장 차이가 적게 나타나는 쌍은 아메리카 원주민과 아시아인으로 받아들이자. 그러면 아시아와 아메리카 사이가 가장 최근의 갈라짐이라는 점을 알 수 있다. 그러면 다음과 같이 인류 계통수의 구축을 시작할 수 있다.

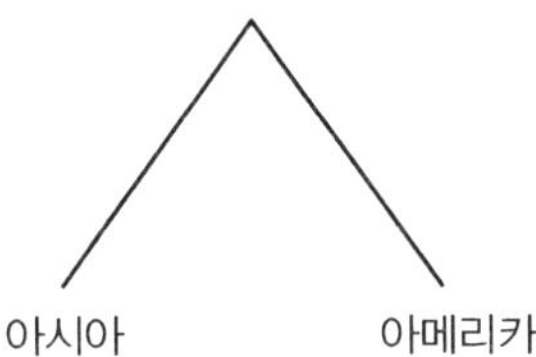

이제 아시아와 아메리카 대륙이 다른 대륙들과 가지는 거리들 사이의 평균을 계산하여 두 대륙을 조합할 수 있다(예를 들어 유럽-아시아의 유전적 거리는 9.7인 반면 유럽-아메리카는 9.5이므로 그 평균은 9.6이다). 따라서 위의 대륙간 유전적 거리는 한 줄을 완전히 없애버릴 수 있다.

	아프리카	아메리카	아시아-아메리카
오세아니아	24.7		
아시아-아메리카	21.6	12.3	
유럽	16.6	13.5	9.6

우리는 또 다시 가장 가까운 거리를 선택한다. 이번에는 아시아-아메리카 조합과 유럽 사이의 거리다. 다음으로는 인류 계통수의 아시아-아메리카 조합에 유럽이라는 가지를 가져다 붙이게 된다.

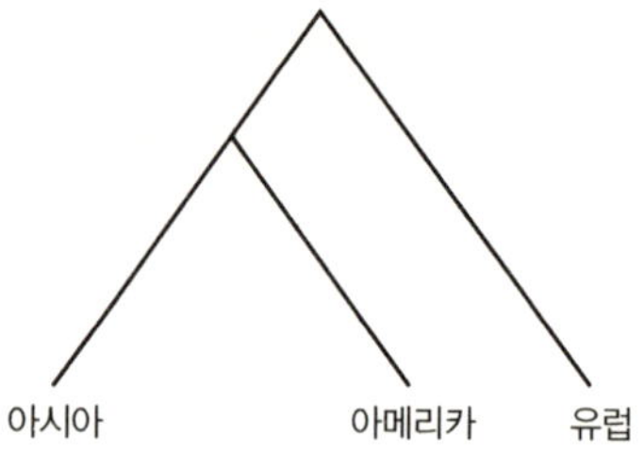

이 과정을 반복하면서 이번에는 오세아니아를, 그리고 마지막으로는 아프리카를 이 계통수에 연결한다. 완성된 계통수는 다음과 같다.

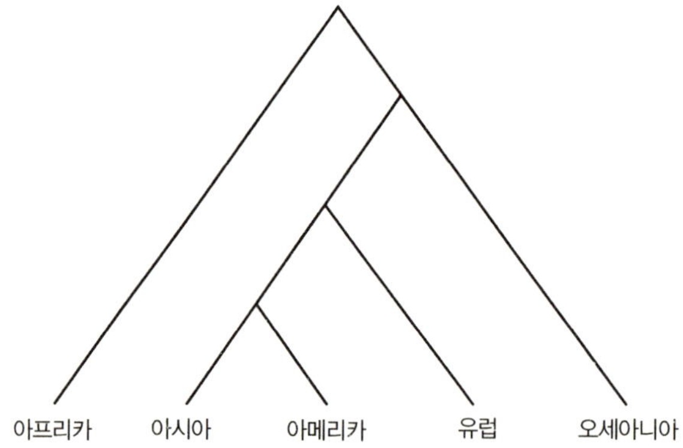

아프리카 기원의 인류 이주 모델은 아프리카에서 오세아니아(오스트레일리아)에 처음으로 도착하고, 동아시아, 그리고 유럽과 아메리카로 가는 것인데, 이것은 유전적 거리들과 고고학적 데이터에서 나온 것이다. 그러므로 위의 계통수는 현대 인류의 진화를 정확하게 제시할 만큼의 합당한 확률을 가지고 있다. 조금 뒤에 이러한 계통수가 어떻게 그 정착 시기들과 맞아떨어지는가를 살펴보게 될 것이다.

이 인류 계통수에서 아주 명백한 혼성 집단인 북아프리카, 서아시아, 그리고 오스트레일리아보다 작은 태평양 섬들을 제외함으로써 계통수 나무가 뻗어나가는 성장을 단순화하였다. 그러나 뉴기니인들은 오세아니아에 포함된 오스트레일리아 원주민과 흡사하기 때문에 뉴기니는 오세아니아에 합쳐버렸다. 거의 전체 세계 인구의 4분의 1에 해당하는 사람들이 앞의 계통수 그리기에서는 무시된 상태이다. 그러나 열거한 집단들을 제외하지 않더라도 비슷한 결과가 나왔을 것이다. 왜냐하면 계통수 축조 방법은 우리가 애초에 생각했던 것보다 신뢰성이 높다는 사실이 이후에 증명되었기 때문이다.

하지만 말할 것도 없이, 계통수 구성 방법도 실패할 수 있다. 한 가지 이유는 인간 집단들이 하나의 유전적 연속체를 형성하고 있기 때문이다. 하나의 연속체를 분리하려 할 때에는 아주 자의적인 결과만 나타날 수 있다. 다윈도 이것을 인정하고 있었으며, 그래서 인종을 분류하려는 모든 시도를 물리쳤다. 유전적 거리를 계산할 때 통계적 오차가 생길 잠재성은 상당히 크다고 할 수 있다. 결국 이 엄청난 장애를 넘어서는 유일한 길은 훨씬 많은 노력을 요구하긴 하지만 분석된 유전자의 수를 엄청나게 늘리는 것 말고는 없다. 우리가 나중에 최초로 발표하게 되는 인간 집단의 유전자 빈도 데이터를 수집하기 시작한 1961년까지만 해도 겨우 20여 개의 유전적 다형성이 15개 집단에 대해서만 알려진 상태였다. 우리가 이용하려고 했던 대륙별로 거의 3개의 다형성이 알려진 정도였다. 그러나 1988년에는 거의 백여 개에 가까운 유전적 다형성이 알려져 있었으며 이는 두 팩터 정도 통계학적 오차를 줄여나갈 수 있는 것이었다. 현재에는 몇백 개의 유전적 다형성이 존재하여 통계적 오차를 더욱 줄여갈 수 있다. 물론 결과는 과거나 현재나 거의 같다. 더욱이 아직도 통계학적 오차 이상의 불확실성을 불러

일으키는 또 다른 방법적 근원들이 있다. 다행스럽게도 이를 해결할 방법을 찾기 위해 30여 년을 기다릴 필요는 없다. 최근에 발전된 접근법들이 통계학적 오차가 아닌 새로운 문제들의 이해에 도움을 주기 때문이다.

엄청나게 거대한 숲

계통수 축조 방법이 다르면 동일한 관찰값의 모둠을 대상으로 하더라도 약간 다른 결과가 나타날 수 있다. 정확한 계통수를 찾는 데 나타나는 실제적인 한계 중 하나는, 주어진 세트의 집단들을 대상으로 해도 잠재적으로 나타날 수 있는 계통수의 수는 엄청나게 많다. 분류학에서 계통수를 구성하는 단위는 분류군(taxon)이라 하는데, 유전적 계통수에는 그 분류군이 집단이다. A, B, C 세 개의 분류군을 가지고도 계통수의 뿌리(R)가 놓이는 자리를 지정해야만 한다.

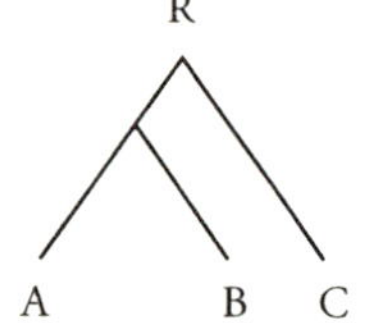

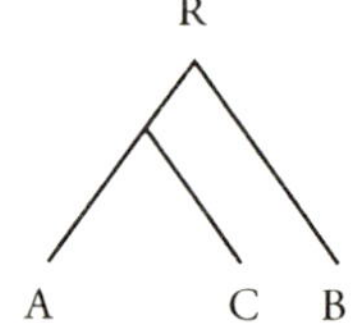

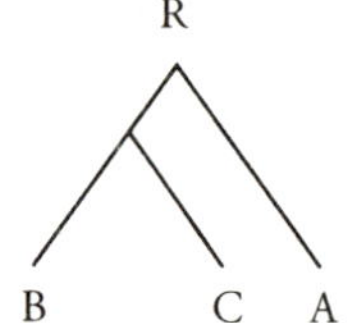

네 개의 집단을 가지고는 15개의 각기 다른 '뿌리 있는 계통수들(rooted trees)'을 만들 수 있다. 만약 뿌리박기를 무시한다면 단지 가능성 있는 계통수가 3가지 도출된다.

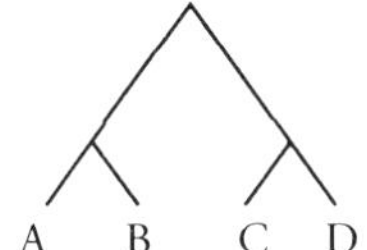

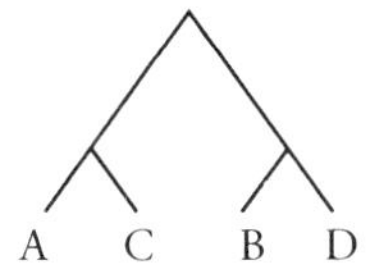

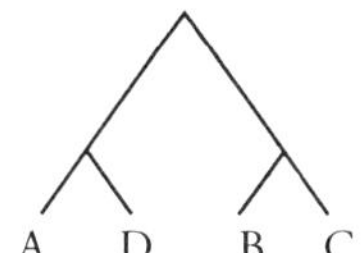

조사된 집단의 수를 증가시킴에 따라 가능한 계통수의 수는 매우 급속히 증가한다. 다섯 개의 집단을 가지고는 105개의 '뿌리 있는 계통수'가 가능하고 15개의 '뿌리 없는 계통수'를 만들 수 있다. 10개의 집단으로는 34,459,425개의 뿌리 있는 계통수, 2,027,025개의 뿌리 없는 계통수가 나온다. 20개 집단으로는 대략 8×10^{20}개의 뿌리 있는 계통수가 만들어지고, 뿌리 없는 계통수는 이 숫자의 37분의 1이다. 이론적으로는 가장 좋은 계통수를 찾으려면 이 모든 가능한 계통수를 분석할 필요가 있다.

현대 통계학이 제공한 좀더 적절한 방법인 '최대 유망성(maximum likelihood)'[9]을 사용하려고 한다면 이러한 문제는 더욱 악화된다. 이 방법을 이용하면 계산이 엄청나게 오래 걸린다. 하지만 최대 유망성이란 방법은 데이터의 분석에 엄밀성을 기할 수 있다는 장점을 가지고 있다. 이 방법을 이용하려면 정확하게 정의된 진화적 가설(혹은 진화적 '모델')을 먼저 만들어내야 하며, 관찰된 데이터를 가지고 이를 검정하게 된다. 또한 선택된 모델이 데이터를 반영하는 '적합도(goodness of fit)'의 척도를 얻는 것이 가능하다. 여러 가지 가설을 검정하고 싶다면 이 방법이 가장 만족스러운 가설을 선택하도록 해주고, 최상의 계통수가 그보다 못한 계통수들에 비해 가지는 장점들(우세성)에 대해 평가할 수 있게 해준다. 불행하게도 현재의 컴퓨터로는 좀더 고급의 방법으로 12개 이상의 집단에서 가능한 모든 계통수 정도조차도 '철저하게' 검정할 수가 없다.

가장 단순한 최대 유망성 모델은 각 집단에게 동일한 진화 속도(evolutionary rate)를 가정한다. 따라서 모든 가지들의 길이가 동일한 '뿌리 있는 계통수'를 만들어낸다. 이 기법은 앞에서 이야기한 것처럼 평균 연결에 의해서 비슷하게 모사된다. 이 평균 연결도 동일한 진화 속도를 가정하기는 마찬가지다. 그런데 진화 속도가 언제나 동일한 것인가? 이것을 알아내려면 유전적 변화의 걸음걸이 속도에 영향을 미치는 인자들을 검토해야 할 것이다.

진화의 메커니즘과 속도 : 최대적응자 생존과 최대행운자 생존

현대 유전학의 초기부터 네 가지 진화적 힘들이 인식되었다. 1) 새로운 유전적 유형들이 형성되게 하는 '돌연변이', 2) 어떤 특정한 환경에 가장 적합한 돌연변이 유형을 자동적으로 선택하는 메커니즘으로서의 '자연선택', 3) 작은 집단들의 유전자 빈도의 무작위적 증감변동인 '유전적 부동', 4) 마지막으로 유전자 유동(gene flow)이라고도 불리는 '이주'이다.

유전적 부동(genetic drift)은 위 네 가지 진화적 힘들 가운데 가장 추상적인데 실제로는 여러 세대에 걸쳐서 일어나는 유전자 빈도의 우연한 임의적 증감요동(fluctuation)을 의미한다. 아메리카인디언들은 O형 혈액형을 가진 사람이 거의 백 퍼센트에 육박하는데, 아마도 O유전자 빈도가 50퍼센트에 가까운 집단의 직계 자손일 가능성이 높다. 누군가가 가정한 대로, 아시아에서 아메리카 대륙으로 이주한 사람은 12명 정도라고 추산되는데, 모두 O형이었을 것이다. 현재의 아시아 집단의 빈도가 아주 오래된 과거와 그리 다르지 않다면, 모집단으로 가정한 아시아인의 O형 빈도도 10명 모두 O형일 확률이 천분의 1, 5명 모두는 32분의 1 정도이다. 만약 첫번째 아메리카 이주민들이 모두 O형이었다면 새로운 돌연변이나 나중에 유입된 이주민들이 다른 혈액형을 만들어내지 않는 한, 그들의 자손들은 모두 O형일 것이다. 이처럼 지극히 극단적인 사례는 집단 크기의 통계적인 성질, 곧 '집단이 작으면 작을수록 세대를 통해서 나타나는 상대적 유전자 빈도의 증감요동은 커진다'는 것을 잘 보여준다. 이러한 극단적인 부동의 형태는 다른 말로 '창시자 효과(founder's effect)'라고 한다. 더 정확히 말하자면 부동의 다른 의미와는 차별성이 있게 하기 위해 '무작위적인 유전적 부동'이라고 불러야 마땅하다. 물론 창시자 효과는 특정한 시기 또는 창시적 사건에만 꼭 일어나라는 법은 없다. 이 효과는 각 세대마다 일어날 수도 있으며, 집단의 크기가 작으면 작을수록 더욱 현저하게 나타나는 경향이 있다. 이 창시자 효과라는 것이 중요할 수도 있는데, 창시자들이란 아주 소수인 것이 보통이고, 만약 새로운 정착이 성공적이면, 그 집단은 그 정착 이후 급격하게 증가하기 때문이다.

부동의 인상적인 한 가지 성질은 집단을 균질화하는 경향이다. 이주나 돌연변이에 의한 유전자 유입이 없는 가운데 유전적 부동이 작동된다면, 그 집단은 결국 모두 한 가지의 유전적 유형만을 남기고 다른 유형은 모두 제거할 것이다. 동일한 유전자 빈도를 보이는 두 집단이 분리되었을 경우, 결국 이 두 집단 모두가 단일한 유전적 유형으로 고정될 것이다. 각각의 집단에 대해 서로 다른 단일 유형으로 고정되는 것도 가능한 시나리오다. 부동은 어떠한 목표점도 없이 눈이 먼 것처럼 작동된다. 하나의 부동을 겪는 집단에서 주어진 어떤 유형의 빈도의 증가 또는 감소는 전적으로 우연에 달려 있다. 따라서 부동의 행동은 단지 확률의 입장에서만 예측이 가능한 것이다. 예를 들어 부동의 과정 초기에 가장 빈도가 높았던 유전자가 그 집단에서 최종적으로 고정될 가능성이 가장 높은 유전적 유형일 수 있다. 이러한 부동의 확률적 성격은 일본인 집단유전학자 모토오 기무라에 의해 크게 부각되었다. 그는 진화에 대한 다윈의 전형적인 어구인 '최대적응자 생존(survival of the fittest)'을 변형하여 진화적 변화에서의 우연의 역할을 통합하여 '최대행운자 생존(survival of the luckiest)'이라고 표현했다.

아메리카 대륙의 원주민에게 A형 혈액형과 B형 혈액형의 결핍이 유전적 부동의 결과라고 할 수 있을까? 꼭 그렇다고 확신할 수는 없다. 이에 대한 대안 가설이라고 할 수 있는 자연선택도 고려해보아야 한다. 감염성 질병은 인류 사망의 가장 큰 원인이 되어왔다. ABO 혈액형을 포함하는 어떤 유전자들은 특정한 감염에 대한 저항성을 전달해 줄 수 있는데, O형이 매독균에 대한 저항력을 부여한다는 증거가 제법 있는 편이다. 상당히 유명한 가설에 따르면, 매독은 남북 아메리카 대륙에 널리 퍼져 있었고, 1493년 스페인으로 옮겨갔다. 콜럼버스의 원정 대원 중 어떤 스페인 선원이 전염되어 유럽 대륙에 처음 그 모습을 드러낸 것으로 믿고 있다. 매독은 전쟁 때문에 가속도가 붙어 프랑스와 이탈리아로 급속히 퍼져나갔으며, 결국 유럽 전역으로 번져나갔다. 콜럼버스 이전의 미라들에 관한 연구는 A형 혈액형과 B형 혈액형을 가진 모둠이 수천 년 전에 존재했다는 근거를 제시하는 것처럼 보였지만, 현대적 분석 방법에 의하면 아직 지지받지 못하는 편이다. 만약 결과적으로 두 혈액형이 존재했었다고 확인할 수 있다면 아메리카 대륙의 원주민들에게서 A형과 B형은 자연선택으로 사라진 것을 의미하게 되는 것이다. 그리고 만약 O형이 매독균에 대한 어떤 저항성을 가져다준다면 혹은 그런 저항성을 가지게 하는 데 관여한다면 매독의 창궐기에 매독균에 감수적인(susceptible)[10] A형과 B형 혈액형 유전자에 비해 O형의 상대적 유전자의 빈도가 높아질 수 있을 것이다.

부동과 자연선택이라는 두 가지 가설 사이의 선택은 종종 그 결정을 올바로 하기 어렵게 한다. 이를 연구하는 사람들은 자연선택은 단순히 개체군계량적(demographic)[11] 현상, 곧 한 집단 내의 어떤 유전적 유형들은 그 이외의 나머지 부분보다 집단 내에서 차대(자손)를 생산할 확률이 클 수도 있고 작을 수도 있다는 사실로 이해해야 한다. 유전적 유형들이, 예를 들어 감염성 질병과 같은 어떤 역경적 조건에 대한 저항이 있을 확률이 클 수도 있고 작을 수도 있기에 자연선택이라는 개체군계량적 현상이 생겨날 수 있는 것이다. 또는 아마 유전적 유형들이 더 큰 번성력과 관련 있거나, 혹은 작은 번성력과 관련 있어 같은 현상을 보일 수도 있다. 자연선택은 보통 사망률이나 생식력 차이의 원인이 되는 형질들의 진화에 영향을 끼친다. 물론 이 형질들은 다음 세대에까지 전달되는 것으로 유전자들의 전형적인 유전성을 보여주는 것이다. 그러므로 자연선택은 보통 특정한 유전자에 영향을 끼친다. 곧 선호되는 특정 형태의 유전자(대립인자)는 다른 형태들보다 우세한 지위에 있다(그러나 단지 특별한 환경에서만 그렇다). 그러므로 세 가지 A, B, O 대립인자는 대장균(*E. coli*)의 감염이나 결핵, 혹은 매독이나 천연두 같은 여러 질병에 대해 서로 다른 저항력을 부여한다고 할 수 있다. 최근에 우리가 배운 바와 같이 O형 혈액형을 가진 사람들은 헬리코박터균(*Helicobacter pylori*)에 의해 결정된다고 하는 십이지장궤

양에 대한 감수성(이환성)이 높다. 감수성이 높다는 것은 그 질병에 걸릴 확률이 높다는 뜻이다.

자연선택이 각각의 유전자에 아주 특이한 방식으로 영향을 끼치는 데 반해, 유전적 부동은 모든 유전자에 동일하게 뚜렷한 확률 법칙에 따라서 영향을 끼친다. 유전적 부동에서는 빈도 변화의 평균적 크기가 모든 유전자에게 동일하며 세대의 변화에 따라, 그리고 집단의 크기에 따라 결정된다. 그러나 유전자 부동에서는 각각의 유전적 변화의 방향이 무작위적인 반면, 자연선택은 몇몇의 유전자에 작용해 이것이 특정한 방향으로 변화하도록 결정한다. 매우 큰 집단 안에서는 자연선택이 부동에 의해 방해받지 않는다. 자연선택이 자연의 실제적인 창조력임에도 불구하고, 산지나 섬과 같은 곳에 서식하는 고립된 작은 집단들과 같은 특별한 경우에는 유전적 부동이 압도적인 힘이 될 수 있다.

우리는 가끔 자연선택이 귀와 눈같이 살아 있는 유기체의 정교한 기능과 조직을 만들어낼 수 있었는지 의문을 가진다. 그렇게 완벽하고 복잡한 기관이 발생할 수 있다는 것은 거의 있을 수 없는 기적처럼 보인다. 하지만 자연선택은 그 있을 수 없는 불가능을 만들어내는 힘을 가진다. 왜냐하면 돌연변이에 의해서 만들어진 새롭고 매우 희소한 유형이 특정한 환경에서 생물체에게 우세한 지위를 보유하는 경우라면 자동적으로 그 유형을 선택하게 되기 때문이다. 물론 눈이나 귀와 같이 복잡한 기관들이 한 세대나 하나의 돌연변이로 만들어지는 것은 아니다. 오히려 같은 방향들로 진행되는 수없이 많은 변화의 축적에 의해 창조되는 것이다.

자연선택은 어떠한 유전자도 표적으로 삼아서 작동할 수 있다. 왜냐하면 돌연변이란 수백만 년에 걸쳐서 특정적이고 정교한 기능들에 적응된 유전자 안에서 일어나는 무작위적인 변화이기에, 상당수의 돌연변이는 그 자체가 병이나 사망을 가져올 만큼 치명적이기 때문이다. 자연선택은 그 돌연변이를 보유한 개체들의 생존율, 또는 재생산(생식)[12] 산출량을 낮추어버리는 돌연변이를 자동적으로 제거한다. 일반적으로 수많은 유전적 변화들은 유리한 지위를 가지고 있지도 않고 또 열세적 지위를 점하고 있지도 않다. 그들은 '선택적으로 중립적(selectively neutral)'이며 무작위적 부동을 경험할 확률을 엄청나게 가지고 있다. 역사적 데이터가 없는 가운데에서는, 1)부동 때문에 일어나는 한 집단 안으로의 선택적 중립성 유전자의 확산과 2)자연선택으로 인한 우세적 돌연변이의 전파를 구별하기란 사실상 불가능하다. 아주 소수의 경우들에서만 선택이 재빨리 작동한다. 하지만 특정 대립인자들의 선택적 우세나 열세는 대체로 크지 않고 적당한 수준이라서 거의 수천 세대 혹은 수만 세대를 걸친 후에야 어떤 개선된 유전자로 대체된다. 인류의 경우 천 세대는 약 2만 5천 년으로 잡을 수 있다. 만약 한 유전자가 상당히 강한 선택적 우세를 부여한다면, 자연선택을 통해서 단지 수백 년 또는 수천 년 만에 후대에게 전달될 것이다. 이에 관한 좋은 사례는 북유럽과 아프리카 성인들의 젖당(lactose) 소화 능력을 들 수 있다. 영아는 3~4세까지는 얼마든지 젖을 소화할 수 있지만, 엄마 젖 먹기를 그만둔 후부터는 보통 소화 능력을 잃어버린다. 양, 염소, 젖소, 혹은 다른 동물을 사육하는 목축인 집단은 어른이 되어서도 자주 젖을 마신다. 여기에 어른이 되어서도 젖당을 소화할 수 있는 능력이 있다면 강한 자연선택적 장점(우세)이 존재하는 것이다. 목축 동물들은 겨우 지난 만여 년 동안에 사람에게 가축화되었다. 그 만 년 동안에 우유를 마시는 어른들에게도 젖당 소화 능력이 거의 백 퍼센트 생겼다는 것이다.

그러므로 자연선택에 의한 진화는 사실상 강력한 선택적 장점이 있는 유전자에서는 특별히 빠르게 진행된다. 한 유전자의 유리한(우세한) 형태를 선호하는 자연선택은 그 집단에서 시초에는 아주 작은 빈도였던 대립인자(유전자)가 고정되도록 하는 결과를 낳는다. 모든 진화 과정은 한 개체 또는 개인 안에서 일어나는 돌연변이에서 시작된다. 돌연변이 하나가 생겨서 나타난 대립인자가 아주 강한 우세성을 지녀 세대들에서 그 수(빈도)가 증가한다 하더라도, 처음에는 그 유전자가 단지 몇 명의 개체 또는 개인(보통 한 개체 혹은 개인)에게만 있는 것이다. 따라서 이 돌연변이라는 것이 유전적 부동에 관련될 개연성이 높기에 잠재적으로 아주 성공적일 수 있는 돌연변이도 제거될 가능성이 높다. 하지만 특정 돌연변이를 유전받은 개체 또는 개인들의 수가 늘어남에 따라 새로운 대립인자가 무작위적으로 사라질 개연성은 거의 없어지고 만다.

요약하자면 자연선택은 상이한 유전적 유형, 또는 유전자형의 다산성(fecundity)과 사망률 둘 다, 혹은 각각의 차이에 의해 결정된다. 사망률을 낮추거나 생식력을 증진시키는 유전자들은 다음 세대에서 그 빈도가 증가할 것이다. 사망률(특히 새끼의 사망률 또는 젊은 세대의 사망률)을 높이거나 재생산 산출을 감소시키는 유전자형들은 집단에서 사라져버리는 경향이 있다. 자신이 서식하고 있는 환경에 대한 개체 또는 개인의 생물학적 적응성은 단지 그가 생존하거나 재생산하는 능력으로 측정한다. 이러한 적응의 과정은 자동적으로 일어나는 일인데 '최대적응자 생존'이야말로 자연선택의 초석이다. 더욱 정확하게는 생존하여 재생산할 확률적 기회를 더욱 많이 가진 개체들, 곧 더욱 유전적으로 적응된 개체들이 다음 세대에서 높은 잔존성을 보이는 것이야말로 자연선택의 중추인 것이다.

이형접합 우세

19세기 동안 인종적 순수성에 관한 개념은 굉장한 주목을 받았다. 인종이나 품종의 완벽성은 여전히 동물 육종가들의 중요한 목표이다. 개와 고양이 흥행쇼는 동물 훈련가들이 자신들의 동물들을 가지고 도달하려 하는 미학적 완벽성'을 아주 제멋대로 정립하려 든다. 그러나 이것은 자주 별 소득 없이 끝나고 만다. 육종가들은 친족 관계가 가까운 동물들을 반복적으로 교배시켜서(근친교배시켜서) 유전적 순수성을 만들어내려고 하면 할수록 동물의 질병에 대한 저항력이 현저하게 떨어진다는 사실을 너무도 잘 안다. 근친교배의 정반대인 타가교배(outcrossing)가 바람직한 방향인데 인종적, 품종적 혼성은 질병에 대한 저항성도 높이고 전체적으로 생명력도 증진시키기 때문이다. 이러한 현상을 '잡종 강세(hybrid vigor)'라고 한다. 하나의 유전자의 잡종화를 논의할 때에는 이형접합 우세(heterozygote advantage)가 논의된다. 이형접합체나 이형접합인은 부계와 모계로부터 다른 형태의 유전자를 받은 개체나 개인이다.

이형접합 우세의 고전적인 예는 아프리카인과 흑인들에게 발병하는 겸상적혈구빈혈증이다. 유사한 예로는 남부 유럽 사람들에게서 빈번히 나타나는 유전적 질병인 지중해빈혈증(thalassemia)이 있다. 재생산 연령에 도달되기 전에 대부분 사망에 이르게 하는 지중해빈혈증 유전자를 살펴보자. 이 지중해빈혈증 유전자는 약간 다른 두 가지 유형을 보여준다. 즉 보통의 N 대립인자와 (지중해빈혈증을 일으키는) 특별한 T 대립인자의 두 가지 유전자 형태를 지닌다. 따라서 세 가지 유전적 유형(유전자형)을 개인이 보유할 수 있다.

NN 유전자형 : 부모 양쪽으로부터 정상적인 N 유전자를 물려받은 '보통' 동형접합인(homozygotes).

NT 유전자형 : 부모 중 한 명으로부터 보통의 N 대립인자를 물려받고 다른 쪽 부모로부터 지중해빈혈증 유전자 T를 물려받은 사람들을 이형접합인이라고 한다. 정상 동형접합인처럼 지중해빈혈증을 나타내지는 않는다(하지만 간단한 실험실 혈액검사로 확인할 수 있다).

TT 유전자형 : 부모 양쪽으로부터 지중해빈혈증 유전자 하나씩을 물려받은 개인들로서 T 대립인자의 동형접합인을 의미하며 질병이 발병한다.

어떤 유럽인 집단들에서, 예를 들어 이탈리아의 베네치아와 볼로냐 사이에 위치한 페라라 지방 사람들은 대략 백 명 중 한 명꼴로 어린아이에게서 지중해빈혈증이 나타난다. 이 아이들은 거의 대부분 어릴 때 사망한다. 이형접합인(NT)은 페라라 지방 인구의 18퍼센트이며, 나머지 81퍼센트는 보통의 동형접합인(NN)이다.

여기에 중요한 질문 하나가 생긴다. 성인이 되기 전에 불가피하게 죽는데도 왜 많은 사람들이 지중해빈혈증에 걸리는 것인가? 지중해빈혈증 환자는 명백히 선택적으로 보아 열세이기 때문에 결국에는 자연선택에 의해서 사라질 것으로 예상할 수 있다. 그러나 실상은 이보다 더욱 복잡하다. 페라라 지방은 수세기 동안 대단히 치명적인 감염성 질환인 말라리아가 극성이었던 지역이다. 지중해빈혈증의 이형접합인들이 이 말라리아성 감염에 저항성인 반면 보통의 동형접합인들은 빈번히 말라리아 감염에 허약함을 보인다. 페라라 지방의 말라리아 발병률은 제2차 세계대전까지 굉장히 높았는데 10분의 1 이상의 보통 동형접합인들은 말라리아에 의해 죽었지만, 이형접합인들은 거의 모두가 살아남은 것이다. 이러한 수치들과 다른 계산을 통해 우리는 N 유전자와 T 유전자의 거의 동일한 비율이 매 세대마다 사라진 것을 알 수 있는데, 첫번째는 말라리아 때문이고 두번째는 지중해빈혈증 때문이다. 그러므로 충분한 강도의 말라리아가 있기에 지중해빈혈증 유전자는 일정하게 안정적으로 그 빈도를 유지한다.

지중해빈혈증 대립유전자는 사람들을 말라리아로부터 보호하는 셈이다. 실제로 지중해빈혈증으로 죽는 숫자(1퍼센트)를 줄이는 대가로, 말라리아로 죽을 N 동형접합인(NN) 중 8.1퍼센트를 살리는 것과 같다.

만약 말라리아가 사라지면 지중해빈혈증 역시 사라질 것이다. 왜냐하면 T 동형접합인(TT)은 여전히 젊은 때 사망하는 반면에 정상 동형접합인과 이형접합인은 같은 비율로 살아남기 때문이다. 말라리아의 강도가 증가하거나 감소함에 따라 지중해빈혈증 유전자도 증가하거나 감소할 것이다.

자연선택의 이러한 유형을 '이형접합 우세'라고 부른다는 것은 이미 이야기했다. 두 동형접합체가 이형접합체보다 생존율이 낮거나 재생산율(생식률)이 낮을 때에는 언제든지 두 개의 대립인자(유전자)가 집단 속에 살아남고, 두 유전자의 동일한 비율이 매 세대마다 살아남는 수준으로 그 빈도를 자동으로 조절한다. 이러한 시점은 그다지 많지 않은 세대가 지난 후에라도 도달할 수 있을 것이다. 그런데 이러한 시점에 이르면 두 대립인자의 상대적 빈도와 그에 따른 세 가지 유전자형의 상대적 빈도는 더 이상 변화하지 않는다.

겸상적혈구빈혈증은 지중해빈혈증과 많은 특징을 공유한다. 그리고 특히 아프리카인, 아랍인, 인도인이 조상인 사람들에게 아주 빈번하게 나타난다. 상이한 유형들이 존재하는 지중해빈혈증이나 겸상적혈구빈혈증을 유발하는 유전자들의 경우에는 질병에 해당되는 돌연변이(대립인자)가 높은 빈도에 도달할 기회가 거의 없는데, 그 이유는 발병률이 이형접합체의 선택적 우세(유리)와 질병 동형접합체의 심각한 열세(불리) 사이의 미묘한 균형에 의해서 조절되기 때문이다. 말라리아는 특별히 가장 독성이 강한 기생체 플라스모디움(*Plasmodium falciparum*)에 의해 생기는 병으로 다른 감염성 질병들에 대한 몸의 저항력을 떨어뜨리는 빈혈을 일으키는 매우 위중한 질병이다. 이 때문에 아이들에게는 더욱더 치명적이다. 몇 개의 다른 유전자들이 말라리아에 대한 저항성을 증대시킬 수 있다. 아마도 그 유전자들은 일차적으로 적어도 천5백 년에서 2천 년이라는 비교적 긴 시간 동안 어떤 유형의 말라리아와 함께 생존해온 집단들에서 높은 빈도로 발견될 것이다. 그만한 시간이라면 자연선택을 통해서 아주 심각한 풍토병 정도로 말라리아에 노출되어 있는 많은 집단들에서 발견될 정도로 안정적인 유전자 빈도에 도달할 수 있다.

우리는 얼마나 많은 유전자가 이형접합 우세를 경험하는지 모른다. 하지만 이형접합 우세가 바로 '인종적 순수성'을 불가능하도록 만드는 요인들 중 하나다. 이런 형식의 자연선택은 한 집단에서 한 유전자의 이질성을 항상 유지하게 하며, 이형접합체가 유리한 고지를 점하기 전까지 이질성의 경향을 유지하도록 한다.

집단들 사이의 유전적 변이

우리에게는 진화 속도에 대한 정확하고 직접적인 측정치는 거의 없는 셈이다. 이는 과거 세대의 유전자 빈도를 모르기 때문이다. 그러나 유전자가 어떻게 공간 안에서 변이를 보이는지를 알고 있으며, 시간과 공간의 변이 사이에 밀접한 관계가 존재한다는 것도 안다. 이런 사실에 근거하면 진화 속도는 유전자마다 크게 다르다는 것이 명확하다.

만약 우리가 인류라는 생물종의 유효집단 크기(effective population size)와 인류사 전체 기간 동안의 이주 강도(migration intensity)를 알고 있다면, 또한 어떠한 유전자들이 자연선택을 경험했는지를 안다면, 전 지구적인 유전적 변이의 분포를 예측할 수 있을 것이다. 부동이 가진 성질은 이러한 예측을 단지 확률적 예상 정도로 만들어버릴 것이다. 일반적으로 우리는 모든 유전자에서 비슷한 수준의 변이량을 예상하게 되는데 이것은 모든 유전자가 가지는 집단 크기가 동일할 것이기 때문이다. 자연선택이 만약 존재하게 된다면 진화적 변화의 속도를 증가시키거나 감소시킬 것이다. 그러나 상이한 유전자들은 아주 다른 자연선택의 강도에 노출되어 있으며, 또한 선택의 어떤 징조도 보이지 않는 유전자들도 무수하다.

다른 요인들도 부동의 효과를 제한할 수 있는데 이주는 거의 언제나 집단들 사이의 유전적 교환을 만들어낸다. 물론 이주는 인접해 있는 마을 사이에서 가장 빈번하게 일어난다. '유전자 유동(gene flow)'이라고도 불리는 이주 현상은 마을들 사이의 유전적 변이를 감소시키는 경향을 불러온다. 만약 이주 또는 유전자 유동이 아주 빈번하다면 마을과 국가, 심지어 대륙 사이에서도 유전적 차이가 거의 없을 것이다. 하지만 집단들 사이의 유전적 차이를 모두 지워버릴 만한 크기의 대규모 이주는 분명하게 일어난 적이 없다. 아주 높은 발생률의 돌연변이가 이주와 비슷한 효과를 가질 수 있으나, 우리가 연구했던 유전자들 대부분은 대체로 낮은 돌연변이율을 보였다. 보통 우리는 돌연변이율이 높은 유전자들을 확인할 수가 있는데 그것은 그 유전자들이 많은 수의 대립인자들을 보여주기 때문이다.

지리적 변이량이 가장 큰 유전자들 중 면역글로불린 유전자가 있다. 면역글로불린은 항체를 생산하며 감염성 질병에 대해 몸을 방어하는 핵심 작용을 한다. 질병의 분포에는 상당한 지리적 차이가 있기 때문에 그러한 질병들로부터 인간을 방어해주는 유전자들에서 중요한 지리적 변이를 찾는다는 것은 별로 놀랄 일이 아니다. 그 결과 부동에 의해 생산된 양상들과는 매우 다른 양상들도 기대할 수 있을 것이다. 감염성 질병들도 매우 다양하고 그러한 감염으로부터 인간을 지켜주는 유전자들도 진화적 게임을 한다. 세균, 바이러스, 기생생물들은 인간 몸의 방어를 피해가기 위해 끊임없이 돌연변이한다. 유전자들과 감염원들의 무작위적 군비 증강 경쟁은 부동과 매우 비슷한 것처럼 보인다. 그것은 우연이 병원성 생물체들의 유전적 변이를 창조해내는 데 중요한 역할을 하고 있으며, 선택적으로 중립성인 인간 유전자들이 유효집단 크기에 영향을 받지 않는 것처럼 숙주인 인간의 유효집단 크기에 영향을 받지 않는다는 의미에서이다. 이것은 면역글로불린의 진화론적 분석 결과들이 왜 유효집단 크기(유전적 부동)에 영향을 받는 유전자들의 분석 결과와 유사한 양상을 보이는가를 이해하기 쉽게 한다. 물론 전체적인 변화의 비율은 면역글로불린 데이터들이 크게 나온다는 점은 배제해야 한다.

인간백혈구항원(HLA, 주조직적합성복합) 유전자들도 면역글로불린과 비슷한 양상을 보인다. 이 인간백혈구항원 유전자들은 우리의 면역적 개인성과 감염성 질병들에 대한 면역적 방어 메커니즘에 관련되어 있는 아주 중요한 유전자들인데 변이량이 아주 큰 범주에 속하는 유전자들이다. 하지만 면역글로불린보다 양상이 더욱 복잡하다. 인간백혈구항원 유전자들은 대립인자의 수가 굉장히 많다. 이들 중 일부는 전지구적으로 발견되고, 다른 일부는 특정한 지역에 제한되어 있다. 가장 특이한 변이 양상은 (인간백혈구항원 유전자뿐만 아니라 다른 유전자들도) 지리적 변이가 가장 크게 나타나는 남아메리카의 원주민 집단들에서 보통 발견된다. 지구의 다른 모든 인류 집단들은 매우 다양한 인간백혈구항원 유전자의 대립인자를 보유하고 있는데, 흥미롭게도 하나나 소수의 남아메리카 원주민 집단들에게서 특징적으로 높은 빈도를 차지한 대립인자가 나타나는 것이다. 대조적으로 이 대립인자들은 다른 지역에서는 매우 작거나 거의 없는 것으로 나타난다. 그런데 남아메리카 원주민이라 하더라도 이웃하는 집단들에서 완전히 다른 세트의 대립인자들을 보유하는 것으로 나타나기도 한다. 이렇게 엄청나게 증가한 대립인자의 빈도는 일부 집단들에서 나타난 자연선택 때문일 것이라는 가능성을 배제할 수 없지만, 유전적 부동이 주도적 역할을 했다고 보는 것이 더욱 타당할 것 같다.

진화의 속도를 예측하는 문제는 따라서 상당히 복잡하다. 한 집단에 대한 자세한 연구조사는 유전적 부동의 결과 때문에, 또는 무작위적으로 변화를 보이는(항체 유전자나 인간백혈구항원처럼) 자연선택으로 인해 유전적 변이가 본질적으로 무작위적이냐 아니냐를 결정하는 데 도움을 줄 수 있다. 이는 집단 크기가 어떻게 부동에 의한 변이에 영향을 미치는지를 알고 있기 때문이며, 현재로서는 우리가 관찰 오차를 줄이기 위해서 분석에 사용하는 유전자나 개체나 개인의 수를 쉽게 증가시킬 수 있기 때문이기도 하다.

그러나 어떤 유전자는 한 집단에서 다른 집단으로 바뀌어도 변이가 거의 없다. 이러한 경우 필시 이형접합 우세가 유전자의 빈도들을 안정화시키고 있는 과정을 거치는 중일 것이고, 따라서 후속 진화는 줄어들게 될 것이다. 이 경우 때때로 유전적 균질성이 아주 현저하게 나타난다. 예를 들어 말라리아 지역에서는 지중해빈혈증의 발생 빈도가 아주 높다. 하지만 분자적 분석은 어떤 지역에서는 상이한 지중해빈혈증 대립인자의 수가 대단히 많다는 사실이 밝혀졌는데, 이러한 이질성은 단지 DNA 수준의 연구를 통해서만 관찰할 수 있는 것이다. 때때로 지중해빈혈증의 대립인자들은 고대의 이주에 대한 정보를 제공해줄 수 있다.

대부분의 보통 유전자들은 면역에 관여하는 유전자들처럼 변이폭이 굉장히 큰 유전자들과 변이폭이 거의 없는 유전자들 사이의 중간 정도의 지리적 이질성을 보여준다. 이들 보통 유전자들은 필시 모든 환경에 공통적인 이형접합 우세라는 상황에 노출되어 있다. 집단들간에 나타나는 유전자 빈도 변이의 평균적 수준은 1만 년 이전의 현생 인류에게서 추산되는 그런 특정적 집단 크기와 선택적 중립성 유전자들에 대해 예상되는 범위 내에 있다. 1만 년 전 이후에는 식량 생산에서 중대한 혁신들이 있었다. 이러한 것들은 엄청난 인구 증가를 가져와서 유전적 부동을 점진적으로 동결시키는 결과를 가져왔다. 그러므로 인류 진화의 초기에는 유전적 부동이 특별히 중요한 역할을 수행한 것 같고, 특별한 상황에서는 근래에도 일정 정도 역할을 수행한 것 같다. 하지만 특정한 유전자들에서 그 유전적 변이가 아주 크게 높아지거나 낮아진 것은 진화의 속도를 가속화시키거나 혹은 반대로 속도를 떨어뜨리는 자연선택이 그 원인이었음은 틀림없다.

평균적 진화 속도의 불변성

진화적 계통수를 재구성하는 우리의 과업은 진화의 속도가 그 진화적 계통수의 서로 다른 가지들에서도 거의 동일한 비율을 보인다고 확신할 수 있으면 굉장히 단순화할 수 있다. 진화의 속도는 강한 선택압에 처한 유전자들을 제외한 많은 유전자들의 평균으로 계산한다. 이제까지 진화의 속도에 영향을 끼치는 여러 요인들에 대해서 논의하였다. 그런데 우리는 실재하는 것이 우리의 가설만큼 단순한 것이라고 확신시킬 만한 능력을 가지고 있는 것인가?

유전적 거리들을 담은 표를 통해서 아프리카가 나머지 다른 대륙들로부터 유전적으로 가장 멀리 떨어져 있다는 것을 보았다. 사실상 아프리카와 다른 네 대륙 사이의 유전적 거리는 21.7±1.7이다. 오세아니아와 다른 세 대륙 사이의 거리인 12.7±1.4의 거의 두 배에 이른다. 그런데 이들 유전적 거리의 평균의 차이는 9.0이어서 통계적 오차의 수준보다 훨씬 크다. 다른 유전적 거리는 이보다 아주 작다. 이러한 결과들에 대한 탁월한 역사적 해석이 존재하는데 이는 다음으로 미룬다.

진화 속도의 불변성 문제를 검토하기 위해서 우리는 아프리카와 다른 대륙 사이의 거리—오세아니아와는 24.7, 아시아와는 20.6, 유럽과는 16.6, 아메리카와는 22.6—를 살펴볼 수 있을 것이다. 유전적 거리가 가장 가까운 것은 아프리카와 유럽이라는 사실은 명백하고, 다음으로 아프리카와 아시아가 그 뒤를 잇는다. 만약 진화 속도에 진정으로 불변성이 있다면 넷 사이의 유전적 거리는 그 크기가 같을 것이다(물론 작은 표본 크기에 따른 통계적 오차의 범위 안에서 그렇다).

아프리카와 유럽의 유전적 거리는 이례적으로 작다. 북아프리카에는 유럽인과 같은 백인계(Caucasoid)가 거주하고 있는데, 분석에서는 이 인종들을 제외했다. 아프리카는 사하라 이남의 아프리카로 제한하였다. 그러면 가장 간단한 설명은 인접한 대륙 사이에서 상당한 규모의 유전자 교환이 일어났으며, 필시 양방향으로 이주가 있었을 것이라는 점이다.

두 대륙의 근접성이 그들의 유전적 유사성을 높이는 데 크게 기여한다는 것은 다른 대륙들을 비교해보면 쉽게 납득할 수 있다. 한 예로 아프리카의 다른 이웃인 아시아는 아메리카나 오세아니아보다 유전적으로 아프리카와 더 가깝다. 오세아니아와 다른 대륙 사이의 유전적 거리를 비교해보면 유사한 상황을 볼 수 있다. 오세아니아와 아시아 사이는 10.0, 유럽과는 13.5, 아메리카와는 14.6이다. 유전적으로 가장 가까운 거리는 지리적으로 가장 가까운 대륙인 아시아인 것 같다.

만약 각 대륙의 진화 속도가 일정하다면, 멀리 떨어진 대륙들보다 이웃한 대륙들에서 높은 유사도가 나타나지 않아야 한다. 하지만 이런 불일치는 중요하지 않다. 이런 불일치가 각 대륙에서 유전적 부동이나 자연선택의 상이한 수치에서 나타날 필요도 없다. 오히려 이 사실의 배경이 되는 원인은 이웃한 집단들 사이의 유전적 교환이다. 이러한 유전적 교환은 이주자들이 교환하는 집단들 사이의 유전적 거리를 줄임으로써 유전적 거리를 변화시켜버린다. 진화적 계통수의 서로 다른 가지들에서의 진화라는 것이 서로가 독립적이지 못함에도 불구하고 그 편차들이 우리의 결론을 무력화하기에는 충분하지 못하다는 것이다. 이주라는 것은 거의 모든 경우에 그리 멀지 않은 거리로 제한된다. 물론 그런 일반적인 사례를 이탈하는 경우도 종종 있다.

크고 작은 이주들

인간은 계속 움직인다. 인류 역사의 대부분에서 우리 모두는 사냥인이자 채집인이었고, 지난 만 년 정도뿐이었지만 우리들 대부분은 목축인이었고 농업인이었다. 또 사냥 구역이 서로 많이 떨어져 있지도 않았으며 사냥 일손도 그렇게 빈번히 바뀌지 않았다. 아프리카 피그미족에게는 이러한 사냥 영토들이 일정한 모둠(사냥단)의 소유로 되어 있으며, 남편들은 자기 아내의 사냥 구역을 자신의 구역에 더할 수 있는 권리도 가지고 있다. 이러한 이유로 피그미족은 되도록이면 먼 곳에서 온 여자와 결혼하려 노력하는데, 이는 자신의 영향력의 권역을 확장함과 동시에 가까운 친족과 결혼을 피하는 일종의 규칙을 지켜나가는 것이 된다.

피그미족들은 가까운 사촌과의 결혼을 피하지만 그 이상의 친족 관계는 그렇게 개의치 않는 편이다. 사냥-채집인은 농업인보다는 큰 이동성을 보인다. 하지만 지금의 데이터에 의하면 두 부류의 차이가 그렇게 크지 않다. 목축인의 경우 5백에서 1천 킬로미터에 달하는 거리를 이주한다. 물론 이러한 계절적 이동은 여러 해에 걸쳐서 제한되어 있다. 이러한 이주는 결코 무작위적인 유목 이동(nomadism)이 아니다. 이러한 이동은 오늘날 세계의 여러 지역에서 계속되고 있다. 그러나 그들은 대개 단지 소수의 목축인들이 포함되어 있을 뿐이며, 전체 집단이 움직이는 것도 아니다. 분명히 이동하는 다른 이유도 있었는데, 보통 다시 정착하지 않고 시장, 축제 등에 참가하는 것이었다. 이동은 또한 가능성 있는 배우자를 만나는 데 중요했다.

혼인은 이주의 중요한 이유 가운데 하나였다. 적어도 배우자 중 한 사람이(아내가 더욱 자주) 다른 배우자와의 결합을 위해 이동해야만 했기 때문이다. 우리는 20세기에 운송수단의 엄청난 변화를 목격했다. 하지만 과거에는 이주가 제한되었으며, 열차나 다른 현대식 이동수단의 이용이 확대되기 이전에는 하루 동안 걸어서 가는 거리보다 멀리 갈 수 없었다.

유전적 관점에서 가장 중요한 이주라면 부모와 자녀의 출생지가 다른 경우이다. 이것은 결혼한 배우자의 한편 또는 모두의 재정착을 포함하고, 그 이후 자녀들의 재정착도 포함하는 것이다.

수집하기에 가장 쉬운 이주 데이터인 남편과 아내의 출생지들 사이의 거리 데이터를 보면 아래와 같다.

1. 열대 지역에서 사냥-채집인은 평균 30~40킬로미터 정도이고(이것은 매우 낮은 인구밀도를 가진 북극의 에스키모인들보다도 훨씬 더 낮다)
2. 낮은 인구밀도를 가진 아프리카 농업인들은 평균 10~20킬로미터

정도이며

3. 19세기 유럽 농업인들은 5~10킬로미터의 거리를 보이고
4. 19세기 후반 동안 그 평균 거리는 철도 건설의 결과로 증가하기 시작했다.

이것은 그리 크지도 작지도 않은 이주의 수준들이다. 배우자 사이의 거리에 초점을 맞춰보면, 대부분의 결혼이 같은 마을의 거주자들 사이, 때때로 단지 한두 구역 떨어진 거리에 있는 마을 거주자 사이에 이루어지기 때문에 이주 거리의 평균은 작다. 이는 놀랄 만한 결과가 아니다. 사람들이 대개 직장, 학교, 여가 활동에서 이웃을 만나기가 쉽기 때문이다. 심지어 가장 작은 마을로 내려가도, 촌락 지역 이탈리아 사람 대부분의 혼인은 같은 마을이나 가장 가까운 마을의 배우자들 사이에서 일어나며, 멀리 떨어진 마을에 사는 사람과의 혼인은 거의 없다.

이러한 가족 또는 개인의 '사소한' 이주가 유전적 거리와 지리적 거리 사이의 관계에 대한 뒷배경이 된다(우리가 첫 장에서 논의한 바 있는 '거리에 의한 분리'와 관련이 있다).

대규모 이주는 완전히 다른 현상이다. 사소한 이주보다는 훨씬 드물게 일어나는 현상으로, 인간이라는 생물종의 역사에서는 매우 중요하다. 중요한 이동의 한 유형으로는 새 영토로의 계획적인 이주가 있다. 우리는 이것을 '거주화(colonization)'[13]라고 부른다. 알려진 역사적인 사례를 들라면 그리스인과 페니키아인의 지중해 대량 식민, 그리고 유럽인의 미국, 호주, 남아프리카 대량 식민 같은 것이다. 역사 이전에도 틀림없이 많은 거주화 사건이 있었을 것이다. 4장 '기술혁명과 유전자 지리학'에서 이런 사건들을 발견할 수 있을 것이다.

역사적 기록에 따르면, 거주화는 조직적인 이주였으며 그 동기는 주로 인구과밀이라 할 수 있다. 역사 이전에는 틀림없이 조직화의 정도가 떨어지는 대량 이주가 발생했을 것이다. 집단의 증가는 인구 포화 상태에 이르게 하고, 이는 다시 이주를 부추기게 된다. 인구의 성장과 이주라는 현상은 아주 새로운 지역에서도 반복될 수 있는 것이고, 그것은 또다시 새로운 주기를 유발할 수 있다. 우리는 4장에서 이러한 팽창들이 유전자들의 지리학적 지도에 특징적인 서명을 남기는 것을 살펴볼 것이다.

유전적 변이의 지리학적 연구는 진화적 계통수에 기초한 접근과는 매우 다르다. 유전자지리학은 문제를 해결하는 동시에 다른 문제를 만들어낸다. 계통수 연구에서는 대개 멀리 떨어져 있는 작은 수의 집단을 골라서 그 집단들의 역사적 관계를 결정하려고 노력한다. 모든 인간은 같은 기원을 공유하고 있으니, 우리는 하나 혹은 소수의 집단이 성장하여 전 세계에 퍼지기 시작함으로써 새로운 대륙에 이르게 되었고 결국 지구 전체에 살게 되었다고 추론할 수 있다. 한 지리적 지역에서 멀리 떨어진 독립적인 한 지역으로의 이주는 계통수 가지의 갈라짐에 해당하는 불연속성을 만든다. 만약 이러한 사건이 반복되면 이 과정은 한 계통수의 가지치기(분지)에 해당한다. 그러므로 모집단과 딸집단의 분리에 뒤이은 이주는 분화를 일으킬 수 있다. 반면에 이웃하는 집단 사이의 이주는 균질화 혹은 동질화를 일으키는 정반대의 효과를 나타낸다.

그러나 거주화의 과정은 보통 급격하지만 초기에는 급격함이 떨어지는 이주일 수도 있다. 그리고 이후의 계속된 성장과 발전에 있어서 이웃하는 집단과 서로 빈번한 유전적 교환이 이루어질 가능성이 크다.

그런데 이러한 섞임은 분지하는 계통수 모델로 인류 진화를 나타내는 것을 부적합하게 한다. 계통수 재구축이라는 방법은 섞임에 대해서는 지리학적 또는 특정한 다른 방법들보다 유용성이 떨어진다. 하지만 집단들의 유사도에 대한 감각을 주는 데에는 계통수가 확실하고 때로는 유전적 섞임을 파악하는 데 도움이 되기도 한다.

진화적 계통수의 정당성에 대한 중요한 통제장치는 분석에 사용된 모든 유전자들이나 형질들이 동일한 결과를 가리키고 있어야 하며, 적어도 설명 가능한 차이들을 가져야 한다는 것이다. 만약 멀리 분리된 집단들에 대해 충분한 수의 유전자들이 분석 대상으로 사용되었으며, 결과들의 안정성을 입증하는 데 통계적인 검정이 사용되었다면 하나의 계통수 구조에 대한 강력한 기반이 있는 셈이다. 어떤 가지들은 문제점들을 드러낼 것이다. 유전적 섞임에 의해 생성된 집단들이나, 이웃 집단들로부터 오랜 유전자 유동을 받은 집단들을 제시하는 아주 짧은 가지가 발견될 수도 있을 것이다. 이러한 경우에는 관련이 있는 가지의 위치가 계통수의 중앙을 향해서 옮겨져 있을 수도 있다. 예를 들어 한 나라의 수도는 다른 모든 지역에서 이주가 무척 많이 이루어질 수 있으며 이에 따라 한 국가의 계통수가 있다면 수도는 그 나무에서 가장 중심적인 위치에 있게 된다. 계통수 가지의 길이도 유전적 부동에 의해 영향을 받을 수 있다. 아주 적은 수의 창시자(선조)만이 있는 집단이나, 이후에 개체군계량적 병목(bottleneck)을 경험하는 집단은 전체적 비율에도 어울리지 않을 만큼 길이가 아주 긴 가지를 생성해낼 수도 있다.

심지어는 독립적인 유전자들의 표본이 상당히 큰 유사성이 있을 때 아주 정보성이 높은 차이들이 존재한다. 현재까지 집단유전학과 유전자

지리학에서 주로 사용된 유전적 표지들은 모두 유전자 자체가 아닌 유전자의 산물인 단백질이었다. DNA를 직접 분석하여 연구에 이용하는 최근의 표지들은 단백질보다 더 많은 장점을 가지고 있다. 단 하나의 약점이라면 많은 단백질 표지가 수천만의 인류 집단들에서 검토된 반면, DNA 표지들은 단지 소수의 인류 집단들에서 연구되었다는 점이다.

살아 있는 인간 생명체의 분석만으로 인간 진화의 의문점을 만족스럽게 해결하기까지는 아직도 어려운 문제들이 많이 남아 있다. 다음 장에서는 인간의 역사를 재구성하는 데 도움을 주는 다른 유전적 체계들에서 나온 데이터와 고고학적 결과들을 비교할 때 나타나는 문제들에 대한 비판적인 연구들을 다룬다.

3. 아담과 이브에 관하여

Of Adam and Eve

현생 인류는 누구인가?

대형 유인원들이 생존 동물들 가운데에서 인류와 가장 가까운 사촌이라고 최초로 지적한 사람은 다윈이다. 그는 우리와 가장 유사한 두 유인원인 침팬지와 고릴라가 아프리카에서만 생존하기 때문에 인간의 공통 조상이 아프리카에서 진화해 나왔을 것으로 결론지었다. 현재 우리는 침팬지와 인간의 마지막 공통 조상이 5백만 년 전에 살았다는 사실을 알고 있다. 좀더 먼 친척인 고릴라에 해당하는 계통수의 가지에 도달하기 위해서는 시간을 훨씬 더 거슬러 올라가야 하고, 인간이 오랑우탄과 공통 조상을 가질 것으로 추정되는 지점에 도달하기 위해서는 시간을 거슬러 1천3백만 년 전까지 올라가야 한다. 이렇게 엄청난 시간을 거슬러 올라가고 피부가 붉은 털로 뒤덮여 있다고 해도, 오랑우탄은 여전히 인간과 아주 닮은 모습을 하고 있다. 오랑우탄은 인간과 더 가까운 친척 동물들이 모두 아프리카에 살고 있는 것과는 달리 동남아시아에 생존하고 있다. 침팬지와 공통 조상에서 분리된 이후의 인류 조상들 중 한 생물종인 오스트랄로피테쿠스의 화석은 지금까지 아프리카 대륙에서만 발견되었다.

인간도 포함되는 사람 속(genus *Homo*)에 해당되는 생물종 가운데 250만 년 전 가장 처음으로 나타난 것은 '손쓴사람(*Homo habilis*)'이다. 손쓴사람은 조잡한 돌도구들을 만들어 썼으며, 완전하게 두발로 걷는 동물이었다. 손쓴사람의 두뇌는 현생 인류보다는 작았지만 바로 뒤에 출현하는 사람 종과 현존하는 유인원들에 비해서는 컸다. 학계에서는 손쓴사람이 아프리카에서 기원했다는 것과 아프리카에서 '곧선사람(*Homo erectus*)'이 손쓴사람의 뒤를 이어 출현했다는 것에 거의 모두 동의하고 있다. 이 곧선사람이라는 생물종이 바로 아프리카를 최초로 떠나 구세계를 탐험한 첫번째 사람 종이다. 이제까지 알려진 것과는 달리 곧선사람이 약 1백만 년 전에 전 세계로 이주하기 시작한 것이 아니라 아마도 2백만 년 전에 이미 이주를 시작했을 것으로 보이는 증거들이 최근에 나오고 있다.

50만 년 전쯤에 '슬기사람(*Homo sapiens*)'이 출현하면서 현생 인류의 뇌용량에 도달하게 된다. 초기의 슬기사람은 상당한 기간 동안 유인원의 특성을 어느 정도 유지하고 있었는데, 완전한 현대 인간과 같은 뇌용량을 가진 슬기사람은 10만 년 전 즈음의 아프리카 남부와 동부에서 나타난다.

가장 이른 아프리카 표본과 같은 시대의 현대 인간 두개골이 중동에서 발견되어 약간의 혼란을 불러일으켰다. 분명히 중동은 아프리카와 가깝고 과거에는 육지로 연결되어 있었지만 중동에서 유골이 발견된 것은 아직도 현생 인류의 기원에 대한 의문, 곧 '인류의 기원지는 아프리카인가 중동인가' 하는 문제를 제기한다. 하지만 아프리카에서 발견된 다른 두개골들이 중동에서 발견된 것보다 이르며, 이 유골들이 현대 인류로 넘어오는 과도기적인 것이라는 점에서 아프리카가 현대 인류의 기원지로 더욱 적합하다고 판명되었다.

사람 종에 대한 이야기에 이르면 더욱더 복잡해진다. 유럽과 서아시아에서 20~30만 년 전에 생존한 것으로 발견되는 '후기 곧선사람' 또는 '초기 슬기사람'의 한 가지인 네안데르탈인의 자취들이 발견되는데, 중동에서 이들의 유골이 6만 년 전에도 나타난다. 고고학자 리처드 클라인(Richard Klein)은 아프리카 대륙에서 중동으로의 최초의 현생 인류의 이주가 10만 년 전에 이루어졌지만 실패했다고 주장한다. 이 실패에 대한 설명이 바로 기후의 국소적 한랭화 현상이다. 네안데르탈인은 유럽의 더욱 차가운 기후에 적응하였기 때문에, 유럽에 들어오기 전인 아마도 10만 년 전 무렵에 중동으로 이주했을 것이다. 또한 유럽에서는 네안데르탈인이 현생 인류가 없는 환경에 처해 있었을 것이다.

일부 고인류학자들은 현대 유럽인들이 네안데르탈인의 직계 후손이라고 오랫동안 믿어왔다. 그러나 우리가 2장에서 살펴보았듯이, 네안데르탈인이라는 명칭을 낳게 한 가장 최근의 바로 그 화석의 DNA 분석에 따르면 이런 믿음은 신빙성이 없다. 이러한 연구를 통해 네안데르탈인들은 50만 년 전에 공통 조상의 계통수에서 분리되어 나왔기에 다른 생물종이라는 사실이 확인되었다. 그들은 4만 년 전쯤에 급속히 사라지기 시작했으며 지금은 완전히 멸종된 사람 종인 것이 거의 확실하다.

현생 인류는 네안데르탈인이 완전히 소멸되기 전에 아프리카에서 원대한 세계로 팽창하기 시작했다. 모든 주요 인구 팽창의 뒤에는 중요한 이유가 있다. 현생 인류의 경우 가장 중요한 것은 아마도 식량 생산을 증진시킨 기술혁명이었겠지만, 발달된 운송수단의 발견이나 기후 적응 또한 인구 팽창에 기여했을 것이다. 게다가 인간에게만 독특한 기술혁신은 아프리카에서 태어난 현생 인류가 세계를 거주화하는 데 도움이 되었다.

인간의 두뇌는 50만 년 전에 슬기사람 종이 나타날 때까지 지속적으로 크기가 증가했다. 두개골 용적 측정에 의하면, 인간 두뇌는 슬기사람의 출현 시점, 또는 약간 더 지난 시점에서 성장이 멈추었다. 컴퓨터 용어로 표현하면 적어도 표면적으로 '하드웨어'는 개선되었지만 그것으로 충분하지 않았고, '소프트웨어' 또한 더욱더 강력해져야 했다.

인간과 가장 가까운 진화적 친척인 영장류 사이에는 주요한 지적 차이가 적어도 하나는 있다. 우리는 다른 어떤 생물종보다도 풍부하면서 세련된 언어를 가지고 의사소통을 할 수 있다. 침팬지와 고릴라는 단지 3백에서 4백 단어를 배울 수 있지만, 혀와 인두(咽頭)를 분절화하여 인간의 언어에 필적할 만한 음성을 만들어낼 수 없기에 실제로 단어 습득조차 특별한 노력이 필요하며 비음성적 의사소통이 있어야 한다. 인간이 평균적으로 숙지하는 단어의 수는 3백에서 4백 단어의 10배 내지는 20배 정도가 되고, 많으면 약 10만 단어나 그 이상이 되기도 한다. 대형 유인원들이 상징을 이용하여 단순한 것들은 지적할 수 있지만, 이런 상징들을 이해하는 것은 동물 행동 실험을 수행하는 학자들이 고안해낸 인공의 언어를 이야기할 때뿐이다. 그리고 대형 유인원들이 명실상부한 문장을 만들어내는 데 엄청난 어려움을 겪는 것을 보면 문법과 구문론을 형성해내는 능력은 아예 없는 것일지도 모른다.

현대에 사는 모든 현생 인류는 아주 복잡한 언어를 사용한다. '원시적인' 언어라는 것은 없다. 오늘날 사용하는 5천여 언어들은 똑같이 유연성과 풍부한 표현을 지니고 있다. 이러한 5천여 세계 언어들 가운데에는 때때로 여러 세기에 걸쳐 일정한 단순화 과정을 겪은 언어들, 곧 널리 사용되고 있는 언어들인 영어 또는 스페인어보다 문법이나 구문의 측면에서 훨씬 표현의 심도가 깊을 뿐만 아니라 정확성이 높은 언어들도 있다. 보통의 지능을 지닌 인간은 어린 나이에 시작하기만 한다면 어떤 언어도 습득할 수 있다. 다섯 살이나 여섯 살 이후부터는 다른 한 언어를 완벽히 유창하게 하는 경우는 거의 없게 되고, 이 시기가 지난 뒤에는 언어 습득 능력이 완전히 사라질 수도 있다. 사춘기 이후에 배워서 익히는 두번째 언어를 완전한 발음으로 사용한다는 것은 거의 불가능하다. 이것은 초등학교 때 외국어 교육을 시작해야 하는 아주 좋은 이유이지만, 이러한 거의 절대적인 법칙을 인지하고 있는 정부는 드문 편이다.

현대의 인간 언어가 지금의 발달 상태에 도달한 때가 5만 년 전에서 15만 년 전 사이라는 간접적인 증거들이 있다. 고고학자 글린 아이작(Glynn Isaac)이 발견해낸 것과 같이 이 시기에 구석기 문화의 지역적 분화가 많이 이루어져 있었다. 이러한 사실은 바로 5만 년 전에서 10만 년 전 사이의 시기에 해당하는 구석기 문화들에 붙여진 이름들이 엄청나게 많다는 것에서도 알 수 있다. 아이작은 이러한 석기 문화의 변이들이 아주 크게 형성된 것이나 이와 함께 명확하게 언어들이나 방언들의 지역적 분화가 일어난 것은 언어 복잡성이 전반적으로 증가된 것과 병행하여 일어났다고 주장하고 있다. 현대 언어들과 비슷한 언어들 덕분에 생긴 한층 세련된 방식의 의사소통 가능성이 우리의 조상들의 탐사와 거주화하는 능력에 아주 큰 도움이 되었을 것이다. 현생 인류는 아마도 6만 혹은 7만 년 전에 아프리카로부터 다른 곳으로 이주하기 시작했다. 그리고 아르헨티나의 티에라 델 푸에고, 오스트레일리아의 태즈메이니아, 북극해 연안, 그리고 마침내 그린란드 등과 같이 거주 가능한 지구의 마지막 자락에까지 도달했다.

앞서 말했듯이, 뇌용량의 증대라는 혁신과는 달리, 도구를 만드는 기술의 진보와 같은 지난 10만 년에 걸친 다른 혁신들이 아프리카에서 시작된 인류의 가장 최근의 팽창에 주된 원인이 되었다. 그러나 항해술의 진보는 아마 이보다 훨씬 더 중요했을 것이다. 목재는 오래 보존되기 힘들기에 8천 년이 지난 배나 뗏목 같은 것은 남아 있지 않지만, 동남아시아와 오스트레일리아 사이를 나누는 바다의 너비가 70킬로미터보다 적은 곳이 없고 이 정도 떨어진 지점이 네다섯 군데이다. 오스트레일리아는 4만 년 전에 이미 거주지화되었던 것이 확실하다. 아마 5, 6만 년 전 사이에 현생 인류가 살았을 수도 있는 것으로 보는데, 이렇게 오스트레일리아에 현생 인류가 도달할 수 있으려면 그 이전에 이미 항해술이 발달했어야 한다. 만일 항해술이 발달했다면 적어도 일부 아시아의 거주화는 아프리카로부터의 항해를 통해 아라비아를 지나서 아시아의 남해안을 거쳐, 인도와 미얀마, 그리고 인도네시아로 몇백 세대에 걸쳐 이루어졌을 것이다. 해안선이나 항해는 육지보다는 횡단하기가 수월한 편이었을 것이고, 물고기나 조개를 먹는 식생활도 바꿀 필요가 없었으며 새로운 기후에 적응할 필요도 없었을 것이다.

현생 인류에 의한 전 지구적 거주화의 단계들

현생 인류의 진화에서 가장 결정적인 시대는 불행하게도 4만 년 정도의 한계를 지닌 탄소 동위원소 분석의 범위를 벗어나 있다. 하지만 새로운 연대 측정 기법들은 분석 범위를 6만 년 이전까지 확대할 수 있다. 이 기법들은 탄소 함유 물질에 의존하지 않는다는 장점이 있어, 뼈나 나무가 아닌 재질의 도구 연대도 측정이 가능하다. 그러나 이제 이러한 기법들이 겨우 사용되기 시작했을 뿐이고, 또한 이 기법들의 한계도 드러나기 시작했다. 연대 추정이 가능한 가장 이른 시기의 사람 뼈 잔해만을 대상으로 하더라도, 이미 3만 년보다 더 이전에 현생 인류가 오스트레일리아 동남부에 생존했다는 아주 훌륭한 증거가 있다.

고고학은 현생 인류가 여러 대륙에 처음 도착한 시점들에 대한 몇 가지 추정 자료를 제공하고 있다. 이러한 추정 연대는 유전적 거리와 비교할 수 있다. 현생 인류가 대륙에 들어온 연대가 오래되면 오래될수록 새롭게 정착한 대륙과 기원지 사이의 유전적 차이가 더 커진다. 따라서 이러한 유전적인 거리는 인간이 처음 새로운 대륙에 도착한 시점의 추정에 아주 유용하다.

현생 인류는 가장 먼저 아시아 대륙에 도래한 것 같다. 이미 앞에서 살펴본 것처럼 현생 인류는 아마 10만 년 전쯤에 중동 지역에 도착했을 것이다. 만약 기후의 한랭화 때문에 처음의 정착 시도가 실패했다면, 틀림없이 두번째 정착 과정이 있었을 것이다. 그러나 첫번째 정착자들도 중동의 남쪽으로, 그리고 아시아 남동쪽으로 더욱 깊숙이 들어온 것 같다. 그러면 인간은 아시아의 가장 동쪽 지역까지 어떻게 도달했을까? 최초 중동 지역 정착자들이 동아시아로 이주한 것일까? 아니면 아라비아 해안을 거쳐 인도를 지나 동남아시아로 여행한 동아프리카인일까? 동남아시아에 도착한 사람들에게는 아마 두 갈래의 길이 있었을 것인데, 하나는 뉴기니와 오스트레일리아로 가는 통로이고, 다른 하나는 중국과 일본을 포함한 동북아시아 지역에 이르는 통로였을 것이다.

현생 인류가 동아시아에 도래한 것에 대해서 우리는 아직 아는 것이 거의 없다. 현재 중국에 남아 있는 흔적들로는 현생 인류가 6만 7천 년 전에 이미 동아시아에 닿았다는 연대 측정만이 유일하다. 하지만 이조차 측정 방법이 부실해 그렇게 신빙성 있는 것도 아닌 것 같다.

현생 인류가 서아시아와 북아프리카에서 유럽 대륙으로 들어간 것은 네안데르탈인이 사라지기 이전인 4만 3천 년 전 무렵으로 추측하고 있다. 오랫동안 이루어졌을 동북아시아로부터 아메리카 대륙으로의 인류 이주는 정확하게 연대를 지정하기가 가장 어려운 문제이다. 고고학적 발굴에 의하면 이 연대는 1만 5천 년 전에서 3만 년 전 사이를 왔다 갔다 하는데, 심지어 5만 년 전으로 나타나기도 한다.

수많은 유전적 연대 측정 방법이 개발되어왔다. 가장 단순한 가설은 인간 집단 사이의 유전적 거리가 집단이 처음 그 지역을 점유한 지리적인 지역의 연대에 비례한다는 것인데, 좀더 정확하게는 유전적 거리가 비교하는 두 인간 집단이 처음 분리된 이후부터 경과된 시간에 비례한다는 것이다. 아래의 표는 앞에서 주어진 고고학적인 정보에 기초한 대륙의 최초 점유 연대와 대륙간의 유전적 거리를 나타낸다. 유전적 거리는 혈액형들과 단백질 다형성을 계산한 것으로 앞의 2장에 제시한 표의 것들이다. 마지막 세로줄은 유전적 거리와 상응하는 고고학적 연대와의 비율을 보여준다.

이주	유전적 거리	최초 정착 연대	비율
아프리카 ➡ 아시아	20.6	10만 년 전	0.206
아시아 ➡ 오스트레일리아	10.0	5만 5천 년 전	0.182
아시아 ➡ 유럽	9.7	4만 3천 년 전	0.226
아시아 ➡ 아메리카	8.9	1만 5천~5만 년 전	0.59~0.178

네번째 세로줄의 유전적 거리와 고고학적 연대 비율을 비교하면, 위에서 아래로 비율들은 상당히 비슷하고 비율간의 차이도 측정 오차의 범위 안에 있어 유전적 거리가 대체적으로 인간 집단들의 상호 분리 시기와 비례한다는 것을 확인할 수 있다. 이것은 모아놓은 데이터에서 진화적 분기(divergence)의 속도(비율)가 대륙간에 큰 차이 없이 대략 일정하다, 상수적 비율을 보인다는 것을 나타낸다.

현생 인류가 아메리카 대륙에 최초로 정착한 시기는 믿을 만한 추정치가 없다. 추정치의 양극단이 위 표의 마지막 가로줄에 나와 있다. 두 가지 비율을 함께 제시하였는데 고고학자들이 가장 최근으로 잡은 1만 5천 년 전과 가장 이른 5만 년 전으로 연대를 지정한 것이다. 인류의 진화적 분기 비율이 같다는 전제 아래 앞의 세 대륙 비율의 평균값인 0.205를 적용하고 유전적 거리로 나누면 아메리카 대륙은 4만 3천 년 전(8.9/0.205 = 43)에 최초로 점유되었다고 계산할 수 있다. 또한 이 표에서 제시한 아시아와 아메리카 원주민 사이의 유전적 거리는 과대치일 것이라는 점에 주목해야 한다. 아시아 대륙의 현생 인류 전체 중 동아시아의 일부분만이 아메리카를 최초 거주화하는 데 참여했을 것임에도 불구하고, 여기에 제시한 수치는 아시아 대륙 전체값과 비교하였기 때문이다. 따라서 좀더 세련된 추정치는 아시아 대륙 전체와 아메리카인디언 사이의 유전적 거리를 사용하기보다는 동아시아인과 아메리카 원주민 사이의 유전적 거리를 적용해야 할 것이다. 이 표에서 제시하지 않았지만, 동아시아인과 아메리카 원주민 사이의 유전적 거리는 6.6이다. 따라서 아메리카 대륙에 처음 정착한 연대를 계산해보면 아메리카 대륙에 현생 인류가 최초로 정착한 연대는 대략 3만 2천 년 전(6.6/0.205=32)으로 나온다.

고고학자들 사이에 이견이 분분하기 때문에 아메리카 대륙의 현생 인류 도래 연대를 계산하기가 어렵다는 것을 고려하면, 인간이 최초로 각 대륙에 건너간 연대와 유전적인 거리는 상당히 조화를 이룬다. 하지만 이러한 연대 추정치도 개선이 필요한 것이 사실이다.

비유전적 데이터

처음부터 나는 혈액형이나 단백질같이 엄밀한 유전적 형질만이 인간 진화의 역사에 대한 질문에 만족스러운 해답을 제공해줄 수 있다고 확신했다. 이런 이유로, 나에게는 키나 인체측정학적인 외형적 형질들은 믿을 만하지 못하다는 것이 분명했다. 외부적 형질들은 유전자의 영향뿐만 아니라 환경적 조건의 영향도 받기 때문이다. 이런 형질들은 영양이나 외부 온도 같은 요인들에 반응하여 급속하게 변화할 수 있다. 오랜 시간에 걸쳐 환경은 자연선택을 통해 이러한 형질의 유전적 기반에도 수정을 가한다.

환경으로부터 강한 선택압을 받는 형질은 해당 집단이 거주하는 최근의 환경 조건에 대해 무언가를 시사할 수도 있다. 그러나 우리는 이런 특징의 수정에 얼마나 많은 시간이 걸리는지는 아직 잘 모른다. 그러므로 진화 연구에 가장 좋은 유전자들은 자연선택과 무관한 것들이다. '유사유전자'(pseudogenes, 기능하는 유전자의 복사본으로 정상적인 단백질을 생산해낼 수 없는 핵산서열)처럼 기능이 없는 유전자들, 혹은 단백질을 암호화하지도 않고 알려진 다른 기능도 없는 핵산서열들은 주로 우연(chance)에만 노출되어 있다(유전적 부동). 다시 말하면 이런 유전자들은 '자연선택적으로 중립적(selectively neutral)'이라고 부르며, 우리는 가능하다면 진화 연구에 선택적 중립성의 유전자들을 이용해야 한다. 찰스 다윈은 이를 직관적으로 알았으며, 그는 인간의 역사를 재구성하기에 가장 유용한 형질은 우연에 더욱 쉽게 변동하는 '사소한' 특징일 것이라고 생각했다.

앞에서 말했듯이, 인간 진화 연구에 자연선택적 중립성을 보이는 형질들을 선택해야 한다는 규칙에 예외가 되는 것들 중에는 인간백혈구항원 유전자들(우리의 유전적인 정체성을 조절하고 면역 체계를 돕는 유전자들의 체계)이나 면역글로불린(우리를 감염 질환으로부터 보호해주는 항체로 기능하는 단백질) 유전자들같이 변이도가 굉장히 높은 유전자들일 것이다. 이 유전자들은 진화 연구에서 가장 중요한 유전자들 중 일부라고 할 수 있다. 원칙상으로는 이 유전자들이 특정한 감염성 질환의 유행에도 영향을 끼치는 기후나 환경 요인들과 높은 상관도를 보이는 수가 있는데, 이러한 경우에는 우리가 진화적 역사에 대해서 어떠한 결론도 내리지 못하게 만들어버릴 수도 있다. 하지만 이런 경우를 감안하더라도 이 유전자들의 진화에서는 우연이 언제나 가장 중요한 요인으로 남아 있기 때문에 굉장히 유용한 연구재료가 된다.

우리가 처음으로 진화적 계통수를 구성할 때에는 전형적인 인체측정학적 특징들을 이용하는 병행 연구가 중요한 것처럼 보였다. 그것은 아주 어려운 문제에 대한 해답을 찾는 과정에 가능한 가장 많은 관련 출처로부터 정보를 모으는 것이 좋을 것이라는 생각에서였다(그리고 현재도 그렇다). 만약 병행 연구에서 수집된 정보나 결과가 서로 다른 해답을 제시한다면, 그 결과는 어떤 방식으로든 설명되어야만 한다. 우리도 우리가 유전적 데이터를 가지고 있는 집단과 가장 가깝게 일치하는 집단에서 인체측정학적인 데이터를 만들어냈다. 인체측정학적 데이터를 적용한 계통수는 유전적 계통수와는 몇 가지 중요한 차이를 드러냈다. 예를 들어 아프리카 사람들과 오스트레일리아 원주민들은 겉보기에는 아주 비슷해 보이고 따라서 인체측정학적 계통수에서는 이 두 집단이 같이 묶였다. 하지만 유전적 연구에서는 이 집단들이 가장 큰 유전적 거리를 보여주었다.

처음에 우리는 이러한 결과를 별로 좋아하지 않았다. 그러나 언뜻 보기에는 납득할 수 없는 이러한 불일치의 원인이 단순히 인체측정학적 특징들이 강한 기후 선택압을 겪었기 때문이라는 사실이 분명했다. 우리는 피부색이 대부분 태양 광선의 강도에 의해 결정된다는 사실을 알고 있다. 사하라 사막 남쪽의 아프리카인, 오스트레일리아의 원주민, 그리고 뉴기니인은 모두 검은 피부를 가지고 있으며, 특히 신체 측정치 같은 다른 신체 형질들이 비슷하게 적응되었다. 이들 모두는 대다수 다른 사람들과는 달리 적도 근처에 산다. 우리는 또한 코 내부의 전체 크기 같은 다른 많은 형질들이 기후에 따라, 위도에 따라 생리학적 이해가 가능한 방식으로 상관성을 보인다는 사실을 알고 있다. 위도와 달리 경도를 기준으로 한 연구에서는 비교할 만한 생태적 차이가 나타나지 않는다.

피부색을 포함한 인체측정학적인 특징들은 현생 인류가 지구 표면 전면에 걸친 이주 경로에서 노출되어왔던 다른 여러 기후들이 끼친 선택적 영향을 나타낸다. 이런 형질들은 특히 위도에 따라 변이를 보인다. 유전자들은 대조적으로 인간 진화의 역사, 특히 인간 이주의 역사에 대한 표지로서 더욱 유용하다. 유전자는 위도보다는 경도에 따라 더 큰 변이가 나타난다.

우리가 우리의 인체측정학적인 연구에서 사용했던 데이터들은 수많은 연구자들로부터 나온 것이어서, 결과적으로 그 측정치들은 어느 정도 균일하지가 않다. 풍부한 두개골 표본을 조사한 윌리엄 하웰스(William Howells)는 아주 자세하고 아름답기까지 한 분석(1973) 작업을 했었다. 자신이 직접 측정한 수많은 두개골 측정치에 근거해서 하웰스는 우리가 일반 인체측정학적 데이터로 계산한 것과 아주 비슷한 결과를 발표하였다. 우리가 우리의 분석으로 다시 보일 수 있었던 것은 기후의 영향을 보정한다면, 특히 기후에 아주 민감한 두개골의 전체 크기의 영향을 제거한다면 두개골 측정 데이터와 유전적 데이터 사이의 조응성(concordance)이 크게 향상된다는 사실이었다.

같은 측정 데이터로 수행한 두번째 연구(1989)에서 하웰스는 더욱 특이성이 두드러지도록 두개골의 모양을 고려하여 크기가 결과에 미치는 영향을 제거하려고 시도하였다. 두개골 형상은 대부분 안면과 두개관(crown)의 관계를 이용하여 측정한다. 그런데 두개골의 모양도 기후의 선택압에 아주 민감하다. 아주 추운 지방에서는 현생 인류가 두개관에 비해 안면의 크기가 급격하게 작아지는 경향이 있는데, 이는 머리의 삼차원적 형태에 큰 변화를 가져온다. 두개골 모양이라는 형질을 이용한 연구도 결국 결론을 바꾸지는 못했으며, 하웰스의 두번째 분석도 그의 첫번째 연구 결과를 재확인하는 정도였다. 기후에 의한 자연선택에 아주 민감한 형질은 한 생물종에 대한 진화 역사 전모를 묘사할 수 없다. 하지만 다른 집단에 의해 점유된 환경의 영향이라는 단지 작은 일부를 드러낼 수는 있다. 축적된 진화적 분리의 양은 단지 그 양이 무작위적 변화들을 반영할 때에만 경과된 시간에 대한 척도가 될 수 있을 것 같다.

여러 가지 유전적 표지와 유전적 거리 계산과 계통수 재구성의 다양한 방법

이 분야의 초기에 우리가 유전적 계통수를 사용하여 인류 진화를 재구성하는 작업을 시작한 이후로 유전적 거리를 계산하는 셀 수 없이 많은 새로운 방법들이 제안되었다. 마찬가지로 계통수를 구축하는 비슷한 여러 방법도 제시되었다. 이렇게 다양한 방법을 사용한 결과를 보면 보통 큰 차이가 없는 편이다. 만약 유전적 거리의 계산이나 계통수의 재구성에 사용된 방법이 달라도 결론이 비슷하게 나온다면, 원칙상으로 유전적 데이터로부터 재구성된 진화적 계통수의 역사적 타당성이 신뢰할 만한 것으로 여길 수 있을 것이다. 무엇보다도 결론들은 유전적 표지들의 차이에 영향을 받지 않고 독립적이어야 한다. 만약 결론이 이 변수들에 의해 영향을 받는다면 우리가 유전적 형질과 인체 측정학적 형질들 사이에 나타난 불일치를 찾아낸 것과 마찬가지로, 그 이유를 찾으려 노력해야만 한다. 형질을 이야기할 때는, 연구의 결론들이 우리가 사용하는 형질의 수에 의존할 수밖에 없다는 사실을 기억해야 한다. 말하자면 너무 적은 수의 형질을 조사하면 선택한 형질에 따라 결론은 이렇게 저렇게 바뀔 것이다. 이것은 관찰을 바탕으로 한 모든 연구들이 가지는 한계인데, 적절한 통계학적 분석으로 충분히 극복할 수 있다.

앞에서 언급했듯이, 경험에 따르면 유전적 거리를 계산하는 데 사용한 방법들의 차이는 결과에 그리 큰 영향을 끼치지 않는 반면, 계통수를 재구성하는 방법의 차이는 주된 영향을 끼칠 수 있다. 계통수의 재구성 방법에는 크게 두 가지가 있다. 하나는 특정한 가설 하나를 만들고 그 가설을 데이터에 의거하여 검정하는 방식의 표준적인 통계학적 접근법이다. 이 가운데에서 가장 만족스럽지만 매우 복잡한 방법은 '최대 유망성'이라고 부른다. 이 방법에 의해 검정되는 진화적 가설은 보통 아주 단순한 것이다. '진화는 일정한 상수적 속도를 가진다', 다른 말로 '모든 계통수 가지들에서 진화 속도가 같다'고 하는 가설, '하나의 가지에서 일어난 것은 다른 가지에서 일어난 것과는 상관없이 독립적이다'라는 가설처럼 아주 단순하다. 그러나 가끔은 연구자가 단순한 가설들을 변경할 이유가 충분하고 타당하다고 생각하여 변경하는 경우도 있다.

또 다른 방법은 '진화의 속도는 가능한 한 최소다'라고 가정한다. 이러한 종류에 속하는 것에는 '최소 진화(minimum evolution)'와 '최대 인색성(maximum parsimony)' 방법이 대표적이다. 또 다른 하나의 방법은 '이웃접합(neighbor joining)'이라고 하는데 다른 방법들보다 컴퓨터상에서 구현하기 좋은 장점이 있기 때문에 아주 널리 이용되고 있다. 돌연변이율이 아주 작을 경우를 제외하고는 왜 진화가 최소가 되어야 하는지에 대한 확실한 이유가 없으며, 이러한 방법들에서 진화적 변화를 가능한 최소로 인위적으로 강제하려는 것이 항상 옳은 결론으로 이끌어가지 않는다는 사실이 증명된 바 있다.

여기서 제시된 결과들은 ABO식이나 RH식 혈액형이나 수많은 효소와 다른 단백질들을 암호화하고 있는 유전자들에서 조사한 다수의 유전자 빈도를 관찰한 뒤에 얻어진 것들이다. 우리가 수집한 데이터 뭉치는 제1차 세계대전 이후에 발표된 과학 문헌들에 포함된 2천여 개의 인간 집단들에 대한 거의 10만여 가지에 이르는 유전자 빈도들을 포함하고 있다. 우리가 여기에서 사용한 계통수들과 4장에서 제시할 지리학적 지도들은 모두 다 이 데이터 뭉치에서 도출된 것이다.

인간의 DNA를 분석할 때, 어떤 인간 집단들에서의 유전자 빈도(대립인자 빈도)에 대한 조사는 거들떠보지도 않고, 대신 직접 개인을 검사하고 마는 경향이 있다. 두 사람 사이의 유전적 거리는 단순히 한 개인을 다른 개인과 다르게 만드는 돌연변이의 수를 세는 것에 의해 얻어진다.

〔그림 2A〕와 〔그림 2B〕에 사용한 DNA 표지는 핵산 분석 연구에 도입된 것이다. 우리는 DNA가 유전성 물질이라는 것을 알고 있다. DNA는 첫 글자가 A, C, G, T로 알려진 네 종류의 핵산기(nucleotides)로 만들어졌다는 것과, DNA에 포함되어 있는 유전적 정보는 핵산기 서열에 모두 암호화되어 있다는 사실을 기억하도록 하자. 배우자(gamete) 세포인 정자나 난자 세포 하나에서 발견되는 완벽한 인간 염색체 한 세트에는 30억 개 이상의 핵산기가 있다. 많은 독자들이 DNA는 핵산기가 마주보면서 쌍으로 구성되는 이중나선의 형상으로 되어 있다는 것을 알고 있을 것이다. 한 쌍이 되는 핵산기는 AG,

GA, CT, TC이기 때문에 나선 안에 있는 핵산기 한쪽의 서열만 알면 반대편은 자동적으로 알 수 있다. 나선 속의 아데닌(A)의 앞에는 단지 구아닌(G) 핵산기만이 올 수 있고, 구아닌(G) 앞에는 아데닌(A), 시토신(C) 앞에는 단지 티민(T)만이, 티민(T) 앞에는 시토신(C) 핵산기만이 올 수 있는 것이다.

만약 하나의 정자(혹은 난자)에게서 핵산을 뽑아낸 다음 무작위적으로 골라낸 다른 DNA와 비교한다면, 평균적으로 천 개의 핵산기 쌍마다 하나꼴로 다른 것을 발견할 수 있다. 그러므로 정자, 또는 난자 하나에 들어 있는 DNA와 다른 배우자 세포에 들어 있는 DNA 사이에는 대략 3백만 정도의 차이점이 있는 셈이다. 이 모든 핵산기의 차이는 돌연변이에 의해서 생긴다. 돌연변이는 세포에서 DNA가 복제할 때 자연적으로 발생한다. 이 가운데서 가장 빈번한 돌연변이는 핵산기 하나가 세 가지 다른 핵산기로 치환되는 것이다. 세포 복제 때 만들어진 새로운 DNA는 아주 드물게 일어나는 돌연변이를 제외하고는 언제나 원본의 복사본이다. 그런데 배우자 세포에서 생긴 새로운 돌연변이는 부모 대에서 자녀들에게로 '전달'된다. 이 새로운 돌연변이는 부모가 속한 집단에서 축적되고, 한 집단에서 발견되는 다른 두 대립인자(alleles)를 차별화하는 돌연변이는 수천 년, 수만 년 혹은 수십만 년 정도의 나이를 가지는 것일 수 있다.

한 특정한 핵산 조각의 모든 핵산기의 서열을 선열(sequencing)[14]하여 두 개인 사이에 존재하는 DNA의 차이를 찾아내는 것도 가능하지만 그 작업은 엄청나게 손이 많이 가고 지루하다. 그리고 현재는 돌연변이의 유무를 판별해내는 지름길이 있다.

DNA의 변화 자체를 조사할 수 있는 첫번째 지름길은 1981년에 고

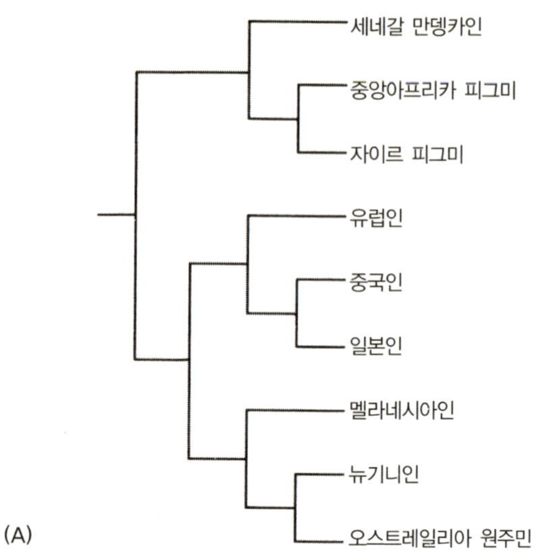

〔**그림 2A와 2B**〕 78개의 제한절편길이다형(RFLP) 핵산 표지를 사용하여 두 가지 방법으로 구성한 계통수들. 계통수 A(〔그림 2A〕)는 진화에서 일정한(상수적) 속도를 가정하는 방법인 평균 연결, 최대 유망성으로 작성한 것이고, 계통수 B(〔그림 2B〕)는 관찰된 (유전적) 거리들을 산출해내는 데 필요한 최소 진화를 가정하는 이웃접합으로 축조한 것이다. 계통수 B는 계산된 유전적 거리들에 비례하도록 마디의 길이를 조정한 후에 세계 지도에 부분적으로 적합하도록 그린 것이다. 숫자들은 각각의 계통수 가지에 대해 계산된 값이다. 유럽인의 가지가 무척 짧게 되었다〔데이터와 그림은 폴로니(Poloni) 등의 논문(1995)에서 발췌〕.

안한 것으로, '제한(restriction)'이라는 명칭이 붙여졌다. 그런데 이 방법은 엄청나게 많은 양의 DNA가 있어야만 한다. 바로 이런 이유 때문에 아주 적은 양의 혈액 표본에서 추출할 수 있는 DNA의 양을 증가시키기 위해 특정한 백혈구 세포, 정확하게는 항체를 생산해내는 B-백혈구들을 형질전환시켜서 이 세포들이 실험실에서 지속적으로 반복 재생산하게 하는 기법이 보편화되었다. 이러한 기법은 세포가 끝없이 분열하도록 유도하는 엡스타인-바 바이러스(Epstein-Barr virus, EBV)를 백혈구에 감염시키는 과정(형질전환)을 핵심 기술로 하고 있기에

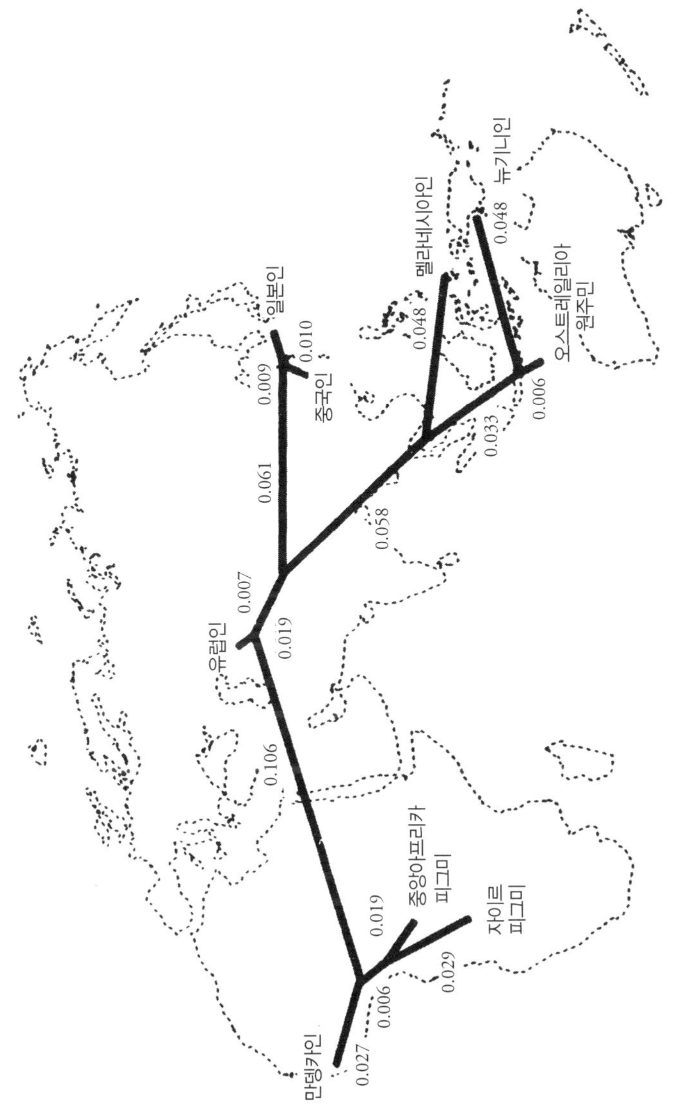
일본인
중국인
0.010
0.009
0.061
멜라네시아인
뉴기니인
0.048
0.048
오스트레일리아
원주민
0.006
0.033
0.058
0.007
0.019
유럽인
0.106
중앙아프리카
피그미
자이르
피그미
0.019
0.029
0.006
0.027
만뎅카인

(B)

'불멸화(immortalization)'라는 애칭으로 부르게 되었다. 여기서는 한 개인의 전체가 불멸화되는 것은 아니고, 단지 한 개인의 아주 특수화된 세포들만이 불멸화되는 것이다. 이렇게 불멸화된 세포주에서 연구자는 굉장히 많은 양의 DNA를 추출할 수 있으며 따라서 수많은 검사를 할 수 있는 것이다. 그러나 이런 기법을 적용하기 위해서 액체 질소 속에 세포를 얼려서 보관해둘 수도 있다. 하지만 이 방법에는 채취한 지 얼마 안 되는 혈액이 가장 좋다. 중합효소연쇄반응(PCR)으로 시험관에서 DNA를 효소적으로 대량 증폭하여 하나의 핵산 분자에서 상당한 양의 DNA를 만들어낼 수는 있지만, 여전히 B-백혈구 세포의 엡스타인-바 바이러스 형질전환은 엄청나게 유용한 기법이다. 왜냐하면 시험관에서의 DNA 증폭은 살아 있는 세포들이 자신의 DNA를 복제해내는 것보다는 그 정확도가 아무래도 떨어지기 때문이다.

나는 1984년에 미국 예일 대학 유전학과 교수인 켄 키드(Ken Kidd)와 주디 키드(Judy Kidd) 부부, 워싱턴 주립대학의 인류학자 배리 휴렛(Barry Hewlett) 박사와 함께 전 세계의 수많은 토착 집단들로부터 불멸화된 세포선(cell line) 수집 표본들을 확립하는 연구 프로그램을 진행하기 시작했다. 첫 공동 노력은 중앙아프리카공화국과 자이르(현재 공식 명칭은 콩고민주공화국이다/옮긴이)의 북부에 거주하는 아프리카 피그미족의 세포선을 확립하는 것이었다. 이후에 이와 비슷한 다른 여러 공동 작업이 지속되었다. 1991년에 여러 연구자들이 연구 프로그램을 전체 인간 종을 대표하는 굉장히 많은 인간 집단의 세포선을 확립하는 것으로 확장하자고 제안하였다. 이 거대 연구 계획은 '인간 유전체[15] 다양성[16] 연구사업' (HGDP, Human Genome Diversity Project)이라고 부르게 되었으며, 이에 대한 초기 연구비는 미국 국립과학재단이 마련해주었다. 1992년에 '유럽인 집단들의 생물학적 역사(Biological History of European Populations)'라는 제목의 초기 연구과제를 시작하였으며, 비슷한 연구과제들이 인도, 중국, 파키스탄, 이스라엘 등지와 다른 나라들에서 진행되고 있다. 현재는 50개 이상의 인간 집단들을 대표하는 세포선들이 7개 연구실에서 생성되어 있으며, 대상 집단이 지속적으로 늘고 있다. 이 인간 집단의 세포선들에서 추출한 DNA는 프랑스의 인간다형성연구센터(CEPH, Centre d'Etude Polymorphisme Humain)를 통해서 집단유전학 전문가들에게 분양될 것이다. 인간다형성연구센터는 인간백혈구항원을 발견한 노벨상 수상자 장 도세(Jean Dausset)가 세워서 현재까지 소장직을 맡고 있는 연구소이다. 인간다형성연구센터는 인간 염색체 유전적 연관 지도(genetic linkage map) 작성을 위해 세계 과학자들의 공동 노력을 이끌어내는 데 주도적 역할을 함으로써 인간유전학과 의료유전학(medical genetics)에 근본적인 공헌을 하였다. 집단 세포선들의 일부는 미국 국립보건원이 유지와 관리를 맡고 있는 세포배양 설비를 통하여 전문가들에게 분양하고 있다.

〔그림 2A〕와 〔그림 2B〕는 9개의 인간 집단들에서 DNA의 제한절편길이다형(RFLP) 분석법을 이용한 데이터에 최소 진화 찾기 계통수 구성법을 적용하여 만든 계통수와 이 책 2장에서 언급한 평균 연결과 최대 유망성을 적용하여 얻은 계통수를 비교하고 있다. 그림에 나오는 집단 대부분은 형질전환 세포선의 수집 표본에 포함된 것들이다. 표본에는 두 피그미 집단이 포함되었는데, 하나는 1984년에 표본을 위하여 내가 직접 다시 방문한 중앙아프리카공화국 남서부의 바간도

(Bagandou) 마을에서 도출된 것이고, 다른 한 집단은 1985년 자이르의 이투리 숲(Ituri Forest) 여행에서 얻은 것이다. 이투리 숲의 음부티 피그미족은 세상에서 가장 키가 작은 사람들인 반면에 중앙아프리카공화국의 피그미족은 키가 음부티 피그미보다는 크다. 후자의 키가 큰 것은 이들이 주위의 반투인이나 수단인 마을의 사람들과 75퍼센트 정도까지 섞였기 때문일 수 있다. 하지만 그들의 키를 작게 하는 다른 돌연변이에 의해서 이들의 키가 작아졌을 가능성도 충분히 있다. 만뎅카인 표본과 세네갈인 표본은 제네바의 앙드레 랑가니(André Langaney)와 그의 동료들이 수집한 것이다. 유럽인 표본은 원래 독일과 영국에서 기원한 집단으로 미국 캘리포니아 주의 메노파[17] 집단에서 하워드 칸(Howard Cann)이 얻은 것이다. 중국인 집단(대부분은 남중국인)과 일본인 집단은 아시아의 여러 다른 지역에서 태어났지만 현재는 캘리포니아 주에 사는 사람들이다. 그림에서 오세아니아 주를 대표하는 집단은 부건빌 섬(Bougainville Island)의 멜라네시아인 집단인데 필라델피아의 조너선 프리들랜더(Jonathan Friedlander)가 표본한 것이다. 오스트레일리아 원주민과 뉴기니 원주민은 각 지역의 여러 지방에서 표본한 것이다. 그림에 표시된 연구와는 다른 독립적인 연구에서 중앙아메리카와 남아메리카 원주민 집단들을 포함하였는데, 다른 표지들에 근거했지만 우리가 예상하던 계통수의 지점에 정확하게 위치하였다.

오늘날 제한 효소들에 의해 검출되는 다형성과는 다른 종류의 핵산(DNA) 다형성이 많이 있다. 이 새로운 유형의 표지들은 이 책 2장의 논의가 의존하고 있는 전형적 표지들보다는 잠재적으로 더욱 풍부한 유전적 정보들을 함유하고 있다. 하지만 혈액형이나 단백질 다형성에 의거한 표지들을 가지고 했던 초창기의 작업들이 포함하고 있는 만큼

많은 수의 인간 집단 데이터를 축적하는 데까지는 이르지 못했으며 시간이 더 지나야 할 것이다. 현재까지는 새로운 핵산 표지들이 이전에 얻은 결과들을 다시 확실하게 검증하는 역할을 하고 있다. 물론 일부의 경우에는 과학자들이 기존의 분석을 넘어서는 작업을 하도록 해주기도 했다.

다른 종류의 유전적 표지들 사이의 일치성과 다른 두 가지 검정 방법 사이의 일치성은 모두 높은 편이지만 완전한 것은 아니다. 전 세계를 대상으로 하는 계통수들은 최초의 아프리카인과 비아프리카인이 갈라지는 위치를 결정해준다. 이는 모든 현생 인류가 아프리카 대륙에서 기원했다는 사실을 전제하면 자명한 것이다. 하지만 다음 갈라지는 부분부터는 계통수 구성 방법에 따라 달라지는데, 만약 상수적인 진화 속도를 가정하면 두번째 갈라짐은 오세아니아인들을 나머지 비아프리카인들로부터 분리시키는 반면, 최소 진화 방법을 사용하면 오세아니아인의 분지는 유럽인들과 나머지 비유럽인의 중간에 놓이게 한다. 구성 방법이 다른 두 계통수 사이에는 또 하나의 놀랄 만한 차이점이 있다. 최소 진화 방법과 이와 유사한 방법을 사용한 계통수에서는 일정한(상수적) 진화 속도를 가정해 구성된 계통수에서보다 쉽게 분지된 가지 길이의 차이를 찾아낼 수 있다. 이것은 별로 특별한 것이 아니지만, 상수적 진화 속도를 가정한 계통수와는 달리 최소 진화를 이용한 계통수에서는 가지들이 뻗어나가는 상대적 길이에 제한이 없기 때문이다. 따라서 이 두 상이한 계통수들에서 찾을 수 있는 현저한 차이점은 최소 진화는 유럽을, 그리고 유럽보다는 정도가 약하지만 동아시아를 계통수 중앙에서 가까운 곳에서 갈라지는 짧은 가지 위에 자리잡게 한다는 점이다. 진화적 계통수 축조 방법들 사이에 나타나는 이러한 불일치에도 불구하고 상이한 유형의 유전적 표지들을 적용했을 때의 계통수를 비교하면 서로 일치한다는 사실은 최소 진화 계통수에서 나타나는 짧은 유럽인 가지와 예상치 못했던 가지의 계통수 중앙 위치에 대한 설명을 강요한다. 이는 인류의 유럽 정착 시기에 대한 고고학적 정보와 어긋나는 점이다. 고고학적 데이터에 따르면 일정한 진화 속도 계통수에서 유럽인 가지가 갈라지는 지점과 같은 분지점에서 실제로 유럽인 가지가 뻗어나가야 한다.

계통수 가지들의 길이

최소 진화 방법으로 재구성된 계통수에서 길이가 다른 가지들을 볼 때 나타나는 가장 단순한 가설은 짧은 가지는 그 지역에서 느린 진화 속도의 결과이고, 긴 가지는 지역적으로 빠른 진화의 결과라는 것이다.

유전적 부동과 자연선택이라는 두 가지 주요한 진화 요인은 장소가 달라짐에 따라 변화를 보일 수 있다. 유전적 부동은 모든 유전자에 영향을 미친다. 하나의 특정 집단에서 유전적 부동은 각각의 유전자에 대해 동일한 강도를 가진다. 곧 부동은 집단의 '유효 크기(effective size)'의 함수이다. 인구센서스 크기와 달리 집단의 유효 크기는 다음 세대의 재생산이 가능한 사람들의 규모, 곧 너무 젊거나 너무 늙어서 재생산하지 못하는 세대들 사이의 중간 세대의 크기를 지칭한다. 중간 세대의 크기는 인간의 경우, 대략 전체 집단 규모의 3분의 1에 해당한다. 반면에 자연선택은 어느 유전자, 어느 집단, 어느 시기에나 변화를 가져올 수 있는 것 같다. 단지 극소수의 유전자들만이 주어진 장기간 동안에 강한 선택압 아래에 놓이는 것 같다. 시간과 공간에 따라 무작위적으로 변이를 보이는 선택압의 영향 아래에 있는 것으로 보이는 유전자들과 우리가 최대의 분화도를 발견하는 유전자들(예를 들어 인간 백혈구항원 유전자들이나 항체 유전자들)도 유전적 부동에만 노출되어 있는 유전자들을 적용하여 얻은 계통수와 비슷한 계통수를 구성한다. 그러므로 짧은 가지나 긴 가지가 자연선택의 차이로만 돌려질 수는 없는 것이다.

그러면 유전적 부동이 계통수 가지 길이의 변이를 가져오는 원인인가? 개체군계량적 정보는 이런 가능성을 살펴보는 데 도움을 줄 수 있다. 작은 섬의 경우에 만약 최근 인구 유입의 원인인 이주가 없었다면, 그 긴 가지를 유전적 부동이 설명해줄 수 있을 것이다. 이에 대한 수많은 사례들이 존재한다. 이스터 섬은 남아메리카 해안이나 다른 폴리네시아 섬들로부터 아주 멀리 떨어져 있다. 이스터 섬의 인구통계적 역사에 대해서는 대체적인 윤곽이 알려져 있는데, 18세기에 아주 급격한 병목 현상이 일어났다. 그 결과 이스터 섬의 인구 집단은 다른 폴리네시아인 집단들보다 긴 계통수 가지를 보여준다. 사르데냐는 또 다른 사례가 될 것이다. 지중해에서 지리적으로 가장 고립된 섬이 바로 사르데냐인데, 오랜 문화적 고립의 역사도 함께 지니고 있다. 정도는 약하지만 아이슬란드도 마찬가지다. 다른 섬들로부터 상대적으로 상당히 떨어져 있지만 아이슬란드는 사르데냐가 나머지 유럽 지역과 비교해 유전적으로 보이는 차이보다 적은 차이만이 나타난다. 아이슬란드는 상대적으로 많은 수의 개척자들(약 2만 명)에 의해 비교적 최근인 9세기에 정착이 시작되었다. 이러한 사례들이나 다른 유사한 설명들에 대한 정보는 이 책 뒤의 참고문헌에 있는 나의 책 『인간 유전자들의 역사와 지리학』에서 찾을 수 있다.

지리적 고립과 작은 집단 크기로 인한 작은 규모의 유전자 유동만이 긴 가지들이 생겨나게 하는 유일한 이유는 아니다. 자신들이 속한 집단 안에서 결혼하는 성향을 지닌 바스크인, 유대인들, 에스키모인의 경우 문화적 요인들이 집단의 족외혼을 제한했다. 이와 같이 지리적 격리나 문화적 고립 때문에 일어나는 높은 족내혼의 습속이 있으면, 특별히 그 집단이 아주 작은 규모이면 긴 계통수 가지를 뻗어나게 할 가능성이 높다. 아주 작은 집단 규모, 그리고 집단 외부와의 결혼의 감소나 완전한 단절은 하나의 진화 계통수에서 그 가지들을 길게 할 수 있는 것이다.

대조적으로 짧은 가지는 유전적 부동을 감소시키는 큰 집단 규모나 유전적 혼합(genetic admixture) 수준의 증가와 같은 정반대의 원인이 있는 것이다. 다른 집단과의 결혼이 빈번할 때 원래의 인족적 정체성은 점진적으로 사라진다. 유전적 혼합이 빈번해지는 것은 두 집단이 이주를 통해 서로 인접 지역에 살게 되기 때문이다. 아메리카 대륙에 노예로 끌려온 아프리카인들의 이주로 흑인과 백인 사이에 혼합이 이루어지게 되었고, 흑인과 아메리카 원주민 사이에도 혼합이 일어났다. 일부 지역에서는 이 세 부류의 집단이 모두 섞이는 현상이 일어나 '삼인종 고립 집단들(triracial isolates)'을 형성한 경우도 있다. 부분적으로 백인 계통의 유전자를 받은 혼혈 흑인들은 보통 북아메리카에서 아직까지 흑인으로 분류된다. 미국인들 가운데 흑인은 백인들로부터 상당한 양의 유전자 유입(input)을 받아왔다. 유전적 표지들을 적용한 연구들은 전체 평균 30퍼센트, 변이를 보이는 실제 빈도에서는 미국의 경우 북부에서는 거의 50퍼센트, 남부에서는 10퍼센트에 해당하는 백인 혼합이 평균적으로 미국 흑인 집단에서 존재한다는 사실을 제시하고 있다. 백인과 흑인이 아메리카에서 함께 거주한 3세기 동안, 전체적인 혼합 수준이 30퍼센트에 이르렀다는 것은 한 세대 당 5퍼센트의 백인 유전자가 흑인 집단에 들어간 셈이다.

아프리카 대륙에는 세 개의 주요한 유전자 유입의 사례(비록 연구되지 않은 많은 예들도 있겠지만)가 있다. 아프리카 북부와 동부에서는 분명히 흑인계와 백인계(중동 사람)가 섞일 수 있는 수많은 기회들이 있었을 것이다. 북부에서는 백인의 유전자들이 우세한 반면에 동부에서는 흑인의 유전자들이 지배적이다(평균 60퍼센트). 나일 강을 따라서 살펴봐도 적어도 지난 5천 년 동안 나일 강 남부에는 흑인계가 살았고 북부에는 백인계가 많이 살았다. 에티오피아인들과 아랍인들의 접촉은 매우 일찍부터 일어났으며 그후 기원전 1000년부터 최근에 이르기까지 아랍인-에티오피아인 혼혈 제국들은 처음에는 아라비아에 수도를 두었고 이후에는 에티오피아의 악숨(Aksum)에서 통치하였다.

오늘날 대답하기 어려운 정당한 질문은 도대체 어디에서 하얀 피부가 생겨났느냐 하는 것이다. 아프리카 대륙에서 생겨났을 것이라는 것이 불가능한 것은 아니다. 아프리카 북부에서 혹은 동부에서, 아니면 두 곳 모두에서 생겨났을지도 모르는 일이다.

아마도 아프리카 대륙의 북부, 또는 북부와 동부 두 곳 모두에서 발생했다는 것이 불가능한 것은 아니다. 우리는 적어도 3개나 4개의 다른 유전자가 반드시 관여할 것이라는 사실을 제외하고는 피부색의 유전적 결정 과정(genetic determinism)에 대해 충분히 알고 있지는 않다.

잠시 〔그림 2B〕의 최소 진화 계통수에서 나타난 매우 짧은 유럽인 가지에 대해 논의해보자. 앞서 이야기한 두 가지 설명 중 하나 또는 두 원인이 모두 해당할 수 있다. 유전적 부동이 전혀 없는 상태(다시 말하면 전반적으로 유럽인은 하나의 큰 집단이다)일 수도 있고, 유전적 혼합으로 볼 수도 있다. 그런데 처음의 설명은 적절할 가능성이 아주 희박하다. 유럽인 가지가 아주 짧은 것과 가지가 갈라진 위치가 계통수의 중심에 위치하는 것은 유럽인들이 진화하지 않았으며 10만 년 전에 살았던 현생 인류들에서 거의 변화를 보이지 않은 상태로 존속해왔다는 것을 의미할 수 있다. 지금으로부터 가장 가까운 시기에 있었던 빙하기에 대한 우리의 현대적 지식은 2만 5천 년 전과 1만 3천 년 전 사이인 빙하기의 끝 이후에 북부 유럽의 인간 집단의 크기가 상당히 감소했다는 것과 빙하기 이후의 1만 3천 년 전쯤에 유럽의 남부 해안에서 시작하여 재정착이 이루어졌다는 사실을 알려준다. 이러한 인구 감소 이후의 재정착은 유럽인 가지를 짧게 만들지 못하고 오히려 더 늘렸을 것이다.

두번째 설명은 유럽인들이 유전적 혼합의 결과라는 것이다. 이 유전적 혼합은 이웃한 두 대륙인 아프리카와 아시아로부터의 이주에서 유래한 결과라고 보는 것이다. 보우콕(Bowcock) 등의 논문(1991)이 보여준 바와 같이 이러한 유전적 혼합의 유전적 귀결들에 대한 계산은 정확히 데이터와 맞아떨어진다. 만약 우리가 이 유전적 혼합의 정확한 구성비를 결정하는 방법을 찾는다면 유럽인들은 대략 3분의 2의 아시아인과 3분의 1의 아프리카인이 될 것이다. 그러면 언제 이 유전적 혼합이 일어났을까? 데이터는 3만 년 전이라는 상당히 최근의 시기를 시사한다. 그러면 이 설명을 얼마나 더 검증할 수 있을까? 아마도 새로운 핵산 표지들을 적용하여 미래에 나올 데이터가 이러한 의문에 대한 대답을 가져다줄지 모르기 때문에 유전적 혼합 시기 문제는 도전해볼 만한 주제이다.

19세기 프랑스의 외교관이자 독일 인종주의의 발생에 기여한 사람으로, 매우 인기가 있었던 『인종 불평등론*Essai sur l'inégalité des races humaines*』을 쓴 작가인 아르튀르 고비노가 이러한 유전적 혼합 설명을 들었다면 부끄러움과 분노 때문에 죽었을 것이다. 왜냐하면 고비노는 유럽인들(특히 유럽의 유전적 중심지인 중부 유럽의 사람들)이 유전적으로 가장 '순수한 인종'이고 가장 뛰어난 지성을 부여받았으며, 인종 혼합이 적어서 가장 적게 퇴화했다고 믿었기 때문이다. 인종 혼합이 퇴화를 일으킨다는 그의 설득은 매우 인기가 있었지만 오늘날 우리가 알고 있는 모든 사실과는 맞지 않는다.

최소 진화 계통수에서 유럽인 가지가 짧고 중앙에 자리잡는 것에 대한 세번째 이유로 인위적 원인을 고려해야 한다. 우리가 지금까지 연구해온 고전적 다형성과 DNA 다형성은 모두 처음에는 유럽인들과 아메리카 대륙에 있는 유럽인의 후손들의 혈액 표본들에서 확인되었다. 이러한 유전적 표지 대부분은 주로 질병 유전자의 염색체 위치를 지정하는 방법인 연관(linkage) 분석에 사용할 목적으로 고안된 것이다. 이러한 연관 분석 목적에 가장 적합한 다형성은 모든 대립인자들의 빈도가 균일성을 보이는 것인데, 이런 특성을 지닌 DNA 표지(뒤의 '더듬 반복의 중요성'에서 논의되는 미위성체 표지)를 선호하여 선택한 것이다. 유럽인 집단이야말로 DNA 표지이건 단백질 표지이건 상관없이 지금까지 우리가 연구해온 모든 유전적 다형성들이 발견된 표준적 원천이었다. 그러면 이렇게 유럽인을 주대상으로 유전적 표지를 고안해낸 것이 우리가 구성한 계통수에서 유럽인이 가운데에 자리잡게 했을 것인가? 좀더 심층적인 분석에 따르면 이러한 설명이 단지 부분에 대해서만 적합하다고 이야기함에도 불구하고 질문에 대한 대답은 '그렇다'이다.

이주에 대한 연구는 4장에서 더욱 상세히 논의할 주제이다. 이주에 대한 연구는 유럽인 유전자들의 중요한 부분이 중동으로부터 유래한다는 사실을 보여준다. 기원후 450년쯤에 동아시아 집단인 훈족이 프랑스와 이탈리아에 도래하였다는 것도 진실이다. 18세기 말엽에 터키인들이 오스트리아 변경에 도달하였다는 것도 진실이다. 그러나 유라시아 전체 유전자들의 분포는 이러한 이민족의 침입이 큰 유전적 결과를 남기지 못했다는 사실을 밝혀준다. 아시아인과 아프리카인 사이에 놓여 있는 유럽인의 중간적 위치는 훈족이나 터키인들과의 혼합보다 엄청나게 더 오래된 혼합의 결과일 가능성이 매우 높다.

미토콘드리아 DNA와 '아프리카 이브' 이야기

미토콘드리아 DNA 연구는 미토콘드리아 DNA를 이용한 작업이 상대적으로 용이한 면이 있었기 때문에 굉장한 연구열을 일으켰다. 미토콘드리아는 모든 진핵세포(박테리아와는 달리 전형적 핵을 가진 고등 생명체의 세포)의 세포 내에서 발견되는 세포내소기관이다. 이 세포내 소기관이 진핵세포 안에 때때로 수천 개, 혹은 수만 개가 존재한다. 미토콘드리아가 세포 내에서 하는 일은 산소를 이용하여 유기적 분자들(주로 당분들) 내부에 함유되어 있는 에너지를 유리시켜 세포에 공급하는 것이다. 그런데 미토콘드리아 DNA의 다음 세대로의 유전적 전달은 순수하게 모계를 따른다. 임신 때 정자로부터 하나 또는 몇 개의 미토콘드리아가 난자에 들어가는 것은 가능하다. 하지만 이러한 현상은 단지 생쥐에서만 관찰되는 것이고 인간의 경우에는 아주 예외적이고 엄청나게 드문 현상이어서, 만약 부계 미토콘드리아가 수정란에 들어간다고 하더라도 모계 미토콘드리아들의 수가 엄청나기 때문에 아주 미미할 뿐이다. 미토콘드리아라고 하는 소기관은 거의 10억 년 전에 진핵세포 속으로 들어간 박테리아이며, 이후에는 진핵세포 내에서 공생하게 된 것으로 보고 있다. 오늘날은 이러한 공생은 숙주세포와 미토콘드리아 모두에게 필수불가결한 것이 되어버렸다. 인간 세포핵 내의 유전체가 약 30억 개의 핵산기를 가지는 데 반해, 미토콘드리아 유전체는 아주 짧아 1만 6천5백 염기쌍 정도 된다. 미토콘드리아 유전체는 소수의 단백질과 특수한 RNA 분자들을 암호화하는 유전자들만을 가지고 있다. 가장 중요한 유전자들은 일반적으로 한 개인과 다른 개인이나, 심지어 한 생물종과 다른 생물종을 비교해도 그렇게 큰 차이가 없다. 대부분의 경우 이런 주요 유전자에서의 특이한 변이는 생명 자체와 모순된다. 평균적으로 미토콘드리아 DNA에서 일어나는 돌연변이 빈도는 핵 내의 유전자들에서보다 적어도 20배 이상 높다. 돌연변이율은 미토콘드리아 DNA의 특별한 한 부위인 '디-루프(D-loop)'에서 굉장히 높은 편이어서 대부분의 진화 연구에 이 부위가 이용되어 왔다. 미토콘드리아 DNA 분자 전체에서 아주 작은 부분이라는 제한성이 있지만 이 부위의 높은 변이성은 특정한 진화 연구에는 큰 도움이 된다. 특별한 예를 들면 네안데르탈인의 멸종과 같은 주장이 가능했던 것도 이 디-루프의 분석이 뒷받침했기 때문이다. 화석 뼈의 DNA는 보통 고도로 파편화되어 있기 때문에 이것을 주 재료로 삼아 연구하기가 무척 어렵다. 하지만 세포 안에는 수천, 수만 본의 미토콘드리아 DNA가 존재하는 사실과 네안데르탈인 사체가 비교적 낮은 온도로 유지되어 있었다는 사실은 네안데르탈인의 멸종과 같은 중요한 결론을 이끌어내는 데 상당한 기여를 하였다.

스탠퍼드 대학의 우리 연구실을 포함한 세계의 몇몇 연구실에서 미토콘드리아 DNA를 이용한 연구가 진행되면서 그동안 우리가 사용해 왔던 상염색체 유전적 표지들에 의한 결과와 거의 비슷하거나 일부는 동일하다는 사실이 밝혀졌다. 미토콘드리아 DNA를 가지고 수행한 가장 상세한 연구는 캘리포니아 대학 버클리 캠퍼스의 고(故) 앨런 윌슨과 그의 동료들이 한 것이다. 그들은 전 세계로부터 표본한 수많은 개인들의 디-루프를 가장 먼저 선열하였다. 몇 년 전으로 기억하지만, 나는 '아프리카 이브(African Eve)'의 탄생 연대에 관한 인터뷰를 요청하는 『보그 *Vogue*』지의 전화를 받고 놀란 적이 있다. 그 바로 얼마 전에 과학자들이 그 당시로서는 최초로 아프리카 이브의 탄생 연대를 19만 년 전이라고 추정했었는데, 기자는 나보다 먼저 스탠퍼드에서 80킬로미터 정도 떨어진 버클리의 윌슨 교수의 연구실에서 성취한 작업에 대해 알고 있었던 것이다.

윌슨은 '분자시계'라는 개념을 어떻게 적용할 것인가에 관한 작업을 하고 있었다. 만약 살아 있는 두 개체를 구별짓는 돌연변이의 수를 셀 수 있고 그들의 공통 조상이 살았던 연대를 알아낸다면 '기준조정 곡선(calibration curve)'을 만들어낼 수 있다. 단백질을 사용하든지 핵산을 사용하든지 기준조정 곡선의 결과는 같아야 할 것이다. 아주 잘 알려진 단백질인 헤모글로빈은 에밀 주커칸들(Emil Zuckerkandl)과 라이너스 폴링(Linus Pauling)이 1960년대에 분자시계의 개념을 처음 적용한 단백질이다. 오늘날 생존하는 두 생물체의 최후 공통 조상에 대한 연대 추정 관련 기술은 1960년대보다 상당히 개선되었다. 가장 유용한 추정 연대는 약 6천3백만 년 전에 멕시코 해안에 운석이 떨어진 것과 같은 대격변과 관련이 있다. 이 대격변이 화산의 분화구를 열어젖혀 화산 폭발이 태양 광선을 가렸고, 따라서 기후가 급격히 변해 공룡과 같은 몇몇 동물종이 멸종했으며, 포유류와 같은 다른 몇몇 동물목(目)들이 번성하기 시작했다. 예를 들면 인간과 소의 최후의 공통 조상은 아마도 이 대격변 조금 전에 지구상에 생존했을 텐데, 인간과 소를 분리시키는 돌연변이의 수를 세는 것은 지질학적 연대와 소와 인간을 분리시키는 돌연변이의 수를 연결하는 기준조정 곡선을 구성하는 데 필요한 하나의 준거를 제공하는 것이 된다. 이상적으로는 서로 다른 여러 가지 추정 연대치와 함께 이에 상응하는 돌연변이 계수치를 가짐으로써 여러 준거점을 보유하는 것이 기준조정 곡선을 만드는 데 좋다(실제로는 곡선의 이론적 형태를 수학적 이론으로부터 알아낼 수 있기 때문에 하나의 준거점만으로도 충분하지만, 한 준거점에 의한 과정은 분명 신빙성이 떨어진다). 침팬지와 인간을 분리시키는 돌연변이의 수를 알고, 이 계수치를 소(혹은 다른 포유류)와 인간을 분리시키는 돌연변이 수와 비교하면, 침팬지와 인간의 분지는 약 5백만 년 정도 되었다고 정할 수 있는 것이다. 침팬지와 인간이 갈라지는 시기를 5백만 년으로 잡은 추정치는 다시 준거점으로 쓰일 수 있다. 아프리카인과 비아프리카인을 분할하는 돌연변이의 수를 세어 침팬지와 인간을 분리시키는 돌연변이 계수치와 비교하면, 아프리카 이브의 탄생 연대를 확립할 수 있는 것이다. 윌슨이 연구한 최초의 추정치에 따르면 현생 인류 모두가 가진 미토콘드리아가 유래하게 된 '아프리카 이브'라는 여자는 약 19만 년 전에 지구상에 생존한 것이다(확률적으로 보면 15만 년 전에서

30만 년 전 사이로 추정된다). 앞으로 더 살펴보겠지만, 이것은 최초의 추정치로는 그리 나쁜 것이 아니다.

이 여자를 이브라고 명명해 엄청난 사회적 명성을 얻었지만, 실제로 이 명칭은 잘못된 것이어서 수많은 오해를 불러일으켰다. 많은 과학자들이 유전적 데이터에 의하면 그 당시(19만 년 전)에는 단지 한 명의 여자만이 존재했으며, 따라서 이 여자를 이브로 명명하는 것이 자연스럽다고 믿었다(아마도 일부 과학자는 아직도 그렇게 믿고 있을 것이다). 다른 모든 유전적 데이터와 마찬가지로 이 미토콘드리아 데이터도 현생 인류의 아프리카 기원을 시사하기 때문에 이 여자를 아프리카 이브라고 부를 수도 있다. 하지만 그 시기에도 많은 수의 여자들이 생존했었다는 것만은 분명하다. 그러나 단지 그들의 미토콘드리아가 생존하지 못한 것뿐이다. '아프리카 이브'는 단지 오늘날 존재하는 모든 미토콘드리아들의 최후의 공통 조상이 되는 미토콘드리아를 가진 여자일 뿐이다.

또 다른 오해는 이 여자의 탄생 연대가 현생 인류가 아프리카 밖으로 처음 이주한 연대와 같다는 믿음이다. 하지만 사실상 이 여자의 탄생은 이주 이전에 일어났음에 틀림없다. 유전자나 DNA 조각의 최후의 공통 조상이 되는 특정한 하나의 돌연변이 유전자의 기원과 인간 집단들의 분리는 서로 다른 사건인 것이다. 실제로 인간 집단들의 분리—예를 들어 현생 인류가 아시아에 정착하기 위해 무리를 지어 아프리카 대륙을 떠난 것—는 돌연변이보다 나중에 일어난 사건이다. 아마 훨씬 나중에 일어났을 것이다. 동일한 혼동이 미토콘드리아와는 관련이 없는 다양한 다른 유전자들에 대해서도 일어났었다.

아프리카 이브는 과학계에 커다란 논쟁을 일으켰다. 수많은 과학자들이 연대 추정치와 유의성에 관한 해석 모두를 비판했다. 앨런 윌슨의 작업과 결론들에 대한 이 모든 비판을 자세히 다루지는 않겠다. 최근 일본에서의 작업은 윌슨의 결과들을 재확인하고 있으며, 미토콘드리아 이브의 탄생 연대에 대한 개선된 추정치를 제공하고 있기 때문이다. 윌슨의 연구는 미토콘드리아 DNA의 특정한 작은 부위에 제한되어 있었다. 사토시 호라이(Satoshi Horai) 박사와 그의 동료들은 아프리카인, 유럽인, 동아시아인(일본인) 세 인간 집단의 전체 미토콘드리아 DNA의 서열을 선열하였고, 이 결과를 침팬지, 고릴라, 오랑우탄, 긴팔원숭이의 네 가지 영장류 염기서열과 비교하였다. 이들은 '이브'의 나이를 윌슨의 신뢰 구간 범위보다 좁은 범위인 14만 3천 년 전이라고 제시하였다. 동아시아인(일본인)과 유럽인의 분리는 이보다 훨씬 나중에 일어났다는 것이다. 여기서 다시 유의해야 할 것은 이러한 동아시아인 가지와 유럽인 가지는 미토콘드리아 DNA 상의 돌연변이들을 기준으로 하는 것이지 인간 집단들의 실제적 분리를 뜻하는 것은 아니라는 점이다.

아담

이브와 짝을 맞추기 위해 아담이 있어야 하는가? 대답은 물론 '그렇다'이다. 하지만 우리는 아담이 비슷한 시기와 장소에서 태어났다고 예상할 수는 없다. 부계와 모계의 유전적 전달의 과정들은 서로 상관없이 독립적으로 일어났으며, 우리가 아담과 이브에게 예상할 수 있는 유일한 공통점은 비록 같은 지역일 필요는 없지만 그들이 모두 아프리카 대륙에서 살았다는 것뿐이다.

아담을 찾는 열쇠는 Y 염색체였다. 인간은 23개의 염색체 쌍을 가지고 있으며, 다른 모든 생존 생물종들과 마찬가지로 각각의 염색체 쌍의 한쪽은 아버지에게서 물려받고, 다른 쪽은 어머니에게서 물려받는다. 두 개의 세포로 분열하는 과정에 있는 세포들에서만 염색체를 실제로 관찰할 수 있는데, 이는 엄청나게 길고 아주 가는 실의 상태로 있는 염색체들이 세포분열 과정 중에만 짧은 막대기 모양으로 응축되기 때문이다. 염색체 하나하나는 저마다 크기와 모양이 다른데, 한 쌍으로 묶이는 염색체들끼리는 크기와 모양이 서로 동일하다. 이러한 규칙에서 예외가 되는 것이 바로 성염색체들이다. 성염색체란 X 염색체와 Y 염색체의 쌍을 말한다. X 염색체는 다른 22쌍의 염색체들과 비교해 평균 크기인 데 반해서 Y 염색체는 그야말로 가장 작은 염색체이다. 여자는 X 염색체를 두 개 가지고(XX), 남자는 X 염색체와 Y 염색체를 쌍으로 가지고 있다(XY). 이렇게 다른 성염색체 때문에 한 사람의 성(性)을 염색체만 관찰해도 판별할 수 있다.

남성을 남성으로 만드는 것이 바로 Y 염색체이다. 남자는 X 염색체를 어머니로부터 물려받고, Y 염색체는 아버지로부터 물려받는다. 따라서 Y 염색체는 끝없이 남자에게서 남자에게로 전달되며 남성 한 사람에게서 발견되는 돌연변이는 그 후손 남자들 모두에게서 확인될 것이다.

Y 염색체의 최초 단일염기 변이는 아프리카인 한 남자에게서 발견되었다. 이 다형성 하나가 발견되는 데에도 엄청난 연구가 동원되었다. 상당수의 연구실에서 Y 염색체의 변이를 찾아내는 데 실패만 거듭한 뒤에야 최초의 다형이 발견된 것이다. 손쉽게 이용할 지름길도 없었으

며 엄청난 노력을 치러야만 했다. 최초의 변이체를 찾아내기 위해서 전 세계에서 표본한 수많은 사람들에게서 채취한 DNA의 7개 부위를 시작도 끝도 없이 깡그리 선열해야 했다. 내 연구실에 있던 연구원 동료들은 이렇게 지루하고 재미없는 일에서 행복감을 찾을 수 없었다. 이런 와중에 몇 달 동안 나는 출타 중이었는데 돌아와 보니 놀랄 만한 일이 벌어지고 있었다. 피터 언더힐(Peter Underhill)과 피터 외프너(Peter Oefner) 두 박사연구원이 이전의 방법보다 더 쉽게 DNA 상의 돌연변이를 찾아내는 방법을 개발한 것이었다. 3년도 안 되는 기간에 150개 정도의 새로운 Y 염색체 염기 다형성을 찾아내 그 결과를 축적하게 된 것이다. 이러한 염기의 변이를 가지고 이 연구원들은 오랑우탄, 고릴라, 침팬지로부터 시작하는 Y 염색체의 멋진 계통수, 또한 예상했던 순서대로 인간이 각 대륙에 정착했다는 사실을 전보다 훨씬 분명하게 제시할 수 있는 멋진 계통수를 구축해낼 수 있었다. 현생 인류는 아프리카 대륙에서 처음 출현하였고, 다음으로는 아시아에 나타났으며, 이후로 그 큰 대륙 아시아로부터 다음의 부속 지역인 오세아니아, 유럽, 아메리카로 정착지를 확대해 나갔다. 현재로서는 어떠한 유전적 체계를 이용하더라도 똑같은 인간 진화에 관한 설명을 되풀이하는 것이 되고 만다. 아담의 탄생 연대는 아프리카 이브와 상당히 비슷한데, 14만 4천 년 전으로 추정하고 있다. 물론 추정 연대의 유사성은 표면적인 것으로 두 연대 추정치 모두 1만 년 정도의 통계적 오차에 영향을 받는다. 현생 인류가 아프리카에서 기원했다는 것이 여성 유전뿐만 아니라 남성 유전도 확인된다는 사실보다도 더욱 중요한 것은 Y 염색체 연구가 다른 모든 염색체를 대상으로 하는 연구에도 도움을 줄 수 있는 새로운 돌연변이 발굴 방법을 개발해냈다는 것이다. 이러한 돌연변이 검출 방법은 다른 분야의 유전적 변이 연구인 유전병의 연구, 다른 말로 의료유전학(medical genetics)의 연구에도 굉장히 유용한 것으로 판명되고 있다.

Y 염색체 연구에서는 또 하나의 종결부(coda)가 있는데, 공로의 많은 부분은 이 책 『유전자, 사람, 그리고 언어』를 박사학위과정 학생으로서 영어로 번역한 마크 세일스태드(Mark Seielstad)에게 돌아가야 한다. Y 염색체 돌연변이들이 염색체나 심지어 미토콘드리아의 변이들보다 훨씬 지리적 집적성이 높게 나온다는 것이다. 다른 말로 하면 남자들이 유전적으로는 별로 이동하지 않았다는 것이다. 베르디의 오페라인 〈리골레토Rigoletto〉에 나오는 노래 '여자의 유동(流動) La donna mobile'이라는 문구가 실제로 옳다는 것이 드러나게 되었다. 물론 오페라에서처럼 그렇게 경박한 방식이 아니라 완전히 다른 새로운 유전적인 의미로서 옳다는 말이다. 대부분의 사람들은 이것이 사실이라고 잘 믿지 않는데, 주로 이동하는 사람들이 대부분 남자들이라는 선입견을 갖고 있기 때문이다. 물론 남자들이 잘 움직이는 편이지만 유전적인 시각은 다른 이야기를 하고 있다. 심지어는 나와 인류학자 배리 휴렛이 아프리카 피그미족의 남자와 여자의 '지리적 이동성'을 계량화했을 때에도 남자의 '탐사 범위(exploration range)'가 여자의 탐사 범위보다 평균적으로 두 배 정도 크다는 것을 발견했다. 하지만 '유전적' 이동성에 대해서는 가장 중요한 것이 바로 혼인을 위해서 어디에 정착했느냐 하는 점이다. 따라서 평균적으로 자신의 거주지를 옮겨 배우자가 사는 곳으로 가는 쪽은, 남자가 없지는 않지만 대부분 여자인 것이다. 아주 오랜 옛날, 혹은 현재에도 남아메리카의 몇몇 부족에게서 발견되는 일이지만 여자의 수가 적어지면 주변의 종족이나 이웃 마을에

서 여자를 보쌈해 오는 것이 보통이었다. 따라서 이러한 습속은 무지막지한 방식으로나마 여자의 유전적 이동성을 높게 한 것으로 보인다. 남자와 여자의 유전자 유동의 차이는 고대의 이주들을 해명하는 데 큰 도움을 줄 수 있다. 물론 다른 척도를 가지고 있어서 중복 관찰의 가능성을 발생시키기도 한다.

더듬반복의 중요성

현대의 분자유전학은 이미 많은 발견을 하였다. 가장 놀라운 사실 가운데 하나가 인간 유전자(그리고 다른 거의 모든 생물종의 유전자)가 수많은 '반복(repetitive)'서열 DNA를 포함하고 있다는 것이다. 다시 말하면 핵산기들의 염기서열이 보통 직렬로 반복된다는 것이다. 어떤 것은 2개에서 5개로 이루어진 핵산기들(반복단위)의 아주 짧은 반복 염기서열들로 구성되어 있으며 이를 '미위성체(microsatellite)'라고 한다. 미위성체 DNA 조각의 가장 일반적인 모티브는 시토신(C)과 아데닌(A) 2개의 핵산기만을 가지고 있어 CACACACACA……라는 서열로 되어 있는 일종의 더듬반복(stuttering)이다. DNA 복제 때 대체로 이런 곳에서 오류가 일어나는데 한 좌위(locus)에서 반복의 수가 늘어나거나 줄어들거나 한다. 보통 반복단위(CA)의 하나가 더 늘어나거나 아니면 없어져버리거나 한다. 만약 이러한 더듬반복 부위에서 돌연변이율이 높은 경우 여러 다양한 반복수가 나타나게 된다. 예를 들면 21반복, 22반복, 23반복, 24반복, 25반복의 미위성체 부위가 나타난다. 이형접합의 경우에는 상이한 두 형태를 가지게 되어, 예를 들어 22반복짜리와 25반복짜리 각각이 아버지와 어머니에게서 온 것이 된다. 이러한 반복서열들, 곧 미위성체들은 인간의 유전체에서 굉장히 많이 존재하는데, 이들 하나하나를 유전적 표지로 이용할 수 있는 것이다.

상당수의 연구실들이 이러한 반복서열들을 유전체상에서 발굴해내고 다시 지도화하는 데 기여하였다. 프랑스의 제네통(Généthon) 연구소의 작업이 가장 생산적이고 풍부했다. 이들은 5,264개의 미위성체를 분리해냈는데, 이 미위성체 표지를 모든 유전학 연구실들이 이용할 수 있도록 하여 인간 염색체들의 유전적 지도를 만드는 데 아주 중요한 역할을 담당하였다. 미위성체 서열들은 인간 유전체에 대략 무작위적으로 골고루 분포하고 있고, 평균 5만 핵산기 서열 가운데 한 개꼴로 존재하는 것 같다. 이 유전적 표지들이 질병 유전자의 위치 지정에 가장 유용하게 사용되고 거의 무해한 표지로 기능하는 편이다. 하지만 미위성체 서열 가운데 일부인 반복단위가 3핵산기인 것들은 뜻밖에 유전병의 중요한 원인으로 알려져 있기도 하다.

미위성체 표지를 적용하는 흥미로운 진화 연구의 한 분야는 바로 '유전적 절대 연대 추정(absolute genetic dating)'이라는 방법이다. 이 방법은 다른 유전적 방법으로는 불가능한 집단 분리의 연대 추정을 가능하게 한다.

앞에서 표준적인 유전적 방법들을 이용하여 최후의 공통 조상의 탄생 연대를 추정하는 것을 살펴보았다. 집단 분리의 상한선 연대는 근사치로 추정하는 것이었다. 고고학적 추정 연대는 새로운 정착자들의 최초 도착 시기에 대해 암시하는 정도이다. 물론 이 추정 연대는 과소 추정치인데, 그 이유는 고고학 기록으로는 원래 정착자들의 증거를 찾을 수 있는 가능성이 희박하기 때문이다. 진짜 연대는 유전적 추정 연대와 고고학적 추정 연대 사이에 놓이게 된다. 물론 고고학적 연대가 진짜 연대에 더욱 가까울 것이다.

분자시계 개념을 적용하는 방법도 있다. 그러나 분자시계 방법은 그 시기를 비교적 정확하게 알고 있는 과거의 다른 자연 사건이 적어도 하나는 있어야 한다는 요구사항이 있다. 하지만 조건이 제대로 맞는 그런 사건들이라는 것이 극소수이고, 이런 까닭으로 침팬지와 인간의 분지같이 우리의 목적에 가장 가까우면서도 가장 유용한 시점도 20퍼센트라는 오차 한계를 지닌 근사치일 뿐이다.

미위성체는 이에 대한 한 가지 대안을 제시할 수 있다. 만약 우리가 돌연변이율을 확정할 수 있다면, 두 생물종을 분리하는 돌연변이의 수를 셀 수 있을 것이고 분리된 시기를 계산해낼 수 있을 것이다. 하지만 불행하게도 돌연변이의 추정치는 신빙성이 적다. 하지만 미위성체는 이러한 면에서 예외성을 보여준다. 미위성체의 돌연변이율은 굉장히 높아 1천분의 1보다 조금 적은 정도이며 큰 어려움 없이 추정할 수 있다. 미위성체의 돌연변이 유형은 다른 것보다 조금 복잡한데, 돌연변이가 양방향으로 일어날 수 있으며, 반복수가 증가할 수도 감소할 수도 있다. 또 그 변화라는 것도 단지 한 반복단위에만 일어나라는 법이 없다. 다행스럽게도 프랑스의 제네통 연구소가 5,264개 미위성체의 돌연변이율과 그 변이 유형에 관한 훌륭한 분석을 내놓았다. 미위성체의 돌연변이 유형을 단순히 반복단위의 수의 증가와 감소라고 보았던 초창기의 분석에서 우리 연구실은 미토콘드리아 이브에서의 연구 결과와 아주 유사한 수치들을 얻을 수 있었다. 하지만 관찰된 돌연변이 유형을 분석의 고려 대상으로 하면, 하나 이상의 반복단위가 증가하거나 감소하는 빈도를 감안했을 때는 인간이 아프리카로부터 나오는 시기에 대한 추정치를 끌어내려서 8만 년 전까지 이르게 한다. 이는 거의 고고학적 추정치에 근접하는 결과이다. 우리 연구실은 현재 더욱 많은 수의 미위성체 표지를 이용한 데이터를 축적하고 있는 중이며, 현생 인류의 진화에서 아주 중심적인 위치를 차지하는 이 중요한 연대에 대한 상당히 정확한 추정치를 논문으로 낼 수 있으리라는 희망을 가지고 있다.

우리는 이 방법에다 유전적 절대 연대 추정이라는 이름을 붙였다. 왜냐하면 남아 있는 것도 얼마 되지 않고 신빙성도 떨어지는 고생물학적 연대 추정치에 기댈 필요가 없기 때문이었다. 또한 유전적 절대 연대 추정은 이른바 분자시계라는 방법이 기초로 하고 있는 아주 근사적인 기준조정 곡선도 중요한 고려 대상으로 삼지 않는다. 불안정한 가설에 기반하고 있는 기준조정 곡선의 이론적 모습도 때로는 도전받을 수 있기 때문이다.

돌연변이율에 의존하고 있는 모든 유전적 연대 추정법은 고생물학적인 연대 추정치에서 독립적이다. 그리고 이러한 의미에서 유전적 연대 추정법들은 '절대적'이라고 할 수 있다. 물론 이 추정법들은 현재 이용 가능한 돌연변이율이 가진 유용성만큼만 유용하다. 제네통 연구소가 제공한 미위성체 표지들의 돌연변이율은 굉장히 훌륭하다. 하지만 제네통이 집중적으로 내놓은 것들은 오직 특정한 유형(두 염기 반복)의 미위성체(CACACACACA……)들에 대해서만 계산하였다. 이 수치들은 현재 다른 유형의 미위성체 표지들에게도 그냥 적용되고 있는 편이지만, 이렇게 아무런 점검 없이 외삽하여 적용해도 되는 것인지에 대해서는 아직도 증거가 부족하다. 다른 종류의 좌위, 즉 '단일염기다형'(SNP, single nucleotide polymorphism) 또는 줄여서 '스닙(snip)'으로 부르는 표지는 돌연변이율을 적용하는 면에서는 아직 만족스럽지 못하다. 단일염기다형의 돌연변이율은 한 세대 당, 한 염기 당 1억분의 1 정도나 그 이하이다. 아직 직접계수(direct counting)에 의한 추정을 시행해본 적이 한 번도 없다. 현재 사용하는 추정치는 단지 거의 알려지지 않은 좌위들에서 얻은 평균값들일 뿐이다. 다른 핵산기들 사이에 나타나는 상당한 변이나 다른 DNA 부위에서 나타나는 변이들만이 확실한 편이다. 이러한 열악한 상태가 개선되려면 전체 인간 유전체의 선열이 인간 유전체 연구사업으로 마감되고, 현재 유전체 선열에 매여있는 에너지와 실험기계들을 이러한 연구에 사용할 수 있을 때나 가능할 것으로 전망하고 있다.

정확한 돌연변이율 지식은 진화 속도에 대해 절대 연대 추정법을 제대로 적용하는 데 필요한 것이다. 절대 연대 추정의 강점과 약점의 표준적인 실례는 고고학자들이 탄소 함유 물질들의 연대 추정에 쓰는 방사성 탄소(^{14}C)의 사용이다. 방사성 탄소법에서 계산은 방사성 탄소의 붕괴율을 이용한다. 이 비율은 확증되어 있고 아주 안정적이다. 이 방법은 이론상으로 다른 정보로 인해 기준이 조정되지 않는다는 의미에서 '절대적'이다. 방사성 탄소 연대 지정이 수용되기 위해서 정확해야 하는 적어도 하나의 다른 가설이 존재하는데, 그것은 '대기의 식물체에게 이용 가능한 방사성 탄소의 양은 아주 오랜 시간 동안에도 변하지 않고 일정하다'라는 것이다. 이러한 기초 가설은 다른 시간 측정치들을 방사성 탄소에 의한 추정치와 비교하여 검토된 적이 있다. 비교가 가능한 최근 1만 년에 대한 연대 추정치를 제공해주는 나무의 연륜연구(수목연대기학)는 분명하게 표준적인 방사성 탄소의 연대 추정치들조차 보정이 필요하다는 것을 보여주었다.

유전적 연대 추정은 돌연변이율이 오랜 시간 동안 일정하다는 가설을 기초로 하고 있다. 물론 이 가설도 검정되어야 할 것이다. 검정 방법들 가운데 하나가 아주 판이하게 다른 환경에서 살고 있는 집단들에게서 돌연변이율을 측정해보는 것이다.

과학은 계열적으로 연속되는 근사값들을 통해 진보한다. 1675년에 처음 빛의 속도가 측정되었을 때(20만km/sec), 30퍼센트 정도의 오차가 있었다. 1732년에는 두번째 측정값이 제시되었는데, 초당 31만 3천 킬로미터였다. 오늘날 우리는 1미터 오차 안쪽의 빛의 속도값을 알고 있다. 거의 대부분의 유전적 결과는 현생 인류가 아프리카에서 기원하여 지난 10만 년 동안 전 세계로 퍼져나갔다는 사실에 일치를 보인다. 더욱 정확한 연대와 그 확산 통로는 더 많은 후속 작업이 필요할 것이며 아마도 새로운 연구 도구들이 이용 가능할 것이다.

행렬 괄호는 나무를 구성하지 않고

나는 1951년부터 계통발생나무(phylogenetic tree)를 재구성하는 것을 인간 진화를 이해하기 위한 수단으로 생각하기 시작했다. 물론 그 이후로는 계통발생나무, 또는 계통수가 만들어내는 과도한 단순화에 대해서도 더욱 큰 경각심을 지니게 되었다. 수학적 재현이라는 것은 불가피하게 단순화를 불러오게 마련이다. 따라서 때때로 연구자는 실제로는 굉장히 복잡한 실재에 들어맞게 하기 위해서 어쩔 수 없이 수학적 재현을 쥐어짜야 하는 경우도 있다. 그럼에도 불구하고 계통수는 인간 집단들이 분화하는 과정과 같은 일련의 사건들을 단순하게 묘사하기 때문에, 그 단순성에 기인하는 아름다움이 존재한다. 그러나 연구자는 하나의 계통수로 재현하는 데 필요한 정도로 실재를 단순화함에 있어서 정당성을 확보해야 한다. 앤서니 에드워즈와 내가 실제 데이터에 계통수를 들어맞게 하기 시작했을 때 계통수로의 재현에 대안이 되는 방법을 착안하게 되었다. 그것은 주성분 분석(principal components analysis)인데, 데이터에 대한 신빙성이 높은 묘사를 할 수 있기 때문에 항상 계통수를 재구성하는 것과 병행하여 사용할 필요가 있었다. 주성분 분석은 계통수처럼 하나의 역사를 보여주지는 않는 반면에 전체 데이터 집합체를 아주 단순한 그래프로 나타내고, 초기에 원천 데이터가 겉보기에 거의 무의미한 덩어리로 있었더라도 데이터 속에서 쉽사리 보이지 않는 잠재적 유형을 드러나게 한다. 그러므로 이 계통발생나무의 재구성과 주성분 분석을 동시에 사용하는 것이 편리했다.

주성분 분석은 1930년대에 개발되었다. 하지만 당시에는 별로 사용하지 않았는데, 주성분 분석에는 엄청난 산술적 계산이 소요되었기 때문이다. 컴퓨터가 발명되기 이전에는 엄청난 수의 계산을 지리하게 계속할 만큼 확신을 가진 과학자들은 매우 드물었다. 수학이라면 머리를 젓는 독자들에게는 불공평하지만 정확히 묘사하려 한다면, 주성분 분석은 수많은 유전자들의 여러 가지 대립인자들의 빈도로 이루어진 '데이터 행렬(data matrix)'을 주도적 고유값들(eigenvalues)의 고유 벡터(eigenvector)로 계산하여 단순화시킨다. 비수학자들에게는 데이터를 재현(표현)해내는 차원들의 수를 정보의 최소한의 손실만을 감수하면서 줄인다고 말하는 것 이외에는 제대로 설명하기가 어렵다.

주성분 분석을 적용한 전형적인 예를 들면, 유럽 도시들의 가능한 모든 쌍 사이의 거리(킬로미터 단위로 된 자동차 도로의 거리, 철도 거리, 비행로 거리, 또는 각각의 운송 시간, 혹은 거리와 운송 시간 모두)를 사용하여 어떻게 아주 좋은 근사치로써 유럽의 지리를 자동적으로 재구성하는 이차원의 지도를 그릴 것인가 하는 것이다. 유전적 거리와 지리적 거리는 강한 상관 관계가 있다는 것을 기억하면, 세계의 인간 집단들의 가능한 모든 쌍들 사이의 유전적 거리들에다 주성분 분석을 적용하는 것이 그리 놀랄 만한 일은 아니다. 여기에는 피할 수 없는 왜곡이 있을 수밖에 없는데, 이는 유전적 거리는 지리적 거리(바다와 육지의 지리적 거리)와 완벽하게 비례할 수 없다는 사실 때문이다. 최소한 바다를 가로지르는 항해술이 용이하게 되기 이전까지는 바다를 건너가는 것은 육지의 광활한 지역을 가로지르는 것보다 어려웠을 것이고, 우리가 사용하는 데이터는 이런 시기 이전의 원주민 집단들의 이동을 반영한다.

앤서니 에드워즈와 내가 첫번째 계통수를 계산해낼 때, 동일한 데이터를 이용하여 첫번째 주성분 분석 지도를 그려냈다. 1962년 당시에는 이 작업을 할 수 있는 컴퓨터 프로그램이 없었다. 앤서니는 사실상 주성분 분석을 새롭게 발명해낸 것이었지만, 나는 그에게 주성분 분석이 이미 개발되어 있다는 사실을 차마 이야기할 수가 없었다. 계통수와 주성분 분석의 두 방법은 상호보완적이다. 계통수는 역사에 대한 정보성이 높고, 주성분 분석은 지리에 대한 정보성이 높다. 동일한 데이터에 대해 동시에 두 방법을 적용하면 두 접근법의 종합을 만들어낼 수 있는 것이다.

이어질 4장에서 우리는 주성분 분석을 매우 특정적인 지리학적 적용에 사용할 것이다. 따라서 여기서는 단지 이차원이나 삼차원적으로 전 세계의 42개 인간 집단들을 대상으로 백여 개 이상의 유전자들에서 얻은 데이터를 어떻게 재현(표현)해낼 수 있는지를 보여도 좋을 것이다. 파올로 메노치, 알베르토 피아차, 그리고 내가 약 2천여 개의 세계 인구 집단들에서 거의 10만 건의 유전자 빈도를 가지는 단백질 다형성들에 대한 데이터를 수집하여 『인간 유전자들의 역사와 지리학』이라는 전문 유전학 책에서 묘사한 분석의 기반으로 삼았다. 이 2천여 개의 집단들은 지리적, 인족적, 언어학적 유사성이라는 기준들을 사용하여 42개의 모둠으로 묶을 수 있었다. 이 42개의 모둠은 〔그림 12〕(219쪽)에 제시한 언어학적 계통수와 조응하는 유전적 계통수를 구성하는 데 이용될 것이다. 이번 장의 〔그림 3〕은 주성분 분석과 아주 유사한 통계적 방법들 중 하나인 '다차원 척도 조정(multidimensional scaling)'이라는, 정보 손실의 회복에 효율성이 개선된 방법을 사용한 것이다. 우리는 백여 개 이상 되는 유전자들을 이차원 또는 두 개의 축으로 줄였는데, 이 두 차원이 백여 개의 유전자들이 제공하는 전체 정보의 50퍼센트를 회복시켜준다. 이 그래프의 수직축은 두 축 가운데 처음 생성되는 축(차원)이기도 하면서 더욱 중요한 축이다. 계통수에서와 마찬가지로 이 수직축이 아프리카인을 세계의 나머지 비아프리카인들에게서 분할해준다. 이 수직축은 거의 모든 인류 계통수들의 최초의 분지에 해당하는 것이다. 이 수직축과 계통수 분지가 동일한 집단 분할을 재현하는 것이다. 〔그림 3〕의 그래프는 6개의 아프리카 집단이 세계의 나머지 지역의 36개 인간 집단들보다 더욱 광범위하게 분포하고 있다는 것을 보여준다. 이는 이 여섯 개 집단이 다른 모든 집단들보다 더욱 고립되어 있음을 시사한다. 하지만 이 여섯 집단이 그래프의 아주 위쪽에 있는 음부티족에서 세계의 나머지 집단들과 가장 가까이 있는 동아프리카인들과 함께 하나의 집락(cluster)을 이룬다. 이것은 아시아로 처음 나오게 된 아프리카인들 중 일부는 동아프리카인들이라는 것을 의미할 수 있지만, 이것은 다시 아프리카에서 나온 이후에 동아프리카인과 아랍인 사이에 상당한 유전적 유입이 있었다는 것을 의미할 수도 있다. 이 두 지역의 지리적 근접성은 두 설명 모두와 잘 들어맞는 것이고, 이 데이터에만 근거해서는 어느 쪽 설명에 가중치를 주어야 하는지를 결정하기 어렵다. 아프리카인 집단의 거의 7분의 1에 해당하는 북아프리카 토착민 베르베르인은 유라시아 집락에 들어간다. 이 부분에서도 가설간의 구분 문제가 생긴다. 가설 하나는 베르베르인들이 북아프리카인들과 유럽인들(그리고 또한 중동 사람들)과의 유전적 혼합에 의해서 기원하였다는 것이고, 다른 가설은 일부분이지만 유럽에 정착한 북아프리카인들의 직계 후손이라는 것이다. 이 두 가설은 서로 배타적이지 않고, 둘 다 진실일 수도 있다. 희망하기로는 DNA 표지들이 이 가설들 가운데 어느 것을 택해야 하는지에 대한 실마리를 제공해주거나, 다른 가능한 설명을 제시하거나 하면 좋겠다. 아니면, 진실의 일부만을 구성하는 여러 가설의 상대적 역할들에 대해서 실마리를 가져다주어도 좋겠다. 우연하게도 베르베르인들이 유라시아 집락으로 떨어져 들어갔다는 사실을 곧바로 베르베르인이 유라시아에서 기원한 것으로 분류하는 충분한 증거로 생각해서는 안 된다. 더욱 많은 데이터가 이보다는 훨씬 전반적으로 좋은 그림을 만들면서 또 다른 결론으로 이끌어갈지도 모른다. 모든 인간 집단은 단일한 대륙만이 아닌 여러 대륙에서 기원한 유전자형으로 구성되었다는 것이 거의 확실한 것 같다. 우리는 결국 유전자들의 기원을 하나의 길고 복잡한 역사학 용어들에 의거하여 재구성할 수 있게 될 것이다.

현생 인류가 가진 생물학적 역사의 대부분이 아프리카에서 진행되었기 때문에 아프리카인 집단의 분포가 더욱더 광범위할 것으로 예상

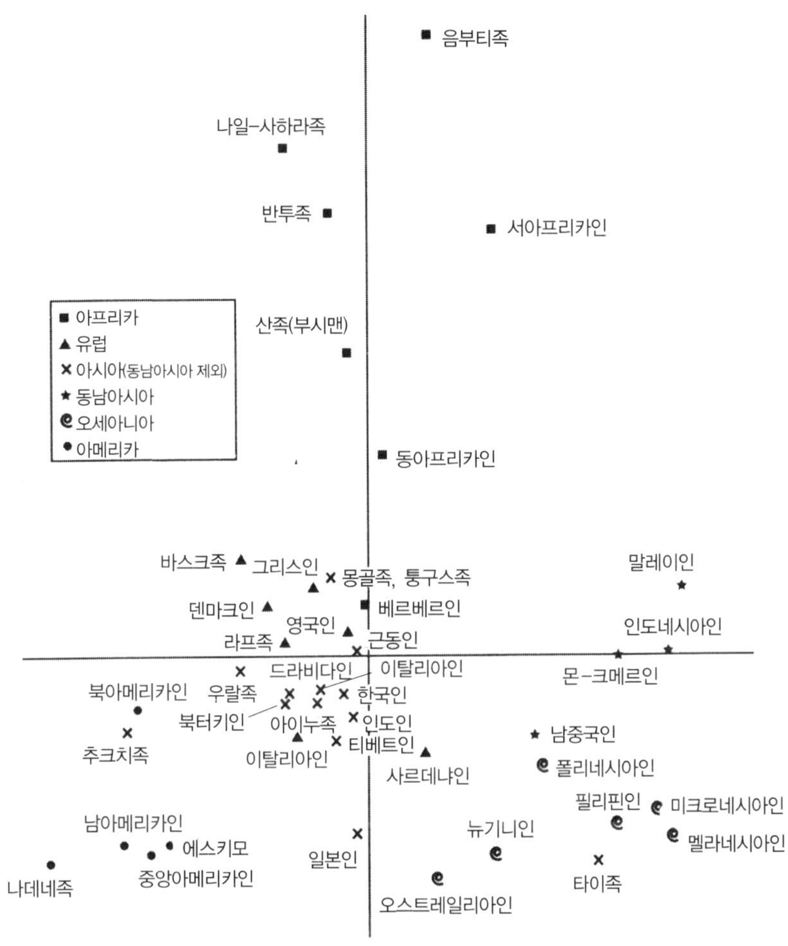

〔**그림 3**〕 유전적 거리에 근거한 42개 세계 인간 집단들의 종합적 조망(『인간 유전자들의 역사와 지리학』 참조). 이 2차원 그래프는 주성분 분석을 변형한 방법인 다차원 척도 조정으로 작성하였다. 최소한의 정보 손실만을 감수하면서 대상들(이 경우에는 42개 인간 집단들)의 쌍들 사이에 나타나는 거리들이 나타난다. 대상들 사이의 거리는 상당수의 특성들(여기서는 110개의 유전자들)에 근거하여 계산되었다. 집단들은 기원 대륙과 아대륙을 구별하기 위해 서로 다른 표식들로 나타냈다. 이러한 분석에서 분화되어 나타나지 않은 유일한 대륙 쌍은 유럽과 아시아이다. 2차원인 현재의 두 축에 직각인 세번째 차원을 하나 더 추가하면, 유럽은 유럽을 제외한 나머지 세계의 지역들과 다른 평면에 위치하게 된다. (평균적으로) 아시아에서 이주해간 사람들이 정착한 다른 두 대륙인 아메리카와 오세아니아보다는 유럽이 아시아와 가지는 차이가 작다〔『인간 유전자들의 역사와 지리학』에 명시된 유전자 빈도 데이터를 사용하여 에릭 민치(Eric Minch) 박사가 스탠퍼드 대학에 있을 때 계산하여 산출한 결과이다〕.

된다. 이 집단들은 아프리카에서 더욱 오랜 시간을 보내면서 더욱 다양한 모둠들로 분화해 나갔다. 우리는 인류 진화가 아주 많은 연속적인 단계들로 구분되어 일어난 것으로 시각화할 수 있다. 매번 이 연속적인 단계들은 작은 모둠들을 동아프리카에서 북아프리카로, 또 다른 모둠들을 서남아시아로 이동시키고 있다. 두 방향으로 진행한 모둠들은 그 구성원 수가 증가했을 것이고 지속적으로 팽창했을 것이다. 서남아시아에 살게 된 집단의 일부는 북쪽과 남쪽으로 진행했을 것이고 아마도 일부는 동아프리카로 되돌아갔을 것이다. 이후의 후속 단계들에서는 이런 모둠의 후손들이 아시아 대륙의 다른 지역으로 진출하여 결국에는 그동안 거주하지 않던 모든 지역에 도달하게 되었을 것이다.

〔그림 3〕은 아시아가 아프리카로부터 정착되었고, 연이어 오세아니아, 유럽, 아메리카는 아시아로부터 정착되었다는 것을 분명하게 보여준다. 유럽을 포괄하려면 이 그림에서는 제시되지 않은 세번째 축(차원)의 도움을 약간 받아야 한다. 그래프의 왼쪽 아래 사분면은 아시아 북동부로부터 베링 해협(그때는 바닷길이 아니라 베링기아Beringia라는 육로였다)을 통해 일어난 아시아에서 아메리카로의 팽창을 나타낸다. 오른쪽 아래 사분면을 풀이하면 동남아시아가 아시아 본토에서 파생된 것으로 보인다. 동남아시아에서 오세아니아가 정착된 것이다. 우리가 아는 바로는 오세아니아에 인간이 정착한 것이 여러 연속 단계의 팽창 때문인데, 가장 마지막에 정착한 폴리네시아를 포함하여 오세아니아 정착 연대는 지금으로부터 6천 년 전으로 지정되었다.

유럽 대륙도 대부분 아시아로부터 정착되었다. 물론 앞에서 언급한 대로 아프리카에서 기원한 정착도 일어났다. 하지만 그래프에 표시된 처음 두 개의 축은 유럽과 아시아를 구별해주지 못한다. 이것은 두 대륙 사이에 명확한 경계가 없다는 점에서 그리 놀랄 만한 것은 아니다. 우랄 산맥이 있다 하더라도 넘기 힘든 높은 장벽은 아닌 것이다. 유라시아는 유럽과 아시아를 같이 부르는 말이지만, 실제로 유라시아를 하나의 대륙으로 보아도 무방할 정도이다. 하지만 그래프에 세번째 축을 도입하였을 때 제대로 나타나는 것은 두 대륙이 유전적으로는 명확하게 구분된다는 사실이다. 〔그림 3〕에는 제시되지 않았지만 처음의 두 축에 수직인 세번째 축은 다른 모든 대륙보다 높은 평면에서 유럽이 아시아 위쪽에 있음을 보여준다. 그러나 유럽은 아시아와 지리적인 연속성이 있기 때문에 아시아와의 유전적인 차이가 오세아니아나 아메리카와 비교해 나타나는 유전적 차이보다 약간 작다. 앞서 2장에서 제시된 유전적 거리라는 숫자 정보는 이와 같은 진술을 만들어내기에 충분하지 못하다. 원래의 기반 데이터는 불가피하게 엄청나게 더 복잡한 것이고, 여기에 제시된 바와 같이 더욱 풍요로운 정보를 가지고 있다.

결론적으로 계통수로 재구성한 '역사'와 주성분 분석 혹은 다차원 척도 조정에 의한 '지리'는 상당히 일치한다. 이 두 가지를 가장 단순하게 요약하는 방식은 인간 진화가 아주 상당한 기간 동안 이미 수많은 모둠들로 서로 분화되어 있었던 아프리카에서 시작되었다고 묘사하는 것이다. 다른 대륙들과 가까이 위치하게 된 아프리카인 모둠들이 각 대륙으로 팽창하였다. 최초로 일어난 아프리카인 모둠의 주된 팽창은 동아프리카에서 아시아로, 현재의 수에즈 운하와 홍해를 거쳐서 일어났다. 그리고 남부아시아의 해안을 따라서 팽창이 지속되었을 것인데, 아마 아시아 내륙을 통해서도 남쪽으로 팽창하였을 것이다. 동북아시아는 남부아시아 연안을 통과하여 도달하였거나, 아니면 중앙아시아를 통과하여 도달하였을 것으로 보인다. 동남아시아에서 그 주변의 뉴기니와 오스트레일리아로 일어난 팽창은 자연스러워 보이는데, 이 팽창은 아무래도 아메리카 쪽으로 일어난 팽창 이전으로 보인다. 유럽을 향한 팽창은 아마도 동쪽, 서쪽, 그리고 중앙으로부터 이루어졌을 것인데 다른 대륙에 비해서 비교적 최근의 사건인 것 같다. 이러한 인류 정착에 관련된 설명들은 당분간은 근사적이면서 불확실한 편이다. 이유는 집적된 유전적 데이터들이 아직 매우 제한적이기 때문이다. 하지만 이미 이용 가능한 방법들과 새롭게 나타날 방법론과 더불어 DNA 분석이 인간 진화 관련 문제들에 많은 대답을 제공할 것이기 때문에 유전적 데이터가 아주 짧은 시간 안에 더욱더 정확성을 기할 것으로 보인다.

4. 기술혁명과 유전자지리학

Technological Revolutions and Gene Geography

현생 인류의 팽창

5만 년 전에서 10만 년 전 사이에 현생 인류는 아프리카 밖으로 이주하면서 새롭고 다양한 환경에 적응하기 시작했다. 이주는 집단의 증가와 지역적 인구 과밀에 대한 반응이었음에 틀림없다. 기원 지역에서 집단 성장이 없었다면 인구밀도가 오히려 떨어져버렸을 것이기 때문에 이러한 인류의 이주는 더 정확히 부르자면 '팽창'이라고 해야 할 것이다.

1만 년 전까지 인간은 사냥과 채집에 전적으로 의존했는데, 사냥-채집이라는 삶의 유형은 오히려 인구(집단)의 증가를 항상 강하게 억제하고 있었다. 우리는 현재 아프리카를 나오기 전에 그곳에 살았던 인간들, 곧 현재 아프리카에 거주하는 사람들과 비슷해지기 시작한 시기의 인간 집단의 크기가 정확히 얼마나 되는가에 대해서는 잘 모른다. 현재 관찰되는 전체 유전적 변이의 양에 근거한 계산 결과는 아프리카 밖으로의 팽창 바로 이전의 구석기 시대 인구가 아마 약 5만 명쯤 될 것이라고만 시사하고 있다.

아프리카 이외의 나머지 세계로 나가는 팽창이 시작되었을 무렵의 아프리카에는 인간이라는 생물종이 아마도 집단 포화점에 도달해 있었을 것이라는 추측이 가능하다. 인간, 그리고 아마도 모든 생물체는 그 집단밀도(인간에게는 인구밀도)가 포화에 가까워지게 되었을 때, 집단밀도가 희박한 지역으로 이주하려는 경향을 보인다. 아주 최근의 역사적인 사례로는 최근 두 세기 동안 엄청난 수의 유럽인들이 아메리카와 오스트레일리아로 이주한 것을 들 수 있다. 구석기 아프리카인들에게 펼쳐진 이용 가능한 영역은 광대했으며 전반적으로 접근성에도 문제가 없었다. 아프리카에서 시작된 이런 이주 과정은 단계적 거주화 지역들에서 연속적으로 진행되었다.

높아진 집단밀도 한 가지로는 아마도 지리적 팽창을 기동하기 시작한 충분한 이유라고 할 수 없지만, 인구밀도 증가는 이주가 일어나게 한다거나 혹은 이주를 촉진하는 문화적 발전에 영향을 준다거나 할 수 있다. 돛단배 항해는 비록 원시적이었더라도 아프리카부터 시작된 최초의 팽창들 일부에 상당한 도움을 주었을 것이다. 4만 년 전에서 6만 년 전 사이에 오스트레일리아에 도달하기 위해서는 분명 배가 필요했다. 배가 이 이전에 발명되었다면, 아프리카를 떠나서 심지어 남아시아 해안으로 이주해오는 데 사용되었을 수도 있다. 그리고 아주 원시적인 형태로라도 해양 항해가 아프리카 동부나 동북부 지역에서 시작되었을 것으로 보인다. 인류의 초창기 이주는 홍해를 건너는 것에서 시작되어 아시아 남부와 동남부 해안을 따라서 진행되었을 것이다. 이

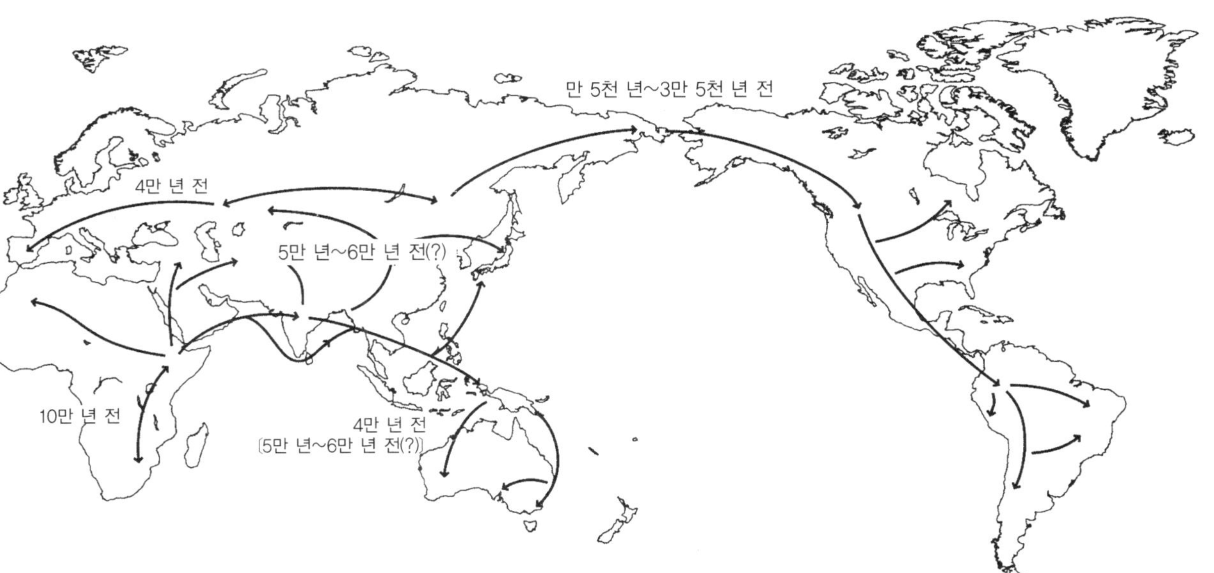

〔**그림 4**〕 현생 인류의 초창기 이주를 나타내는 지도. 10만 년 전에서 5만 년 전 사이에 아프리카에서 시작하여 아시아 대륙과 다른 대륙으로 이주가 계속되었다. 그림의 화살표 위에 씌어진 숫자는 고고학적 기록에 근거한 추정 시기를 나타낸다.

후에 이 이주 통로는 가지를 쳐서 남쪽으로는 오세아니아로 뻗어가고, 북쪽으로는 환태평양 지역을 지나 베링기아까지 멀리 뻗어갈 수 있었다([그림 4]).

한편으로 나는 인간의 이주에 중요한 역할을 한 다른 요인이 있었다고 확신한다. 언어의 발달이야말로 구석기 후기에 아프리카 밖으로의 인류 팽창에 엄청나게 큰 도움을 주었다는 것이다. 가장 먼 인류의 조상들은 일부의 원시적 언어 능력을 가졌을 것이다. 하지만 그 언어 능력이라는 것도 10만 년 전쯤까지는 현재 공존하는 다양한 언어의 특징인 만큼의 복잡성까지는 도달하지 못했을 것이다. 이 끔찍하게 유용한 의사소통 도구는 인간이 먼 지역들을 탐험할 수 있고, 그 먼 곳에 작은 사회들을 형성하며 새로운 생태 조건에 적응하여 빠르게 기술적 발전들을 흡수하는 데 도움을 주었다.

하여간 구석기 후기의 인구 팽창은 아주 느리게 진행되었다. 농업 발달은 구석기와 신석기의 전환 시기인 약 1만 년 전부터 이루어졌다. 현재의 사냥-채집인들에게서 수집한 인족지 데이터(ethnographic data)를 이용하여 이 시기의 전 지구적 인간 집단 크기에 대한 근사치를 추정해볼 수 있다. 인족지 데이터를 적용한 외삽법으로 1백만 명에서 1천 5백만 명 사이의 인구라는 수치를 얻을 수 있었다. 약 1만 년 전의 전 세계 인구를 5백만 명이라고 가정해보자. 10만 년 전 5만 명의 인구에서 구석기의 끝 무렵인 1만 년 전까지 5백만 명으로 늘어났다고 하는 것은 아주 느린 집단 성장률이다. 이보다 빠른 성장률은 농업이라는 혁신이 이루어지고 난 다음에야 따라오게 되었다. 5백만 명의 개인들이 모인 집단에서 60억 명 이상의 현재 세계 인구로 성장하는 데 1만 년 정도가 걸린 것이다. 이러한 성장률은 구석기 시대의 인구 성장률

평균에 비해 거의 14배나 높은 엄청난 것이다.

그런데 최근에 와서 이 성장률이 엄청나게 증가했다. 지난 백 년 동안 세계 인구는 16억에서 60억으로 늘어났는데, 이러한 성장률은 구석기 시대의 평균 성장률에 비해 거의 250배 이상의 값을 보이는 것이다. 우리는 이러한 성장 유형이 지속된다면 앞으로 십여 년 안에 전 지구의 인구가 아주 위험한 지점에 도달하게 될 것이라는 사실을 알고 있다. 자연은 인간의 과도한 출생을 전염병, 기근, 전쟁이라는 세 가지 방법으로 조절한다. 오늘날에도 여전히 이러한 세 가지 브레이크가 모두 작동하고 있는 것 같다. 전염병인 후천성면역결핍증(AIDS)은 아직도 인간이 조절하지 못하는 것이고, 극심한 영양부족은 10억 이상의 사람들에게 영향력을 행사하고 있으며, 전례 없이 많은 내전과 종교전쟁들이 세계 도처에서 발발하고 있다. 아직까지는 이러한 분쟁들에 원자폭탄이 사용되지 않았다. 하지만 실업이나 기아에 노출된 러시아 과학자와 기술자들 혹은 근본주의 정부를 위해 일하는 종교적 극단주의자들에 대한 우려는 상존한다. 인간이라는 생물종을 '전 지구적 히로시마 원폭'이라는 위험으로 내몰 수도 있다는 걱정을 하지 않을 확신이 없는 것이다.

최근 유전자지리학은 인류 팽창에 대한 수많은 사례들을 제시하고 있다. 팽창은 이산(離散) 혹은 디아스포라(diaspora)[18]라는 고대 그리스말로 부를 수 있다. 이산이나 디아스포라라는 용어는 인간 집단의 수적 팽창이나 지리적 팽창의 동의어로 사용한다. 구석기와 신석기 때 모두 중요한 이산 혹은 디아스포라가 빈번하게 일어났다. 역사는 최근 5천 년 동안 일어난 수많은 이산들을 기록하고 있다. 그러면 우리는 이러한 중요한 이산을 유전자들의 지리적 분포에서 검출해낼 수 있을까?

인간 집단의 규모가 작았던 구석기 시대에는 유전적 부동으로 인해 집단의 유전적 분화가 더욱 잘 일어났다. 유전적 부동은 모든 유전자들에 무작위적 변이가 생기는 것을 허락한다. 이 때문에 작은 집단들 사이에 아주 엄청난 유전적 거리도 예상되는 것이다. 광범위한 지리적 지역들을 가로질러 일어난 팽창은 이웃하는 가까운 집단들과 멀리 떨어진 집단들을 섞어 유전자들의 지리적 분포에 심대한 흔적을 남긴다. 따라서 우리는 이러한 유전자들의 지리학적 지도 위에서 심지어는 수천 년이 지난 후에도 인간 이주들을 관찰할 수 있다. 하나의 동일한 지역에서 이주와 팽창이 연속적으로 여러 번 있었다면, 각각의 이주들이 서로 겹치기도 하고 어떤 때는 어떤 것이 어떤 단계인지 구별하지 못하게 하는 경우도 있다. 하지만 때때로 각 단계의 이주가 서로 다른 지리적 기원지를 가진다는 전제 아래 여러 종류의 통계적 기법들을 동원하여 이러한 각 단계의 이주와 팽창의 물결들을 찾아내고 구별할 수 있다.

일반적으로 모든 원대한 인간 팽창은 중요한 기술혁신들이 유발한다는 것이 우리의 분석이 제시하는 것이다. 새로운 식량자원의 발견, 새로운 운송수단의 개발, 군사적 통제와 정치적 조절의 증가 등의 중요한 기술혁신들이 팽창에 특별히 중요한 요인들이다. 가장 중요한 팽창을 촉발시킨 혁신들은 지역 인구의 증가를 가져오고 집단들의 이동도 몰고 왔다. 곡식농업의 문화는 곡물 자체와 함께 수출될 수 있었을 것이다. 중동이 원산지인 밀과 보리는 바로 그 중동 지역에서 신석기 시작 무렵에 작물화되었다. 같은 시기에 우리에게 익숙한 거의 모든 가축동물들이 가축화되었다. 농업 인구가 증가하자 결국 인구 증가와 팽창의 사이클이 새롭게 시작되는 비옥한 경작지로 인간의 확산이 이루어졌다. 팽창은 어디로든 이끌려갔다. 작물 재배와 가축 사육을 지속적으로 할 수 있는 땅이면 어디로든 팽창이 일어났고, 스칸디나비아나 러시아의 북쪽 끝에 해당하는 지역들과 같이 너무 추워서 농업이 일어날 수 없는 환경에 가서는 팽창이 멈추었다.

다행스러운 것은 모든 기술혁신이 인구 증가와 인간 집단의 팽창을 유발한 것은 아니라는 점이다. 유럽에서 일어난 중요한 집단 성장 가운데 하나는 중세 후반기에 일어났다. 이 인구 증가는 야만인들의 침입으로 서로마 제국이 멸망한 뒤의 경제적 쇠퇴를 극복하게 만든 여러 가지 농업적 혁신들에 의해서 일어난 것이다. 하지만 이런 인구 증가와 경제적 팽창은 유럽에만 국한된 것이었고, 15세기 대양횡단 여행이 출현하고 나서야 그 제한이 풀렸다.

최초의 농업 팽창

현생 인류의 구석기 시대 팽창에 대한 많은 자세한 지식은 우리에게 영원히 알려지지 않아 신비로울 것이다. 하지만 좀더 최근에 알려진 인간 팽창에 대한 지식은 그 정도가 덜하다. 나는 고고학자인 앨버트 애머만(Albert Ammerman)과 중동의 농업 발전으로 인한 인간 팽창을 공동 연구한 적이 있다. 우리는 이 사건을 '신석기 전환(Neolithic transition)'이라고 부른다. 그 이유는 중동의 생활 형태가 사냥과 채집에서 작물 재배와 동물 사육으로 전이된 것이 신석기라는 시대 이름을 가져온 새로운 돌연모 생산 기술과 같이 이루어진 것이기 때문이다. 이 시기 직후의 토기 개발은 현재 우리에게 아주 유용한 고고학적 표지를 제공해주는 다른 여러 발달들을 촉진시켰다. 토기의 발명은 아마도 중동이 아닌 다른 곳에서 이루어진 것으로 보인다. 토기와 같은 고고학적 표지는 유럽에서 일어난 농업 전파를 추적하는 데 신석기 도구들보다 더욱 높은 신빙성을 가져다줄 수 있다. 그러나 가장 좋은 농업 전파의 표지는 유럽에서 일어난 팽창 이전에는 발견할 수 없는 밀이나 다른 곡물의 팽창 추세이다.

약 1만 년 전 구석기 말기의 인간 집단밀도는 사냥채집인의 생계수단을 고려해도 비교적 높은 편이었다. 특별히 인간 서식에 아주 유리한 조건인 아열대 지역은 더욱 그러했다. 이 무렵의 기후 변화는 동물상과 식물상에 변화를 가져옴으로써 인류가 식량을 모으는 새로운 방법들을 찾도록 강제한 것이다. 이러한 식량 생산이 적어도 각각 넓게 떨어진 세 지역에서 사냥과 채집을 보완해주기 시작했는데, 현재의 중동, 중국, 남아메리카 대륙의 북부 안데스 산맥과 가까운 멕시코 지역에서 식물 재배와 동물 사육이 시작되었다. 이들 각각의 지역은 식량 재배를 위한 고유한 실행 전략들을 개발한 셈이다. 중동에서는 미래의 농업인들이 밀과 보리 몇 종류를 기르기 시작했고, 동시에 소, 돼지, 염소, 양을 사육하였다. 기장이 주로 현재의 중국 북부에서 재배되기 시작했고, 중국 남부에서는 벼와 물소를 길렀다. 돼지는 중국의 거의 모든 지역에서 사육되었다. 아메리카에서는 옥수수, 스쿼시, 콩류, 그리고 다른 많은 식물들이 작물화되었는 데 반해, 동물의 가축화에는 크게 진전이 없었다. 이러한 변화들은 세 지역에서 거의 동시에 일어났다. 이것은 전 지구적 기후 변화와 같은 어떤 외부적 압력이 각각의 세 지역들에서 나타난 개별적인 변화들, 즉 자연자원의 고갈, 증가된 인구 압력과 쌍을 이룬다는 것을 시사한다. 자연자원의 고갈과 증가된 인구 압력은 실제로 기후 변화의 결과로 나타났든지 아니면 기후 변화에 의해서 악화되었을 것으로 보인다.

가장 오래된 것으로 알려진 토기는 일본에서 발견되었다. 약 1만 2천 년 된 것으로 동북아시아 지역의 역사에서는 아주 중요한 시점을 나타낸다. 그런데 아주 이상한 것은 그 이후 거의 1만 년 동안 현재의 일본에 농업이 도래하지 않았다는 것이다. 반면에 중동의 토기는 중동 지역에서 농업이 발달한 지 약 1천 년이 지난 후에 생겨났다. 토기 기술이 동북아시아(일본)로부터 중동으로 도래했다고 확인하거나 반증하기는 어렵다. 실제로 두 지역에서 독립적으로 발명되었을 것이라고 할 수도 있을 것이다. 토기 기술의 또 다른 초기 기원지는 중동에 가까운 사하라 사막 지역에 있다. 이 당시에 사하라 지역은 사막 지대가 분명히 아니었는데, 타실리(Tassili) 산과 티베스티(Tibesti) 산에서 발견된 수많은 그림들과 암각들이 증명해주는 바와 같이 사하라의 산지는 상당한 수의 인간 집단을 부양하고 있었다. 사하라의 여러 오아시스에서 중동보다 적어도 천 년 먼저 토기가 사용되었다는 증거가 나오긴 하지만 역시 독립적인 발명인지 문화 확산인지는 결정하기가 아주 어렵다.

집단 압력이 잠시 유지되었지만 농업으로 증가된 자원들 덕분에 완화되기에 이르렀다. 인간 집단은 생활 조건이 호전되면 아주 급격하게 성장한다. 심지어는 아주 원시적인 농업만으로도 이어지는 세대마다 인간 집단의 크기가 두 배로 늘어나며 이러한 현상은 지금도 많은 개발도상국들에서 계속되고 있다. 이러한 증가율이라면 한 인간 집단은 사냥과 채집 습관에 농업을 가미한 지 단지 수백 년 만에 높은 포화밀도에 도달할 것이다.

이웃하고 있는 영역이 적합하다면 경작 가능한 토지를 찾아나서는 농업인들에 의해서 점유될 수밖에 없다. 원시 농업인들은 비료 기술이 없었고, 따라서 자신들의 논밭을 주기적으로 번갈아가면서 갈아야 하거나 아니면 완전히 새로운 토지를 찾아나서야 했다. 이러한 제약이 팽창에는 더 큰 추진력이었다. 그러므로 농업의 도래는 지역적 인간 집단밀도를 증가시켰고, 지역적 생태에 의해 조절되는 정도의 지리적 팽창이 유리해지도록 만들었다.

지리적 팽창은 다른 어느 곳보다 중동에서 제일 먼저 생겨났다. 이는 밀, 보리, 가축들이 중동과 바로 인접한 광대한 지역들인 대부분의 유럽과 (당시까지는 사막이 아니었던) 아프리카 북부, 그리고 서아시아와 남아시아에 잘 적응했기 때문이다. 멕시코에서는 옥수수나 다른 작물들이 북쪽으로 아주 느리게 확산되었는데, 아마도 광대한 사막을 가로지르기 힘들어서였을 것이다. 옥수수와 다른 작물은 남쪽으로는 확산이 잘 된 편이다. 생태적 다양성이 더욱 큰 안데스 산맥에서는 작물의 전파가 빨리 이루어졌다. 생태적 이유들로 인해 안데스 산맥을 제외한 대부분의 아열대 남아메리카에서는 농업의 발달이 느리게 진행되었다. 현재의 중국 내부와 그 주변이 가진 환경의 다양성은 이 지역의 농업 발달 경로가 다른 지역과는 상당히 다른 것을 설명해준다. 농업이라는 혁신이 중국에서 주위로 전파되는 데는 한계가 있었다. 중국의 북쪽으로는 스텝 지역이 경계를 이루고 있었고, 서쪽에는 사막이 있었다. 반면에 중국 남부를 포함하는 남아시아는 벼의 경작에 적합했다.

신석기는 대략 1만 년 전에 중동에서 시작되었다. 신석기는 아마도 멕시코와 중국의 농업혁명보다 조금 먼저 시작되었을 것이다. 신석기는 5천 년간 지속되었고 이후에 청동기가 시작되었다. 농업경제는 중동에서 북서 방향인 유럽으로 전파되었다. 동쪽으로는 이란, 파키스탄, 인도로 퍼져나갔고, 남서쪽으로는 이집트까지 전파되었다. 중동에서 발원한 농업은 상당히 복잡성을 띠고 있으면서 다양한 곡식과 가축들을 포함했다. 오랜 시간 동안 철저히 연구된 덕분에 다른 어느 지역보다도 잘 알고 있는 팽창은 아무래도 유럽으로의 팽창이다.

작물화된 곡식들은 중동 지역의 기원지에서 아주 규칙적으로 전파되었다. 유럽에서 나타나는 곡식의 산포는 고고학자들에 의해 특히 잘 기록되어 있다. 농업 이동은 아나톨리아(터키)를 통과하여 영국에 도달하는 데 (1만 년 전에 시작한 후 1년에 1킬로미터씩 여행하여) 4천 년 이상이나 걸렸다. 지중해 연안에서는 농업 이동이 조금 더 빠른 속도로 전파되었는데, 이는 육지보다는 바다 쪽이 더욱 쉽게 먼 거리를 갈 수 있었기 때문이다. 밀이 유럽에서 전파된 것을 보여주는 방사성 원소에 의한 연대 추정 지도가 〔그림 5〕에 나타나 있다(171쪽을 보라).

변화와 지역 기후에 대한 적응은 생겨나게 마련이다. 팽창은 마케도니아와 그리스로부터 지중해 연안으로 내려와 이탈리아 남부를 지나서 지중해 서부 지역으로 진행되었다. 흑요석 도구들이 에게 해 제도에서 발굴되었는데, 이 도구들이 바로 신석기 시대에 이미 배를 만들고 쓸 수 있었다는 것을 증명한다. 완전한 형태를 보이는 신석기 시대의 배가 실제로 프랑스 센 강과 이탈리아 중부의 브라치아노(Bracciano) 호수에서 발견되었다. 중부 유럽은 도나우 강을 거슬러 올라가 라인 강과 유럽 평원의 다른 강들을 따라 내려가던 신석기 사람들에 의해 점유되었다. 이 유럽 평원의 강 유역에는 특징적인 기하학적 장식이 있는 토기인 '선형문(linear)' 토기가 발굴되었다.

중동의 초창기 농업인들은 토기를 사용하지 않았다. 따라서 마케도니아의 첫번째 농업 거주자들(colonists)도 토기는 사용하지 않았다. 하지만 토기는 도래하자마자 아주 빠른 속도로 여행하였고, 거의 예외 없이 유럽의 다른 지역들로 농업과 함께 전파되었다. 앞에서 나는 특별히 일본을 거명하였지만 다른 곳에서도 토기는 농업의 도래 이전에 개발되었다. 그런데 여기에 고고학적 용어의 혼동이 존재한다. 토기를 사용한 사회를 석기 기술에 적용되는 용어를 사용하여 '신석기적(Neolithic)' 사회라고 지칭하는 데 유럽과 일본의 차이가 있기 때문이다. 유럽에서는 신석기적이라는 용어를 아직까지 (약 1천 년의 지체 기간이 사이에 존재하는) 토기의 사용을 시작하지 않은 농업 경작인들에게 적용하는 데 반해, 일본에서는 농업을 채택하기 이전인 거의 1만 년 전에 토기를 사용한 사람들에게 신석기적이라는 용어를 적용한다.

나는 토기가 일본을 비롯한 동북아시아 지역에서 중동으로 퍼졌을 가능성도 배제하기 어렵다고 언급했다. 중앙아시아를 통과하는 무역 통로가 아주 이른 시기에 확립되었을 가능성이 있기 때문이다. 비단길(Silk Road)이라는 말은 비단이 그 통로를 통해서 중국으로부터 로마 시대의 유럽으로 수송되었기 때문에 만들어졌고, 중세 시대에 부활되었다. 이보다 이른 시기에 동양과 서양 사이에 똑같은 통로를 이용하여 이루어졌던 교환에 대한 증거도 있다. 현재의 신장(新疆) 성과 같은 중국의 가장 서쪽 지역에는 북유럽계 사람들의 거대한 무덤들이 존재하는데 이는 이러한 경로가 아주 고대에도 존재했다는 것을 증명한다. 신장 성 남부에 있는 타림 분지 주변의 아주 건조한 사막 지역은 겨울에 사망하여 효율적으로 냉동 건조된 인체의 잔해들을 완전 건조시켜 보존하고 있다. 이런 미라들 가운데 상당수는 오류의 여지없이 파란 눈과 금발을 가지고 있다. 이 미라의 미토콘드리아 DNA는 눈에 보이는 특징들을 그대로 확증한다. 더욱이 인체만큼 잘 보존된 그들의 의

복은 북부나 중앙 유럽이 그 기원이라는 것을 보여주는 것 같다. 현대의 스코틀랜드 타탄(tartan)과 비슷한 직물은 그 당시에 오스트리아나 스위스에서도 만들어졌는데 이 직물이 미라 하나 위에 덮여 있었다. 방사성 원소에 의한 연대 추정은 이 사람들이 적어도 3천8백 년 전에 살았던 사람들이라고 알려준다. 이들은 일부 작품이 고대 인도 문헌 속에 남아 있긴 하지만 아마도 지금은 사라져버린 인도-유럽 어족의 언어인 토카라어(Tocharian)를 사용하는 사람들이었을 것이다. 또한 7세기 것으로 보이는 중국의 한 프레스코 벽화에도 우아하게 차려입은 금발이나 붉은 머리카락의 북유럽계 사람들이 보인다. 미국의 동양학자 빅터 메어(Victor Mair)는 이러한 중앙아시아의 최근 발굴들에 근거하여 아시아와 유럽을 연결하는 중앙아시아의 통로는 아주 이른 시기인 4천 년 전에 열려 있었을 것이라고 추측한다. 이 중앙아시아 통로가 농업이 시작된 때나 그 이전에 이미 인간이 여행하던 길이었을 수도 있다. 유럽 기원의 많은 유전자들은 중국의 가장 서쪽에 위치한 신장 지역에 남아 있기는 하지만 황인계 사람들의 팽창이 북유럽 민족들을 이 지역에서 완전히 사라지게 했는지도 모른다. 이곳에 살고 있는 위구르인은 아주 다양한 얼굴색이 특징인 집단인데, 몽골인 대 유럽인의 혼합이 대략 3대 1의 비율이다.

군락적 확산이냐 문화적 확산이냐

앨버트 애머만과 나는, 이주하는 농업인들이 자신들과 함께 농업을 가져오게 되었는가('군락[19]적' 확산이라고 부르는 과정), 아니면 전파된 것이 단지 농업생산의 지식과 기술이었는가('문화적' 확산)라는 문제를 제기했다. 고고학자들은 몇 가지 이유로 이 문제에 거의 관심을 보이지 않았다. 첫째, 고고학적 기록만을 사용해서는 두 가지 가능성을 구별하기가 대단히 어렵다는 것이다. 또 다른 어려움도 있다. 심리학적 이유가 그것이다. 즉 두 차례의 세계대전 사이에 작업을 한 고고학자들은 모든 문화적 사건, 곧 도끼와 토기의 양식 변화에서부터 중부 유럽의 청동기와 철기 시대의 매장 풍습에 이르는 변화를 장대한 이주와 정복의 입장에서 해석하도록 훈련받았다. 그런데 제2차 세계대전 이후 특히 영국의 고고학 학파가 이러한 접근법을 강하게 비판했다. 이들은 혁신이 인구가 밀집된 지역에서는 아주 잘 발달된 상업적 연결망들을 통해서 전파되어 나갈 수 있다고 이론화하기 시작했다. 이러한 비판은 중요했지만 결국에는 교조적 극단으로까지 이어졌다. 제2차 세계대전 이전에는 모든 문화적 변화가 대규모 이주로 인해 나타난다고 생각했지만, 그 이후로 이주에 의존하는 설명은 더 이상 수용할 수 없는 것으로 여겨졌다. 다시 말해 이후에 발굴로 복원된 그런 물건들을 운반한 이들은 단지 상업인들이라는 것이다.

고고학은 농업의 확산이 아주 느리게 진행되었고, 이는 인간 집단 밀도의 상당한 증가를 수반하였다는 것을 보여주었다. 이와는 대조적으로 모든 순수한 문화적 확산은 그 속도가 아주 빠르지만 개체군계량적 결과들은 거의 가져오지 않았다. 애머만과 나는 가능한 한 비판적으로 '유럽에서의 농업의 전파가 문화적 과정이었는가 아니면 군락적 과정이었는가?', 다시 말해서 '전파가 이루어진 것은 토지 경작(농업)이었는가 아니면 경작인이라는 사람이었는가?'라고 물었다. 유럽 대륙을 가로지르는 확산 속도(pace)가 아주 느렸다는 것은 군락적 과정을 시사하고 있지만 단지 인간 집단의 성장과 이주 속도에 근거를 두어 군락적 과정의 속도를 예측할 수 있는 것일까? 그리고 관찰된 농업 확산의 속도와는 어떻게 비교가 될까?

우리는 로널드 피셔 경이 발전시킨 유전적 이론의 도움을 입었다. 우리가 관심을 가지는 생태적 문제와 개체군계량적 문제들에 그 이론을 쉽게 적용할 수 있었기 때문이다. 피셔 이론의 개체군계량적 수식화는 집단의 포화점에 도달할 때 새로운 영역을 찾기 시작하는 한 집단이 가질 수 있는 (팽창 중심에서 시작되는) 방사형 확산(radial spread)의 속도를 정량적으로 예측한다. 고대에는 비료가 없었기 때문에 토양의 양분 고갈은 아주 급격하게 이루어지기 마련이었고, 또한 이것은 인구 과밀이 위협적일 때 사람들에게 이주의 동기가 되었다. 이주민들은 제일 먼저 인간이 거주하지 않는 제일 가까운 지역을 자연스럽게 점유하였다. 그렇지만 원시인 농업인들이 이주 여행을 할 수 있는 거리는 제한되어 있었다. 피셔의 이론은 성장하는 집단이 쉽게 계산할 수 있는 속도(비율)로 확산한다고 지적한다. 이 확산 비율은 그 집단의 성장 속도와 이주 속도라는 두 개체군계량적 변수들에 의존한다. 고고학적 기록은 농업이 근사적으로 1년에 약 1킬로미터의 비율로 확산되었다는 것을 보여주었다. 농업의 확산 속도가 사람들이 배를 이용하거나 강이나 해안선을 따라 여행할 때는 이보다 조금 더 빨랐으며, 물리적 장벽과 생태적 변화 지역 가까이에서는 조금 더 느린 비율을 보인다.

만약 이주 속도가 낮으면, 관찰된 속도의 팽창을 지속하기 위해서 인간 집단의 성장률이 아주 높아야 한다. 이와는 정반대로 이주 속도가 높으면, 인구 성장률이 낮을 수 있다. 알려진 바로는 가장 높은 재생산 비율인 연간 3퍼센트의 재생산율도 일정 집단 크기를 단지 단일한 한 세대 만에 두 배로 만들 수 있다. 이 정도 수준의 집단성장률이라면, 관찰 결과로 알려진 원시 농업인들의 이주율은 유럽에서의 신석기 팽창에서 관찰할 수 있는 수준과 동일하거나 훨씬 큰 비율의 팽창을 이끌어냈을 것이다.

고고학적 기록으로부터 적절한 집단성장률을 계량해내는 것은 아주 어려운 일이다. 변화율이 천차만별인데다 최초의 변화율에서 지속적으로 감소하기 때문이다. 가장 일반적인 성장 곡선인 로지스틱 곡선에서 속도(velocity)는 시작점에서 가장 높았다가 점차 감소하여 0이 된다. 그러나 우리에게 가장 중요한 것은 단지 얼마간만 짧게 유지되는 시초 성장 비율(initial rate)이다. 역사는 인간 거주가 드문드문한 지역을 한 농업인 집단이 점유하게 될 때에야 특별히 높은 성장률이 가능해진다는 것을 보여준다. 예를 들어 약 3백 년 전에 캐나다의 퀘벡 주에서 일어난 경우를 보면 기원 집단이 약 1천 명의 프랑스 여자들을 포함하는 집단이었다. 그 집단은 당시의 프랑스 왕 루이 14세가 프랑스령 캐나다 지역에 일찍 정착하여 프랑스 여자와 결혼할 기회가 없었던 사냥꾼들이나 무역업자들의 미래의 신부가 되게 할 목적으로 모집했던 것이었다. 이러한 조건을 받아들여 결혼하겠다는 동의 아래 루이 14세는 각각의 여자들에게 그들의 결혼지참금을 지급하였다. 따라서 종종 자신의 장래 남편을 모른 채로 퀘벡에 이주했던 이 여자들을 '왕의 딸들'이라고 불렀다. 이 퀘벡 집단은 아주 폭발적인 비율로 성장했는데, 남아프리카에 정착했던 최초의 네덜란드인 정착민들의 비율 정도로 굉장히 높았다(여기서 집단성장률은 아주 대략적으로 측정되었다고 인정해야 할 것 같다). 물론 이 모든 농부들은 신석기 문화보다는 더욱 세련된 농업을 실행했지만, 비교 적절하게도 그 개체군계량적 행동은 서로가 비슷하다.

이러한 급속한 성장은 심지어는 아주 느리게 진행되기도 하는 점진적인 이주가 1년에 1킬로미터라는 팽창률을 지속적으로 유지하도록 확실하게 보장하는 것이다. 따라서 우리는 인간 집단의 성장과 이주에 대한 개체군계량적 데이터는 실제로 신석기 경작자들에 의한 군락적 확산의 이론과 적합성을 가진다고 결론지었다.

하지만 우리의 이 가설은 영미 고고학자들에게 곧바로 환영받지는 못했다. 아주 최근에 와서야 상황이 변하고 있을 뿐이다. 영국 케임브리지 대학의 고고학 교수인 콜린 렌프류(Colin Renfrew)는 1987년에 낸 책과 『사이언티픽 어메리컨』지의 1989년 개관 논문에서 우리의 이론을 열정적으로 지지해주었다. 여러 명의 다른 고고학자들도 우리가 1972년에 제안한 이론을 현재 수용하는 입장에 있다. 이는 과학 세계에서 새롭고 혁명적인 생각들이 수용되는 것이 얼마나 어려운지를 극명하게 보여주는 아주 좋은 사례이다.

중동 농업의 군락적 확산을 보여주는 유전적 예시

고고학은 오직 예외적인 경우들에서만 이주가 발생한 것을 입증할 수 있다. 현대 개발도상국들의 개체군계량적 연구들은 농업의 느린 확산이 원시적 경작자 집단의 성장과 이주에 대한 정보와 일관성을 보인다는 사실을 우리가 확신하는 데 도움을 주었다. 그러나 불행하게도 이러한 조응성은 단지 그 팽창이 군락적이었을 것이라는 점만을 시사하며, 어떤 확실성을 가지고 군락적 팽창을 증명하지는 못한다.

이런 이유로 우리는 새로운 방법들을 찾기 시작했다. 그 가운데 아주 만족스러운 방법이라고 판명된 것이 한 가지 있었는데, 바로 유전자들의 지리학적 종합 지도를 그리는 것이다.

단일한 하나의 유전자는 충분히 분명한 결과를 제공할 수 없다. 어떤 유전자도 우연의 변덕들에 노출되어 있으며 단일 유전자의 빈도를 제시하고 있는 지도들도 같은 가능성을 지니는 여러 해석들로 설명될 수 있다. 이러한 면의 좋은 예로 RH^- 유전자와 ABO 혈액형 유전자들의 지리적 분포를 논의해보자. RH^- 유전자의 빈도는 피레네 산맥에서 가장 높아졌다가 다른 주변 지역에서는 감소한다. ABO 혈액형은 아메리카 원주민들에게서 O형의 빈도가 거의 백 퍼센트에 가깝고, B형의 빈도는 동아시아에서 최대가 되다가 유럽으로 가면서 감소한다.

RH^- 유전자는 유럽형 대립인자로 아주 빈도가 낮고 전 세계 어디에도 거의 나타나지 않는다. 우리는 RH^+에서 RH^-로의 돌연변이가 유럽 서부에서 일어났다고 추측할 수 있다. 우리가 알다시피 현생 인류는 4만 년 전에 유럽에 정착했기 때문에 돌연변이는 아마도 그 시기 이후에 일어났을 것이며 점점 빈도가 증가해 기원지로부터 주변으로 확산되어 나갔을 것이다. 왜 처음에 RH^-의 빈도가 증가했을까? 이 대립인자의 보인자들(carriers)에게 아마도 자연선택적 우세를 가져다주었기 때문인 것으로 보인다. 하지만 어떻게 선택적 우세가 생겨났고 왜 생겨났는지는 상상하기 어려운데, 현재 우리가 알고 있는 것은 RH^- 혈액형의 어머니가 RH^+ 혈액형을 가진 아기를 낳을 때 아기에게 결함이 있거나 심지어 사망할 확률이 엄청나게 높다는 사실이다. 이런 위험은 같은 RH^- 어머니의 두번째 RH^+ 아기에게도 존재하는데, 다음 아기로 갈수록 위험은 더욱더 증가한다. 태아 손상이 일어나

는 이유는 어머니가 RH⁺ 아기를 처음 임신했을 때, 어머니의 몸에 RH⁺ 유전자에 대한 항체들이 생성되기 때문이다. 현재 우리는 이 유전자에 대해서 충분히 알고 있고, 이것으로 RH⁺ 자녀들에게 갈 위험을 최소화할 수 있다. 그러나 아직도 RH⁺ 대립인자의 빈도가 지배적으로 높은 집단에서 어떻게 RH⁻ 대립인자의 빈도가 증가했는지에 대해 설명하기에는 상상력이 부족한 편이다. 단지 RH⁺ 대립인자도 RH⁻ 집단 속에서 비슷한 열세(disadvantage)에 놓여 있을 것이라는 사실은 주목해볼 가치가 있다. 서유럽에서 RH⁻ 유전자가 증가한 것을 우리는 어떻게 설명해야 할까.

두 가설이 가능하다. 한 가설은 RH⁻를 선호했을 자연선택이 우리에게 알려지지 않은 이유라는 가설이고, 다른 가설은 RH⁻가 유전적 부동으로 인해서 높은 빈도에 도달하였다는 것이다. 언제나 그렇듯이 이런 표준적인 두 가설 가운데 어느 것을 택할지 결정하는 것은 매우 어렵다. 유전적 부동 이론은 유럽에서 최후의 빙하기가 2만 5천 년 전에 시작되었고, 따라서 유럽의 전체 인간 집단이 축소되면서 유럽 서부를 동부와 분리시켜 유전적 분화가 촉진되도록 했을 것이라는 사실에 의해 뒷받침된다.

2장에서 우리는 같은 질문을 ABO 혈액형에 대해 제기했었다. 고대 아메리카 대륙에서 A형과 B형이 거의 사라지면서 백 퍼센트에 가까운 빈도로 O형이 남게 된 것은 자연선택 때문이었는가 아니면 유전적 부동 때문이었는가? 물론 O형 혈액형은 다른 곳에서도 빈도가 상당히 높고 평균적으로 50퍼센트에 육박하는 편이지만, 비교하는 두 집단 중 한 집단에서 50퍼센트의 빈도가 나타나고 다른 집단에서 백 퍼센트 빈도가 나타나는 것은 절대로 무시할 수가 없는 것이다. 현재의 베링 해에 있던 육지 다리를 넘어오던 달구지 여행은 아주 작은 규모의 시베리아 유목민들만을 포함하였을 가능성이 있어서, 유전적 부동이 소수의 개체(창시자)들이 옮겨 가서 새로운 집단을 형성할 때 나타나는 '창시자 효과'를 통해 A형과 B형 유전자의 흔적을 깡그리 지워버렸다고도 볼 수 있다. A형 대립인자는 북부 캐나다의 일부 지역에서 발견되었지만 이것도 새로운 돌연변이로부터 기원하였거나 후기 아메리카 정착인들과의 섞임, 혹은 다른 선택압의 사례 때문에 생겼을 수 있다. 현재의 아메리카 원주민 집단들과 고대의 원주민 유체(遺體)들을 이용하여 실시하는 이러한 DNA 수준의 심화된 유전자 연구들이 결국에는 이 문제에 대한 대답을 가져다줄 수 있을 것이다.

반면에 자연선택은 O형이 아닌 개인들을 제거할 수도 있었을 것이다. 1492년 이후에야 유럽에서 창궐한 적이 있는 매독(syphilis)이 가능성 있는 이유로 제시되었다. 유럽에 매독이 퍼지는 것을 도운 사건은 나폴리 근처에서 프랑스 왕 찰스 8세가 스페인과 벌인 전쟁인데, 1494년 8월에 시작되어 1495년 2월 도시가 함락되는 것으로 끝났다. 이후로 나폴리는 스페인의 통치 아래 있었는데, 이 전염병이 스페인에서 프랑스 군대와 이탈리아인 집단으로까지 확산되면서 스페인어, 나폴리어, 프랑스어, 갈리아어 등과 같은 다른 나라 언어의 다른 이름으로 불렸다. 매독의 아메리카 기원에 관한 가설은 이 질병의 이름을 최초로 부여한 작품에 나오는 최초의 뛰어난 과학적 묘사에서 암시되고 있다. 창작 당시의 관습을 따라서 1530년 지롤라모 프라카스토로(Girolamo Fracastoro)가 쓴 「시필리스(매독) 또는 프랑스 병Syphilis sive Morbus Gallicus」이라는 라틴어 시(詩)가 그것이다. 이 시에서 시필리스라는 이름의 젊은 아메리카 원주민 목동이 태양신에게 불성실한 죄로 소름끼치는 매독성 궤양이라는 형벌을 받게 되었다. 하지만 태양신은 이 목동을 용서하고 그에게 아메리카 산 식물과 수은이 들어가는 처방을 가르쳐준다. 「접촉 전염과 전염성 질병에 관하여De contagione et contagiosis morbis」라는 다른 작품에서 프라카스토로는 매독, 나병, 결핵, 발진티푸스 등을 포함하는 감염성 질병들을 놀랄 만큼 현대적 방식으로 해석하고 있다. 이 모든 문제들에 대한 프라카스토로의 비범한 직관으로 인해서 나는 매독이 아메리카에서 기원했다는 그의 이론과 크리스토퍼 콜럼버스의 선원들에 의해서 유럽으로 이전되었다는 주장 또한 옳다고 믿을 수밖에 없었다. 또한 (면역학적 관점에서 보아) 이 이론은 매독 처방을 받고 있는 O형의 개인들이 다른 혈액형의 사람들보다 더욱 빠르게 회복된다는 현재 우리가 알고 있는 지식으로 인해 더욱 신용을 얻는다.

앞에서 언급했듯이, 단일 유전자의 지리적 지도를 설명하려고 드는 것은 일반적으로 어렵다. 나는 ABO 혈액형의 경우에 부동과 선택의 가설 모두 옳다고 믿는다. RH^- 유전자의 지리적 지도는 중동 농업인들의 확산 모델과 양립 가능하다. 신석기 경작자들은 나머지 세계의 인간들과 마찬가지로 RH^+가 지배적이었으나, 당시의 서부 유럽인들은 대부분 혹은 전부가 RH^-였다고 우리가 동의한다면 말이다. 하지만 수많은 다른 설명들이 가능하다.

다행스럽게도 RH 유전자가 아닌 다른 많은 유전자들이 이러한 해석과 일치한다. 신석기 사람들이 흩어지기 전에 유럽에 살고 있었던 부족들과 중동의 인간 집단에서 다른 빈도를 보이는 유전자들만이 이러한 문제에 유용한 정보를 제공해줄 수 있다. 우리는 두 지역 사이에서 어떤 유전자들이 빈도의 차이를 보이는지 분석하기 전에는 미리 알 수 없지만 기원 지역에서 최종 도착 지역에 이르는 유의성 있는 연속적 변화(significant gradient)를 보이는 유전자들은 1만 년 전에도 두 지역에서의 빈도가 서로 달랐을 것이라고 추측할 수 있다.

농업 발달 이전에는 인간 집단의 크기가 대부분 작았기 때문에 유전적 부동이 강하게 일어났을 것으로 예상되며, 따라서 여러 지역간에 대립인자(유전자) 빈도들이 아주 다른 양상을 연출해냈을 것이다. 나중에 유럽에 도착한 신석기 인간 집단들은 이전에 살고 있던 (구석기) 인간 집단들보다 훨씬 풍족한 식량을 생산했기 때문에 구석기 집단들보다 훨씬 높은 인구밀도에 도달할 수 있었을 것이다. 이 신석기인들이 이웃하는 지역들로 팽창했을 것이고, 이들의 유전자들은 유럽으로 이주하거나 토착 거주민과 섞여도 완전히 희석되지는 않았을 것이다. 하지만 우리는 중동에서 유럽으로 가로질러 감에 따라서 유전자들의 빈도가 진행적으로 희석되는 경향을 관찰할 수 있을 것이다.

자연선택과는 달리 이주는 모든 유전자에게 동등한 영향을 미친다. 따라서 이용 가능한 모든 유전자(대립인자) 빈도의 정보를 요약해 정리한 지리적 지도를 그리면 고대의 이주들을 재구성해낼 수 있다. 또한 우리가 연구한 유전자의 수가 많으면 많을수록 얻어낸 우리의 결과들은 신빙성이 높아진다. 애머만과 내가 1978년에 처음으로 이러한 분석 작업을 시작하였을 때는 단지 39개 유전자에 대한 데이터밖에 없었다. 그후 95개 유전자를 가지고 동일한 분석을 반복하였을 때의 결과는 이전의 분석 결과와 비슷하였지만 그 정확도는 더욱 향상되었다. 유럽에는 여러 시대에 걸쳐 중요한 이주들이 수없이 일어났었고, 이러한 주요 이주들의 자취는 여러 층으로 포개져 있는 양상을 보이는 것 같다. 유럽은 유전학과 고고학을 포함한 여러 학문적 관점에서 가장 심도 있게 연구된 대륙이다. 이렇게 복잡하게 얽혀 있는 이주의 실마리를 우리가 풀 수 있을까?

이러한 일에는 앞에서 논의한 바 있는 주성분 분석을 하는 것이 적절하다. '주성분'이란 일반적으로 수많은 변수(variable)들, 여기서는 수많은 유전자들의 빈도에 함유되어 있는 정보의 대부분을 깔끔하게 요약 정리해주는 고유한 수량들(quantities)이다. 각각의 주성분은 지리학적 지점들에서 유전자 빈도의 변이에 영향을 끼치는 다른 각각의 요인들로부터 하나의 요인을 성공적으로 분리해내기도 하는데, 이러한 요인들의 상당수가 서로 다른 시기에 일어난 이주이거나 팽창일 수 있다.

주성분들을 계산하기 위해서는 우선 유럽과 중동 전역에 걸쳐 연구된 각각의 유전자들에 대한 지리학적 지도를 작성하는 것이 필요했다. 우리는 충분히 자세한 데이터를 가지고 있는 39개 유전자들을 근거로 지도를 그렸다. 그리고는 컴퓨터를 이용하여 주성분들을 계산해냈다. 마지막으로 우리는 각각의 주성분에 대한 지리학적 지도를 작성하였다. 전체의 유전적 변이량은 이러한 과정을 거쳐서 전체 변이에서 도출된 성분들로 분해되어졌다. 이렇게 주성분들은 적절하게 이름 붙여져 있는 셈이다(여기서 주성분의 '주'라는 단어는 더욱 많은 하위 '성분들'로 구성되어 있다는 것을 의미한다. 하지만 우리는 가장 중요한 성분들만을 고른다). 또한 우리는 각각의 성분들에 의해서 요약 정리되는 전체 변이량의 분율(fraction)을 계산할 수 있었다. 가장 중요한 성분들이 전체 변이량의 가장 큰 분율을 설명해준다. 주성분 분석이라는 계산방법은 순차적으로 작업이 이루어진다. 첫 단계로 모든 유전자 빈도를 단일한 하나의 수치를 가지고 표현할 수 있는 주성분을 계산해낸다. 이 수치는 '첫번째 주성분'이라고 부르는데, 지리적 지도의 특정한 지점에서 관찰되는 빈도들의 총합이다. 그러나 빈도들 각각은 모든 개별 유전자 빈도에 서로 다른 값을 가지는 수치에 의해서 사전에 곱해진 것이라 가중치 역할을 한다. 각각의 유전자 빈도의 가중치는 전체의 유전적 변이량을 결정하는 데 중요한 역할을 하는 유전자 빈도에는 상대적으로 큰 가중치가 배당되고 반대로 작은 기여만을 하는 유전자 빈도에는 작은 가중치가 배분된다. 그러므로 하나의 주성분을 '가중치가 들어간 평균'으로 묘사할 수 있는데, 이는 모든 유전적 빈도들의 평균이 잡혀 나올 때 각각의 특정한 빈도 모두에는 정확한 계산 방법이 지정하는 바대로의 가중치가 주어지기 때문이다.

첫번째 주성분이 계산된 다음에는 일단 이 값을 데이터에서 제거한다. 전체 변이량에서 첫번째 주성분을 빼고 난 다음, 남아 있는 이용 가능한 유전자 빈도의 나머지 변이량으로부터 새로운 주성분을 계산하게 되는 것이다. 이것을 '두번째 주성분'이라고 하고, 단계적으로 다음번의 주성분들을 계산한다. 각각의 주성분은 다른 모든 주성분들로부터 독립적이고 각각 다른 세트의 '가중치들'을 적용한다. 각각의 유전자 빈도를 각각의 가중치 세트로 곱하고 난 이후에야 전체를 합산하여 주성분 수치 자체를 생성하게 되는 것이다.

가능한 주성분들의 전체 가지 수는 분석에 이용된 전체 유전자 개수에서 1을 뺀 수이다. 그런데 단지 처음 몇 개의 주성분들만이 유의성이 높다. 주성분법은 또한 각각의 주성분들이 설명해주는 전체 유전적 변이량의 분율을 계산해낸다. 이 분율은 주성분의 차수가 내려가면서 줄어들게 되어 있다. 이런 이유로 첫번째 주성분이 가장 중요하다. 우리가 처음으로 이러한 방법을 시도할 때에는 단지 처음의 세 주성분들만 계산했는데, 이 세 개만 가지고도 전체 유전적 변이량의 약 반이나 설명할 수 있었다.

우리도 깜짝 놀란 것은 〔그림 6〕에 그려져 있는 유럽 지도 속의 첫 번째 주성분과 방사성 탄소 동위원소 추정치에 의거하여 유럽에 곡식이 도달한 연대들을 그린 지도(〔그림 5〕)가 완벽하게 일치한다는 것이었다. 나와 알베르토 피아차와 공동 연구하던 파올로 메노치는 주성분 지도들에 실제로 결과를 기입하는(plotting) 작업을 수행했다. 물론 그는 그 결과가 겉보기에 크게 정확성을 가지리라고는 꿈에도 생각하지 않았었는데, 기입 후에 자기 지도들을 살펴보았을 때 놀라움이 컸던

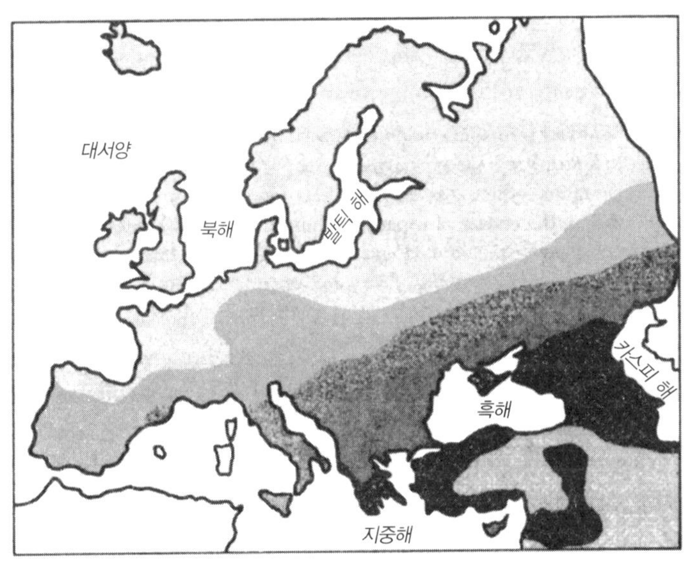

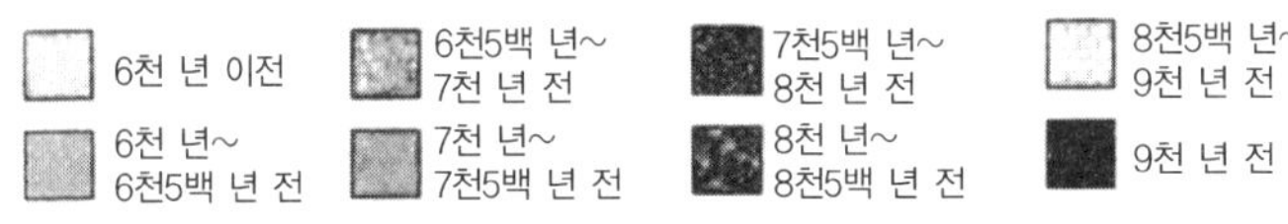

〔**그림 5**〕 농업의 전파. 9천5백 년 전에서 5천 년 전 사이에 중동에서 유럽의 여러 지역으로 퍼진 밀〔애머만과 카발리-스포르차의 저서(1984)에서 작성된 지도에 근거하여 다시 그렸다〕.

만큼이나 만족감도 아주 높았다. 고고학적 지도와 유전학적 지도와의 상관성은 아주 명백한데, 이와 같은 결과는 뉴욕 주립대학 스토니브룩 캠퍼스의 로버트 소칼과 그의 공동 연구자들이 사용한 독립적인 다른 방법들에 의해서도 재확인되었다.

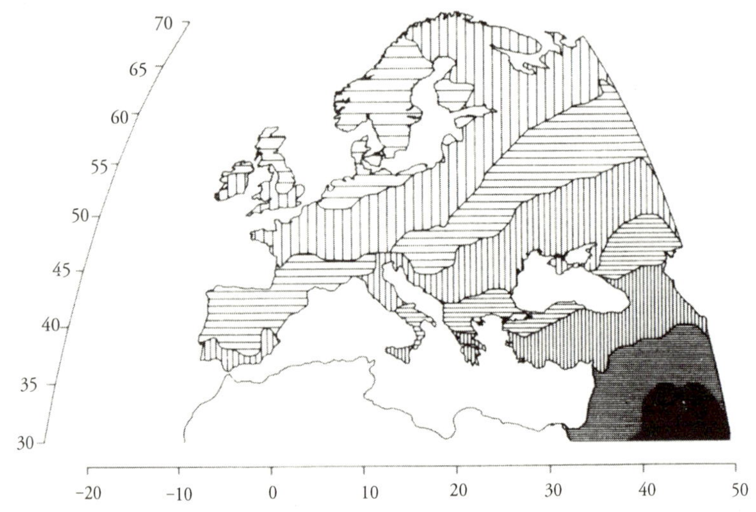

〔**그림 6**〕 유럽에서 95개 유전자들이 구성하는 첫번째 주성분. 가장 단순하게 해석하면 농업의 확산을 표현한 〔그림 5〕와 굉장히 높은 유사성을 보이는데, 이것은 중동으로부터 유럽으로 농업인들의 팽창이 있었음을 나타낸다. 이 농업인들은 팽창 과정에서 자신들과는 유전자 빈도들에서 차이를 보이는 사냥-채집인들과 섞이게 되었다(〔그림 6〕부터 〔그림 10〕은 1994년 프린스턴 대학 출판부에서 출간된 카발리-스포르차, 메노치, 피아차의 『인간 유전자들의 역사와 지리학』에서 발췌하였다).

아직까지 우리는 주성분 지도에서 서로 다른 밀도의 띠들(bands)이 나타내는 의미를 설명하지 않았다. 단일 유전자 빈도의 지도에서는 각각의 띠가 자의적으로 선택한 유전자 빈도들의 범위, 예를 들어 한 유전자의 10퍼센트에서 20퍼센트의 범위를 표현한다. 하지만 주성분들은 수많은 유전자 빈도들의 평균값에다가 여기서는 설명하기 무척 어려운 아주 복잡한 방법들로 계산한 계수들(coefficient)에 근거한 가중치가 가미되어 계산된다. 그러면 어떠한 척도들을 사용하여 이러한 주성분 지도들을 표현하는 것인가? 초기의 원래 수치들을 각각의 주성분의 0점 조정 평균치를 중심으로 하여 그 주위로 모으면, 원래 수치들은 통계적 척도 위에 평균치라는 중심점에서 양의 방향과 음의 방향으로 분포하게 된다. 이 척도는 본질적으로는 자의적이지만 아주 빈번하게 적용되는 통계학적 약정(영점 조정)이 강제하는 척도라고 할 수 있다(기초적 통계학에 익숙한 독자들은 주성분들이 표준편차의 단위로 수식적으로 표현된다고 하면 이해하기가 쉽다). 명민한 독자들은 내가 구체적으로 정확하게 측정의 척도를 지적하지 않는다고 실망할지도 모르지만, 여기서 단지 몇 개의 단어들을 가지고 짧게 설명한다는 것이 그리 쉽지 않다. 이런 어려운 문제를 가장 극명하게 대면한 것은 아마도 1994년에 『뉴욕타임스』지가 이 연구에 대한 기사를 실었을 때라고 할 수 있다. 그 신문사는 주성분들의 척도를 무리하게 설명하려는 과욕을 부렸다. 『뉴욕타임스』가 내게 자문을 구하지도 않은 채 마구잡이로 채택한 접근법은 틀린 것이었다. 〔그림 6〕의 설명문에서 척도의 한쪽 끝은 '유사성이 덜한(less similar)'이었고, 반대쪽 끝은 '유사성이 강한(more similar)'이었다. 그런데 『뉴욕타임스』는 이러한 설명에서 불가피하게 제기되는 자동적인 질문, 곧 '도대체 무엇에 유사성이 있는가?'라는 물음에는 대답하려 하지 않았다. 아마도 내게 자문을 구했다면, 팽창의 기원지에 존재했던 유전적 유형들에 유사성이 강한 것이라고 조언했을 것이다. 하지만 이렇게 말하는 것도 척도의 극단치들이 그렇게 정확하게 정의되는 것이 아니기 때문에 단지 근사적인 묘사일 뿐이다. 척도의 중앙값은 연구 대상인 지리적 지역에서의 평균적인 유전적 유형에 해당하고, 주성분의 양과 음의 양쪽 방향은 척도의 두 극단과 평균의 차이를 표현한다. 실제로는 두 극단 중 하나의 극단적 수치는 방사상으로 뻗어나가는 중심에 나타나는 '팽창의 중심'을 지정해주며, 다른 하나의 극단치는 팽창의 기원 집단에서 유전적으로 가장 달라져버린 지역들을 나타내어준다.

이 연구에 뒤이어 사비나 렌딘(Sabina Rendine) 등이 그들의 논문(1986)에서 제시한 컴퓨터 모의실험은 우리가 이러한 주성분 분석 방법으로 독립적인 인간 팽창들을 효과적으로 서로 분리해낼 수 있을 것이라는 것을 보여주었다. 이 실험은 특별히 각각의 팽창이 실질적으로 상당히 다른 지리적 기원을 가지고 있다면 팽창의 구분 가능성이 더욱 높아지고, 해당 지역 집단이 외래적이고 유전적으로 구분이 가능한 다른 팽창 집단에 의해서 단지 부분적으로만 대체되는 경우에라도 구분할 수 있다는 것을 시사했다.

팽창 집단은 그 집단과 섞이게 되는 수용 집단보다 개체군계량학적으로 우세하다는 것이 결정적으로 중요하다. 즉각적으로 우세를 보이지는 않더라도 혼합 과정의 끝에 가서는 거의 확실한 우세를 보이게 된다. 신석기 농업인들은 의심할 여지없이 구석기 집단들보다 높은 집단밀도를 가지고 있었고, 이런 이유로 해서 '신석기 전환'은 심지어 현재 유럽의 유전적 배경에서도 우세를 보이고 있다. 최근에 북부 독일 쾰른 주변의 석탄 채광작업장 근처 발굴에서 독일 고고학자들이 선형문 토기 전파가 이루어진 아주 큰 농업인 팽창을 기록할 수 있었다고 한다. 선형문 토기는 중부 유럽의 초기 신석기 농업인들의 고대 문화에 붙여진 이름이다. 고고학적 발굴들은 신석기의 인간 집단밀도들이 예상한 바와 같이 굉장히 증가한 상황이었다는 것을 보여주었다. 이에 더하여 우리의 컴퓨터 모의실험은 유전자 빈도들이 진행적으로 혼합되어가면서 형성되는 연속적인 변화 양상(유전적 기울기 genetic gradient)이 유전적 빈도의 시간 경과에도 불구하고 상당히 안정적이었다는 것과 이 유전적 기울기가 신석기 끝 무렵부터 50세기가 경과하는 시간 동안 대규모의 변화 없이 지속되었다는 것을 보여주었다.

주성분 분석을 사용하면 수학을 싫어하는 사람에게는 이 과정이 너무 복잡하게 보이는 반면, 주성분 분석의 수학적 배경인 '행렬의 분광분석(spectral analysis)'을 아는 사람들에게는 너무 단순한 처리로 보일 것이다. 그러나 우리가 실시한 분석을 설명하려고 시도한 첫 논문이나 이후에 이어진 모의실험에서 보였듯이, 이 방법은 포개어 겹쳐져 있는 이주 사건들을 풀어헤치는 데 아주 유용하다. 모든 유전자 빈도들을 적절한 가중치로 곱하여 나온 총합은 수학자들이 '선형 분석(linear analysis)'이라고 부르는 것이 된다. 주성분들은 통계적으로 서로 독립되어 있기 때문에 독립적인 인간 팽창들을 분리해낼 수 있는 것이다. 팽창은 유전적 빈도들을 '선형적으로' 변환시켜버리고, 서로 다른 기원지에서 서로 다른 시간에 생겨난 이주들은 서로가 독립적일 가능성이 매우 높다. 다른 말로 하면 서로 '상관성이 없는(uncorrelated)' 것일 가능성이 매우 높다는 것이다. 우리는 설명이 복잡하다고 이 방법 자체를 너무 쉽게 포기하기 전에 진화 이론의 관점에서는 주성분들이 독립적인 이주들을 분리해내는 데 가장 만족스러운 방법이라는 사실에 주목해야 한다.

신석기 인간 집단들이 유럽에 도달하기 이전에 구석기와 중석기 유럽인들에 가장 유사한 집단은 바스크인들이라는 사실을 지적해야겠다. 그들은 다른 어떤 유럽인들의 언어와도 완전히 다른 언어를 사용한다. 마이클 앙겔로 에체베리(Michael Angelo Etcheverry), 아서 무런트, 자크 뤼피에(Jacques Ruffié)가 수행한 RH^- 대립인자에 대한 연구가 이미 유전적 증거에 기초하여 바스크인들의 시원 유럽인(proto-European) 기원을 시사했었다. 우리 연구팀이 실시한 연구는 이들의 제안과 완벽하게 일치했으며, 바스크인들이 구석기인들과 뒤이어 프랑스 남서부와 스페인 북부에서 살던 중석기인들로부터 직접적 계통으로 내려왔을 가능성이 아주 높다는 것을 시사했다. 다른 모든 고대 인간 집단들처럼 바스크인들도 그들의 이웃들과 점진적으로 섞이게 되었다. 이런 의미로 보면 그들을 순수한 구석기인이라고 할 수 없다. 하지만 바스크인들은 독특하면서 어려운 그들의 고유한 언어 덕분에 자신들의 인족 집단 안에서만 결혼하는 부분적 족내혼이 관습화되었고, 이것은 그들이 기원한 곳에서의 유전적 조성을 적어도 부분적으로만 반영하는 주변의 인간 집단들과는 다른 유전적 독특성을 유지할 수 있게 했다.

우리들이 내린 결론은 Y 염색체 표지들을 이용한 최근의 연구로 아주 확실하게 뒷받침을 얻을 수 있었다. 중동으로부터 유럽 방향으로 일어난 동쪽에서 서쪽으로의 확실하고도 강력한 확산은 1997년 오르넬라 세미노(Ornella Semino)와 실바나 산타키아라 베네레세티(Silvana Santachiara Benerecetti)가 이끄는 파비아 대학의 집단유전학자들이 수행한 두 주요 유전적 표지들을 이용한 연구에서 증명되었다. 이들의 결과는 애초에는 브라이언 사이크스(Brian Sykes)가 중심이 된 옥스퍼드 대학의 미토콘드리아 DNA 연구 결과와 모순되는 듯했지만, 연구 대상인 개인들의 숫자를 증가시키자 처음 내린 결론이 변화되었다. 세미노는 코젠차 대학의 주세페 파사리노(Giuseppe Passarino), 그리고 나의 스탠퍼드 대학 연구실의 피터 언더힐과 동료들과 함께 기존의 연구를 1천 명의 유럽인들을 대상으로 일곱 개의 유전적 표지를 이용하는 Y 염색체 연구로 확장시켰다. 아직 논문으로 출간되지 않은 이 결과들은 중동에서부터 일어난 농업인의 팽창을 아주 극적으로 재확인해주었다. 이는 또한 두번째와 세번째 주성분들에서 도출되는 결론들을 더욱 발전시킨다. 이 결과들은 프랑스 남부와 유럽 동부 지역의 빙하기 잔존 집단들(refugia)로부터 빙하기 이후의 팽창들이 있었음을 시사하고, 또한 중부와 동부 유럽으로부터 일어난 좀더 최근의 인간 팽창들에 대한 새로운 정보를 제공해준다.

유럽인 유전적 경관에서의 다른 주성분들

우리가 살펴본 바와 같이 첫번째 주성분은 중동으로부터의 농업 팽창과 연결되어 있지만, 그 다음의 다른 주성분들은 생물학적으로나 역사적으로 중요한 다른 인간 팽창과 현상들을 드러내주었다.

두번째 주성분(〔그림 7〕)은 북쪽에서 남쪽으로의 변이의 경사(cline)를 보여주는 동시에 기후와의 상관성을 암시한다. 표면적으로는 다르게 보이는 또 하나의 현상이라고 할 수 있는 언어의 분포도 유전적 기울기와 기후적 기울기 모두에 관련되어 있다. 북동부 유럽 지역의 대부분에서 사용되는 언어는 우랄 어족에 속한다. 이 언어들은 유럽 대륙의 나머지 지역에서 사용되는 인도-유럽 어족에 속한 언어들과는 매우 다르다. 우랄 어족의 언어들은 대부분 우랄 산맥의 동쪽에서 사용되지만, 서쪽에서도 많은 수의 우랄 언어들을 찾을 수 있다. 예를 들어 핀란드어와 사아미어가 서부 우랄 어파에 속한다. 불행하게도 대부분의 사람들이 라프족이라는 사아미인들의 바람직하지 않은 옛날 이름에 친숙하다. 인도-유럽 어족은 서쪽으로는 스페인과 잉글랜드에서부터 동쪽으로는 이란과 인도에까지 이르는 지역에서 사용되는 언어들로 구성되어 있다. 물론 이러한 연속선도 종종 끊기는데, 바로 바스크족이 주로 사는 피레네 산맥 근처, 헝가리(헝가리인은 핀란드인과 연관이 있다), 핀란드의 남동쪽(예를 들어 에스토니아어와 카렐리아어), 언어가 완전히 다른 어족에 속하는 터키가 바로 단절들을 만들어낸다. 우리는 라틴어가 지금의 헝가리에 해당하는 지역인 고대 로마 시대의 판노니아 주의 행정적 공식 언어였다는 것을 알고 있다. 하지만 판노니아는 서기 9세기 말에 우랄 어족의 언어를 사용하는 마자르인에게 침략당했다. 이 정복자들은 자신들의 언어를 그 지역에 강요하였는데, 이는 정복지에서 아주 흔한 것이었다.

유럽의 남서부 지역은 따뜻한 기후에 익숙한 사람들이 최초로 점유하였다. 유전자 빈도들의 두번째 주성분은 위도와의 상관성이 암시하는 것과 같이 더욱 추운 북쪽 위도에의 적응 때문에 생긴 유전적 변화들을 지시하고 있는가? 아니면 시베리아 서부로부터 우랄 어족 언어를 사용하는 집단들이 도래한 것 때문에 일어난 유전적 변화들을 지시하고 있는가? 두 설명 모두 옳을 수 있다. 다시 말하면 두 설명은 각각 생물학과 언어학이라는 완전히 다른 관점에서 동일한 현상을 표현하고 있는 것이다.

또 하나의 설명은 안토니오 토로니(Antonio Torroni)가 최근에 제안한 것으로, 유럽인 집단들을 대상으로 하는 미토콘드리아 DNA 연구에 기반을 둔 것이다. 그는 두번째 주성분이 빙하기가 끝난 이후인 1만

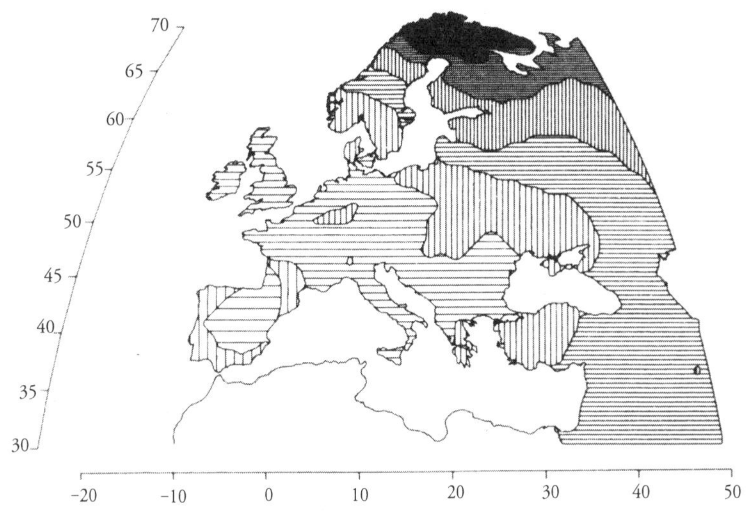

〔**그림 7**〕 유럽에서 95개의 유전자가 구성하는 두번째 주성분. 유전자 확산의 두 주요 물결이 존재했던 것으로 보인다. 마지막 빙하기 끝 무렵에 두 유전자 팽창이 일어났던 것 같다(하나는 유럽의 북동부이고 다른 하나는 유럽의 남서부가 그 팽창의 중심지로 보인다).

3천 년 전쯤에 남서 유럽에서 기원한 팽창을 묘사하고 있다고 제안했다. 이 설명이 옳을 가능성도 충분히 있다. 북동부 유럽의 인간 팽창 중심지는 〔그림 7〕에서 가장 검은 띠로 표시된 사아미족의 지역이다. 반면 남서 유럽의 팽창 중심지는 가장 밝은 띠로 표시된 바스크인의 지역이다. 두번째 주성분이 만들어내는 두 극단치들도 하나의 팽창 사건에서 예상되는 것과 비슷한 유형을 보인다. 따라서 두번째 주성분은 유럽의 두 극단에서 시작하여 사이에 끼인 중간 지역으로 진행되었던 두 인간 팽창들에게서 생겨난 것일 수도 있다. 북동부 유럽에서 시작된 팽창은 아마도 남서부의 팽창보다 늦게 일어났을 것인데, 팽창의 초기에는 둘 다 사냥--채집인들을 포함하고 있었을 것이다. 제대로 된 추리는 이러한 착상을 지지해주기도 한다. 다시 말하면 팽창이 한 번

일어나면 팽창의 중심지에서 주변으로 진행하게 되어 있고, 이는 막힌 곳이 없으면 가능한 모든 방향으로 일어난다. 따라서 한 번의 팽창은 연못에 돌 하나를 던졌을 때 일어나는 동심원의 물결과 같은 유형을 만들어낼 수 있는 것이다. 반대로 지리적 불규칙성들은 이러한 유형이 생겨나지 못하게 하는 편이다. 물결상 팽창으로 우리가 관찰한 것이 바로 첫번째 주성분에서 중동에 중심축을 둔 부채꼴을 닮은 모양의 팽창, 곧 거의 90도의 각을 가진 동심원 모양의 팽창이다. 반면에 두번째 주성분의 지도는 하나의 중심지를 바스크 지역으로 하여 동쪽과 북동쪽으로 부채처럼 열린 모양을 가지고 있고, 다른 하나의 중심지는 남서쪽으로 펼쳐진 부채꼴을 만들어내고 있다. 물론 서로 정확하게 반대쪽을 향하는 두 팽창들이 존재했을 가능성도 있다. 상대적인 유전적 공헌과 그 시기를 제대로 평가하기는 어렵지만, 바스크 지역에서 시작한 팽창이 먼저인 것 같다.

대부분 유럽의 북동부 끝과 아시아의 북서부 끝에 살고 있는 우랄 언어 사용자들의 역사적 측면은 흥미롭다. 이들은 아마도 생물학적으로나 문화적으로 혹은 더욱 가능성 있게는 양쪽 방법으로 모두 충분한 시간을 가지고 혹독한 추위에 적응할 수 있었을 것이다. 우랄 산맥이 이주 여행에 큰 장벽이 되지는 않았을 테지만, 그럼에도 불구하고 사아미족은 그들보다 동쪽에 사는 인간 집단들과 어느 정도 유전적인 연속성을 보여주는 우랄 산맥 서쪽의 유일한 인간 집단이다. 눈에 적응한 이 사람들은 적어도 2천 년 전에 스키를 만들어 사용할 줄 알았던 것이 분명하다. 이것으로 사아미족은 얼어붙은 평원을 빠르게 가로지를 수 있었다.

사아미족은 유전적으로는 유럽인이다. 그러나 이들은 비유럽인과도 근연성을 가지고 있는데, 아마도 범우랄적(trans-Uralic) 기원의 결과일 것이다. 사아미족과 유럽인의 유전적 유사성은 사아미족의 우랄적인 기원이 북유럽인과 섞이면서 부분적으로 가려졌다거나 혹은 정반대로 유럽적 기원이 우랄인과 섞이면서 가려졌다는 것을 암시한다. 하여튼 유럽적인 유전적 요소가 우세한 편이다. 유럽의 다른 우랄 언어 사용자들(핀란드인이나 에스토니아인)은 거의 전부가 유전적으로 유럽인이다. 헝가리인의 경우 유전자들의 약 12퍼센트가 우랄적인 기원을 가진다. 두번째 주성분 지도에서는 같은 수준의 유전적 빈도들을 표시하는 등빈도선에서 예외적 편향이 나타나는데 이는 특이하게 헝가리가 보유한 사아미족 같은 북쪽 집단들과의 약한 연결성을 제시해주는 것이다. 이와는 대조적으로 핀란드인(핀족)은 우랄 집단과 유전적 혼합이 일어난 흔적이 거의 없다. 하지만 이에 대한 또 다른 설명이 있다. 핀란드 과학자들은 유전적 질병을 가진 핀란드인 집단의 전체적인 모습이 다른 인간 집단들과는 아주 다른 특이한 양상을 보이는 것을 밝혀냈다. 말하자면 어떤 유전적 장애들은 세계 어느 곳에도 없거나 그 빈도가 아주 희박하지만 핀란드에서만 아주 높은 빈도로 나타나는 것이다. 또 이와 반대의 경우도 많이 있다. 핀족 집단의 이러한 양상을 유전학적으로 쉽게 설명하면 극단적인 유전적 부동이다. 이것은 소수의 창시자로부터 기원한 모든 집단, 혹은 기원한 이후에 크기가 급격히 감소한 집단들에서 공통적으로 나타나는 현상이다. 집단의 유전적 질병들은 그 양상이 심각하게 급변하게 되는데 그 이유는 작은 집단에서 관찰되는 유전자 빈도의 비정상적인 우발적 증감요동들 때문이다.

핀족에 대해 가능한 시나리오는 이렇다. 현대 핀란드인의 기원이 되는 아주 작은 인간 집단이 2천 년 전에 남쪽이나 동쪽으로부터 핀란드

평원으로 들어왔다. 이전에 이미 사아미 집단이 이 지역에 거주하고 있었지만 결국엔 북쪽으로 밀려났다. 핀족과 사아미족의 접촉만으로 상당한 정도의 유전적 혼합이 일어나기는 어려웠지만, 이주민인 핀족이 사아미족의 말을 배우기에는 충분했다. 토착민의 언어와는 다른 언어를 구사하는 아주 작은 개척자 집단들이 그 지역에 들어갔어도, 핀란드의 호수들이 만들어내는 미로를 헤치며 생존하는 법을 아는 그 지역 사람들의 언어나 지역 방언을 어쩔 수 없이 배워야만 했을 것이다. 이와 비슷한 상황이 아프리카 모잠비크에서 일어나고 있는데, 다양한 지방 반투어를 사용하는 기존의 부족들과 이주한 여러 부족들이 서로 소통하기 위해서 이전의 식민지 개척자들의 언어인 포르투갈어를 공용하는 것이다.

세번째 주성분은 아주 흥미롭다. 〔그림 8〕은 우리가 다른 책에서나 논문에서 발표한 것과는 약간 다른 것인데, 나시제(I. S. Nasidze) 박사가 코카서스(카프카스) 산맥을 둘러싸는 아주 중요한 지역에서 수집한 새로운 데이터들을 기존의 데이터에 추가할 수 있었기 때문이다(Piazza et al., 1995). 여기에 그려진 지도와 그 이전의 판본들은 언뜻 보면 아주 비슷하지만, 이 〔그림 8〕의 지도가 통계적으로 더욱 탄탄하다. 이 지도는 코카서스 산맥, 흑해, 카스피 해 북부의 한 지역에서 기원하는 팽창을 보여준다. 이 지역은 고고학자 마르지아 김부타스(Marjia Gimbutas)가 이미 인도-유럽 어족 언어 사용자들의 고향(homeland)이라고 제안한 곳이다.

우리는 다음 5장에서 언어의 진화에 대해 논의할 것이다. 인도-유럽 어족 언어들의 지리적 기원지로 유럽 중앙부에서 중앙아시아에 걸친 여러 지역을 거론하는 주장들이 분분한 것처럼 이 문제에 엄청나게

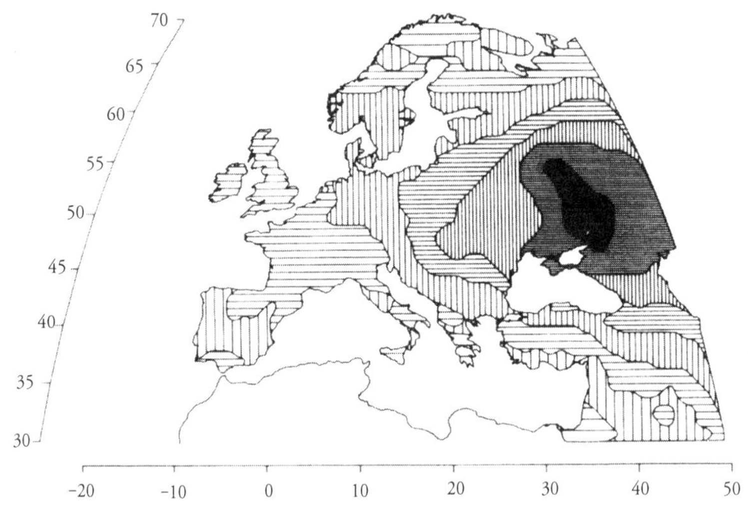

[**그림 8**] 유럽에서 95개의 유전자가 구성하는 세번째 주성분. (고고학자 김부타스가 주장하는 바에 따르면) 스텝 지대에서 말을 가축화한 초원 유목민들(pastoral nomads)에 의해 일어난 흑해의 북부 지역에서 일회의 팽창을 보여준다. 김부타스에 따르면 이 초원 유목민들이 쿠르간 무덤군을 만들고 인도-유럽 언어를 퍼뜨린 원조이다.

많은 논의가 집중되어왔다는 사실을 이야기하는 것으로도 여기서는 충분할 것이다. 마르지아 김부타스는 쿠르간(kurgan)이라고 불리는 수많은 무덤이 발견된 코카서스 북쪽과 우랄 산맥 남쪽 지역에서부터 인도-유럽 어족 언어들이 전파되었다고 주장하였다. 이 무덤들에는 조각품, 귀금속, 청동 무기들, 용사들과 그 말들의 골격이 묻혀 있었다. 생태학적으로 이 지역은 유라시아 초원에 속한다. 유라시아 초원은 루마니아에서 만주에 이르는 거의 중단 없이 연결되어 있는 광대한 지역이다. 이 초원에는 말들이 흔했다. 최근에 고고학자 데이비드 앤서니(David Anthony)는 아마도 말들이 쿠르간 문화의 주변 지역에서 최초로 가축화되기 시작했을 것이라고 했다. 쿠르간 문화의 지역은 5천여 년보다 더욱 이전에 전차와 청동기 무기가 만들어진 곳이라는 것이다. 아무런 문서 기록이 없기 때문에 이 시대 쿠르간 지역에서 무슨 언어가 사용되었는지 고고학자들이 단언하기는 매우 어렵다.

또 다른 고고학자 콜린 렌프류는 그의 책 『고고학과 언어 : 인도-유럽 어족 기원의 수수께끼 Archaeology and Language : The Puzzle of Indo-European Origins』에서 다른 가설을 제안하였다. 그는 인도-유럽 언어들이 현재의 터키인 아나톨리아 지역으로부터 기원했다고 믿고 있다. 이 지역의 첫번째 농업인들이 '시원적 인도-유럽(proto-Indo-European) 언어'를 사용했을 것이고, 그 언어가 유럽 전역에 전파되었을 것이다. 농업은 농업인들이 확산시키는 것이지 문화적으로는 확산한 것이 아니라는 렌프류의 가설은 농업인들이 이동하면서 그들의 언어를 가지고 다닐 수밖에 없었다는 믿음에 기초한다. 김부타스의 가설이 렌프류의 가설보다 언어학적으로 더 많은 지지를 받고 있지만, 이 두 가설이 완전히 상반되는 것은 아니다.

쿠르간 문화의 사람들은 초원 유목민들로 농업이 그렇게 생산적이지 못한 초원에서 말을 가축화했다. 말은 우유, 고기, 운송을 제공했으며, 쿠르간 사람들이 나중에 발견했듯이 군사적 힘을 가져다주었다. 하지만 이 유목민들은 원래 중동이나 아나톨리아 지역 농업인들의 직계 혈통일지도 모른다. 그들의 조상 농업인들이 마케도니아와 루마니아를 통과하여 쿠르간 지역에 도달했을 것인데, 이들이 바로 농업이 발전하기 시작한 대략 9천 년에서 1만 년 전에 아나톨리아에서 쓰던 초기 시원적 인도-유럽 언어를 사용했을지도 모른다. 따라서 아나톨리아에서 9천 년에서 1만 년 전에 사용되었던 언어 혹은 언어들이 지역적으로 발칸 반도와 초원으로 확산된 초창기의 시원적 인도-유럽 언어들의 형태를 가지고 있었을 것이다. 쿠르간 지역의 이 초기 시원적 인도-유럽어에서 발달해 나온 언어들은 3천 년 전이나 4천 년 전에 초원 유목민들이 쓰기 시작하면서 유럽 대부분의 지역으로 전파되었을 것이다.

차수가 낮은 주성분들에 의해 설명되는 유전적 변이량의 분율과 이에 상응하는 중요성은 지속적으로 작아져서 나중에 없어져버린다. 그럼에도 불구하고 네번째와 다섯번째 주성분들은 여전히 유럽에서는 통계학적 신빙성이 있으며 단순하게 설명될 수 있다. 네번째 주성분(〔그림 9〕)은 그리스로부터 이탈리아 남부로의 팽창을 보여준다. 이탈리아 남부는 그리스 자체보다도 더욱 중요시되어 사람들이 많이 옮겨와 살았기 때문에 '라틴 마그나 그리시아(Latin Magna Graecia)' 혹은 다른 말로 '범 그리스(Greater Greece)'라고 불렸다. 그리스 팽창은 또한 마케도니아와 터키 서부를 포함한다. 우리는 에게 해 제도가 고대 그리스보다 더 오랜 역사를 가지고 있다는 사실을 알고 있으며, 에게섬 사람들의 훌륭한 예술에 존경을 보낸다. 호메로스도 기원전 1300년경의 트로이의 멸망만을 묘사하고 있지만, 그 도시는 그보다 이전에 굉장히 번성하였다. 크레타 문명은 기원전 1400년 무렵에 벌써 '선형 A'라는 글자(script)를 가졌다. 선형 A는 그리스어의 형태가 아니었다. 문자화된 그리스어는 선형 A와 유사한 후기 크레타 문자에 그 원형이 남아 있다. 기원전 800년 무렵 그리스인들은 이탈리아 남부에 체계적으로 거주화하기 시작했다.

다섯번째 주성분(〔그림10〕)은 바스크인의 고향이라고 쉽게 확인되는 한 극을 보여준다. 이 주성분은 두번째 주성분 지도의 두 가지 팽창 중 아래쪽(남쪽)에서 시작된 팽창과 겹친다. 오늘날 바스크족의 언어

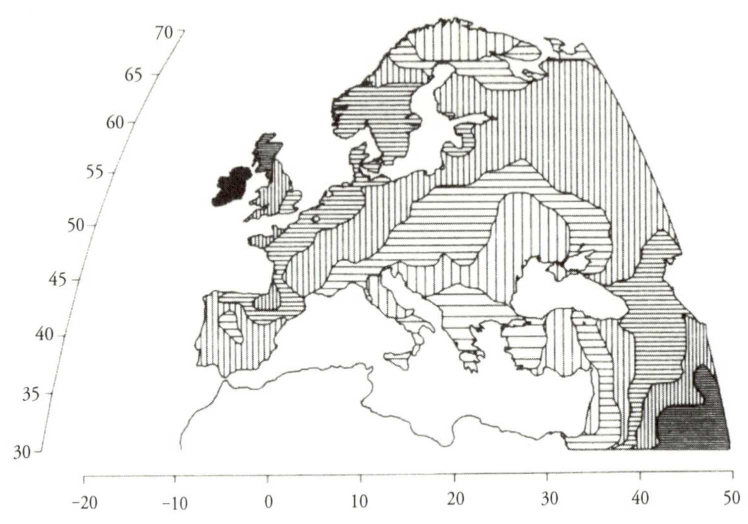

〔**그림 9**〕 유럽인 유전자들의 네번째 주성분. 기원전 1000년에 그리스인들의 이주사를 반영하는 것 같다.

와 문화는 남서부 프랑스와 북부 스페인, 피레네 산맥 서부에 살아남아 있다. 로마 시대의 역사적 정보, 장소 명명법(toponymy), 유전학 모두는 바스크족이 한때 오늘보다 훨씬 넓은 영토에서 살았다는 것을 확인시켜준다. 바스크어가 아직까지도 사용되는 지역은 급격하게 축소되었다. 특히 프랑스어를 선호하도록 압력을 가했던 프랑스에서는 단지 약 만 2천 명의 사람들만이 바스크어를 사용한다. 스페인에서는 이보다 더 많은 사람들이 사용한다. 구석기 시대 동안 바스크인 거주 지역은 고대 동굴벽화가 발견된 거의 전 지역에 걸쳐 있었다. 동쪽 또한 가능성이 있지만 남서쪽에서 왔을 가능성이 가장 높은 현생 인류가 프랑스를 최초로 점유하기 시작하던 3만 5천 년 전부터 4만 년 전 무렵에 사용되었던 언어로부터 바스크어가 유래했다는 일부의 실마리가

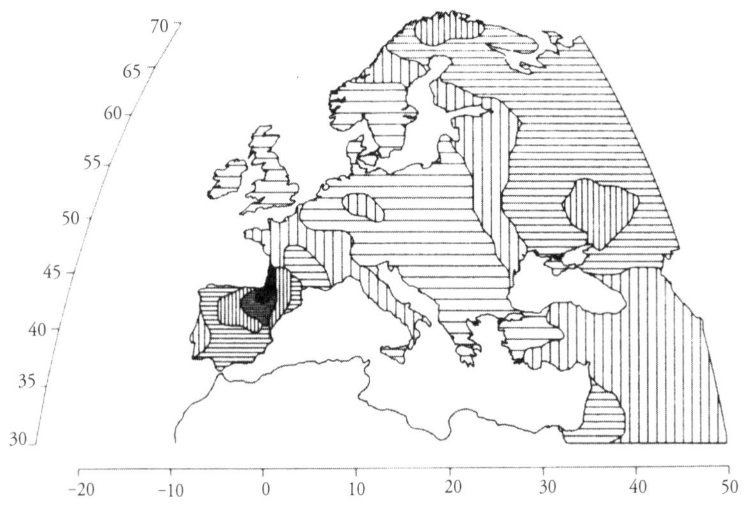

〔그림 10〕 다섯번째 주성분은 바스크어를 쓰는 사람들이 점유하고 있는 지역과 상응한다.

있다. 구석기 동굴의 미술가들이 현대 바스크어의 조상 언어, 곧 최초의 농업 전파 이전의 유럽인들의 언어로 말했을 것으로 보인다.

유럽 이외 지역의 인간 집단의 팽창

우리는 농업이 중동에서 농업 기원의 다른 독립적 중심들을 향해 여러 방향으로 퍼져나가는 것을 살펴보았다. 이란과 인도로 향하는 동쪽 방향의 팽창은 아시아의 유전적 지도들에서 매우 분명하게 파악된다. 동일한 팽창의 물결이 아라비아와 아프리카 북부로도 방향을 틀었다. 그러나 이후에 사막들로 변해버린 수많은 지역들에서 볼 수 있듯이 이러한 팽창에 의한 원래 집단들은 거의 살아남지 못했다. 이전에 있던 신석기 집단이 보다 현대에 가까운 집단으로 교체되는 현상은 현재의 사하라 사막 지역에서 가장 광범위하게 일어났다. 우리는 아프리카에서 백인계와 흑인계가 유전적으로 유의성 있게 혼합된 지역들을 볼 수 있다. 그것은 백인들이 수에즈와 지중해 모두를 가로질러 갔던 사하라의 대부분 지역들과 후기 아랍 접촉이 역사적으로 잘 기록된 동아프리카 지역이다. 사하라의 고대 동굴에 남아 있는 그림들은 약 5천 년 전에 가장 먼저 사하라에 살았던 인간 집단들이 흑인이었다는 것을 분명하게 보여준다. 물론 백인들과 섞였을 가능성도 있다. 자바렌(Jabbaren)으로 알려진 지역에 가까운 타실리 산지의 굉장히 아름다운 프레스코 벽화는 두 명의 매력적인 젊은 여자를 보여준다. 벽화의 사람들은 현재 사하라의 남쪽 끄트머리 반사막 지역인 사헬(Sahel)에 사는 흑인 집단들이 부르는 것처럼 퓰흐(Peulh) 혹은 풀라니(Fulani)라고 부른다. 풀라니족은 전형적인 초원 유목민들인데, 이들은 이전에 조상들이 하던 방식으로 소떼를 치면서 살아가는 사람들이었다. 사하라의 산맥들에서 발견되는 그림들은 또한 대부분 그들이 가축화했던 소들을 묘사하고 있다.

지중해 연안에 더욱 가까이 있는 베르베르인 집단들은 아마도 백인계였을 것이다. 이들이 중동에서 왔다는 것은 거의 의심할 여지가 없다. 베르베르인은 그 지역을 신석기 시대나 또는 훨씬 더 일찍부터 차지하고 있었을 것이다. 다른 신석기 사람들과 마찬가지로 경험 있는 선원들이었던 베르베르인은 카나리아 제도로 들어가 주거화했을 것이다. 15세기에 스페인이 이 섬들을 정복했을 때 금발에 파란 눈을 가진 독특한 집단을 발견할 수 있었다. 금발과 파란 눈은 아직도 모로코의 베르베르인 사이에서 약간씩 나타나는 분명한 형질이다. 그들은 아프로아시아 어계 베르베르 언어인 관체(Guanche)어를 사용한다. 스페인 사람들이 도래했을 즈음에 이미 그들은 항해하는 방법을 잃어버린 후였다.

대부분의 베르베르인은 서기 7세기경 아랍인의 압력으로 아프리카 내륙 혹은 산 속으로 피난해야 했다. 투아레그족(Tuaregs)과 같은 사하라의 우세한 집단도 베르베르 언어를 사용했다. 투아레그족은 사하라의 동쪽 끝인 수단의 홍해 연안을 따라 살았던 사막 초원민(desert pastoralist)들인 베자(Beja)족과 유전적으로 매우 유사하다.

오늘날 소수의 인간 군락들이 사하라의 산맥들에서 계속 살고 있다. 이들은 베르베르인, 투아레그족, 베자족보다 일반적으로 훨씬 검은 피부를 가지고 있다. 차드의 티베스티(Tibesti) 산맥에 테다(Teda)족이 살고 있고, 엔네디(Ennedi)에는 다자(Daza)족, 그리고 수단의 코르도판(Kordofan) 언덕들에는 누비아(Nubian)족이 살아가고 있다. 만약 멀리 떨어져 있는 이들 집단들로부터 충분한 인체 시료들을 이용할 수 있게만 된다면, 최신의 강력한 분자유전학 기술을 사용하여 이 모든 군락들을 비교할 수 있을 것이고, 그 결과는 엄청나게 흥미로울 것이다. 더 검은 피부를 가진 이들 집단이 중동보다 앞서 토기를 만들기 시작한 사하라 도공들의 더 순수한 직계 후손들일 것이다. 지금부터 5천 년 전 혹은 6천 년 전에 백인계 집단이 북쪽 혹은 동쪽으로부터 사하라에 도착해 그 지역의 첫번째 거주자였던 흑인들을 부분적으로 교체하였거나 서로 섞였다는 가설을 세우는 것이 합당하다.

사하라 지역은 약 3천 년 전부터 지금의 모습과 같은 혹독한 사막으로 변하기 시작했다. 가축화된 말들이 아시아에서 들여온 가뭄에 좀더 잘 견디는 낙타들로 교체되었고, 농업인들은 남쪽으로 밀려나 이주하게 되었다.

중동에서 소들을 가축화하기 이전에 북아프리카에서 먼저 가축화했는지는 확신할 수 없다. 그러나 몇 가지 계열의 고고학적 증거와 유전적 증거는 그렇게 해석하는 것을 선호하게 만든다. 초기 사하라 암석 그림들은 소의 수가 많았음을 보여준다. 남쪽으로 이동한 소 치는 목축인들은 서아프리카와 중앙아프리카의 열대 숲 주변에서는 소가 생존할 수 없다는 것을 알았다. 열대 숲은 체체파리(tsetse fly)가 인간의 수면병에 해당하는 질병을 소에게 전염시킬 수 있는 곳이었다. 따라서 소떼는 오직 사하라 남쪽의 사바나에서만 키울 수 있었다. 이 소 치는 목축인들은 특징적인 체형을 갖고 있었다. 그들은 큰 키에 마르고 긴 팔을 가지고 있었다. 프랑스의 인류학자 장 이에르노(Jean Hiernaux)가 '세장형(elongated)'이라고 부른 이런 체형은 극단적으로 덥고 건조한 환경에서 생활하는 데 적응한 것이라고 볼 수 있다. 이 지역 사람들은 흔히 나일-사하라 어족 혹은 나일어에 속하는 언어들을 사용한다.

3천 년 전에서 4천 년 전에 더욱 건조해진 사하라를 떠난 농업인들은 사막의 남쪽에서 소, 양, 염소뿐만 아니라 사탕수수와 기장, 그리고 다른 곡식들과 같이 가축과 작물들을 기르는 데 알맞은 환경을 만나게 되었다. 말리나 부르키나파소에서는 농업이 발전하면서 개체군계량적 팽창이 나타난 것으로 보이지만, 이같이 중요한 지역의 고고학적 정보는 거의 없는 편이다. 이 지역에서 인구 팽창이 있었다는 인상을 받는 것은 단지 유전적 변이에 관한 연구에서뿐이다. 나는 고고학자들이 이 지역에 더욱 주목하기를 바란다. 하지만 이 지역의 남쪽은 더 근본적인 해결책이 필요했다. 왜냐하면 북부의 가축화·작물화된 생물들은 열대 지방에서 사육하거나 재배할 수 없기 때문이다. 그래서 완전히 새로운 식물들인 뿌리식물과 괴경식물이 현지의 숲에서 작물화되었다. 매우 유사한 뿌리식물인 마니옥(manioc)과 카사바(cassava)가 1천 년 전에 이미 남아메리카에서 작물로 재배되었는데, 이 뿌리식물들은 18세기 선교사들에 의해 아프리카 대륙으로 도입된 것 같다. 아프리카 숲 전체에 즉각적으로 퍼진 이 작물들은 크게 성공한 것으로 보인다. 현재 아프리카 열대 지역의 매우 넓은 지역에서 칼로리를 제공하는 주요 영양 공급원이며 또한 가장 흔한 식량이다.

서부 아프리카는 현지의 식물들과 곡식들을 재배하는 인간 모둠들의 성장과 전파를 몇 차례 겪었던 것으로 보인다. 세네갈, 말리, 부르키나파소와 특히 나이지리아와 카메룬에서 시작된 이러한 팽창들의 가장 강력한 증거는 언어학에 있다. 그 가운데 가장 극적인 군락 팽창은 3천 년 전이나 그 이전의 신석기 시대에 카메룬 인근에서 시작되었고, 기원전 500년 무렵부터 철을 사용하면서 크게 도움을 입었다. 이 팽창은 그 주역들이 사용했던 언어 이름을 따서 '반투 팽창'이라고 부른다. 반투 언어들은 가장 최근의 언어이지만 아프리카의 주요 어족인 니제르-코르도판 어족 중에서 가장 성공적인 언어들이다. 이 팽창은 반투어를 쓰는 사람들이 아프리카 중부와 남부를 아주 급속하게 점유하게 했다. 반투인들은 네덜란드가 식민지를 건설하여 인도로 향하는 상선들에 물자를 공급하도록 할 때쯤 거의 아프리카 최남단 희망봉에까지 도달하였다. 장 이에르노가 이미 주목한 대로 유전학은 반투인들이 비교적 동질적인 집단이면서도 그들의 가장 가까운 근연 집단과는 구별된다는 것을 명백하게 보여준다. 반투인들은 아프리카 동부의 나일어 사용자들과 섞여왔으며 아프리카 남부에서는 코이산어(Khoisan)

사용 집단과 섞였다. 이에르노는 군락적 팽창이 일어났다고 정확하게 추론하였다. 이 반투 팽창은 3천 년보다 조금 더 시간이 걸렸으며 따라서 유럽 신석기 팽창보다 1.5배 정도 더 빠른 속도로 일어났다. 실제로 확산의 두번째 단계에서 이 반투인들은 아직도 석기 시대를 살고 있는 유럽인들에게는 없던 약간 더 진보된 기술인 철을 사용하였다.

현재의 중국 북부, 동부, 남부에서는 거의 동시에 독립적으로 농업 발전이 일어났다. 북부 중국의 진(秦)과 한(漢) 왕조들(기원전 약 220년부터)의 중심지였던 시안(西安) 지역에서는 기장과 돼지가 엄청나게 성공적으로 재배, 사육되었다. 남부 중국에서는 벼와 물소가 농업을 주도했다. 남부에는 두세 군데 중요한 농업 발전 중심 지역들이 있었는데, 그중 하나는 비교적 최근까지도 본토와 육지로 연결되어 있었기 때문에 대규모의 이주 기원지로 기능했을 것으로 보이는 타이완을 포함하고 있다. 대규모의 이주는 타이완을 거쳐 필리핀을 지나 나중에는 멜라네시아와 폴리네시아까지 진행되었다.

중국의 남부와 북부 지역은 구석기 시대 동안 아주 달랐다. 이런 이분법은 현대의 주거인들에서도 여전히 보인다. 유전적으로 북부 중국인들은 만주인, 한국인, 일본인과 닮았고 남부 중국인은 동남아시아인들과 더 비슷하다. 중국은 2천 년보다 더 전에 통일을 이룬 적이 있고, 내부 이동이 존재하기는 하였지만 유전적으로나 문화적으로 양분되어 있었다. 북부와 남부는 두 개의 다른 세상이었다고 할 수 있다. 비록 공통된 언어와 정치적 기반으로 묶여 있었지만, 중국 사람들은 상당히 오랫동안 분리된 모습을 유지해왔다.

지난 수천 년 동안 가장 중요한 팽창들은 중앙아시아로부터 시작되었다. 이러한 팽창들은 유목 경제의 기술적 발전 덕택에 일어났다. 아시아의 초원에서 농업은 썩 잘되지 않았지만, 말의 목축은 유라시아 유목민들에게 이주와 군사적 정복에서 전례가 없는 이점들을 안겨다 주었다. 이주의 많은 물결들은 쿠르간 지역에서부터 시작되었는데, 유럽과 아시아 역사에 전례가 없는 심대한 영향을 끼쳤다. 이 지역에서 남부 아시아로 일어난 첫번째 팽창은 아마도 기원전 3000년에서 2000년 사이에 일어났을 것이다. 이 팽창은 이란, 파키스탄, 그리고 투르크메니스탄을 통과해 인도를 향했다. 이러한 통로는 하라파와 모헨조다로 같은 장대한 도시들을 건설한 인더스 계곡 문명이 기원전 1500년 무렵에 멸망하는 데 기여한 것으로 보인다. 이러한 유목민 팽창들과 함께 동시대에는 인도-유럽인들과 관련된 여러 왕조들이 중앙아시아에서 알타이 산맥에 이르는 거대한 초원들 전체에 존재했었다.

기원전 3세기경, 훈족처럼 알타이 어족의 터키어(돌궐어)를 사용하는 인간 모둠들이 새로운 무기와 전략들을 개발하기 시작했다. 다음 세기에 이 알타이 모둠들이 중국, 티베트, 인도, 그리고 중앙아시아의 왕국들을 위협하였고, 결국은 터키에 도착하였다. 1453년에는 콘스탄티노플과 비잔틴 제국이 이들 군대 앞에 쓰러졌다. 이들의 후손은 비교적 최근까지 정복을 계속하며 유럽과 북아프리카로 팽창했다. 알타이 모둠의 이동과 관계된 유전적인 흔적이 가끔 발견되는 경우가 있지만 정복자의 수가 항상 피정복민 집단보다 훨씬 적었기 때문에 그 흔적들이 종종 희석된다. 이 황인계(Mongoloid) 유목민들이 영구 정착한 가장 먼 지점인 터키와 발칸 반도에서 그들의 기원과 연결되는 유전적 흔적이 분명하게 발견되지는 않았다. 하지만 여기에는 충분히 광범위하게 유전적인 조사를 하지 못한 제한성이 있다. 역사에 기록된 이 유라시아 유목민들의 더욱 먼 팽창은 아바르(Avar)인과 스키타이인의 팽창이고, 로마 제국을 멸망하게 만든 바바리안이라고 불리던 모든 족속들의 팽창이었다. 이러한 시기 이전의 보다 더 오래된 팽창들은 자세히 알려진 것이 별로 없다.

유전적 분석은 동북아시아 지역 한반도 주변 동해 가까이에서 주요한 팽창이 일어났다는 것을 시사한다. 물론 여기에 일본 열도도 포함될 수 있지만 이 팽창의 연대를 정하기가 아주 어렵다. 이것은 아주 이른 시기에 일어난 인간 집단의 팽창일 수 있다. 우리의 고고학적 지식에 따르면 이 팽창은 1만 1천 년 전 혹은 1만 2천 년 전에 일어났을 수 있는데, 이 지역의 토기 발달 연대와 동시대이거나 그 이전일 수도 있다. 토기 기술이 이후에 동북아시아 지역에서 중동으로 전파되어 나갔을 수도 있다는 것을 완전히 부정할 수는 없다. 토기는 식량을 보존하는 중요한 역할을 하기 때문에 일본 주위의 넓은 동북아시아 지역에 퍼진 고대 토기들의 연대를 알아내는 것이 필요할 것이다. 일본에서 고고학적 발굴지들을 통계적으로 분석한 결과는 4천 년 이전까지는 개체군계량적 성장이 인구 최대치에 도달되지 않았을 것이라는 것을 시사한다. 이 4천 년 전이라는 것은 팽창의 또 다른 가능 연대로 유전적 데이터가 지적하고 있다.

말라리아 저항성을 지닌 특정한 돌연변이들은 주로 이형접합 상태에서 저항성을 보이는데, 이것은 말라리아가 심각한 지역인 지중해 연안과 태평양에서 높은 빈도로 나타난다. 일부 온대 지방을 포함해 열대 지방에서 가장 심각한 질병은 말라리아일 것이다. 지중해빈혈증이나 겸상적혈구빈혈증 같은 몇몇 유전적인 돌연변이가 말라리아 지역에서 자연선택적 우세를 가져온다. 용혈성빈혈증 유전자나 말라리아에 대해 저항을 가지게 하는 다른 질병의 DNA 표지를 연구하면 고대 그리스,

페니키아, 말레이-폴리네시아인의 이주를 추적할 수 있을 정도다.

안데스 산맥 북부는 멕시코에서 시작된 것으로 보이는 중요한 인간 집단 팽창을 경험했다. 브라질 평원을 향한 하나의 팽창 통로는 열대 숲들에서 재배가 가능한 뿌리식물 마니옥의 경작을 기반으로 하여 지속되었을 것이다. 알다시피 마니옥은 이미 아프리카에서 전례 없는 성공을 거두어 이전의 반투 팽창의 기반이 되었던 곡물들을 대체해버릴 정도였다. 농업의 진보가 북부 멕시코에서는 아주 느리게 진행되었다. 멕시코 북부의 사막은 약 2천 년 전까지 농업이 북아메리카로 전파되는 것을 막았다.

오스트레일리아는 해안 숲이 거대한 공간을 차지하고 있었고, 내륙에는 사막이 있었기 때문에 농업에 좋은 조건이 아니었다. 때문에 18세기 말엽에 제임스 쿡 선장이 이 지역에 오기 전까지 농업이 발달할 수 없었다. 오스트레일리아와 바다로 분리되어 있는 뉴기니에서는 특히 내륙 고원에서 농업이 번창할 수 있었는데, 이것은 아주 이른 시기부터 몇천 년 동안 이루어졌다. 이보다 나중에 말레이-폴리네시아인들이 뉴기니 연안에 거주화하면서, 오스트레일리아보다 작은 섬인 뉴기니가 인류 역사 대부분 동안 더욱 큰 규모의 집단을 가지고 있었다.

인간 팽창의 기원들

팽창들은 분명하게 지난 10만 년 동안의 현대 인간의 진화에 여러 번 쉼표를 찍듯이 수놓고 있다. 또한 팽창들의 유전적 흔적은 주성분 분석 지도들에서 살펴볼 수 있다. 일반적으로 인간 팽창은 새로운 기술의 발명과 사용에 의해서 결정된다. 특별히 개체군계량적 성장과 종국에 따라오는 이주를 촉진시키는 그런 기술의 발명과 사용이 중요하다. 예를 들어 식량 생산의 증가는 개체군계량적 성장에 박차를 가할 수 있고, 이는 다시 새로운 집단이 자신들의 새로운 영역으로 이주하고 그 영역을 경작하도록 압력을 가한다. 운송수단의 혁신 또한 이주에 도움을 줄 수 있다. 마찬가지로 군사력 또한 팽창에 이롭거나 필요하기까지 한데, 최근의 급격한 팽창을 보면 하나의 지역 밖으로 인간 집단들이 강제적으로 몰려나가게 했다. 그러나 군사적 행동이 개체군계량적 팽창의 결정적인 원인이 된 경우는 드물었으며 유전적 이주의 극적인 기원도 아니었다. 만약 군사적 우위성이 소규모 집단으로 하여금 강제력으로 규모가 더 큰 집단을 복속하는 것을 도왔다면 문화적 영향은 아주 심대할 수 있지만 유전적 효과는 별로 크지 않다. 그렇지만 오늘날 우리는 미토콘드리아 DNA(여성)와 Y 염색체(남성)를 비교하여 남성과 여성 차이의 증폭을 살펴볼 수 있다. 집단 팽창의 유전적 결과는 대상인 점유 지역의 이주자 수와 기존 거주자 수의 비율에 의존한다.

원시적 농업인들이 사냥-채집인의 기존 거주 지역으로 이동하는 경우를 살펴보자. 사냥-채집인들은 낮은 포화밀도로 거주하고 있었을 것이고, 아주 느린 재생산으로(4년에 한 명 정도) 거의 성장률이 0에 가까웠을 것이다. 사냥-채집인은 준유목민(seminomadic)이라 이동시에 아이까지 포함한 모든 것을 가지고 다녀야 한다. 이것이 바로 가까스로 사망률과 균형을 이루는 아주 낮은 출산율의 중요한 원인으로 확인된 지 오래다. 피그미족은 아이가 태어난 후 3년 동안 성적인 금기를 유지한다. 이보다는 덜 가혹하긴 해도 이러한 금기들은 아프리카의 다른 집단에서도 찾아볼 수 있다. 작물 경작과 동물 사육은 집단의 밀도를 천 배 정도 증가시켰고, 키울 수 있는 자녀수가 제한적인 유목 생활에 종지부를 찍게 했다. 이동성이 더 낮은 정주(停住) 사회에서는 많은 수의 자식이 일꾼(노동력)이면서 노인 시중도 드는 장점을 지닌다. 이로써 농업 사회는 굉장히 빠른 속도로 성장한다. 일반적으로 농업인들은 자신들이 사냥－채집인보다 우월하다고 믿는다. 농업인과 사냥－채집인 사이의 혼인이 종종 허락되기는 하지만, 이 경우 가장 흔한 규칙은 농업인 남성만이, 그것도 단지 어떤 사회에서만, 피그미 신부를 맞는 것이 허락된다. 왜냐하면 피그미 아내가 좀더 출산력이 높으며 결혼하는 데 비용이 적게 들기 때문이다(대부분의 사하라 남쪽 지역에서는 신부를 부모에게서 사오는 것이 상례다). 반대의 경우는 사회적으로 용납되지 않는다. 신부는 사회적 지위를 올려서 결혼하지, 낮추는 방향으로는 하지 않는다(인류학자들이 '상향혼hypergamy'이라고 부르는 규칙). 만약 농업인들이 새로운 지역에 들어왔을 초기에 기존의 거주자들보다 적었다면, 기존의 사냥－채집인들보다 빠른 재생산으로 얼마 가지 않아 사냥－채집인들의 수를 넘어서게 된다. 농업인들이 빠르게 더 높은 포화밀도에 이르게 됨에 따라서 사냥－채집인들보다 유전적 우세를 가지게 된다. 이는 한 지역의 유전적 구성이 다양한 유전적 유형의 상대적인 양에 의존하기 때문이다.

초원 유목민들을 인간 집단의 밀도의 관점에서 보면 정주성의 농업인과 사냥－채집인의 중간 어디에 위치하고 있다. 종종 유목민들이 농업인 마을이나 촌락 바깥에 천막을 치고 생활하는 경우도 있었지만 아주 쉽게 인구수를 늘리며 팽창할 수 있었다. 어느 곳에 정착하든 그전에 재생산을 조절할 이유가 별로 없기 때문이다. 유목민들은 가축 떼를 보호하기 위해 빈번하게 군사력을 형성할 수 있다. 이것이 종종 유목민이 수많은 농업인 군락을 지배하게 하기도 한다. 인도 아대륙을 차지하고 있던 유목 목축인인 아리아인들은 수많은 카스트 사회를 형성하였다. 이러한 카스트들은 아주 강고한 위계 체계로 조직되었고 엄격하게 족내혼(카스트 사이의 결혼은 금지되었다)을 하거나 최대로 해봐야 상향혼(여자들은 자신의 출신 카스트보다 높은 카스트의 사람과는 결혼이 허락되었다)이었다(최소한 인도의 농촌 지역에서는 아직도 이러한 풍습이 계속되고 있다). 원래 아리아인은 모든 힌두 사회에서 성직자, 철학자, 실질적 지도자를 제공하는 가장 높은 카스트를 형성하였다. 권력과 권위는 숫자가 좌우하는 것이 아니라 사회적 지위에서 도출되었다. 아리아인들은 자신들이 사용하는 인도-유럽 어족의 언어를 아프가니스탄, 이란, 인도로 전파시켰다. 원래의 인도-유럽인으로 생각되는 아리아인이라는 이름을 확장해 현재의 유럽인, 특히 독일인을 포함시키려고 하는 것은 독일에서 시작된 환상일 뿐이고, 특별히 나치(독일 국가사회주의) 이론가들이 좋아하는 단골 메뉴였다. 인도-이란 지역의 고대 언어인 산스크리트어에서 '아리아스(aryas)'라는 단어는 귀족, 주인, 통치자를 의미한다.

각각의 모든 팽창은 서로 다른 유전적 기울기(구배)를 만든다. 기원지에서 확산해 나간 사람들이 정도를 달리하며 기존의 정착자들과 섞이기 때문이다. 주성분 분석 지도들의 도움이 없었다면 독립적으로 일어난 각각의 이주가 끼친 유전적 영향을 볼 수 없었을 것이다. 가까운 미래에는 상황이 바뀔 것이다. 분자유전학의 새로운 발달이 인류 진화 전체를 통한 단일 개인들의 이주 경로를 직접적으로 연구할 수 있게 해줄 것이고 이것으로 팽창을 상세하게 해부해볼 수 있게 될 것이다.

그러나 현재의 연구비 지급 수준으로는 필요한 질과 양의 데이터들을 축척하는 데도 상당한 시간이 걸릴 것이다.

누군가가 주성분의 순서 자체에도 의미가 있는지 질문할 것이다. 과거에는 인간 집단의 크기가 더 작았고 인간 집단들 사이의 초기 유전적 차이가 유전적 부동으로 최대화되었기 때문에 첫번째 주성분이 가장 오래된 사건에 해당할 것이다. 주성분은 각각이 검출해내는 유전적 기울기가 기여하는 만큼의 전 지구적 유전적 변이량을 반영한다. 이 유전적 기울기가 가파르면 가파를수록 그 주성분이 설명하는 유전적 변이의 분율은 커진다. 유럽을 분석한 결과는 주성분의 순서와 시대 사이에 상관성이 있다는 것을 증명한다. 유럽을 대상으로 한 주성분 분석에서 처음의 5개 주성분으로 설명하는 변이의 비율은 28%, 22%, 11%, 7%, 5%이다. 첫번째 팽창은 지금으로부터 9천5백 년에서 5천5백 년 전 사이로 연대를 지정할 수 있다. 우랄 팽창의 고고학적 혹은 언어학적 정보가 아주 적어도, 두번째 팽창은 아마도 이보다는 더욱 현재에 가까울 것이다. 그러나 만약 두번째 주성분이 바스크 지역에서 시작된 빙하기 이후 중석기인의 팽창에 의해서도 영향을 받은 것이라면, 두 주성분의 평균적 연대 추정은 농업 팽창의 연대와 유사할 수도 있다. 첫번째와 두번째 주성분에 조응하는 분산비율(fractions of variance) 사이에는 심각한 차이가 없다. 쿠르간 문화의 기원(세번째 주성분)은 다시 앞의 두 주성분보다 뒤가 될 것인데, 아주 이르게 잡는다고 해도 5천5백 년이나 5천 년 전 무렵이 된다. 네번째 주성분이 가리키는 그리스인 이주는 아마도 2천5백 년에서 4천 년 전 사이로 추정된다. 그러므로 팽창의 연대기적 순서가 근사적으로 주성분들의 순서에 반영되는 것 같다. 다섯번째 주성분인 바스크 문화는 주성분이 인간 팽창이 아니라 오히려 집단의 위축(퇴조)을 드러내준다. 바스크 지역의 외부 지역에서 아주 긴 시간에 걸쳐 일어난 비교적 최근의 팽창들은 바스크 문화가 현재까지 저지해왔지만 아주 느리게 점진적으로 물러서고 있었음을 이야기한다. 주성분 분석의 경험을 통해서 동일한 현상이 서로 다른 주성분들에 영향을 끼치는 것도 관찰할 수 있었다. 유럽을 분석한 것에서도 두번째 주성분은 다른 초기 팽창과도 연결될 수 있는 것 같았고, 다섯번째 주성분은 바깥으로부터 몰려들어오는 다른 집단으로 인한 후속 집단의 위축과도 연결될 수 있는 것 같았다. 하지만 이와 같이 주성분들의 순서와 시간 사이에 상관성이 있다고 하더라도, 주성분 분석은 연대 추정을 위한 방법이 아니라는 사실을 분명히 해두어야 한다.

유전적 연대기학

주성분들은 대략 고고학적 지층들과 비교할 수 있다. 고고학적 지층은 방사성 동위원소 분석을 발견하기 이전에는 질적인 상대적 연대 측정의 기초였다. 방사성 동위원소 분석은 절대적인 연대 측정을 가능하게 해주는데, 탄소14(^{14}C)의 방사성 붕괴 비율이라는 물리적 측정치에 의존한다. 방사성이 아니면서 안정한 탄소12(^{12}C)와 탄소13(^{13}C) 같은 다른 유형의 탄소들에 비해 탄소14의 상대적 붕괴량은 온도나 다른 화학적, 물리적 힘에 영향을 받지 않는다. 그러므로 이러한 양은 하나의 물리적 시계이다. 물론 충분한 탄소를 함유한 시료에서만 사용 가능하다. 하지만 이 방법도 결점이 있다는 것을 이미 언급하였다. 이 방법의 중요한 기초 가정들 중 하나인, 과거에서 현재까지 탄소 14의 대기 중의 양은 불변적이었다는 가정이 전적으로 정확하다고는 할 수 없다. 그럼에도 불구하고 이 탄소 14 방법이 가진 이런 결점은 수목연대기(dendrochronology) 방법을 이용하여 보정할 수 있다. 수목연대기는 오래된 고목에서 보이는 나이테의 서열 분석이다.

우리는 유전적 연대 측정에 이와 비슷한 방법을 사용할 수 있을까? 최근까지도 유전적 연대 추정은 '기준조정 곡선'에 의존하였다. 잘 알려진 연대에 일어난 것이 분명하면서 화석들에서 확인 가능한 생물학적 사건들, 곧 포유동물의 적응 방산이나 공룡 멸종의 원인이라고 할 수 있는 지리학적 사건들, 또는 고생물학적 사건들이 기준조정 곡선을 만드는 데 사용되었다. 포유류의 분화나 침팬지와 인류로 나뉘는 진화선의 분리와 같은 생물학적 사건들의 연대는 예를 들어 단백질이나 특정한 DNA 절편의 염기에서 나타나는 차이의 숫자로 계량되었다. 이러한 분자적 차이에 상응하는 사건들의 연대를 실제 좌표상에 점으로 기입하여 연결해보면 그 기준조정 곡선이 그려진다. 이런 식으로 기준조정 곡선에 의거하여 인류와 침팬지가 갈라진 연대를 5백만 년 전으로 추정하였고, 아프리카 인류와 비아프리카 인류의 분리는 미토콘드리아 DNA를 분석하여 14만 3천 년 전이라는 연대를 추정할 수 있었다. 그러나 가장 최근에 연대 추정된 시기, 이른바 '아프리카 이브'가 생겨난 시기는 아프리카를 나온 인류가 다른 대륙에 정착한 연대가 반드시 아닐 수도 있다. 오히려 정착 연대보다 이른 시기, 가장 최근의 공통 조상의 연대라고 할 수 있다.

유전적 연대기학에서 절대적 연대 결정 방법을 만들어내려는 노력은 돌연변이율을 시계로 이용해왔다. 한 가지 난점은 돌연변이율이라는 것이 보통은 알려진 것이 너무 적다는 것이다. 다른 어려운 점은 바로 그 방법들 모두가 제대로 검정이 되지 않거나 혹은 검정 불가능한 특정한 성장률들의 유형에 내재해 있는 다른 많은 가정들에 근거한다는 것이다. 최근에 만들어진 한 방법은 '미위성체'라는 유전적 표지들을 이용하여 이러한 절대적 연대 추정법의 어려움을 줄여주고 있다. 이 유전적 표지는 돌연변이율이 상당히 높은 편이라서 다른 표지들의 돌연변이율과는 달리 비교적 정확하게 추정되어 있다. 이 방법으로 만들어낸 최초의 추정치는 아프리카 이브에 대해 얻었던 것과 비슷한 결과들을 가져다주었다. 현재로서는 이러한 연대 추정을 개선할 필요가 있는데 최근의 관찰 결과는 미위성체 유전적 표지들의 돌연변이 과정이 애초에 가정했던 것보다 상당한 양의 복잡성을 지니고 있다는 것이 밝혀졌기 때문이다. 이러한 부가된 복잡성들을 고려하면 추정된 연대가 거의 반으로 줄어든다.

이전의 추정치들은 현대 인류 팽창을 이른 시기인 10만 년 전에서 20만 년 전 사이로 보았는데 이것은 팽창의 고유한 동학(dynamics)에 대한 고려가 없었고, 팽창이 수반하는 집단 크기의 상당한 증가도 고려하지 않은 것이었다. 독립적으로 연구된 최근의 수많은 유전적 연대 결정은 아프리카로부터의 현대 인류 팽창의 시작을 거의 5만 년 전으로 자리매김하고 있는데, 이 시기는 고고학적 연구에 근거하여 인류학자 리처드 클라인이 처음으로 제시한 것이다. 클라인은 네안데르탈인과, 이스라엘 지역에서 10만 년 전에 살았던 초기의 해부학적 현대 인류가 포함되는 고대 슬기사람이 사용한 무스테리안[20] 중기 구석기 돌연장보다 더욱 새롭고 세련된 오리나시안[21] 후기 구석기 연모의 중요성을 강조했다.

스탠퍼드 대학의 피터 언더힐과 피터 외프너는 곧 발표될 Y 염색체 데이터 세트의 주요 저자들이다. 이 논문은 현대 인류에 대한 가까운 연대 추정을 재확인하는 결과를 보여주며 다른 유전적 시스템들로부터 나온 데이터들(Li Jin et al. 1999, Luis Quintana-Murci et al. 1999)을 지지해주는 역할을 할 것이고, 인류 팽창에 대한 이해를 더욱 풍요롭게 할 것이다. 아프리카에서의 최초의 중대한 발전은 동부와 서부에서 일어났을 것이다. 그리고 첫 팽창은 동아프리카에서 남아시아와 동남아시아로 진행되었을 가능성이 크다. 그곳에서부터 팽창이 지속되어 남쪽으로는 오세아니아로 가고 북쪽으로는 중국, 일본을 포함하는 동북아시아로 가서 시베리아를 거쳐 마침내 미국으로 몰려갔을 것이다. 아마도 해안 통로가 이러한 팽창에서 상당히 중요했을 것이다. 동아프리카에서 북아프리카로의 팽창도 있었다. 다음에 아프리카 중부와 서아프리카의 팽창이 따라온다. 홍해와 수에즈는 아시아로 가는 또 다른 통로 구실을 했을 것이다. 중앙아시아가 상당한 유전적 변이량을 가진다는 사실은 그리 놀랄 만한 일이 아니다. 왜냐하면 고대의 중앙아시아는 여러 다양한 방향으로부터 정착되었고 또 수많은 새로운 팽창들에 다양하게 기여했을 것이기 때문이다. 유럽 대륙은 아마도 현재의 모로코, 튀니지, 중동, 그리고 터키 지역, 심지어 우크라이나를 거쳐서 우랄 산맥 부근까지의 여러 지역에 기원을 둔 정착이 4만 년 전에 이루어지기 시작했을 것이다.

5. 유전자와 언어 Genes and Languages

오늘날 5천 개가 넘는 언어가 사용되고 있다. 그중 소수의 언어를 수억에 달하는 사람들이 사용하고 그 외 절대 다수의 언어들은 매우 제한적인 분포를 보인다. 몇백 명의 사람들만이 사용하는 언어는 거의 멸종 위기에 처해 있고 이미 수많은 언어가 사라져버렸다.

어떤 언어들이 다른 언어보다 서로 더 가깝게 연관되어 있다는 사실은 언어학자들만이 아는 어려운 이야기가 아니다. 나의 모국어인 이탈리아어와 스페인어가 자명한 사례가 될 것이다. 나는 스페인어(혹은 포르투갈어)를 사용하는 곳을 특별한 어려움 없이 다닐 수 있다. 그러나 비슷하거나 똑같은 단어라도 의미가 전혀 다른 것들은 문제를 복잡하게 만든다. 예를 들어 'burro'는 이탈리아어로 버터를 의미하지만, 스페인어로는 당나귀를 의미한다. 'equipaggio'는 이탈리아어로 승무원이지만, 이와 비슷하게 생긴 'equipaje'는 스페인어로 짐을 뜻한다. 'salire'는 이탈리아어로 '올라가다'의 의미를 띠지만, 스페인어로

'salir'는 '나가다'이다. 이런 단어를 일컬어 '가짜친구들(false friends)'이라고 부르는데, 다행스럽게도 그다지 많지는 않다. 이탈리아어, 프랑스어, 스페인어, 루마니아어는 라틴어라는 공통의 뿌리에서 파생했다. 게르만 언어들은 스웨덴어, 독일어, 네덜란드어, 플랑드르어, 영어를 포함한다. 동유럽의 슬라브 언어들도 아주 비슷하다. 18세기 초에도 이미 인도의 고대 언어인 산스크리트어와 유럽 옛 언어들 사이의 유사성이 알려져 있었다.

산스크리트어 연구는 인도-유럽 어족[22]으로 알려진 언어들간의 관계에 최초의 언어학적 실마리를 제공했다. 이 어족의 정립 이후에 다른 많은 어족들이 확인되었다〔어떤 학자들은 '어족'보다는 분류학의 개념에서 유래한 '어문(語門, language phylum)'이라고 부르는 것을 선호한다〕. 식물이나 동물 분류학자들처럼 언어학자들도 그들이 생물학에서 쓰는 용어의 의미와 같이 '유전적'으로 부르는 언어적 관계를 그린 계통수를 재구축해왔다. 그러나 언어학자들은 어족 이상의 수준에서는 그 관계들을 재구축하는 데 어려움을 겪고 있으며, 아직도 존재하는 모든 어족들의 관계를 묶어주는 단일한 계통수에 대해 일치된 견해를 가지고 있지 않다. 사실상 많은 언어학자들은 현대 언어의 통일성 문제나 다양성 문제는 어떤 결말을 얻을 만한 대답이 없다고 믿고 있다. 이렇게 대답을 얻기 어려운 것은 언어 진화의 속도가 매우 빠르기 때문이다.

〔그림 11〕은 최근 메리트 룰렌(Merritt Ruhlen)이 제시한 전 세계 어족들의 지리적 분포를 보여주고 있다. 오스트레일리아 원주민의 언어나 뉴기니인의 언어와 같이 가장 알려지지 않은 언어들은 분류하기가 한층 더 어렵다. 그러나 다른 어족들에 대한 견해 역시 많이 달라서 언

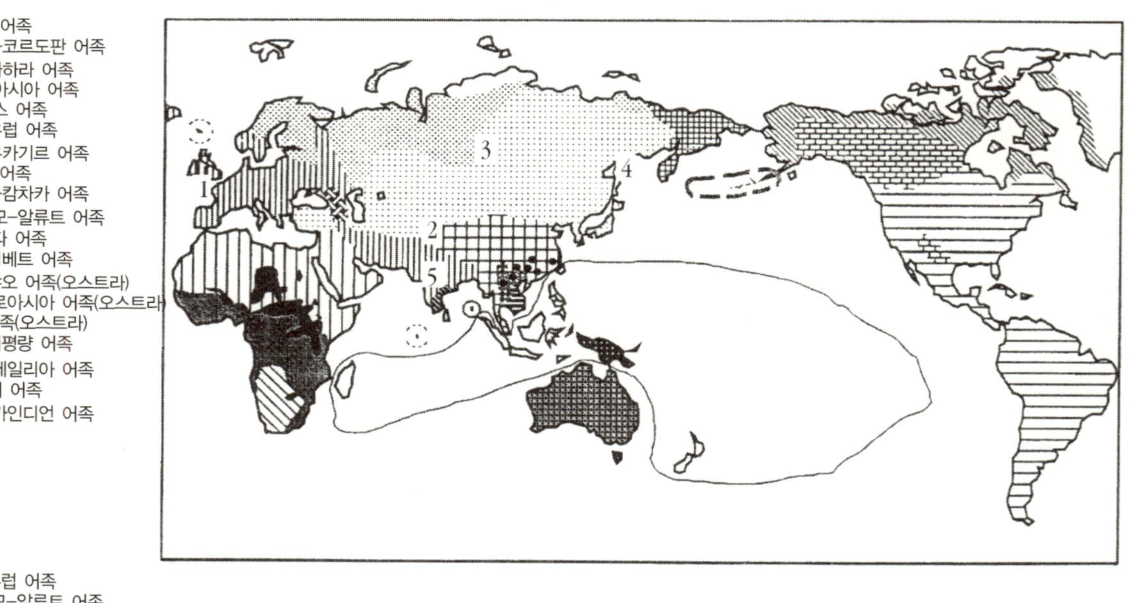

〔**그림 11**〕 17개 어족들의 지리적 분포와 언어학적 고립어들의 위치〔룰렌의 저서 1권(1987)의 지도에서 변형〕.

어의 역사를 연구하는 언어학자들이 서로 강하게 반목해왔다. 미국 언어학자들 사이에서 가장 치열하게 논의되는 쟁점 중 하나는 아메리카 원주민 언어들의 분류이다.

20세기 초에 많은 아메리카인디언 언어들 사이의 유사성에 주목한 언어학자인 에드워드 사피어(Edward Sapir)와 인류학자 칼 크뢰버(Karl Kroeber)는 아메리카 대륙의 원주민 언어의 어족수가 서너 개 정도라고 주장했다. 이들의 가설은 당시에 많은 미국 언어학자들의 강력한 저항을 받았는데 그들 대부분은 어족수를 그렇게 임의적으로 단순화하여 통일시키는 것을 반대했다. 새로운 단계의 격론이 재발하게 된 것은 스탠퍼드 대학의 조세프 그린버그(Joseph Greenberg)가 1987년에 『남북아메리카 대륙의 언어*Language in the Americas*』라는 책을 출판하면서였다. 이 책에서는 에스키모-알류트 어족, 북아메리카 태평양 연안 북서부 지역과 아파치족, 나바호족의 언어를 포함하는 나-데네 어족, 남북아메리카 대륙에서 사용되는 다른 거의 모든 언어를 포함하는 아메리카인디언 어족, 이렇게 세 묶음으로 콜럼버스 이전의 아메리카 대륙에서 사용되던 언어를 나눌 수 있다고 했다. 이러한 그린버그의 제안은 미국의 생물학자인 크리스티 터너(Christie G. Turner)와 스티븐 제구라(Stephen Zegura)가 현대인의 치아와 화석화된 치아들의 계측치, 혈액형, 그리고 단백질 다형을 이용하여 제시한 언어 분류와 일치하는 것이었다. 더구나 이 세 가지 어족은 고고학 데이터가 가리키는 세 번의 대규모 주요 이주들과도 상응하는 것 같다. 아메리카인디언 집단이 가장 먼저 이주해왔고, 다음으로 나-데네 어족의 사용자들이, 그리고 마지막으로 에스키모-알류트 어족 사용자들이 이주해온 것이다. 처음에 들어온 인족은 아메리카 전역에 퍼졌고, 두번째와 세번째로 이주해 들어온 인족들은 자신들이 기원한 북극 지역에 가깝게 분포하게 되었다. 집단유전학자인 우리도 그린버그가 언어학적 배경을 근거로 확인한 바와 같이 아메리카 원주민을 유전학적으로도 거시적인 세 집단으로 나눌 수 있다는 것을 확인하였다. 그러나 아메리카 원주민들 내부에서도 그 유전적 변이라는 것이 엄청나게 크고 아메리카인디언 어족 내의 하위 분류군에는 유전적 결과들과 아주 잘 일치하기보다는 상당히 다르다는 것을 지적해야 한다. 남부 나-데네 언어(아파치와 나바호 언어들)는 유전적으로 북부 나-데네 언어와 유사하지만 남부 집단들은 주위의 아메리카인디언 이웃들로부터 유전자를 흡수해 동화하였다.

아메리카인디언은 이후의 에스키모-알류트 집단이나 나-데네 집단보다 훨씬 오래되고 복잡한 유형으로 아메리카 대륙에 이주한 역사를 가지는 것으로 보인다. 그리고 그 이주도 한 번이 아니라 여러 번이었을 것이다. 유전적 데이터는 최소한 3만 년 전에 아메리카인디언 집단이 아메리카 대륙에 도달했다고 지적하지만 이러한 연대 추정은 가장 중요한 이주들의 평균치로 보인다. 더욱이 그 연대 추정치도 과대치 쪽으로 편향되었을 가능성이 있는데, 이는 만약 최초의 아메리카인디언 이주들이 Y 염색체의 새로운 데이터가 함의하는 바대로 아주 적은 수의 개인만을 포함하고 있었다는 것이 진리라고 한다면 그렇다. 나중에 더 심도 있게 다루겠지만, 아주 강한 '창시자 효과'는 이웃접합식 계통수에서 가지의 길이를 확장시키는 경향이 있고, 그에 따라서 유전적으로 계산된 최초의 정착 시기를 과장하는 경향이 있다.

『남북아메리카 대륙의 언어』의 출판은 언어학자들과 그린버그의 주장을 지지하는 미국의 인류학자들 사이에 일종의 전쟁을 유발했다. 대다수의 언어학자들은 대규모의 학회를 개최하여 아메리카 대륙 원주민 언어들을 60개 이하의 분류군으로 구분하는 것은 불가능하다고 선언하였다. 분류학자들은 '뭉뚱그리는 자'와 '쪼개는 자'로 구분할 수 있다. 이러한 종합적 경향과 분석적 경향은 아마도 인간 정신의 근본적인 이분법을 반영하는 것 같다. 그렇더라도 아메리카인디언 분류의 경우에는 그린버그가 논하는 바와 같이 방법론적인 차이가 종합과 분석의 논란을 상당 부분 설명할 수 있다. 나는 언어학자는 아니지만 그린버그의 주장이 아주 설득력 있다고 생각한다. 더욱이 그린버그는 아주 오래 전에 아프리카 대륙의 언어들을 네 개의 어족으로 구분하는 분류 체계를 제안했는데, 현재에는 이것이 널리 받아들여지고 있는 편이다. 먼저 '아프로아시아 어족'은 모든 셈족 언어와 에티오피아와 북아프리카 대부분에서 사용되는 언어들을 포함한다. 두번째로 '나일-사하라 어족'은 나일 강 상류 지역과 사하라 남부 지역에서 통용되는 언어들을 지칭한다. 세번째로 '니제르-코르도판 어족'은 중앙아프리카, 남아프리카, 그리고 서아프리카의 언어들 대부분, 특히 반투 언어를 포함한다. 네번째로 '코이산 어족'은 아프리카 남부의 코이코이족과 산족 집단들이 사용하는 언어들을 지칭한다. 처음에 그린버그가 이러한 분류를 제안했을 때는 엄청난 비판을 받았는데, 지금은 거의 수용되다시피 하고 있다. 아마도 시간이 흐르면 아메리카인디언 분류에 대한 태도도 비슷한 유형으로 변할 것으로 보인다.

그린버그가 주창한 언어 분류에 대해 동료 언어학자들이 제기했던 반대 입장들을 검토해보면 언어의 진화 연구를 괴롭히는 객관적인 어려움들과 그린버그 비판자들에게서 전형적으로 나타나는 주관적인 어려움들을 이해하는 데 도움이 될 것이다. 언어는 매우 빠르게 진화하고, 그렇기 때문에 유연 관계가 먼 언어들의 명확한 관계를 정립하기란 하늘의 별따기다. 시간이 지나면서 유의성 있는 의미론적 변화와 음성학적 변화가 모든 언어에서 일어난다. 이런 변화의 규모가 대단히 크기 때문에 언어학적 공통분모들을 재구축하고 평가하는 일은 굉장히 복잡하다. 옛날 언어들끼리의 근연성을 확인할 수 있을 만큼 진화 속도가 충분히 느리면 좋겠지만, 문법 자체도 역시 진화한다. 음운론적, 의미론적 변화의 압력을 받기 때문에 언어는 급속도로 파악 불가능하게 되어버린다. 라틴어에서 유래한 현대 언어가 2천 년 전의 로마 사람들에게는 거의 이해 불가능한 언어일 것이다. 거의 천 년이라는 세월은 최초의 언어 사용자들에게 천 년 후의 언어를 파악 불가능하게 만드는 충분한 격차가 되는 것이다. 5, 6천 년 정도의 분리 후에는, 인지 가능한 비슷한 단어의 비율이 10퍼센트 이하로 곤두박질한다. 다행스럽게도 특정 단어나 어떤 화법의 특정 부분은 그 변화 속도가 느리기 때문에 우리로 하여금 유연 관계가 먼 언어들 사이의 관계를 밝혀내는 데 도움을 주곤 한다.

잘못된 방법들에 의해 생겨나는 문제점들에 관해서 그린버그의 반대자들 중 일부는 어떤 두 언어 사이의 정량적인 관계를 설정하는 것이 불가능하다고 믿는다. 신빙성 있는 정량적 측정들을 부인하고 두 언어의 관계를 '유관한'과 '무관한'의 이분법으로 한정시켜버리는 바람에 그린버그를 반대하는 언어학자들은 분류학의 필수적 선행 조건인 위계적 분류 방법의 가능성 자체를 없애버렸다.

흥미롭게도 이런 입장은 확인 가능한 공통 기원을 가지는 단어들의 표준일람표 속의 비율을 근거로 언어적 유사성을 측정하는 정교한 방법들을 이용하는 언어학자들의 견해와는 완전히 모순된다. 이러한 접근법은 미국의 언어학자 모리스 스와데시(Morris Swadesh)가 개발했다. 그는 하나의 단어가 그 원래적 의미를 잃을 확률은 시간이 흘러도 변하지 않고 일정하다고 제안하였다. 일정한 기간이 지난 후에도 유지된 '유관한' 단어들의 비율이 계산되었다면(예를 들어 라틴어로부터 현대 로망스 언어[23]들로의 변화를 관찰하여), 현재 살아 있는 두 언어가 공통의 조상을 가지는 그 시점으로부터 경과된 시간 간격을 읽을 수 있게 해주는 '기준조정 곡선'을 만들 수 있게 된다. '성문(聲門)연대학(glottochronology)'이라고 부르는 이 방법론은 우리가 앞에서 유전학을 이야기하면서 논의한 '분자시계'와 아주 유사한 '언어학적 시계'를 사용한다. 생물학에서는 두 종이 분리된 시기에 대한 독립적인 추정치를 얻어내기 위해서 많은 수의 단백질과 DNA 서열을 사용하는 장점을 가지고 있다. 언어학에서는 불행하게도 결론의 근거를 강화하는 그러한 종류의 데이터의 양이 많지 않다. 성문연대학은 따라서 생물학에서 쓰는 방법들보다 그 엄밀성에서 떨어지는 것이 사실이고, 만 년 이상으로 오래된 동족 단어들의 비율이 매우 작을 때처럼 먼 거리를 가지는 비교에 적용하기는 매우 어렵다. 비교 단어 목록이 점차적으로 커질 수가 없는데, 그것은 단지 아주 적은 수의 단어들만 느린 변화를 보이기 때문이다. 더욱이 각각의 단어는 각각의 변화율을 가진다. 하지만 이 사실을 일정한 상수적 변화율을 가정하는 성문연대학에서는 간과하고 있다.

다른 무리의 언어학자들은 다른 언어의 단어들이 가지는 유사성은 음성학적 변화의 엄격한 규칙인 '고전적 음성 조응(classical sound correspondence)' 이론에 비추어 검토해야 한다고 주장한다. 이 언어학자들은 만약 이 규칙들이 정확하게 지켜지지 않는다면 그 단어는 동족 단어들로 간주될 수 없다고 주장한다. 다시 말하면 두 단어는 동일한 기원을 공유한다고 결정할 수 없다는 것이다. 이에 대한 반박으로 그린버그는 인도-유럽 어족과 다른 언어들에서 발견되는 인상적인 예외들의 목록을 제시하였다. 그린버그는 지나치게 엄밀하게 규칙을 적용했다가는 인도-유럽 어족을 설정하는 것 자체가 불가능할 것이라고 결론지었다. 다행스럽게도 인도-유럽 어족이라는 분류는 음성 조응 이론의 완고한 형식이 완결되기 이전에 제안되고 수용되었다.

마지막으로 몇몇 언어학자들은 하나의 어족, 곧 언어들의 한 족속을 파생시킨 선조 언어(parent language)가 재구성되어야 어족들간의 계통분류학적 관계가 증명된다고 믿는다. 이러한 측면에 생물학이 다시 닮은꼴을 제공해준다. 두 현대 생물종의 서열로부터 '합치(consensus)' DNA 서열이 계산되어 나오는 과정이 그것이다. 이 합치 서열은 특정한 DNA 서열 표본들 속에서 관찰되는 다양성이 생겨나는 데 필요한 최소의 변화를 가진 조상 서열(ancestral sequence)의 최상의 추정이기도 하다. 그러나 언어학에서 이러한 합치를 탐색하는 것은 생물학에 비해서 덜 엄정한데, 언어학적 변이라는 것이 단지 네 가지 핵산기가 DNA를 구성하는 생물학적 변이보다는 그 폭이 훨씬 넓기 때문이다. 생물학에서는 어떤 단백질이 하나의 생물종에게 너무나도 중요하여 일부 혹은 조금의 변화도 수용되지 않는 경우도 있다. 그러므로 많은 단백질의 서열이 변화를 겪는 속도는 극단적으로 느리다. 이에 따라 몇백만 년 혹은 몇십억 년 전의 조상 서열을 재구성하지 않더라도 그들의 유연 관계를 증명하는 것이 생물학에서는 가능하다. 언어의 비교분석에서는 아무래도 하나의 '시원 언어(proto-language)'에 대한 지식이 큰 도움이 될 것이다. 그러나 너무도 적은 수의 시원 언어들이 재구성되었기 때문에 모든 언어 분류 작업에 이러한 규칙을 부여하는 것은 아주 큰 제한이 따른다. 더군다나 시원 언어의 재구성도 완전히 신빙성이 있다고 말할 수 있는 확률이 아주 적다. 그린버그의 방법은 이러한 곤경을 피해간다. 그의 방법은 실험이 요구하는 것만큼 객관적이지 못하고 어떤 면에서는 주관적이지만, 다른 방법들보다 상당히 깊게 나아갈 수 있게 해준다.

개인적으로는 그린버그의 제자인 메리트 룰렌의 언어학적 어족 분류 체계가 우리가 다음 절에서 살펴볼 유전적 진화와 언어적 진화의 비교에는 만족할 만한 수준에 있다고 본다. 어족을 정의하는 것이 전적으로 객관적인 과업은 아닌 것 같지만 어족, 어파, 어계 사이의 구분은 대부분 편의적인 문제인 것이고, 어떤 특정한 다른 목적에는 별로 구분할 필요가 없어 보인다. 중요한 것은 단순하고 논리적이며 체계적인 관계를 정립할 가능성이다. 불행하게도 현대적 분류 체계들은 어족의 단계에서, 곧 메리트 룰렌의 통합적 체계에도 17개의 어족이 있는 바와 같이, 관계의 정립이 중단되어 있는 상황이다. 상당수의 어계들도 구분되어 있지만 앞에서 지적한 바와 같이 하나의 근원에서 파생하는 언어의 완전한 계통수를 생성해내는 데에는 미치지 못하고 있다.

논쟁의 여지는 있지만 제안된 어계들을 살펴보는 것도 흥미로울 것이다. 룰렌에 따르면 동남아시아와 오세아니아의 '오스트라 어계'는 네 개의 어족을 포함한다. 1) 먀오-야오 어족 언어들은 현대 중국의 남부와 북부 베트남, 라오스, 태국에서 사용된다. 2) 오스트로아시아 어족은 인도 북부에서 사용되는 문다어들과 동남아시아에 걸쳐 널리 사용되는 몬-크메르어를 포함한다. 3) 다오 어족은 현대 중국의 남부와 서남아시아의 여러 곳에서 사용되는 언어를 포함한다. 4) 오스트로네시아 어족은 약 1천 개의 언어들을 포함하는데 약 1억 8천만 인구가 사용하고 여기에는 타이완 원주민어와 말레이–폴리네시아어도 포함된다. 말레이–폴리네시아어는 타이완에서 폴리네시아와 멜라네시아의 일부, 필리핀, 인도네시아, 말레이시아를 거쳐 마다가스카르에 이르는 서쪽 끝 경계까지 걸쳐 있다. 오스트로네시아 어족의 가장 오래된 언어는 타이완 원주민들이 사용하는 것이다. 이 오스트라 어계라는 구분이 학계에 수용되건 되지 않건 간에 이 어계를 통해 서남아시아의 도서 지역과 내륙 지역뿐만 아니라 서남아시아에 의해서 분리되는 두 대양에 있는 오세아니아의 많은 섬들을 포괄하는 굉장히 광범위한 지리적 지역을 묶을 수 있게 되었다.

유럽과 아시아 전역에 걸쳐 있는 어계들은 특별한 관심을 끈다. 이 지역에는 두 언어학적 부류, 곧 '노스트라 어계'와 '유라시아 어계'가 현행의 어계들로 존재하는데, 이 두 부류는 유연 관계가 아주 높다. 처음에 이 어계들이 제안되었을 때는 대부분의 언어학자들이 수용하기를 거부했는데, 현재에는 느리지만 천천히 인정을 받아가고 있는 중이다. 원래 여러 러시아 과학자들이 다양하게 묘사했던 노스트라 어계는 1)인도–유럽 어족, 2)우랄 어족(우랄 산맥을 가로질러서 통용되는), 3)알타이 어족(아시아 지역에서 널리 쓰이는), 4)북아프리카 언어들과 셈 언어들, 드라비다 언어들을 포함하는 아프로아시아 어족, 그리고 5)남부 코카서스 어족들을 포함한다. 비탈리 셰보로시킨(Vitaly Shevoroshkin)이라는 러시아 언어학자는 노스트라 어계가 그린버그에 의해서 정의된 아메리카인디언 언어들과 강한 유사성을 가진다는 것을 보여주었다. 그린버그가 제안한 '유라시아 어계'는 노스트라 어계와 비슷하지만 알타이 어족과 같은 일부 어족들의 범위를 더욱 확대한 것과 일본어나 에스키모어, 추크치어까지도 포함한다는 점에서 노스트라 어계와 다르다. 그러므로 그린버그에 따르면 더욱 오래된 기원을 가지는 것으로 보이는 아프로아시아 어족과 드라비다 어족 등은 유라시아 어계에 포함되지 않는다. 따라서 유라시아 어계는 노스트라 어계 속에 포함되는 지역보다 더욱 동쪽으로 멀리까지 뻗어 있지만, 남쪽으로는 노스트라 어계보다 확장이 덜 되어 있다고 보면 된다.

이러한 어계들 분류에 기반하여 초기의 가지들을 넣으면서 계통수를 만들어볼 수 있는데 노스트라/아메리카인디언 어계들을 한쪽 편에 위치시키고, 다른 새로운 가지를 더욱 오래된 데네-코카서스 어계로 올려놓을 수 있다. 사피어가 이러한 묶음 짓기를 처음으로 시작하였는데 세르게이 스타로스틴(Sergei Starostin)이 바로 몇 년 전에야 공식적으로 제안하였다. 데네-코카서스 어계는 주로 세 개의 어족들, 곧 북부 코카서스 어족, 나-데네 어족, 시노-티베트 어족을 포함한다. 시노-티베트 어족의 언어들은 거의 10억의 사람들(현재의 중국, 인도, 네팔, 미얀마, 동남아시아 등지의 사람들)이 쓰고 있고, 따라서 가장 많은 인구가 사용하는 어족이다.

이것으로 다음과 같은 다이어그램을 그릴 수 있을 것이다.

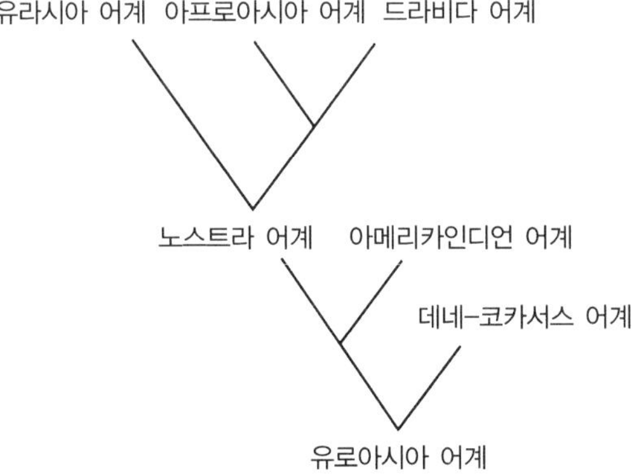

이러한 어계들의 분류 체계는 유럽, 북아프리카, 아시아의 대부분, 그리고 아메리카의 전부를 포함하고 있다. 여기에 포함되지 않는 어족들은 아프리카 대륙의 세 개 어족, 즉 코이산 어족, 니제르-코르도판 어족, 나일-사하라 어족이고, 이와 함께 오스트레일리아의 언어들(170개 언어)과 뉴기니와 그 주변의 섬들, 말레이시아 가까이에 있는 안다만 군도에서 사용되는 7백여 언어들이 묶이는 인도-태평양 어족들이 빠져 있다.

한편으로는 대부분의 언어학자들이 좀더 잘 정립된 어족들로 분류할 수 없는 일군의 언어들이 있는데 이것을 '고립언어들(isolates)'이라고 부른다. 가장 잘 알려진 고립어는 바스크어이다. 아직도 만 2천여 명의 프랑스인과 150만 명의 스페인 사람들이 사용하는 이 언어는 신석기 이전 시대의 잔류어인 것 같고 아마도 유럽 대륙 최초의 현생 인류라고 하는 크로마뇽인들이 말하던 언어였던 것 같다. 그러나 분명하게도 이 언어는 충분히 변화를 겪었을 것으로 보이는데, 만약 현대의 바스크인과 크로마뇽인이 서로 만나서 이야기할 기회가 주어진다고 해도 서로 의사소통하기는 어려운 정도일 것이다. 사실상 바스크인과 크로마뇽인은 그들이 쓰는 언어 자체가 서로 친족 관계에 있다는 것도 인식하지 못할 것이다. 일부의 언어학자들이 바스크어와 현대의 북부 코카서스 언어와의 연관성을 제안한다. 그러므로 구석기 시대 유럽 대륙에서는 한두 개 이상의 시원적 인도-유럽 어족 언어가 사용되었을 가능성이 있다. 다른 언어학자들은 바스크어, 코카서스어, 시노-티베트 언어들, 나-데네 언어들 사이에 존재하는 좀더 큰 범위의 유사성들에 주목하고 있다. 나-데네 언어들은 북아메리카의 북서부 지역에서 사용된다. 또 다른 주장은 히말라야의 높고 깊은 계곡에서 사용되는 고립언어인 부루샤스키(Burushaski)어가 바스크어와 코카서스 언어들과 유연 관계가 있다고 한다. 또 다른 일군의 언어학자들에 따르면 수메르어, 에트루리아어, 그리고 다른 언어학적 '화석들'이 데네-코카서스 어계에 속한다고 한다. 노스트라-아메리카인디언 어계를 데네-코카서스 어계에 병합하여 하나의 가설적인 '유로아시아(Eurasian) 어계'를 형성하면 유럽의 전역과 아시아(동남아시아는 제외)를 포함하고 남북아메리카 대륙도 걸치게 될 것이다. 이 거대한 어계는 원래 줄기로 있었고 그것이 나중에 분화되어 여러 개의 어계 가지들로 분화되어 나갔으며, 지역적인 작은 가지들이 무성하게 번성하여 뻗어 나가 아주 멀리 그리고 아주 광범위하게 퍼진 것이다.

이제까지 제시한 여러 가설들은 더욱더 연구해야 하는 흥미롭고 희망적인 것들이다. 우리가 절대적으로 확실한 기초 위에 머물러 있기를 원하지만, 단순히 모든 현대적 언어를 연결하는 신빙성 있는 단일한 계통수가 없다는 사실보다 불확실한 상황에 있는 것이 사실이다. 엄밀하게 말한다면 모든 언어가 공통된 기원을 공유하는지도 확실하지 않은 것이다. 대부분의 언어학자들은 이와 같은 두 문제가 해결 불가능한 것이라고 생각한다. 엄밀하게 말해 지구라는 행성 위에 있는 모든 생명체가 하나의 단일한 기원을 가진다고 결론을 내리는 것과 약간 비슷하다(수많은 생물학자들이 단일한 생명의 기원을 믿는다. 이는 단백질에서 발견되는 20개의 아미노산들이 단지 단일한 형태이기 때문이다). 그린버그는 최소한 한 개의 단어, 곧 'tik'이라는 어근만큼은 모든 어족이 공유하고 있다고 보았다. 이 어근은 손가락을 의미하거나 '1'이라는 숫자(의미론적 전이로 설명이 필요 없을 것이다)를 의미한다. 다른 언어들에서 이 어근이 다른 의미로 전이된 사례들을 발견하게 되는

데, 곧 수용 가능한 것들로 예를 들어 '손'이나 '팔' 혹은 '지시하다', '가리키다' 등이다. 프랑스어의 'doigt'와 이탈리아어의 'dito'(손가락을 의미한다)는 라틴어 어근 'digit'에서 왔다.

이러한 사례를 확장하여 미국의 언어학자 존 벵스턴(John D. Bengston)은 룰렌과 함께 거의 전 어계에 보편적인 30개의 어근을 제안하였다. 그러나 다른 언어학자들이 이 새로운 결과를 받아들이고 검토하기까지는 굉장히 오랜 시간이 걸릴 것이다. 예상할 수 있는 바와 같이 모든 언어에 공통된 어근들은 얼마 되지 않는다. 그러한 어근들은 대부분 신체의 각 부분, 인격 대명사들 혹은 숫자들(1, 2, 3과 같은)을 지시한다. 언어적 다양화가 시작된 이후에도 보전된 낱말들이 눈, 코, 입 등과 같이 우리가 태어나서 처음 배우는 낱말군에 속한다는 사실은 별로 놀라운 일이 아니다. 그러나 확실히 구석기 시대의 인간 생활에서 매우 중요했던 낱말들이 있었을 것이다. 예를 들어 '이(lice)'와 같은 단어는 인체 표면의 기생충을 뜻하는데 아마 많은 언어에서 그러한 낱말들은 보존되었을 것이다.

언어학적 어족과 유전적 계통수의 비교

포괄적인 언어학적 계통수가 없을지라도, 우리의 유전적 계통수를 현존하는 언어학적 계통수와 비교할 수는 있다. 두 계통수를 비교해보면 몇 가지 인상적인 유사성이 존재한다.

〔그림 12〕를 보면 언어학적 가족들(어족들)이 현존하는 각각의 해당 언어들로 말하는 인간 집단들 바로 옆에 그려져 있다. 하나의 어족

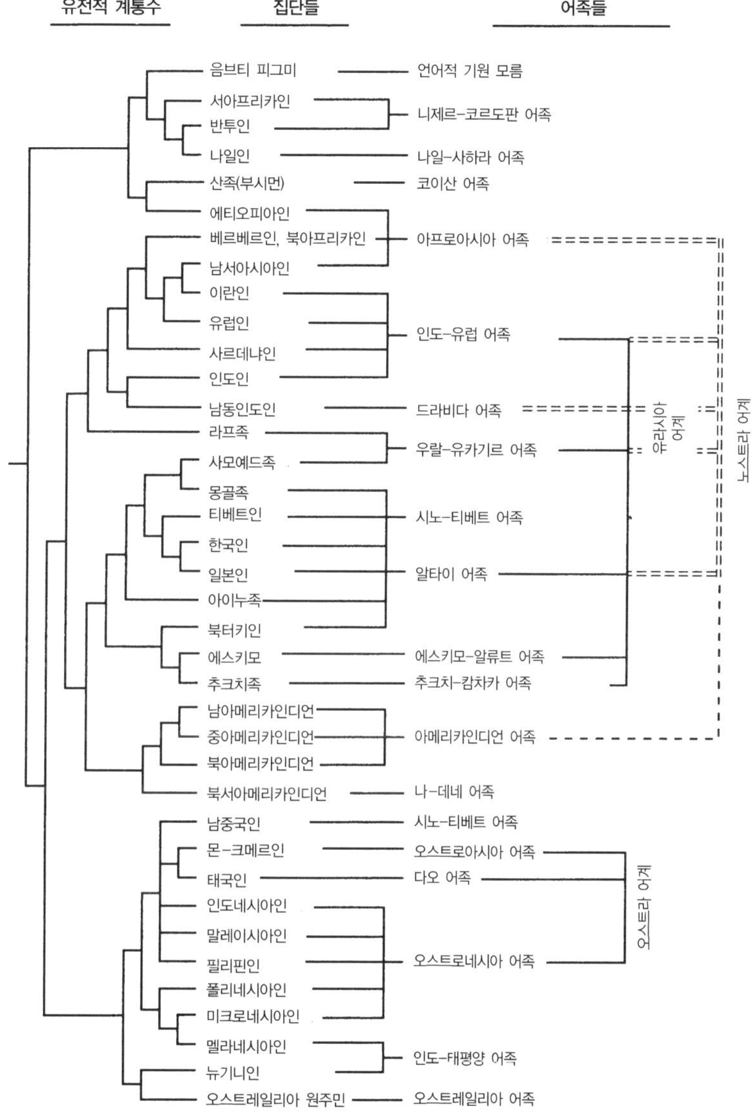

〔**그림 12**〕 유전적 계통수와 언어학적 계통수의 비교〔카발리-스포르차 등의 논문(1988), Proc. Natl. Acad. Sci. USA 85 : 6602~6606〕

이 유전적 계통수에 있는 한 집단이나 그 이상의 집단들과 상응하고 있다는 것을 알게 된다. 때때로 하나의 어족이 유전학-언어학 병합 계통수(joint tree)에서는 하나의 가지로만 표현되어 있는데, 이러한 언어들을 사용하는 인간 집단들이 유전적 분석에서는 묶여 있기 때문이다. 따라서 사실상 이들은 유전적으로나 인류학적으로 높은 유사성을 보여주며 서로 가까이에 살고 있는 집단들이다. 좋은 사례 하나는 니제르-코르도판 어족에 속하는 어파로서 유전적으로 균일성을 보이면서 다른 아프리카 집단들과는 뚜렷하게 구별되는 '반투 어파'일 것이다. 반투라는 단어는 하나의 언어군을 지칭하는 것이지만 생물학적 범주로도 아주 유용하다. 다른 유전적 분류들도 언어학적 정보의 뒷받침으로 확증된 것도 있다. 예를 들어 남부 인도인들은 드라비다 어족의 언어들을 사용하고 나-데네 언어는 아메리카 원주민들이 사용한다. 따라서 어족을 공유한다는 것은 공통된 유전적 및 인족적 배경을 가진다는 것을 가리킨다.

〔그림 12〕에서 제시된 유전적 계통수는 38개의 집단으로 구성되어 있는데 일부는 아주 넓게 분포된 것(예를 들어 유럽인, 멜라네시아인)을 묶은 것이다. 여기에서는 16개의 어족만을 제시했다(우리가 이 계통수를 그릴 때 코카서스인 집단에 대한 유전적 데이터는 없었다). 그러므로 유전적 계통수에 제시된 여러 개의 집단이 동일한 하나의 어족에 속할 수밖에 없고 또 실제로 그렇게 속하는 것으로 나타난다. 여기서 우리는 보통 유전적 계통수에서 바로 옆에 위치하는 집단들이 서로 같은 어족에 속하는 언어들을 사용한다는 것을 병합 계통수를 보자마자 알아차리게 된다. 이러한 이유 때문에 우리는 유전적 계통수를 이용하여 어떤 어족의 기원을 비슷하게 연대 추정할 수 있다. 대부분의 어족들

은 2만 5천 년 전과 6천 년 전 사이라는 비교적 단기간에 발생해 나온 것 같다.

그러나 분명히 근연 관계가 있는 언어로 말하는 인간 집단들이 유전적 계통수에서 가까이 위치하게 되는 경향에도 예외는 존재한다. 예를 들어 에티오피아인은 아프리카 유전적 가지의 일부이지만 보통 그들이 사용하는 언어는 아프로아시아 어족이라는 언어 사용자의 대부분이 백인 계통에 속하는 북아프리카와 중동에 널리 퍼져 있는 어족에 속한다. 사아미족 또는 라프족도 일반적인 경향에 대한 또 다른 사례가 될 것이다. 이들은 유전적으로는 백인계이지만 그들이 쓰는 말은 우랄 계통의 언어이며 그 언어를 사용하는 사람들의 대부분은 유럽 쪽 러시아의 북동부와 우랄 산맥 근처의 북서시베리아에 거주하는 사람들이다. 이들 아시아의 우랄 언어 사용 집단들은 대부분 황인계이다. 그런데 사아미 사람들은 백인계(스칸디나비아에서 온 백인)와 황인계(시베리아 기원)의 혼합(mix)인데 백인계 쪽에 무게가 더 가 있다. 심지어는 그들의 유전자를 들여다보지 않아도 사아미인의 피부, 머리 색깔, 눈 모양과 색깔이 황인계에서 백인계로 다양하게 변화하는 양상을 보여주는 것을 알 수 있다.

유전적 분류와 언어학적 분류 사이에 존재하는 이러한 불일치에 대해 단순하게 설명할 수 있다. 이미 설명한 바와 같이 위에서 거론한 두 집단은 비교적 최근에 일어난 유전적 혼합(genetic admixture)의 산물이다. 사아미인의 경우에는 유럽 사람들과 시베리아 사람들, 에티오피아인의 경우에는 아랍 사람들과 아프리카 사람들의 유전적 혼합이다. 유전적 계통수에서는 유전자들의 기여 정도가 높은 쪽의 집단 묶음 쪽으로 위치가 매겨진다. 확대 혼합(extended admixture)인 경우에는 유전적 계통수 내에서도 아주 고립적으로 나타나 어느 두 묶음에서도 떨어져 나온 중간 지역에 자리매김된다. 집단 혼합의 유전적 영향은 언어학적 변화보다는 훨씬 단순하고 그 결과 예측도 더 용이하다. 집단 혼합으로 만들어진 한 집단 속에서는 선조가 되는 부모 집단들의 비중에 따라서 그 기여도만큼의 유전자 빈도가 나타나게 마련이다. 그러나 유전적으로 혼합된 한 집단은 두 개의 원천적 언어들 중 하나만을 유지하게 되는 경향이 있다. 때때로 혼합이 일어난 집단의 언어는 그 하나의 언어를 거의 변화시키지 않은 채로 유지하게 된다. 그러나 종종 유지되지 않은 언어로부터 일부의 단어나 발음을 빌려와서 유지하는 사례를 찾을 수 있게 된다. 문법은 단어들의 변화보다도 더욱더 언어적 변화에 면역성을 가지고 있다. 에티오피아인과 사아미인의 혼합의 기원은 기원전 1000년 무렵 에티오피아에서 아랍인과 아프리카인 사이에 밀접한 접촉이 있었다는 것을 잘 보여준다. 아랍적인 에티오피아 왕국은 아라비아의 사바 지역에 첫번째 도읍을 건설했고 이후에 현재의 북부 에티오피아 악숨에 수도를 정했다. 또한 우리는 사아미인이 현재의 지역에 거주한 지가 거의 2천 년이 된다는 것도 안다. 하지만 두 경우 모두 작성된 기록들이 부족하여 이들 인족들의 접촉이 어느 정도까지 과거로 거슬러 올라가는지 알아내는 데는 한계가 있다. 각각의 경우에 형성된 유전적 혼합의 정도가 혼합된 두 집단의 접촉의 양과 형식에 의존하고 그에 따라 가변적일 수 있다.

이웃하는 집단들로부터 세대당 5퍼센트의 불변적인 유전적 유입을 겪는 한 민족의 유전체가 3백 년이 지나면 기준이 되는 원래 유전체의 70퍼세트 정도만을 그대로 유지할 것이라는 것을 그리 어렵지 않게 계산할 수 있다. 이러한 수치가 바로 현재의 아프리칸 미국인(흑인)의 유전적 혼합비율 값과 같다. 30퍼센트 정도는 백인 정착민들에게서 유입을 받은 결과로 70퍼센트 정도만 원래의 유전체를 유지하고 있는 것이다. 만약 이러한 유입이 동일한 속도로 계속된다면 아프리칸 미국인은 앞으로 아메리카 대륙에서 1천 년을 거주하고 난 후에는 원래 유전자의 단지 10퍼센트만을 유지하게 되리라는 것을 예상할 수 있다. 사아미인과 에티오피아인의 경우에는 그들의 부모 집단이 아주 오랫동안(아마도 수천 년간) 상호 교환적인 접촉을 가졌을 것으로 보인다. 따라서 이보다는 접촉 기간이 짧았고 아주 강한 사회적 열등 조건 아래에 있었던 아프리칸 미국인보다 혼합의 정도가 상당히 크다.

한편으로 우리는 유전적 계통수와 언어학적 계통수 사이의 엄격한 상응에서 벗어나는 흥미로운 예외들을 좀더 찾을 수 있다. 유전적으로 티베트인은 북부 몽골인 묶음에 속하는데 이와는 대조적으로 그들이 사용하는 언어는 중국어와 같은 어족에 속하는 시노-티베트 어족의 언어이다. 그러나 우리가 그린 계통수에 표현되어 있는 중국인은 현재의 중국 남부에서 기원하였고 유전적으로는 남부 황인계 사람들과 더욱더 유사하다. 역사도 이 같은 우리의 결론을 지지하는 편이다. 중국의 역사가들에 따르면 티베트인은 북부 몽골인과 유연 관계가 있다는 것이다. 기원전 3세기 무렵부터 현재 중국의 북부 지역으로부터 초원 유목민이 남하하여 현재의 티베트(토번)에 이르렀다는 것이다. 일부는 유목적인 목축을 지속했고 그들의 원래 언어를 이주 후에도 그대로 유지하고 있었다. 중국의 통일 노력은 기원전 3세기 무렵의 진(秦) 왕조 때부터 이루어지기 시작했는데 한(漢) 왕조 때 처음으로 완성을 보았고, 한나라는 그후 4세기 정도 지속되었다. 이들 북부 왕조들은 북부 중국을 초월하여 그들의 언어를 중국 전역에 퍼뜨리게 된 시발점이 되었다고 인정받는다. 이 시대 이후 2천 년간 이 언어는 자연히 여러 가지 다른 언어들로 분화되어 나갔다. 그럼에도 불구하고 무수히 많은 소수민족들(현재 55개의 공식적인 소수민족이 있는데, 이들은 현재 중국 전체 인구의 10퍼센트를 차지한다)이 특히 현재 중국의 남부 지방에서 그들의 원래 언어들과 유전자들을 보전하고 있어서 그들만의 상이한 기원들을 보여주고 있다. 현재 중국인의 대다수(90퍼센트에 가까운)가 스스로를 한족(漢族)이라고 하지만 남부와 북부 사이의 유전적 차이를 그들 사이에서 아직도 분명하게 확인할 수 있을 정도이다. 그러므로 티베트인이 남부에 내려와 살고 있어도 그들이 북부 중국적인 유전자들을 보전했다고 하는 사실은 그리 놀랄 만한 일이 아니다. 반면에 남부 한족이라고 믿고 있는 사람들은 오히려 동남아시아인과 유전적으로 더욱 유사한 것으로 보인다.

노스트라 어계와 유라시아 어계는 〔그림 12〕에서는 계통수의 가장 오른편에 여러 어족들의 묶음으로 나타나 있다. 몇 가지 예외를 제외하면 이들 묶음은 백인계 인종, 북부 몽골 인종, 그리고 아메리카 원주민들을 통합하는 '북부 유라시안(North Eurasian)'이라고 부르는, 좀더 깊게 뻗어 있는 유전적 가지들에 해당한다. 이 유전적 가지는 비아프리카 묶음이 동남아시안인(오스트레일리아 원주민과 뉴기니인을 포함)과 북부 유라시안들로 쪼개어져 나오는 두번째 분기점 부근에서 시작된다. 이러한 조응성에서 벗어난 가장 중요한 예외가 시노-티베트 어족의 언어를 쓰는 두 집단인 티베트인과 중국인이다. 이들은 〔그림 12〕에서 유전학적 관련성과 언어학적 관련성이 서로 일치하지 않는 것으로 나타나 있다. 이 두 집단 모두 시노-티베트 어족의 언어들을 사용하지만 티베트인은 유전적으로 북부 유라시아인과 관련지어지고,

중국인은 남부 아시아인과 관련지어진다. 하지만 앞에서 설명한 것과 같이, 이러한 불일치는 표면적일 뿐인데 이는 우리의 계통수 그림에서 나타낸 중국인이 남쪽으로부터 기원했고 그들은 지금의 언어를 단지 과거 2천 년 정도 채택하여 쓴 것일 뿐이다. 그런데 그들이 유전적으로는 동남아시아와 오세아니아의 오스트라 어계 언어를 사용하는 사람들, 곧 동남아시아 지역에 살고 있는 민족들과 근연 관계가 더욱 깊기 때문에 유전적 계통수에서는 그들과 함께 묶이는 것이다.

〔그림 12〕는 유전적 계통수와 언어학적 계통수 사이에 나타나는 또 다른 아주 분명한 불일치를 보여주고 있다. 멜라네시아인(뉴기니에 가까운 태평양의 여러 섬들에 사는 사람들)은 유전적으로는 동남아시아인과 유연 관계가 깊은데 언어학적으로는 인도-태평양 어족의 언어들을 쓰는 것으로 분류된다. 하지만 이것은 엄밀하게 말해 그렇게 정확한 분류가 아닌데 멜라네시아(또한 뉴기니의 해안 지역)에서 사용되는 언어들은 부분적으로 오스트로네시아 어족에 속하지만 그 이외에는 오스트로네시아 어족이 아니기 때문이다. 오히려 이 나머지는 인도-태평양 어족에 속하는 아주 이질적인 언어 모듬이다. 그런데 실제적으로 멜라네시아의 상황은 여기서 보인 바와 같이 불일치의 경우라기보다는 좀더 자세한 분석으로 규명할 수 있는 것으로 생각되는 상당히 여러 번에 걸친 이주들에 의해서 생성된 예외적으로 복잡한 상황이라고 할 수 있다.

뒤에서 논의하겠지만 〔그림 12〕에 제시된 유전적 계통수에도 몇몇 결함들이 있다. 그러나 이러한 결함은 집단들이 가지는 혼합 기원 관계와 그 빈도가 가지는 복잡성 때문에 더욱 자세한 설명이 필요하게 된다. 우리가 1988년에 출간한 계통수는 최초의 분지(아프리카인과 비아프리카인을 구분하는 분할)가 있은 이후에 두번째 갈래치기가 유라시아인과 아메리카인을 오세아니아인(오스트레일리아 원주민과 뉴기니인)과 동남아시아인으로부터 분리되게 하였다. 1994년에 이르러서 새롭게 획득된 유전적 정보는 두번째 분지가 실제로 오세아니아인을 다른 나머지와 분할하는 것이었다는 사실을 보여주었다. 따라서 사실상 동남아시아인이 세번째 가지의 갈래에서 유라시아인으로부터 분할되는 것이 밝혀진 것이다. 동남아시아인과 아시아의 나머지 집단들과의 유전적 혼합이 이와 같은 불명확성의 이유인 것으로 보인다. 이러한 불명확성은 동남아시아로부터의 충분한 데이터가 결여되어 있기 때문에 생긴 것으로 앞으로 더욱 자세히 규명되어야 할 것이다.

우리가 제시한 계통수에 반하는 다른 난점들도 개입되어 있다. 나루야 사이토(Naruya Saitou)와 마사토시 네이(Masatoshi Nei)가 개발한 가장 널리 쓰이는 계통수 축조 방법(1987년 논문)인 '이웃접합'을 이용하여 그려낸 계통수가 〔그림 12〕에서 제시한 것과는 조금 차이가 나는 형태를 보여주기 때문이다. 이웃접합 계통수에서는 유럽인이 아프리카인과 아시아인의 중간에 있는 작은 가지에 연결되어 나온다. 이에 대한 가장 신빙성 있는 설명은 유럽인의 유전자들 일부는 아시아인에게서 유입하였고 다른 일부는 (아시아인보다 더 적게) 아프리카인에게서 유입하였다는 것이다. 이웃접합을 사용하면 집단들간의 혼합은 계통수에서 접합가지의 길이를 줄이고 계통수의 뿌리(기원)에 더욱 가까이 향하게 만든다. 개인적으로는 이렇게 상이한 계통수 축조 방법들 사이에 생기는 결과의 충돌은 아무래도 집단들의 유전적 혼합과 가장 관련성이 짙다고 믿고 있다.

북아시아인과 아프리카인의 혼합이 유럽인의 유전적 조성에 크게 기여하였다. 여러 가지 유럽인 형질들은 두 조상 집단의 중간형을 보여준다. 아프리카는 아마도 중동을 포함하는 여러 통로를 거쳐서 그들의 유전자를 유럽인에게 제공하였을 것이다. 중동이라는 지역은 아프리카와 아시아 양쪽 모두에서 바다를 건너지 않고도 도달이 가능하며 4만 년 전 현생 인류가 유럽을 점유하는 데 시작점 역할을 했을 것으로 보인다. 신석기 인류는 1만 년 전에 중동에서 유럽으로 왔다. 그러나 우리는 현생 인류가 북서아시아로부터 유럽으로 들어왔을 가능성도 배제할 수 없다. 이 가능성이 몇몇 언어학자들이 주장하는 것처럼 유럽의 서쪽 맨 끝에서 사용되는 바스크어와 데네-코카서스 어족 사이의 근연성을 설명할 수 있을 가능성도 있다. 이런 엄청나게 오래된 관계들의 증거가 아직도 존재하는 이유는 잔존 언어와 집단들에게 제공된 피난처, 곧 산맥이라는 지리학적 특징이 만들어준 공간이 있었기 때문일 것으로 보인다.

상당히 많은 수의 미위성체 DNA 표지들을 이용하여 축조한 유전적 계통수는 바스크인이 조사된 파키스탄의 다른 집단들보다는 훈자족(부루샤스키어를 사용하는 사람들)에 가깝다는 것을 보여주었다. 대단히 어렵지만 칭송받을 만한 이 연구 결과는 파키스탄에서 카심 메디(Qasim Mehdi) 박사와 그의 동료들에 의해 이루어졌는데, 더욱 많은 개인들과 유전적 표지들을 이용하여 확증받아야 할 것이다. 한편으로 이 결과는 처음으로 이 두 민족간의 관련성을 지적하는 유전적 결과이며, 이는 또다시 유전적 연구와는 별개로 제안되어 있는 언어학적 유사성에 관한 주장과 짝을 이룬다.

생물학적 진화와 언어 진화 사이에 유사성이 존재하는 이유

유전자 진화와 언어 진화 사이에는 중요한 유사성들이 있다. 두 경우 모두 단일한 개인에게서 나타나는 하나의 변화는 이후에 지속적으로 전체 집단에 골고루 확산된다. 유전자에서의 이러한 변화를 돌연변이라고 한다. 이 돌연변이가 한 세대에서 다음 세대로 이전되며 여러 세대 동안에 그 빈도가 증가되어 마침내는 유전자의 선조 유형(ancestral type)을 완전히 대체해버릴 수 있다. 유전체라는 것은 보전성이 높고 외부의 영향으로부터 잘 보호되어 있다. 유전적 돌연변이는 아주 빈도가 낮고 한 개인으로부터 다른 개인으로의 전달은 단지 부모로부터 자녀에게로 이루어지는 반면에 언어적 변화들은 이보다는 매우 빈발하는 편이며 또한 친족 관계가 없는 개인들 사이에도 쉽게 이전된다. 이러한 결과로 언어는 유전자보다 더욱 빠르게 변화한다. 실제로 하나의 단어가 수천 년 동안 변화에 저항적이었다고 한다면 하나의 유전자는 수백만 년이 지나도 혹은 수십억 년이 지나도 거의 변화가 없을 수도 있다. 이러한 차이점들에도 불구하고 유전자와 언어라는 두 체계의 진화 속에 중요한 유사성들을 기대할 수 있는 것은 다음의 두 가지 이유에서다.

유전자들이 특정한 하나의 언어나 혹은 다른 언어를 말하는 능력에 영향을 끼친다고 생각할 이유가 전혀 없다는 것을 강조하고 시작해야겠다. 만약 그러한 차이점이 존재한다고 해도 유전적 영향은 굉장히 작을 것이다. 현생 인류는 어떠한 언어라도 습득할 수 있는 능력을 소유하고 있고 최초로 습득된 언어는 출생 장소와 시간의 함수일 뿐이다. 현존하는 모든 언어는 비슷한 수준의 구조적 복잡성을 가지고 있다. 원시적인 경제 수준의 인족 집단이 그들보다 부유한 인족 집단보다 원시적인 언어로 언어생활을 영위하는 것은 아니다. 유전자와 언어 사이의 상호 작용이 있다면 유전자에 영향을 주는 쪽이 오히려 언어인 경우가 많다. 집단간의 언어적 차이로 인해서 집단간 유전적 교환의 확률이 낮아지기 때문이다.

언어 진화는 문화적 진화의 특수한 형태이다. 문화 일반에 대한 것은 다음 6장에서 더욱 일반적으로 논의할 것이다. 어떻게 유전자와 언어라는 두 상이한 체계가 평행적인 궤적을 따르는 것일까, 다른 말로 '공진화(coevolution)'하는 것일까? 고립된 두 집단은 유전적으로나 언어적으로 분화해간다. 고립이라는 현상은 지리적, 생태학적, 사회적 장벽들 때문에 생기는데 이것은 집단간 혼인의 가능성을 줄여버린다. 이러한 결과로 인해 상호 분리되어 고립된 집단들은 독립적으로 진화하게 되고 서로 점진적으로 달라진다. 상호 분리되어 고립된 집단들의 유전적 분화는 천천히 일어나지만, 무작위적으로 일어나는 것이 아니라 시간의 흐름에 따라 정규적으로 일어난다. 우리는 언어에서도 이러한 동일한 과정이 일어나리라고 예상할 수 있다. 분리에 의한 고립은 문화적 교환을 감소시키고 두 언어는 서로 떨어져 부유(浮游)해버린다. 이러한 언어적 분리의 성문연대기학적 연대 추정이 우리가 원하는 만큼 언제나 정확하지는 않다. 하지만 일반적으로 언어들도 시간이 지남에 따라 분기(分岐)한다. 그러므로 인간 집단들의 언어학적 계통수와 유전적 계통수는 대체로 일치하는 모습을 보여주는데 이 두 계통수가 집단들의 분리와 진화의 역사를 독립적으로 반영하기 때문이다.

그렇지만 유전적 계통수와 언어학적 계통수 사이에 불일치를 보이는 여러 가지 주요 원천들이 존재한다. 특정 언어는 다른 언어에 의해서 비교적 짧은 시간 안에 치환될 수 있다. 예를 들어 유럽 대륙에서는 헝가리어가 많은 인도-유럽 어족의 언어들인 슬라브어, 게르만어, 로망스어가 사용되는 지리학적 중심지에서 통용되고 있다. 그런데 헝가리어는 우랄 어족의 핀-우그르 가지에 속한다. 우랄 어족에 속하는 다른 언어들은 유럽의 북동부 지역이나 시베리아의 서쪽 지방에서 사용된다. 기원후 9세기 말엽에 유목민족인 마자르족이 러시아에 있는 그들의 토지를 떠나서 카르파티아 산맥을 가로질러 아바르족이 이미 차지하고 있던 헝가리를 침공하였다. 이 정복으로 마자르 군주 체제가 등장하게 되었고, 이로써 로망스 어족의 언어들을 사용하는 집단에 그들 자신의 언어를 강요하게 된 것이다. 정복민의 인구는 숫자가 제법 컸지만 헝가리의 다수를 형성할 정도는 아니었고 전체의 30퍼센트 미만이었을 것으로 추정된다. 따라서 마자르 정복의 유전적 영향은 그리 크지도 작지도 않은 수준이었고, 정복 이후에 일어난 이웃하는 나라들과의 유전적 교환들에 의해서 영향은 더욱 적어졌다. 현재로서는 헝가리인 유전자들의 10퍼센트 정도만이 우랄 인족의 정복자들에게서 연유하는 것으로 추정된다.

로마 제국의 멸망 이후에 다른 지역들에서 일어난 야만인들의 정복에서는 정복자들보다 월등하게 많은 피정복자들의 언어를 정복자의 언어로 치환하거나 수정하는 데 보다 큰 어려움에 직면해야 했다. 정복 이전의 거주자들은 정복자들보다 고도의 사회경제적 조직을 형성하고 있었고 그들의 문화적 정체성을 그대로 유지할 수 있었다. 롬바르드족은 스웨덴이나 북부 독일에서 기원한 것으로 보이는데, 기원후 6세기 중엽부터 이탈리아를 정복하기 시작하였다. 오스트리아나 헝가리에서 온 약 3만 5천의 전사들이 매우 빠른 속도로 남부의 끝자락을 제외한 이탈리아 전역을 점령해버렸고 8세기까지 지속된 아주 강력한

국가를 정립했지만 이탈리아의 지역 언어에는 크게 영향을 끼치지 못했다. 똑같은 역사는 독일계 집단으로 프랑스 언어에는 전혀 영향을 끼치지 않았지만 프랑스 정치사에서는 큰 역할을 담당한 프랑크족에게도 적용된다. 그러나 로마 제국 붕괴 이후의 영국에서는 게르만적 기원을 가지는 로마 용병들이었던 앵글로색슨족이 브리튼 섬에서 6세기 이후에 정치적 통제권을 이룩하면서, 이후에는 앵글로색슨족의 언어를 부과하는 데 성공했다. 브리튼 도서(島嶼)는 아주 짧은 시간 안에 급격한 언어적 변화를 겪었다. 앵글로색슨 이전에 브리튼 섬에 살던 원주민들은 현재까지 우리에게 알려지지 않은 '시원적 인도-유럽 어족'의 언어들을 사용하였다. 추정되기로는 기원전 마지막 천년에 켈트 언어들이 현재의 스위스와 오스트리아 사이에 존재한 전파 중심에서 시작하여 유럽 전역에 확산되었다. 제국 사람들이 브리튼 도서를 정복할 무렵에는 브리튼 섬의 대부분에 걸쳐서 켈트 언어들이 사용되고 있었다. 로마인들은 정복 후에 라틴어를 강요하였고, 이후에 앵글로색슨어가 채택된 것이다. 최후로 노르만 침공자들은 1066년 이후로 수많은 프랑스어 단어를 영국 땅에 유입하였다.

또 하나의 중요한 언어 치환은 터키인이 비잔틴 제국을 공격하기 시작한 11세기의 터키에서 일어났다. 터키인은 1453년에 마침내 콘스탄티노플(현재의 이스탄불)을 정복하였다. 그리스어를 터키어로 치환한 것은 터키어가 아주 다른 어족인 알타이 어족에 속하기 때문에 특히 의미심장하다. 이러한 침략의 유전적 영향은 단지 중간 규모이다. 터키 군대는 때때로 군인의 가족들이 전쟁 여행을 같이했지만 군인이 별로 많지 않았다. 따라서 침입 집단은 오랜 문명과 경제적 발전의 역사를 가진 피정복 집단들과 비교하여 작은 규모였다. 로마 제국의 여러 세대에 걸친 수호 아래 기존의 비잔틴 정착인들은 사근사근한 편이었고 위험한 침략자들에 저항할 능력을 잃어버린 상태였다.

일반적으로 바스크어나 부루샤스키어 같은 언어가 살아남는 것은 잔존지들(산악 지방과 같이 '고립된 지역'으로 침략자들에 대해 저항 가능한 지역)에서나 가능한 것으로 보인다. 아주 강한 사회적 정체성이 또한 한 집단의 언어를 존속시키는 데 유리하다.

언어 치환의 사례들은 유럽에만 국한된 것이 아니다. 그러나 기록된 유럽의 역사가 상당히 오래되기 때문에 가장 최근에 일어난 언어 치환들이 아주 독특한 정도로 문서화되어 있는 것이다. 아리안족의 이란, 파키스탄, 인도 침입이 인도-유럽 어족의 언어들을 드라비다 어족의 언어들을 말하던 지역으로 옮겨놓았다. 말레이-폴리네시아인들 중 솜씨가 비범하게 뛰어난 항해인들이 성취한 위대한 지리학적 발견들은 자신들의 오스트로네시아 어족의 언어를 뉴기니의 일부 지역과 멜라네시아, 그리고 미크로네시아와 폴리네시아로 확산시키는 계기를 만들었다. 서쪽으로는 오스트로네시아 어족의 언어들이 아프리카 연안에 있는 마다가스카르 섬까지 전파되도록 만들었다. 이미 거주민이 있었던 멜라네시아와 뉴기니에서는 폴리네시아인의 이주가 유전적 영향을 그리 크게 끼치지 못했다. 멜라네시아의 유전적-언어학적 모자이크는 매우 복잡다단하다. 이는 다른 집단의 이주와 유전적 혼합의 역사가 5천 년이나 되기 때문이다. 그러나 가장 최근의 오스트로네시아 이주민들은 약 3천 년 전부터 시작하여 멜라네시아와 폴리네시아 중부를 통과하고 '폴리네시아 동부'에까지도 도달한 것으로 보인다. 멜라네시아인과 혼합될 시간이 없었기 때문에 그들의 황인계 모습은 거의 바뀌지 않은 것으로 보인다.

탐험애호가들은 유전학적인 관점에서 보면 토르 헤이에르달(Thor Heyerdahl)이 콘티키(Kon-Tiki) 호를 타고 항해하면서 보여준 것처럼 남아메리카인이 '폴리네시아 동부'의 집단 형성에 일정한 형식으로 기여했을 가능성을 완전히 배제할 수 없다는 것을 알게 되면 기뻐할 것이다. 황인계 사람과 아메리카인디언 사이의 유전적 차이는 남아메리카인이 폴리네시아에 유전적으로 기여했는가의 여부와 어떻게 기여했는가의 여부를 정확히 말할 수 있을 만큼 충분히 크지가 않다. 최근에 이루어진 아메리카인디언을 구별할 수 있는 유전적 표지의 발견이 의심할 여지없이 이러한 문제들에 대해 좀더 분명한 대답을 가져올 수 있을 것이다.

특정 언어에 의해서 다른 언어가 전적으로 치환되는 과정은 아메리카 대륙에서 목격한 바와 같이 새로운 이주자들의 강력한 정치적 조직의 압력 아래에서는 아주 쉽게 일어난다. 이런 압력이 없으면 주변국에서 통용되는 독립된 언어들은 수천 년간 비교적 영향이 없는 상태로 지속된다. 심지어 이웃나라들의 유전자들이 부분적인 치환, 때로는 큰 규모의 주요 치환을 겪게 되어도 그렇다. 바스크인의 유전체에서 이웃하는 집단들과의 유전적 혼합을 통해서 일어난 치환의 수준을 수량화하기는 어렵지만 그 양은 상당했을 것이다. 그러나 바스크인이 이웃집단들, 특히 5천여 년 전에 도래해온 농업인들로부터의 유전자 유동에 노출된 시간의 길이를 감안한다면, 시간단위당 유전적 유입은 작다. 아마도 한 세대에 천 쌍이 결혼했다면 그중 한두 쌍만이 이웃과의 혼합 결혼이었을 것이다.

이와는 대조적으로 언어 치환이 없는 가운데 일어난 거의 전반적인 유전적 치환의 경우는 하드자족과 산다웨족에서 일어난 것 같다. 탄자니아의 이 두 집단은 코이산 언어를 사용하지만, 이들의 유전자는 남아프리카의 코이산인과는 다르다. 이 두 집단은 규모가 작은 편인데 상당히 오랫동안 반투인 속에서 같이 살아온 것으로 보인다. 반투인이 아마도 하즈다족, 산다웨족과의 공통 지역에 약 2천 년 전에 도래해온 것으로 보인다. 다른 집단들과 고립되어 있는 한 집단이 세대당 5퍼센트의 유전적 유입을 겪으면서 천 년을 지낸다면 그 집단이 원래 가지고 있었던 유전자들의 87퍼센트가 치환되고, 2천 년을 지낸다면 98퍼센트가 치환된다. 하즈다족과 산다웨족은 사냥-채집인이었고, 따라서 그들 고유의 언어를 보존하기에는 충분하지만 이웃들과의 유전적 교환을 미리 막을 만큼은 충분하지 않은 그런 사회경제적인 요인들 때문에 이웃하는 반투족의 농업인들과 분리되어 있었다. 그렇지만 이와 상반되는 가설을 배제하기도 아주 어려운 편이다. 하즈다족과 산다웨족은 기본적으로 원래의 코이산과는 다른 유전적 배경을 유지하였고 코이산어를 말하는 사람들과의 접촉에 의해서 자신들의 언어를 코이산 언어로 바꾸었다. 그런데 이러한 접촉은 코이산인이 남쪽으로 물러난 후에 끝내 사라져버렸다는 가설을 세울 수 있다. 유전적 치환은 거의 없으면서 언어 치환이 일어난 사례들은 대양횡단 여행이 도입된 이후, 침입자들의 언어가 채택되는 결과가 생긴 아주 최근의 유럽인 팽창들에 많이 존재한다.

반대의 경우, 곧 언어 치환 없이 유전적 치환이 일어난 경우 또한 일어났다. 핀족은 우랄 어족의 언어를 사용하지만 아마도 10퍼센트 정도(이러한 추정치가 근거하고 있는 사람들을 대상으로 더욱 강력한 표지를 이용해 확증해야 하지만)라는 아주 적은 우랄계 유전자들을 가지고 있다. 그런데 원래 발트-슬라브 어파의 언어를 쓰고 있었던 이들 핀족이 넓디넓은 핀란드에 정착하게 되었을 때는 이들보다 먼저 아주 낮은 인구밀도로 살고 있던 우랄계 언어를 쓰는 사냥-채집인 혹은 유목적인 목축인들이 있었다. 이들은 아마도 아직 핀란드의 북부 지역에 거주하는 사아미족과 혈연 관계에 있었을 것이다. 앞에서 논의한 바와 같이 2천 년 전에 핀란드에 정착하게 된 원래의 농업인들은 아마도 천여 명가량 되는 아주 작은 규모의 집단이었을 것이라는 유전적 증거가 있다. 이러한 사실은 특정한 유전적 질병 쪽으로 유전적 부동이 일어난 강력한 증거에 근거하여 추론된다. 아마도 이 새로운 정착자들은 상당수의 원주민 거주자들과 섞였을 것인데, 이러한 평화적 접촉은 다시 새로운 이주민들이 그 땅에 잘 정착하고 확산하는 것을 도왔을 것이다. 이러한 과정은 분명하게도 이주민들이 원주민의 언어를 습득하면서 크게 원활해졌을 것인데 결국은 원주민의 언어를 채택하게 되는 결과가 되었을 것이다. 하지만 이 두 집단간의 유전적 교환은 아주 미미한 정도였을 것이라고 강력하게 추정할 수 있다.

요약해서 정리해보면 언어 치환은 유전적 진화와 언어학적 진화 사이의 평행적 조화를 교란하는 유일한 힘이 아니라는 것이다. 이웃집단들에서 한 조그만 모둠으로의 유전적 유입으로 일어나는 유전적 변화도 불일치를 만드는 다른 하나의 힘이 될 수 있다. 빈번하게 더욱 심화된 분석과 특히 역사적 정보가 여러 가지 가능한 설명들 가운데에서 적절한 것을 구별해내는 데 큰 도움을 줄 수 있다. 유전적 치환이나 언어 치환의 가능성이 충분함에도 불구하고 언어학적 뒤죽박죽과 유전학적 뒤범벅 속에서도 일관성을 찾아낼 수 있기 때문에 두 진화적 궤적에 공통적인 계통수를 하나 축조해낼 수 있다는 것은 경이로운 일이다. 그러나 전통적 언어들이 사라지는 속도가 너무나도 빨라서(거슬러 보전하려는 싸움을 어렵게 만드는 아주 심각한 유실이다) 아마도 몇 세대 지나지 않아 이러한 연구 자체가 불가능해질지도 모른다.

유전적 및 언어학적 데이터에 기초한 대규모 인간 팽창의 해석 (아시아의 사례를 중심으로)

우리가 이미 살펴본 바와 같이 유전적 계통수에 근거하여 판단하건대 대부분의 어족들은 지금부터 6천 년 전에서 2만 5천 년 전 사이로 그 기원의 연대가 정해진다. 하지만 몇몇 어족들은 다른 어족들보다 오래되었다. 예를 들어 그들의 초기 거주화 시기에 근거해보면 뉴기니의 인도-태평양 어족과 오스트레일리아 원주민들의 언어는 4만 년보다 더 오래되었을지도 모른다. 이 경우에 어족의 정의라는 것 자체가 이 두 지역이 가지는 중요한 지리학적 격리, 곧 하나는 섬이고 다른 쪽은 대륙이라는 점에 의해서 크게 도움을 입는다.

아프리카 남부의 코이산 언어도 자신들만의 독특성〔예를 들어 혀를 차는 듯한 음운(click sound)의 존재〕으로 미루어보아 아주 오랜 역사를 가지고 있음에 틀림없다. 그러나 정확하게 얼마나 오래되었는지는 알아내기가 어렵다. 코이산 언어를 쓰는 사람들의 선조들이 아프리카로부터 아시아로의 최초의 인류 팽창과 관련되어 있다고 해도 별로 놀랄 만한 새로운 사실이 아닐 것이다. 코이산 언어가 가진 고대성(古代性)의 가능성은 차치하고라도 '코이산인이 최초의 인간 팽창 과정에서 생겨났다'는 놀랄 만큼 호기심을 자극하는 가설을 뒷받침하는 증거들이 있다. 어떤 인류학자에 따르면 현재로서는 아프리카의 남부에서 살고 있는 코이산인이 과거에는 현재보다 훨씬 북쪽인 동아프리카 혹은 더 올라와 북동아프리카 지역에서 거주했다는 것이다. 만약 이것이 5만 년 내지는 8만 년 전에 있었던 사실이라고 한다면, 이들이야말로 아시아로 팽창해 나가는 가장 좋은 위치에 있었던 셈이 된다. 아프리카 전체를 통틀어 본다면 3장의 〔그림 3〕에서도 보았듯이 동아프리카의 사람들이 아시아인과 가장 비슷한 면을 가지고 있다. 이러한 측면은 충분히 고무적이다. 그러나 현재의 동아프리카인과 아시아인의 유사성은 현대에서 더욱 가까운 시기에 동아프리카와 아라비아 사이의 이주들에 의한 것일 수도 있다. 그것도 한 방향의 이주가 아닌 쌍방향의 이주였을지 모른다. 그리고 코이산인이 길게 늘여진 눈매라든지 크고 둥근 머리 모양 등 동아시아인과 같은 몇몇 체격적 유사성을 가진다는 것을 주목할 가치가 있을 것이다. 또한 코이산인이 서아시아인과 눈에 띄게 현저한 유전적 유사성(동아시아인과는 얼굴 형질 같은 표면적인 유사성이 있음에도 불구하고 유전적인 유사성은 적다)을 보여준다. 이 책을 쓰고 있는 시점에 Y 염색체 연구를 통한 아주 큰 연구 돌파구가 되는 성과들이 오랫동안 고대하던 이러한 문제들에 대한 대답을 가져올 것으로 기대하고 있다.

이와 병행하여 가장 오래된 최초의 인간 팽창에 대해서 예증을 제시할 세계 다른 지역들에서의 유전학과 언어학의 데이터들을 고려해보도록 하자. 아시아 대륙에 현생 인류가 최초로 도달한 이후에도 틀림없이 주요한 인류 팽창과 대규모 이주가 여러 번 있었을 것이다. 아시아인에 대한 주성분 분석상의 주성분들이 주요한 개체군계량적 성장의 중심이었을 만한 여러 지역을 지시해준다. 분석에서 처음으로 나오는 다섯 개의 주성분들은 순차적으로 1)이란의 북서부 지역, 곧 카스피 해의 남쪽이면서 서쪽으로는 현재의 이라크와 경계를 이루고 북동쪽으로는 현재의 투르크메니스탄을 경계로 하는 지역, 2)동남아시아 지역, 3)동해 주변으로 현재의 한국과 일본, 그리고 만주와 중국의 북동부 지역, 4)인도의 북부 지역, 5)중앙아시아이다. 이란 북서부라는 첫번째 주성분에는 동부와 서부로의 분포에 주요한 유전적 기울기가 있음을 주목하게 된다. 아마도 동쪽으로나 서쪽으로 향하는 이주들이 잦았기 때문에 그러한 경사가 생겨났을 것임에 틀림없다. 이러한 이주들은 역사 기록 속이나 바로 전의 선사(先史) 속에도 많은 암시들이 존재한다. 분명히 비슷한 경우들이 이전에도 많이 존재했을 것이다. 또한 Y 염색체 분석도 아시아에 여러 번의 개체군계량적 성장들이 있었고 이로 인해서 세 대륙인 오세아니아 대륙, 유럽 대륙, 그리고 마지막으로 아메리카 대륙으로의 정착이 귀결되었다는 것을 암시하고 있다. 이러한 증거는 이주 경로들을 추정 가능하게 하지만 아직까지는 엄밀한 정확성에 이른 정도는 아니라고 할 것이다. Y 염색체와 21번 염색체상의 변이도가 아주 높은 좁은 구역을 이용하여 비교한 중국계 과학자 리 진(Li Jin) 등의 최근 연구(1999년)의 결과도 아프리카에서 아시아로 한 번 이상의 대규모 이주가 있었다는 것을 보여준다. 고수행액체색층(色層)분석법(DHPLC)을 이용한 유전적 변이를 발굴해내는 실험법을 개발해낸 피터 언더힐과 피터 외프너의 최근 연구가 보여준 바와 같이 Y 염색체상의 유전적 표지를 이용하는 방법은 아주 오래된 이주들의 연구에 정보성(informativeness)이 아주 높다. 이 책을 집필할 무렵에 그들은 Y 염색체에서 165개의 유전적 변이체를 발굴하였다. 이들은 10개의 주요 모둠들(이것을 '반수형모둠haplogroup'이라고 부를 수 있는데 여기에 라틴어 숫자 I에서 X까지 번호를 매긴다)로 나눌 수가 있다. 앞 순위에 있는 세 모둠들(반수형모둠 I, II, III)은 가장 오래되었는데 모두들 아프리카에서 기원한 것이다. 그런데 이 가운데 세번째 모둠(반수형모둠 III)은 아프리카에서 아시아로 이주한 것이다. 나머지 일곱 개의 모둠들, 곧 반수형모둠 IV에서 X까지는 아시아에서 기원했는데 이들의 상당수 모둠들이 오세아니아, 유럽, 혹은 아메리카 대륙에서도 발견되는 것이다. 이 반수형모둠들은 또한 주성분 분석에서의 주성분들에 의해 지적되는 인간 팽창의 중심에 해당된다. 반수형모둠 VI과 IX 각각은 남부 카스피 지역에 해당한다. 이 두 반수형모둠은 중동 전체를 거의 다 포함하고, 북아프리카로부터 나오는 팽창과 북아프리카로 들어가는 팽창, 농업 발달의 중심지들의 합성일 수가 있다. 반수형모둠 VII과 VIII은 동남아시아 중심지에 해당하고, 반수형모둠 IV는 동해로부터의 팽창에 해당하고, 반수형모둠 V는 북부 인도에 해당될 수 있다. 중앙아시아에서의 팽창(다섯번째 주성분)은 아마도 반수형모둠 V의 나중의 가지에 해당되는 것 같다. 이 시점에서 적어도 잠정적으로 하나의 언어학적 어족이나 어계를 각각의 팽창 중심지에 할당할 수 있다. 그린버그의 유라시아 어계는 남부 카스피 지역에, 오스트라 어계는 동남아시아의 두번째 주성분 중심지, 데네-코카서스 어계는 세번째 주성분의 동부 중심으로 할당 가능한 것이다.

드라비다 어족 언어들의 기원 중심지는 인도 서부의 어디쯤일 것이다. 그 기원의 중심지는 남부 카스피 지역(첫번째 주성분)에 위치할 수도 있고 네번째 주성분에 의해 지시되는 북부 인도의 한 중심지일 수도 있다. 이 드라비다 어족은 북부 인도에서는 단지 넓게 산포된 반점 형태로 존재하고 남부 파키스탄의 한 집단인 브라후이족에게서 찾을 수 있다. 이 어족의 언어가 이전에는 이러한 지역들보다는 더욱 서쪽에 해당되는 지역에서도 사용되었다. 분명하게는 엘람(남서 이란) 지역과 가능성이 높기로는 인더스 언덕 지역(동부 파키스탄)이다. 잔존하는 드라비다 어족의 언어들의 주요한 무리들은 잘 알려진 바대로 남부 인도에서 사용된다. 한 어족의 기원을 현재로서는 거의 그 어족에 해당하는 언어가 통용되고 있지 않은 지역에 위치 지정하는 것은 아주 이상한 일이다. 그런데 이러한 어족의 언어가 3천5백 년 전에서 4천 년 전에 파키스탄과 북부 인도에 인도-유럽 어족의 언어를 사용하는 사람들이 도래하였기 때문에 그 어족 기원지에서 제거되었다고 가정하는 것은 타당한 일이다. 인도-유럽 어족의 언어를 사용하는 집단들이 그들 이전에 인도에 정착한 사람들과 벌인 전쟁이 잔혹하고 실제적이었다는 것은 『마하바라타』[24]에 생생한 이미지들로 묘사되어 있다.

다섯번째 주성분은 더욱 북쪽으로의 팽창이 일어난 중심지, 곧 근사적으로 알타이 지역인 곳을 가리킨다. 따라서 이 데이터가 자연스럽게 제시하는 것은 이곳이 알타이 어족 언어들의 기원 중심지일 것이라는 것이다. 황인계 팽창(기원전 3세기)과 투르크 언어 사용자들(기원후 11세기)에 의한 팽창과 같은 두 번의 주요한 팽창이 이 지역에서부터 기원하였던 것 같다. 물론 이보다 많은 여러 번의 팽창이 있었던 것으로 보인다. 이들 황인계 팽창과 투르크 팽창에 앞서는 기독교 시대 이전의 3천 년 전에는 인도-유럽 어족의 언어를 사용하는 사람들(토카라인)에 의해 알타이 지역의 일부가 통치되었던 것 같다.

흥미롭게도 동아시아 지역에서 시작된 역방향 이주에 대한 첫번째 제시는 마이클 해머(Michel Hammer)가 일본에서 그리고 또한 아프리카에서 발견한 특수한 Y 염색체 돌연변이를 기준으로 하여 주창한 가설이었다. 우리 연구단도 해머의 가설을 지지하는 다른 돌연변이들을 찾았다. 그 특정적인 해머 돌연변이의 기원지가 꼭 일본일 필요가 있는 것은 아니었지만 그것이 뒷받침하는 이주 연쇄(migratory chain)는 그런 대로 적절한 것 같고 다른 이주 연쇄들과는 독립적인 것 같다. 관련된 반수형들이 Y염색체 반수형모둠 III의 아시아 가지와 반수형모둠 IV에 속하는 것 같다. 바로 이 팽창이 가장 오래된 유라시아 어족(스타로스틴이 주장하는 데네-코카서스 어족)이 4만 년 전 무렵에 아시아를 횡단하여 유럽으로 옮겨가도록 한 것 같다. 이 어족은 바스크어, 코카서스 어족 하나, 북부 파키스탄의 부루샤스키어, 케트어(북서아메리카의 나-데네 어족보다 선조성이 높은 것으로 보이는 중앙시베리아의 예니세이 강변에서 사용되는 언어), 다른 근연 관계가 분명하지 못한 언어들(수메르어나 에트루리아어) 같은 언어학적 고립 집단들의 잔존어들을 포함한다. 데네-코카서스 어계에 속하는 다른 두 주요 어족, 즉 시노-티베트 어족과 나-데네 어족도 상당히 광범위한 지역에 걸쳐서 생존해 왔다. 그 두 어족도 제안된 기원지 가까운 곳에 위치하고 있고, 어계의 다른 가지들보다 더 많은 수의 언어들로 생존해온 것이다.

데네-코카서스 어계는 아마도 2만 년 전까지는 유라시아 어계에 속해 있었을 것 같다. 2만 년 전은 일부 언어학자들이 노스트라 어계의 기원 시기라고 주장하는 연대이다. 아마도 노스트라 어계가 데네-코카서스 어계에서 가지 쳐서 나온 것으로 보인다. 노스트라 어계는 아마도 1만 년에서 2만 년 전 사이에 성장을 거듭하여 유라시아에서의 데네-코카서스 어계(인도-유럽 어족, 우랄 어족, 알타이 어족)를 대치하는 어족들을 발생시킨 것으로 보인다. 그린버그의 유라시아 어계는 노스트라 어계의 북아시아적인 범위를 더욱 동쪽으로 위치시킨다. 그린버그는 아프로아시아 어족을 그 지리적 기원의 확정이 불분명하지만 아프리카에서 기원한 것으로 보며 유라시아 어족보다는 기원이 빠른 어족으로 본다. 하지만 아프로아시아 어족은 유라시아 어계에서 제외된다.

인도-유럽 어족

인도-유럽 어족은 가장 많이 연구된 어족이다. 그 지리적 기원을 결정지으려는 시도는 엄청나게 다양한 결과들을 가져왔다. 많은 후보 기원지들이 제안되었다. 후보에는 독일에서부터 러시아의 북동 코카서스 지역에 이르는 지역과 발트 해안의 국가들에서 수에즈에 이르는 지역에 속하는 지역들이 거론되었다. 다른 가설들은 이보다 더욱 광범위한 지역을 거론하였다. 가장 유력한 이론이 고고학자 마르지아 김부타스에 의해서 제창되었는데, 그녀는 그 기원지를 흑해 북부 지역으로 잡고 가장 오래된 인도-유럽 어족 언어 사용자들을 아시아 스텝 지역의 쿠르간 문화와 연결시켰다. 그러나 김부타스가 이러한 이론을 제안할 때에는 쿠르간 문화의 연대가 분명하게 알려져 있었던 것이 아니었다. 김부타스는 기원전 3천 년 전 내지는 3천5백 년 전으로 그 연대를 가정했는데 영국의 고고학자들은 너무 이르다는 이유로 그 타당성을 거부했었다. 그러나 김부타스의 연대 추정은 이후의 발굴들에 의해서 증거들을 확보하게 되었고, 이미 이러한 시기에 말들이 가축화되기 시작했고 당시에 인간의 승마가 이루어졌으며 전투마차가 이 지역에서 이미 제작되었다고 한다.

1987년 콜린 렌프류는 인도-유럽 어족의 언어들이 신석기 농업인들에 의해서 북쪽으로 전파되었다는 학설을 제안하였다. 4장에서 나는 그의 영향력 있는 저서 『고고학과 언어 : 인도-유럽 어족 기원의 수수께끼』를 언급하였다. 이 책은 신석기 농업의 전파가 순전히 문화적 과정으로만 이루어진 것이 아니라 인간 군락적 과정에 수반된 것이라는 우리의 가설을 더욱 공고히 해주는 것이었다. 인도-유럽 어족 언어들의 확산과, 지리학이 분명하게 밝혀주는 농업의 확산에는 상응 관계가 있다고 강력하게 주장하고픈 유혹이 일기도 한다. 그러나 농업과 농업인들의 확산에 대한 초창기 연구의 공동 연구자인 고고학자 앨버트 애머만과의 토론을 통해서 고고학이 문자적 기록이 없이는 이러한 언어학적 상관들을 지지하지 않기 때문에 언어와 농업 확산의 상관성에 대한 주장은 피했다. 그럼에도 불구하고 이론적인 고고학적 추론 등을 통해서 고고학자 렌프류는 인도-유럽 어족이 중동 농업인들에 의해서 확산되었다고 용기 있게 결론을 내렸다.

나는 렌프류의 저서가 출판되기 이전에 영국 케임브리지를 방문했을 때 렌프류의 가설에 대해 알게 되었다. 농업의 확산과 언어의 관련성은 언어학 문헌들에 엘람 지역(현재의 이란의 북서부)의 쐐기형문자로 5천 년 전에 기록된 언어가 바로 드라비다 어족의 언어라는 사실을 알게 되면서 더욱더 강하게 인식하게 되었다. 렌프류와 나는 완전히 별개로 드라비다 어족의 언어들이 중동에서 기원하여 중동 농업인들에 의해 동쪽으로 전파되었고 지금의 파키스탄과 인도 지역으로 확산된 것 같다고 주장하였다. 그러나 마지막 장에서 나는 드라비다 어족의 기원지를 이와 같은 '비옥한 초승달 지역(Fertile Crescent)'보다 더욱 동쪽으로 잡아서 카스피 해 남쪽이나 이란의 동쪽 혹은 인도의 북부 지역으로 추정하려고 노력했다. 농업의 발전이 최초의 농업인들에 의해 사용된 언어들을 여러 곳으로 확산시키는 데 크게 도움을 주었다고 가정하는 것은 아주 합리적인 것으로 보인다. 이러한 사건들이 여러 번 반복해서 일어났을 것이라서 우리는 다른 사례들을 볼 수 있다. 그러나 농업이라는 기술은 만 년 전에는 발달하지 않았을 것이다. 따라서 농업 전파와 연계된 어족들의 도래는 더 나중에 있었을 것이다. 드라비다 어족과 아프로아시아 어족이 유라시아 어족보다 오래된 것이라는 그린버그의 주장이 옳다면 드라비다 어족의 기원 중심이 꼭 중동 지역과 연결되어 있지는 않아도 되는 것이고, 더욱더 동쪽으로 자리매김해도 될 것 같다.

어족의 기원 중심지와 관련된 또 하나의 흥미로운 의문은 인도-유럽 어족의 언어들이 현재의 터키 지역에서 기원했으며 신석기 농업인들과 함께 유럽 지역으로 전파되었다는 렌프류의 가설 때문에 생겨난다. 분명히 모든 이주자들은 자신의 언어를 가지고 이동한다. 그리고 그들이 새로운 지역에서 직면하는 사람이 없다면 새로운 언어를 새로 배울 이유가 전혀 없다. 농업적 팽창 이전의 유럽의 거주자들(이들은 종종 '중석기인'이라고 불린다)은 인구밀도가 아주 낮았다는 사실은 말할 필요가 없을지도 모른다. 그들은 사냥-채집자들이었기 때문에 농업에 적당한 토지들과는 지리학적으로 다른 지역들에서 생활하는 것을 더 선호했을 것이다. 이러한 초기 거주자들과 새로운 정착자들, 곧 신석기 농업인들은, 특히 후기의 농업인보다 밀도가 낮았던 시기인 농업 팽창의 초기 시대에는 서로 별로 접촉이 없었을 것이다.

렌프류의 가설이 만약 정확하다면 시초의 농업의 전파가 일어났던 9천5백 년 전이나 만 년 전에 해당하는 시기에 인도-유럽 어족 언어들이 확산되었다고 추정된다. 이러한 연대 지정은 문제가 많아 보이는

데, (아주 대충 잡은) 오래된 언어학적인 연대 추정은 이보다는 현대와 가까운 연대(약 6천 년 전)를 제시하기 때문이다. 더욱이 이 후대 추정은 김부타스가 쿠르간 언어의 기원을 5천 년 전에서 5천5백 년 전으로 추정한 것과 아무런 불편 없이 맞아떨어지기 때문이다(쿠르간이란 러시아 남부의 예술작품들의 발굴처가 된 봉분형의 무덤들이다). 앞으로 살펴보겠지만, 김부타스와 렌프류 사이에는 필연적인 모순점들은 존재하지 않는다. 이와는 반대로 알베르토 피아차와 나는 그들 각각의 연대 추정들이 상호보완적인 제안들이라고 믿고 있다. 만약 우리가 이 착상을 받아들인다면, 만 년 전 현재의 터키 지역에 사용되었던 원조격인 인도-유럽어는 '일차적 인도-유럽어' 혹은 '전(前)시원적 인도-유럽어'이고 쿠르간 지역들에서 4천 년 내지는 5천 년 후에 사용된 언어는 '이차적 인도-유럽어' 혹은 '시원적 인도-유럽어'라고 지칭하는 것이 유용할 것이다.

유전학적으로 이야기하면 쿠르간 스텝 지역의 사람들은 터키에서 이주해온 중동 신석기인들로부터 최소한 일부가 유래했을 것이라는 것이 명백하다. 흑해의 북쪽에 도달하기 위해서는 농업인들이 터키에서 루마니아를 관통하거나 혹은 흑해의 동쪽 연안을 따라서 흑해의 서부로 팽창해 나갔을 것이다. 흑해 북쪽에 도달하자 얼마 안 가서 이들 신석기 농업인들은 다른 곳과는 달리 그곳에서는 수가 풍부하게 많았던 말을 가축화했고, 목축 중심의 경제를 발전시켰다. 이것은 새로운 정착자들이 완전히 경작 위주인 생활에 적합하지 않은 환경에서도 생존해 나갈 수 있도록, 나아가서는 번성할 수 있도록 해주었다. 이러한 적응에도 상당한 시간이 걸렸는데, 처음의 청동기 발전(5천 년 전)과 함께 정착자들이 인구 팽창의 일로에 있게 되었다. 이들에게는 식량이 있었고, 교통수단이 있었으며, 강력한 새로운 무기들이 있었다. 실제로 쿠르간 지역은 굉장히 넓게 확장되었고, 최초의 팽창 이후에도 3천 년 내지는 4천 년 동안에 걸쳐서 수많은 인구 확산을 초래하였다. 가장 최초의 확산 기원지는 볼가 강과 돈 강 사이에 낀 중간 지역이었을 것이다. 그러나 수많은 팽창들이 있었고 중앙아시아 지역으로의 동진(東進)과 유럽 쪽으로의 서진(西進) 모두 일어났을 것이다. 쿠르간들은 이 스텝 지역의 상당히 넓은 지역에 걸쳐 발견되는데, 동쪽으로도 펼쳐져 있고 서쪽으로도 펼쳐져서 나타난다.

쿠르간 지역에서 동쪽으로의 팽창이 먼저 있었을 것이다. 이 동진 팽창은 동쪽과 남쪽으로 이끌려서 중앙아시아를 관통한 후에 현재의 이란, 아프가니스탄, 파키스탄, 인도에 이르렀을 것인데, 이는 인도-유럽 어족의 '인도-이란 가지'를 형성했을 것이다. 이후에 이 언어들이 이전에 이란에서 파키스탄에 이르는 지역과 남부 인도를 제외한 북부 인도의 전역에서 사용되던 모든 드라비다 어족의 언어들을 대치했을 것이다. 인도의 대부분의 거주자들은 그들의 피부가 북부 유럽의 피부색보다 검다고 하더라도 백인계이다. 인도 남부의 드라비다 어족의 언어를 사용하는 거주자들은 유전적으로 북부의 인도인과는 약간 차이가 나고 피부색도 조금 더 검은 편이다. 최소한 세 가지 인족 층들이 이 지역에 포개어져 있다. 가장 오래되고 가장 수가 적은 인족 층(드라비다인 이전의 사람들, 곧 오스트랄로이드)은 불행하게도 가장 연구가 덜 된 편이다. 이들은 현재 오스트레일리아 원주민과 많은 면에서 닮았다고 본다. 물론 이 유사성은 피상적일 수 있지만, 드라비다인 이전 사람들이 최초로 아프리카에서 나온 이주인들의 직계 후손들로 유력하다. 드라비다인은 인도에 도달한 최초의 농업인이었다. 그러나 이들이 어디에서 온 것인가 하는 데에는 아직도 의견이 분분하다. 렌프류와 내가 기초 가설화한 바대로 이들이 중동에서 왔을 수 있고, 아니면 앞에서 기술한 대로 북부 이란이나 북부 인도에서 왔을 수 있다.

반대 방향의 팽창, 곧 쿠르간 지역에서 중앙 유럽과 북부 유럽으로의 서진 팽창은 차례대로 인도-유럽 어족의 켈트 가지, 이탈리아 가지, 게르만 가지 등을 생성해냈다. 북진 팽창은 아마도 가장 나중에 일어난 발트-슬라브 팽창을 초래했을 것이다. 남진 팽창은 성공적이지 못했는데, 그 지역의 인구밀도가 이미 아주 높았기 때문이다. 그러나 기원전 2세기경으로부터 이미 터키와 중동 지역에는 히타이트인이나 미탄니인 같은 인도-유럽어를 사용하는 인족들과 왕조들이 존재했다. 이들은 쿠르간으로부터 기원했을 법한 족속들이다.

김부타스의 가설이나 렌프류의 가설은 서로 독립적으로 떨어져 있을 때보다 조합했을 때 더욱 타당성이 높다는 것이 인도-유럽 어족의 계통수에 대한 최근의 연구에서 확증되고 있다. 우리는 1992년 두 언어학자 이시도어 다이엔(Isidore Dyen)과 폴 블랙(Paul D. Black), 통계학자 조셉 크루스칼(Joseph B. Kruskal)이 공동으로 출간한 자료들을 가지고 인도-유럽 어족의 언어들 사이의 유사성들에 대한 최초의 총체적이고 정량적인 분석을 수행하는 연구를 수행했다. 출판되어 나온 데이터는 70여 개의 인도-유럽 어족 언어들에서 2백 개의 단어들이 가지는 공통 기원의 빈도이다. 모든 가능한 쌍의 언어들이 비교되었고, 각 쌍의 언어들의 유사도는 전형적인 언어학적 기준들에 의거하여 공통 기원을 보이는 단어들의 백분율을 계산하여 평가하였다. 예를 들어 어머니를 의미하는 영어 단어인 'mother'와 프랑스어 단어인 'mère'는 공통의 기원을 가지지만 머리를 의미하는 영어 단어인

'head'와 프랑스어의 'tête'는 아니다. 이러한 단어들은 언어 분리의 연대를 추정하는 방법론인 '성문연대학'에서 표준 목록에 포함되는 것들이다. 이들이 사용한 통계학적 방법은 주성분 분석에 속하는 다차원 척도 조정이다. 이들의 데이터를 이용하여 우리는 유전학 연구를 위해서 개발한 두 가지의 계통수 재구성 방법을 적용하여, 계통수를 얻게 되었는데 흥미롭게도 독일의 언어학자 아우구스트 슐라이허(August Schleicher, 1821~1868)의 최초의 언어계통수와 상당히 잘 조응하는 것이었다. 가장 큰 차이점은 계통수의 뿌리 위치였는데, 이러한 뿌리 위치의 지정은 언제나 제대로 가늠하기가 가장 어려운 부분이다.

인도-유럽 어족의 언어들 중에 가장 중요한 하위 모둠들은 다음과 같다. 게르만 어파(영어와 스칸디나비아 언어들을 포함한다), 이탈리아 어파(기원전 1세기경에 이탈리아에서 사용된 언어들 중에 라틴어를 생성해내었다), 발트-슬라브 어파, 켈트 어파, 그리스 어파, 인도 어파, 이란 어파이다. 대부분의 언어학자들이 인도-이란을 단일한 가지(어파)로 본다. 물론 다이엔과 그의 동료들은 이들이 구분되는 어파라고 주장한다. 우리가 만든 계통수에는 알바니아어, 아르메니아어, 그리고 후에는 조금은 명확성이 떨어지지만 그리스어 같은 일부 언어들이 이전에 예상했던 것보다 더욱 오래된 독립적인 기원들을 가지고 있었다. 히타이트어나 토카라어 등과 같이 멸종된 언어들은 우리의 분석에서 고려될 수 없었다. 동일한 계통수가 다른 두 가지 주요 계통수 구축 방법들에 의해서도 만들어졌고 〔그림 13〕에 나타낸 바와 같다.

알바니아어와 아르메니아어(그리고 증거가 약간 부족하지만 그리스어)와 같은 고립언어들은 현재의 터키 지역에서의 최초의 신석기 농업인의 유입 시기에 기원하였다고 생각하는 것이 합리적인 것 같다. 다

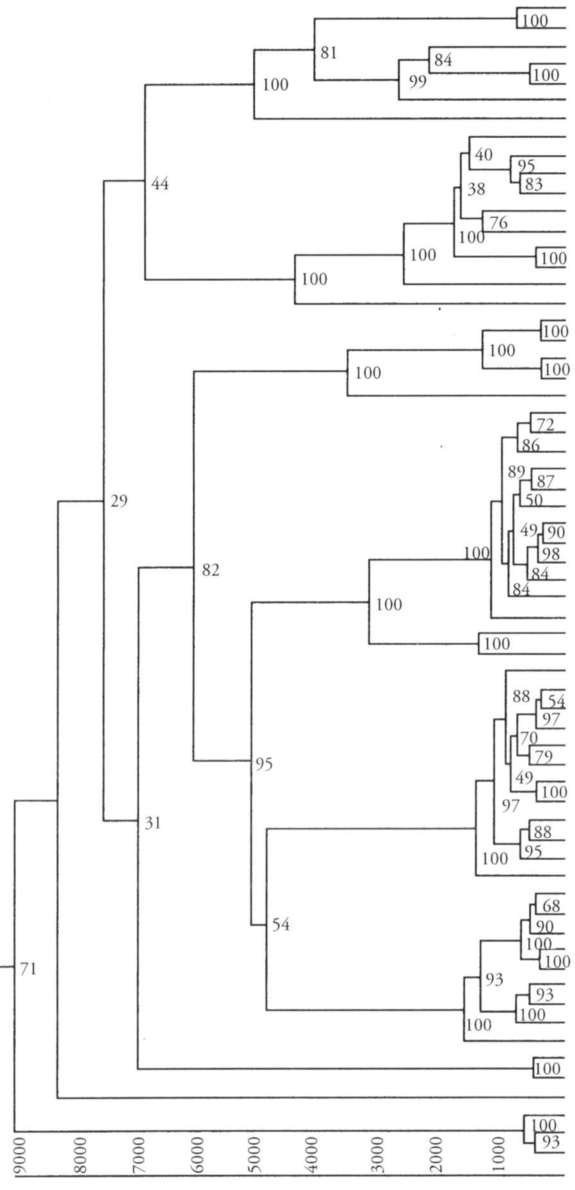

〔**그림 13**〕 인도-유럽 어족 63개 언어들의 계통수. 가지가 분지되는 지점에 위치한 숫자들은 특정한 분지의 신빙도(reliability) 백분율로서 구두끈매기(bootstrap) 방법에 의해서 계산되었다. 맨 아래의 수평축은 연수를 나타낸다〔다이엔, 크루스칼, 블랙의 논문(1992)에 제시된 데이터에 의거하여 피아차, 민치, 카발리-스포르차가 쓴 논문 초고에서〕.

른 어파들과 비교하여 상대적으로 오래된 시기로 인해서 인도-유럽 어족 계통수에서보다 이른 시기로 자리매김된다. 그리고 이 언어들이 사용되는 지역들이 지리적으로도 터키와 가까운 곳에 위치한다.

우리의 분석 결과로는 인도와 이란의 언어들이 인도-유럽어 연구의 고전적인 전통에서와 같이 하나의 인도-이란 모둠으로 묶이는데 크루스칼과 그의 동료들의 결과와는 조금 모순이 생기는 것이다.

이후의 가지들은 쿠르간 지역에서 인도-유럽으로의 이주들이 몰고 온 이차적 유입(second wave), 곧 쿠르간 서부 지역에서 중부 유럽으로의 유입과 쿠르간 동부 지역에서 인도-이란 가지로의 유입에서 기원한 것으로 보인다. 계통수 가지의 갈래치기 순서는 흥미롭다. 켈트 어파, 발트-슬라브 어파, 이탈리아 어파, 게르만 어파의 갈래치기는 기원의 중심지로부터의 거리와 상당히 잘 들어맞는 편이다. 여기서 계통수의 첫번째 가지는 유럽의 가장 최서단에서 아직도 사용되는 언어들인 켈트 어파이고, 따라서 쿠르간 지역에서는 가장 거리가 멀다. 그 다음의 쪼개짐은 이탈리아-게르만 가지와 발트-슬라브 가지를 생성해 낸다. 이탈리아 가지는 유럽의 남서부 지역에 정착하였는데, 먼저 들어온 전시원적 인도-유럽어인 바스크어를 완전히 치환해 나가지는 못했지만 이탈리아 반도에 있던 에트루리아어를 대치하는 데는 성공하였다. 게르만 가지는 북서, 북부, 중부 유럽에 정착했는데, 이전에 들어와 있었고 켈트어의 확산에도 살아남았던 인도-유럽 어족의 어파들을 완전히 치환하지 못했다. 발트 가지와 슬라브 가지들도 북동과 남동 유럽에 각각 정착하였는데, 이전에 정착해 있었던 우랄 어족의 언어들과 경쟁 관계에 처하게 되었다.

최근 필라델피아 대학의 탠디 워노(Tandy Warnow)와 다른 연구자들이 인도-유럽 어족의 역사에 대해서 완전히 독자적인 계통수를 제안하였다. 그들은 연구 결과를 충분하게 출판하지 않았기 때문에 분석하기가 어렵다. 하지만 특별하게 신빙성이 높은 것으로 인정되는 단어 뿌리들(어근들) 소수만을 이용했고 현재로서는 사라진 언어들을 포함하지만 아주 적은 수의 언어들을 연구에 포함시켰다. 그들의 결론들이 우리 공동 연구팀이 제시한 결론들과 다른 면은 바로 켈트어가 상당히 늦게 갈래치기해 나왔다는 주장에서 연유한다. 이러한 주장은 켈트어가 유럽의 거의 전역에 아주 이른 시기에 확산되어 있었고, 이후에 게르만어와 이탈리아어를 사용하는 최종정착인들(latecomers)에 의해서 켈트어의 사용이 억제되었다는 사실, 그리고 그에 따라서 현재에 남아 있는 켈트어는 대부분 지리적으로 북서유럽의 끄트머리 지역으로 국한된다는 사실과 부합하지 않는다. 분석에 사용된 단어 뿌리들의 수가 적은 점과 결론들의 강고성에 대한 통계학적 검정이 없다는 점이 주요한 문제점이지만, 이런 약점만 없다면 아주 흥미로운 분석이다.

반투인의 팽창

여러 차례의 많은 인구 팽창은 새로운 지역에 새로운 언어를 가져왔다. 우리에게 익숙한 인족들의 군락적 팽창들은 거의 대부분 집단이 사용하는 본래 언어의 팽창이 뒤따르는 것이다. 유전학적으로나 언어학적으로도 연구된 선사 시대의 팽창들 중에는 반투족의 팽창이 굉장히 흥미롭다. 동아프리카의 나일-사하라 어족이나 남아프리카의 코이산 어족의 언어들과 같이 다른 언어를 사용하는 족속들과의 접촉도 있었기 때문에 이웃하는 부족들로부터의 유전적 유입도 있었지만, 반투족은 대체로 그들 자신의 유전적 독특성을 유지해왔다. 이러한 유전적 독특성으로 인해서 실제로 그들이 기원한 다른 서부 아프리카 사람들과는 조금 구별된다. 반투족은 나이지리아와 카메룬에서 발원하여 아프리카의 대서양 해변을 따라서 남쪽으로 이동하였다. 첫번째 팽창에 참여한 반투인은 아직도 3천 년 전의 신석기 도구를 사용하고 있었으나, 이후의 팽창은 철의 도입이 도움을 주었다. 반투인은 기원후 1년경에 우간다와 케냐에 걸쳐 있는 대호수 지역에 도달하였고, 여기서부터 아프리카 동쪽의 인도양 해안 쪽으로 가거나 더욱 아프리카 내륙에 해당하는 방향인 남쪽으로 팽창해 나갔다. 고고학자들은 이러한 시기 이후에 반투인이 철제 도구들에 크게 의존하였다는 것을 찾아냈다.

이렇게 아프리카 대륙의 중남부로 이동하는 팽창의 서쪽 흐름과 동쪽 흐름이 결국 남부의 중앙 지역에서 만났다. 반투인은 1650년경에 네덜란드인이 아프리카 남부 끝인 희망봉에 상륙했을 무렵에 아마도 몇백 킬로미터밖에 떨어지지 않은 곳까지 도달한 것으로 보인다. 고고학자들과 언어학자들 모두 이미 아주 이른 시기에 반투인이 아프리카 서해안을 따라서 나미비아에 도달했다는 것을 보였다.

다윈의 예언

과학적 언어학의 기원은 1768년으로 잡을 수 있다. 그해에 영국인 판사 윌리엄 존스 경(Sir William Jones)은 자신이 새로이 창립하고 회장으로 있던 캘커타의 '벵갈 아시아 학회(Bengal Asiatic Society)'에서 산스크리트어, 그리스어, 라틴어, 그리고 아마도 켈트어와 고딕어(게르만어의 시조로 여겨지는 언어)도 공통 기원을 가지고 있는 것 같다는 이론을 개진하였다. 산스크리트어와 유럽 언어들의 유사성은 이미 플로렌스 상인 필리포 사세티(Filippo Sassetti)와 예수회 사제 코에르도(Coerdoux)도 알고 있었다. 코에르도는 인도의 폰디체리에서 파리에 있는 명문원(Académie des Inscriptions) 수신으로 보낸 짧은 문건에 산스크리트어, 그리스어(헬라어), 라틴어가 틀림없이 공통 기원을 가지고 있다고 썼다. 하지만 코에르도의 결론은 존스가 개최한 학술대회의 영향력을 따라가지는 못했다. 1863년 독일의 언어학자 아우구스트 슐라이허는 오늘날 우리가 현대적 방법들을 이용하여 축조하는 것과 아주 유사한 인도-유럽 언어들의 기원을 보여주는 계통수를 출간하였다. 이 때문에 생물학과 언어학 사이의 연계성이 한꺼번에 아주 자명한 것으로 보이게 되었다. 명백하게도 슐라이허는 생명체 진화의 이론을 설명하는 데 계통수를 그려서 사용하는 찰스 다윈의 방법에 영향을 받았다. 『종의 기원』에서 다윈은 만약 우리가 인간 모둠들의 생물학적 유래를 알게 된다면 언어들에 관계된 계통수를 추출할 수 있을 것이라고 확실하게 선언하고 있다. 하지만 이러한 시도들은 1988년까지도 이루어지지 않았다. 심지어 나도 1988년까지 다윈의 예언이 있었다는 것조차 인식하지 못하고 있었다. 참 부끄러운 일이라 하지 않을 수 없다. 나도 알베르토 피아차, 파올로 메노치, 조아나 마운틴(Joanna Mountain)과 함께 쓴 1988년의 논문을 읽은 생물학의 역사학자 친구가 다윈의 예언을 환기시켜주었기 때문에 이를 새롭게 인식한 것이었다. 그 1988년 논문은 유전학, 고고학, 그리고 언어학의 데이터들을 전 지구적 규모에서 상관시키는 것이었다. 다윈이 쓴 글은 다음과 같다.

〔분류의〕 자연적 체계는 하나의 가계도(pedigree)처럼 그 배열에 있어서 계보학적이다. …… (중략) …… 언어들을 실례로 들어서 분류에 대한 이러한 관점을 예시해보는 것도 의미가 있겠다. 만약 우리가 인류의 완벽한 가계도를 소유하고 있다면, 인간에 속하는 인종들의 계통학적 배열이야말로 전 세계적으로 현재 사용되고 있는 다양한 언어들의 가장 좋은 분류 체계를 산출할 수 있다. 또한 만약 모든 멸절되어 사라진 언어들과 모든 중간 상태의 언어들, 그리고 천천히 변하는 방언들을 포함시켜야 한다면, 아마도 이런 방식의 배열이야말로 유일하게 가능한 분류 체계일 것이다.(『종의 기원』 제8장)

유전자와 언어의 상관성이 완벽할 수는 없다. 왜냐하면 아메리카 대륙의 많은 지역에서 일어난 것처럼 광대한 영토의 신속한 정복이 일어나서 아무런 유연성이 없는 새로운 언어들에 의해 원주민의 언어들이 치환되는 일이 쉽사리 일어날 수 있기 때문이다. 그러나 이러한 언어 치환의 사건들이 모든 상관성 흔적들을 지워버리기에 충분할 만큼 자주 일어난 것 같지는 않다. 반면에 동일하게도 우리는 서로 다른 이웃 집단들과의 장기간의 유전적 교환의 경우에도 유전자들이 치환될 수 있다는 것을 안다. 이러한 혼동의 우려를 지닌 원인들이 존재하지만 유전자와 언어 사이의 상관성은 정(正)의 상관을 보이고 통계적으로도 유의성이 높다.

심지어 미시지리학적 수준으로 상세히 연구된 지역들이 보통 지리학, 유전학, 언어학, 그리고 성(姓)과 같은 다른 문화적 측면들 사이에 나타나는 강한 상관성을 보여주었다. 우리가 관찰한 유전적-언어적 모자이크는 수차례 발생한 팽창들, 곧 일부는 역사적으로도 알려져 있는 이동들의 결과와 함께 그 중첩들(superimpositions)과 상호 작용들의 결과들도 분명하게 보여준다. 물론 교란도 일어나지만 교란도 대부분은 언어와 인간, 그리고 유전자 사이에 나타나는 상관성의 명백함을 흐릴 정도는 아니다.

유전적, 고고학적 지식에 기초한 언어 진화의 역사에 대한 가설적 모형

언어 진화는 특별한 관심의 대상이다. 이번 장에서 우리는 언어와 유전자 사이의 유사성들을 설명하는 것으로 논의를 제한했다. 그러나 언어적 진화는 또한 우리가 다음 장에서 다룰 문화적 진화라고 하는 훨씬 더 일반적 현상을 이해하는 사례로서 매우 중요하다.

다윈의 제안을 따라서 유전적 진화에 관한 우리의 지식을 이용하여 언어학적 계통수의 이른 시기 부분에 대한 가설을 세우려 시도할 수도 있다. 〔그림 14〕는 유전학적 계통수에서 도출되는 단서들을 언어학적 정보와 상관시킬 때 재구성되는 언어의 역사를 보여준다. 이 언어학적 계통수는 메리트 룰렌이 우리 연구단이 구축한 1988년판 유전적 계통수를 지침으로 하여 그린 것이다. 룰렌은 유전적 계통수가 나온 이후에 대담하게 제안된 새로운 언어학적 어계들도 고려했다. 〔그림 14〕의 계통수는 룰렌의 원본 계통수를 거의 수정하지 않은 채로, 내가 추정 가능한 연대를 추가한 것이다. 우리의 유전적 데이터가 완전히 만족할 만한 양과 질이 된다면, 언어적 계통수가 〔그림 14〕의 계통수처럼 단순하지는 않을 것이다. 그러나 현재의 중심적인 골격은 크게 바뀌지 않을 것으로 보인다.

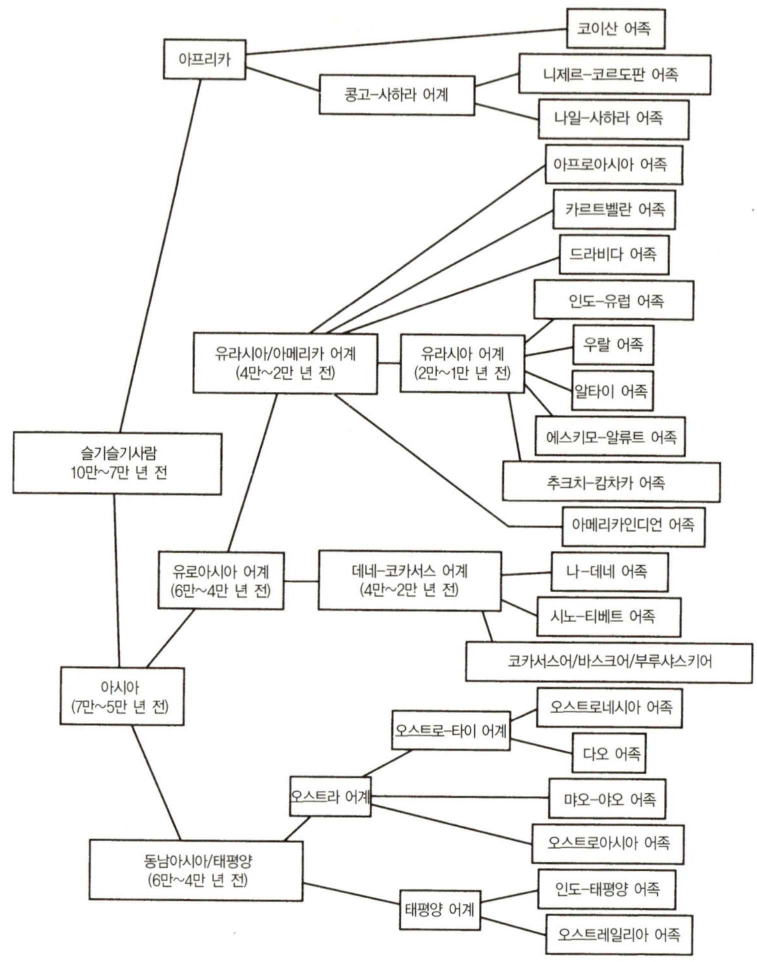

〔**그림 14**〕 인류 언어의 기원을 표현하는 계통수. 1994년 메리트 룰렌이 다윈이 제안한 바를 따라 유전적 계통수(〔그림 12〕에 있는 것과 같은)에 기초하는 방법을 사용하면서도 최초의 분기 시점의 추정 범위에 맞추어 약간의 수정을 거친 것이다.

가장 오래된 어족들은 아프리카의 언어이다. 현재는 네 개의 어족이 존재한다고 보는데, 그중 코이산 어족이 아마 가장 오래된 것으로 추정되고 있다. 아프로아시아 어족은 가장 최근의 어족일 것이고, 니제르-코르도판 어족과 나일-사하라 어족의 두 어족이 아마 동일한 기원을 가지고 있으며(따라서 일부 언어학자들은 둘을 뭉뚱그려서 '콩고-사하라' 어족으로 부를 것을 제안한다), 코이산 어족과 아프로아시아 어족 사이의 중간쯤에 나타났을 것이라고 본다. 코이산 어족은 앞에서 설명한 대로, 아프리카 대륙을 떠난 현생 인류의 가장 직접적인 직계 어족일 것이다.

아프리카 대륙에 남은 현생 인류로부터의 첫번째 언어학적 분지는 현대의 코이산 어족으로 뻗어 올라가는 한쪽 가지를 한 측면에 두고 콩고-사하라 어족으로 올라가는 다른 가지를 또 다른 측면에 두는 갈래였을 것이다. 아프로아시아 어족은 이보다는 시간이 많이 지난 시기에 아프리카의 북부에서, 혹은 완전히 다르게 중동이나 아라비아 반도 지역에서 기원하였을 것이다.

니제르-코르도판 어족은 두 개의 계통수 가지로 구성된다. 아주 작은 가지는 코르도판 가지인데 수단 서쪽의 매우 광대한 산맥의 이름을 따라 지은 것이고, 다른 가지는 니제르-콩고 가지이다. 아마도 동아프리카로부터 서쪽을 향하는 언어 확산이 있었을 것으로 보는데 처음에는 코르도판 지역으로 퍼졌고, 다음으로 서아프리카로 퍼졌을 것이다. 물론 아예 이와는 달리 반대 방향으로의 팽창이 있었을지도 모른다. 서아프리카에서 농업의 도입과 짝지어 나타난 큰 규모의 급속한 집단 팽창은 4천 년에서 6천 년 전에 일어났을 것이다. 개인적으로 나는 고고학자들이 이러한 대규모 집단 팽창이 말리와 과거에 '볼타 상부(Upper Volta)'로 불리던 현재의 부르키나파소 사이에서 발생한 것으로 자리매김하는 주성분 분석의 유전적 단서들에 주목해주기를 바란다. 그후 농업은 나이지리아와 카메룬에서 중부와 남부 아프리카로 확산되어 나갔는데, 남진하여 갈 수 있는 대륙의 끝까지 가는 데 3천년이 걸린 이른바 '반투 팽창'과 맞물려서 진행된 것이다.

서아프리카에서 기원된 농업 팽창 연구 때문에 나는 숲속에 거주하는 사냥-채집인 집단인 피그미족들을 찾아다녔다. 아프리카 대륙에서 대부분 나의 작업은 농업인들의 도달을 거치면서도 이들 피그미들이 살아남은 열대 산림 지역이었다. 피그미들은 아주 소수였고, 숲이 사라지면 그 후손들을 찾아 확인하기도 힘들 정도였다. 불행하게도 원래의 피그미 언어들은 사라져버렸고, 이웃하는 농업인들의 언어들로 치환되었다. 원래의 피그미 언어의 흔적들은 숲의 동물이나 식물의 이름들뿐이다. 사집(査集, foraging) 혹은 사냥-채집이 농업과 견주어 겨우겨우 살아남아 있는 지역에서 수행한 나의 조사 작업은 사집에서 농경으로 넘어가는 전환 과정을 관찰하는 아주 좋은 기회를 제공한 것이었다. 이곳에서는 사냥-채집에서 농업으로의 전환이 아직도 진행되고 있으나 조만간 완료될 것이다. 개인적으로 나는 유럽 이외 지역의 '신석기적 전환' 과정에 관심이 있는 고고학자들이 분명히 세계의 다른 지역들에서 비슷한 상황으로 일어났을 것으로 보이는 신석기 전환 과정의 살아 있는 모델을 보기 위해서는 시간이 너무 늦어 기회를 놓치기 전에 이 지역에서 시간을 보내야 한다고 생각한다. 인근 지역의 농사짓는 사람들은 피부색이 매우 검은데, 숲속에서 생활하는 피그미들은 덜 검은 편이다.

패션모델로 먹고살아도 될 정도로 우아한 아프리카인 중에서 피부색이 매우 검은 아프리카인 집단이 있는데(이들은 키가 크고 몸도 길쭉하고 우아한 자태를 가지기 때문에 가끔 '쭉 뻗은' 체형으로 불린다), 주로 동아프리카나 주위의 인근 지역에서 살고 있다. 언어학적으로 이들은 나일-사하라 어족에 속하는데, 이들의 우점적 주거 지역과 기원을 가리키는 이름이다. 이들 나일-사하라 어족의 사람들은 약 8천 년 전에 사하라에서 가축을 기르기 시작했다. 그러나 사하라 지역이 사막으로 변하면서 그 지역을 떠나야 했을 것이다. 이들은 심지어 현재까지도 목축인들이다.

아시아 대륙에서 현생 인류의 가장 이른 연대는 중국의 경우 6만 7천 년 전으로 거슬러 올라가고, 뉴기니와 오세아니아의 최초 인류 정착 시기도 가장 앞으로 잡으면 5만에서 6만 년 전이 되고 좀더 뒤로 잡으면 4만 년 전으로 거슬러 올라간다. 동아시아에는 현생 인류가 내륙을 통해서 이 지역으로 도래해온 것일까, 아니면 아시아 대륙의 남쪽 해안선을 따라서 배를 타고 도래해왔을까? 아마도 두 경로 모두를 통해서였을 것이다. 마지막 빙하기의 끝 무렵(1만 3천 년 전 무렵)에 현생 인류가 북유럽 지역에 재거주화한 속도에 대한 고고학적 추정치가 있다. 1년에 0.5에서 2킬로미터 정도로 전진하는데, 이는 농업인들의 이주율과 그리 차이가 없다. 그러나 가장 주요한 제한인자는 인간 이동이라기보다는 빙하의 후퇴라는 요인이었을 것이다. 추정 가능한 출발점이라고 할 수 있는 동아프리카로부터 가설적인 해안선 통로를 밟으면서 동남아시아에 도착하기까지 얼마나 긴 시간이 필요했을까? 필수적인 도착 지점은 동남아시아 일대로 보이는데, 여기서부터 일부는 계속해서 아시아 대륙 동쪽의 태평양 연안을 따라서 북쪽으로 진행하여 동북아시아에 이르고, 다른 무리들은 남쪽으로 진행하여 뉴기니와 오스트레일리아에 이른 것 같다. 아마도 우리는 1만 년을 그 최소 추정치로 제시해봄직도 하다. 오늘날의 모험가들이 현대 인류의 조상들이 참여했던 이러한 여행과 같은 조건 아래에서 여행을 재현해보는 것도 좋을 것이다. 오늘날의 해안과 해양성 식량의 유용성이 몇만 년 전의 상황과는 아주 다를 것이지만 여행 통로 되밟기는 아주 많은 정보를 가져다줄 것이다. 동아프리카에서 동남아시아에 이른 시간이 대강 1만 년이라는 기간이었을 것으로 추정하더라도, 당시의 평균적 이주 속도는 한 세대에 약 50~60킬로미터(1년에 2킬로미터)의 수준이었을 것이다. 이러한 이주 속도는 수천 년 후의 농업인들의 진행 속도에 비해서 두 배의 속도를 보이는 것이다. 이 대목에서 우리는 (아마도 보르네오에서나 볼 수 있을는지 모르지만) 현재 남아 있는 실례나 역사적 실례가 존재하지 않는 생활양식에 대해서 이야기하고 있는 것이다. 나는 이러한 양식을 '유목적 어로(nomadic fishing)'라고 묘사하고 싶다. 하지만 인간 팽창의 모델은 팽창이 일어나려면 이주와 함께 상당히 활발한 재생산(인구 증가)이 있었을 것이라는 의미에서 아마도 신석기 시대 농업인들의 팽창 모델과 그리 크게 다르지 않았을 것으로 추정한다. 물론 여러 세대를 거쳐 내려오면서 몇몇 확대가족이나 작은 모둠들이 정착하거나 혹은 해안을 떠나서 대륙 내부로 이주해 들어갔을 것이고, 이에 비해서 다른 무리들은 해안을 따라서 거의 우연적이고 임의적으로 떠돌아다녔을 것이다. 동남아시아, 뉴기니, 오스트레일리아에 정착한 현생 인류는 인도-태평양 어족이나 오스트레일리아 어족의 발전을 가져왔을 것이다. 안다만인이나 동남아시아의 다른 네그리토들은 동남아시아와 오세아니아에 최초로 정착한 선사 시대 아프리카인들에 가장 가까운 후손들이다.

오스트레일리아의 정착 이전에 선사 시대 현생 인류들이 중국과 일본을 포함하는 동북아시아 지역에 정착했을지도 모른다. 이 동북아시아 지역이 아마도 데네-시노-코카서스 어족의 첫 발전 지역이었을 것으로 추정되는데, 이 어족은 이 지역에서 중앙아시아를 거쳐 유럽으로 전파되어 나갔을 것이다. 나-데네 가지는 시베리아로 왔고, 이후에(약 1만 년 전에) 시베리아에서 이동하여 북아메리카로 이주해갔다. 아메리카인디언들은 북아메리카에 이보다 먼저(1만 5천 년 전에서 3만 년 전) 이주하여 정착하기 시작했다.

동남아시아에 중심을 두는 다른 팽창은 동북아시아 팽창보다 늦게 일어난 오스트라 어계로 현재의 타이완 원주민과 동남아시아 지역의 남부 황인계 사람들을 연결시켜주는 인간 팽창이다. 아시아의 두번째 주성분은 추정 가능한 유전적 팽창이 동남아시아 지역에 중심지를 두었을 것으로 지시해준다. 이 팽창은 아주 이른 시기에 일어났을 가능성과 함께 아시아의 지역 농업의 발달과도 궤를 같이 할 만큼 아주 늦은 시기에 일어났을 가능성 모두를 가지고 있다. 주성분 분석은 서로 다른 시간에 일어났으면서도 그 발생 중심지가 동일한 두 유전적 팽창을 구별하지 못한다.

유럽과 아시아 사이에 양방향으로 일어난 이주와 팽창의 복수성(multiplicity)은 충분한 증거가 제공되고 있다. 최근에 서쪽에서 동쪽으로의 비교적 근래의 이주가 발견되었는데, 이는 인도-유럽인들이 4천 년 전에서 천 년 전 사이의 시기에 현대 중국의 서부 지역에까지 도래한 것이다. 하지만 이들이 사용한 언어인 토카라어는 사라져버렸다. 아시아의 동부 지역에 중심을 두면서 현재에 가까운 시기에 팽창한 사례는 아무래도 황인계 집단(흉노를 포함한 유목민들)의 것이다.

이들이 당시의 중국 왕조와 침략 전쟁을 벌였고, 이들의 압박 때문에 중국 황제들이 2천2백 년 전에 만리장성을 쌓게 된 것이다. 훈족(흉노족)의 아틸라 왕은 서진하여 거의 이탈리아까지 갔다. 투르크어(돌궐어)를 사용하는 아틸라의 친척뻘 되는 사람들이 약 8세기 내지 9세기 전에 중앙아시아로부터 팽창하기 시작했고 결국 현재의 터키와 발칸 반도에 도달하였다.

유럽에서 동아시아에 이르는 대체로 연속적인 유전적 기울기(유전자 빈도의 연속적 증가나 감소)는 위에서 기술한 여러 이주들의 결과라는 것을 이미 언급한 바 있다. 많은 중앙아시아인이 목축인이면서 유목민이다. 공동체는 불가피하게 하나의 단일한 공통 언어로 소통하기 때문에 중앙아시아의 언어들은, 특히 유라시아 어계에 속하는 언어들은 유럽과 아시아의 유전적 경사에 불연속성을 도입한다. 몇몇 언어들은 아주 넓게 확대될 수 있고, 복잡한 인문 지리를 형성해내면서 이동한다. 정치적 변동들이나 군사적 사건들이 비교적 짧은 시간 안에 강제로 언어 치환을 성취할 수 있다. 따라서 이러한 사실로 인해서 언어들과 유전자들의 상관성이 완전할 수 없는 것이다. 하지만 지난 4천 내지 5천 년간의 유라시아 역사의 굉장한 요동에도 불구하고 어느 정도까지는 언어와 유전자의 상관성이 유효한 것이다.

유전적 연구는 분명 언어 진화를 이해하는 데 도움을 줄 수 있고, 반대로 언어 진화에 대한 연구도 유전적 연구에 도움을 줄 수 있다.

6. 문화적 전달과 진화
Cultural Transmission and Evolution

인간은 문화의 부요함과 그 문화에 부여하는 중요성 때문에 다른 동물들과는 다르다. 심지어는 가장 가까운 사촌인 유인원들과도 다른 것이 이 때문이다. 넓게 정의하면 문화는 인간에게만 제한되어 있는 것이 아니고 다른 생물종에서도 발견할 수 있다. 인류학자들은 문자 그대로 백여 개가 넘는 '문화'에 대한 정의를 제시했다. 그런데 그 문화의 정의들이 거의가 추상적인데다가 기술을 배제한 것이다. 나는 이러한 경향의 반대쪽을 더 좋아한다. 그리고 가장 광범위하면서도 단순한 정의, 가능성 있는 정의를 내려보고자 한다. 문화는 인간 행위 진화에 본질적인 역할을 수행해왔으며 또 앞으로도 수행해 나갈 다양한 관습과 기술의 총체이다. 나의 정의는 동물의 의사소통이 분명히 제한성을 보이고 인간의 문화보다 발달이 덜 되어 있더라도 동물의 문화까지를 포함한다. 우리 세대가 노력하여 문화에 부가하는 것은 독립적이고 고독한 배움에서 만들어진 그리 대단하지 않은 혁신적 기여들이라고밖에 할 수 없다. 이러한 것들이 때때로 다른 이들에게 전파되고 그에 따라서 미래 세대가 이용하게 되면서 문화의 일부가 되는 것이다. 이러한 문화의 진로야말로 세대를 걸쳐서 축적된 세계에 관한 지식을 가져오는 유일한 진로인 것이다. 문화의 진로는 정보의 축적에 있어서 단일 생애 기간이라는 인간의 한계를 제거해준다.

부모, 특히 어머니가 수행하는 가르침은 대부분의 포유류나 조류에게는 필수적이다. 물론 조류에게서 보이는 각인(imprinting)이라는 사례에서처럼 선천적 행동도 있지만 간접적 교육의 다른 형태들도 존재한다. 동물행동학에서 각인이란 알에서 갓 태어난 아기 새가 껍질을 까고 나와 가장 먼저 마주보는 존재를 어미로, 그리고 자신이 속한 생물종으로 인식하는 현상이다. 종에 따라 각인 과정은 덜하거나 더 복잡할 수 있다. 각인은 생물학적 적응의 한 형태로 볼 수 있고, 물론 연구가 거의 되어 있지 않지만 아마 인간에게도 존재하는 현상일 것이다. 인간 발달 과정에서 어떤 특정한 학습의 '수용적 시기' 혹은 '결정적 시기'가 존재하는 것으로 보아 인간에게도 각인 현상이 있다고 할 수 있는 것이다.

인간의 교육은 주로 모방을 통해서 이루어지거나 (말과 글을 통한) 직접적인 교육을 통해서 이루어진다. 우리는 이러한 교육의 두 메커니즘을 공식적으로는 구분하지 않는다. 교육에는 최소한 전달자 한 명과 수용자 한 명이 있게 마련이고 이 둘 사이에 정보가 이동한다. 언어가 이 정보 이동 과정의 효율성을 지대하게 증대시켰다. 그리고 언어가 인간 문화의 근간이 되는 기초를 형성한다. 그러나 무엇보다도 언어는 인간으로 하여금 짧은 시간 안에 주변 환경에 적응할 수 있게 해주었고, 나아가 자기 주변의 상황과 조건에 정통할 수 있게 해주었다. 인간의 진화 과정 내내 언어는 현대 인류에게 다른 생물종들에 대한 우세를 보장하는 장점들을 가져다주었고, 오늘날 인간 지식이 고도의 복잡성을 성취하게 하였다.

언어는 생물학과 문화 모두를 관련시키는 일종의 혁신(innovation)이다. 언어는 인간의 해부적 구조와 생리에 작용한 자연선택의 결과이다. 어린아이는 언어를 습득할 수 있는 성향과 능력을 타고난다. 네안데르탈인은 현대 인류와 비슷한 언어 능력을 가졌지만 덜 발달되었을 뿐일 것이다(네안데르탈인의 후두가 충분히 길지 않아서 인류의 모음 깊이만큼의 소리를 만들어낼 수 없었다고 알려져 있으나 그것을 입증할 만한 충분한 증거는 아직 없다). 언어 자체가 문화적 창조물이지만, 다시 언어는 정확한 해부학적, 신경학적 기반을 요구한다. 이러한 생물학적 발달은 상당히 단계적이었으며, 점진적으로 진행되었을 것이다. 손쓴사람은 약 2백만 년 전에 이미 어떤 형태로든 말을 할 수 있었을 것이다. 필립 토비어스(Philip Tobias)는 손쓴사람 해골 여섯 개를 분석하면서 대뇌 왼쪽 반구 근처에 커다란 공동(cavity)을 발견했다. 여기가 언어를 담당하는 신경학적 중심으로 알려진 뇌돌기가 존재하는 곳으로 브로카 영역(Broca's area)이라 부른다. 토비어스의 관찰은 이 대뇌의 중심이 우리가 사람 속에 포함시키는 첫번째 사람 종에게도 상당한 정도로 발달되어 있었다는 것을 의미한다. 원숭이에게서는 이 비슷한 융기가 발견되지 않기 때문이다.

생물학적 적응 방법으로서의 문화

배우는 능력은 생명의 가장 근본이 되는 특징이다. 심지어 아주 단순한 생명체에게도 이런 능력이 있다. 문화나 타자(他者)들의 경험으로부터 배우는 능력은 소통(communication)에 기반을 두고 있는 하나의 특별한 현상이다. 소통의 속도나 정확성, 심지어 우리가 배운 것을 기억 속에 저장하는 능력도 문화의 효율성을 다스리는 요인이 된다. 생물학적 관점의 유용성을 가지려고 문화가 존재한다고 말하는 것은 충분하지 못하다. 그러나 몇몇 예를 통해 생물학적 적응을 위한 문화의 잠재적 가치를 살펴볼 수 있을 것이다. 우리의 미각이나 후각만으로는, 우리가 먹을 수 있는 음식을 안전하게 고르기가 어렵다. 어떤 식물에 독이 있고, 어떤 동물을 먹으면 위험한지 타인으로부터 배워야 하는 것이다.

문화는 이전 세대들의 발견을 축적하고, 우리로 하여금 선조들로부터 전해내려온 경험, 우리 스스로는 얻기 어려웠을 지식들을 통해서 이익을 얻도록 도움을 준다. 원칙적으로는 개인이 단독으로 아무런 밑바탕도 없이 미분이나 적분 계산법을 창안해내는 것이 가능하다. 그러나 실제로 그렇게 될 확률은 굉장히 낮다. 미적분 계산법을 만들어낸 고트프리트 라이프니츠(1646~1716)와 아이작 뉴턴(1642~1727)도 이미 존재하는 수학적 지식을 이용하여 아주 획기적인 근본적 업적을 세상에 내놓게 된 것이다. 글쓰기가 발명되기 이전까지는 지식의 축적이 인간 기억에 의해서 제한을 받았다. 한 사람에게서 다른 사람으로 전달되면서 기억은 달라지기 때문이다. 오늘날 이 제한성은 사라졌다. 현대적 소통매체들의 빠른 접근성 덕분에 최근 20여 년간 만들어진 정보의 풍요로움은 우리의 세계를 변화시키고 있다. 이런 변화는 몇 년 전에는 상상하기조차 어려운 일이었다.

문화는 한 세대에서 다음 세대로 유용한 정보를 축적한다는 의미에서 유전체(genome)를 많이 닮았다. 유전체는 자연선택이라는 압력 아래에서 자동적으로 보다 적응적인 유전적 유형을 채택하여 세계에 대한 인간의 적응성을 증가시킨다. 반면에 문화적 정보는 다른 사람으로부터 수용되고 선택적으로 잔류되어 한 개인의 신경세포 속에 축적된다. 문화적 전달은 다양한 방식으로 일어난다. 즉 관찰, 교육, 대화 같은 전통적 방법이나 서적, 컴퓨터, 혹은 현대 기술이 만들어낸 다른 매체를 통해서 일어난다.

진화도 새로운 정보의 축적에 의해 일어난다. 생물학적 돌연변이의 경우에는 유전적 오류(부모로부터 자녀에게로 가는 중에 DNA 상에 변화가 일어나는 경우)로 인해 새로운 정보가 만들어진다. 유전적 돌연변이는 자발적이면서 우연적인 변화들인데, 유익한 경우는 매우 드물고 아주 많은 경우에 실제적 효과가 없거나 아니면 치명적이다. 자연선택은 좋은 돌연변이(변화)를 선택하고, 나쁜 변화를 배제하는 것을 가능하게 한다. 문화적 '돌연변이' 역시 유전학적 돌연변이와 마찬가지로 우발적이고 규모가 크지 않다. 예를 들어 중세 수도원에서 문헌을 복제(복사)하는 과정에서 나타나는 실수들과 같다. 한 문헌을 베끼는 필사자 때문에 도입된 오류들로부터 경미한 변이(minor variation)가 만들어진다. 이러한 오류들은 주로 우발적으로 일어나거나 부주의 때문에 일어난다. 그리고 때때로 필사자가 스스로 텍스트의 이해나 질의 향상에 도움이 된다고 여겨 주도적으로 변화를 줄 수도 있는데 이것이 오히려 후세의 훈고학자들(philologists)들을 헷갈리게 만든다.

생물학적 돌연변이와 문화적 돌연변이 사이에는 근본적인 차이가 있다. 문화적 '돌연변이'는 무작위적 사건들을 통해서 일어날 수 있고 따라서 유전적 돌연변이와 아주 유사할 수 있다. 그러나 문화적 변화들은 의도적일 수 있고 아주 특정한 목적으로 방향 지워질 수도 있다.

대조적으로 생물학적 돌연변이는 그 잠재적 이득에 대해서는 거의 눈먼 상태에 있다. 돌연변이의 수준에서는 문화적 진화는 방향 지워질 수 있지만 유전적 변화는 그렇게 될 수 없다.

그러나 우리는 대부분의 혁신들이 정말 유리하게 되는 경우가 드물다는 인상을 불가피하게 받는 것 같다. 때때로 일종의 혁신을 주장하는 사람이 직접적으로 혁신의 이득을 챙길 수도 있지만 한 개인이나 한 사회적 상황의 개선을 몰고 오는 혁신들은 때때로 자신들의 표적을 빗나가 별로 중요하지도 않거나 부적절하거나 심지어는 비참한 결과를 가져올 수도 있다. 정치적 역사는 이러한 사례들로 넘친다. 가장 보편적인 오류들 중 하나는 정치적 기법의 유전력(heritability)[25]에 대한 과장된 확신이다. 막강한 권력을 가진 지도자의 아들이 아버지의 발자취를 따라서 지도자로 임명되는 경우가 자주 있다는 것이 바로 그것이다. 결과는 대부분 실망스럽다. 멘델적 유전성은 이러한 문제를 예측하게 해주는데, 이는 부모와 차대(자녀)의 유사성은 평균적으로 그리 크지도 작지도 않다고 알려주기 때문이다. 역사는 계승적인 전제군주제가 단지 짧은 기간 동안만 존속했다는 것을 보여준다. 진정한 권위가 없어진 상태에서 전제군주들은 그들의 상징적 역할을 적절하게 수행하는 것에서조차 무능하다. 반면에 선택은 보통 사회적 유용성을 가진 관습들과 제도들을 창조해내고 유지해주는 경향을 가진다. 불완전하거나 치명적일 수 있더라도 일부의 문화적 변화들은 선택적으로 채택되고 지속되는데, 경우에 따라서는 경험에 근거한 수정을 통합해내기도 한다. 관습이 계속적으로 변화하면 특정한 실천(practice)의 원래적 목적을 쉽게 잊어버리게 만든다. 역사가 없다면 특정한 규칙과 사회적 규약의 이유들을 쉽게 재구축하는 것이 어려워지게 된다. 보다 자세한 후속 연구가 필요한 좋은 사례 하나는 경제적으로 원시적인 문화들에서의 재생산 조절(reproductive control)에 관한 것이다. 이것은 신석기 이후에는 감소하였지만 그전에는 오랫동안 매우 흔한 현상이었다. 지금 피그미족에서도 진행되고 있는 것처럼, 또는 아마도 현대에도 생존하는 모든 사냥-채집인 집단에서처럼, 출산 속도를 조절함으로써 인구증가율을 조절 가능한 비율로 낮추고 재난이라 할 수 있는 인구 폭발을 피해가는 것이다. 인간 집단의 급격한 성장은 바로 신석기 혹은 더욱 일반적으로 농업의 발전과 함께 시작되었는데, 이는 이전보다 더 많은 사람들이 농경 사회에서 먹고살 수 있게 되었기 때문이다. 피그미족은 4년에 한 번씩 아이를 낳고 싶어하는데 이는 두번째 아이를 너무 빨리 가지게 되면 첫째 아이를 큰 위험에 처하게 만들 수 있다고 믿기 때문이다. 이러한 관습이 인간 집단의 증가에 중요한 억제력으로 작용한다는 것을 피그미족 스스로 자각하고 있다고 보기는 어렵다. 오히려 그들은 이 관습에 대해 다르게 설명한다. 보통 '개체군계량적 안정(demographic stasis)'은 상이한 인족들이 평화롭게 공존하는 데 중요하고 필요하지만, 유목민 집단에게도 몇 명의 어린 자녀들을 데리고 다녀야 하는 부담 없이 이동할 수 있는 능력의 확보 면에서 중요하고 또 필요하다. 4년 터울의 출산 기간이 있으니 부모가 한 자녀만 데리고 옮겨 다니면 되는 것이고, 이에 따라 집단의 인구는 거의 안정적이거나 아주 느리게 증가한다. 그러나 자녀들 사이에 4년 터울을 유지한다는 것은 굉장한 절제를 요구한다. 어떤 연구자들은 모유 먹이기가 배란을 억제하기 때문에 새로운 임신을 방지해줄 수 있다고 하지만, 재생산 조절은 이것만 가지고는 충분하지 못하다. 피그미족은 사실 첫번째 아이를 출산한 이후의 3년이라는 긴 세월 동안 빈번해질 수 있는 임신을 피하기 위해서 성적 금기(sexual taboo)를 지킨다. 피그미족은 단지 자녀의 건강을 위해 이러한 희생도 마다하지 않는데, 이러한 금욕 기간이 가져오는 장기적 이점들을 의식하고 있는 것 같지는 않다. 그리고 이 금욕 기간 자체가 충분한 동기를 유발하는 것도 아닌 것 같다. 개인적인 견해로는 3년간의 모유 먹이기 자체가 임신을 막기에 충분하다면 이러한 성적 금기가 사라질 것으로 보인다. 그래서 여기서 도출할 수 있는 결론은 개체군계량적 성장률을 거의 0에 가깝게 묶어두는 데 도움을 준 적절한 재생산 관습이 구석기 시대의 사냥-채집인집단에서 생겨났을 것이라는 것이다. 구석기인들은 이런 효과가 있는지 알지 못한 상태 혹은 깨닫지 못한 상태였을 것이다.

매일 우리는 채택(choice)에 직면한다. 이러한 채택은 아주 사소할 수도 있고 여러 해 동안 우리에게 영향을 줄 수도 있다. 이것은 일종의 '문화적 선택(cultural selection)'이다. 하나의 종 내에서 가장 자연적으로 적응된 개인(개체) 가운데서 가려 뽑는 것인 자연선택과는 달리, 문화적 선택은 개인들이 정한 채택들을 통해서 진행된다. 이는 우리가 결정하는 문화적 채택들에 의해서도 자연선택이 진행되는 것이기 때문에 궁극적으로는 자연선택이 작동할 것이다. 우리의 채택이 우리로 하여금 성숙에 이르게 하고 재생산을 잘하게 하는 것에 도움을 준다면, 그러한 특정한 채택들을 생산해낸 바로 그 문화적 결정들이(생물학적 성향들까지도) 자연선택에 의해서 선호될 것이기 때문이다. 그러므로 각각의 문화적 결정은 두 가지 수준에서 통제를 받는 것이다. 문화적 선택은 먼저 개인들의 채택들을 통해서 통제를 행사하고, 이어서 그러한 채택들을 우리의 생존과 재생산(생식)에 미치는 영향들에 근거하여 자동적으로 평가하는 자연선택이 통제에 가담한다. 각각의 문화적 결정이 생존과 재생산에 영향을 주어 문화와 자연 두 유형의 선택이 서로 밀접한 상관 관계를 가진다면 그러한 문화적 결정은 자연선택에 의해서도 선호될 것이다.

문화가 선천적 충동에 개입하고 수정할 수도 있지만, 선천적 충동들은 자연선택이 작동하는 대상이 된 우리의 선조들로부터 우리에게 계승되어 내려온다. 때때로 선천적 충동은 상당히 강력해서 이러한 충동이 없는 사람은 거의 없다. 우리들의 감각과 행동은 만족스럽기도 하고, 혹은 고통스럽기도 하기 때문에 자주 우리의 행동을 결정한다. 이러한 충동들을 확인하기에는 상당한 성찰이 요구되지만 특정한 단어들에 잠재해 있는 감정적 충전에 주목하면 적절히 감지할 수 있다. 또한 우리는 때때로 '행복에 취한', '권력에 취한', '슬픔에 취한'과 같은 어구들에서 문맥적으로 단어가 감정을 머금고 있다는 것을 관찰할 수 있다.

감정적 색깔 넣기는 잘 알려져 있지는 않지만 분명하게도 두뇌 구조가 가져온 결과이다. 지금 우리는 인공적으로 자극이 되면 쾌락 혹은 고통의 감각 작용을 유발하는 두뇌의 중심이 있다는 것을 안다. '보답 중심(reward center)'이라고 부르는 이러한 두뇌 중심지들도 의심의 여지없이 우리의 결정에 영향을 끼친다. 그럼에도 불구하고 우리는 우리에게 고통을 유발할 것이 뻔한 결정도 내리기 때문에 한층 높은 수준의 의사 결정이 존재하는 것임에는 틀림없다. 물론 이러한 결정이 일어나려면 우리 스스로에게 희생이 크거나 고통스러운 결정들을 수용할 대안적이면서 좀더 중요한 동기화가 있어야만 한다. 하여튼 쾌락, 만족감, 고통, 슬픔, 혹은 이들 중 하나 혹은 여러 개가 미래의 어떤 시점에 일어날 것이라는 기대는 우리의 결정들에 영향을 끼친다. 여기이 수준에서 문화적 선택과 자연선택의 분리가 가능함을 쉽게 살펴볼 수 있다. 쾌락을 유발하는 약품들은 사망이나 장애로 이끄는 위험을 수반하고 있다. 성적 욕망과 에이즈(AIDS)에 걸릴 위험성이나 성(性)을 매개로 전달되는 다른 질병들(성병들)의 위험성에 대한 지식 사이의 갈등은 다른 현대적 사례가 될 것이다. 별로 반갑지 않은 진단 결과에 대한 염려는 오히려 우리가 그에 대한 도움을 줄 만한 의사를 찾지 않게 만드는 요인으로 작용한다. 뉴기니의 포어족에게는 죽은 사람을 친척들이 먹는 풍습이 있었다. 예를 들어 광우병과 유연 관계가 있는 것으로 보이는 쿠루병 같은 감염성 질병이 포어족에 만연되었다면, 전염병을 옮기는 식인 풍습을 그만두게 하는 데 엄청난 설득 작업이 요구된다. 포어족은 식인 풍습이 선조들에 대한 의무라고 생각하기 때문이다. 생물학적 경향과 문화적 추세는 자주 갈등을 일으킨다. 따라서 그 갈등을 피하기 위해서는 우리가 모든 선천적 충동들 혹은 심지어 모든 학습된 충동들에도 무릎을 꿇지 말아야 한다.

문화는 어떻게 전달되는가?

우리는 우리 주위에 있는 사람들로부터 문화를 습득하고 다시 다른 사람들에게 문화를 전파한다. 문화적 전달의 양식들 사이에 중요한 구분이 이루어져야 한다. 역병학(epidemiology)으로부터 용어를 빌려와 '수직적' 전달과 '수평적' 전달이라는 두 노선들을 묘사하는 데 사용해 보자. 수직적 전달은 부모로부터 자녀로 정보가 전파되는 것을 말하고, 수평적 전달은 친족 관계가 없는 개인들 사이에 일어나는 다른 모든 경로를 포함하는 것이다. 유전적 계승과 비슷한 수직적 전달에서 진화는 매우 느리다. 여기서는 시간적 단위가 한 세대의 경과이기 때문이다. 그러나 수평적 전달은 아주 급격하게 이루어질 수 있다. 마치 전염성 개인과 감수성 개인 사이의 직접적 접촉에 의해서 급속도로 퍼져나가는 역병성 질병과 같다.

진화의 속도를 조절하는 능력은 문화를 변화의 강력한 동인으로 만든다. 문화적 전달의 특별한 유형들은 이 변화의 속도에 심오하게 영향을 줄 수 있다. 예를 들어 하나의 생각(idea)이 거의 동시에 한 사람에게서 수많은 사람들로 퍼져나갈 때 아주 급격한 진화가 일어날 수 있다. 변화가 상대적으로 더 느리게 일어나게 되는 것은 수평적 전달이 단지 한 개인에게서 다른 개인에게로(예를 들어 입에서 입으로) 진행될 때이다. 중간 수준의 속도를 보이는 전달은 위계적 노선을 통한 전달이다. 이러한 구분들은 문화적 변화의 동역학과 그 성공에 있어서 중요한 차이들을 빚어낸다. 우리는 특별히 두 측면, 곧 시간을 통해 한 가지 특성이 보이는 변이와 함께 동일한 사회적 모둠 내의 구성원들과 사회적 모둠들 사이의 변이를 살펴보았다. 이 작업은 스탠퍼드 대학의 마커스 펠드먼(Marcus Feldman)과 공동으로 문화적 전달의 상이한 메커니즘들이 가지는 이론적 결과들에 대해 연구한 것이다.

문화적 전달은 필연적으로 두 단계로 일어난다. 곧 하나의 생각이 처음에 소통되어져야만 하고 그 다음에는 그 생각이 수용되어야 한다. 모든 소통은 오해되기도 하고, 망각되기도 하고, 혹은 단순히 전달이 시원찮은 방식으로 이루어질 수도 있는 것이다. 일반적으로 어떤 혁신도 자동적으로 성공이 보장되는 것이 아니다. 때때로 어떤 혁신은 호의적으로 수용되기 위해서 반복되기도 해야 한다. 주창자가 비범한 카리스마나 명예, 혹은 정치적, 종교적 권위를 소유한다면, 성공적으로 수용될 가능성이 증가하는 것이다. 소통자와 수용자의 나이 또한 중요하다. 아래에서 설명하는 이론에서는 단지 문화적 혁신이 수용자에게 받아들여지는 경우의 전달만을 고려하도록 한다.

우리는 몇 가지 형태의 수직적 전달과 함께 1)단일 전달자와 단일 수용자, 2)단일 전달자와 복수의 수용자, 3)복수의 전달자와 단일 수용자

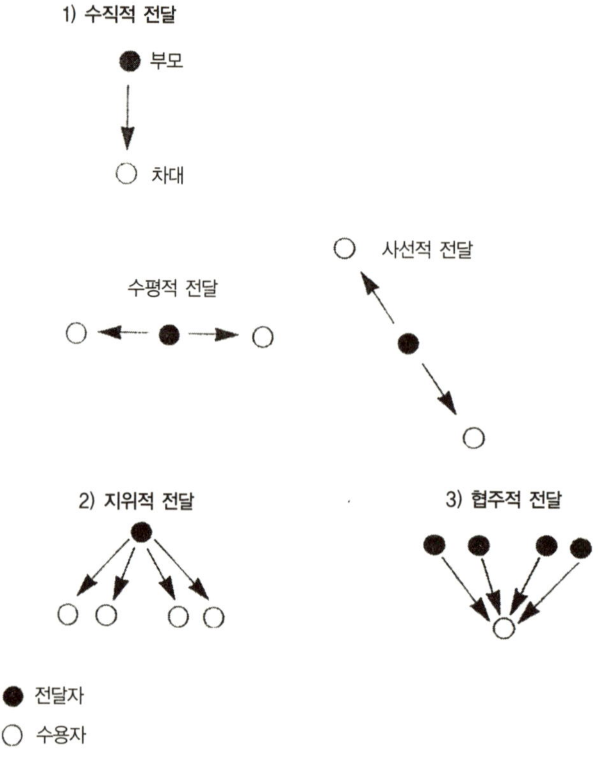

〔그림 15〕 문화적 전달의 주요 메카니즘
1) 단일 전달자와 단일 수용자, 2) 단일 전달자와 복수의 수용자, 3) 복수의 전달자와 단일 수용자.

로 구성되는 세 가지 유형의 수평적 전달을 확인할 수 있다([그림 15] 참조).

1. 수직적 전달은 한 세대의 구성원 한 명과 다음 세대의 구성원 한 명 사이에서 일어난다. 두 사람간의 생물학적 관계는 필수적인 것이 아닌데, 그것은 입양된 아이도 생물학적 아이와 마찬가지로 똑같이 수용적이기 때문이다. 보통 부모의 영향이 아주 크다. 아이가 생물학적으로 차대이든지 아니면 입양되었든지 같다. 이러한 형태의 전달은 생물학적 전달과 아주 유사한 진화론적 결과를 가져오는데, 특별히 그 전달이 생물학적 부모 한쪽을 통해서만 이루어진다거나 입양한 부모 혹은 문화적 부모 한쪽을 통해서 이루어진다면 더욱 유사해진다(단일 부모 전달). 전달의 규칙들은 미토콘드리아 DNA나 Y 염색체 유전과 같은 유전적 계승의 단순한 규칙들과 별로 다를 바가 없다. 수직적 전달은 유전적 계승이 보전적인 만큼 동일하게 보전적일 수 있다(특징이나 형질을 그대로 유지하는 것을 '보전적'이라고 한다). 변이는 문화적 돌연변이를 통해서 도입되기도 하고 새로운 것을 전수해줄 수 있는 다른 사회에서 온 개인들의 이주를 통해서도 도입된다. 조부모로부터 손자녀로의 전달은 더욱(두 배 이상) 보전적일 수 있고 여러 세대를 통한 전달은 중요한 문화적 특징들을 아주 장기간 동안 유지할 수 있다. 수직적 전달은 분명히 글쓰기에 의해서 증진되었다. 좋은 예라면 플라톤이나 아리스토텔레스와 같은 그리스 철학자들의 영향이나 성 아우구스티누스나 토마스 아퀴나스와 같은 가톨릭 교회의 교부들을 들 수 있다. 글쓰기를 통한 전달 이전의 종교적 본문들의 구비적(oral) 전달도 의례와 신조를 포함하여 엄격한 보전(conservation)을 보장했다.

2. 수평적 전달은 감염성 질병의 전파와 유사한데, 수직적 전달에서

확인할 수 있는 분명히 구분된 생물학적 혹은 사회적 관계를 가지지 않는 동일하거나 서로 다른 세대에 속하는 두 개인 사이에 일어난다. 역병학에서는 두 사람간에 하나의 질병을 전달할 만한 접촉이 매우 짧을 수가 있다. 그러나 문화적 전달은 보통 그보다는 조금 더 긴 접촉을 요구한다. 전달자가 수용자보다 좀더 오래된 세대에 속하면서도 부모가 아니라면 이를 '사선적 전달(oblique transmission)'이라고 해야 할 것 같다. 이 사선적 전달도 한 세대로부터 다음 세대로 정보가 물려지는 것을 보장하는 것이다. 한 집단의 연령 구조와 전달자와 수용자의 나이차에 따른 전달의 확률에 대해서는 좀더 충분한 분석이 가능하기는 하지만 이에 관련된 수학이 때때로 거의 개발 불가능의 수준에 있다.

수평적 전달의 이론적 문제들은 아주 자세히 연구된 감염성 질병들의 역병학에 관한 연구에서 직면하는 문제들과 유사하다. 따라서 역병학적인 분석들이 수평적인 문화적 전달에 거의 직접적으로 응용될 수 있다. 사실상 성공적인 문화적 돌연변이는 일종의 문화적 역병을 촉발시키는 것이라고 할 수 있다. 그 새로운 문화적 특성, 곧 성공적인 문화적 돌연변이를 채택하는 사람들의 수는 시간에 따라 '로그적인' 곡선을 그리면서 증가한다. 이 곡선은 처음에는 최대의 증가율을 보여주고, 이후에 증가율이 둔화되어 상당한 시간 동안에 거의 일정한(상수적인) 증가율을 보여주며, 궁극적으로는 전체 집단을 포함하거나 단지 집단의 일부분만 포함할 수도 있는 최대치에 도달하여 안정화된다. 지리적, 사회적, 혹은 경제적 장벽들이 문화적 확산에 대한 일차적인 한계치들을 부과한다. 성공 확률은 여러 가지 요인들에 의해 결정되는데, 그 새로운 문화적 특성을 채택할 만한 잠재성이 있는 사람들이 매력적인 생각으로 접근할 수 있는 것에서 시작한다. 따져봐야 할 문제는 하나의 참신한 문화적 성공을 감염성 질병과 유사한 것으로 보아야 하는지 아닌지이다. 기생물이나 바이러스는 숙주 내에서의 재생산 능력이 측정 가능한 일정량의 문턱을 넘어야만 그 역병이 지속된다.

3. 인족지적(ethnographic) 데이터에 근거하여 판단하기로는 농업의 발전에 뒤이은 사회적 구조는 상대적으로 평등한 사냥-채집인 사회보다 엄청나게 복잡해졌다. 사회적 모둠의 크기가 증가함에 따라 더욱 군장(chief)과 족장이 제공하는 권위가 필요하게 되었다. 사회는 때때로 하나의 정련된 위계 체계 안에서 사회적 계층들로 구성되었다. 이러한 조건 아래에서는 군장이 한 모둠의 전체 구성원에게 자신의 의지를 전달함으로써 한 개인에게서 다른 많은 사람들에게로 혁신이 더욱 쉽게 이전될 수 있었다. 이 같은 다중적 전달과 유사한 유형이 교육과 가르침이 정형화되어 한 명의 대가(master)가 여러 명의 학생들을 거느리게 되었을 때 생겨났다. 한 명에서 많은 사람들에게로의 전달이 가지는 속도와 효율성은 현대적 매체(media)에서 그 이론적 극단에 도달하였다. 중요한 사건들에 대한 정보는 동시에 수십억을 상회하는 사람들에게 소통될 수 있다. 정보 사회에서는 여럿 가운데 선택하여 자발적으로 수용할 수 있는 역할 모델의 수가 이전보다 훨씬 증가하였기 때문에 그 영향력이 막대할 수 있다.

문화적 전달은 권력이 있고 권위적인 군장이 있어서 혁신의 수용을 강요하는 경우에 더욱 쉽고, 빠르고, 효율적이다. 많은 사회적 변화들은 한 명의 강력한 권위나 카리스마를 가진 권위자의 의지가 빚어낸 결과이다. 교황은 가톨릭 교회에서의 출교 처분이라는 처벌을 매개로 하여 신앙하는 자들이 수용해야만 하는 새로운 신조(dogma)를 제안할 수 있는 능력을 가지고 있다. 조금은 덜 심각한 맥락에서 이탈리아의 파시스트 정권은 이탈리아어 안에 잠입해 들어온 프랑스어와 영어 단어들에 대한 전쟁을 선포하여 언어 사용에 영향을 끼치려 한 적이 있다. 파시스트 정권은 또한 삼인칭 단수 대명사 'lei'의 사용을 억제하고 복수의 사람들을 존경하여 부르는 이인칭 복수 대명사인 'voi'의 사용을 보편화하려 했다. 삼인칭 단수 대명사의 사용 용례는 스페인어의 'usted'로부터 유래한 것이다. 이것은 아라곤족의 정복 이후에 스페인 혈통의 한 군주국이 이탈리아 남부에서 강요한 것이었다. 그러나 운전사의 뜻을 가지도록 새롭게 조어된 단어 'autista'가 이탈리아어 발음이 어렵우면서도 당시에 흔하게 사용되던 프랑스어 기원의 단어 'chauffeur'를 대체하는 경우가 되었지만 파시스트들이 lei의 사용과 다른 외국어 단어들을 제거하려던 시도는 실패하였다. 파시즘의 최대 성공은 아마도 당원 가입을 강요하여 성인 남자들이 당의 상징을 착용하게 한 것이었다. 이런 순종적 준수(compliance)가 가능했던 것은 어떤 일자리든 가지려는 사람에게 그것이 필수조건이었기 때문이다.

더욱 중요한 것은 티베트와 인도의 일부 지역에 전파되는 문화적 변화들일 것이다. 복수의 아내를 가지는 일부다처제와 복수의 남편을 가지는 다부일처제는 현재에도 존재하지만 통속적인 실행들이었다. 이러한 두 가지 형태의 복수혼(polygamy)은 심지어 한 마을 안에서도 발견되는 수가 있다. 더군다나 복수의 남자와 여자들 사이에 일어나는 동시적 혼인 관습도 존재한다. 이러한 복수혼들에서 아내와 남편들은 보통 형제자매간이고 그러한 복수혼적인 조정에 대한 설명을 제공해 주는데 이는 형제들간에 유산을 나누고 토지를 나누는 것을 피하려 하기 때문이다. 이것은 티베트와 같은 주변적인 농업환경에서는 우선적으로 해결해야 하는 문제이면서도 흔한 문제를 해결하는 하나의 대답한 해결책이다. 아마도 티베트 이외의 다른 곳에서는 별로 공정하지 않게 가장 나이가 많은 자녀(혹은 아들)가 모든 재산을 물려받는 장자 상속권으로 해결되었다. 티베트의 다부일처제는 잘 알려져 있지 않은데 몇몇 기록만이 승려들이나 라마교 수도원의 문서들에 보존되어 있을 뿐이다. 하나의 가설이라고 한다면 봉건적 영주들이 종교적 지도자들의 동의를 가지고 오늘날의 우리에게는 아주 극단적인 것으로 보이는 이러한 사회적 변화들을 실험하고 시행하도록 했었던 것 같다. 나의 아내 쪽 삼촌들은 부자티 형제들(Buzzati Brothers)이라고 불리는 세 명의 아저씨들로 그중 디노(Dino)는 유럽에서 잘 알려진 문인이었고, 아드리아노(Adriano)는 나의 유전학 교수였다. 그런데 과거에 세 명 모두가 한 여성과 결혼하겠다고 선언한 적이 있었다. 따라서 셋 중 두 명은 이후에 결혼을 하지 않았는데 이유는 그것이 시행될 수 없는 것이었기 때문이다.

4. 역방향의 전달 메커니즘인 복수의 전달자가 단일 수용자에게 전달하는 방식 또한 매우 중요하다. 하나의 사회적 모둠에서 일부의 구성원들(혹은 모든 구성원들)이 때때로 새로운 구성원에게 심리적 압력을 행사한다. 그러므로 각각의 신참자는 여러 측면들로부터 강한 압력을 받는 대상, 곧 단일한 전달자가 영향을 주는 것보다 훨씬 큰 설득력을 가진 전달 과정 안에 위치하여 있는 자신을 발견하게 된다. 이러한 '사회적 압력'은 심지어는 핵가족과 같은 작은 모둠에도 일어날 수 있다. 복수 전달자들이 존재하는 전달의 메커니즘은 보통 단일음(音)으로 모은 것처럼 작동하기 때문에 '협주적(concerted)' 메커니즘으로 불린다. 이는 다시 개인적 변이를 억압하는 경향을 가지고, 하나의 사회적 모둠을 균질화하는 경향을 가진다. 그러므로 이것은 모든 전달 메

커니즘 중에 전달되는 형질이 지속되는 정도가 가장 커서, 가장 보전적인 메커니즘이 되는 것이다.

가족은 가장 중요한 사회적 모둠으로 그 구성원들에게, 특별히 비판적 판단력을 가지지 못했거나 저항할 능력이 없는 젊은 구성원들에게 상당한 압력을 행사한다. 그러나 우리는 일부 사람들이 대부분의 영향력에 저항할 수 있다는 것을 잘 안다. 반항은 청소년기 이후에야 발전하는 경향을 띤다. 만약 이러한 사회적 압력의 메커니즘이 거의 저항을 받지 않는 경우에는 가장 강력한 메커니즘이 되는 셈이다.

에르베 르 브라(Hervé Le Bras)와 엠마누엘 토드(Emmanuel Todd)는 그들의 저서(1981)에서 프랑스의 사회학자 프레데리크 르 플레이(Fredericq Le Play)가 제시한 착상들을 더욱더 세련화하였다. 그들은 프랑스에 주로 세 가지 유형의 가족 구조가 존재한다고 믿는다. 1)프랑스 북서부에는 절대적 가부장적 권위가 존재하는 가족이 있는데, 그 가족의 우두머리는 가족 구성원들을 위한 모든 결정에 관여한다. 이것은 켈트족 때부터 계승된 관습인 것 같다. 2)조금은 누그러뜨려진 가부장적 구조의 가족도 있다. 이 유형의 가족에서는 상호 부조를 중요시하고 자녀들이 그들 자신을 스스로 책임지지 못할 경우에는 가족의 가옥에서 결혼도 하고 자녀도 가지고 생활을 지속할 수 있게 해준다. 나이가 많은 가족 구성원들도 이 대가족과 같이 살게 되는데 친족들에 의해 보살핌을 받는다. 이러한 유형의 가족은 프랑스의 남서부에서 흔히 발견되는 것으로 시원 바스크(proto-Basque) 지역과 적어도 유전적 데이터가 일치하는 경향을 보인다. 3)프랑스 북동부에서는 대부분 엄격한 핵가족이다. 독립적으로 살아갈 능력이 있는 경우에 가족의 자녀들이 결혼하여 자녀를 가진다. 이 유형은 프랑크족이 아주 큰 영향력을 행사하는 지역에서 가장 빈번하게 발견된다. 프랑크족은 게르만적인 기원을 가지는 야만인들이었지만, 중세 초기에 프랑스를 정복하였고 훗날 자신들의 영향력을 프랑스의 나머지 지역에도 확대하였다. 최근의 역사적 연구가 밝혀낸 바와 같이 이러한 유형의 가족 구조가 현재의 독일과 앵글로색슨족의 정복 이후의 영국에서 흔히 볼 수 있다는 것은 주목해야 할 흥미로운 부분이다. 이러한 가족 구조는 무엇보다도 젊은이들을 직업을 찾아서 거주지를 옮겨 다니게 만들었고 따라서 산업적 발전과 잘 맞아떨어진 것으로 보인다.

가족 구조가 정치적 견해에 영향을 끼친다는 논란의 여지가 많고 자극적인 가설은 르 브라와 토드가 제안하였다. 가족 소우주에서 습득된 관습은 젊은이들이 사회적 대우주에 참여하게 되었을 때 많은 것들을 쉽게 수용할 수 있도록 결정한다는 것이다. 가족 구성원들은 일정한 정도 자신들이 익숙해져 있는 가족생활과 비슷한 사회적 시스템들을 찾는다. 이것이 아마도 사회주의 투표층이 많은 남서부보다 프랑스 북서부에서 전제군주제와 권위주의적 시스템의 평판이 좋은 이유일 것이다. 프랑스 북동부에서는 자유 시장경제에 대한 투표층이 더욱 많다. 토드(1990)는 이러한 분석을 성공적으로 세계의 다른 지역에도 적용하였다. 또한 가족 유형에 의한 프랑스의 지역 구분이 그 유전적 역사와 강한 상관성을 보여준다는 사실은 매우 흥미로운 것으로 주목받을 만하다. 여기서 유전적 설명을 모색한다는 것은 별로 가치 있는 일이 아니라고 확신한다. 하지만 가족 소우주와 사회적 대우주 사이의 호응에 대한 사회학적 설명이 우리의 문화적 전달 이론과 합치하는 것 같아 보인다. 사회학적 차이와 유전적 차이와의 상관은 단순히 인족적 분리(ethnic separation)의 결과이다. 깊고 오래된 유전적 차이들은 20

세기(2천 년) 이상 보전될 수도 있는데, 이는 가족 구조가 보전되기 때문이다. 이러한 보전이 성취되는 이유는 가족 구조가 수직적 전달에 의해서 계승되는 것이고 사회적 모둠 속의 새로운 구성원들이 젊고 감수성이 강할 때 작용하는 강력한 사회적 압력에 의해서 보강되기 때문이다.

이 가설은 로잘바 구굴리엘미노(Rosalba Gugulielmino)와 그의 동료들의 독립적인 연구(1995)에 의해서 재확인되었다. 『머독의 인족지 지도*Murdock's Ethnographic Atlas*』에 있는 아프리카로만 제한된 데이터의 분석에서 우리는 가장 강하게 보전된 문화적 특성들은 모두 가족성을 보인다는 사실을 관찰할 수 있다. 이 연구는 주거지의 형태나 구조와 같은 몇몇 다른 문화적 형질들은 사회적 진화의 정도에 의존하는 특정한 사회경제적 특성들과 마찬가지로 그렇게 급격하게 변하지 않는다는 것을 보여주었다. 그러나 이 연구는 대부분의 다른 문화적 특성들은 가족성이 가지는 고도의 보전성이 거의 없다는 것을 보여주었다.

마커스 펠드먼과 함께 우리 연구팀은 하나의 사회적 혁신이 도입되었을 때 생겨나는 이러한 전달 메커니즘의 진화적 결과들(사회적 모둠들이 진화하는 방식)에 대해 연구했다(1982년 논문). 그 사회적 혁신이 쉽게 스스로 정립될 수 있는가 아니면 될 수 없는가? 우리는 이러한 작업을 수학적으로 수행하기로 했다. 수학적인 모델링은 정확성이 장점이지만 독자들에게서 언제나 올바른 평가를 받는 것은 아니다. 아마도 수학의 사용에 아무런 문제도 느끼지 않는 경제학자들과는 달리 인류학자들이 이러한 수학적 모델들에 관심을 가지지 않는 이유는 그 모델들이 올바른 평가를 받지 못하기 때문일 것이다. 그러나 조금만 상식에 기초하더라도 동일한 결론들에 도달할 수 있을 것이다. 나는 문화적 전달의 분석, 특정적으로는 수직적 전달과 수평적 전달, 주요 전달 형태들의 구분이 우리가 문화적 계승성에 대해 이해하는 데 필수적이라는 사실을 반복해 주장한다.

하나의 참신한 행동은 보편적으로 수용되지 못한 기존의 한 관습의 변이체일 수 있고, 전적으로 새로운 혁신일 수도 있다. 부모가 자신들의 자녀에게 하나의 새로운 행동을 가르칠 때, 그것이 수용될 확률은 굉장히 크다. 이는 자녀가 새로운 생각들에 대해서 성인들보다는 더욱 수용적이기 때문이고, 따라서 가족 내에서의 수용은 성공적일 수 있다. 그러나 그 문화적 변화를 한 가족에게서 다른 무수한 가족들이나 한 사회의 모든 구성원들에게 전파하는 데는 유전적 계승성처럼 혁신을 전달하는 수많은 세대가 지나가든지, 아니면 다른 전달의 메커니즘이 필요하다.

수평적 전달의 경우에는 혁신이 배우기가 쉽고 그 효과가 좋을 때는 집단 전체로 매우 급속도로(어떤 경우에는 한 세대의 공간 안에서) 확산될 수 있다. 하지만 유행성 전염병과 같이 이러한 확산이 집단 전체에 도달하기 전에 멈추는 경우도 있다.

혁신 채택의 속도는 한 사람이 다른 많은 사람과 소통하는 경우에 최대치를 보인다. 한 명의 권위적인 정치적 군장의 결정은 그것이 심각한 불이익을 가져오지 않는 한, 그의 모든 추종자들에게 거의 즉각적으로 수용될 것이다. 역사는 수많은 사회적 사건과 정치적 사건들이 거의 전적으로 전제군주들이나 지배 엘리트층의 영향력 있는 인물들이 결정했다는 것을 보여준다. 현대 사회에서는 민주주의 원칙들에 의해서 한층 복잡한 정치적 과정들이 정립되어왔다. 물론 아직도 정계 혹은 경제계의 소수의 사람들이 상당히 많은 매일의 결정들을 통제하고 있다는 것은 사실이다. 사회의 다층적인 구조는 권력의 집중부에서 시작하여 낮은 계층으로 내려오는 전이가 더욱 잘 일어나게 도와준다.

반면에 네번째의 전달 메커니즘으로 우리가 '협주적'이라고 부른 전달에서는 하나의 혁신이 가지는 성공 확률은 아주 작다(협주적 전달은 많은 사람들이 주로 다음 세대에 속하는 한 사람에게 동일한 문화적 형질을 전달하는 것으로서 다음 세대의 구성원 각자에게 똑같이 전달되는 방식이다). 혁신적 변화에 동조적인 개인은 자신이 필요로 하는 동지들 중에서 먼저 저항을 만나게 될 것이다. 그 혁신이라는 것은 아주 비범하게 유용하지 않으면 혹은 그 제안자가 아주 유명하지 않으면 성공하기가 매우 어렵다.

대부분의 문화적 특성들이 자주 서로 갈등하는 다양한 수단들을 통해서 전달된다. 이러한 갈등은 흔한 편이다. 예를 들어 학교에서 배운 행동의 준칙들이 집에서 가르친 것들과 다를 때 생긴다. 또는 학교 친구들이 학교의 권위나 가족의 권위와는 현격히 다른 견해들을 가지고 있을 때 생긴다. 이러한 갈등의 결과는 개인별로 그리고 특정한 문화적 형질별로 매우 현격하게 차이가 난다.

문화적 전달의 사례들

문화적 전달은 가족과 학교에서 받는 교육을 형성한다. 또한 문화적 전달은 한 사람의 교육에는 불명료하게 드러나 있는 모든 습관들과 관습들을 포함한다. 분명히 개인적 경험을 통해서 이러한 것들을 습득하게 되는데, 다시 의식적 혹은 무의식적 모방이 아주 중요한 구실을 하게 된다.

물론 상대적인 기여의 정도는 구분하기가 쉽지 않다. 두 친구 사이에서 나타나는 유사성 혹은 아주 오랫동안 같이 살아온 남편과 아내와 같이 아주 친밀한 관계를 가진 두 개인 사이의 유사성이란 부분적으로는 두 개인이 서로에게서 배운 것과 시초에 서로에게 끌리도록 한 것의 표현이다. 이러한 힘들은 종종 아주 강인한 것이다. 그래서 우리는 일군의 학생들을 대상으로 하여 남편들과 아내들 사이, 부모와 자녀들 사이, 그리고 친구들 서로의 유사성에 대한 설문조사를 시행하였다. 우리는 약 40개의 질문을 던졌는데 학생들에게는 자신들과 그들의 부모들에 대하여 설문에 응답하도록 하였고, 부모들은 다시 자신들과 그들의 자녀들에 대한 설문에 응답하도록 하였다. 평균적으로 (학생들의 부모인) 남편과 아내 사이의 상관성(유사성)이 가장 큰 값을 보였고, 다음은 부모와 자녀 사이였으며, 마지막으로 친구들 사이의 상관성이 가장 적게 나왔다. 연구 대상으로 삼은 특징들은 사회적 활동, 습관들, 여가선용 활동, 미신, 믿음과 기타 등등을 반영하는 것이었다.

이 연구에서 가장 흥미로운 결과는 가장 높은 상관성이 종교와 정치라는 두 범주에 속하는 특징들에서 나타났다는 것이다. 두 범주는 부모가 수행하는 중요한 역할을 입증하는 것으로서, 곧 수직적 문화 전달에 의한 것이다. 첫번째 경우로 자녀들은 종교가 다른 상대와 결혼할 때 종교의 선택과 기독교적 기도를 실행하는 빈도라는 특징에서 자신들의 어머니와 현저하게 유사한 것으로 나타났다. 종교의 선택이라는 특징은 그리 놀랄 만한 결과가 나오지 않았는데, 이는 자녀의 종교가 거의 언제나 자녀 자신의 개인적 선호도를 표현할 수 없는 아주 어린 나이에 그들의 부모나 어느 한쪽 부모에 의해서 이미 선택되기 때문이다. 한 20세 젊은이가 신(하나님)에게 기도하는 문제는 앞에서와 같은 가족적 제한성을 넘어서는 어떤 것을 의미하는 것 같다. 불행하게도 우리의 데이터는 기도를 하도록 양육된 자녀의 생애 동안에 기도가 중요한 행위로 지속되는가 아닌가를 지적하지 않는다. 어머니의 영향이 종교의 선택에 우세한 지위를 차지한다면 아버지는 영적 결심과는 달리 사회적 결심이라고 할 수 있는 종교적 실천의 규칙성(regularity)에만 영향을 미치는 것으로 보인다. 심지어 이 경우에도 아버지의 영향만큼이나 어머니의 영향이 크다. 따라서 양쪽 부모가 자녀의 정치적 전망에 동일한 정도로 기여하는 것으로 보인다.

부모와 자녀가 보이는 어떤 유사성에 유전적 근거가 있다는 것은 얼마든지 가능성이 있다. 문제는 생물학적 전달과 문화적 전달 사이의 구분이 부모와 자녀 사이에 확실하지 않다는 점이다. 예를 들어 부모의 지능지수(IQ)와 자녀의 지능지수 사이에 나타나는 유사성은 전적으로 유전적이라는 믿음이 오랫동안 존재했다. 영국의 심리학자 시릴 버트 경(Sir Cyril Burt) 같은 저명한 사람이 너저분하게도, 의심할 여지없는 지나친 열정에만 사로잡혀, 지능지수의 유전적 기초를 '증명하는' 잘못된 데이터를 발표하기도 했다. 버트 경의 기만행위는 미국의 심리학자 리온 카민(Leon Kamin)의 노력으로 적나라하게 파헤쳐졌다.

지능지수에 대한 초기 연구는 프랑스 정부가 정신장애가 있는 아동들에게 특수교육을 시행하려는 목적으로 알프레드 비네(1857~1911)에게 장애 아동들을 확인해내는 방법을 개발해줄 것을 의뢰하면서 시작되었다. 그런데 비네의 지능지수 점수를 '순수한' 지능을 가늠하는 척도로 만든 사람들 대부분이 미국 심리학자들이었다. 그들은 지능지수 검사가 행해지는 문화적 환경이나 사회적 환경과는 독립적인(혹은 무관한) 척도를 만들고자 했다. 이러한 도치된 열정 때문에 아주 심각한 사회적 오류들이 몇 가지 자행되었는데 이들 중 일부는 아직도 바로잡혀지지 않았다. 입양된 아동들에 대한 연구는 문화적 전달이 지능지수의 결정에 아주 강한 영향을 끼친다는 사실을 결정적으로 보여주었다. 1980년과 1981년에 나온 미국의 연구 결과들은 여러 개인들 사이에 나타나는 지능지수 변이량의 3분의 1만이 생물학적 계승성(biological heredity) 때문에 생기는 것이라고 밝혔다. 다음의 3분의 1이 문화적 전달에 의한 것으로 설명될 수 있으며, 마지막 3분의 1이 다른 비특정화된 원인, 곧 개인적 생애 경험의 차이들인 것으로 보인다. 이는 80~90퍼센트가 유전적 기여에 의한 것이라는 버트 경과 그의 미국 동료들의 주장과는 엄청나게 거리가 먼 것이다. 비슷하게 아프리칸 미국인(흑인)들이 백인들에 비해서 평균적 지능지수가 낮다고 하는 아서 젠슨(Arthur Jensen)의 서술은 영국과 미국에서 수행된 백인들에게 입양된 흑인 아동들에 대한 연구 결과와는 모순을 보인다.

지능지수가 사회적 계층화(social stratification)에서 차지하는 역할에 대한 이론들도 거짓으로 판명되었다. 몇몇 연구자들은 아무런 실제적 증거 없이 높은 지능지수를 가지는 사람들이 자동적으로 높은 사회적 계층의 일원이 되기 때문에 높은 사회적 계층과 낮은 사회적 계층에서 관찰되는 지능지수의 차이는 유전적이라고 주장해왔다. 그러나 프랑스의 한 입양 연구는 이러한 사회계층적 차이가 주로 사회문화적이며 유전적이지 않다는 것을 보여주었다.

그러나 아직도 미국에서는 흑인들의 낮은 지능지수에 대한 편견이 매우 광범위하게 존재한다. 그리고 미국인 대다수는 이 현상이 실제적인 유전적 차이가 빚어낸 결과라고 설득당하기가 쉽고, 짧은 시간 안에 개선될 여지가 없는 강한 사회적 핸디캡에 의한 것으로는 쉽게 설득당하지 않는다. 『벨 커브*Bell Curve*』[26]라는 책의 열광적인 수용과 제시된 책의 인종주의적 메시지를 일본 사람들의 평균적 지능지수가 백인 미국인들의 지수보다 11점 정도 높다는 정보에 대한 반응과 대조해 보라. 미국인과 일본인의 차이는 미국의 백인과 흑인의 차이와 거의 같은 점수 차를 보인다. 그 반응은 무엇이었을까? 우습게도 미국의 고등학교는 무척 나쁘다는 것이 명백하다는 것이었다.

입양아 연구가 생물학적 전달과 문화적 전달의 혼동을 가장 크게 막아준다. 그러나 이 연구는 수행하기가 무척 어렵고 비용도 많이 든다. 대부분 대상 입양아들이 매우 소수이기 때문이다. 가장 야심적인 연구는 각기 다른 가족에서 양육된 일란성 쌍둥이들을 대상으로 한 연구이다. 그러나 이러한 연구는 표본 크기가 작기 때문에, 그리고 쌍둥이 개인들이나 쌍둥이 쌍들과 더불어 양육의 초기 환경들이 항상 서로 독립적이지 않기 때문에 심각한 애로점이 있다. 그러나 문화적 계승성과 생물학적 유전성의 혼동을 제한하는 방법들은 존재한다. 예를 들어 부모와 자녀의 종교적 및 정치적 유사성의 경우에 일란성 쌍둥이, 이란성 쌍둥이, 그리고 보통의 형제자매들을 비교한 연구 데이터를 이용해 보자. 만약 생물학적 유전성만이 중요한 요인이라면 이란성 쌍둥이는 보통의 형제자매보다 큰 유사성을 보일 이유가 없다. 종교적 및 정치적 신조에서 이란성 쌍둥이 사이의 유사성은 일란성 쌍둥이 사이의 유사성과 거의 동일한 것이어서 이러한 형질에 유전이 아무런 역할을 하지 않는다(있다면 아주 미미한 역할을 한다)는 것을 암시한다. 이보다는 오히려 가족적 배경이라는 것이 주도적 영향을 끼친다. 어떤 종교적 특징들이 순수하게 혹은 우세하게 모계 전달 현상을 보인다는 것은 엄격한 생물학적 방법으로는 설명하기가 어려울 것이다. 미토콘드리아 유전체가 결정하는 생물학적 특징들은 모계 전달이 이루어진다. 그러나 세포의 에너지를 공급하는, 이 미토콘드리아라는 세포내소기관이 개인의 종교적 믿음들에 영향을 끼친다고 한다면, 흥미는 있지만 얼토당토않은 소리다.

쌍둥이 연구라는 간접적인 접근법을 취하기보다는 문화적 전달을 직접적으로 연구할 수도 있다. 또한 생물학적 유전을 다른 메커니즘과 혼동하는 것을 피할 수 있다. 우리는 사람들에게 어떤 특징들에 대해 직접적으로 질문할 수 있는데, 대상들이 보여주는 기억의 깊이는 종종 놀라울 정도다. 인류학자 베리 휴렛과 나는 공동 작업으로 아프리카 피그미족에게 삶에 필수적인 기초적 지식들, 곧 사냥, 채집, 음식 장만, 집짓기 등에 관한 정보를 누구로부터 배웠는지를 설문했다. 피그미족은 삶의 기초적 지식을 배운 사실을 완벽하게 기억하고 있었으며, 때때로 특정 기능들을 배웠던 시간과 장소도 기억하였다. 이렇게 습득된 정보는 다시 이러한 삶의 지식을 가르쳐준 스승들에게 직접 질문함으로써 확증할 수도 있었다. 전달의 주체는 80~90퍼센트는 부모였다. 삶의 어떤 기능들은 단지 한쪽 성에만 알려져 있기 때문에 가르침(전수)이 동일한 성의 부모를 통해서만 이루어지는 것이 보통이었다. 춤, 노래, 음식 나누기의 규칙들, 그리고 피그미 사회의 다른 특징들이 관련되는 공동체적 활동에 대해서는 부모와 함께 좀더 큰 공동체가 자녀 교육에 참여하였다. 피그미족이 1년 중 어느 기간 동안만 접촉하는 다른 아프리카 마을들의 기여는 제한적이었고, 단지 농경에 대한 것이 대부분이었다. 피그미족은 거의 최근까지도 사냥-채집인이었고 아주 제한적으로만 농경에 가담한다. 피그미족은 십자형 활(crossbow)과 같은 사냥 무기들을 만들고 사용하는 법을 농경 마을에게서 배웠다. 이 지식은 피그미족 사이에서 굉장히 급속도로 확산되었다. 우리의 연구 노트는 몇 명의 피그미족이 농경 마을의 한 사람으로부터 십자형 활을 만드는 법을 배웠다는 것을 적고 있는데 피그미족 아버지가 자신이 아들에게 이 지식을 가르친 사례도 관찰되었다. 지도자나 학교가 없고 아주 작은 크기의 사회적 모둠들로 조직화되어 있는 아프리카 피그미족처럼 아주 전통적인 사회는 주변의 정착 마을로부터 독립적으로 남아 있는 경향이 매우 강하다. 심지어 주변의 마을들이 피그미족 사람들에 대한 통제권을 정립하려고 노력하는데도 불구하고 말이다. 그러므로 문화적 전달이라는 것이 이러한 피그미족과 정착 마을들의 두 모둠 내에서 모두 수직적인 경향을 띠고 있고, 두 모둠 사이에서의 수평적 전달은 매우 제한적이다. 수직적 전달과 구성원에 의한 사회적 압력이 피그미 사회를 매우 보수적으로 만드는 경향을 보인다. 반면에 아프리카의 농부들은 외부 세계와는(예를 들어 선교사들과는) 더 잦은 접촉을 하고 있으며 라디오도 있고 학교도 있다.

결정적(수용적) 시기들과 그 중요성

문화적으로 결정되는 특징(형질)은 대부분 유전적 특징보다 쉽게 변화한다. 아주 분명하게 알려진 유전적 질병의 경우에도 발병이 생애의 매우 나중 시기에 일어날 수 있고 개인별로 변이폭이 아주 클 수 있다. 헌팅턴 무도병[27]은 대부분 40세 무렵에 발생하지만 2세에서 80세에 이르는 개인에게도 일어날 수 있다. 그러나 유전 양식은 매우 엄격하다. 어떤 유전적 질병은 마치 알레르기병과 같아서 나이가 들어가면서 사라진다. 그러나 일반적으로 유전적으로 결정된 특징은 상당히 안정적이며 가역적인 경우는 매우 드물다. 문화적 특징은 이와 같은 유전적 특징과는 많이 다르다. 이미 우리는 종교적 개종이라는 것이 일어날 수 있다는 것을 언급했다. 정치적 소속감도 무시하지 못할 변화 빈도를 보인다.

이런 사례들에도 불구하고 어떤 문화적 형질은 다른 것에 비해 변화가 더디다. 어떤 행동의 안정성은 특정한 나이 이후에야 비로소 변화를 용이하게 하는 생물학적 요인들에 의해서 선호될 수 있다. 다른 말로 하면, 생애 동안에 감수성이 높은 시기, 또는 결정적 시기가 존재한다는 것인데, 이러한 현상을 때때로 '각인(imprinting)'이라고 부른다.

불충분하게 연구되기는 했지만, 가장 확연한 결정적 시기는 의심할 여지없이 첫번째 언어와 두번째 언어를 배우는 우리의 능력을 지배하는 시기일 것이다. 첫번째 언어는 생애의 초기 연간에 습득된다. 첫번째 언어의 습득 이후에도 다른 언어들을 배울 수는 있다. 그러나 배움의 기회가 있다고 하더라도 아주 드물다. 성숙기, 또는 사춘기 이후에 외국 언어를 발음이 유창할 정도로 익히는 것은 어려운 것이다.

성숙기 이전이라는 시기는 또한 근친상간 금기를 습득하는 감수성 높은 시기이다. 심리학자 에드워드 웨스터마크(Edward Westermark)는 성숙기 이전에 형제들과 자매들과 같은 집에 사는 것이 성애적 관심을 감소시킬 수 있으며, 다른 포유류들에서 보이는 것처럼 인간에게서도 형제와 자매 사이의 근친상간이 드문 이유를 설명해줄 수 있다고 주장하였다. 물론 이러한 주장에 대해 주목할 만한 예외들이 없는 것이 아니고 이집트나 페르시아 같은 왕조들에서는 형제자매간의 결혼이 적지 않게 조장되었다. 그러나 이러한 근친결혼의 관습은 빠르게 사라졌다. 하지만 아직도 특별히 중앙아시아나 인도 같은 곳의 어떤 공동체들에서는 가까운 사촌간(삼촌과 질녀, 일차 사촌간)의 결혼이 빈번하게 이루어진다. 그러나 이는 앞의 근친결혼과는 다른 현상이다.

웨스터마크의 가설은 아서 울프(Arthur Wolf)가 수행한 남자아이와 비슷한 나이에 입양된 자매와의 결혼이 꽤 있었던 타이완 사례 연구(1980)에서 검증된 적이 있다. 타이완에서 사내아이가 태어나면 그 부모는 딸을 한 명 입양한다. 배우자 선정에 돈이 사용되는 사회에서는 아주 어린 나이에 입양하는 것이 오히려 배우자 거래의 값을 내리는 효과를 보장하는 셈이 된다. 이러한 관습은 또한 어머니가 입양한 미래의 며느리 여자아이에게 자기 남편을 섬기는 예법을 교육하는 기회를 제공한다. 울프는 이러한 결혼이 보통의 결혼보다 성공률이 낮고 평균적으로 적은 수의 자녀를 가진다는 것을 보여주었다. 이 결과는 일종의 마을 공영 유아원에서 어린아이들이 같이 양육되면서도 부모들과의 접촉은 아주 제한적인 이스라엘의 키부츠 집단농장에서 나온 데이터들과 일치한다. 이런 키부츠 유아원의 아이들은 본질적으로 입양된 형제와 자매들로 구성된 아주 큰 규모의 가족과 같은 성격을 가지고, 따라서 똑같은 키부츠에서 성장한 사람들끼리는 거의 결혼을 하지 않게 된다. 유아용 변기 위에 있는 것을 일상적으로 보아온, 익숙하다 못해 식상한 상대와 사랑에 빠진다는 것은 그 무엇보다도 어려운 것일지도 모른다.

분명하게도 인간 사회의 형성 과정에는 결정적 시기들이 많이 있다. 현재로서는 우리가 이 결정적 시기들에 대해 아는 것이 별로 없을 뿐이다. 심지어 앞에서 내가 논의한 것들도 사실은 충분하게 자세히 연구된 것이 아니다. 여기서는 좀더 연구해봐야 할 두 분야를 언급하는 것으로 하자. 지아나 제이(Gianna Zei), 파올라 아스톨피(Paola Astolfi), 슈레시 제이야카(Suresh Jayakar)는 나이가 많은 아버지를 가진 딸들이 자신들보다 상당히 나이가 많은 남자와 결혼하는 성향을 가진다는 것을 보여주었다. 이 주제는 좀더 자세히 연구 조사되어야 할 필요성이 있는 좀더 보편적인 현상의 일부분일지 모른다. 어쨌든 인간은 자신과 반대의 성을 가진 부모와 물리적(신체적) 유사성을 가지는 배우자를 선택하는 경향을 가지고 있는 것 같다. 이러한 현상은 하나의 동일한 사회적 모둠, 특별히 작고 고립된 사회들 속의 개인들 사이에서 관찰되는 현저한 신체적 유사성을 설명해줄 수 있을 것이다. 이 똑같은 현상이 모둠(사회)들간의 차이를 확대한다.

심리학자들이 도움을 준 다른 조사 연구에서 우리는 스탠퍼드 대학의 학생들이 하나의 특정한 지역이나 물리적 서식처와 연결된 정체성을 확인하는 성향에 대하여 조사했다. 산이나 평원, 해안, 호수, 대도시, 혹은 작은 촌락들에 대한 우리의 선호도는 아마도 인간의 초기에 형성되는 것 같다. 이러한 문제에 내가 관심을 가지게 된 것은 이러한 특정적 선호도가 없다는 것을 깨달았을 때였다. 나에게는 사막이나 시골이나 도시가 습기만 높지 않으면 다 같았다. 아마도 나의 이러한 성향은 내가 네 살이 되기 이전에 부모님의 거주지 변경이 잦았기 때문에 생긴 것 같다. 미국에서 자신들이 살다가 떠나게 된 곳과 유사한 지역에서 정착을 시작한 빈도를 살펴봄으로써 한 개인이 사는 환경의 중요성을 알아볼 수 있을 것이다. 스탠퍼드 대학생들을 상대로 한 조사는 아동기에 자주 이사를 경험한 사람들이 특정한 환경과 자신을 연결시키는 것을 불편해하는 편이고 모든 다양한 환경에 더욱 쉽게 적응한다는 것을 재확인시켜주었다. 우리의 데이터가 어느 시기가 가장 감수성이 높은 시기인지를 결정하게는 해주지 않았지만, 유목적(nomadic) 성향은 문화적으로 유전될 수도 있고, 어릴 때 받은 심리적 각인은 생애의 후반에도 쉽사리 지워지지 않는다는 점을 보여주었다. 유목민 집단(예를 들어 집시, 베두인족, 베르베르족, 투아레그족, 피그미족)이 있는 나라나 정부는 이들의 방랑적 습성을 고치는 데 애를 먹고 있다. 이 방랑적 습성은 아동들이 학교생활을 제대로 하지 못하게 하는 문제를 안고 있다. 게다가 유목성의 자유라는 것이 엄청 매력적인 것이어서 한 사람이 그러한 방식으로 양육되었다면 정착하는 데 엄청난 어려움을 가지게 될 것임에 틀림없다.

문화적 진화의 사례로서의 언어 진화

놀랍게도 언어 진화는 그렇게 많이 연구되지 않았다. 이 분야는 엄격한 정량적 분석의 엄청난 잠재성에 비해서 연구에 그리 많은 비용이 드는 것도 아니다. 언어 진화에 대한 관심은 19세기 후반부터 시작되었는데 특별히 인도-유럽 어족 언어들의 분화 역사에 진화적 계통수 방법들을 적용하는 것이었다. 이미 앞에서 아우구스트 슐라이허가 최근의 연구 성과에 기초한 것과 닮은 인도-유럽 언어 가족의 계통수를 구성하였다고 언급했다. 다른 언어로부터, 특히 이웃하는 언어로부터 낱말들을 차용해오는 현상은 잘 정립되어 있지만, 가장 잘 연구된 언어의 진화적 계통수는 한 언어의 변화가 다른 언어에서 일어나는 변화와는 거의 독립적인 방식으로 일어나는 듯한 인상을 안겨다준다. 이런 독립성이 계통수 방법 적용의 한 전제조건이다. 우리는 언어들이 종종 상당히 넓은 지역에 걸쳐서 퍼져 있고 국소적으로 발달하는 서로 다른 변이체들(방언들)을 포함한다는 것을 안다. 또한 한 언어는 심지어 한 개인의 생애 전체를 통틀어도 아주 조금만 변화하고, 옛날 언어에 대한 지식은 한계가 있어서 공간상의 변이보다 시간상의 언어적 변이를 연구하기가 더 어렵다는 것을 인식한다. 그런데 시간상의 변이가 거의 자동적으로 공간상의 변이를 의미하며 기본적 규칙들은 시간상이나 공간상에 모두 적용된다.

그러면 정확히 '언어적 변이(linguistic variation)'란 무엇인가? 여기에는 여러 측면이 존재한다. '음운론적 변이(phonological variation)'는 쉽게 인지된다. 유럽의 어느 나라라도, 심지어 미국에서도 남부와 북부 사이 그리고 동부와 서부 사이에 어투나 억양의 유의성 있는 차이들이 존재한다. 짧은 경험만으로도 쉽게 한 사람의 출신지를 가늠할 수 있다. 때로는 낱말의 발음이 심각한 정도로 시간상으로나 공간상으로 변화되어 있다.

음운론적 변이의 다른 측면은 서로 다른 언어들에서 나타나는 소리들의 풍요와 빈곤을 들 수 있다. 폴리네시아의 언어들이 음운(모음, 자음)의 수가 가장 적다. 그 언어에는 a, i, u와 같이 모음이 세 개만 존재한다. 영어는 중모음(dipthongs)을 포함하여 20여 개 이상의 모음을 가지는 다른 극단이라고 할 수 있고, 다른 모든 언어에서 발견되는 것과는 다른 모음소리도 있다. 이는 외국인들이 영어를 습득하는 것을 아주 어렵게 만든다. 모음소리가 변화하는 속도는 특별히 놀라울 정도다. 볼테르처럼 말하자면, 어근의 재구성에 자음들이 별로 쓰임새가 없다고 불평한다면 모음소리들은 아예 전적으로 쓸데없는 것이다.

'의미론적 변이(semantic variation)'는 단어의 의미 변화를 지칭한다. 예를 들어 프랑스어 'femme'은 두번째 의미를 획득하게 되어 '여자'와 '아내' 모두를 의미하게 되었다. 이탈리아어에서 'donna'는 원래 가솔의 주인이라는 뜻을 가진 라틴어 'domina'에서 유래했는데 '여자'를 의미한다. 하지만 이탈리아인들은 'moglie'(라틴어 mulier에서 온 말)라는 단어도 쓰는데 '아내'를 의미한다. 이탈리아인들은 또 'femmina'라는, 프랑스어 'femme'와 같은 라틴어 어근을 가지는 단어도 쓰는데, '여자'라는 의미만 있고 '아내'라는 의미는 없다.

문법이라는 것이 한 언어에서 가장 안정된 부분이지만, 문법도 시간에 따라 변한다('문법적 변이'). 프랑스어, 이탈리아어와 마찬가지로 영어에서도 정상적인 문장 내의 단어의 배열순서는 주어(S), 동사(V), 목적어(O)의 주동목(SVO) 구조이다. 물론 주어–동사–목적어(SVO) 혹은 주어–목적어–동사(SOV) 순서의 언어들이 가장 흔하지만, 세 구성요소가 형성할 수 있는 여덟 가지 배열순서가 여러 가지 언어들에서 존재한다. 가장 희귀한 배열순서는 목적어–동사–주어(OVS)와 목적어–주어–동사(OSV)의 구조이다. 영화 〈스타워즈〉 시리즈 중 〈제다이의 귀환Return of the Jedi〉에서 마스터 제다이 요다는 목적어–주어–동사(OSV)의 조금 이상한 구조의 말을 한다. "너의 아버지 그가 이다(Your Father he is)"라는 식으로.

언어학적 변이의 이러한 세 가지 양식, 곧 음운학적, 의미론적, 문법적 변이 각각에서 공간에서의 변화는 시간에서의 변화보다 더욱 명백하게 나타나고 연구하기도 쉽다. 한 단어가 경험하는 변이를 그 단어가 특이한 발음을 가지게 되는 지역을 곡선으로 표시함으로써 지리학적 지도 위에 예시할 수 있다. 하나의 균질한 지역을 다른 균질한 지역과 분리해주는 이 곡선은 '등어선(isogloss)'이라고 한다. 발음의 한계선들은 각 단어마다 다르다. 여러 단어의 등어선들을 추적함으로써 대부분의 단어가 하나의 고유한 유형을 보인다는 것을 알게 된다. 그러면 어디가 하나의 단일하고 불연속적인 언어나 방언이 사용되는 지역인가? 언어들이 서로 다른 언어들에 의해 영향을 받으면서 완전히 규칙적인 방식으로 분화되는 나무같이 생긴 단일돌기둥(monolith)을 상정해볼 수 있는데, 이런 식으로 전 세계의 언어들을 묘사하는 것은 단지 근사적인 표현일 뿐이다.

슐라이허의 작업 5년 후인 1872년에 그의 문하생들 중 한 명인 요하네스 슈미트(Johannes Schmidt)는 지역적인 언어적 변이의 중요성에 대해 강조하였고, 일부 슐라이허에 반대되는 이론을 주창하였다. 슈미트에 따르면 한 단어의 새로운 형태는 연못에 던진 돌에서 퍼져나가는 물결처럼 이웃하는 언어 사용자에게 다양한 영향을 끼치면서 한 지리적 지역에 걸쳐서 퍼져나간다. 이 은유는 특별히 적절한데, 완전히 고립된 언어들을 제시하는 계통수 모델로부터 차별성을 보여주기 때문이다. 그러면 이 두 견해는 협상점을 찾을 수 있을까?

20세기 중반에 몇몇 수학자들에 의해 발전된, 공간상의 생물학적 변이에 대한 이론들은 비슷한 모델들을 낳았다. 그 모델은 '거리에 의한 분리(isolation by distance)'라는 유형적 이름을 가지고 있고, 유전자들이 통계학과 확률론에서 유도된 정확한 규칙들을 따라 지리적 공간상으로 무작위적으로 변이를 가지고 있다는 것을 보여준다. 가장 중요한 규칙성은 유전적 거리(많은 유전자들에 의한 값들을 평균한 것)와 지리적 거리와의 관계이다. 유전적 거리는 지리적 거리가 증가함에 따라 정규적으로(그러나 지리적 거리의 증가율보다는 완만하게) 최고값에 도달할 때까지 증가한다는 것을 앞서 1장에서 잘 살펴보았다. 이론적 증가 곡선과 경험적 곡선들은 돌연변이 비율과 유전적 교환의 비율이라는 두 가지 측정 가능한 변량들에 의해 결정된다. 두 장소 사이의 유전적 차이들을 증가시키는 돌연변이 비율과 두 집단 사이의 유전적 유사성을 증가시키는 이주 때문에 생긴 유전적 교환 비율은 서로가 일정한 정도로 대조적 영향을 끼치는 진화적 힘들로 볼 수 있다. 반면에 돌연변이와 유전적 교환은 서로를 균형 잡는 역할을 하는 것이다.

동일한 수학적 이론을 언어학적 진화에도 적용할 수 있다. 유전자의 새로운 형태 혹은 새로운 대립인자들을 만들어내는 돌연변이와 상응하는 것은 혁신인데, 언어학에서의 혁신은 새로운 소리, 의미, 혹은 문법의 생성을 지칭한다. 이주는 다시 이러한 변화들을 공간상으로 전파시키는 역할을 한다. 윌리엄 왕(William Wang)과 나는 거리에 의한 분리라는 유전적 이론을 언어학적 변이에도 적용하였다(1986년 논문). 우리가 얻은 가장 흥미로운 결과 중 하나는 돌연변이율이 서로 다른 단어들에서 엄청나게 변이가 심하다는 것을 입증한 것이었다. 유전자들도 서로 다른 돌연변이율을 보이지만 단어들의 엄청난 변이에 비해서는 그리 극적이지 못하다.

물론 오랜 시간과 넓은 공간에 걸쳐서 그 음운이나 의미가 거의 변화하지 않는 몇몇 단어들이 존재한다는 것은 이미 지적한 바 있다. 이러한 낱말들이 아주 오랫동안 분리된 언어들 사이의 관계를 정립하는데 특별히 유용하다. 불행하게도 이러한 낱말들은 별로 없고 희소하다. 이와는 반대의 극단에 있는 것은 높은 돌연변이율을 보이는 고도 가변성의 단어들이다. 고도의 변이성을 보이는 유전자들은 그 대립인자의 수가 굉장히 많다. 비슷하게 고도 가변성의 단어들은 동의어가 굉장히 많다. 따라서 이런 낱말들은 동의어 사전에서 쉽게 찾을 수 있다. 예를 들어 영어에서 '술 취한(drunk)'이라는 단어에는 많은 동의어가 존재하는데 의심할 여지없이 그 동의어들을 많이 쓰면서 수많은 농담을 지어냈기 때문일 것이다. 이것은 영어의 페니스(penis)도 마찬가지일 것이다. 이러한 단어들의 변이 연구는 틀림없이 흥미로운 심리학적 정보들을 제공해줄 것으로 보인다.

우리는 여기서 생물학적 변이와 언어학적 변이 사이의 중요한 차이에 대해 주목해야 한다. 하나의 유전자 형태가 다른 형태로 변화되는 것은 아주 적은 변화를 동반하면서 일어나기 때문에 유전적 돌연변이체는 보통 그 원래의 모체 유전자와 매우 유사한 편이다. 그러나 단어들은 이보다는 엄청나게 복잡한 방식으로 변이를 보인다. 동일한 어근을 가진 단어는 이쪽 언어에서 저쪽 언어로 옮아가면서 음성학적으로 엄청나게 변할 수 있고 심지어 그 의미도 바뀔 수 있다. 또한 하나의 낱말이 서로 관련 없는 많은 의미를 보유할 수도 있다. 유전자와 단어가 가지는 큰 유사성을 각각이 가지는 특이성 모두를 고려하는 방향에서 찾아내려고 노력할 수는 있지만 그렇게 과잉으로 노력하는 것이 과연 유용할지는 확실하지 않다.

'거리에 의한 분리 이론'은 그러면 '계통수 이론'을 해체하는 것일까? 거리에 의한 분리라는 이론도 슈미트의 이론과 마찬가지로 지리적 공간이 균질한 것으로 상상한다. 그러나 앞에서도 본 바와 같이 지리적 공간은 균질하지 않다. 바다, 대양, 산맥, 강 등의 지리적 장애들은 지구를 변이를 보이는 수많은 지역들로 분할한다. 이러한 지리적 장애들이 이주를 방해하고 따라서 유전자와 단어들의 전파를 가로막는다. 이러한 역할로 인해 지리적 장애들은 분리된 집단들간의 차이들을 창조해낸다. 우리의 계통수들이 이 측면을 간접적으로 제시해준다. 만약 지구 표면이 균질적이고 장애들이 없다면 계통수는 별 쓸모가 없을 것이다. 거리에 의한 분리라는 이론만으로도 단순하고 충분한 묘사가 가능할 것이기 때문이다. 그러나 우리가 좀더 실재에 가까운 그림을 원한다면 유전적 유형과 언어적 유형들을 결정지은 그 엄청난 지리적 변이와 역사적 사건들의 풍요로움을 모두 다 고려해야 한다. 그렇게 되면 계통수가 근사치와 실재 사이의 유용한 균형을 이룬 것이 될 것이다. 우리는 그 정확도를 더욱 높일 수 있을까?

거리에 의한 분리라는 이론을 언어학적 맥락(context)에 적응시키면 슈미트의 '물결 이론'에서 만들어지는 문제를 해결하도록 도와주고 슐라이허의 '계통수 중심의 모델'과의 연결성이 더욱 잘 이해된다. 계통수 이론과 물결 이론은 유전적 변화와 언어적 변화는 비슷한 방식으로 모델화할 수 있다는 것을 보여주고, 이 서로 다른 두 진화 사이의 유사성과 차이점들을 탐구하는 것이 쓸모 있다는 것을 보여준다. 가장 기초적인 진화론적 모델들은 돌연변이, 선택, 유전적 부동, 이주와 같은 네 가지 요인이 상호 작용하여 변화를 만들어낸다. 유전적 연구의 대상은 아주 단순하게 계승(유전)되는 유전자들이나 형질들(멘델이 그 윤곽을 잡은 것처럼 양쪽 부모로부터 전달된다)이기 때문에 이렇게 유전적 진화를 묘사하는 것은 전달의 방식이라는 가장 근본적인 요인을 무시할 수 있다. 이미 우리는 일반적인 문화의 전달에 대해 논의한 바가 있다. 언어적 전달에서는 단지 원시적인 사회에서는 어린이들이 자신들과 가장 많은 시간을 같이 하는 가족 구성원들의 언어, 특히 부모(어머니)나 형제자매의 언어를 배운다는 것만을 이야기하자. 여기서 전달은 보통 수직적이고, 모계적이거나 일부모적(uniparental)이라고 추측할 것이다. 원시 사회보다 발달된 경제에서는 여러 사람이 자녀를 기르는 데 관련될 수 있다. 어린이들이 학교 교육을 시작하는 나이가 되면(이 나이는 문화마다 사회적 계층에 따라 서로 다르다), 물론 친구들이나 동급생들도 영향을 주지만 선생님이 상당한 영향을 미친다. 여기서도 언어의 문화적 전달은 엄청나게 복잡하다. 빈번하게도 자녀 세대는 특정한 한 인물에 대해 (언어적 고려 사항들과는 독립적인) 보통 이상의 관심과 주의를 기울이고 그 인물의 습관, 예절, 그리고 말하는 방식을 모방하려고 한다. '역할 모형(role model)'을 제시해주는 이런 인물은 이후에 다른 인물에 의해 대치될 수 있다. 발음은 약 13세까지는 매우 신축적인데 그 이후로는 모방적 변화라는 것이 아주 희소해지고 잠재적으로도 이루어질 수 없게 된다. 어휘력도 처음에는 자신이 태어난 기원 사회 집단으로부터 유래하지만 소통하는 사람들의 수가 늘어나고 접촉이 잦아지기 때문에 일생 동안 증가하는 경향을 보인다.

그러므로 언어적 획득의 중요한 요인인 문화적 전달은 서로 다른 일련의 다양한 문화적 전달 메커니즘에 의해 결정된다. 친척들의 문화적 기여는 아주 미약하거나 거의 없는 것으로 나타나는 편인데 '입양' 부모는 아주 큰 영향을 끼치는 편이다. 각각의 전달자는 어떤 식으로든 기여할 것이므로, 한 개인의 언어를 분석해보면 (단일한 영향이 가장 우점적일 수도 있지만) 여러 가지 다양한 기여들이 중첩되어 있는 일종의 언어적 모자이크라는 것이 드러날 것이다. 성숙기가 지나면 문화적 산물은 거의 결정화된 상태이다. 개개인 모두가 자신의 어투를 가지고 있게 마련이고, 이 어투는 거의 변이 없이 그가 길러진 환경에서 유력했던 어투들을 재생산한다. 그리고 아마도 한 개인의 가장 초기의 학습 흔적들 위에 나중의 사회화 과정이 포개져서 지속되고 있을 것이다. 그런 흔적들이 예를 들어 지쳐 있을 때나 새로이 학습하는 환경에 처하게 될 때 다시 나타날 수 있는 것이다.

이러한 분석은 부분적으로 자서전적인데 아마도 과학적 문헌들에는 사용되지 않을 것으로 보인다. 그러나 좀더 광범위한 독자들을 위해서는 일정량의 단순화가 필요하기도 하고 정당성을 가지고 있다고 본다. 우리는 종종 무의식적으로 우리가 이야기 대상으로 삼고 있는 사람들이 이해할 만한 언어를 사용하기 위해서 우리 자신을 스스럼없이 교정한다. 이러한 문화적 전달의 성분은 남이 우리를 이해하지 못할 때 필요한 수정을 가한다는 점에서 내가 '협주적' 메커니즘이라고 부르는 큰 덩어리의 일부이다.

이미 이야기한 바 있지만 유전학에서와 마찬가지로 언어학에서 돌연변이들이나 혁신들이 한 개인에게 거의 자생적으로 나타난다. 이 돌연변이들이나 혁신들이 유의성 있는 많은 수의 사람들에 의해서 수용된다면 한 집단의 언어적 유산의 일부를 구성하는 것으로 귀결될 것이다. 물론 한 개인에 의해서 시발된 변화가 그가 접촉하는 사람들에 의해 환영받는다고 해도(마치 돌연변이가 유전체에 의해서 수용되는 것과 마찬가지로), 완전히 통합될 때까지는 거의 몇 세기나 걸릴 수도 있다. 유전학에서는 돌연변이율이 언어적 진화보다는 아주 낮고, 대립인자 치환의 과정은 전적으로 수직적 전달이 관할한다. 오래된 대립인자가 새로운 대립인자에 의해서 완전히 치환되는 데는 수만에서 수십만 세대의 시간이 걸릴 수 있다. 그러면 우리는 어떻게 그리고 왜 대립인자의 빈도 증가가 일어나는지를 이해해야만 한다.

언어적 돌연변이의 빈도만으로는 새로운 한 단어가 한 집단 내에 확산되어 스스로 정립하는 것을 도와줄 것 같지는 않다. 언어적 돌연변이의 빈도는 유전학에서는 '돌연변이 압력(mutation pressure)'이라고 부르는 현상이다. 그러나 생물학적 진화의 요인들 중 두 가지인 부동과 선택은 비슷한 방식으로 새로운 단어들의 치환율에 영향을 끼친다는 것은 알게 되었다. 이러한 유전적 현상의 개념을 엄밀하게 동일한 방식으로 언어학적 변화에 적용시키는 것은 어렵다고 생각한다. 유전적 부동은 한 집단을 구성하는 개인의 수에 좌우되고, 또 개인들의 재생산적(생식적) 산출에서 나타나는 변이에 의해서도 좌우된다. 모든 개인이 이러한 측면에서 똑같은 것이 아니다. 물론 부모 당 자녀의 수에서의 차이라는 것이 대부분 적고, 가장 많이 재생산한 개인이 가장 중요한 것으로 간주된다. 유럽의 경우, 예를 들어 프란체스코 스포르차(Fancesco Sforza)와 같은 부자 후견인 정도가 30명 혹은 40명의 자녀를 거느릴 수 있었다. 다른 나라들에서는 소수의 술탄이나 추장들이 때때로 수백 명의 자녀를 거느린다. 이와 비슷하면서도 좀더 과장된 상황이 언어에는 적용된다. 어떤 사람들은 거의 말을 하지 않는 편이지만 다른 사람들은 종일 말한다. 말하자면 소통의 양에서의 변이량이 엄청난 것이다. 더욱이 특정한 소통원은 다른 사람들보다 존경받을 만하다고 간주된다. 이들 존경받는 사람들이 새로운 단어를 쓰기로 결정했을 때, 그 결정은 지대한 영향력을 가진다. 이러한 변이를 이론 속에 통합시키는 것은 어려운 일이기도 하지만 언어적 변화의 특수한 차원들은 유전학에서보다 더욱 중요성을 가진다는 것은 분명하다. 발화자의 명성에서 나타나는 변이는 부동(drift)의 힘을 더욱 크게 만든다고 할 수 있다. 과거에는 예를 들어 왕실이나 귀족층이 많은 언어적 변화를 만들어냈다. 만약 그들이 새로운 단어를 처음 소개했다면 그것을 습득하는 것은 필수적이었다. 오늘날 우리의 언어는 라디오나 텔레비

전에 의해 더욱 풍요로워진다. 신망을 얻은 개인 한 명이 새로운 단어를 제시하여 널리 받아들여진다면 부동의 극단적 경우라고 할 수 있을 것이다. 그러나 명성이라는 것은 부동을 구성해주는 극단적이고 생소한 구성요소이고, 오히려 이러한 경우는 부동보다는 문화적 선택이나 전달의 경우로 보는 것이 더욱 적절할 것이다. 분명히 이것은 정의(definition)의 문제지만, 어떤 경우에는 부동과의 유비(analogy)가 확연하다. 정확한 통계적 수치나 타당성 있는 국제적 비교치를 만들어내기가 어렵기는 하지만 미국 문화는 세계에서 가장 종교적인 문화 가운데 하나라는 징후가 있다. 이에 대한 이유가 존재하는 것도 명백하다. 미국 집단의 종교성은 아주 강한 창시자 효과로부터 온 것임에 틀림없다. 미국 문화의 주류적 기여는 17세기의 영국 이민자들로부터 온 것인데 종교적 탄압으로부터 자유를 찾아서 온 사람들이 대부분이었다. 미국 문화는 문화적 부동의 한 경우임에 틀림없다.

언어학에 생물학적 모델들을 부여하는 것은 여러 가지 문제를 드러낸다. 한 가지 문제점은 의미론적이다. 대부분 에드워드 사피어의 영향 때문에 언어학자들은 '부동'이라는 단어를 유전학에서와는 다른 현상을 지칭할 때 쓴다. 언어학적 부동은 수많은 비슷한 사례들에서 나타나는 특정한 방향성을 가진 경향이나 추세를 의미한다. 사피어는 "언어학적 부동은 방향을 가진다"라고 쓴 적이 있다. 이것은 언어적 돌연변이들이 생겨나는 것에 일정한 방향들이 나타나는 경향 때문인 것 같다. 한 가지 좋은 예는 '대규모 모음 전이(Great Vowel Shift)'일 것이다. 15세기 중세 영어에서 시작된 것인데, 모음들의 변화에 나타난 경향을 말한다. 곧 과잉 단순화하면 i → ei → ai → a, a → e → ei, eu → au → ou → uu와 같은 전이가 일어났다. 사피어 식의 부동은 발음에만 영향을 끼치는 것이 아니라 다른 언어의 측면들에도 영향을 끼치는 것이다. 그에 대한 다른 특정한 사례들은 나중에 살펴보겠다.

언어학에서 사용되는 부동이라는 단어의 의미는 따라서 유전학에서 사용되는 부동의 의미와는 상당히 다르고 유전학에서는 거의 반대적인 의미를 내포하는 것으로 볼 수 있다. '유전적 부동'이라는 것은 유전자 혹은 대립인자의 빈도에 작용하는 우연의 영향이다. 그리고 전적으로 방향성이라는 것이 없다. 그리고 유전자의 빈도가 영 퍼센트나 백 퍼센트라는 극단에 도달했을 경우에 유전적 부동이라는 과정은 반드시 중지된다. 적어도 새로운 돌연변이나 밖으로부터의 이주로 인해서 소실된 유전자 혹은 대립인자가 집단 내에 다시 유입되기 전까지는 유전적 부동이라는 과정 자체가 중지되는 것이다. 우연에 의해서 일어나는 유전자 빈도들의 무작위적인 진화적 변화를 지칭하는 데 '부동'이라는 단어를 사용하자는 제안은 시월 라이트가 했다. 라이트는 이론 집단유전학 분야에 관한 수학적 연구를 많이 하여 학문적으로 기여한 바가 크다. 라이트의 제안 이전에 이 현상을 최초로 묘사한 연구자를 기념하여 '하게돈 효과(Hagedoorn effect)'라고 불렀었다. 부동의 이론에 상당한 추진력을 부가한 바 있는 유명한 수리유전학자 모토오 기무라는 '무작위적인(random) 유전적 부동'이라는 어구가 좀더 정확한 표현일 것이라고 제안했다. '부동'이라는 단어는 언어학에서와 같이 물리학과 같은 다른 분야에서도 사용되는데 우연적 효과들(chance effects)과는 반대되는 체계적 효과들(systematic effects)을 정의할 때 사용된다.

선택이라는 것도 또한 언어적 진화에서는 생물학적 진화와는 다르게 작동한다. 당연하게도 새로운 단어가 그 단어를 사용하는 집단의 생존이나 재생산을 증가시키는 경우는 매우 드물다. 언어에서는 오히려 이보다는 문화적 선택의 문제가 된다. 어떤 단어, 발음, 혹은 규칙은 우리들에게 좋게 느껴진다. 그 이유는 그 단어가 짧거나, 발음하기 쉽거나, 더 우아하거나 등의 장점을 가지거나 우리가 존경하는 사람이 좋다고 추천하기 때문이다. 우리는 제왕들의 언어를 채택하거나 옥스퍼드 학감들의 어투를 쓴다거나 할 수 있지만 오히려 그 반대의 현상을 만들어내는 것도 인기가 있을 수 있다. 속어(slang)가 어떤 때는 우리에게 더욱 적합성을 가질 수 있는데 그것은 감정적 기조가 더욱 풍부하기 때문이다. 많이 배운 사람도 욕지거리나 저속한 표현을 선호할 때가 있는데 이는 그렇게 함으로써 더 큰 충격을 줄 수 있고 표현에 더 큰 힘이 실리기 때문이다. 이미 말한 바대로 때로는 낮은 사회적 계층에 있는 사람들이 사회적으로 높은 계층을 모방하는 경향이 있는데, 그 반대의 경우도 있다. 이러한 상호 모방은 계층간의 순환적 행동 유형을 만들어낸다. 영국의 사회적 상류 계층들에서는 라틴어나 로망스 언어들에서 온 말들을 쓰는 것이 앵글로색슨계의 단어들을 쓰는 것보다 대체로 더욱 우아하고 세련되다고 여기는 경향이 있다. 예를 들어 'napkin'보다는 'serviette'라고 말하는 것이다. 그러나 오늘날 앵글로색슨 단어들이 새로운 위엄을 획득하게 되었다고 할 수 있는데, 이는 과거와는 반대적인 경향을 만들어내고 있다.

지금까지 네번째 진화 요인인 이주, 개인들과 단어들의 이주에 대해서는 그대로 남겨두었다. 오늘날에는 단어들이 사람들의 이동 없이도 전파될 수 있지만, 과거에는 그 단어를 말하는 사람들과 함께 전파되었다. 우리는 종종 각각의 인족 모둠들을 완전히 족내혼성(endogamous)이라고 생각한다. 인족 모둠 속의 결혼이 특정한 사회적 계층들에나 지리적 이웃집단에만 국한되어 있다는 것이다. 그러나 실제로는 거의 언제나 지리적, 인족적, 사회경제적 모둠들 사이에 유전적 교환이 존재했다. 한 배우자(보통은 신부)를 다른 종족 또는 가문에서나 다른 마을이나 촌락에서 데려오는 빈도는 변이폭이 매우 커서 5퍼센트에서 50퍼센트에 이르는 변이를 보인다. 언어학자 조세프 그린버그는 이주한 배우자들이 이주와 함께 새로운 언어적 변모들(novelties)을 가져오기가 쉽다는 것을 관찰하였다. 클로드 하제즈(Claude Hagège)에게서 내가 배운 한 가지 흥미로운 법칙은 섬 집단들에서 언어적 관성이 나타난다는 것, 곧 섬사람 언어들은 거의 전적으로 진화하기를 멈춘다는 것이다. 이러한 경향은 아이슬란드가 대표적인데, 아이슬란드는 9세기에 노르웨이인들이 정착한 곳이다. 현대의 아이슬란드어는 고대 노르웨이어와 굉장히 유사한데 아이슬란드어 사용자는 아이슬란드라는 거주지의 창설시나 그 이전의 고대 서사시나 전설담을 그리 어렵지 않게 읽을 수 있다. 11세기 이후에 아이슬란드의 외부 세계와의 접촉은 엄청나게 줄어들거나 혹은 거의 중단되었다. 따라서 새로운 언어적 변모들이 이 섬에 상륙하기를 멈춘 것이다. 이주자들이 거의 없는 것은 바로 돌연변이가 없는 것과 비슷한 것이었다. 새로운 모재(material)가 없으면 진화는 멈춘다. 아이슬란드의 집단 전체가 매년 유럽 역사에서 가장 먼저 생긴 것으로 알려진 자신들의 의회가 소집되면 모두 모였다. 이러한 연중행사가 아이슬란드 섬의 지역적 분화가 과잉으로 일어나는 것을 막았을 것이고 진화 속도를 늦추는 데 기여했을 것으로 보인다.

다른 사례는 사르데냐 섬일 것이다. 지중해 연안에서 가장 고립되어 있고 아이슬란드보다 더 긴 역사를 가지고 있다. 사르데냐 섬의 연안은 로마인들의 접근도 막을 정도였던 섬 내륙의 산지보다는 고립의 정도가 약하다. 고립성 이외에도 사르데냐 섬의 지리적 특징의 많은 측면이 지역적 문화와 언어를 보전하는 것을 유리하게 만드는 편이다. 그 결과로 사르데냐 방언에서 일부 단어들과 격변화어미(endings) 같은 것들이 대륙적인 이탈리아에서보다 고이탈리아어인 라틴어와 비슷하다.

언어적 진화의 가장 흥미로운 측면이라고 할 수 있는 '어휘적 유포(lexical diffusion)'를 다루지 않고는 이 주제를 넘어 다른 이야기를 할 수 없다. 어휘적 유포의 중요성은 윌리엄 왕이 많이 제시하였다. 어휘적 유포는 언어적 혁신이 한 개인에서 다른 사람에게로 전파되는 방식을 언급하는 것이 아니라 한 단어의 변화가 한 인물이 보유하는 어휘권(vocabulary) 내에 존재하는 다른 단어들의 변화에 미치는 영향을 뜻한다. 이는 어휘적 유포가 한 세트를 이루는 규칙들에 준해서 운용되는 듯이 보이는 두뇌의 작동에 대해서 무언가 우리에게 이야기해주기 때문이다. 각각의 언어들은 문법적, 음운론적, 통사론적 불규칙성들을 지속적으로 유지하고 있지만 이와는 대조적으로 규칙들의 균질화와 확장이 지속되는 경향도 존재한다. 영어의 동사들이 시간이 감에 따라 더욱더 규칙동사화되고 있는 듯하다. 다른 예는 강세의 위치에 따라서 생기는 명사와 동사의 분화이다. 'present'라는 단어는 강세가 첫번째 음절에 있으면 명사이고, 두번째 음절에 있으면 동사가 된다. 1570년에는 단지 세 개의 사례, outlaw, rebel, record만이 존재했다. 1582년에서 1934년에는 이러한 사례가 8개에서 150개 단어로 늘었다.

일반적으로 어휘적 유포는 다양한 이유 때문에 한 단어에 일어난 변화가 종종 그 단어와 어떤 방식으로(보통은 음운학적으로 혹은 문법적으로) 관련 있는 다른 단어들에도 확장된다는 것을 의미한다. 언제나처럼 이 현상은 처음에 한 개인이나 소수의 사람들에게 그 모습을 드러낼 것이지만 곧 다른 사람에게로 퍼질 것이다. 그러므로 여기에는 이중적(double) 유포, 곧 한 개인 내에서 관련된 단어들에 생기는 것으로서의 유포와 다른 사람에게로의 유포가 있다.

어휘적 유포가 아주 일반적인 현상일 수도 있다. 이 생각이 언어학자들에게는 한 번도 제시된 적이 없다는 것에 언어학자들 자신도 충격을 받을 수 있다. 그런데 합리적인 것은 '그림의 법칙(Grimm's law)'이라고 하는 소리의 전형적 상응성이 바로 어휘적 유포의 사례로 간주될 수 있다는 것은 재미있는 일이다. 산스크리트어, 그리스어, 라틴어와 같은 고대의 언어들에서 p, t, k와 같은 자음들은 영어에서는 f, th, h에 상응하고, 독일어에서는 f, d, h에 상응한다는 것이 언어학에서의 그림의 법칙이다. 예를 들어 아버지라는 뜻의 단어가 라틴어에서는 pater인데 이것이 영어에서는 'father', 독일어에서는 vater로 쓰고 'fater'로 발음한다. 영어에서는 철자 규칙들이 르네상스 이전에 고정되다시피 했고, '대규모 모음 전이'와 같은 중요한 모음 발음의 전이도 중세 말기에 시작되었다. 그 결과 아주 어려운 영어 철자론이 발달하였다. 예를 들어 대규모 모음 전이 이전에 'mine', 'fine', 'thine'와 같은 단어들은 씌어진 대로(미네, 피네, 디네) 발음되었다. 다른 말로 하면 모음 i의 음가가 이탈리아어서처럼 '이'로 발음되었고 뒤에 오는 e는 묵음이 되지 않고 '에'로 발음되었다. 그 이후에 i의 음가는 다시 '이-(ii)'로 되었고(미이-네, 피이-네, 디이-네), '에이(ei)'로 바뀌었다가(메인, 페인, 데인) 현재의 '아이(ai)'와 같이(마인, 파인, 다인) 바뀌었다. 영국의 일부 지방에서는, 특히 런던에서 멀리 떨어진 곳에서는 옛날의 모음 발음들이 그대로 보존된 경우가 있다. 다른 곳에서는 '아(a)'나

'오이(oi)'와 같은 음가가 나타나는 경우가 있다. 진화적인 관점에서 이것을 살펴보면 일부는 좀더 많이 진행된 것으로 볼 수 있다. 왜냐하면 이미 ei와 ai의 형태를 거쳐서 도달된 모음 발음 형태일 것이기 때문이다. 모음의 경우에는 그 변화가 순환적인 경향이 있기 때문에 원래의 발음형이 선호되어 되돌아올 수 있는 것이다. 이러한 현상의 한 가지 이유는 음운론적 변이가 일어날 수 있는 공간이 원래 제한적이어서 반복이 일어날 가능성이 불가피하다는 사실이다. 순환들이 형성되는 것은 선호되는 변화 유형이라는 것이 존재하기 때문이다.

브라질에서는 영어의 'dent'나 'president'에서처럼 단어의 어미에 't'를 발음하는 옛날 포르투갈어가 남쪽에서는 유지되고 있는데 북쪽에서는 그 발음이 'tch'로 치환되어 바뀌었다. 라틴어에서 st나 sc의 앞에 오는 n은 대부분의 유럽의 언어들에서는 그대로 남았지만 수많은 이탈리아어 단어들에서는 'n'이 떨어져나갔다. 그러므로 영어의 institute, instance, inscription은 이탈리아어로 istituto, istanza, iscrizione이다. 이탈리아어에서 n을 통해서 두 가지 의미를 구분하게 하는 역할을 할 때는 한쪽에서는 없어지고, 다른 쪽에서는 그대로 남았다. 영감을 주다(inspire)라는 의미는 ispirare에 있고 숨을 들이쉬다(breathe in)는 inspirare로 분화되었다.

비슷한 의미들이나 소리들로 변화가 확장되는 것은 어휘적 유포의 근본적인 특징이다. 이러한 현상은 매우 빠른 속도로 일어나고, 심지어는 한 세대 만에 일어나기도 하는데 우리 인간의 두뇌가 발화(speaking)에 대한 규칙들을 사용한다는 분명한 암시라고 볼 수 있다. 인간의 두뇌가 규칙들에 따라서 기능할 필요성은 틀림없이 특이적인 신경학적 구조들에 근거해 있을 것이다. 일부의 병리학적 상태들은 두뇌의 관련된 해부학적 부분에 영향을 끼치는 것으로 보이는 난독증(dyslexia)을 만들어낸다. 특정한 한 가계에 특정한 한 유전자에 의해 유전되는 것으로 보이는 난독증 중 하나는 유전학적 관점에서 연구되고 있다. 이 하나의 유전자가 복수형(plurals)을 만드는 것과 같은 문법적 규칙들을 적용하는 능력에 영향을 끼치는 것으로 보인다. 이 가계의 난독증을 가진 사람들은 단수와 복수를 따로 떼어서 배운 그런 단어들만 문법적으로 정확하게 사용된다. 아마도 영어에서(혹은 이탈리아어에서) 가정법의 사용이 점점 더 줄어드는 현상을 어휘적 유포의 사례로 볼 수 있을지도 모른다. 문법도 특정한 신경학적 중심을 요구하는 듯하다. 그러한 중심에 손상을 가져오는 유전적 결핍이나 대뇌적 외상을 입은 경우는 문법적 규칙들의 적용에 간섭적 지장을 가져올 수 있다. 비슷한 결핍성 장애들이 아무런 병리적 원인 없이도 전파될 수 있다. 이러한 관찰들은 이전에는 알려지지 않았던 일관성 있는 방식으로 단어들을 사용하도록 도와주는 메커니즘을 드러낸다. 어휘적 유포라는 것도 언어적 기능을 촉진하는 비슷한 메커니즘에 의존하는 것임에 틀림없다.

인류의 미래

내가 이 부분을 쓴 의도가 인류의 미래라는 제목이 제시하는 것보다는 거창하지 않으니 안심해도 된다. 유전적 관점에서 우리 인류의 미래는 그렇게 엄청나게 흥미로운 일이 아닐 것이다. 말하자면 사람이라는 생물종은 그렇게 많이 진화하지 않을 것이다. 지금까지 진화해온 속도 이상으로 진화 속도도 빠르지 않을 것이다. 문화적 발전이 생물학적 진화를 효과적으로 늦추어왔다. 재생산율(생식률)과 사망률에 작용하는 자연선택이야말로 인간생물학에서 가장 큰 진화적 요인이었다. 의학의 진보는 생식적 성숙 이전의 사망률을 사실상 전부 제거한 셈이었고 따라서 심각한 인구 과잉을 예방하기 위해 개체군계량적 증가를 급격히 줄여야 할 지경에 이르렀다. 생식적 성숙 이전의 사망률이 0으로 줄어들고, 모든 성인들이 결혼하고, 한 가족이 두 명의 자녀만을 가진다면, 아무런 자연선택이 없을 것이다. 인간 집단들의 큰 규모 때문에, 그리고 지속적으로 증가하는 규모 때문에 진화의 다른 요인인 유전적 부동은 거의 전적으로 동결될 것이다. 이제 우리는 평균적으로 돌연변이란 DNA 상의 위해적 변화를 포함하기 때문에 돌연변이가 위험스러울 수 있다는 것을 잘 안다. 그러면 가능해진다면 돌연변이가 생겨나는 것을 아예 막는 것은 어떤가? 그러면 아마도 인간의 생물학적 진화는 전적으로 멈추어질 것이다. 물론 인공적으로 유전자를 변형하려는 자발적인 진화 유발 시도라는 오류를 범하지 않는다는 전제 하에 돌연변이를 막는 것이다. 다행스럽게도 유전공학된 인간들이 생겨날 개연성은 아직도 거의 존재하지 않고, 아직까지는 '개량된 인종'을 창조해내는 시도를 감행할 이상하고 오만한 멍청이에 대한 걱정은 하지 않아도 되는 것 같다. 자연스럽게 핵무기 기술의 통제와 같은 특별한 해결책들이 악몽 같은 생물학적 미래가 오지 않게 하는 데 실행되어야 할 것이다.

그러나 기존에 존재하는 인간 집단들 사이에 섞임을 만들어내는 이주들을 통해서 중요한 새로운 유전적 변화가 일어나고 있다. 이러한 과정이 계속된다면 집단들 사이의 유전적 차이는 감소할 것이다. 그러나 전체적인 전 지구적 다양성은 변화하지 않을 것이고 같은 집단 내의 개인들 사이의 유전적 차이는 증가할 것이다. 따라서 인종주의에 대한 이유들이 점점 더 사라질 것이다. 나는 인종주의의 멸종은 바람직한 것이라고 본다.

그러나 전 지구적인 유전적 변이량이 변하지 않을 것이라고 말하는 것은 엄격하게 말해서 정확하지 않다. 현재로서는 다른 인족 모둠들이 서로 다른 재생산율(생식률)을 보인다. 유럽인들은 거의 그 증가율이 멈추어 있는 반면에, 개발도상국들의 인구는 폭발적으로 늘고 있다. 그러므로 금발에 흰색 피부의 사람들은 그 상대적인 빈도에서 감소할 것이다. 인간의 과잉 재생산율을 걱정하지 않는 사람들도 조만간 현재의 인구 붐이 지구 자체의 자원량이 지지하는 한계 이상으로는 증가할 수 없다는 사실을 알게 될 것이다. 이것은 몇십 년 이내에 이러한 폭발적 증가를 멈추어야 한다는 것을 의미한다.

문화적 변화의 속도가 미래에 더욱 가속화할 것이 분명하다. 소통이 문화적 변화의 기초를 형성한다. 우리는 지금 소통 혁명의 와중에 살고 있다. 이러한 변화는 우리를 어떤 곳으로 이끌어갈까? 컴퓨터는 상당한 정도로 우리의 두뇌 작용을 확장시켜주고 있고 수리적 계산을 하는 인간의 능력을 굉장히 증대시켰다. 인공지능은 현재 컴퓨터의 응용에 새로운 방향을 열어주고 있다.

현재의 첨단 기술이 존재한다고 해도, 구석기 시대와 마찬가지로 인간의 소통은 언어적 장벽에 의해서 제한받는다. 컴퓨터가 현재까지는 인간의 언어들을 자동적으로 번역해내지는 못한다. 이 문제를 해결하는 것이 아직 엄청나게 어려운 일이지만 상당히 뛰어난 자동번역기를 가지게 될 날은 시간문제일 것으로 보인다. 아마도 우리가 지금보다는 덜 모호한 방식으로 말하는 습성을 익힐 수 있을 것이어서 컴퓨터가 우리의 생각들을 별 오류 없이 이해하고 통역하도록 할 수 있을 것이다. 분명히 우리의 표현들은 종종 매우 모호하다. 때때로 우리는 의도적으로 서로를 어리둥절하게 만든다. 하지만 언어의 모호성을 감소시키는 것은 좋은 시(詩)를 쓸 수 있는 우연적 기회를 감소시킬 것이다. 아마도 그에 대한 치료책은 찾을 수 있을 것이다. 그러나 언어의 모호성을 줄이는 노력은 심지어 정치가들도 자신들의 지역구를 위해서 단지 재선출이나 이윤만을 생각하기보다는 분명하고 생산적으로 생각할 것을 강요할 것이다.

그렇지만 자동번역기가 우리의 모든 문제의 해결책은 아니다. 분명하게도 소통은 본질적이지만 단지 첫 단계로서 본질적일 뿐이다. 예를 들어 필요한 윤리적 가치들을 전 세계에 확산시키는 것이 필요할 것이다. 모든 사회에서 관찰되는 기만, 증오, 착취, 그리고 통제되지 않은 이기심은 정말 해결 불가능한 것일까? 우리는 너무 부정적일 필요는 없을 것 같다. 사람들이 언제나 최악의 성질들을 보이는 것은 아니기 때문이다. 이러한 파괴적 경향들을 예방하기 위해서 인간의 파괴적 경향들을 촉발시키는 바로 그 조건들에 대해 정확히 배우는 것은 아주 가치 있을 것이다. 물어볼 필요도 없이 인구 과잉과 함께 가치 있는 자원들에 대한 극단적 경쟁이 이러한 파괴적 경향들에 기여한다. 우리의 사회공학(social engineering)[28] 소질은 제한적이다. 빈곤, 무지, 인구 성장, 인종주의, 마약 중독, 범죄와 같은 주요 사회악들과 우리를 괴롭히는 다른 사회적 전염병이나 풍토병들을 일소하거나 혹은 최소한 감소시키려면 사회공학 분야의 작업들에 모두가 더욱 적극적이어야만 한다. 우리의 사회공학적 노력들은 문화적 전달과 유용한 혁신들의 발목을 잡는 보수주의에 대한 연구에 도움을 받을 것이다. 이러한 우리의 노력은 크나큰 변화들을 촉진하거나 아니면 반대로 너무 빨리 수용해 버리는 위험성에 대한 연구에도 도움을 줄 것이다.

| 옮긴이주 |

01 세포를 가진 생물체에게는 DNA, RNA, 단백질, 지질 등의 생체고분자들이 중요하다. 이들의 화학적, 물리적 특성들을 연구하는 것이 생화학이다. 세포 안에 핵이 없는 생물종이건 핵을 가진 진핵세포 생물이건 모든 생물은 핵산고분자에 유전적 정보를 암호화하고 있다. 따라서 유전자는 핵산고분자상의 암호화되어 있는 절편이라고 생화학적으로 정의할 수도 있다. DNA는 세포분열시에 '복제(replication)' 되어 기존의 세포와 새로운 딸세포가 똑같은 판본을 하나씩 나누어 가지게 된다. 핵산을 전형으로 하여 mRNA(messenger RNA)가 생성되는 것을 '전사(transcription)' 라고 한다. 핵산의 암호화된 부분인 유전자들이 시공간적으로 다른 양을 보이면서 전사되어 나타난 전사본들, 곧 mRNA들은 다시 단백질로 '해독(translation)' 되어 그 각각의 세포 내 기능을 담당하게 된다. 복제, 전사, 해독의 과정은 서로 연계되어 있는데, 이를 분자생물학에서는 '중심 원리(central dogma)' 라고 하고, 유전자의 정보가 흐르는 방향을 가리킨다.

02 그룹(group)을 '모둠' 으로 번역해야겠다는 착상은, 언어학에서 단어를 모아놓은 코퍼스(corpus)를 말뭉치 혹은 말모둠으로 번역한 예에서 얻었다. 따라서 에스닉 그룹(ethnic group)은 '인족 모둠' 이 된다. 사회적 그룹은 '사회적 모둠' 이 될 수 있다.

03 'modern humans' 에 대해서는 '현생 인류' 라는 용어를 주로 사용한다. 혹시 '현대 인류' 라고 한다면 현대에 생존하는 인류라는 의미로 혼동될 우려가 있다. 그러나 현생 인류나 현대 인류나 현재 지구상에 살고 있는 사람들과 동일한 생물학적, 인류학적, 유전학적 정체성을 가지는 생명체를 지칭하는 것에는 차이가 없다.

04 인류학 용어로 민속지 혹은 민족지라고 번역되는 에스노그라피(ethnography)의 어근 에스노(ethno-)는 민족이나 민속을 의미한다. 종족, 인종이라는 의미도 가진다. 부정적 의미를 담는 경우가 많은 인종(race)과는 차이가 나지만 민족, 민속, 종족, 인종의 의미를 담으면서 좀더 중립적인 단어로 '인족(人族)' 을 제안한다. 그러면 에스노그라피는 '인족지' 가 된다.

05 '자연선택(natural selection)' 은 그 동안 한국에서 '자연도태' 로 널리 사용되어왔다.

그런데 도태(淘汰)는 무언가 나쁜 것을 어떤 큰 집합체에서 수동적으로 혹은 능동적으로 솎아내어 제거한다는 의미를 지니는 낱말이다. 그런데 이러한 의미로는 실제로 생물학, 진화론, 유전학에서 쓰이는 실렉션(selection)의 정확한 개념을 담아낼 수 없다. 솎아내거나 제거되는 결과보다는 가려 뽑아서 채택하는 과정에 초점이 맞추어져야 한다. 따라서 환경에 적응된 생명체가 채택되어지는 과정을 선택(選擇)으로 표현해야 좋다.

06 DNA 상의 변이를 직접 찾는 방법이 최초로 개발될 때에는 제한효소가 많이 쓰였다. 제한효소에 의해서 특이적으로 인지되어 절단되거나 절단되지 않거나 하는 DNA 상의 변이를 제한절편길이다형(restriction fragment length polymorphism) 혹은 줄여서 RFLP라고 불렀다. 제한효소로 반응시킨 표본 DNA들을 단편들로 만들어 젤 전기영동하고 서던블롯(Southern blot)한 후에 동위원소로 표식된 탐침자(probe)로 붙여서 길이의 차이를 구별한 데에서 유래한 것이다. 현재는 이들의 대다수가 단일염기다형(single nucleotide polymorphism)이거나 아니면 일부가 직렬반복서열수변이(VNTR, variable number of tandem repeat) 혹은 소위성체(minisatellite)로 불리는 변이라는 것이 알려져 있다. 수십 개 되는 서열 길이의 반복단위가 직렬로 늘어서 있는 DNA(염색체) 상의 지역이 소위성체이다. 반복단위가 두 개에서 다섯 개 핵산기 정도로 작은 것은 미위성체(microsatellite) 혹은 짧은직렬반복변이(STR, short tandem repeat)라고 한다.

07 '인간백혈구항원(HLA, human leucocyte antigen)'은 항체반응에서 나타난 항원단백질에 대해서 붙여진 이름이다. 다른 사람의 조직이나 장기를 한 개인에게 이식하면 몸에서 자기와 같지 않은 것으로 인식하여 항체를 만들어 공격하는 부적합반응이 일어나게 된다. 같은 조직을 동일한 개인에게 이식한다면 조직적합성(histocompatibility)이 있기 때문에 이러한 거부반응이 일어나지 않는다. 인간백혈구항원이 처음 발견된 이후에 조직적합성의 주요 단백질로 알려지게 되었고, 이 유전자에 새로운 이름 '주조직적합성복합(MHC, major histocompatibility complex)'이라는 명칭이 붙여졌다. 현재는 HLA보다는 MHC로 부르는 것이 표준이라고 할 수 있다.

08 서구의 과학사를 살펴보면 19세기 이전에는 '생물학(biology)'이라는 학문 분야의 명칭이 존재하지 않았다. 1800년대에 들어서서 라마르크, 트레비아누스, 오켄이라는 학자들에 의해 동물학과 식물학이 하나로 묶이면서 생물학이라는 이름이 사용되기 시작했다. 그 이전에는 동물, 식물, 광물의 연구 영역을 '자연사(natural history)'라는 통

칭으로 사용하였다. 한국에서는 얼마 전까지도 이를 '박물학'이라고 번역하였다. 서구에서 18세기까지 자연의 세 왕국인 동물계, 식물계, 광물계는 모두 탄생과 성장과 사망을 하는 것으로 인식하고 있었다. 그것이 19세기 들어서면서부터 '생명'과 '주위환경'이라는 개념이 성장하면서 암석이나 지질에 관계된 광물은 생명과 생물의 범주에 넣을 수 없다는 것이 자명해졌으며, 따라서 생명이 있는 대상을 연구하는 학문은 생물학이란 이름을 얻게 되었다. 현재의 생물학자에 해당하는 사람들은 '자연사가(naturalist)' 혹은 '자연학자'로 부르는 사람들인데 이들이 바로 자연사를 연구하는 학자들이었다. 자연사에서는 분류의 전통이 그리스로까지 거슬러 올라갈 수 있는데, 린네에 와서야 속(genus)의 이름 뒤에 종(species)의 이름을 붙이는 이명법과 함께 근대적(현대적) 분류체계가 확립되었다.

9 'likelihood'는 때로 우도(尤度)라고 번역되어 쓰이고 있는데, 알기 쉽게 '유망성(有望性)'으로 옮긴다. 여기서 유망성은 개념을 아주 단순화하여 어떤 조건, 전제, 모델을 미리 가정한 상황에서 어떤 사건이 일어날 확률이나 개연성을 의미한다.

10 'susceptibility'는 어떤 질병이나 위해 혹은 위험에 깊게 영향을 받을 확률이 높은 상태나 경향을 말한다. 외부의 영향으로 감정이나 반응이 일어나는 심리적 효과를 나타내는 '감수성(感受性)'으로 흔히 번역한다. 따라서 '감수적(susceptible)'이라는 형용사를 조어할 수 있다. 의학적인 맥락에서는 '이환성(罹患性)', '이환적'이 정확하다.

11 'demography'는 보통 인구통계학으로 쓰인다. 하지만 데모그라피의 대상이 사람 집단이나 인구만이 아니라 모든 생물체를 대상으로 그 집단 혹은 개체군의 개체·개인·인구 수의 증감변동에 대한 계량적 수치와 통계를 만들어낼 수 있다. 실제로 집단유전학뿐만 아니라 현대의 집단생물학(population biology) 혹은 보전생물학(conservation biology)에서는 데모그라피가 중요한 한 부분으로 들어가 있다고 해도 과언이 아니다. 따라서 개념적으로 더욱 적합한 '개체군계량학'으로 옮겨 쓴다.

12 그동안 생물학과 의학에서는 'reproduction'이 주로 '생식(生殖)'으로 번역되어 사용되었다. 발생학이나 산부인과학에서처럼 해부나 기능을 묘사할 때는 생식이라는 말이 적당하지만, 개체군계량학 내지는 집단유전학적 측면에서는 생명체가 자신을 닮은 자손 혹은 차대를 생산해낸다는 의미를 강조하기 위해서 '재생산'을 그대로 사용하는 것이 좋다. 생식생물학을 재생산생물학이라고 해도 큰 차이가 없다.

13 식민(植民)으로 형성된 거류 집단을 콜로니(colony)라고 한다. 이 콜로니가 형성되는 과정을 제국주의나 침탈과 관련하여 '식민화'라고 한다. 이데올로기나 정치적 색채가 적으면서도 인간 팽창과 이주의 과정에 쓸 수 있는 말로 '거주화(居住化)' 라는 단어를 조어하게 되었다. 지구상의 여러 지역에 인간의 이주와 정착이 진행되어 촌락과 집단이 형성되는 과정을 거주화라고 정의할 수 있다.

14 이중나선으로 길게 늘어져 있는 중합체인 DNA를 가지고, 단위체인 핵산기(nucleotide)의 염기를 화학적으로 결정하여 일차원적인 선(線)으로 배열하는 것이 '선열(線列)' 이다.

15 유전체(genome)는 한 세포가 가지고 있는 유전자들의 총체를 지칭한다. 진핵세포의 보통 세포가 가지는 유전자들은 두 세트의 염색체상에 자리하고 있는데 이런 세포를 이배체(diploid)라고 한다. 성세포는 염색체들이 오직 한 세트인데 이를 일배체(monoploid)라고 하지 않고 보통 세포의 반에 해당한다고 하여 '반수체(haploid)' 라고 부른다. 유전체는 반수체를 기준으로 한다. 성염색체들인 X염색체와 Y염색체는 남녀 혹은 암수 반수체에 공통적이지 않기 때문에 따로 나타낸다. 한 개인이나 개체가 가지는 전반적 유전자형은 반수체의 한 쌍이라고 할 수 있다. 이러한 의미에서 '반수형(haplotype)' 이라는 용어가 생겨났다. 그리고 유전체라는 용어는 세균(박테리아)이나 미트콘드리아 DNA 혹은 식물의 엽록체에 존재하는 한 세트의 핵산 고분자를 지칭하기도 한다. 이배체 동식물에 비교하면 이들은 반수체다. 따라서 대장균 유전체, 미트콘드리아 DNA 유전체, 엽록체 유전체는 대장균 DNA, 미트콘드리아 DNA, 엽록체 DNA이다.

16 '유전체 다양성(genome diversity)' 은 지구 생물체의 유전체들이 서로 변이를 보이는 것과, 사람 종과 같은 한 생물종 내의 유전체들이 변이를 보이는 것을 아울러 말한다. 인간 유전체 다양성이라 하면, 사람 종 내에서의 유전체의 변이폭을 가리킨다. 인간의 유전체 내에는 4만여 개의 유전자들이 존재하고 이론적으로는 4만여 개의 유전자들이 가지는 전 지구적 인간 전체의 변이량은 절대적인 수치를 가지고 있을 것이다. 이것은 통계학에서 말하는 모집단의 변이량이고 이러한 것들을 잘 표본뜨기(sampling) 하면 모집단의 전체량도 추정이 가능할 것이다. 이러한 여러 가지 방법들이 동원되어 개체 수준에서와 집단 수준에서의 인간 유전체 다양성이 연구될 수 있을 것이다. 따라서 인

간 유전체의 다양성 연구에는 데이터 생산이나 고도의 이론 형성과 해석만큼이나 '어떻게 집단 혹은 인족을 정의할 것이냐?'와 '어떻게 효과적인 표본뜨기를 할 것이냐?' 하는 문제도 학술적 중요성과 더불어 비용과 실행에서 큰 비중을 차지한다. 집단유전학은 한 생물종 내에서 각각의 개체들이 보여주는 개체 수준의 변이들과 함께 집단 수준의 차이들도 규명하려고 노력한다. 그런데 현재까지 변이량을 계산한 유전자의 수는 많아야 인간에게서 백여 개 정도였다. 또한 주로 단백질 유전적 표지를 이용하였다. 앞으로는 여러 가지 DNA 표지들을 이용하여 전반적인 인간 유전체 다양성이 연구될 것으로 보인다.

17 메노파(Mennonite) 종교 집단은 16세기 종교개혁의 급진적 개혁운동인 재세례파(Anabaptist)에서 갈라져 나온 개신교(프로테스탄트)의 소수 일파로 미국과 캐나다에 거주하고 있다.

18 디아스포라(diaspora)는 하나의 지점에서 사방의 여러 지역들로 인간들이 퍼져나가는 것(이산)을 의미하기도 하고 그렇게 성립된 거류민 공동체 혹은 거류 집단 전체를 지칭하기도 한다. 하나의 기원을 가지는 사람 종이 지구 전체로 퍼진 것도 디아스포라 혹은 이산이라고 말할 수 있다. 디아스포라라고 하면 보통 나라의 멸망 이후에 전 세계로 흩어진 유대인의 이산과 이산된 거류 집단들을 말하는 경우가 많았다. 중국의 당(唐)대에 있었던 신라방이나 송(宋)대나 원(元)대에 있었던 고려방도 이러한 이산 혹은 디아스포라에 해당한다. 중국 화교들, 구소련의 중앙아시아 자치주나 일본 패망 이후에 일본 열도에 남았던 한국인들, 그리고 미국이나 여러 나라에 흩어져 있는 한국인과 그 후세들에게도 디아스포라 혹은 이산이라는 개념을 적용할 수 있다.

19 어떤 집단(population) 내에서 특별히 통혼하고 지내는 개인들의 모둠, 혹은 완전히 폐쇄적이지는 않지만 특정적으로 교배가 빈번히 일어나는 개체들의 모둠을 '군락(deme)'이라고 정의할 수 있다. 따라서 군락은 집단 내의 아집단 혹은 소집단이라고 할 수 있다. 인간유전학에서는 군락이라는 말을 많이 쓰는 편인데 과거에 있었던 부족이나 현대에 존재하는 작은 규모의 특정 종교 집단들을 군락으로 볼 수 있기 때문이다. 식물생태학에서 군락은 비슷한 지역과 환경에서 자라는 식물들의 무리를 의미한다.

20 중기 구석기 이름 무스테리안(Mousterian)은 네안데르탈인의 화석이 발견된 프랑스의 무스티에(Le Moustier)라는 지명에서 유래하였다. 손도끼와 돌긁개 등이 주요 석

기이다.

21 후기 구석기 이름 오리나시안(Aurignacian)은 슬기사람(현생 인류)의 흔적이 발굴된 프랑스 남부의 오리냐(Aurignac)에서 유래한다. 동굴생활과 함께 동굴벽화를 그린 슬기사람의 구석기 문화를 지칭한다.

22 언어학에서는 개별 언어들 가운데 기원이 비슷한 언어들을 묶어서 '언어학적 가족(language family)' 혹은 '어족(語族)'으로 분류한다. 생물학적 분류와 다른 점은 이렇게 어족을 분류한 것이 생물학에 비하여 학자들에 따라 상대적으로 변동이 심하다는 것이다. 어족들로 묶어놓은 것을 주로 중요하게 생각하며, 어족의 하위 분류는 어파(subfamily)로 묶지만 그리 큰 중요성을 부여하지 않는 편이다. 생물의 분류에서는 속(genus)명과 종(species)명의 두 가지 분류군을 중요시한다. 언어의 분류에서는 어족과 개별 언어를 중요하게 생각하는 편이다. 언어의 계통수를 구성하기 위해 어족(언어학적 가족들)의 상위 분류군으로 어계(superfamily)를 상정한다.

23 로망스 언어(Romance languages)에는 고대 로마인들이 일상적으로 쓰던 회화체 라틴어에서 유래한 현대 이탈리아어, 스페인어, 프랑스어, 루마니아어가 포함된다.

24 『마하바라타*Mahabbarata*』는 기원전 200년경에 산스크리트어로 씌어진 서사시이다. 『마하바라타』 이후에 씌어진 서사시로 힌두교의 여신 비슈누의 일곱번째 환생인 라마(Rama)를 영웅으로 묘사한 『라마야나*Ramayana*』와 함께 산스크리트어 양대 서사시로 꼽힌다.

25 생물학적 특성의 계승성을 살펴보는 방법들에는 유전자들을 직접 살펴보는 경우도 있지만 키나 몸무게 같은 표현형적인 양적(quantitative) 형질의 계승 양상도 몇 세대에 걸쳐서 관찰하고 조사할 수 있다. 이러한 형질들은 단일 유전자적(monogenic) 혹은 멘델적인 계승 양상이 아니라 대부분 상당수의 유전자들이 같이 관여하는 것이라서 복수 유전자적(polygenic) 유전성을 보인다. 이러한 형질들의 계승이 가지는 유전적인 성분을 나타낸 것이 바로 '유전력(heritability)'이다. 혹자는 이를 '유전 가능성'으로 번역하기도 한다. 따라서 키나 몸무게 혹은 심리적 형질들이 다음 세대로 유전되는 정도(유전력)는 통계적인 퍼센트 단위로 표현된다.

26 『벨 커브*Bell Curve*』는 리처드 헤른스틴(Richard J. Herrnstein)과 찰스 머레이(Charles Murray)가 1994년에 출간한 책으로, '벨 커브'란 양적 형질인 지능지수 등이

가지는 정상분포가 보여주는 종모양의 곡선을 의미한다. 이 책은 미국 사회에서 흑인의 열등성이 사회적(환경적) 조건 때문이 아니라 유전적(생물학적) 배경을 가진다는 것을 주장하여 인종주의(인종차별)를 조장함으로써 큰 물의를 일으켰다. 대단한 논쟁을 유발하여 텔레비전과 신문에서도 크게 보도된 바 있다. 본문에서 카발리-스포르차 교수도 이 책이 가지고 있는 오류들을 지적하고 있는데, 고생물학자 스티븐 제이 굴드(Stephen J. Gould) 같은 사람은 공개적인 논쟁에도 깊이 관여하였고 『인간이라는 잘못된 척도 *Mismeasure of Man*』(한국어판의 제목은 『인간에 대한 오해』)라는 책에서도 강한 비판과 함께 오류들을 지적하고 있다. 하버드 대학의 유명한 집단유전학자인 리처드 르원틴(Richard Lewontin)도 카발리-스포르차 교수와 마찬가지로 이러한 문제에 대해서 강하게 비판한다.

27 헌팅턴 무도병(Huntington's chorea)은 미국인 정신과 의사 헌팅턴이 그 증상을 처음으로 밝혀 그의 이름을 따서 명명된 유전 질병이다. 뇌세포 손상으로 인해 심각한 정신장애가 일어나며 발병하면 춤을 추는 듯한 몸짓이 나타나기 때문에 무도병이라 한다. 발병 유전자는 헌팅틴이라고 하며 발병 유전자의 염색체 위치가 알려진 십여 년 후에야 유전자의 모습이 밝혀진 고난도의 유전자 동정(identification) 연구 케이스로 유명하다. 아주 큰 유전병 가계 수집에 관련된 사회복지재단의 노력으로도 잘 알려진 유전 질병이다.

28 여기서 사회공학은 인간 사회를 문화적으로나 기술과학적으로 적절하게 변화시키고 관리해 나가는 체계적 노력이라고 할 수 있다.

| 참고문헌 |

Ammerman, A. J. and Cavalli-Sforza, L. L. (1984) *The Neolithic Transition and the Genetics of Populations in Europe* (Princeton University Press, Princeton, N. J.).

Anthony, D. W. (1995) Horse, wagon and chariot : Indo-European languages and archaeology. *Antiquity* 69: 554~565.

Bailey, N. J. (1957) *The Mathematical Theory of Epidemics* (Hafner, New York).

Barbujani, G. and Sokal, R. R. (1990) Zones of sharp genetic change in Europe are also linguistic boundaries. *Proc. Natl. Acad. Sci.* USA 87(5):1816~1819.

Barbujani, G., Magagni, A., Minch, E. and Cavalli-Sforza, L. L. (1997) An apportionment of human DNA diversity. *Proc. Natl. Acad. Sci.* USA 94:4516~4519.

Barrantes, R., Smouse, P. E., Mohrenweiser, H. W., Gershowitz, H., Azofeifa, J., Arias. T. D., Neel, J. F. (1990) Microevolution in lower Central America : Genetic characterization of the Chibcha-speaking groups in Costa Rica and Panama, and a consensus taxonomy based on genetic and linguistic affinity. *Am. J. Hum. Genet.* 46(1):63~84.

Bowcock, A. M., Kidd, J. R., Mountain, J. L., Hebert, J. M., Carotenuto, K., Kidd, K. K., and Cavalli-Sforza, L. L. (1991) Drift, admixture, and selection in human evolution: A study with DNA polymorphism. *Proc. Natl. Acad. Sci.* USA 88:839~843.

Bowcock, A. M., Ruiznires, A., Tomfohrde, J., Minch, E., Kidd, J. R. and Cavalli-Sforza, L. L. (1994) High resolution of human evolutionary trees with polymorphic microsatellites. *Nature* 388:455~457.

Cann, R. L., Stoneking, M. and Wilson, A. C. (1987) Mitochondrial DNA and human evolution. *Nature* 325:31~36.

Cappello, N., Rendine, S., Griffo, R. M., Mameli, G. E., Succa, V., Vona, G. and Piazza, A. (1996) Genetic analysis of Sardinia. *Ann. Hum. Genet.* 60:125~141.

Cavalli-Sforza, L. L. (1963) The distribution of migration distances, models and applications to genetics, in *Human Displacements: Measurement, Methodological Aspects*, ed. Sutter, J. (Éditions Sciences Humains, Monaco), pp.139~158.

Cavalli-Sforza, L. L. (ed.) (1986) *African Pygmies* (Academic Press, Orlando, Fla.).

Cavalli-Sforza, L. L. (1998) The DNA revolution in population genetics. *Trends in Genetics*. 14(2):60~65.

Cavalli-Sforza, L. L. and Cavalli-Sforza, F. (1986) *The Great Human Diasporas* (Addison-

Wesley, Menlo Park, Calif.).

Cavalli-Sforza, L. L. and Edwards, A. W. F. (1964) Analysis of human evolution. *Proc. 11th Int. Congr. Genet.* 2:923~933.

Cavalli-Sforza, L. L. and Edwards, A. W. F. (1967) Phylogenetic analysis : Models and estimation procedures. *Am. J. Hum. Genet.* 19:223~257.

Cavalli-Sforza, L. L. and Feldman, M. (1981) *Cultural Transmission and Evolution, A Quantative Approach* (Princeton University Press, Princeton, N. J.).

Cavalli-Sforza, L. L., Feldman, M. W. Chen, K. H. and Dornbusch, S. M. (1982) Theory and observation in cultural transmission. *Science* 218:19~27.

Cavalli-Sforza, L. L., Menozzi, P. and Piazza, A. (1993) Demic expansions and human evolution. *Science* 259:639~646.

Cavalli-Sforza, L. L., Menozzi, P. and Piazza, A. (1994) *The History and Geography of Human Genes* (Princeton University Press, Princeton, N. J.).

Cavalli-Sforza, L. L., Minch, E. and Mountain, J. (1992) Coevolution of genes and languages revisited. *Proc. Natl. Acad. Sci.* USA 89:5620~5624.

Cavalli-Sforza, L. L. and Piazza, A. (1975) Analysis of evolution: evolutionary rates, independence and treeness. *Theor. Popul. Biol.* 8:127~165.

Cavalli-Sforza, L. L., Piazza, A., Menozzi, P. and Mountain, J. L. (1988) Reconstruction of human evolution: Bringing together genetic, archaeological, and linguistic data. *Proc. Natl. Acad. Sci.* USA 85:6002~6006.

Cavalli-Sforza, L. L. and Wang, W. S.-Y. (1986) Spatial distance and lexical replacement. *Languages*. 62:38~55.

Coale, A. J. (1988) The Indo-European homeland and lexical contacts of Proto-Indo-European with other languages. *Mediterr. Lang. Rev.* (Harrassowitz) 3:7~31.

Durham, W. H. (1991) *Coevolution: Genes, Culture, and Human Diversity* (Stanford University Press, Stanford, Calif.)

Dyen, I., Kruska, J. G., and Black, P. (1992) An Indo-European classification: a lexicostatistical experiment. *Transactions of the Amer. Philsoph. Society* 82: Part 5 (American Philosophical Society, Philadelphia, Pa.).

Efron, B. (1982) *The Jackknife, Bootstrap, and Other Resampling Plans* (Society for Industrial and Applied Mathematics, Philadelphia, Pa.).

Felsenstein, J. (1973) Maximum-likelihood estimation of evolutionary trees from continuous characters. *Am. J. Hum. Genet.* 25:471~492.

Felsenstein, J. (1985) Confidence limits on phylogenies: an approach using the bootstrap

Evolution. 29:783~791.

Gamkrelidze, T. V. and Ivanov, V. V. (1990) The early history of languages. *Sci. Amer.* 263(3):100~116.

Gimbutas, M. (1970) *Proto-Indo-European culture: the Kurgan culture during the fifth, fourth and third millennia B. C. in Indo-Europe and Indo-Europeans,* ed. Cardona, G. R. Hoenigswald, H. M. (University of Pennsylvania Press, Philadelphia, Pa.), pp.155~195.

Gimbutas, M. (1991) *The Civilization of the Goddess* (Harper, San Francisco, Calif.)

Goldstein, D. B., Ruiz-Linares, A., Cavalli-Sforza, L. L. and Feldman, M. W. (1995) Genetic absolute dating based on microsatellites and the origin of modern humans. *Proc. Natl. Acad. Sci*. USA 92:6723~6727.

Greenberg, J. H. (1987) *Languages in Americas* (Stanford University Press, Stanford, Calif.)

Greenberg, J. H., Turner II, C. G. and Zegura, S. L. (1986) The settlem*ent of the Americas*: a comparison of the linguistic, dental, and genetic evidence. *Curr. Anthropol*. 27(5):477~497.

Guglielmino, C. R., Viganotti, C., Hewlett, B. and Cavalli-Sforza, L. L. (1995) Cultural variation in Africa: role of mechanisms of transmission and adaptation. *Proc. Natl. Acad. Sci*. USA 92:7585~7589.

Hewlett, B. S. and Cavalli-Sforza, L. L. (1986) Cultural transmission among the Aka pygmies. *Am. Anthropol*. 88:922~934.

Hiernaux, J. (1985) *The People of Africa* (Scribner, New York).

Horai, S., Hayasaka, K., Kondo, R., Tsugane, K. and Tanaka, N. (1995) Recent African origin of modern humans revealed by complete sequences of hominid mitochondrial DNAs. *Proc. Natl. Acad. Sci*. USA 92:523~526.

Howells, W. W. (1973) Cranial variation in man: a study by multivariate analysis of patterns of difference among recent human populations. *Pap. Peabody Mus. Archaeol. Ethnol. Harvard Univ*. 67:1~259.

Howells, W. W. (1989) Skull shapes and the map: craniometric analyses in the dispersion of modern Homo. *Pap. Peabody Mus. Archaeol. Ethnol. Harvard Univ*. 79:1~189.

Kimura, M. and Weiss, G. H. (1964) The stepping-stone model of population structure and the decrease of genetic correlation with distance. *Genetics* 49:561~567.

Kruskal, J. B. (1971) Multi-dimensional scaling in archaeology: time is not the only dimension. in *Mathematics in the Archaeological and Historical Sciences*. ed.

Hodson, F. R., Kendall, D. G. and Tautu, P. (Edinburgh University Press, Edinburgh) pp.119~132.

Kruskal, J. B., Dyen, I. and Black, P. (1971) The vocabulary and method of reconstructing language trees: innovations and large scale applications. in *Mathematics in the Archaeological and Historical Sciences*. ed. Hodson, F. R., Kendall, D. G. and Tautu, P. (Edinburgh University Press, Edinburgh), pp.361~380.

Le Bras, H. and Todd, E. (1981) *L'invention de la France: Atlas, Anthropologique et Politique* (Livre de Poche, Hachette, Paris).

Li, J., Underhill, P. A., Doctor, V., Davis, R. W., Shen, P., Cavalli-Sforza, L. L. and Oefner, P. (1999) Distribution of haplotypes from a chromosome 21 region distinguishes multiple historic human migrations. *Proc. Natl. Acad. Sci*. USA 96:3796~3800.

Malcot, G. (1948) *Les Mathématiques de l'Hérédité* (Masson, Paris).

Malcot, G. (1966) *Probabilitéet l'Hérédité* (Presses Universitaires de France, Paris).

Mallory, J. P. (1989) *In Search of the Indo-Europeans: Language, Archaeology and Myth* (Thames and Hudson, London).

Mountain, J. L. and Cavalli-Sforza, L. L. (1994) Inference of human evolution through cladistic analysis of nuclear DNA restriction polymorphisms. *Proc. Natl. Acad. Sci*. USA 91:6515~6519.

Mountain, J. L., Lin, A. A., Bowcock, A. M. and Cavalli-Sforza, L. L. (1992) Evolution of modern humans: Evidence from nuclear DNA polymorphisms. *Phil. Trans. R. Soc. London* (B) 377:159~165.

Mourant, A. E. (1954) *The Distribution of the Human Blood Groups* (Blackwell Scientific, Oxford).

Murdock, G. P. (1967) *Ethnographic Atlas* (University of Pittsburgh Press, Pittsburgh, Pa.)

Nei, M. (1987) *Molecular Evolutionary Genetics* (Columbia University Press, New York).

Penny, D. Wilson, E. E. and Steel, M. A. (1993) Trees from genes and languages are very similar. *Sist. Biol*. 42:382~384.

Piazza, A. Minch, E. and Cavalli-Sforza, L. L. Unpublished manuscript on the tree of sixty-three Indo-European languages.

Piazza, A. Rendine, S., Minch, E., Menozzi, P. Mountain, J. L. and Cavalli-Sforza, L. L. (1995) Genetics and the origin of European languages. *Proc. Natl. Acad. Sci*. USA 92:5836~5840.

Poloni, E. S., Excoffier, L., Mountain, J. L. Langaney, A. and Cavalli-Sforza, L. L. (1995) Nuclear DNA polymorphism in a Mandeka population from Senegal: comparison with eight other human populations. *Ann. Hum.* Genet. 59:43~61.

Quintana-Murci, L., Semino, O., Bandelt, H.-J., Passarino, G., McElreavey, K. and Santachiara-Benerecetti, A. S. (1999) Genetic evidence of an early exit from Africa through eastern Africa. *Nat. Genet.* 23:437~441.

Rendine, S., Piazza, A. and Cavalli-Sforza, L. L. (1986) Simulation and separation by principal components of multiple demic expansions in Europe. *American Naturalist* 128:681~706.

Rendine, S., Piazza, A. and Cavalli-Sforza, L. L. (1989) The origin of Indo-European languages. *Sci. Amer.* 261(4):106~114.

Renfrew, C. (1987) *Archaeology and Language: The Puzzle of Indo-European Origins* (Jonathan Cape, London).

Ruhlen, M. (1987) *A Guide to the World's Languages* (Stanford University Press, Stanford, Calif.).

Ruhlen, M. (1991) Postscript to *A Guide to the World's Languages* (Stanford University Press, Stanford, Calif.), pp. 379~407.

Saitou, N. and Nei, M. (1987) The neighbour-joining method: a new method for reconstructing phylogenetic trees. *Mol. Biol. Evol.* 4(4):406

Seielstad, N., Minch, E. and Cavalli-Sforza, L. L. (1998) Genetic evidence for a higher female migration rate in humans. *Nat. Genet.* 20:278~280.

Semino, O., Passarino, G., Brega, A., Fellows, M. and Santachiara-Benerecetti, A. S. (1996) A view of the Neolithic diffusion in Europe through two Y-chromosome-specific markers. *Am. J. Hum. Genet.* 59:964~968.

Sokal, R. R., Harding, R. M. and Oden, N. L. (1989) Spatial patterns of human gene frequencies in Europe. *Am. J. Phys. Anthropol.* 80:267~294.

Sokal, R. R. and Michener, C. D. (1958) A statistical method for evaluating systematic relationship. *Univ. Kansas Sci. Bull.* 38:1409~1438.

Stigler, S. M. (1986) *The History of Statistics* (Harvard University Press, Cambridge, Mass.)

Sutter, J. (1958) Recherches sur les effets de la consaguinité chez l'homme. *Biol. Med.* 47:463~460.

Tobias, P. V. (1978) *The Bushmen: San Hunters and Herders of South Africa* (Human and Rousseau, Cape Town).

Todd, E. (1990) *L'Invention de l'Europe* (Éditions de Seuil, Paris).

Turner II, C. G. (1989) Teeth and prehistory in Asia. *Sci. Amer.* 262(2):88~96.

Underhill, P. A., Jin, L., Lin, A. A., Medhi, S. Q., Jenkins, T., Vollrath, D., Davis, R. W., Cavalli-Sforza, L. L. and Oefner, P. J. (1997) Detection of numerous Y chromosome biallelic polymorphisms by denaturing high-performance liquid chromatography. *Genome Res*. 7:996~1005.

Underhill, P. A., Jin, L., Zemans, R., Oefner, P. and Cavalli-Sforza, L. L. (1996) A pre-Columbian Y chromosome-specific transition and its implications for human evolutionary history. *Proc. Natl. Acad. Sci*. USA. 93:196~200.

Warnow, T. (1997) Mathematical approaches to comparative linguistics. *Proc. Natl. Acad. Sci*. USA. 94:6585~6590.

Wolf, A. P. (1980) *Marriage and Adoption in China, 1854~1945* (Stanford University Press, Stanford, Calif.)

Zei, G., Astolfi, P. and Jayaker, S. D. (1981) Correlation between father's age and husband's age: a case of imprinting? *J. Biosoc. Sci*. 13:409~418.

Zei, G., Barbujani, G., Lisa, A., Fiorani, O., Menozzi, P. Siri, E. and Cavalli-Sforza, L. L. (1993) Barriers to gene flow estimated by surname distribution in Italy. *Ann. Hum. Genet*. 57:123~140.

Zuckerkandl, E. (1965) The evolution of hemoglobin. *Sci. Amer*. 212:110~118.

언어, 유전자, 그리고 사람

1

사람이면 누구나 언어를 사용한다. 물론 보통의 언어를 사용하는 데 장애를 가진 사람들이 있다. 하지만 이들도 수화와 같은 다른 방법을 이용해 의사소통을 한다. 그런데 사람이 모여 이룬 사회적 모둠은 그 모둠에 따라 사용하는 언어가 다르기 때문에, 다른 모둠으로 옮기면 새로운 언어를 익혀야 불편 없이 생활할 수 있다. 그리고 잘 알려진 바와 같이 새로운 문화는 언어와 더불어 전파되고, 서로 다른 인간 모둠들을 가로질러 다니게 마련이다. 이것은 지식이나 정보에 있어서도 마찬가지다.

우리말로 생각하고, 글을 쓰고, 연구하는 옮긴이에게 언어 문제는 아주 중요하다. 과학자로서 특히 유전학자로서 가장 많이 다루어야 하는 현실적인 언어는 아무래도 영어이다. 다음으로는 프랑스어와 독일어, 참조를 위해 일본어가 중요하다. 아마도 영어는 제1언어인 한국어보다는 못하더라도 제2언어 정도로 나의 삶에 밀착되어 있다. 여러 가지 과학적, 문화적 이유에서 다른 인도-유럽 어족의 언어들과 일본어를 배우려고 노력했지만 시간상의 이유로 맛만 조금 본 정도라고 할 수 있다. 그러나 영어를 우리말로 옮기는 일이나, 우리말을 영어로 옮기는 일, 다른 사람을 위해 통역을 해주는 일 등은 다른 과학자들에 비해 다양하게 해본 경험이 있는 편이다.

한국 과학자가 가지고 있는 언어적 딜레마를 모르는 사람들이 많다. 한국의 과학자들이 최신의 과학적 성과 혹은 고도의 과학적 지식들을 국내의 일반인들에게 전달하려고 할 때, 실제 연구에서 사용하는 언어는 쓸 수가 없다. 모두가 아는 한국어를 사용할 수밖에 없는 것이다. 그런데 일차적으로 과학자들이 우리말로 과학하는 법을 잘 모르는 현실적 구조가 상존한다. 이공계는 어릴 적부터 말하고 글 쓰는 소통의 문제를 별로 크게 취급하지 않은 것 같다. 우리말로 과학지식을 소통하는 사회적 실천이 제대로 이루어지지 않는 것이다. 기술이 우선이고, 그 기술과 연구비만 손안에 있으면 다른 것은 아무래도 좋다는 식이 되는 것 같다. 그런 기술우선주의 속에서 과학이라는 것이 제대로 실천될지에 대해서는 의문이 많다.

이 책을 번역하는 목적 중 하나는 고도의 과학지식을 우리말로 소통하는 데 작은 보탬이 되고자 하는 것이다. 여기서 다루는 지식은 정교한 수학적, 통계적 논리와 고도의 데이터 정리 과정이 뒷받침되어야 하는 지식이기에 유전학 분야 안에서도 이해하기 어렵고 연구 자체가 가장 어려운 분야로 꼽힌다. 더군다나 이 책의 저자는 여러 분야의 지식들을 종횡무진 사용하는 과학적 지식인, 혹은 과학의 대가(大家) 중 한 사람이다. 때문에 등장하는 지식의 범위만 따져도 굉장히 넓어, 일반인들이 쉽게 접하기가 어렵다. 고도의 이론을 배경으로 하는 유전학 지식을 일반 대중들이 쉽게 접할 수 있도록 하는 것도 이 번역의 목적 가운데 하나이다.

한국에는 잘 알려져 있지 않거나 일반 독자들에게는 생소한 분야에 대한 지식을 소개할 때도 언어를 매개로 하기 마련이다. 1990년대 후반부터 2000년대에 걸쳐 유전학은 상당 부분이 유전체학(genomics)으로 새롭게 바뀌었다. 1980년대 말부터 세계적인 규모로 시작된 인간 유전체 연구사업(Human Genome Project)은 사람의 '유전적 다양성' 에 유전체학의 기술력을 유입하여 대규모의 데이터를 생산해내고 있다. 『유전자, 사람, 그리고 언어』는 이 시점에서 나온 책이다.

언제나 그런 것은 아니지만 기술이나 기자재가 고난도의 지루한 훈련을 요구하는 경우는 많지 않다. 하지만 유전적 다양성에 대한 이론적 지식은 제대로 습득하기가 무척 어렵다. 알고 있는 개념과 수식을 몇 번이고 들춰보며 다시 풀어보는 반복적인 노력을 게을리 하면 데이터를 제대로 이해하지도 못한다. 컴퓨터 프로그래밍 언어를 알아야 컴퓨터 프로그램을 짤 수 있는 것과 마찬가지다. 데이터에 질서를 부여하는 이론적 '언어' 를 습득해야 실험 디자인이나 연구 디자인을 할 수 있는 것이다. 이런 고차원의 언어가 어떤 모습인지 쉽고 정확하게 우리말로 전달하는 책은 거의 찾아보기 힘들다. 따라서 『유전자, 사람, 그리고 언어』는 인간의 유전적 다양성 연구에서 통용되는 이론적 언어들에 대한 좋은 입문서가 될 것으로 믿는다.

이 책은 카발리-스포르차 교수가 세계적으로 명성이 높은 콜레주 드 프랑스에서 한 특별 강연록을 기초로 하여 인간집단유전학과 유전자 지리학을 중심으로 인간 집단의 진화와 이주, 그리고 문화의 전달에 이르는 광범위한 주제들을 담고 있다. 언어라는 주제와 관련하여 이 책은 인간유전학의 입장에서 언어와 인간 진화의 연관성을 다루는데, 지구에 생존해온 생물학적 종으로서의 인간 집단들이 보여주는 유전적 특성들과 언어와의 상호 작용을 보여주고 있다.

자세히 살펴보면 이 책 자체가 다중의 언어들을 매개하고 있다. 강연은 프랑스어로 했고, 책은 여러 나라에서 자국어로 출간되었다. 카발리-스포르차 교수는 이탈리아 태생이어서 이탈리아어 판본이 따로 있으며, 그의 제자가 그 판본을 영어로 번역했다. 옮긴이는 그 영어 번역본을 다시 우리말로 번역했다. 물론 이탈리아 판본도 참조했다. 언어라는 주제로 돌아가면 카발리-스포르차 교수는 스탠퍼드 의학대학원 유전학과에서 오랫동안 인간집단유전학 관련 전문서들과 수많은 논문들을 영어로 집필했으며 역시 영어로 강의한 경험이 있는 사람이다.

내가 『유전자, 사람, 그리고 언어』의 영어판을 처음 본 것은 하버드 의과대학 연구 펠로우(research fellow)로 있던 2001년이다. 그때 스탠퍼드 대학의 카발리-스포르차 교수에게 책을 번역하고 싶다는 이메일을 띄워서 동의를 받았다. 여섯 개의 장 중에서 네 개의 장은 대학 학부생에게 초벌 번역을 맡겼고, 두 개의 장과 서문, 차례, 찾아보기 등은 내가 직접 초벌 번역했다. 이렇게 일차 번역이 끝난 후 내가 다시 번역을 마무리하고 옮긴이주를 달았다.

나는 삼성생명과학연구소 재직 시절에 다른 연구에 관련된 여행을 한 적이 있다. 그 여행 중에 스탠퍼드 대학에 잠깐 들러 카발리-스포르차 교수 연구실험실의 수석연구원인 피터 언더힐 박사를 직접 만나 여러 가지 문제를 논의했다. 한국에서 출간된 옥스퍼드 대학의 브라이언 사이크스 교수의 『이브의 일곱 딸들』(전성수 옮김, 따님, 2002)을 언더힐 박사에게 보여주면서, 내가 번역하는 카발리-스포르차 교수의 책이 내용으로나 언어로나 더 충실할 것이라는 확신을 주었다. 그때 언더힐 박사는 카발리-스포르차 교수의 지적 유산(intellectual heritage)에 누를 끼치는 일이 없으면 된다는 반응을 보였다.

2

유전학은 유전자의 계승, 기능, 역사를 다루는 학문으로 정의할 수 있다. 유전자의 계승은 유전학 자체의 역사적 정체성을 규정하는데, 멘델에 의해 처음 그 기초가 닦였다. 이러한 세부 분야를 고전유전학(classical genetics), 멘델 유전학(Mendelian genetics), 혹은 전달유전학(transmission genetics)이라고 한다. 유전자의 기능은 분자생물학의 발달로 인해 주로 분자 수준에서 설명되는데, 유전자가 탈수소리보핵산(DNA) 분자로 이루어져 있으므로 이러한 핵산을 정점으로 유전자의 기능을 파헤치려는 세부 분야를 분자유전학(molecular genetics)이라고 한다. 고전유전학이나 분자유전학이 주로 개체 혹은 개인을 중심으로 하기 때문에 최대한 확대해봐야 가계나 친족 정도의 단위를 다루게 되는 데 반해, 집단유전학(population genetics)은 집단이나 개체군으로 불리는 일정한 모둠 단위를 중심으로 유전자의 진화적 역사를 다룬다. 수학이나 통계학적 배경으로 세 분야를 훑어보면 집단유전학, 고전유전학, 분자유전학의 순서가 된다. 생물체의 배아 발생에도 상당히 특징 있는 유전자들이 관여하는 데 이를 다루는 것을 발생유전학(developmental genetics)이라고 부른다. 보통 발생유전학은 분자유전학에 포함시키는 경우가 많다.

인간을 대상으로 하는 유전학은 '인간유전학'이라고 하는데, 이런 명칭은 대상으로 하는 생물종에 따른 분류라고 보면 된다. 인간유전학에는 고전유전학, 분자유전학, 집단유전학의 요소들이 모두 존재한다. 이 책에서는 이런 세분화된 분류로 인간집단유전학에 가장 가까운 내용들을 담고 있다. 최근의 유전학뿐만 아니라 생명과학 전반에서 분자적 수준을 포함하지 않는 분야가 없다. 집단유전학에서 다루는 사람 종을 포함한 여러 생물종들의 유전적 표지(genetic marker)들도 과거의 단백질 표지에서 핵산(DNA) 표지로 바뀜에 따라 분자유전학에서 쓰이던 실험 기자재나 실험 방법들의 대부분을 가져다 쓰고 있다고 해도 과언이 아니다.

1922년에 이탈리아 제노바에서 태어난 카발리-스포르차 교수는 의학을 전공한 다음 자연과학대학의 유전학 과정을 밟은 유전학자이다. 그는 수학적인 배경이 아주 강한 편이라 생물수학자들과 함께 오랫동안 이론적, 수학적 집단유전학을 연구한 경험이 있다. 생물수학자(통계학자)이자 집단유전학자인 로널드 피셔(Ronald A. Fisher) 경의 지도 아래 케임브리지 대학 유전학과에서도 연구했다. 카발리-스포르차 교수는 전문 유전학 책도 집필했는데 자신이 첫번째 저자가 되고, 영국 임페리얼 암 연구재단의 진화유전학자 월터 보드머(Walter Bodmer) 경이 공동저자로 출간한 『인간 집단들의 유전학*The Genetics of Human Populations*』(Freeman, 1971)이 유명하다. 이탈리아어 저서로는 『의학과 생물학을 위한 통계적 분석*Analisi Statistica per medicie biologie*』(Torino, 1972)과 『인간유전학 입문*Introduzione alla genetica umana*』(Milan, 1974)이 있다. 인간유전체기구(HUGO, Human Genome Organization)의 초대 회장을 역임하기도 했던 월터 보드머 경과는 『유전학, 진화, 그리고 사람*Genetics, Evolution, and Man*』(Freeman,

1976)도 함께 집필했는데, 월터 보드머 경이 첫번째 저자로, 카발리-스포르차 교수가 공동저자로 출간되었다.

이 책의 본문에서도 자주 언급되는 『인간 유전자들의 역사와 지리학』(Princeton University Press, 1994)은 인간집단유전학 분야의 기념비적인 저서이다. 『인간 유전자들의 역사와 지리학』에서 전문적으로 분석한 상당수의 데이터가 이 책(특히 3장에서 5장까지)에서 전용되다시피 했다.

나는 카발리-스포르차 교수와 마찬가지로 유전자의 계승과 역사를 다룰 줄 아는 유전학자이다. 하지만 세대도 다르고 유전학 훈련 기간도 비교가 안 될 정도이다. 공통점이라면 유전학 박사연구과정을 영국에서 보냈다는 것이다. 나는 석사과정 때 고려대학교에서 소나무류와 곤충의 단백질 표지들을 가지고 집단유전학 훈련을 받았다. 이 책과 『인간 유전자들의 역사와 지리학』에서 다루는 단백질 유전적 표지들을 소나무류에서 개발하는 것이 석사논문의 주제였고, 곤충(솔잎혹파리)의 단백질 표지들을 이용한 집단유전학 실험에도 깊이 참여했다. 루이기 루카 카발리-스포르차라는 긴 이름을 가진 과학자를 알게 된 것도 이 시기였다. 1991년에 대학원 여름방학을 이용해서 한 달 동안 미국의 대학 몇 군데를 순례하는 배낭여행을 한 적이 있다. 당시에는 집단유전학의 오래된 고전적 논문들을 한국의 도서관에서 샅샅이 뒤져도 찾을 수가 없어 발을 동동 구르곤 했다. 내용은 잘 모르지만 읽고 싶었던 저널의 논문들을 위스콘신 대학 메디슨 캠퍼스 과학도서관에서 찾아 복사했다. 그중 몇 편의 논문은 1960년대에 출간된 것으로 이 책의 본문에서도 소개된 시월 라이트, 마사토시 네이, 카발리-스포르차 교수와 앤서니 에드워즈의 논문들이었다. 위스콘신 대학 메디슨 캠퍼스 서점에서 그 당시 많이 참조하던 집단유전학의 대학과 대학원 교재인 『집단유전학의 원리*Principles of Population Genetics*』(Sinauer Associates, 1989)도 사가지고 돌아왔다. 이것의 제1판은 현재 하버드 대학 유기체 및 진화 생물학과의 대니얼 하틀(Daniel Hartl) 교수가 혼자 썼고, 제2판은 생물수학자 앤드류 클락(Andrew Clark) 박사가 공동저자이다. 제1판을 보면서 내용을 이해하려고 힘쓰던 차였기 때문에 한국에서는 구할 수 없었던 제2판을 쉽게 알아볼 수 있었다. 또한 분류학에도 고전적인 분류학만 있는 것이 아니라 수리분류학(numerical taxonomy)이나 계통분류학(phylogenetics or systematics)이라는 통계적 기법들과 논리들을 이용하는 분야가 있다는 것도 이 시기에 알게 되었다. 이 책의 2장에서 다루는 계통수 축조의 부분은 여러 가지 분류학적 형질들로도 구성할 수 있는데, 유전적 계통수는 보편적인 분류학적 계통수에 유전적 형질(대립인자의 빈도)을 사용하는 특이한 경우로 볼 수도 있다.

또한 나는 영국 노팅엄 대학 의과대학 유전학과에서 인간 및 동물의 발생에서 중요한 「인간 티-박스 유전자 무리의 분자유전학Molecular Genetics of Human T-box Genes」이라는 제목의 논문으로 유전학 박사 학위를 받았다. 홀트-오램 증후군(Holt-Oram syndrome) 혹은 심장-손가락 증후군(Heart-Hand syndrome)이라는 유전적 질병의 유전자를 동정(同定)해내는 위치적 분계화(positional cloning) 연구 과제에도 참여한 바가 있다. 위치적 분계화는 단일 유전자성 유전질병 가계들을 대상으로 고전유전학적 연관 분석을 통해 질병 유전자의 위치를 지정한 다음, 분자유전학적 방법들(혹은 유전체학적 방법들)을 이용하여 실제로 핵산상의 유전자를 클로닝하는 복잡하고 어려운 연구 실험 과제이다. 참여한 연구단은 홀트-오램 증후군을 일으키는 질병 유전자가 티-박스 유전자족 중 하나인 티-박스5(*TBX5*)라는 것을 밝혀냈다. 티-박스5도 심장격벽 발생과 손가락 형성에 중요한 영향을 끼치는 전사 인자(transciption factor)이다.

하버드 의과대학 베스이즈라엘 디커니스 의료원에서는 심장생물학 및 심장의학에 기능유전체학(functional genomics)을 적용하는 초기 기능유전체학 연구 펠로우로 참여한 적이 있다. 이 책에서 카발리-스포르차 교수는 기술적 혁명들이 인간 팽창의 역사와 어떠한 상호 작용을 하고 있는지 밝히고 있다. 유전체학에도 도입된 이런 기술적 혁신들은 앞으로 생명과학 전반에 큰 영향을 미칠 것으로 보이는 변화를 예고하고 있다. 그중의 하나가 미세행렬(microarray)인데 보통 디엔에이칩(DNA chip) 또는 바이오칩으로 불린다. 유전자의 기능을 연구하는 분자유전학의 입장에서 보면, 유전자의 기능에 영향을 주는 중간물질은 전령-리보핵산(mRNA)이다. 이들의 세포 내 시공간적 증감폭을 유전체 전체의 구조로 따지면서 세포, 조직, 기관, 생리를 살펴보는 것이 중요하다. 미세행렬은 이러한 작업을 대규모로 신속하게 할 수 있게 하는 기술적 혁신 중 하나이다. 그런데 이러한 기술적 혁신이 생겨나면 혁신이 가져다주는 과학적 데이터들을 올바로 해석하고 의미를 질서화하는 새로운 이론적 언어가 만들어지게 되어 있다. 1940년대부터 1950년대에 걸쳐 생물학계로 대거 유입된 물리학자들은 이론적 혁신을 이루었고, 이것은 분자생물학이라는 패러다임의 탄생과 성숙을 몰고 왔다. 이와 비슷하게 미세행렬을 필두로 한 새로운 연구 도구들의 등장은 새로운 패러다임의 등장을 요청하고 있다고 보면 된다. 아직까지는 누가 무슨 말을 하는 것인지 서로 알아듣지 못하는 바벨탑 수준이지만 현재 세계의 유수한 과학자들이 새로운 생물학의 이론적 언어와 패러다임을 만들어가고 있는 중이다. 시스템 생물학(systems biology)도 바로 그런 노력들 가운데 하나다. 미국에서는 시스템 생물학이라는 이름을 붙인 비영리법인 연구소도 생겨났고, 의학대학원에 시스템 생물학과를 개설해 자연과학 박사과정생들을 받고 있는 대학도 있다. 생명과학사의 입장에서 보면 생물수학자들이 그동안 크게 기여해온 분야는 집단유전학, 계량유전학, 진화유전학에 있었다고 할 수 있다. 카발리-스포르차 교수와 공동 연구한 앤서니 에드워즈나 스탠퍼드 대학의 마커스 펠드먼도 생물수학자로 분류할 수 있다. 앞으로는 시스템 생물학 분야에서도 종합적인 훈련을 받은 생물수학자들이 많은 공헌을 할 것으로 기대하고 있다.

삼성생명과학연구소에서는 단일염기다형(single nucleotide polymorphism) 혹은 스닙(snip) 유전적 표지를 이용한 초기 연구개발에 유전체학 책임연구원으로 참여한 바 있다. 단일염기다형이라는 유전적 표지에 대한 연구의 미래는 크게 두 가지로 나눌 수 있는데, 하나는 인간의 유전적 다양성 연구이고 다른 하나는 질병에서 나타나는 이환성 유전자의 동정(同定)이다. 그런데 한국인을 대상으로 하는 연구에서는 이 두 갈래가 서로 상호 보완적인 관계이다. 또한 데이터의 해석이나 실험 및 연구 디자인의 기초를 위해서는 결국 이런 과정이 집단유전학으로 수렴된다. 기자재나 기술, 그리고 연구비만 있으면 할 수 있는 분야가 아니라 지식의 체계로 확립되는 분야인 것이다. 이 책에서도 미위성체 유전적 표지를 거론한 후에 단일염기다형 유전적 표지를 잠깐 거론하고 있다.

3

이 책의 제목은 통상 '유전자, 민족, 그리고 언어'로 번역하는 것이 정확하다고 할 수 있다. 하지만 번역을 하면서 'people'을 '민족'이라고 번역하면 문맥에 맞지 않는다는 사실을 발견했다. 우리말에서 민족에 해당하는 영어 단어는 'nation'이 가장 가까운데, 이 말은 민족주의 국가의 형성과 같은 이데올로기적인 의미가 깊게 채색되어 있다. 'people'이 '인민'으로 번역되는 경우도 마찬가지다. 유전학과 같은 과학에서 쓰이는 용어는 가능한 최대 범위 내에서 중립적인 의미와 보편적 맥락을 가져야 하는 것이 원칙이다. 이 때문에 옮긴이주에서도 이러한 용어 선택을 했다고 일부 밝혔다. 예를 들어 과거 식민지 개척 시대 같은 느낌을 주는 'colonization'을 '거주화(居住化)'라고 번역한 것 등이다. 'people'이라는 단어를 카발리-스포르차 교수가 선택한 것도 이것이 집단이라는 말보다 이해하기 쉬운 대중적인 말이기 때문이기도 하지만 이런 맥락을 전혀 고려하지 않았다고는 볼 수 없다. 실제로 인간의 유전적 다양성 연구에서는 'people'을 동사형으로 만들어 'peopling'이라는 용어를 쓰기도 한다. 이것은 어떤 정해진 지역에 인간이 정착하고 거주하는 일련의 과정을 지칭한다. 옮기면 '인간 정주(定住)' 정도가 되겠다. 어떤 한 지역을 미리 경계 짓는 오류가 생길 수도 있지만, 한반도와 만주의 피플링 혹은 일본의 피플링과 같이 통상적인 역사학이나 고고학 연구에서 민족 원류의 형성 정도의 주제를 인류학이나 유전학에서는 인간 정주라고 부를 수 있는 것이다. 이것은 전 세계의 인간 집단들은 하나의 동일한 생물종으로 봐야 하며, 지구의 여러 지역들이 인간 팽창과 이주에 의해 점유되었으며, 때로는 수천 년에 걸쳐 개체군계량적 성장과 퇴조를 거듭하는 것이 인간 집단들이라는 맥락이다.

'사람' 이라는 말을 한국어판 제목에 넣게 된 이유가 중립적 과학언어의 맥락만은 아니다. 사람은 순우리말 단어이고 사람은 인간, 인류라는 단어와 의미적 연관을 가지고 있다. 또한 현대 인류 혹은 현생 인류의 생물학적(분류학적, 유전학적, 인류학적) 이름이 우리말로는 '슬기사람(*Homo sapiens*)'이다. 그런데 우리나라에서는 사람을 대상으로 하는 연구를 인문학과 사회과학 영역으로 국한시키는 사고습관이 있다. 아니면 사람의 일상적이거나 정상적인 상태가 아닌 병리적 상태를 주목하는 의학이나 한의학의 지식 경계 속에 넣어버린다. '인간의 유전적 다양성' 연구는 이러한 지식의 간극을 메우는 역할도 할 것으로 믿는다.

사람을 대상으로 유전학을 연구하는 인간유전학(human genetics)은 자연과학 지식을 중심으로 인문학과 사회과학 그리고 의학에 연결되어 있다. 그것이 서구의 학문사, 과학사가 그리고 있는 인간유전학 지식 발전의 정확한 궤적이다. 우리나라에서는 그동안 제도적인 문제로 인해 이러한 면이 제대로 부각되지 않았다. 이 책은 인간유전학이라는 지식체가 이렇게 연계된 측면을 가지고 있다는 것을 여실히 보여준다는 장점이 있다. 인간유전학이 고고학이나 인류학과 만나는 접점은 인류학적 유전학(anthropological genetics)이라 지칭할 수 있고, 인간의 유전적 질병이나 의료 행위와 만나는 접점에는 행동유전학(behavior genetics)이 있을 수 있다. 이러한 맥락에서 이 책은 유전학과 인류학과의 접점을 아주 설득력 있게 제시하고 있다. 또한 언어나 문화를 유전학적인 사고틀로 정교하게 다루어 인문학과 사회학의 만남도 충분히 보여주고 있다.

이 책은 그동안 우리나라에서 그렇게 발달할 실마리와 계기조차 가지지 못했던 인간유전학이라는 과학 분야가 미래에는 어떤 모습일지, 그리고 현재 우리는 어떤 실천적 노력들을 해야 할지, 나아가 어떤 과학적 기여 혹은 전체 학문적 공헌을 할 수 있을지에 대한 그림을 그려볼 수 있게 해준다.

무엇보다도 동북아시아 지역의 유전자지리학의 발전이 이루어져야 할 것이다. 이 책에서는 동북아시아에서 아메리카 대륙으로의 이주에 대해서도 언급하고 있고, 이 지역에 다른 인간 팽창이 여러 번 있었을 것이라고 짐작하고 있다. 유럽 대륙에서 유전자지리학이 가장 자세하고 심도 있게 연구된 만큼, 앞으로는 동북아시아 유전자지리학이 연구되기를 기대해본다. 이러한 연구는 인간유전학자들과 자연(체질)인류학과 문화인류학의 전문가들이 공동의 노력을 기울이는 것이 가장 좋다고 본다. 기존의 고고학과 역사학 전문가들과의 교류는 물론이고 인접 학문을 통한 다양한 접근도 필요할 것이다. 물론 한국어의 계통을 동북아시아 전체를 아우르는 장(場)이라는 틀에서 연구하는 언어학자들(국어학자들)과의 협력도 유용할 것이다. 보고 들은 것이 없어 그럴지도 모르지만, 이 책에서와 같은 방식으로 우리말의 진화를 연구한 사례는 별로 없는 것 같다. 한국어는 알타이 어족에 속한다는 단순한 지식만이 유포되어 있는데, 자세하고 정밀한 연구는 진행 중에 있는 것 같다. 한반도와 만주를 포함하는 동북아시아 지역의 선사 시대 거주화나 인간 팽창, 그리고 동북아시아 지역의 제반 인족 모둠들에 대한 파악과 그 유전적 다양성의 모색은 다양한 분야의 전문가들이 공동으로 연구해야 하는 다학제적 연구 프로그램이다. 가장 큰 걸림돌은 아무래도 많은 문제를 발생시키고 있는 서구의 인종주의에 해당하는 동북아시아 여러 국가들의 국가이기주의다.

인간 유전체의 서열이 모두 밝혀져 그 데이터가 만들어지고 난 이후에도, 현재의 유전학자와 유전체학자들은 인간에게 빈발하게 질병을 일으키거나 혹은 그 병리적 과정에 관련된 유전자들을 위치적 분계화와 비슷한 방식으로 찾으려는 노력을 지속하고 있다. 주로 단일염기다형 유전적 표지를 이용해 이러한 돌파구를 찾는 과정에서 인간의 유전적 다양성을 고려한 새로운 유형의 지도를 만들어야 한다는 공감대가 형성되었다. 이에 따라 인간 유전체 연구사업의 일환으로 중국인과 일본인 표본들을 포함한 전 세계적인 '반수형 지도(haplotype map)' 작성 연구사업이 대규모 개발사업 형태로 구성되었다. 개인 사이의 변이와 집단 사이의 변이, 곧 인간의 유전적 다양성에 대한 고려들이 들어간 작업이다. 한국에서는 이 반수형 지도 작성 사업의 연구 일부를 진행하고 있다. 이 책에서도 제시된 바 있는 '인간 유전체 다양성 연구사업' 은 실제로 인간의 인족적, 유전적 다양성에 초점을 맞춘 작업이다. 이 거대한 프로젝트는 1991년 무렵 미국에서 시험 연구과제를 거친 후에 1995년경 카발리-스포르차 교수에 의해 실제로 유네스코에 제안된 적이 있다. 카발리-스포르차 교수는 프랑스 인간다형성 연구센터의 장 도세 박사, 예일 대학의 켄 키드 교수 등과 함께 이 프로젝트를 일부 수행한 바 있다.

그런데 카발리-스포르차 교수가 이 책에서 실토하고 있는 것과 같이 집단유전학은 '조사기준편향(ascertainment bias)' 이라는 문제를 더욱 심각하게 고려해야 한다. 여러 가지 핵산(DNA) 유전적 표지들을 정립하는 과정에서 변이들의 대부분이 유럽인을 기준으로 발굴되었으며, 빈도 데이터를 포함한 다른 계산 수치들도 유럽인들을 기준으로 만들어졌다. 따라서 실제 그리 대단한 양은 아닐지 모르지만 동북아시아인들에게서 나타나는 변이들이 아직 숨겨져 있을 가능성이 있다. 이것은 하나의 유전자가 나타내는 변이체들, 곧 대립인자들의 유형의 수나 질이 다를 수도 있다는 것을 의미하고, 이는 이러한 것들에 근거한 빈도치나 다른 통계적, 이론적, 나아가 응용 관련 계산치들에 오류를 가져올 수도 있다. 다른 말로 하면, 조사 기준이 한국인을 직접적인 대상으로 하지 않은 데이터로 채워져 있을 경우, 앞으로 한국인을 포함하는 동북아시아인을 대상으로 하는 약리유전체학 연구나 맞춤제약 개발 같은 응용연구를 할 때 크지 않을지도 모르지만 문제가 생길 수 있다. 준거점의 위치가 이렇게 편향되어 있는 상황에서 올바른 기준 대상과 기준 도구들을 가지고 연구했느냐는 문제들이 지속적으로 유발될 수 있는 것이다.

최근 한국 사회는 세계의 여러 앞서가는 나라들과 모든 측면에서 어깨를 나란히 하고자 하는 열망을 강하게 표현하고 있다. 과학 분야도 이러한 추세와 멀지 않다. 그런데 새로운 세대의 유전학자/유전체학자가 외국이 아닌 한국에서 길러지는 데에는 아직도 많은 것들이 구비되어야 한다고 본다. 대학교 학부 교육도 올바로 하는 것이 중요하지만 대학원의 연구 훈련이라는 측면에서 보면 한국은 아직도 황무지가 아닌가 싶다. 세계 물리학의 해인 2005년을 기념해 번역되어 나온 『누가 아인슈타인의 연구실을 차지했을까?』(에드 레지스 지음, 김동광·박진희 옮김, 지호, 2005)에는 아인슈타인이 재직했던 프린스턴 고등학술연구소에서 이론물리학 연구 집단이 생활하는 생생한 광경들이 잘 묘사되어 있다. 고도의 과학을 연구하는 대가들의 집단과 박사학위과정이나 박사후연구원들을 훈련시키는 제도로서의 연구소를 잘 소개하고 있다. 이런 것은 한국에서는 눈을 씻고 찾아봐도 없는 제도이다. 또한 한국에서 유전체 데이터를 생산하는 앞 세대 과학자들 중에는 그들이 현재 생산해내고 있는 데이터를 외국인 이론 전문가들에게 의뢰해 분석한 다음 좋은 외국 학술지에 논문을 실으면 그만이라는 사고를 가진 사람들도 더러 있다. 쉽게 말하면 이런 사람들은 장기적으로 온전한 기술 주권을 정립한다거나 주체성 있는 과학 발전과 기술개발을 이룩해야 한다는 명제, 한국에서 훈련받고 자라서 세계적인 과학자들과 당당히 어깨를 겨루는 차세대의 유능한 과학자들을 길러내는 환경과 시스템을 만들어야 한다는 명제에 대해서는 별로 의식이 없는 것 같다.

거의 5년 동안 부여잡고 싸움을 벌였던 이 책『유전자, 사람, 그리고 언어』를 탈고하고 보니 만감이 교차한다. 과학을 하는 환경도 중요하지만 과학을 제대로 하는 '사람'이 더 중요할 수도 있다는 사실에 엄숙해지는 순간이기도 하다. 유전학을 올바르게 제대로 하는 사람들을 만들어내는 문화적 전략을 세워야 할 때가 오고 있는 것 같다. 우리말로 옮기는 책의 제목에 다른 말보다 '사람'이라는 단어를 넣은 또 다른 이유가 이런 것이었다고 밝혀둔다. 나름대로 최대한 시간과 노력을 기울여 번역에 임했고, 일반 독자들과 유전학 전공자들 모두를 겨냥하려 했지만 착오나 오류들이 없을 것이라는 기대는 접어야 할 것 같다. 단지 최소한으로 판명되기를 바라는 마음만 간절하다. 새롭게 배움의 단계를 하나 더 넘어가는 것 같다.

이정호

| 찾아보기 |

ㄴ

ㄹ

ㅁ

ㅂ

ㅇ

ㅈ

ㅊ

ㅋ

ㅌ

ㅎ